클라이브 폰팅 (1946~2020)

Clive Ponting

영국의 역사가. '빅 히스토리'의 개척자로 평가받는다. 크림 전쟁과 두 차례의 세계대전, 윈스턴 처칠 등 여러 가지 주제를 다룬 저서들로 명성을 얻었다. 특히 방대한 인간 문명사를 지구 환경의 관점에서 정리한 세계적 베스트셀러 『녹색 세계사』는 환경사의 명저이자 고전으로 꼽힌다.

마거릿 대처 행정부에서 국방부 고위 공무원으로 근무하던 중에 포클랜드 전쟁 관련 문서를 노동당 의원에게 건네 은폐된 진실을 밝히려고 했다. 결국 기밀을 유출한 혐의로 기소되었으나, 국민의 알 권리를 위한 행동이었다고 스스로 변호함으로써 배심원들이 유죄 판결을 거부하게 했다. 공직에서 물러난 후에는 스완지 대학에 재직했으며, 스코틀랜드 국민당에 합류해 활동했다.

한국에 소개된 저서로는 『클라이브 폰팅의 세계사 1, 2』와 『진보와 야만』이 있다.

클라이브 폰팅의
녹색 세계사

클라이브 폰팅의
녹색 세계사

위대한 문명의 붕괴로 보는
환경과 인간의 역사

클라이브 폰팅 | 이진아, 김정민 옮김

A NEW GREEN HISTORY
OF THE WORLD
THE ENVIRONMENT AND THE COLLAPSE OF GREAT CIVILIZATIONS
CLIVE PONTING

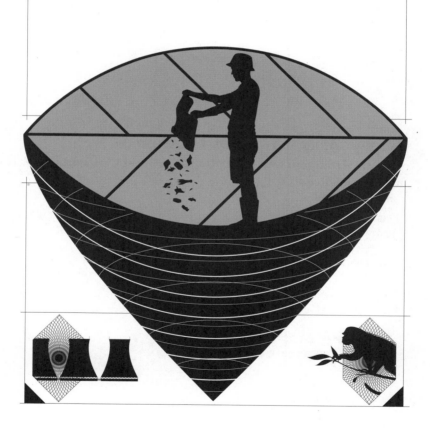

민음사

A NEW GREEN HISTORY OF THE WORLD:
The Environment and the Collapse of Great Civilisations
by Clive Ponting

차례

일러두기

1 인명과 지명 등 고유명사의 외래어 표기는 국립국어원 외래어 표기법을 따랐다.
2 중국의 인명과 지명은 신해혁명을 기준으로 표기를 달리하되, 사례에 따라서는 병
  기했다.

지은이의 말

    이 책의 초판은 1991년에 출판되어 그 후 13개국어로 번역되었다. 지난 16년간 세상은 많이 변했다. 소련은 더는 존재하지 않고 냉전 시대가 사라졌으며, 그 자리에 미국의 지구적 지배가 제기하는 문제들과 테러리즘의 위협들이 들어섰다. 환경에 관해서도 많은 변화가 있었다. 좋은 방향으로 변한 점도 있는데, 오존층의 파괴를 막기 위해 염화플루오린화탄소(CFC)와 수소염화플루오린화탄소(HCFC)의 생산을 중단하기로 합의한 점을 들 수 있다. 하지만 대체로 좋지 않은 방향으로 변한 것이 많다. 지구의 인구는 이 책의 초판이 쓰였을 때보다 10억 명 이상이 늘어났다. 수십억 톤의 이산화탄소가 대기로 흘러 들어 갔고, 지구온난화의 위협은 더욱 분명하게 모습을 드러내고 있다. 열대우림을 비롯한 서식지의 파괴는 더욱 가속화되고 있다.

    그렇기 때문에 윌 설킨(Will Sulkin) 씨가 이 책의 개정판을 낼 때가 된 것 같다고 제안했을 때 나는 매우 기뻤다. 이번 기회에 이 책을 완전히 손보았다. 1장을 제외한 모든 장에서 자료를 최근 것들로 보완하고 수정하며 확충했다. 장 하나가 빠지고 장 하나가 추가되었다. 또한 그래프와 그림의 양을 대폭 늘렸다. 세계사책에서 기원전과 기원후를 'BC'와 'AD'로 쓰는 것은 적절하지 않은 것 같아 'BCE'과 'CE'

로 표기했다. 혼동의 우려가 없는 곳에는 기원후 표기를 생략했다.

초판 마지막 부분에서는 그래도 비관론과 낙관론의 균형을 취하려고 애썼다. "과거 인간의 행동들은 오늘날의 사회가 이겨 내기에 벅찰 정도의 문제점들을 남겼다."라고 한 것은 바로 그런 맥락에서다. 그런데 지난 16년간 균형점은 확실히 비관론에 더 가깝게 이동했다. 환경문제를 해결할 수 있는 수많은 기회가 아깝게 낭비된 16년이었다. 니콜로 마키아벨리(Niccolò Machiavelli)가 『군주론(Il principe)』에서 이렇게 말한 적이 있다.

나랏일의 여러 문제에 관해 한 걸음 떨어져 통찰할 수 있다면 그 문제들이 야기할 모든 악이 곧 치유될 수 있을 것이나, 이는 오직 재능 있는 지도자에게만 가능한 일이다. 그러나 통찰력이 부족해 문제를 키워서 모든 사람이 문제를 인식하기에 이른다면 이미 해결할 방법은 없다.

지난 16년간 세계의 정치 지도자들은 환경문제에 관해 얼마나 잘 대처해 왔던가? 세계의 산업 생산 성과물과 소비수준은 전례 없는 속도로 증가해 왔다. 그리고 그 결과는 자원과 에너지의 소비 및 그로 인한 오염이라는 모습으로 점점 더 명백하게 드러나고 있다.

오늘날 세계가 직면한 문제 중에서 지구온난화가 가장 심각한 문제라는 데는 이론의 여지가 없다. 지구의 기후가 머지않아 극적이며 불가역적인 변화를 일으키는 지점을 넘어서게 될 것이며, 그와 함께 중대한 사회적·경제적 파국을 초래할 것이라는 사실을 과학자 대부분이 인식하기 시작한 것은 기껏해야 몇 년 되지 않는다. 이러한 위협에 대처하려는 행동은 거의 없었다고 할 수 있을 정도다. 미국은 아예 대 놓고 아무런 행동도 못 하겠다고 하고 있다. 교토 협약이 요구하는 대로 다 될 가능성도 지극히 희박하지만, 그렇게 된다고 하더라도 이산화탄소 배출량이 줄어드는 부분은 지극히 적다. 협약에 참여하는 나라들이 배출하는 이산화탄소의 양을 다 합친다고 하더라도 전 세계 산출량의 3분의 1밖에 되지 않으며, 그들조차 협약의 목표치를 지킬 전망이 없어 보인다.

지구온난화의 영향이 너무 분명해져 누구라도 알 수 있을 만한 시점에 이르면, 그 시점은 아주 머지않아 올 것 같은데, 그때는 이미 그 어떤 행동을 한다고 하더라도 재앙을 피하기에는 늦을 것이다. 재앙을 향해 가는 이런 추세는 이미 지난 두 세기에 걸쳐 꾸준히 형성되어 온 것인데, 지금은 여러 요인이 복합적으로 작용해 나타나고 있으며, 이대로라면 몇 년 지나지 않아 엄청난 환경문제를 낳을 것으로 보인다. 이 책에서는 이러한 추세들이 인간 사회의 진화 과정과 얼마나 뿌리 깊게 얽혀 형성되어 온 것인지를 보여 주려고 한다.

이 책의 초판을 쓸 수 있게 해 준 크리스토퍼 싱클레어-스티븐슨(Christopher Sinclair-Stevenson) 씨와 개정판을 쓸 수 있도록 적극 지원해 준 설킨 씨에게 감사의 말씀을 드린다. 하지만 누구보다도 개정판의 모든 지도와 그래프, 그림을 그렸으며 책을 쓰는 동안 내내 아낌없는 도움을 준 아내 로라(Laura)에게 감사의 마음을 전하고 싶다.

2007년 그리스에서
클라이브 폰팅

이스터섬의 교훈

1

이스터섬은 지구상에서 가장 외진 지역 중 하나다. 겨우 400제곱킬로미터밖에 안 되는 구역 안에 있는 이 섬은 남아메리카 서부 해안에서 3200킬로미터 떨어진 태평양에 자리하고 있다. 사람이 사는 지역으로서 이 섬에서 가장 가까운 곳은 핏케언섬인데, 핏케언섬에서도 2000킬로미터나 떨어져 있다. 최전성기에도 이스터섬의 인구는 7000명에 지나지 않았다. 이렇게 보잘것없어 보이는 이 섬의 역사가 인류에게는 아주 음울한 경고를 해 주고 있다.

1722년 부활절(이스터(Easter)) 일요일, 유럽인으로서는 처음으로 네덜란드 사람 야코프 로헤베인(Jacob Roggeveen) 제독이 아레나(Arena)호를 타고 이 섬을 방문했다. 로헤베인이 발견한 것은 누추한 갈대 오두막이나 동굴에서 원시적인 생활을 하면서 끊임없이 전쟁으로 날을 지새우는 인구 3000명 정도의 섬사람이었다. 섬 안에 식량이 워낙 부족한지라 필사적으로 보충하려고 하다 보니 이들은 가끔 서로 잡아먹기까지 하고 있었다. 다음에 방문한 유럽인은 스페인 사람들이었는데, 이들이 1770년에 이 섬을 명목상으로 합병하기는 했지만, 본국에서 워낙 멀리 떨어져 있고 섬의 인구도 적은 데다 자원도 부족했기 때문에 본격적으로 식민 지배를 하지는 않았다. 18세기 후반에도 1774년에 제임스 쿡(James Cook) 선장을 비롯한 몇몇 사람이 이 섬에 잠시 들렀다. 또한 미국 선박 한 척이 이 섬에 와서 원주민 스물두 명을 잡아가, 칠레 해안에 있는 마스아푸에라섬에 바다표범잡이 노예로 팔기도 했다. 섬의 인구는 계속 줄었으며 상황도 점점 나빠져만 갔다. 1877년에 페루인들이 와서 110명의 노인과 어린애들을 빼놓고 모두 노예로 잡아갔다. 결국 이 섬은 칠레에 점령당했고, 영국 회사가 경영하는 거대한 목장으로 바뀌어 그 안에서 양 4만 마리를 길렀으며, 얼마 안 남은 원주민들에게는 아주 작은 마을 하나만 주어 그 안에서만 살게 했다.

이 섬이 발견된 초기에 유럽에서 온 사람들은 누추하고 야만스럽기 그지없는 이 섬의 생활 속에서 한때는 번성했던 사회가 있었던 것 같은 흔적을 발견하고 놀라기도 하고 흥미를 보이기도 했다. 섬 전체에 평균 6미터 높이의 거대한 돌조각 600여 개가 흩어져 있었다. 많은 인류학자가 20세기 초반에 이스터섬의 역사에 관한 연구를 시작했는데, 이들은 한 가지 점에서 의견이 일치했다. 유럽인이 처음 방문했을 때 봤던, 가난에 찌들고 뒤떨어진 상태에서 사는 원시 부족이 그런 거대한 조각상을 만들고 나르며 세우는 것과 같은, 사회적으로 진보되고 기술적으로도 복잡한 일을 해냈을 리가 없다는 점이었다. 그리하여 이스터섬은 하나의 '미스터리'가 되어 버렸고, 그 역사를 설명하기 위해 여러 가지 설이 제기되었다. 그중에서도 기상천외한 발상을 들자면, 외계인이 방문한 흔적이라든지, 지금은 태평양으로 가라앉아 버린 사라진 문명의 흔적이라든지 하는 얘기들이었다. 노르웨이의 고고학자인 토르 헤위에르달(Thor Heyerdahl)은 1950년대에 집필한 유명한 책 『아쿠-아쿠(Aku-Aku)』에서 이 섬을 둘러싼 기묘한 사실들과 역사에 숨겨진 미스터리를 강조한다. 이 섬의 원주민들은 남아메리카 출신들로, 남아메리카에서 (잉카의 위대한 유적과 비슷한) 거대한 조각과 석조물을 만드는 전통을 배워 왔다는 것이다. 그 후 서쪽에서 온 다른 이주민이 정착하고 나서부터 이른바 '귀가 긴 부족'과 '귀가 짧은 부족' 간에 싸움이 끊이지 않아 이스터섬의 복잡한 사회가 멸망에 이르렀다는 것이다. 이 이론은 다른 이론들처럼 황당무계하지는 않았지만, 다른 인류학자들에게서 폭넓은 지지를 얻지는 못했다.

이스터섬의 역사는 사라진 문명과 비밀 종교적 지식의 역사가 아니다. 그것은 인간 사회가 환경에 의존한다는 사실, 그리고 돌이킬 수 없을 정도로 환경을 파괴하면 어떻게 되는지를 보여 주는 섬뜩한 일례다. 그것은 또한 극도로 제한된 자원 기반에서 시작해, 그들이 쓸 수 있었던 기술로 보아서는 세계에서 가장 발달된 사회 중 하나를 건설했던 사람들의 이야기다. 하지만 그렇게 개발하기 위해 섬에 가해진 손상은 엄청난 것이었다. 섬의 환경이 더는 그 압박을 버텨 낼 수 없게 되자, 그 이전의 수천 년간에 걸쳐 땀 흘려 건설된 그 사회는 환경과 더불어 몰락해 버렸다.

이스터섬에 사람이 살기 시작한 것은 인류가 장기간에 걸쳐 지구 전역에 정착해 가던 시기의 마지막 국면에 속한다. 최초의 정착민들은 5세기의 어느 시기에 이주했다. 이 시기에 서유럽에서는 로마 제국이 몰락했고, 중국에서는 200년 전에 한나라가 몰락한 이후 혼란이 계속되었으며, 인도에서는 단명했던 굽타 왕조가 종말을 맞고 있었다. 또한 거대 도시국가 테오티우아칸은 중앙아메리카의 대부분을 지배했다. 최초로 섬에서 생활한 사람들은 폴리네시아인으로, 태평양의 광대한 해역에 걸쳐 탐험하고 정주하는 위대한 과정의 일부였다. 원래 폴리네시아인들은 동남아시아 사람들로, 기원전 1000년에 통가와 사모아 군도까지 도달했다. 여기에서 그들은 더 동쪽으로 움직여 기원후 300년 무렵에 마르키즈(마키저스) 군도에 이르렀고, 다시 두 방향으로 갈라져 5세기에는 남동쪽으로는 이스터섬, 북쪽으로는 하와이까지 이동했다. 이 대이동은 600년 무렵에는 소시에테 군도, 800년 무렵에는 뉴질랜드까지 이른 후 일단락되었다. 이 정착 과정이 끝나고 나자 폴리네시아인들은 북쪽으로 하와이, 남서쪽으로 뉴질랜드, 남동쪽으로 이스터섬에 이르는 거대한 삼각형으로 확산되었다. 이 삼각형의 면적은 오늘날 미국 본토 면적의 두 배로, 폴리네시아인은 지구상에서 가장 넓은 지역에 흩어져 사는 종족이 되었다. 이 장기간에 걸친 대항해에 사용한 배는 카누 한 쌍을 나란히 묶고 그 위로 넓은 판을 놓아 사람과 식물, 동물 및 음식을 싣고 다니는, 이른바 쌍동선이라는 것이었다. 이 항해는 어쩌다가 먼 곳으로 표류해 가서 사는 것이 아니라, 처음부터 다른 곳을 개척하려는 뚜렷한 의도와 계획을 가지고 행한 식민화 사업이었다. 이들이 서쪽에서 동쪽으로 가려면 태평양의 파도와 바람을 거슬러야 한다는 점을 고려할 때, 상당한 수준의 항해술과 선박 조종술을 지녔음을 알 수 있다.

처음에 사람들이 이스터섬을 발견했을 때는 자원이라고는 거의 없었다. 섬은 세 개의 화산이 폭발해 생겨났지만, 그 화산들은 적어도 폴리네시아 정착민들이 도착하기 400년 전에 이미 꺼져 있었다.

온도와 습도가 모두 높았고 토질은 좋은 편이었지만 배수가 잘 안 되었으며, 섬 안에는 계속해 물이 흐르는 개울이나 강이 하나도 없었다. 유일하게 쓸 만한 민물은 꺼진 화산 안에 있는 호수뿐이었다. 대륙에서 워낙 멀리 떨어져 있어 섬에는 식물과 동물의 종류도 다양하지 않았다. 자생식물이 서른 가지 정도 있었을 뿐 포유동물은 없었으며, 곤충 몇 가지와 두 종류의 작은 도마뱀이 있었다. 섬 주변 바다에는 물고기도 거의 없었다. 사람들이 들어오기 시작한 후로도 이런 상황은 별로 나아지지 않았다. 원래 폴리네시아인들은 자기들의 고향인 섬에서도 몇 가지 동식물만 먹고 살았기 때문이다. 당시에 이들이 가축화한 동물들은 닭과 돼지, 개, 폴리네시아 쥐뿐이었고, 주요 작물로는 얌(마과에 속하는 식물)과 타로(토란의 일종), 빵나무, 바나나, 코코넛, 고구마가 있었다. 폴리네시아인 중에서도 이스터섬에 정착한 사람들은 가축이라고는 닭만 가져왔고, 물론 쥐가 따라왔다. 이들은 이 섬의 기후가 빵나무와 코코넛 같은 반(半)열대작물에는 맞지 않으며, 특히 자기들의 주식인 타로와 얌을 기르기가 어렵다는 것을 곧 알게 되었다. 사람들은 결국 고구마와 닭을 주식으로 삼을 수밖에 없었다. 영양학적으로는 적절했지만 지극히 단조로운 이 식생활의 유일한 장점은 고구마 경작에 노동력이 많이 들지 않아 다른 활동을 할 수 있는 여가 시간이 많았다는 점이다.

5세기 무렵에 정착민이 몇 명이나 도착했는지는 알 수 없지만, 많아야 20~30명에 지나지 않았을 것이다. 인구가 점차 증가하면서 다른 폴리네시아 지역과 유사한 사회조직이 들어섰다. 사회의 기본 단위는 함께 땅을 소유하고 경작하는 확대가족이었다. 밀접하게 연결된 가족 구성원들은 문중과 씨족을 이루고, 각 문중과 씨족에는 고유의 종교와 의식 활동의 중심 장소가 있었다. 각 씨족을 통솔하는 족장은 여러 가지 작업을 조직하고 지휘하며 음식과 기타 필수품을 씨족 내에 분배했다. 바로 이런 씨족이라는 조직들과 그 사이의 경쟁(그리고 아마도 갈등)이 이스터섬 최고의 성취를 이룩해 내기도 했고, 궁극적으로는 그 섬을 붕괴시키기도 한 것이다.

작은 오두막과 개방된 경작지로 구성된 정착촌들이 섬의 이곳저곳에 흩어져 자리 잡았다. 사회 활동은 1년 중 특정한 시기에 진행되는 제사를 지내는 장소를 중심으로 이루어졌다. 제사 장소에서 가장 중요한 구조물은 석조 제단으로, 다른 폴리네시아 지방에서도 발견되는, 묘지와 조상 숭배 장소, 과거의 족장을 제사 지내는 곳으로 이용된 아후(ahu)와 비슷한 것이다. 이스터섬이 달랐던 점은 식량 생산에 시간이 거의 들지 않았기 때문에 씨족장들이 그 많은 여가 시간을 제례 활동에 쏟아부을 수 있었다는 것이다. 그 결과 자원이 얼마 없었다는 점을 고려한다면 모든 폴리네시아 사회 가운데 가장 앞선, 세계에서 가장 복잡한 의례용 축조물이 탄생했다. 이스터섬 주민들은 정교한 의례와 기념비 건축에 몰두했다. 폴리네시아 문화에서 유일하게 알려진 문자로서, 문자라기보다는 연상 기호에 더 가까운 원시적인 문자인 롱고롱고(rongorongo)라는 것이 있는데, 이스터섬에서는 제사를 지낼 때 이 롱고롱고로 된 주문 비슷한 것을 암송하기도 했다. 그런 정교한 의례 절차 중에 오롱고라는 지역에서 행해진, 새를 숭배하는 제의가 있는데, 이곳에서는 마흔일곱 개나 되는 특수 가옥의 흔적과 수많은 제단, 바위에 깊이 새긴 부조 등의 유적이 발견된다. 의례 활동에서 가장 중요한 제사 장소는 아후였다. 300여 개의 아후 제단이 주로 바닷가를 따라 섬에 남아 있다. 아후가 배치되는 위치는 고도로 복잡한 천문학적 의미를 따져 정해졌다. 즉 하지와 동지, 춘분, 추분 등의 날에 태양이 떠오르는 방향과 각도에 맞추어 지은 것이다. 이 사실만으로도 당시 섬 주민의 지적 수준이 어느 정도였는지 알 수 있다. 각각의 아후에는 한 개에서 열다섯 개까지의 거대한 석상이 세워져 있다. 이들이 세월을 견뎌 내고 남아, 지금은 사라져 버린 이스터섬 사회를 기억하게 하는 구조물이 되고 있다. 바로 이 석상군이 서민들의 막대한 노동력을 잡아먹은 것이었다. 석상은 라노 라라쿠(Rano Raraku)의 채석장에서 흑요석으로 만든 돌도끼만을 사용해 캐냈다. 남자의 머리와 가슴까지 조각한 것인데, 디자인은 일정한 양식을 지켰다. 머리 꼭대기에는 다른 채석장에서 캐어 온 붉은 돌로 머리 장식을 얹었는데, 이것만해도 10톤은 나간다. 조각 작업은 복잡하기보다는 시간이 많이 드는 일이었다. 가장 어려운 과제는 6미터 높이에 무게가 수십 톤씩 되는 석상들을 어떻게 섬을 가로질러 운반해 아후 제단 위에 세우는가 하는 일이었다.

이 돌을 운반하는 문제에 관한 이스터섬 사람들의 해결책이 그 후 그 사회 전체가 맞이한 운명을 설명하는 열쇠를 제공한다. 섬에는 수레를 끌 만한 가축이 없었기 때문에, 그들은 나무둥치를 잘라 깔고 그 위로 석상을 굴려 돌들을 운반했다. 섬의 인구는 5세기 무렵의 작은 집단에서 점점 늘어나 최전성기인 1550년에는 7000명에 이르렀다. 시간이 갈수록 씨족 집단의 수가 증가했고, 더불어 그들 사이의 경쟁도 치열해졌을 것이다. 16세기에 이르러서는 수백 개의 아후가 세워졌고, 그와 함께 600여 개의 거대한 석상이 조각되었다. 그러다가 그 절정기에서 이스터섬 사회는 갑자기 붕괴해 버렸다. 그 석상들의 절반쯤을 라노 라라쿠 채석장 주변에 미완성으로 남겨둔 채. 붕괴 원인은, 그리고 이것은 이스터섬 '미스터리'를 이해하는 열쇠이기도 한데, 바로 섬 전체의 나무를 베어 냈기 때문에 초래된 대규모 환경 악화였다.

18세기에 유럽인들이 처음 이 섬에 왔을 때는 사화산 라노 카오 (Rano Kao)의 분화구 바닥에 남아 있는 한 줌의 고유 식물종을 제외하면 섬 전체에 나무라고는 없었다. 그런데 최근에 꽃가루 분석 등 과학적 연구 방법이 발전하면서, 이스터섬에 처음으로 사람이 살기 시작하던 무렵에는 넓은 삼림을 비롯해 울창한 식물이 자라고 있었다는 사실이 밝혀졌다. 인구가 천천히 늘면서 농경지를 만들고 난방과 조리를 위해, 가재도구를 만들기 위해, 집과 카누를 만들기 위해 나무를 베어 냈을 것이다. 그중에서도 목재가 가장 많이 필요했던 부분은 엄청나게 무거운 석상들을 섬 주변의 제단까지 수도 없이 운반해야 했던 점이었다. 이런 일을 해낼 유일한 방법은 수많은 사람이 채석장에서 아후까지 통나무를 깔아 대충 레일 비슷하게 만든 뒤, 그 위로 돌을 굴리는 것뿐이었다. 여기에는 막대한 양의 목재가 필요했을 것이며, 씨족 간에 조각상 세우기 경쟁이 치열해짐에 따라 그 필요량은 점점 늘어났을 것이다. 그 결과 1600년 무렵에는 섬의 모든 나무가 사라지게 되었고, 채석장 주변에 많은 미완성품을 남긴 채 조각상 세우기도 끝나게 되었다.

삼림 벌채는 정교한 사회적·의례적 생활에 죽음을 알리는 종이었을 뿐 아니라, 그 밖에도 전체 주민의 일상생활에 극적인 영향을 미쳤다. 1500년 무렵부터 이미 나무가 부족해져 사람들은 나무로 집을 짓는 것을 포기하고 동굴에서 생활해야 했으며, 한 세기 후에 목재가 모두 사라져 버린 뒤에는 누구 할 것 없이 남아 있는 자원만으로 생활해야 했다. 집을 지을 때도 언덕을 파고 돌을 쌓아 만들거나 분화구의 호숫가에서 자라는 빈약한 갈대로 만들 수밖에 없었다. 목재로 된 카누도 만들 수 없었으며, 긴 항해에는 견디지 못하는 갈대로 만든 쪽배가 고작이었다. 고기잡이도 어려워졌다. 이들은 옷감의 재료이기도 했던 꾸지나무로 그물을 만들었었는데, 꾸지나무를 더는 구할 수 없었기 때문이다. 안 그래도 가축 분뇨의 부족으로 작물에 빼앗긴 영양분을 보충할 길이 없어 황폐해져 가던 토양이 삼림마저 황폐해지자 더욱 심하게 악화되어 갔다. 식생이 사라진 벌거벗은 땅의 면적이 점점 늘어남에 따라 토양이 부식되고 필수 영양분이 빠져나갔기 때문이다. 당연히 작물 수확량도 감소했다. 이러한 문제에 영향을 받지 않은 유일한 식량은 닭뿐이었다. 전에 없이 닭이 귀중해지자 닭을 훔쳐 가는 도둑을 막을 필요성도 커져, 이때쯤 돌로 만든 닭장이 섬에 등장했다. 점점 감소하는 자원으로는 7000명의 인구를 먹여 살릴 수 없게 되었으므로 섬의 인구는 급격하게 줄어들기 시작했다.

1600년 이후 이스터섬 사회는 쇠퇴기에 접어들어 점차 원시적인 상태로 퇴행해 갔다. 나무가 없었고, 따라서 카누를 만들 수도 없었기 때문에 이들은 스스로 자초한 환경 파괴의 결과를 피할 도리 없이 이 외딴 섬에 갇혀 버리고 말았다. 마찬가지로 사회도 문화도 삼림 파괴에서 타격을 받았다. 석상을 더는 세울 수 없게 되었기 때문에 지금까지 키워 온 신앙 체계와 사회조직이 파괴적인 영향을 입은 것은 말할 것도 없고, 그 복잡한 사회가 세워진 기반 자체가 흔들렸음이 틀림없다. 줄어들기만 하는 자원을 둘러싼 갈등은 점점 심화되어 마침내는 전쟁이 끊이지 않는 상태가 되었다. 이긴 자가 진 자를 노예로 부리는 일이 흔해졌고, 구할 수 있는 단백질이 부족해짐에 따라 식인 풍습까지 생겨났다. 전쟁의 주목적 중 하나는 상대편 부족의 아후를 파괴하는 것이었다. 아후 중에서 몇 안 되는 곳은 공동묘지로서 남았지만, 대부분은 버려졌다. 너무 커서 파괴할 수 없었던 석상들은 쓰러뜨렸다. 18세기에 처음 이곳을 찾았던 유럽인들은 그나마 선 채로 남아 있는 석상을 몇 개 볼 수 있었지만, 1830년 무렵에 가서는 모두 다 쓰러져 버렸다. 외부에서 온 방문객들이 원주민들에게 어떻게 이 석상들을 채석장에서 옮겨 왔느냐고 물으면, 이제는 미개인이 되어 선조들의 업적을 기억 못 하게 된 섬사람들은 이 거대한 석상들이 섬을 가로질러 "걸어왔다."라고 대답했다고 한다. 나무라고는 없는 이상한 섬의 경관을 보면서 유럽인들도 논리적인 답을 발견할 수 없었기에 원주민들과 마찬가지로 오리무중에 빠지고 말았다.

이스터섬 주민들은 수 세기에 걸쳐 난관을 헤쳐 가며 그 유형으로는 세계에서 가장 앞선 사회를 건설해 냈다. 1000년 동안 이들은 정교한 사회적·종교적 관습에 맞추어 생활해 왔는데, 이 관습은 어느 정도까지는 이들이 단순히 생존해 가는 상태를 넘어 번영을 구가할 수 있게 해 주었다. 이것은 인간 재능의 승리였고 어려운 환경을 극복한 위업이었다고 볼 수 있다. 하지만 늘어나는 인구와 섬 주민들의 문화적 야망은 한정된 자원이 감당해 내기에는 너무 컸다. 약탈의 압력을 견디지 못하고 환경이 파괴되자 사회는 빠른 속도로 붕괴되어 거의 야만 상태에 이르게 되었다.

이스터섬 주민들은 자기들이 외부 세계로부터 거의 완전히 고립되었다는 사실을 알았으므로, 자기들의 생존 자체가 이 작은 섬의 한정된 자원에 전적으로 달렸다는 사실도 잘 이해했어야 했다. 어쨌거나 그 섬은 하루 정도면 섬 전체를 걸어 돌아볼 수 있을 만큼 작아 숲에서 어떤 일이 일어나는지를 볼 수 있었을 테니까. 그런데도 그들은 환경과 제대로 균형을 맞출 수 있는 체제를 고안해 낼 수 없었다. 그 대신에 아무것도 남지 않을 때까지 중요한 자원을 다 써 버렸던 것이다. 실제로 누가 보아도 섬의 자원이 바닥나고 있다는 것을 알 수 있게 되었을 바로 그 시점에서 부족 간 경쟁은 더욱 치열해졌던 것으로 보인다. 씨족의 특권과 지위를 더욱 확보하려는 뜻에서였는지, 섬 전체에 더 많은 석상이 세워졌기 때문이다. 얼마 남지 않은 목재를 구하기 위해 씨족 간의 싸움도 점점 더 치열해졌다. 그렇게나 많은 석상이 미완성으로 남거나 채석장 주변에 버려진 채로 남았다는 사실은 섬 사람들이 남아 있는 나무가 얼마나 적었는지를 전혀 고려하지 않았다는 점을 보여 준다.

이스터섬의 운명은 더 폭넓은 함의를 가진다. 이스터섬과 마찬가지로 지구에는 인간 사회와 그들의 요구를 충족할 수 있는 자원이 제한되어 있다. 섬의 주민들처럼 인류 역시 지구를 떠날 방법이 없다. 세계의 환경이 어떻게 인류의 역사를 형성해 왔고, 인간은 그들이 살아가는 세계를 어떤 모습으로 만들고 변화시켰던가? 이스터섬의 원주민들과 같은 덫에 빠졌던 사회는 없었을까? 지난 200만 년 동안 인간은 늘어나는 인구와 점점 복잡해지는 기술 문명, 진보하는 사회를 감당하기 위해 더 많은 식량을 확보하고 더 많은 자원을 뽑아 쓰면서 살아올 수 있었다. 하지만 과연 자기들이 사용할 수 있는 자원을 치명적으로 고갈시키지 않고, 자기들의 생명 보전 체계를 돌이킬 수 없을 만큼 파괴하지 않는 생활양식을 찾아내 실천하며 살아오는 데 이스터섬 사람들보다 더 성공적이었던 사회가 있었는가?

역사의 기초

2

인류의 역사는 다른 요소들과의 관련을 떠나서는 이해할 수 없다. 모든 인간 사회는 복잡하게 상호 관련된 물리적·화학적·생물학적 과정에 의존해 지금까지 살아왔고 현재도 살고 있다. 이 과정에는 태양이 생산하는 에너지, 생명에 필수적인 요소들의 순환, 지구 표면을 가로지른 대륙의 이동을 일으킨 지리적 과정, 기후변화를 조절하는 요소 등이 포함되어 있다. 이런 것들이야말로 다양한 유형의 식물과 (인간을 포함한) 동물들이 복잡하고 상호 의존적인 공동체를 만들어온 기초를 이룬다. 다양한 분야의 연구 성과로 인해, 지구상의 생명과 모든 인간 사회는 이 복잡한 과정 속에서, 그리고 전체 과정들 사이에서 일어나는 일련의 미묘한 균형을 유지해야 살아갈 수 있다는 사실이 점점 더 분명히 밝혀지고 있다. 그런 연구 성과로 인해 우리는 환경이 인류 사회의 발달에 영향을 미치는 방식, 그리고 마찬가지로 중요한 의미를 지니는, 인간이 지구에 영향을 미치는 방식에 관해 이해할 수 있게 되고 있다.

인류 역사는 오랜 세월에 걸쳐 대규모의 지질학적·천문학적 힘들의 움직임에 영향을 받아 왔다. 지구상의 육지 총면적은 큰 변화가 없었지만, 육지의 모습이 드러나는 모양새는 급격하게 변화해 왔다. 지구 표면 밑으로 몇 킬로미터만 내려가도 바위가 녹아 있는데, 이것은 지구의 중심부에서 올라오는 열에 의해 대류 현상을 일으키며 흘러서 이동한다. 이 흐름이 지구 표층부, 즉 지각(地殼, crust) 내부에서 움직임을 일으켜, 지구 표면 전체를 가로지르는 거대한 '지판'(地板, plate)의 움직임을 낳는다. 지구 중심에서 일어나는 대류의 흐름은 큰 바다 밑 산맥의 분수령을 따라 샘솟듯 솟구치면서 밖으로 분출되는데, 이로 인해 매년 북대서양은 1.3센티미터 정도, 동태평양은 10센티미터 정도 넓어지고 있다. 이때 솟아나 온 물질들은 다시 깊은 바닷속 해구, 즉 해저에 형성된 깊은 도랑을 통해 지구 내부로 흘러들어 간다. 두 개 이상의 지판들이 마주치는 곳은 대단히 불안정해 지진이 일어나고 화산이 생기는 원인이 된다.

이런 움직임은 대규모 자연재해를 일으키며 인류 역사의 흐름에 단락을 지어 준다. 크레타섬의 미노스 사회를 무너뜨렸다고 추정되는 테라 화산의 분출, 헤르쿨라네움과 폼페이를 멸망시켰던 베수비오 화산의 폭발, 1556년에 중국의 산시 지방을 덮쳐 80만 명의 인명 피해를 낸 지진, 1755년에 리스본에서 일어난 지진이나 1923년에 수만 명의 목숨을 앗아 간 도쿄의 지진 등이 그것이다. 장기간에 걸친 영향은 더 크다. 약 4억 년 전에 지구에는 단 두 개의 거대한 대륙이 있었을 뿐이다. 로라시아(북아메리카와 유럽, 아시아)와 곤드와나(남아메리카와 아프리카, 인도, 오스트레일리아, 남극대륙)라는 대륙으로, 테티스해가 두 대륙을 나누고 있었다. 이렇게 두 개의 거대한 땅덩이가 쪼개졌을 때, 남쪽 대륙인 곤드와나는 남극 위로 펼쳐져 현재의 브라질과 남아프리카가 있는 곳에 빙하를 형성했고, 로라시아는 열대에 있었다. 현재의 북아메리카가 유럽에서 분리되기 시작한 것은 약 2억 년 전이지만, 충분히 분리되어 대서양이 형성되기 시작한 것은 8000만 년 전의 일이다. 곤드와나 대륙도 약 1억 6000만 년 전에 두 개의 다른 대륙으로 분리되기 시작했다. 다만 인도양의 대부분이 형성되어 오스트레일리아와 남극이 갈라지는 것은 비교적 최근인 6000만 년 전의 일이었다. 아프리카와 남아메리카는 약 1억 년 전에 갈라졌다.

대륙의 이동은 인류 역사에 엄청난 영향을 미쳤다. 지구상에 다양한 자원의 분배를 결정지었고, 대륙마다 서로 다른 식물군과 동물군이 살게 했다. 지구 중심에서 솟아올라 온 물질은 대륙의 일부를 형성하면서 세계 광물자원의 분포 및 함유량을 결정했다. 지금의 대륙들이 과거에는 어디에 속했는지를 알면, 현재 세계의 화석연료가 어디에 어떻게 매장되어 있는지 알 수 있다. 석탄과 석유, 천연가스는 2억 5000만 년 전에서 3억 년 전에 존재했던 광대한 열대림이 분해되어 생겨난 것이다. 대륙의 이동은 또한 과거에서 현재에 이르기까지 각 시기에 어떤 동식물이 분포했는지를 결정하는 주요한 원인이 되기도 했다. 전혀 다른 세계와 갑자기 부딪히자 어떤 것은 고립되어 진화했고 어떤 것은 경쟁자들에 의해 멸종되었다. 구체적 예를 들어 보자. 약 8000만 년 전, 캥거루처럼 새끼를 자기 몸의 일부인 주머니같이 생긴 기관에서 키우는 동물인 유대류는 전 세계에 고루 분포해 있었다. 대륙이 이동하기 시작하자 유라시아의 유대류는 태반을 가진 포유동물로 대치되었다. 그런데 남아메리카에서는 약 3000만 년 전에 북아메리카와 연결될 때까지 유대류가 남아 있었고, 아직도 분리된 채로 남아 있는 오스트레일리아에서는 지금도 유대류가 산다. 세계 각지의 동물들이 겪은 진화 역시 인류 역사에 중요한 영향을 미쳤다. 유라시아에서 분리된 남북아메리카 대륙에는 양과 염소, 소, 말 등 유럽과 아시아에서는 오래전부터 가축화된 동물이 존재하지 않았다. 이것은 남북아메리카의 농경과 교통의 발달에 지대한 영향을 끼쳤다. 아메리카에서는 가축의 중요성이 상대적으로 적었을 뿐 아니라, 바퀴의 원리는 알았지만 수레를 끌 동물이 없었기 때문에 바퀴가 실용화되지 않았다.

기후는 인류 역사를 형성하는 데 근본적인 힘이 되었다. 해마다 일어나는 기후변화도 작물 수확에 영향을 주지만, 광범위하며 장시간에 걸친 기후변동은 더욱 중요하게 작용해 왔다. 그것은 인간이 지구 위의 여러 지역에 정착할 수 있게 하는 능력에 영향을 주었고, 식물과 동물이 분포되는 방법에도 영향을 미쳤으며, 작물 재배에 한계를 부여했다. 지구상의 대륙 분포 역시 기후를 결정짓는 요인이 되었다. 예를 들어 빙하기는 과거 250만 년 동안 세계의 기후를 지배했는데, 그 영향이 나타나는 방식은 북반구의 대륙 분포에 의해 달라졌다. 거대한 빙상이 형성되고, 기후가 더 추워지면 더 남쪽까지 확대되어 온 것은 300만 년 전에 북극 주변으로 모인 대륙에 둘러싸인 북극해가 조성되면서부터였다.

대륙의 배치는 세계의 기후를 결정하는 요소 가운데 하나에 지나지 않는다. 태양에너지의 복사량이 대기 중에 점점 더 많아지고 이산화탄소와 메탄 등 기체의 농도가 높아진 것도 기후변화의 중요한 원인이다. 기후를 결정하는 또 하나의 주된 요인은 지구와 그 공전궤도에 관련된 다양한 천문학적 주기다. 옛 유고슬라비아의 과학자 밀루

틴 밀란코비치(Milutin Milanković)가 1920년대에 이미 이러한 이론을 주창했지만, 대체로 무시되었다. 약 30년 전부터 해양의 바닥이나 빙상 가운데에 들어 있는 물질에 관한 분석이 진전되어 과거 수십만 년에 걸친 기후변동의 역사가 밝혀지기 시작하면서 비로소 밀란코비치의 이론이 받아들여졌다. 지구의 공전궤도는 9만 년에서 10만 년 동안에 걸쳐 거의 완전한 동그라미 모양에서 좀 더 타원형인 모양으로 바뀐다. 현재 궤도는 점점 더 원형이 되어 태양열이 지구에 도착할 때 최대치와 최소치 사이의 차이가 점점 줄어들고 있다. 두 번째 주기는 지구가 태양에 가장 가까운 위치에 놓이는 시간에 관한 것으로 2만 1000년 길이다. 현재 지구는 북반구가 겨울인 시기에 태양에 가장 가까이 간다. 이로 인해 북반구에서는 계절별 온도 차이가 작아지는 반면에 남반구에서는 커진다. 세 번째 주기는 지구자전축의 기울기가 조금씩 변화하면서 한 주기를 이루는 시간인데, 약 4만 년에 해당한다. 현재 기울기는 감소하고 있는데, 이로 인해 계절 간의 차이는 더욱 줄어들고 있다. 그 밖에도 태양에너지 복사량이 조금씩 달라지는 22~23년 정도의 짧은 주기들도 있지만,(이런 주기들은 태양흑점의 활동 및 태양자기장의 역전에 관련되어 있다.) 지구 규모의 기후변화를 크게 결정하는 것은 앞에 든 세 가지 장기 주기들의 결합이다.

　이러한 장기 주기들은 지구에 도달하는 태양에너지의 분포를 변화시킨다. 현재 북반구의 대륙들이 북극 가까이에 모여 있다는 것은 큰 중요성을 지닌다. 북반구에서 여름 동안에 받는 태양열이 2퍼센트만 감소해도 빙하기를 초래할 수 있기 때문이다. 여름이 서늘하면 겨울에 생긴 눈과 얼음이 다음 해 겨울까지 남아 있고, 이렇게 해서 눈과 얼음의 면적이 늘어나면 지표면의 반사율이 높아져 태양열을 반사해 되돌려 보내기 때문에 지표면은 더욱더 서늘해진다. 그로 인해 또 북반구의 기온이 내려가 빙상과 빙하가 급속히 확대된다. 그러나 남반구에서는 지구의 궤도 변화로 추운 여름이 왔다고 해도 북반구에서와 같은 작용은 잘 일어나지 않는다. 남극 부근에는 남극대륙을 제외하고는 육지가 별로 없고, 대신에 기온의 변화를 완화해 주는 물이 엄청나게 많이 있기 때문에 대륙 빙상이 발달하기 어렵기 때문이다. 지난 250만 년 동안 빙하기 주기는 지구의 기후를 지배해 왔다. 간빙기는 대체로 짧아 지난 200만 년 동안에 25만 년에 지나지 않았다. 가장 더웠던 간빙기는 12만 년 전이었다.

인간을 포함해 지구상에 있는 다양한 생명체들은 독립적으로 존재할 수 없으며 생태계의 일부를 이룬다. 생태계란 유기체와 그 환경이 이루는 공동체를 가리키는 용어다. 생태계의 유형에는 열대우림과 초원 지대, 산호초 등 여러 가지가 있지만, 이 모든 생태계의 성립 기반, 즉 지구상 모든 생명체의 생존 기반이 되는 것은 광합성 과정이다. 이것은 식물과 특정 유형의 박테리아가 태양에너지를 이용해 생명체에 필수적인 화학 합성물을 만들어 내는 과정이다. 심해의 해저 화산 분화구에 생성된 유황을 먹고 사는 독특한 생명체를 제외하면, 광합성은 태양에너지가 생태계로 유입되는 유일한 경로다. 태양에너지 중에서 실제로 물질로 전환되는 부분은 극히 적다. 또한 이 전환 효율은 지상에 도착하는 빛의 양과 물리학 법칙, 대기 중 이산화탄소의 양 등 세 가지에 의해 결정되기 때문에 어떻게 개선해 볼 도리가 없다.(식물의 종자를 개량한다고 해도 광합성 효율을 높이지는 못한다. 기껏해야 인간이 사용할 수 없었던 광합성 산물의 일부를 인간에게 필요한 형태로 돌리는 정도일 뿐이며, 그렇게 된 만큼 다른 데 사용될 에너지는 줄어든다.)

각 생태계 내에서는 광합성 능력을 지닌 식물(나무나 풀 등)이 기본적인 에너지 공급원이 된다. 이들은 생태계 내의 모든 생물이 서로 얽힌 먹이사슬의 밑바닥을 이룬다. 식물(광합성체)이 죽으면 흙 속의 곰 팡이와 같은 분해자들에 의해 분해되는데, 이렇게 해서 그중 필수 원 소가 다른 식물이 이용할 수 있는 형태가 된다.(해양 환경 속에서도 마찬 가지 일이 일어난다.) 식물(광합성체)들은 이들에게서 필요한 영양분을 섭취할 수 있는 동물(초식동물)에게 먹힌다. 초식동물은 또다시 이들 에게서 영양분을 뽑아낼 수 있는 다른 동물(육식동물)에게 먹힌다. 육 식동물 중에서도 먹이사슬의 제일 꼭대기에 자리 잡은 종류는 초식 동물과 육식동물 둘 다를 먹을 수 있다. 이 모든 동물이 죽으면 그 시 체가 썩어 기본 원소들이 재활용된다. 대부분의 생태계는 다양한 부 분 사이에 무수한 상호 관계가 얽힌 복잡한 먹이사슬을 가진다. 하지 만 아무리 복잡해도 여기에는 한 가지 철칙이 있다. 먹이사슬의 위에 있는 동물일수록 수가 적어야 한다는 것이다. 먹이사슬의 계단을 올 라갈수록 광합성체의 1차 산물에서 멀어지면서 에너지로 바뀌는 효 율이 줄어들기 때문에, 이 시스템에서 지원받을 수 있는 개체의 수가 그만큼 줄어든다. 바로 이 때문에 한 생태계 내에서 육식동물의 수는 1차 생산자의 수보다 대단히 적다. 잉글랜드 남부에 있는 낙엽수림 의 예를 보자. 여기서 광합성체, 즉 풀과 나무가 만든 1차 산물 중 거 의 90퍼센트에 달하는 양이 땅에 떨어져 분해되고, 나머지 8퍼센트 는 나무에 저장되지만, 이 역시 결국에는 분해되고 만다. 3퍼센트보 다 적은 양만이 초식동물에게 먹히며, 초식동물들을 먹는 육식동물 은 그보다 더 적은 양을 이용하는 것이다.

어떤 생태계도 같은 상태에 머무르지 않는다. 시간이 경과함에 따라 생태계 속 동물들은 스스로 환경에 맞추어 나가는 행동을 통 해 변화하는데, 이런 변화는 일정한 질서를 따르기 때문에 예측할 수 있다. 이에 따라 식물과 동물도 변화를 겪으며, 궁극적으로는 그 생태계에 주어지는 에너지 총량에 맞는 한도 내에서 최대한의 동식물을 유지하는 상태로 나아간다. 이런 상태를 극상이라고 한다. 아무것도 없는 바위에 이끼가 끼고 점차 고사리와 덤불이 생겨나 결국에는 나무들이 자라서 숲이 되어 극상을 이루기까지는 수천 년이 걸리는데, 그때부터는 사람이 건드리지만 않는다면 오랜 세월 지속될 수 있다. 바위에 처음 붙어 살기 시작하는 생물, 즉 최초의 개척종(pioneer species)은 토양이 거의 없거나 전혀 없는 상태에서도 살아가게끔 적응되어 있다. 이들이 썩어 그것이 쌓임에 따라 서서히 더 나은 토양이 생성되어 일년생식물이, 이어 다년생식물과 풀, 덤불, 나무들이 생겨난다. 생태계가 발전하고 변화함에 따라 그것이 지탱할 수 있는 식물과 동물도 변해 간다. 이러한 생태계의 변화는 지구의 역사에서 무수하게 일어나 왔다. 예를 들어 빙하기가 끝난 후에 빙판이 걷히면서 드러난 바위는 수천 년이 지나면 극상의 온대 삼림으로 변화한다. 극상의 생태계가 파괴되면,(종종 인간의 개간으로 파괴된다.) 거기에는 이미 질 좋은 토양이 존재하기 때문에 변화 과정이 가속적으로 일어난다. 예컨대 잉글랜드에서 경작하지 않고 그대로 방치해 둔 땅(사실은 이 땅도 옛날에 삼림을 전부 베어 버리고 만든 것이다.)은 150년 이내에 잡초와 풀, 산사나무 같은 덤불 등의 단계를 거쳐 떡갈나무 삼림과 물푸레나무 삼림으로 돌아가 버렸다.

생태계의 성격은 기온과 강우량에 크게 좌우된다. 따라서 극지방과 적도 사이에는 다양한 생태계가 넓은 띠 모양으로 분포한다. 지구의 기후변화는 수천 년 동안에 수백 킬로미터씩 이 띠의 위치를 변화시킬 뿐 아니라, 지역에 따라 생태계의 특징이 생겨나기도 한다. 현재 극지방 부근에는 강우량이 적고 기온도 낮아 영구 동결 상태에 있는 툰드라 지대가 형성되어 있다. 이 지대는 배수가 잘 안 되며 산성 토양에 키 작은 덤불로 뒤덮여 있다. 북극에서 좀 더 떨어진 곳은 타이가 라고 부르는 거대한 침엽수림 지대를 이루고 있다. 거기서 더 벗어나 면 풍부한 식물상과 더 나은 토양, 대량의 낙엽과 거기 알맞게 많은 분해자를 가진 온대 삼림이 나온다. 다음에 나오는 것이 초원으로, 온대 삼림보다 강우량이 적고 토질도 더 나쁘다. 적도에서 북위 30도 와 남위 30도에 자리 잡은 두 띠는 넓은 사막 지대다. 이 지역에 사막 이 생기는 것은 지구 기후 체계상 이 위도 위에 매우 건조한 공기가 다량으로 집중되기 때문이다. 마지막으로 적도 부근에는 많은 강우 량과 높은 온도를 특징으로 하는 넓은 열대 삼림 지대인 열대지방이 나온다. 이렇게 개괄적으로 말했지만, 실제로는 가시나무가 흩어져 있는 열대 사바나, 남부 뉴질랜드와 북서아메리카에 존재하는 온대 우림 등 지역적인 변화가 많이 있다.

각 생태계의 생산성도 크게 차이가 난다. 툰드라 지대는 춥고 태 양 광선이 부족해 1차 생산물인 식물이 비교적 적다. 이것은 여기에 살 수 있는 생물의 종류가 많지 않고 그 수도 많지 않음을 뜻한다. 그러 므로 먹이사슬도 상대적으로 짧고 단순하다. 지상의 모든 생태계 중 가장 생산성이 높은 것은 열대 삼림이며, 산호초나 강어귀는 열대 삼 림에 버금갈 만큼 생명으로 가득 차 있는 반면, 대양은 거의 사막 지대 수준이다. 세계 육지의 6퍼센트를 차지하는 열대 삼림은 지구상의 모 든 1차 생산물의 40퍼센트를 생산하며, 지구상의 모든 동식물의 절 반가량을 품고 있다. 열대 삼림에 사는 생명체는 수도 많을 뿐 아니라 종류도 매우 다양하다. 10제곱킬로미터의 땅 안에는 1500종의 현화 식물, 750종의 목본, 125종의 포유동물, 400종의 새, 100종의 파충류, 60종의 양서류, 150종의 나비와 약 5만 종의 곤충(열대 삼림 전체에는 약 2000만 종의 곤충이 있다.)이 산다. 하지만 열대 삼림은 토양이 풍부한 온대 삼림과는 구조가 매우 다르다. 모든 영양분의 4분의 3가량이 식물과 나무에 함유되어 있고 토양에는 겨우 8퍼센트가 있을 뿐이다. 비는 땅으로 거의 스며들지 않는다. 반 이상이 증발되고 나머지는 식물과 나무로 대부분 직접 흡수되어 버린다. 토양 자체는 얇고 산성에다 부식토가 거의 없는 척박한 토양이다. 만일 개간으로 인해 생태계가 파괴된다면 영양분도 파괴되고 만다. 그 토양에는 작물이나 풀을 지탱할 만한 영양분이 거의 없기 때문에 노출된 땅은 딱딱하게 구운 것 같은 점토로 빠르게 변해 버린다.

토양은 생태계의 산물이다. 그것은 살아 있는 식물과 동물에 의해 만들어지며, 그들에게 의존해야 기름지고 생산성이 높은 상태를 지속적으로 유지할 수 있다. 최초의 생명체들이 바다에서 출현하기 이전에는 지구상에 토양이 없었다. 육지의 모든 땅은 풍화작용으로 조금씩 부서져 나가는 바위와 사막으로 뒤덮여 있었다. 토양은 여러 가지 물리적·화학적·생물학적 과정을 거쳐 수천 년에 걸쳐 만들어졌다. 바위가 풍화되어 미세한 조각으로 갈라진 뒤 식물이나 동물의 사체와 섞이고, 이것이 더욱 큰 식물을 지탱할 수 있는 기반이 되어 생태계가 극상으로 만들어졌던 것이다. 비옥해진 토지가 그 상태를 유지하려면 그곳에서 자라는 식물, 그 밑의 토양, 분해자들의 작업, 강우량이나 기온 같은 기타 환경 요인들이 활발하게 상호작용을 해야 한다. 이 모든 과정이 있기 때문에 세계 각지의 토양은 지구상에서 가장 복잡한 생명 체계다. 예를 들어 온대기후의 좋은 토양이라면 단 5000제곱미터의 면적에 한 가지 박테리아의 개체 수만 봐도 100만 개가 있고, 10만 개의 효모 세포와 5만 개의 곰팡이실이 있다. 오랜 세월에 걸쳐 진행되는 이러한 토양 형성 과정은 인간의 시간관념에서 볼 때는 너무나 느리다. 그래서 토양은 사실상 재생할 수 없는 자원으로 봐야 한다. 토양은 또한 매우 취약한 자원이기도 하다. 생태계는 토양에 의존하는 동시에 토양을 보호해 가면서 자연스럽게 발달한다. 건조한 초지대에서는 풀뿌리들이 척박한 토양을 붙들어 두며, 온대 삼림에서는 가을에 떨어지는 낙엽과 죽은 물질을 먹고 사는 많은 분해자의 협동 작업 과정이 고도로 비옥한 토양을 유지한다. 열대우림의 토양에는 일반적으로 영양분이 많이 들어 있지 않고, 많은 강우량과 고온으로 인해 더욱 나빠질 수 있으므로 생태계는 토양을 보호하는 방식으로 발달한다. 그러므로 열대우림이 한 번 파괴되거나 심한 타격을 입으면, 그 밑에 있는 토양은 바로 손상되고 바람이나 비에 의해 침식되어 결국 불모의 토지만 남는다.

생태계의 각 구성 요소를 완전히 이해하기 위해서는 각각을 더 큰 전체의 일부로서 보아야 한다. 생태계의 모든 구성 요소는 먹이사슬의 여러 단계에서 서로 연관되어 움직이는 자기 제어 주기와 피드백 고리, 연결선 등을 통해 상호 연관되어 있다. 생태계의 한 부분이 제거되거나 교란되면 그 체계 내 다른 곳에 파급효과가 생긴다. 그 반향의 정도는 물론 그 교란의 성격과 규모, 지속 시간에 따라 달라진다. 또한 그 영향을 받은 부분의 상대적 중요성과 그 생태계의 회복 능력에 따라서도 달라진다. 예를 들어 한 종의 동물이 병이나 사냥으로 멸종된다면, 먹이사슬의 위아래로 그 영향이 파급될 것이다. 그 동물이 먹고 살았던 식물과 동물의 수는 늘어날 것이고, 그 동물을 먹고 사는 동물의 수는 줄어든다. 이러한 변화는 먹이사슬의 다른 단계에서 2차적인 파급효과를 초래할 것이다. 환경 파괴(산불이나 고의적인 개간)가 계속 생겨 1차 생산자가 파괴되어 가면 먹이사슬의 기본이 계속 망가질 것이고, 이것은 사슬 전체에 치명적인 영향을 미칠 것이다.

하나의 생태계 안에서 식물과 동물이 커다란 전체의 일부이듯, 생태계 자체도 더 큰 전체, 즉 지구의 일부다. 지구는 닫힌 체계다. 비록 태양이 생명체에 필요한 에너지를 공급해 준다고는 하지만, 그 밖의 모든 자원은 유한하다. 지구가 닫힌 체계라고 하는 것은 아무것도 여기서 빠져나갈 수 없다는 뜻도 된다. 쓰레기들은 모두 지구의 어딘가로 가지 않으면 안 된다. 이 사실과 함께 모든 생명체에 필요한 자원이 한정되어 있다는 점을 고려한다면, 생명에 필요한 물질들은 반드시 순환되어야 한다는 것을 알 수 있다. 모든 생태계는 말할 것도 없고 지구상에서 일어나는 모든 물리적·화학적 과정에서 물질의 재순환은 필수적이다. 그런데 사람이 만든 쓰레기를 바다에 쏠어 넣는다든지 대기 중에 배출한다든지 하는 식으로 '처리'할 때, 즉 쓰레기가 생태계 안의 다른 자리로 옮겨질 때 문제가 발생할 수 있다. 이들 쓰레기의 대부분은 자연계 안에서도, 인간 활동의 결과물인 쓰레기 더미 안에서도 재순환될 수 없고 체계 안의 어딘가에 오염 물질로 남는다. 그러므로 모든 오염은 육지에서건 바다에서건 대기 중에서건, 자연의 과정과 생태계에 필연적으로 영향을 주게 되어 있다. 인간 또한 지구 생태계의 일부다. 비록 인간이 이 사실을, 그리고 그것이 함축하는 의미를 잘 인식하지 못한다고 할지라도 말이다. 모든 동식물은 살아남고 번성하기 위해 다른 동식물들과 경쟁하고 협조하는 가운데 환경을 바꾸어 가는 경향이 있다. 환경과의 관계에서 인간은 다른 동물들과 두 가지 큰 차이점을 지닌다. 첫째로 인간은 자신이 살아가기 위해 의존하는 생태계를 위협하거나 심지어 파괴할 수 있는 유일한 종이다. 둘째로 인간은 기술의 힘으로 지구상의 모든 생태계에 침투하고 그것을 지배해 온 종이다.(그들은 심지어 해양생태계까지도 심하게 파괴할 수 있는 방법을 개발했다.)

여태까지 인간 역사에서 가장 중요한 과제는 인간이 사는 여러 생태계에서 그들의 생명을 지탱해 줄 음식과 옷, 집, 에너지, 다른 물품들을 뽑아내는 방법을 찾아내는 것이었다. 이것은 불가피하게 자연 생태계를 침해한다는 것을 의미해 왔다. 지금까지 인류 사회에서 나타난 문제는 인간의 다양한 요구, 그리고 그 요구로 인해 생태계에 가해지는 압력을 지탱해 내는 생태계의 능력 사이에서 균형을 취하는 것이었다.

인류 역사의 99퍼센트

3

인류가 출현한 이래 지금까지 200만 년 동안 최근 2000~3000년을 제외하고 인간은 채집과 수렵에 의존해 왔다. 대부분의 경우 사람들은 작은 규모의 기동성 있는 집단을 이루며 살았다. 그것은 인간이 채택한 생활양식 중 가장 성공적이고 유동성 있는 방법일 뿐 아니라, 자연 생태계에 피해를 가장 덜 주는 방법이기도 했다. 이러한 생활 방식으로 인간은 지구상의 모든 생태계로 퍼져 나갔을 뿐 아니라, 기후가 좋은 곳은 물론이고 북극지방, 빙하시대 유럽의 툰드라 지대, 오스트레일리아와 남아프리카의 메마른 땅 등 혹독한 환경에서도 살아남을 수 있었다.

인류와 그 직계 조상의 기원과 발달을 추정할 수 있는 증거는 턱뼈 조각이나 치아 등 부분적으로 남아 있는 화석 자료들인데, 이 증거들이 매우 빈약하기 때문에 정확히 해석하기가 어렵다. 그런 까닭에 이 주제에 관해서는 많은 전문가 사이에 의견이 분분할 뿐 아니라, 특정한 화석의 성질과 그 화석과 다른 화석의 관계에 관한 해석을 두고 이견이 수없이 제기되고 있다. 현재까지 인류의 화석들이 발견된 지역은 주로 아프리카의 동부와 남부 같은 몇몇 군데에만 집중되어 있다. 그 때문에 인류 조상의 지리적 기원과 진화에 관한 해석도 당연히 이런 발견에 크게 좌우된다.

200만 년 전에서 150만 년 전의 지층에서 발견된 화석 인류인 호모에렉투스(직립원인)가 현생인류의 직계 조상으로 인정되고 있다. 하지만 그보다 훨씬 이전의 화석들 중에도 '사람으로서 지닌' 특징을 보여 주는 것이 있다. 이미 (350만 년 전에) 직립 자세가 생겨나기도 했고, 약 200만 년 전에는 최초의 석기, 즉 도구를 제작한 흔적이 발견되기도 했다. 이 호모에렉투스의 큰 특징은 1100cc가량의 큰 두뇌 용량(현대 인류의 4분의 3가량)이다. 호모에렉투스는 동아프리카에서 출현해 약 20만 년 전까지도 생존했었다. 20만 년 전은 발견되는 가장 오래된 호모사피엔스의 화석이 가리키는 시점이다. '지혜로운 인간'이라는, 상당히 자화자찬격인 이름이 붙은 호모사피엔스는 그 유골이 동아프리카와 남아프리카에서 최초로 발견되었는데, 해부학적으로 좀 더 진보한 인류다. 그리고 지금으로부터 약 3만 년 전에 이르면 완전히 현대인의 골격 구조를 지닌 현생인류(호모사피엔스사피엔스)가 전 세계에 퍼진다.

초기의 인류 및 그 직계 조상은 에티오피아에서 남아프리카에 이르는 아열대지방과 열대지방의 여러 곳에서 산 것으로 보인다. 적은 인구가 흩어져 살면서 주로 열매와 씨앗의 채집으로 연명했고, 가끔 다른 맹수들이 먹다 남긴 동물의 사체를 먹거나 작은 동물을 사냥해 영양을 보충해서 살아갔다. 수렵과 채집이야말로 1만 년 전에 농경이 시작되기 전까지 인류의 생활을 이어 주던 기본 생존 양식이었다.

채집과 수렵

생활 방식으로서의 채집과 수렵은 현재는 서남아프리카의 부시먼, 아프리카 적도 지대의 숲에 사는 피그미, 동아프리카의 하드자족, 동남아시아와 인도의 몇몇 부족, 오스트레일리아의 일부 원주민(애버리지니), 북극 지대의 이누이트족과 남아메리카의 열대 삼림에 사는 원주민들 등 극소수의 집단에서만 볼 수 있다. 이들 종족은 현재는 주변부 지역에만 사는데, 역사적으로 볼 때 농업의 확대와 더불어 점차 밀려난 것이다. 예를 들어 이누이트족의 3분의 2는 원래 북극권보다 남쪽인, 지금보다 훨씬 기후가 온화한 지역에서 살았고, 오스트레일리아 원주민들은 오스트레일리아의 중앙과 북부에 있는 사막이 아니라 생산성이 더 높은 지역인 동부 오스트레일리아에 주로 거주했었다. 채집·수렵 생활에 관한 일반적인 견해는 토머스 홉스(Thomas Hobbes)의 말처럼 "구역질 나고 짐승같이 단명한" 생활이라는 것이다. 그러나 지난 50년간에 걸쳐 현존하는 채집·수렵인에 관한 인류학적 연구들이 새롭게 진행되면서 흥미로운 부분들이 밝혀지기 시작했다. 그것은 채집·수렵 경제가 인류사의 대부분을 차지해 왔을 뿐 아니라, 환경과 대단히 잘 조화하는 생활 방식이었다는 것이다. 이 연구들은 현재 채집·수렵인들이 점유하고 사는 곳보다 훨씬 더 생산적인 생태계 안에서라면 그런 방식으로 충분한 음식을 구하기는 비교적 쉬웠다는 점을 밝히는 것이었다. 이 새로운 발견들과 병행해 고고학의 이론과 기술의 진보로 인해 초기 인류의 흔적에 관한 연구가 혁명적으로 진전되었다. 과거의 고고학은 돌 도구를 잔뜩 모아 그것의 제작 방식에서 보이는 아주 작은 차이에 따라, 또는 각 지역에서 발견되는 돌 도구의 상이한 유형들과 비교해 그것들을 이러저러한 '문화'에 속하는 것으로 분류하는 정도가 고작이었다. 그러나 최근의 고고학은 훨씬 더 세련된 연구 방법을 채택하게 되었다. 그것은 어떤 도구들이 무엇을 위해 만들어졌는지, 각 유적지에서 어떤 활동이 행해졌는지, 어떻게 각각의 인간 집단이 서로 다른 방식으로 그들의 환경에서 먹을 것을 구했는지, 그리고 이런 전체적인 틀을 놓고 볼 때 그런 그들의 행동들은 계절에 따라 어떻게 조정되었는지 등을 이해하려는 것이다. 이를 위해 종종 현존하는 채집·수렵 집단이 분석의 근거로 활용되곤 했다.

이러한 새로운 연구 결과로, 채집·수렵인의 생활은 종전과는 비교도 할 수 없을 정도로 긍정적인 평가를 받게 되었다. 원래 채집·수렵인은 굶주림의 위협 속에 살았던 것이 아니었다. 오히려 그들은 광범위한 식량 자원들 덕에 영양 면에서도 뛰어난 식사를 하고 있었다. 그리고 이 다양하며 풍부한 먹을거리들은 그 환경에서 얻을 수 있는 전체 가용 식량에 비한다면 일부에 지나지 않았다. 음식물을 구하는 일과 다른 노동에 드는 시간은 하루 가운데 일부였기 때문에, 여가와 제례 활동을 위한 시간이 넉넉했다. 또한 그들은 대부분 적은 살림살이만으로 살았다. 욕구도 적었을 뿐 아니라 많은 가재도구는 이동하는 데 방해가 되었기 때문이다. 사냥 도구와 취사도구는 얼마든지 주변에서 얻을 수 있는 재료로 만드는 것이었기 때문에 그리 귀중하지 않았다. 계절마다 나는 음식에 따라 한 해의 생활양식도 다양했다. 그들은 대부분의 시간을 25~50명 정도의 작은 집단을 이루어 살다가, 많은 인구를 감당할 수 있을 만큼 식량이 풍부한 계절에는 제례

의식이나 결혼식 등 사회적인 활동을 위해 한 곳에 모이곤 했다. 한 집단 내에서는 음식물의 주인 개념이 없었고, 식량은 모든 사람이 나누어 가질 수 있는 것으로 취급되었다. 음식물은 저장하지 않았다. 그러면 기동성이 떨어지기 때문이며, 특정 품목이 부족할 때가 있을지라도, 어떤 음식이든 항상 구할 수 있게 마련임을 경험으로 알고 있었기 때문이다.

서남아프리카의 부시먼족은 (보츠와나 정부가 강제로 이주시키기 전까지) 채집·수렵인이 얼마나 쉽게 충분한 음식을 얻을 수 있는지를 보여 주었다. 그들의 주식은 가뭄에 잘 견디는 나무에서 나오는, 영양가 많은 몽공고라는 견과류다. 이것은 1년 이상 두고 먹을 수 있는 매우 든든한 식량이다. 같은 양의 곡물에 비해 다섯 배의 칼로리와 열 배의 단백질을 갖고 있으며, 225그램(대략 몽공고 300개 정도) 안에 밥 1킬로그램 남짓의 열량과 쇠고기 400그램의 단백질을 포함한다. 그 밖에도 부시먼이 먹을 수 있는 먹을거리는 여든네 가지나 되는데, 이들은 그중에서 보통은 스물세 가지밖에는 먹지 않는다. 식용동물도 쉰네 가지가 있지만, 이들이 주로 사냥하는 것은 열일곱 가지다. 이들의 식단은 현대의 권장 식단보다 균형이 잘 잡혀 있다. 칼로리도 더 높고 단백질의 양은 세 배나 되어서 이들에게 영양실조란 없다. 이런 먹을거리를 손에 넣기 위해 필요한 노동도 그렇게 많은 시간을 요구하지 않는다. 대개 일주일에 2.5일 정도 걸렸을 것이다. 농경민과는 달리 노동량은 연중 일정한 편으로, 아주 건조한 시기를 빼고는 하루에 10킬로미터 이상 식량을 찾아다니는 일이 거의 없었다. 식량을 얻기 위해 남녀가 비슷한 시간을 일하지만, 채집을 책임지는 여자가 사냥을 하는 남자보다 식량을 두 배 이상 가져왔다. 여자들은 하루에 1~3시간 일하고 나머지 시간에는 여가 활동을 즐겼을 가능성이 높다. 남자들의 일은 더 간헐적인 방식이어서, 일주일을 꼬박 사냥하고 2~3주씩 아무 일도 하지 않는 삶이었을 것이다. 집단 성원의 40퍼센트 정도는 먹을거리를 구하는 데 아무런 역할을 하지 않았다. 열 명 중 한 명 정도가 60세가 넘은 사람으로서 마을의 원로 대우를 받았으며, 여자 20세, 남자 25세인 결혼 연령 이전의 젊은 사람들은 일하지 않아도 되었다. 동아프리카의 하드자족과 오스트레일리아의 원주민들에게서도 이와 유사한 패턴이 발견된다.

이들 집단은 이제는 모두 주변 지역으로 내몰렸기 때문에, 이들과 유사한 집단들이 더욱 풍부한 환경에 살았을 때는 식량을 얻기가 더 쉬웠으리라고 추정해도 될 것이다. 사실 요즘 사람들이 농업을 별로 좋아하지 않는 이유는 노동력이 많이 들기 때문이다. 한 부시먼은 인류학자에게 "세상에 그렇게 많은 몽공고가 있는데 왜 우리가 농사를 해야 하는가?"라고 되물었다고 한다. 그들은 여가 시간을 매우 귀중하게 여긴다. 식량 공급을 늘리거나 더 많은 가재도구를 만드는 시간보다 훨씬 더 중요하게 친다. 안 그래도 식량은 적절하며, 가재도구가 많아 봤자 여행하는 데 방해만 되므로. 20세기 초에 뉴기니의 사이어니(Siane)족은 전래의 돌 도구 대신에 현대적인 강철 도끼를 도입했다. 이로 인해 생존을 위해 필요한 시간이 3분의 1로 줄어들었다. 이렇게 해서 새로 생긴 시간은 작물을 더 많이 생산하는 데 쓰인 것이 아니라, 오로지 제례 의식과 여가, 전쟁에 사용되었다. 이와 비슷한 예로, 16세기의 브라질에서 포르투갈 사람들은 원주민들이 철기 도구를 살 수 있을 만큼만 일하고 나머지 시간은 더 많은 여가를 즐기는 데 쓰려 한다는 사실을 발견했다.

일반적으로 채집·수렵 집단은 주로 채집에 의해 살아간다. 사냥은 힘들고 위험한 작업인 데다, 성공해 먹을거리를 얻는 일은 어쩌다 있을 뿐이기 때문이다. 사자나 호랑이와 같은 생태계의 최종 육식동물(사냥에 나선 인간이 원하는 역할이다.)에 관한 연구에 따르면, 열 번 시도하면 겨우 한 번 사냥에 성공한다고 한다. 인간의 경우에는 기술력에 의해 다소 도움을 받는다 할지라도, 사자나 호랑이보다 사냥 솜씨도 훨씬 서투르며 성공률도 낮다. 초기의 채집·수렵인은 아주 원시적인 창과 활, 화살을 사용했으므로 이들이 먹는 고기는 대부분 다른 맹수가 먹고 남긴 것이었을 가능성이 높다. 적도 부근의 열대에서도 사냥을 통해 얻는 먹을거리가 전체의 3분의 1을 넘는 경우는 드물다. 적도에서 멀리 떨어진 생태계는 생산성이 더 적어 식용식물이 적기 때문에, 주로 시간이 많이 드는 고기잡이를 통해 식단을 보충해야 한다. 넓은 초원 지대에서는 식용식물이 부족할 뿐 아니라 큰 무리를 이루고 사는 초식동물을 잡는 것은 더 어려워서, 채집·수렵인에게는 식량을 확보하는 일이 큰 문제가 된다. 사냥이 주요한 생계유지 수단이 되는 곳은 식용식물이 거의 없다시피 한 북극 지대뿐이다. 이 지역에서는 마땅한 음식물을 찾기도 어렵고, 살아남기 위해서는 제한된 가용 자원을 최대한 이용할 줄 아는 상당한 기술과 노력이 요구된다.

채집·수렵 집단이 생존에 필요한 것을 얻기 위해서는 자기 지역에 관한 깊은 지식이 있어야 하며, 특히 1년 중 어떤 시기에 어떤 장소에서 어떤 식물이 나는지 잘 알고 있어야 한다. 그들의 생활 방식은 생계유지 방법의 중요한 계절적 변화에 연동되어 주기적으로 변화하며, 사회조직의 패턴은 이 변화에 통합되어 있다. 현대의 채집·수렵 부족들을 보면 과거의 그런 집단이 어떻게 환경에 적응하고 살았는지를 알 수 있다. 서남아프리카의 부시먼들은 비교적 변화가 없는 환경에 산다. 1년에 대여섯 번씩 캠프를 옮겨 다니지만, 결혼식 같은 특별한 사회적인 행사가 있지 않는 한 20킬로미터 밖으로 벗어나지 않는다.

북부 오스트레일리아의 기징갈리 원주민은 채집한 식량의 변화에 따라 뚜렷한 계절적인 이동을 보인다. 이들은 늪이 가득 차는 우기에는 수련을 먹는다. 줄기는 생으로 먹고 씨앗으로는 누룩 없는 빵을 만들며 열매는 요리해 먹는다. 건기의 초기에는 덩굴손이 아직 파랗기 때문에 찾기가 쉬운 커다란 얌을 먹는다. 그다음에는 습지 가장자리로 가서 남자들은 거위를 잡고 여자들은 골풀 열매를 캔다. 가장 건조한 시기는 제례 의식과 종교적·사회적 행사가 많을 때인데, 이렇게 한곳에 많은 사람이 모일 때는 요리하기는 어렵지만 양이 많은 소철 열매를 먹는다. 우기 직전의 짧은 기간에만 마땅한 음식이 부족해 평소에는 잘 안 먹는 뿌리와 식물을 먹고 산다.

캐나다 허드슨만의 북부와 서부에 사는 넷실릭 이누이트족은 살기 어려운 환경에 적응하고 살기 위해 경제생활과 사회생활의 모든 면을 조정하는 좋은 예다. 이들의 생활이 연구 대상이 된 시기는 그곳에 현대 문명이 침투하기 이전인 1920년대였다. 그들의 생활 방식은 주변 환경의 모든 면을 철저히 이용하는 데 의지하고 있었다. 집과 창고는 눈과 얼음으로 만들었다. 옷과 카약, 썰매, 텐트는 동물 가죽에서 얻으며, 뼈로 도구와 무기를 만들었다. 조리 도구는 돌로 만들었다. 계절에 따른 생계 활동도 고도로 다양했다. 겨울에는 바다표범 사냥만 하는데, 이때는 수많은 사냥꾼이 모여 바다표범들이 숨을 쉬기 위해 뚫어 놓은 무수히 많은 구멍을 하나씩 담당했다. 그래서 이 무렵이면 확대된 사회집단들이 거대한 이글루 공동체를 이루어 중요한 종교적·의식적 활동에 참여했다. 빙판 위에서 바다표범을 사냥할 수 있는 철인 6월쯤에는 거대한 겨울 캠프는 해체되고 작은 텐트에 나뉘어 살았다. 7월 무렵에 이 작은 집단은 각기 내륙으로 이동해 고기잡이를 하거나 간혹 순록 사냥을 하기도 했다. 8월에는 강을 가로지르는 돌둑을 쌓아 산란기에 올라오는 연어를 잡았다. 8월 말에는 순록이 이동하는 시기라 카약을 타고서 순록 사냥을 할 수 있기 때문에, 다시금 큰 집단으로 모이는 공동체 활동을 했다. 10월에는 작은 집단들로 나뉘어 연어 사냥을 하다가, 대규모 행사인 겨울철 바다표범 사냥을 위해 다시 모였다. 모든 공동체 행사 때는 모든 사람이 다 배불리 먹으며, 운이 없거나 기술이 부족하다고 해도 벌을 받는 사람이 없게 하는 사회적 관습이 있었다.

이렇게 현대의 채집·수렵 부족이 사는 모습은 예전의 집단들이 세계 곳곳의 다양한 환경에 어떻게 적응해 왔었는지를 보여 준다. 현대나 예전이나 모든 채집·수렵 부족은 생태계의 자원에 과중한 짐을 지우지 않도록 인구수를 조절해 온 것처럼 보인다. 이를 위해 몇 가지 관습이 사회적으로 용인되었다. 가장 널리 사용되는 방법은 쌍둥이 또는 장애아, 여자아이 중 일부를 죽이는 유아 살해였다.(1930년대의 연구는 이누이트족들이 여자아이의 40퍼센트를 죽였음을 보여 준다.) 그 외에도 수유 기간을 길게 해서 산아제한을 한다든지, 병에 걸려 짐이 되는 노인을 갖다 버리기도 했다. 이런 방법으로 채집·수렵 집단은 음식의 수요, 즉 환경에 부과되는 압박을 줄였다. 인구밀도는 대체로 낮았다.(실제 인구밀도는 환경과 그것의 생산성에 따라 부족마다 차이가 많았다.) 농경이 시작되기 직전인 1만 년 전의 인구는 400만 명도 채 안 되었다고 추정되며, 그 이전에는 훨씬 더 적었을 것이다.

기술과 발전

인간 사회가 점차 발전하고 지구 전역으로 퍼져 여러 형태의 생태계에 정착해 가는 과정을 추적해 보면, 그 배경에는 네 가지 기본적인 특성이 있는데, 바로 이것이 인류를 다른 영장류와 구별하게 하는 특성이기도 하다. 우선 인류가 이룩한 모든 진보의 기초가 된 것은 뇌 용량의 증가였다. 더 큰 뇌는 기술 개발의 핵심이 되는 추상적인 사고력을 얻는 데 중요했던 것으로 보인다. 두 번째로는 두 발로 꼿꼿이 서는 능력을 들 수 있다. 이것은 인류 진화의 초기 단계인 약 350만 년 전에 이미 이루어진 것이다. 이로 인해 인류는 기동성이 높아졌을 뿐 아니라 손이 자유로워져 도구를 만들 수 있게 되었다. 세 번째는 언어의 사용이다. 인류가 언제 언어를 처음 사용했는지에 관한 증거는 당연히 전혀 없다. 원초적인 형태의 언어는 아주 오래전부터 사용되었겠지만, 복잡한 언어는 인류가 현대인과 같은 인간형으로 진화했던 20만 년 전부터 사용할 수 있게 되었다. 언어로 인해 고도의 의사소통 능력이 생김으로써, 집단 협조를 증가시켜 더욱 정교한 사회조직을 만들어 내고 각각의 문화가 독자적으로 발전해 나갈 길이 열렸을 것이다. 네 번째 특성은 인류가 전 세계로 퍼지는 데 크게 기여했다. 그 특성은 바로 적대적인 환경이 주는 어려움을 극복하는 기술의 채택이다. 다른 동물들도 도구를 사용하기는 하지만, 인간만이 그것을 만들어 큰 규모로 사용할 줄 안다. 석기 도구는 200만 년 전에 자갈 따위를 이용한 조야한 도끼 등을 제작함으로써 처음 쓰였지만, 그보다 내구성이 덜한 도구들은 아마 그 이전부터 사용되었을 것이다.

석기 도구 외에 초기 인간들이 사용한 도구와 기술로는 나무 창(40만 년 전), 동물을 얽어매기 위해 사용한 돌 올가미(8만 년 전) 등이 있고, 나무와 가죽, 불도 사용했을 것이다. 불은 자연적으로 발생하기도 하기 때문에 언제부터 불을 의도적으로 사용했는지는 논란거리다. 동아프리카의 체소완자 지역에서 150만 년 전에 불을 사용한 것 같기도 한 애매한 흔적이 있지만, 결정적으로 널리 받아들여지는 최초의 증거는 50만 년 전의 것이다. 동물을 죽이는 장소와 관련되어 발견된 흔적은 고기를 굽는 일에 불을 사용했음을 시사하며, 야영지와 관련된 흔적은 열과 빛, 그리고 아마도 보호를 위해 불을 사용했음을 알려 준다. 이 초기 단계에서는 동물을 몰아 죽이기 위해 불을 사용한 것 같지는 않으며, 그런 식의 사냥은 훨씬 후기에 나타난다. 적어도 200만 년 동안 인간이 주로 사용한 기술은 석기 도구 제작이었다. 그중 처음 150만 년 동안 가장 널리 사용된 유형은 자갈로 만든, 나무 찍는 도끼와 비슷하게 생긴 도구와 둘레 전체에 돌아가면서 날을 세운 손도끼뿐이었다. 이 도구들은 만들기가 상대적으로 쉬웠으며, 지금까지 상당수가 발견되고 있다. 한 예로 동아프리카의 올두바이 협곡에서 발견된 하마의 해체된 해골 주변에서는 이 두 가지 도끼가 날이 무뎌진 채로 459개나 발견되었다.

이런 원시적인 도구들을 쓸 줄 알았기 때문에 인류는 처음으로 아프리카를 벗어나 중동과 인도, 중국 남부, 인도네시아의 일부에 걸치는, 숲이 없는 온난한 지역으로 뻗어 갈 수 있었다. 온난하다고는 해도 이런 지역에서는 앞서 말한 원시적인 도구들을 이용해 동물 가죽을 벗겨 옷을 만들어 입어야 했을 것이다. 현 단계에서 인류의 이동 경로를 추적하는 것은 쉬운 일이 아니다. 고고학적 연구가 수행되지 않은 지역이 아직도 많기 때문이다. 그러나 발견된 유골 중 가장 이른 시기의 유골이 해당하는 시기인 150만 년 전에 이미 현대인의 직계 조상인 호모에렉투스가 아프리카를 벗어난 것은 분명하다. 그들은 약 70만 년 전에 아시아에 도착했지만, 일부 지역에만 정착했다. 그들의 기술 수준은 아열대의 생태계에서만 적응할 수 있는 정도였다. 쉽게 채집할 수 있는 식물 자원이 풍부하고 이를 보충할 수 있는 작고 사냥하기 쉬운 동물이 풍부한 곳이기 때문이다. 적도 바로 밑에 있는

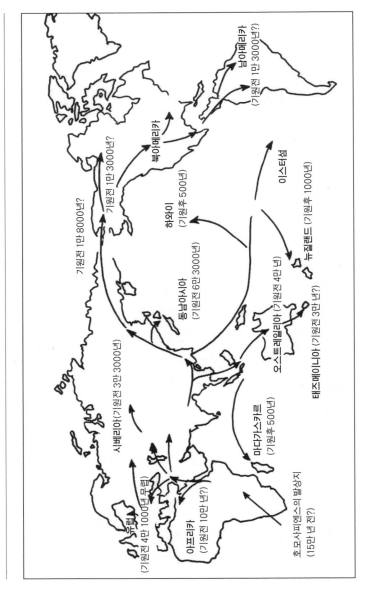

열대우림으로 진출하는 것은 불가능했을 뿐 아니라, 유럽에 정착하는 과정에서도 엄청난 난제들이 발생했다. 이러한 문제들이 해결되기까지 오랜 시간이 걸렸다. 따라서 근동 지방과 아프리카에서 접근하기 쉬운 위치에 있었는데도 유럽에 사람들이 정착한 것은 인류 역사 중에서도 비교적 최근의 일이다. 유럽의 생태계에서는, 비록 기후가 좀 온난해진 간빙기에서일지라도, 당시의 기술 수준으로는 먹을 것을 충분히 구하기가 어려웠다. 다른 온난한 지역보다 식물도 덜 풍부했고 채집할 수 있는 것도 제한되어 있었다. 따라서 중간 정도나 더 큰 크기의 동물 사냥이 필수적이었지만, 그것도 쉬운 일이 아니었다. 죽은 짐승의 시체만을 먹거나 늙고 병든 짐승만을 잡아먹는다고 해도, 이 집단은 동물들의 계절적 이동을 따라 넓은 지역을 이동해야만 하고, 그렇게 하려면 사회적·문화적 활동을 지속하는 것이 어려웠을 것이다. 유럽에서 처음으로 인간의 흔적이 발견된 것은 73만 년 전이고, 유럽 대부분의 지역에 인간이 정착한 것은 35만 년 전이다. 그렇다고는 해도 드문드문 정착하는 정도였으며, 몇 가지 도구만으로도 채집과 사냥을 할 수 있었던 간빙기에 국한된 것이었다. 북극의 빙판이 떠내려와서 남프랑스마저 툰드라 지역으로 변하는 빙하시대의 기후는 너무나 혹독했을 것이다.

최초의 영구적인 유럽 정착은, 8만 년 전에 시작되어 1만 2000년 전까지 지속된, 길었던 마지막 빙하기 때 일어났다. 이 시기에 인류는 가혹한 생태계에 적응하는 능력이 뚜렷이 진보되었음을 보여 준다. 이 기간에는 스칸디나비아반도 전역과 북부 독일, 폴란드, 북서러시아, 영국의 대부분이 얼음으로 덮여 있었고, 2만 년 전 빙하기의 절정에는 빙판들이 더 남쪽으로 내려갔다. 이 빙판의 남쪽 지역은 툰드라지대처럼 풀이 자라는 영구 동결 지대였다. 하지만 여름이 길었기 때문에 현재 북유럽에서 볼 수 있는 툰드라 지대보다는 식물이 풍부했다. 이 지대에는 순록과 매머드, 들소, 야생마의 무리가 주로 살았고, 이 밖에도 코뿔소와 큰사슴, 영양들도 약간 있었다. 당시에는 식생이 풍부하지 않아 식물성 먹이를 구하는 채집도 제한적일 수밖에 없었고, 따라서 인간은 주로 동물의 무리를 사냥하며 살아가야 했다. 이렇게 어려운 환경이었기 때문에 식량을 지속적으로 확보하기 위해 고도로 발달한 세련된 문화가 탄생했다. 인류가 그때까지 도달했던 단계보다도 훨씬 고도의 사회적 통합이 촉진되었던 것이다.

이제까지의 설들에 따르면 빙하시대 유럽인들은 일반적으로 순록 떼나 다른 큰 동물들을 닥치는 대로 사냥하는 사냥꾼들인 것으로 알려져 왔다. 하지만 사냥은 고도로 위험부담이 큰 전략이다. 성공률도 낮았을 뿐 아니라, 계속 사냥하면 짐승들도 온 힘을 다해 경계하기 때문에 이들을 추격해 공격하는 것이 점점 더 어려워진다. 실제로는 이보다 훨씬 세련된 방법으로, 이렇게 어려운 환경에서 식량을 조달했었다. 될 수 있으면 동물 집단을 교란하지 않으면서 동물을 관리하는 것이다. 유럽의 동부나 중부의 예를 들면, 겨울에는 헝가리 평원에서부터 흑해에 걸치는 지역에서 지내고 여름에는 쥐라 산지, 남부 독일의 고원, 카르파티아산맥 일대에 걸치는 지역에서 지내는 등 계절에 따라 이동하는 짐승 떼를 따라 거주지를 옮겨 다니며 살았다. 인류의 거주지는 순록의 이동 경로를 따라, 이들의 먹이가 되는 자연 초지의 주변에서 발견된다. 아무 동물이나 걸려드는 대로 사냥한 것이 아니라 늙거나 병든 것을 노려 사냥했다. 한 철을 나는 데 필요한 만큼 고기를 얻을 수 있을 정도의 짐승을 무리에서 떼어 내 자연적으로 형성된 함정 같은 웅덩이로 몰아넣어 죽였다. 이러한 방식으로 먹여 살릴 수 있는 사람의 수는 매우 적었다. 1500마리의 순록 떼로 고작해야 세 가족 혹은 열다섯 명 정도를 먹여 살릴 수 있을 뿐이었다. 따라서 보통 이 정도 규모의 집단을 이루고 사는데, 좋든 싫든 늘 이동하지 않을 수 없었으므로 사람이 많이 모여야만 하는 제례 의식이나 사회적 활동을 할 수 있는 날은 1년 중 얼마 되지 않았다.

한편 최후의 빙하기가 절정에 달했을 무렵인 2만 5000년 전에서 2만 년 전에 걸쳐, 프랑스 남서부와 스페인 북부에서는 이와는 전혀 다른 생활양식이 발달했다. 기후가 가장 혹독했을 때는 북유럽에 사람이 살지 못하고 버려지는 지역들도 생겨났고 상대적으로 더 남쪽 지방에 인구가 모였던 것 같다. 이곳에서도 주로 도르도뉴 지역과 북부 스페인을 통과하는 순록과 붉은사슴 떼에 생계를 의존했다. 이 지역 내에서는 짐승 떼를 따라 장거리를 이동하지 않고서도, 상당한 수의 인구가 나름대로의 생활수준을 유지할 수 있는 식량을 조달할 수 있었다. 계절에 따라 다른 장소를 이용했을 뿐 아니라, 동물 사냥 외에도 연어나 그 밖의 민물고기가 풍부한 하천이 있었기 때문이다. 이처럼 반쯤 정착된 환경에서 프랑스 남서부의 라스코나 스페인 북부의 알타미라에서 발견된 것과 같은 동굴벽화를 만들어 낸, 고도로 통합된 사회가 등장했다.(남아프리카의 아폴로 동굴과 오스트레일리아에서도 거의 현대화와 비슷한 그림과 바위 예술이 발견되었다.) 유럽의 동굴벽화가 정확히 무슨 목적으로 그려졌는지는 아직 밝혀지지 않았다. 하지만 공동체의 생활 기반인 짐승 떼를 무사히 관리할 수 있는 능력을 바라는 주술적 요소와 관련된 종교적이고 제례적인 성격을 띠었으리라는 점에서 논란의 여지가 없다.

유럽은 도구 제작법이나 새로운 재료의 사용법 등 기술 면에서 당시에 뚜렷한 진보를 보인 지역 중 하나였다. 이러한 진보는 인류 역사에서도 특히 중요한 변화의 하나이며, 토기와 철기가 아직 발명되기 이전의 시기에 등장한, 비약적인 기술 발전이기도 하다. 이 기술혁신은 4만 년 전에서 3만 년 전 사이에 시작되었으며, 완전하게 현대적인 인간인 호모사피엔스사피엔스의 확산과 관련된 것으로 보인다. 이 시기에 여러 가지 유형으로 제작된 석기의 종류는 6종에서 80종이나 되었으며, 석기의 성격도 크게 변했다. 약 4만 년 전 이전까지는 돌도끼나 석핵을 만들 때 떨어져 나오는 석편 등 대체로 크고, 제작하는 시간과 공도 많이 들이지 않은 석기가 많았다. 이 시기 이후부터는 석핵으로부터 양면에 훨씬 더 얇은 날이 있는 석기가 나왔으며, 2만 년 전쯤부터는 활이나 창의 끝에 붙이는 작고 가벼운 석기가 만들어진 것 같다. 이 새로운 도구들을 만들기 위해서는 석핵에 열처리를 해서 힘을 가해 쪼개 내는 등 더욱 복잡한 제조 기술이 필요했다. 이 기술들을 완벽하게 사용하려면 정교하게 움직이는 능력과 도구를 다룰 수 있는 능력뿐 아니라, 이러한 도구들을 만들기 위해 필요한 몇 단계의 공정들을 잘 다룰 수 있는 지적 능력의 발달도 필요하다.

짐승의 뼈, 상아, 사슴뿔 등은 이전에도 손에 넣을 수 있었겠지만, 이 시기가 되어서야 비로소 도구로서 이용되었으며, 미늘이 달린 작살처럼 대단히 복잡한 도구도 만들어졌다. 돌 대신에 뼈와 상아의 뾰족한 부분을 씀으로써 창이 개선되었고, 보조 장치를 달아 더 멀리 던질 수 있게 되었다. 약 2만 3000년 전에는 활과 화살이 발명되어 사냥도 쉬워졌고, 비슷한 시기에 올가미와 덫, 그물 등이 사용되기 시작해 식량 자원의 폭을 넓혀 주었을 것이다. 의복은 이미 수십만 년 전부터 짐승 가죽으로 만들어 입었지만, 마지막 빙하기가 한창일 무렵 유럽에서 살아남기 위해서는 생존 기술을 더욱 발달시키지 않을 수 없었다. 후드와 장갑, 방한화 등이 만들어졌고, 2만 년 전부터는 귀가 달린 바늘과 (덫으로 잡은 짐승 가죽에서 얻은) 가는 실이 사용되었다.

따뜻한 옷으로 추위를 차단함으로써 가혹한 상황에서 살아남기 위해 필요한 칼로리 섭취량을 줄일 수 있었기 때문에 주변에서 얻을 수 있는 식량만으로도 충분해졌다. 새로운 기술이 개발되면서 채집 집단과 수렵 집단, 목축 집단 내에서도 역할이 더욱 분화되었을 것이다. 또한 제한된 장소에서만 나는 양질의 재료를 구하기 위해 지역적인 교역망도 형성되었을 것이다.

극도로 혹독한 한랭기에 유럽에 영구히 정착할 수 있었다는 것은 인간의 중요한 성취이자 환경에 대한 통제력이 커지고 있음을 보여 주는 신호였다. 이것은 새로운 기술과 함께 동물 관리 능력이 더욱 고도화되었기 때문에 가능했다. 한편 오스트레일리아는 대륙 동부의 기후가 온화하고 채집과 수렵으로도 쉽게 식량을 구할 수 있었기 때문에 정주하는 것이 그렇게 어렵지 않았다. 그러나 오스트레일리아에 정착할 수 있게 된 것은 한 가지 중요한 발명이 있었기 때문이다. 바로 배다. 오스트레일리아는 빙하기의 절정기 때 뉴기니와 맞닿은 적이 있기는 하지만, 아시아 본토에 연결된 적은 한 번도 없었기 때문이다. 오스트레일리아에는 약 4만 년 전에 인간이 정착했는데, 아마도 100킬로미터 정도의 거리를 항해해야 했을 것이다. 태즈메이니아는 지금으로부터 2만 7000년 전까지 오스트레일리아에 연결되어 있었고, 오스트레일리아와 분리되기 조금 전에 인류가 정착했다. 오스트레일리아에 처음 정착한 사람들은 아마도 스물다섯 명 정도밖에 되지 않는 작은 집단이었을 것이다. 하지만 방해받지 않는 환경에서 인구는 급속도로 늘어났고, 이후 유럽인들이 처음 오스트레일리아에 도착했을 때는 인구가 30만 명으로 늘어 있었다.

아메리카 대륙 정착은 인류가 전 세계로 퍼져 나가는 단계의 제일 마지막 무렵에 시작되었다. 거기에 가려면 시베리아의 혹독한 기후에서 살아남아 베링 해협까지 동쪽으로 나갈 수 있어야 했기 때문이다. 그래서 최초로 아메리카 대륙을 밟은 사람은 최종 빙하기의 절정기에 해면이 낮아져 베링 해협의 땅이 드러났던 시기에 알래스카에 도달했다. 당시 이 지역의 기후는 지금처럼 나쁘지는 않아서 큰 동물들을 사냥할 기회가 어느 정도 있었던 것 같다. 그 후 여기에서 좀 더 남쪽으로 이동하는 것은 기후가 조금 온화해져, 로키산맥과 로렌시아 순상지(Laurentian shield)를 중심으로 한두 개의 북아메리카 빙상이 후퇴해 남동쪽으로 길을 내줄 만큼 분리되었을 때가 되어서야 가능했다. 이 이동은 3만 년 전에서 2만 3000년 전이나 1만 3000년 전에 이루어졌을 것이다. 이것은 아메리카 선사시대 고고학에서 큰 논쟁의 화두이지만, 후자일 가능성이 더 높은 것 같다. 최초의 이주자들이 일단 이 관문을 겨우 통과해 남쪽에 도달하자, 거기에는 식량원이 풍부해 비교적 수월하게 생활해 갈 수 있는 광대한 별천지가 열려 있었다. 이로부터 인구가 급속히 증가해 수천 년 이내에 남아메리카 대륙의 끝까지 퍼진다.

아메리카 대륙에서는 곳에 따라 다양한 생태계가 펼쳐져, 지역에 따라 나름대로 적응하는 과정이 필요했다. 식량으로 채집할 식물이 별로 없는 북아메리카 평원에서는 주로 거대한 들소 떼와 다른 동물을 먹고 살았다. 이러한 사냥은 주로 짐승 떼를 협곡이나 가파른 절벽 아래로 몰아내는 단순하고 낭비가 많은 방법으로 이루어졌다. 약 1만 년 전에 와이오밍의 캐스퍼에서는 단 한 번의 사냥으로 적어도 일흔네 마리의 동물을 죽였고, 비슷한 시기에 콜로라도 남동부의 사냥꾼들은 협곡으로 짐승 떼를 몰아 200마리가량을 죽였다. 그러나 그 대부분은 위에 떨어져 쌓이는 짐승들의 무게로 짓뭉개져 먹을 수 없는 상태였다. 북아메리카에서 빙판이 후퇴한 후에 확산된 숲은 생태계를 변화시켜 사냥에 적합한 큰 동물들이 사라지게 했다. 이 지역의 사회는 빙하기 이후의 유럽인들처럼 사슴과 같은 작은 동물을 사냥하고 고기잡이를 하며 채집에 더 많이 의존함으로써 새로운 환경에 적응해 갔다. 더 북쪽인 극지방에 살던 정착민들은 순록과 북극여우, 토끼 등의 풍부한 고기에 끌렸다가 나중에야 바다표범 같은 해양 자원에 눈을 돌렸다. 환경이 척박한 남서쪽의 사막 지대에서는 먹을거리를 얻기 위해 자주 이동해야 했으므로, 또한 여기에 맞게 적응해 갔다. 중앙아메리카와 남아메리카의 열대 지대에서는 다양한 식물 자원을 위주로 하고 약간의 사냥으로 보충하는 생활을 했다.

그중에서도 가장 특이한 생활 방식은 북서태평양 연안 지역에서 찾아볼 수 있다. 거기서는 물개와 바다사자, 수달, 그리고 부화하러 강으로 회귀하는 연어와 같은 풍부한 해양자원을 이용했다. 식량이 상대적으로 원활하게 공급되었기 때문에 식량의 조달보다는 저장에 힘을 썼을 것이다. 여러 종류의 동물들을 여름철에는 건조하고 가을철에는 훈제해 겨울철 식량으로 썼다. 물론 식량 공급에 기복이 없었던 것은 아니지만, 이동을 하지 않아도 될 만큼 넉넉했기 때문에, 이 지역은 농업에 의존하지 않고도 정착 사회를 이룬 몇 안 되는 보기 중의 하나가 되었다. 1000명 정도의 규모로 이루어져 긴 공동주택에 사는 마을들이 발달했다. 마을 촌장도 있었고, 기타 사회계층의 분화와 노동의 분업화도 상당한 수준으로 진척되었다. 이와 동시에 식량을 교환하거나 선물로 주는 행동이 아주 복잡한 방식으로 이루어져, 이를 통해 특권도 형성해 갔으며 모든 사람이 살아가는 데 부족함이 없도록 생활 자원을 분배하는 방편이 되기도 했다. 이 복잡한 사회에서는 세습 노예까지 있었다. 엄청난 양의 식량을 저장했다는 것은 겨울이 생계를 위해 요구되는 노력을 최소화하고 남는 시간의 대부분을 정교한 제의적 행위에 들이는 계절이었다는 것을 의미한다. 이것은 매우 안정된 생활 방식으로, 유럽인들이 이 지역에 올 때까지 계속되었다.

약 1만 년 전에 인류 대이동의 물결이 아메리카 대륙의 북쪽에서 남쪽까지 완전히 퍼져 나감으로써, 이제 지구의 거의 어느 곳에나 인간이 살게 되었다. 최종적으로는 상당한 시간이 흐른 다음에야 태평양과 인도양으로 인류가 진출함으로써 대이동이 완결되었다. 이 마지막 단계의 정착민은 순수한 채집·수렵인이 아니라, 사냥을 가끔 하기는 하지만 주로 원시적 형태의 농경으로 생계를 유지하는 집단이었다. 태평양에서는 미크로네시아인들이 마셜 군도와 캐롤라인 제도에 들어와 정착했다. 그러나 장거리 항해를 해낼 수 있었던 것은 대부분 폴리네시아인들이었다. 폴리네시아인들은 기원전 1000년 무렵에는 뉴기니에서 통가와 사모아 군도까지 뻗어 나갔고, 서기 300년 무렵에는 더 동쪽에 있는 마르키즈 군도에까지 진출했다. 그로부터 100~200년 후에는 이스터섬과 하와이까지 항해해 갔다. 태평양과 인도양의 큰 섬들 중에 마지막으로 남아 있던 두 군데까지 사람들이 정착한 것은 800년 무렵의 일이었다. 이때 서유럽에서는 카롤루스 대제(Charlemagne)의 왕국이 전성기를 이루었고, 바이킹들이 전설적인 항해를 시작했으며, 이슬람 제국이 지중해와 근동 지방을 점령했고, 중국은 당 왕조가 지배했다. 폴리네시아인들은 뉴질랜드에 도착했고, 인도네시아에서 서쪽으로 나아간 사람들은 인도양과 마다가스카르의 작은 군도에 정착했다.

채집과 수렵, 환경

이렇게 해서 결국에는 남극지방을 제외한 전 세계의 모든 주요 지역에 인간이 정착했다. 수십만 년의 세월을 두고 채집·수렵 집단은 아프리카의 아열대 지대에서 빙하기의 유럽까지, 북극에서 남서아프리카의 사막까지 될 수 있는 한 모든 환경에 적응했다. 이렇게 상이한 환경에서 채택된 생존 방식은 채집을 위주로 하면서 작은 동물을 사냥하는 것에서 순록 떼를 쫓아가면서 사냥하기, 들소 사냥, 북극에서 필요했던 고도로 복잡한 전략을 섞어 쓰는 것에 이르기까지 다양하게 나타났다. 일반적으로 이 집단들은 환경과 잘 조화하며 살아왔고 생태계에 미치는 피해도 최소화했던 것으로 추정된다. 식물을 채집하기 위해서는 계절마다 어디서 무엇이 나는지 상세하게 알아야 했고, 그에 따라 연중 필요한 생존 활동이 조직되었다. 마찬가지로 짐승을 사냥하고 사냥감의 무리를 유지하는 데도 그들의 습관과 이동에 관한 상세한 연구가 필요했다. 또한 채집·수렵인 중 어느 집단에서는 장기간에 걸쳐 생존해 나가기 위해 식량 자원을 보호하고 관리하고자 노력한 흔적도 보인다. 1년 중 일정 기간에만 특정 종류의 동물을 사냥할 수 있고 나머지 기간에는 금지하는 토템 숭배 관습을 만든다든지, 몇 년 간격을 두고 사냥 지역을 바꾼다든지 해서 사냥감인 동물의 수를 유지했다. 어떤 집단은 사냥이 금지된 성역을 정해 놓기도 했고, 캐나다의 크리족 같은 경우에는 사냥 장소를 차례로 옮겨 같은 장소로 돌아올 때까지 상당 시간이 걸리게 하는 방법으로 한 번 사냥해 크게 감소한 짐승의 수를 다시 불리곤 했다. 채집·수렵인들의 생활 방식은 환경에 과도한 부담을 주지 않았다. 앞서 본 것처럼 특별한 문화적인 제한이 있어서이기도 했지만, 무엇보다 인구가 적었기 때문이다.

그렇지만 채집·수렵인들이 그들의 생태계를 수동적으로 받아들이기만 하면서 살았던 것은 절대 아니다. 활동하는 가운데 환경을 심각하게 변화시키는 경우도 많았다. 지금도 동아프리카의 하즈다(Hazda)족은 약간의 꿀을 얻기 위해 야생 벌집을 온통 파괴하며, 또 다른 집단들은 주식이 되는 식물의 뿌리를 마구 파헤쳐 많은 야생 식물을 파괴하기도 한다. 더구나 채집·수렵인들은 자기들이 좋아하는 식물을 더 많이 얻기 위해 다른 식물을 없애 버림으로써 야생 작물이 자라는 환경을 바꾸기도 한다. 그렇게 식물을 없애는 데는 불을 지르는 방법이 가장 널리 사용된다. 불은 새로운 토양에서도 잘 자라는 일년생식물을 번성하게 하고 영양 염류의 재순환을 촉진함으로써 그 서식처를 심하게 변화시킨다. 태즈메이니아의 원주민들과 뉴질랜드의 마오리족은 고사리의 뿌리를 주식으로 했는데, 고사리가 잘 자라게 하기 위해 정기적으로 불을 질렀다. 뉴기니에서는 인간이 처음 정착하기 시작하고 나서 얼마 뒤인 3만 년 전부터 벌목의 흔적과 나무껍질을 벗긴 흔적, 불을 이용해 개간한 흔적이 남아 있다. 그들은 이렇게 수풀을 없앰으로써 얌과 바나나, 타로 등의 식물 재배를 늘리고 사고(sago) 나무가 자랄 땅을 만들었다. 빙하기 이후 영국의 숲에는 붉은사슴에게 줄 목초를 자라게 하기 위해 화전을 일군 흔적이 남아 있다. 대부분의 집단이 야생식물을 옮겨 심고 씨를 뿌리며 잡초를 제거하는 방법으로 먹을 수 있는 야생식물을 길들였다. 소규모이기는 하지만, 물을 끌어들여 좋아하는 식물이 잘 자라도록 환경을 바꾸어 주기도 했다. 이렇게 자연에 개입하는 것은 자연 생태계를 완전히 인공적인 것으로 만들어 내는 농경과는 질적으로는 다르지만, 그래도 제한된 지역에서나마 사람에 의해 환경이 변화되었다는 것을 보여 준다.

하지만 채집·수렵인들이 환경에 미친 영향 중에서 가장 극적인 파괴 효과를 가져온 것은 바로 사냥이었다. 짐승의 수가 많지 않았을 뿐 아니라, 특히 먹이사슬의 최종 소비자인 큰 육식동물은 함부로 사냥할 경우 그 수를 회복하는 데 시간이 많이 걸리기 때문에 생태계 중에서도 가장 손상되기 쉬운 부분이었다. 일부 집단에서는 과도한 사냥을 자제하려는 흔적도 보였지만, 그렇지 않은 경우가 훨씬 많았고 한 종을 멸종시키는 경우까지 있었다. 북아메리카 평원의 들소 사냥은 불과 몇 마리만 필요한 경우에도 수백 마리의 들소를 죽여 버리기도 했다. 들소는 초기에는 5000만~6000만 마리나 있었을 것으로 추정되므로, 매년 대규모 살상이 거듭되어도 그 수가 눈에 띄게 줄어들지 않았을지도 모른다. 하지만 수가 적은 짐승의 경우, 특히 도서 지역에 산다면 심각한 영향을 미칠 수 있다. 북태평양의 알류샨 열도에 정착한 인구는 해달 사냥에 집중적으로 의존했는데, 기원전 500년부터 1000년 이상 해달을 죽인 결과 해달이 거의 멸종되었고, 그에 따라 공동체의 생존 기반이 파괴되었다.

인간이 여러 가지 동물 개체군에 주는 충격은 마다가스카르와 하와이, 뉴질랜드 등 외부로부터 격리되어 있기 때문에 독특한 동물상이 발달되어 왔던 섬에서 잘 드러난다. 이들 섬의 생태계는 인류가 도착하자 갑자기 엄청난 압박을 받았다. 이렇게 고립된 섬에는 대형 포유류가 옮겨 갈 수 없었기 때문에 맹수류가 산 적이 없었다. 따라서 섬에 있던 날지 못하는 큰 새들이 진화해 번성했다. 그들은 인간의 포식을 방어할 능력이 없었다. 마다가스카르섬에 인간이 정착한 지 겨우 몇백 년 만에 날지 못하는 큰 새와 작은 하마를 비롯한 많은 동물이 멸종했다. 하와이에서는 인간이 정착한 뒤 1000년 동안에 모든 새 종류 중 70퍼센트가 사라졌다. 뉴질랜드로 간 마오리족은 아열대 지대인 폴리네시아 군도와는 다른 새로운 환경에 처했다. 뉴질랜드와 같은 온대 환경에서는 아열대기후인 폴리네시아 군도에서 주식으로 삼던 바나나와 빵나무 열매, 코코넛 등은 자랄 수 없었고 얌과 타로조차도 북쪽 섬에서만 자랐다. 따라서 이들은 고사리나 캐비지 나무의 잎 꼭대기 부분과 같은 야생식물과 해산물을 먹는 방식으로 급격하게 변화했다. 사냥의 중요성도 커졌다. 키위와 웨카, 뉴질랜드 타조(키가 약 180센티미터 정도이며 심지어 350센티미터가 넘는 종도 있다.) 등 날지 못하는 새들을 무자비하게 사냥했고 알까지 먹어 치웠다. 그래서 뉴질랜드에서는 인간이 정착한 지 600년 만에 스물네 종의 타조와 스무 종의 다른 새들이 멸종했다.

때때로 채집·수렵인들은 한 대륙 전체에 걸쳐 동물 개체 수에 엄청난 타격을 주기도 했다. 마지막 빙하기의 끝 무렵에 기후가 변화하고 그에 따라 식물 유형들도 바뀌자 북유럽과 중앙유럽의 툰드라 지대에 살던 대형 포유동물들이 멸종되었다. 유라시아에서는 빙판이 물러가고 툰드라가 숲으로 덮이기 시작하면서 2000~3000년 동안의 기간에 매머드, 털코뿔소, 아일랜드 영양, 사향소, 스텝 들소 등 다섯 종의 대형 포유류와 다수의 육식동물이 멸종했다. 급격히 변화하는 환경 자체가 이미 대형 동물들에게는 심각한 위기였는데, 이에 이은 인간의 사냥은 가뜩이나 줄어드는 동물 수에 치명적인 영향을 끼쳐 멸종과 생존 간의 균형을 뒤집어 버렸던 것이다.

그래도 유라시아에서는 멸종된 동물 수가 비교적 적은 편이었다. 지구상의 다른 곳에서는 더욱 엄청났다. 기후변동의 충격이 가장 적어 빙하시대 동안 동물들에게 미쳤던 영향도 가장 적었던 곳인 오스트레일리아에서도 10만 년 동안에 80퍼센트 이상의 큰 동물들이 멸종되었다. 가장 설득력 있는 이유는 4만 년 전에 정주가 시작된 이후 원주민들이 사냥했기 때문이라는 점이다. 인간이 큰 동물들을 직접 대량으로 살육하지는 않았다고 할지라도, 서식지를 파괴하거나 그들의 먹이인 작은 초식동물들을 사냥해 감소시키는 등 생태계를 교란하는 것만으로도 이들은 쉽게 멸종되어 갔다. 남아메리카에서 큰 동물의 80퍼센트가 멸종한 것이나 북아메리카에서 큰 동물의 75퍼센트가 멸종한 것도 주목할 만하다. 유라시아에서는 툰드라 초원 지대의 동물들만이 멸종되었지만, 아메리카 대륙에서는 모든 유형의 생태계에 걸쳐 멸종이 진행되었다. 이전에도 최종 빙하기의 말기에 동물종이 일부 사라지기는 했지만, 이 시기에 전례 없는 대량 멸종이 일어난 것으로 보아 그것이 어떠한 형태로든 인간의 소행과 관련되어 있음이 분명하다. 최초로 아메리카 대륙으로 와서 살던 사람들은 알래스카와 로키산맥을 벗어나 남쪽으로 내려오자 사람의 손이 닿지 않은 풍부한 환경을 발견했을 것이다. 식량을 손쉽게 구할 수 있게 되자 인구도 급격히 늘어났을 것이다. 이들 최초의 아메리카 대륙 정착자들은 대륙을 가로지르면서 파괴의 흔적을 남겼다. 그 과정에서 인간이 처음 이 대륙에 도착할 때 있었던 대형 동물 중 3분의 2가량이 멸종되었다. 그중 일부는 평원낙타와 같은 고대의 동물이었고,(고립된 지형 때문에 북아메리카에서만 발견되었었다.) 나머지는 기후변화와 지나친 사냥에 특히 민감한 거대 종들이었다. 멸종된 동물로는 세 가지 속의 코끼리, 여섯 가지 속의 큰 빈치류(아르마딜로와 나무늘보, 개미핥기), 열다섯 가지 속의 유제류, 다수의 대형 설치류와 대형 육식동물 등이 있다.

약 1만 년 전이 되자 인류는 원래 발상지로부터 퍼져 나가 모든 대륙에 정주했다. 거의 200만 년에 걸쳐 인류는 서서히 정주 구역을 확대해 나갔다. 뇌 용량이 증대되어 추상적 사고와 언어 능력을 증대시켰고, 다양한 형태의 어려운, 때로는 적대적이기까지 한 환경을 극복해 가는 데 점점 더 세련된 문화적·기술적 방법을 찾아내는 능력도 증대시켰다. 이러한 변화들은 몇 가지 방면에서 일어났는데, 먼저 석기를 점점 정교하게 만드는 것에서 시작해 활과 화살과 같은 신무기를 도입하기도 했다. 또한 불을 사용하고, 동물의 털과 가죽으로 의복을 만들었으며, 여러 가지 재료로 보금자리를 만들고, 점점 더 복잡한 요리 기술을 발전시켰다. 예를 들어 야외의 모닥불이 아닌 화덕 구덩이에서 음식을 익히거나 견과류나 씨앗을 갈아 먹기 시작했다. 물론 이러한 발달은 그 속도가 매우 느렸고 지역에 따라 산발적으로 일어났다. 4만 년 전에 이르러서야 이전보다 빠른 기술적인 변화를 보였다.

이러한 변화들은 모두 이후의 인류 역사와 지구의 미래에 매우 중요한 것이었다. 인간은 지구상의 모든 지상 생태계를 지배하고 이용하는 유일한 동물이 되었다. 하지만 이 단계에서는 인구가 적고 인구 밀도가 낮으며 기술이 발달하지 않았기 때문에 환경에 대한 채집·수렵인 집단의 전체적인 영향력은 적었다. 그렇다고 하더라도 그들은 동물을 사냥해서 멸종시킨다든지 환경을 미묘하게나마 변화시킬 정도의 존재감을 이미 갖고 있었다. 수렵과 채집이라는 삶의 방식은 매우 안정적으로 오래 지속될 수 있었다. 그것은 수백 년 또는 수천 년 동안 인간이 환경으로부터 생존에 필요한 자원을 얻어 내는 유일한 방법이었다. 어떤 한 지역에서 생존할 수 있는 인구수는 그들이 정점을 이루는 지역 생태계 먹이사슬의 범위 내에서 제한되었다. 유일한 예외는 북아메리카의 태평양 연안 지역으로, 풍부한 자원 덕택에 꽤 큰 마을을 이루고 살 수 있었다. 그러다가 지금부터 1만 2000년 전에 인간이 식량을 얻는 방법이 몇몇 지역에서 갑자기 변화했다. 변화의

속도는 여전히 느렸지만, 과거에 비한다면 훨씬 빨라졌다. 그 결과도
이전의 그 어떤 변화보다도 급격한 것이었다. 그것은 인류 역사에서
가장 기본적인 전환을 가져왔으며, 이후에 인류 역사가 이룬 모든 발
전의 토대가 되었다.

최초의 대전환

4

인간이 먹을거리를 구하는 방식이 근본적으로 달라졌다. 새로운 방식은 작물을 기르기 위해 밭을 만들고 가축을 먹이기 위한 초지를 만들기 위해 자연 생태계를 심각하게 변화시키는 것을 기초로 했다. 이렇게 좀 더 집약적으로 식량을 생산하는 방식은 단숨에 채택된 것이 아니라 지구 곳곳에서 다양한 작물과 동물을 이용해, 여러 가지 계기를 통해 발달해 갔다. 이런 일들은 주로 서남아시아와 중국, 메소포타미아(중동), 안데스 산지, 아프리카와 동남아시아의 열대 지역 등을 중심으로 일어났다. 이러한 변화들은 인간 역사에서 가장 중요한 변화를 가져왔다. 식량 생산에 잉여가 생겨나자 인간 사회는 안정되고 복잡한 계급사회로 발전해 갔고, 우리가 웅대하게도 '문명'이라고 부르는 모든 요소가 생겨났다. 또한 채집·수렵 생활에서 지켜졌던 제

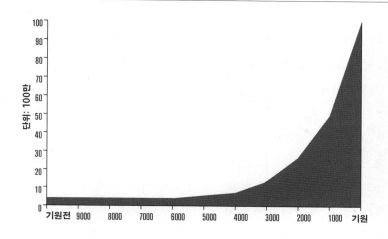

약이 사라지면서 훨씬 빠른 속도로 인구가 증가할 수 있게 되었다. 약 1만 2000년 전, 농경의 초기 단계에서 세계 인구는 약 400만 명이었다.(이는 오늘날 런던 인구의 절반 정도다.) 그로부터 기원전 5000년 전에 이르기까지 농업 정착 생활이 발달해 감에 따라 인구는 조금 더 늘어났을 것이다. 그러다가 인구는 1000년마다 두 배로 성장하기 시작해 기원전 1000년이 되면 5000만 명에 달한다.(이 역시 오늘날의 영국 인구보다 적다.) 최초로 전 세계적으로 대제국들이 나타난 기원후 200년이 되면 전 세계 인구는 2억 5000만 명으로 증가한다. 물론 기아나 질병으로 인구가 급감하는 일도 있어 증가 속도가 일정하지는 않았지만, 전반적으로 계속 증가세를 유지해 온 결과, 오늘날 농업은 60억이 넘는 세계 인구를 먹여 살리고 있다.

농업: 어떻게, 그리고 왜?

농업으로 전환하면서 정주 사회가 발달하고, 급기야는 도시가 출현했으며, 수공업 전문화가 일어나고, 큰 권력을 가진 종교적·정치적 엘리트가 대두했다. 이 모든 과정은 종종 전체적으로 '신석기 혁명'으로 불리기도 한다. 그러나 이런 과정을 거치고 나서 결과적으로 생활 방식이나 환경에 혁명적인 변화가 생겼다고 해서 그 과정까지도 혁명적이었던 것으로 오해해서는 안 된다. 이런 변화들은 적어도 4000~5000년은 되는 긴 기간에 걸쳐 일어났기 때문에, 어느 한 세대에서 기여가 있었다고 해도 달라지는 것을 거의 알아채기도 어려울 정도로 미미했을 것이다. 더구나 혁명이라는 개념은 변화를 가져온다는 목적하에 수행되는 행동이라는 함의를 갖는다. 이는 농업혁명의 과정과 그 결과에는 전혀 해당하지 않는다. 인간 사회가 농업을 만들어 내려고 한 것도 아니었고, 영구적으로 정착하려고 한 것도 아니었다. 각 지역의 특수한 상황에 따라, 먹을거리를 구하는 기존의 방식에서 조금씩 변해 왔던 것이다. 이렇게 다양한 방식으로 조금씩 달라졌지만, 그 모든 것이 톱니바퀴처럼 맞물려 돌아간 결과 엄청난 변화가 생겼다. 생존 방식의 변화는 종종 더 많은 인구를 먹여 살릴 수 있게 하는 결과를 낳았지만, 일단 불어난 인구를 먹여 살려야 할 필요가 생기게 되어, 예전의 채집·수렵 생활로는 영영 돌아갈 수 없게 되었다. 식량을 얻기 위해 다양한 방법들이 시도되었을 것이다. 이 과정에서 완전한 실패도 있었을 것이고, 부분적인 성공도 있었을 것이다. 이러한 무수한 시행착오 속에서 천천히, 그리고 아무도 확실히 알아채지 못하는 사이에, 충분한 식량을 확보한다는 인류의 문제를 혁신적으로 해결하는 방법이 대두되었다.

농업의 대두에 관련된 과정을 잘 이해하려면 무엇보다 채집·수렵 생활과 농경 생활 사이에 뚜렷한 구분이 있었다는 생각을 버려야 한다. 두 방식 모두 정도의 차이는 있지만, 동식물을 이용하는 인간 활동 스펙트럼의 일부로 보아야 한다. 채집·수렵 집단은 그들이 원하는 종류의 식물들이 잘 자라게 하기 위해 관리하는 개념으로 화전을 일구거나 관개 구역을 만들거나 이식을 하는 등의 방법을 통해 생태계를 변화시켜 갔다. 3만 년 전에 유라시아 대륙 전역의 수렵 인구들은 단지 우연히 마주치는 동물 떼나 사냥하는 집단이 아니었다. 그들은 사냥감을 신중하게 골라 동물 떼의 규모와 질을 관리하는 정교하고 효율적인 전략을 갖고 있었다. 그렇게 비교적 동물을 집약적으로 이용하며 산다고 해서 반드시 정주 생활을 해야 하는 것은 아니다. 오늘날 남아 있는 유목민들, 예컨대 순록을 사냥하는 사미족, 소 떼를 사냥하는 마사이족, 야생마를 사냥하는 중앙아시아의 많은 유목 집단을 보면 알 수 있다.

오랜 시간을 두고 일어난 농경으로의 전환을 연구하는 데는 온갖 문제가 다 있다. 지난 10여 년 동안 고고학적 기술이 점점 세련되어졌기는 해도, 화석으로 남아 있는 상태를 보고 야생에서 채집한 식물과 인간이 경작한 밭작물의 차이를 분간하는 것은 여전히 불가능한 일이다. 야생의 원종으로부터 완전한 재배 품종으로 조금씩 개량되어 가는 과정에서 어떤 식물들이 어떤 특징을 보이는지를 식별할 수는 있지만, 그런 변화는 대단히 오랜 기간에 걸쳐 나타난다. 아열대 지역과 열대 지역에서는 고고학자들의 어려움이 더 심하다. 온난하고 다습한 기후에서는 식물의 잔재가 거의 보존되지 않기 때문이다. 또한 얌과 감자 따위의 뿌리식물이나 코코넛, 사고나무와 같은 식물들은 야생 상태에서나 재배 품종이 된 다음에나 별 변화가 없기 때문에, 식량을 획득하는 기술의 변화 연대를 추정하는 데 큰 문제가 된다. 동물의 가축화를 연구하는 데도 마찬가지 문제가 있다. 고고학적인 잔재만으로는 야생동물이 사육되었는지를 알아내는 것이 거의 불가능하다. 이 경우 간접적인 방법으로써 어린 동물의 뼈 비율을 조사하는 것이 가장 효율적인 것 같다. 어린 동물의 수가 차지하는 비율이 높을수록 선별적으로 동물을 이용했다고, 그러니까 사냥을 했다기보다는 사육을 하다가 도축했다고 추측할 수 있는 것이다. 동물들을 사육하게 되면 구체적으로 어떤 변화가 일어나는지에 관해서는 아직도 논란이 되고 있기는 하지만, 야생동물을 가축화하게 되면 크기가 작아지고 어린 시절의 특성을 많이 가진다는 설명이 일반적으로 인정받고 있다. 하지만 이런 변화도 장기간에 걸쳐 일어나는 것이기 때문에 정확한 가축화 시기를 확인하기는 어렵다.

이른바 '신석기 혁명'의 다른 측면들은 인간의 생존 방식이 변화했다는 것에 관한 믿을 만한 근거가 되지 못한다. 작은 마을들은 채집·수렵 집단 중에서도 발견된다. 연중 어느 때나 풍부한 식량을 구할 수 있었던 미국 북서부 해안에도 이런 공동체가 있었다. 도기류 역시 채집·수렵 집단도 만들 줄 알았던 것이다. 최초의 도기로 알려진 것은 기원전 1만 년에 일본의 채집·수렵 집단인 조몬인들이 만든 것이었다.(조몬인들은 1만 년 동안 도기를 만들었는데, 그동안 농경은 전혀 하지 않았다.) 야생에서 견과류와 씨앗을 채집해 가공하는 데 쓰였던 기술들(맷돌과 절굿공이, 분쇄기, 저장 용기 등) 역시 농경이 시작되기 2만 년 전에 만들어졌다. 마찬가지로 채집·수렵 집단이 주로 사용한 것으로 알려진 (끌이나 정 같은) 도구들이 초기 농경 공동체의 유물 중에서 발견되기도 한다.

이 모든 사실은 농경과 채집, 목축과 수렵 사이에 어떤 근본적인 구별을 짓지 말아야 한다는 견해를 뒷받침한다. 1만 2000년 전에 인간과 동식물의 관계가 급격하게 변하거나 혁신적인 기술이 나타난 것은 아니었다. 인간의 생존 기술은 느리게나마 수십만 년 동안 진화를 거듭해 온 것이다. 빙하기 후반부에 유럽이나 서남아시아에서 사용된 기술은 동아프리카에 살았던 최초의 인류가 썼던 것과는 비교도 안 될 정도로 앞선 것이었다. 농경의 초기 형태에서 나타난 새로운 점이라면 기존에 식량을 얻는 방식을 좀 더 강화하고 복합적으로 이용했다는 점일 것이다. 이러한 과정은 농경이 처음 도입된 후에도 계속되었다. 계속해 새로운 동물과 식물의 종이 가축화하고 작물화했고, 다른 종들은 버려졌다. 가축화가 시작된 지 수천 년이 지나서야 '부산물 혁명'이 시작되었다. 소와 양, 염소에게서 우유나 다른 유제품을 얻는 방식이 발견된 것이다. 이 과정은 지금까지도 계속되고 있다. (예컨대 20세기 후반의 '녹색혁명'처럼) 농작물의 새로운 변종을 개발하거나 유전자 조작 농산물을 개발하는 데까지 이르고 있다. 그뿐만 아니라 나중에 가서는 작물과 가축이 세계 각지로 옮겨져, 처음 작물화되거나 가축화되었던 장소에서 아주 멀리 떨어진 대륙에서도 재배되거나 사육되었다.

농경의 출현을 연구하는 데 더욱 근본적인 문제점이 있는데, 그것은 애초에 농경이 도입된 원인에 관한 것이다. 채집·수렵 집단은 먹을거리를 구하기 위해 상당히 넓은 범위로 다양한 방법들을 개발해 왔는데, 생산력이 아주 낮은 한계 지역을 제외하고는 대부분의 지역에서 그렇게 하는 데 별로 많은 시간이나 노력을 들일 필요가 없었다. 그렇게 넓은 범위의 자원을 이용함으로써 한 가지 식물이나 동물에 지나치게 의존하는 데서 오는 위험부담을 줄일 수 있었다. 동물 떼를 선별적으로 관리함으로써 충분한 육류를 얻을 수 있었고, 야생에서 얻는 곡류는 농경 초기의 곡류만큼 먹기 좋았을 것이다. 요즘 재배되는 작물들 가운데 아직도 서남아시아에서 야생으로 자라는 종류의 작물을 돌낫으로 수확해 본 실험에서 1헥타르당 800킬로그램을 수확할 수 있었다.(이는 중세 잉글랜드의 밀 수확률에 맞먹는 높은 수확률이다.) 수확도 많았을 뿐 아니라 야생종들은 경작된 종보다 보통은 영양가가 더·높다. 비슷한 예로 멕시코에서는 옥수수의 야생종인 테오신테의 생산성이 매우 높은 것으로 나타났다. 세 시간 반 동안 추수하면 두 사람이 5일 동안 먹기에 충분한 양을 얻을 수 있었다.

농경이 가진 가장 큰 단점은 땅을 개간하고, 잡초를 제거하고, 씨를 뿌리고, 가꾸고, 작물을 수확하며, 가축을 돌보는 데 너무 많은 시간이 든다는 것이다. 그렇다고 더 영양가 있는 식량을 얻는 것도 아니고, 좀 더 좁은 범위의 동식물에 의존해야 하기 때문에 식량 안정성 면에서도 불리하다. 흉년에는 식량 부족이나 기근의 우려도 더 높다. 수확한 작물을 연중 보관해야 하기 때문에 버려지는 부분도 많다. 농경이 가진 단 하나의 장점을 들라면 이처럼 많은 노력이 들어가는 대신 좀 더 적은 땅에서 더 많은 식량을 생산할 수 있다는 점이다.

이렇게 불리한 점이 많은데 왜 농업이 발달했을까? 농업으로의 이행에 관해 종전의 학설은, 대부분 농업이 채집·수렵 경제와 비교해 볼 때 대단히 큰 장점을 지녔기 때문에, 인류의 지식과 문화적 성취가 농경을 시작할 정도로 충분히 진전되자마자 채택되었다고 주장한다. 그러나 지난 반세기의 연구를 통해 채집·수렵 집단이 상당히 정교한 방식으로 훨씬 쉽게 식량을 얻었다는 것이 밝혀지면서 이 설명을 설득력을 잃었다. 또 다른 이론은 최종 빙하기 말기에 시작되었던 기후변동으로 인해 농업이 시작되었다고 설명한다. 기후변화가 서남아시아, 그리고 어쩌면 중국에까지도 중요한 영향을 끼친 것으로 보이기는 하지만, 열대 지역에는 별로 영향을 끼치지 않았고, 중앙아메리카와 페루의 농경은 최종 빙하기가 끝난 지 수천 년 후에 발생했다. 인구 압력의 증가가 농경이라는 좀 더 집약적인 식량 획득 방식으로 옮겨 가게 한 주 원인이라는 설도 있다. 채집·수렵인들은 환경에 과도한 부담을 주지 않기 위해 여러 가지 방법으로 인구를 억제해 왔지만, 장기적으로 볼 때 완전히 성공적이었던 것은 아니었다. 자신들이 사는 지역에서 먹여 살릴 수 없을 만큼 인구가 늘어나면, 보통 이 문제를 해결하는 방식은 집단의 일부가 떨어져 나가 새로운 집단을 만들어 다른 지역으로 나아가는 것이었다. 수만 년이 흐르는 동안 일부 지역의 인구는 수렵과 채집, 그리고 당시의 기술 수준이 부양할 수 있는 수준 이상으로 증가했을 가능성이 있다. 이에 더해 기후변화로 인해 쉽게 이용할 수 있는 땅이 줄어들면 상황은 더 어려워진다. 이 한계를 넘어서 채집·수렵인의 인구가 계속 증가했을 때, 일부는 좀 더 살기 어려운 지역으로 가서 살 수밖에 없었을 것이고, 그런 곳에서는 식량을 얻기 위해 좀 더 집약적인 방법을 쓰지 않을 수 없었을 것이다. 시간이 흐르면서 식량을 얻는 방식은 점점 더 집약적이 되고, 결국 지금 농경으로 부르는 형태로 발전해 갔을 것이다. 대부분의 경우 한 세대에서 다음 세대에로의 변화는 미미했겠지만, 어쨌든 예전으로 돌아가는 일은 없었을 것이다. 채집·수렵의 기술과 지식은 잊혔을 것이며, 이제는 작은 마을이 된 인구를 먹여 살리는 길은 농경밖에 없었을 것이다. 기후변화와 인구 압력의 효과는 지역에 따라 달리 나타났을 것이며, 세계 곳곳에서 농경을 하게 된 연유에 관해서는 한 가지로 간단하게 설명할 수 없을 것이다.

전 세계적으로 인간이 길들인 동식물들은 다양하며, 자연에서 어떤 것을 얻을 수 있었느냐에 따라 달라지지만, 몇 가지 공통점을 찾아볼 수 있다. 제일 처음 길들인 동물은 아마 늑대일 것이다. 호주와 뉴기니의 원주민이 가장 먼저 늑대를 길들였으며, 마지막 빙하기에 북반구로 퍼져 나갔다.(이 과정은 서남아시아에서는 비교적 늦게 일어났다.) 늑대의 가축화가 농경에 기여한 바는 미미했다. 길들인 늑대는 점차 개로 진화했는데, 개가 식량으로 이용되는 경우는 아주 드물었다. 개는 인간과 친구가 되었고, 사냥을 돕거나 어느 정도 보호해 주면서 인간이 먹던 음식 부스러기를 처리하는 것으로 살아갔을 것이다. 인간은 주로 온순하고 동작이 느리며 잡식성인, 그리고 이미 야생에서도 고도로 사회화되고 무리의 질서에 순종하는 습성이 있는 동물을 가축화했다. 양이나 염소 같은 동물이 대표적이다. 인간이 길들인 동물들은 야생에서 분리되어 점차 초기 농부들이 바람직하다고 생각하는 특성들을 발달시키며 진화했다.

오늘날 우리가 씨앗을 먹는 식물(곡물)들의 조상은 야생에서 교란되고 개방된 장소에 잘 적응했던 잡초류였다. 이들은 경작되기 전에는 표토층이 얇고 건기와 우기가 뚜렷한 지역에서 살아남았는데, 이런 곳에는 생존 경쟁이 그리 치열하지 않았었다. 그들은 비교적 씨를 많이 생산하는 편이었다. 씨앗은 발아와 성장이 빨랐으며, 길고 건조한 여름에도 잘 견디었다. 이러한 특성들은 초기 채집인과 경작인들에게 유용했을 것이다. 이런 식물들을 계속 추수해 가는 가운데 씨앗이 조금 덜 퍼지는 종자들이 선택되었을 것이다. 결국 인간이 탈곡하지 않으면 낱알이 분리되지 않는, 그러니까 번식을 위해서는 전적으로 인간의 도움이 필요한 종으로 변해 갔을 것이다. 인간이 길들인 대부분의 곡류, 특히 밀과 보리는 자가수분을 한다.(대부분의 식물종은 타가수분을 하는 것과 구분된다.) 이러한 특성으로 인해 재배종들은 수적으로 우세한 야생종들에 침범당하지 않고 독자성을 유지할 수 있었고, 이는 초기의 농부들에게 도움이 되었을 것이다. 가끔씩 타가수분이 일어나기도 했는데, 이로써 새로운 형태의 유전적 다양성을 제공해 새로운 조건에 더 잘 적응하고 약간의 새로운 특성을 나타내는 종이 생기기도 했을 것이다.

전 세계에서 농경이 발달하는 과정은 전체적인 구조 면에서 비슷하다. 하지만 인간이 길들인 동식물의 종이 매우 다양하게, 그리고 매우 다른 시기에 나타났기 때문에 농경이라는, 인류 역사상 중대한 변화를 연구할 때는 지역에 따른 연구를 하는 것이 가장 좋다. 서남아시아와 중국, 중앙아메리카, 안데스 지역, 열대 지역 등 세계의 각 지역은 그 지역만의 특색을 갖고 있다. 중요한 사실은 이 지역들에서 농경은 다른 세계와 고립되어 발달했다는 것이다.

서남아시아

농경이 처음 시작된 곳은 서남아시아로, 레반트에서 터키 동남부와 이란의 자그로스산맥에 이르는 지역이다. 이 지역은 상당히 많이 연구되어 있어 어떤 모습으로 농경 사회로 바뀌어 갔는지에 관해 가장 선명하게 알려진 지역이기도 하다. 초기의 농부들이 재배한 식물을 유전적 연구로 분석해 보면 각각의 종은 단 한 번씩만 작물화된 것으로 보인다. 즉 특정 야생식물이 일단 어느 한 지점에서 작물화된 후 다른 지역으로 퍼졌다는 것이다. 이 식물들을 정확히 어디서 재배하기 시작했는지, 모두 같은 곳에서 재배하기 시작한 것인지에 관해서는 알려져 있지 않다. 동물들은 자그로스산맥을 비롯한 여러 지역에서 각각 길들어 서쪽 지방의 농경 집단으로 전파되었다.

어떤 동식물을 길들였을까? 가장 중요한 작물은 밀이었는데, 밀은 곡류 중 영양가가 가장 높은 편이었기 때문이다. 최초로 재배된 밀은 아인콘과 엠머였는데, 오늘날에는 더는 재배되지 않고,(하지만 중세 잉글랜드에서는 이들이 재배되었다고 한다.) 빵을 만드는 빵 밀과 파스타를 만드는 단단한 듀럼밀로 대체되었다. 아인콘은 아직도 서남아시아 전역에서 야생으로 자라고 있고, 초기에는 가장 중요한 밀이었던 엠머의 경우 레반트와 북부 이라크, 이란에서만 자라고 있다. 보리의 경우 밀보다 더 혹독한 기후를 견딜 수 있지만, 빵을 만드는 데는 거의 쓰이지 않았고 맥주를 만드는 데만 쓰였다. 호밀은 거의 발견되지 않고, 귀리는 농경지에 자라던 잡초였는데, 나중에 주로 농경이 유럽으로 퍼져 나가는 과정에서 재배되었다. 영양의 균형을 위해 곡류와 함께 반드시 섭취해야 하는 콩과 식물인 렌즈콩과 완두콩, 누에콩과 이집트콩 같은 것들의 야생종은 서남아시아 전역에서 야생에 서식하다가 아인콘과 엠머가 작물화된 것과 비슷한 시기에 작물화되었다. 최초로 가축화된 동물은 오늘날 양의 조상인 서아시아 야생 양의 아르메니아 변종, 그리고 염소의 조상인 페르시아 야생 염소였다. 야생 양은 남부 아나톨리아나 북부 시리아 등지에서 처음으로 가축화되었으며, 야생 염소는 자그로스산맥에서 처음으로 가축화되었다.

농경으로의 기나긴 이행이 시작되었다는 최초의 증거는 레반트 지역의 케바란 문화권에서 발견되며, 기원전 1만 8000년의 것으로 추정된다.(이는 빙하기 유럽에서 선진 집단들이 농경을 시작한 것과 비슷한 시기다.) 케바란인들은 지역의 동굴에서 반(半)정주 생활을 했다. 그들은 거의 모든 식물의 씨를 채집했고, 후에 이들을 작물화했다. 하지만 그들이 주력했던 것은 이 지역에 있던 가젤 영양의 무리를 관리하고 선택하는 일이었다. 이 생활 방식은 오래 지속되었지만, 기원전 1만 년 무렵에 최종 빙하기가 끝남과 함께 기후가 온난해지면서 바뀌지 않을 수 없었다. 엠머와 아인콘, 보리 등 야생초와 (좋은 영양 공급원이었던) 떡갈나무, 아몬드, 피스타치오 나무 등은 이 지역에서 빠르고 넓게 퍼져 나가기 시작했다. 이것이 어떤 변화를 가져왔는지를 알려면 남부 아나톨리아에서 나일 계곡까지의 해변 지역과 구릉지에 나타났던 나투피아 문화를 연구하면 된다. 가젤 무리를 관리하는 것과 동시에 야생초도 광범위하게 식량으로 이용되었고, 씨앗을 가공하기 위한 정교한 기술들(뼈낫과 돌칼, 절굿공이, 막자)이 발달했다. 식량은 매우 풍부한 편이어서 작은 마을이 유지될 수 있을 정도였다. 시리아의 유프라테스 강 근방의 아부 후레이라 마을이 가장 잘 연구되어 있다. 300~400명의 주민이 구덩이를 파고 갈대 지붕을 인 주거에서 살았었다.

이러한 삶의 방식은 약 2000년간 계속되다가 기후변화가 더욱 진전되면서 무너지기 시작했다. 빙하기 이후에 날씨가 점점 따뜻해지면서 레반트 전역의 기후는 오늘날 지중해 지역의 기후와 비슷해졌고, 야생초가 자라는 지역은 점점 제한되어 갔다. 이는 나투피아 사람들에게 생존의 위기를 초래했고, 이에 대응하는 과정에서 일부는 초기의 농경 형태를 시작하기도 했다. 많은 마을이 버려지고 심지어 일부 집단은 다시 채집·수렵 생활로 돌아갔다. 대다수는 오랫동안 적응한 정주 생활을 버리지 못하고 마을 근처의 땅에 야생초를 심기 시작했다. 이렇게 해서 기존의 문화를 유지할 수 있었고, 기존의 모든 씨앗 가공 기술과 저장 기술을 계속해 활용해 갈 수 있었다. 이것이 어떤 중대한 전환이라고는 아무도 생각하지 못했겠지만, 그 장기적 영향은 심대했다.

변화의 징후는 레반트 전역에 퍼져 있는 150여 개의 지역에서 발견되지만, 첫 징후가 분명히 나타난 곳은 기원전 8000년 무렵, 점점 물이 줄어 가는 요르단 계곡 호수 가장자리의 마을들이었다. 처음 수

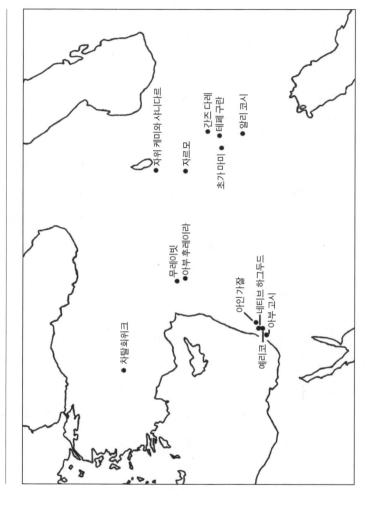

서남아시아: 농경 기원과 관련된 핵심 유적지

자위 케미와 샤니다르
자르모
간즈 다레
테페 구란
알리 코시
초가 마미
무레이밧
아부 후레이라
아인 가잘
네티브 하그두드
아부 고시
예리코
차탈회위크

백 년 동안은 지중해 식생 지역의 가장자리에서만 가축화와 작물화가 이루어졌지만 ,이는 곧 빠르게 확산되었다. 농경 공동체를 새로운 농경지를 점유한 '식민자'로 보는 식의 낡은 관점은 20세기 초 유럽의 '제국주의'를, 또는 '선진'사회가 뒤쳐진 사회를 지배한다는 식의 유럽적인 개념을 상기시킨다는 점에서 이미 버려졌다. 그보다는 여러 인구 집단 간에 농경문화가 전파되고 채택되는 과정으로 보는 것이 타당할 것이다. 이들 대부분은 상당한 기간에 과거의 수렵 관행과 채집 관행을 유지하는 한편, '농경적인' 관행을 일부분 받아들였다. 기원전 7800~7500년에 번성했던 예리코 지역과 그 인근인 네티브 하그두드 지역에서는 바로 이와 같은 과정이 진행되었다. 예리코에는 약 300명의 인구가 살았다. 네티브 하그두드의 규모는 훨씬 작아 약 20~30개의 가족이 있었다. 두 지역 모두 계속 수렵을 하고 야생에서 씨앗을 채집했지만, 중요한 점은 작은 밭에서 작물을 재배하고 있었다는 점이다. 기원전 7700년, 3세기 만에 아부 후레이라에 사람이 다시 살게 되면서 비교적 눈에 띄는 변화가 일어났다. 1층짜리 진흙 벽돌집들이 들어선 새로운 마을이 생겨났는데, 그 면적은 7헥타르가 넘었다. 주민들은 처음에는 예전과 비슷한 생활을 했다. 즉 가젤 무리를 관리하고 다양한 식물들을 채집했다. 그러다가 몇 세대가 지나기 전에 농경으로 급격하게 전환했다. 다양하게 채집하던 야생식물들은 (주로 아인콘이나 콩류 같은) 대여섯 종류의 작물로 대체되었고, 가젤 무리를 관리하는 대신에 양과 염소를 길들여 사육했다.

레반트 지역에서 양과 염소를 사육하는 방향으로 전환하게 된 것은 자그로스산맥 지역과 메소포타미아 평원의 가장자리 지역으로부터 이들 가축이 도입되었기 때문이라는 점이 거의 확실하다. 이 지역은 레반트 지역보다 연구가 덜 되어 있다. 하지만 가축화된 동물의 사육과 작물화된 식물의 재배가 혼합된 진정한 형태의 농경이 이 지역에서 먼저 시작되었을 가능성이 있다. 기원전 9000년에서 8500년을 전후해 케르만샤 근처의 쿠르디스탄과 간즈 다레 산지에 있는 자위 케미나 샤니다르 같은 곳에는 산속에 계절에 따른 임시 거주지가 있었고, 이곳들이 나중에 마을이 되었다. 염소와 양은 반(半)가축화된 환경에서 사육되었고, 지역에 자생하는 야생 곡류는 처음에는 채집되다가 차차 작물로 재배되었다. 기원전 8000년 무렵에는 메소포타미아 평원 가장자리에 있는 알리 코시에 정착이 이루어졌다. 여기서는 양과 염소도 길렀는데, 여름이면 산속으로 몰고 올라가 사육했다. 엠머와 아인콘, 보리, 렌즈콩도 초기부터 재배되었고, 주위의 습지에서는 물고기와 물새를 사냥했다. 바로 이 지역에서 가축화된 양과 염소가 서쪽의 레반트 지역으로 전파된 것이다.

아나톨리아 북부 하실라 부근에서는 기원전 6700년 무렵에 사람들이 보리와 엠머를 경작하면서 한편으로는 야생의 씨앗들을 채집해 먹고 살았으며, 양과 염소를 기르기도 했지만 아직 완전히 가축화된 상태는 아니었다. 이 지역에서 질그릇이 사용되기 시작했다는 증거가 나오고는 있지만, 그래도 대부분의 사람은 질그릇보다는 바구니나 동물 가죽으로 된 자루를 더 많이 사용했을 것이다. 그로부터 몇백 년 후 차탈회위크 지방에서 발달한 큰 정주지는 12헥타르의 면적을 차지했으며, 5000명의 인구를 가지고 있었다. 이 작은 도시는 흑요석이라는 자원을 통제하는 활동을 중심으로 형성되었는데, 전문화된 수공인 집단이 있어 흑요석을 가공해 다른 지역에 내다 팔 수 있도록 만들었다. 서남아시아에는 많은 농경 공동체가 있었고 공동체별로 농경의 발달이 독립적으로 진전되어 왔지만, 이 지역 일대의 농경 공동체 사이에 생각과 기술, 물질의 교환은 분명히 있었던 것 같다. 귀중품으로 간주된, 밀로스섬의 흑요석이 광범위하게 교역되기 시작하던 기원전 1만 년 무렵에는 배도 처음으로 등장하기 시작했다.

기원전 6000년 무렵이 되자 이 지역 전역에 본격적인 농경 사회가 나타나기 시작했다. 최초의 곡식은 인간이 선택 재배를 함에 따라 점점 더 생산성이 높아졌다. 이 무렵 작물화된 엠머와 야생 밀이 교배되어 생긴 품종인 빵 밀이 이란 북부에서 나타났다. 좋은 털을 가진 양을 골라 사육하기도 했다. 양보다 훨씬 더 길들이기 어려운 동물인 소는 기원전 7000년에서 6000년 사이에 가축화되었을 가능성이 높다. 이 소들이 젖이 충분히 많이 나오도록 선택교배되어 인간이 유제품을 소비하기 시작하기까지는 그로부터 수천 년의 세월이 더 흘러야 했다. 돼지는 기원전 6500년 무렵에 처음으로 가축화되었다. 농경이 채택되기 시작하면서 인구는 아주 천천히 늘어 갔다. 세대별로 보면 그 변화를 거의 알아채지 못했겠지만, 장기적으로는 상당한 변화였다. 여기저기서 마을이 생겨났고, 어떤 곳에서는 작은 도시가 생기기도 했다. 이런 사회들은 아직 상당히 평등주의적이었지만, 사회조직 면에서는 꽤 분화되고 있었다. 각 사회는 복잡한 제례를 발달시켰는데, 특히 풍년을 기원하는 제례가 많았다. 이제 사람들의 삶은 그들이 재배하는 작물과 그들이 돌보는 가축에 의존하게 되었기 때문이다.

농업의 확산

서남아시아는 인간이 인공적인 생태계를 창출하고, 거기에 자기의 생존을 의지하게 된 지구상 최초의 지역이었다. 농경은 이 핵심 지역에서 동쪽으로 퍼져 나가 기원전 6000년 무렵에는 이란 동북부와 카스피해 부근의 투르크메니스탄 남부로 전파되었다. 농경이 아나톨리아에서 서쪽으로 퍼져 나가 에게해 주변 지역까지 전파된 것은 놀랄 일이 아니다. 두 지역은 기후가 비슷해 농경 기술을 바꿀 필요가 거의 없었기 때문이다. 일반적으로 이 과정은 천천히 진행되며 심도를 더해 간 것이었지만, 크레타의 크노소스처럼 의도적으로 식민화하는 사례(기원전 6000년 무렵)도 있었다. 이 무렵에는 그리스와 발칸 반도에도 농경 공동체가 생겨났으며, 1000년쯤 지난 후에는 남동부 이탈리아에서도 농경이 행해지게 되었다. 기원전 4000년 무렵에는 남부 유럽에서 올리브와 포도, 무화과가 재배되었다.

서부 유럽과 북부 유럽으로 농업이 확산되기 위해서는 서남아시아에서 나타났던 농업 방식을 여러 가지 점에서 크게 바꾸지 않으면 안 되었다. 1년 내내 비가 오는 습한 기후였고, 작물을 키우는 계절이 더 짧았기 때문이다. 그래서 작물을 심는 시기를 가을에서 봄으로 바꿔야 했고, 가축들에게는 겨울철을 날 수 있는 먹이를 준비해 주어야 했다. 보리와 귀리가 훨씬 더 중요한 작물이 되었다. 당시까지 농사에 주로 사용하던 도구라고는 주로 나무로 만든 괭이와 땅을 파는 막대기 정도여서 유럽의 중부와 북서부에 많은 무거운 흙을 경작하는 데는 한계가 있을 수밖에 없었다. 기원전 5000년이 지나자마자 '반더케라믹'(독특한 형태의 질그릇에서 온 이름) 문명권의 농부들은 도나우강 계곡 전체에 퍼지면서 서쪽으로는 네덜란드로, 동쪽으로는 비스툴라까지 확산되어 갔다. 이들은 보리와 아인콘, 엠머, 삼 등을 길렀고, 순환 경작법을 도입했으며, 들판에 울타리를 둘러 소와 양, 염소를 길렀다. 이렇게 농업이 확산되는 과정은 결코 순탄하지 않았다. 새롭고 점점 더 어려워지는 조건에 적응하는 법을 사람들이 빨리 배우지 못했기 때문에 농업에 실패하는 지역도 많았을 것이다. 일반적으로 초기의 농부들은 가장 가벼워 가장 쉽게 경작할 수 있는 토양을 중심으로 정착했는데, 자갈층 위에 퇴적토가 덮인 하안단구 같은 곳이 좋은 터였다. 초기에 형성된 정주지는 규모가 작았고 농부와 채집·수렵인들이 섞여 살았다. 채집·수렵인들은 농부에게서 곡식을 저장하는 질그릇을 만드는 기술 같은 것을 배웠을 것이다. 그 단계에서 인구가 천천히 늘어나고 농업기술이 발전하면서 농업공동체도 좀 더 광범위하게 발달하기 시작했다.

농업은 또한 남동부 유럽이 농업을 채택한 것보다 나중에 레반트에서 남쪽으로 나일강 유역까지 확산되었다. 기원전 6000년 전까지 나일강 계곡에는 규모가 큰 정주지가 형성되지 못했는데, 그것은 매년 발생하는 홍수 때문이었다. 인구가 늘어나 더욱 집약적인 기술을 채택해야 할 필요성이 커지면서, 사람들은 야생 곡식을 채집하는 것보다는 농사를 짓는 쪽을 택하기 시작했다. 언제 이런 변동이 생겼는지는 알지 못한다. 이 시기는 나일강의 홍수 수위가 아주 낮은 때여서, 이 지역 최초의 농촌들은 지금 물 밑에 잠겨 있기 때문이다. 가장 설득력 있는 추산은 기원전 4300년 무렵에 최초의 마을이 생겨났고, 기원전 3500년 무렵에 농업이 완전히 정착되었을 것이라는 설이다.

중국

세계에서 두 번째로 농경이 발달한 지역은 중국이었는데, 다른 지역과 상관없이 독립적으로 발달했다. 현재 중국이 자리하는 지역 내에서 서로 뚜렷하게 다른 두 가지 유형의 농업이 나타났는데, 북부에서는 기장을 주 작물로 하고 남부에서는 쌀을 주 작물로 했다. 남부에서 가장 먼저 농경이 시작된 곳은 창장강 유역의 허베이 분지와 상하이 남부 창장강 삼각주의 항저우만(灣) 부근 연안에 있는 평원이었다. 기원전 6500년 무렵에 쌀이 바로 이 지역에서 최초로 작물화했다. 야생 벼는 마른 땅에서 싹이 트지만, 계절에 따라 범람하는 얕은 물 속에서 자란다. 작물화된 변종의 조상이 정확히 어떤 종이었는지는 밝혀져 있지 않으나, 이런 벼를 심어 재배할 논을 인공적으로 만들어 서 작물화했다는 점은 확실하다. 창장강 중하류는 곧잘 범람하는 호 수와 저지대로 형성된 광대한 영역이어서 벼를 작물화하기는 쉬웠을 것이다. 쌀과 항상 같이 재배하는 콩은 대두다. 서남아시아에서처럼 이곳에서도 초기의 농촌은 작은 새와 동물을 사냥해 식단을 보충하 는 일을 계속하는 가운데 발달해 갔다.

북부 중국에서는 고원지대에서 황허강이 흘러내려 와 중국 동부 의 평원으로 흘러들어 웨이수이강과 만나는 곳에서 기원전 5500년 무렵에 농업이 발생했다. 이 지역은 겨울 날씨가 혹독하고 여름철 강 우가 불안정하다. 따라서 농경은 두 가지 종류의 기장(빗자루 기장과 여우꼬리 기장)을 중심으로 발달하는데, 이것들은 근처의 고원에서 야 생으로 자라던 것들이다. 기장은 인간이 재배하는 곡물 가운데 가장 물을 적게 소요하는 작물이다. 이 지역에는 바람에 쓸려 온 황토가 많아 간단한 막대기와 나무 괭이만 있어도 땅을 쉽게 일굴 수 있었다. 동물 역시 중요했다. 돼지는 기원전 5500년 무렵에 (서남아시아와는 무 관하게 독립적으로) 가축화했으며, 세계 최초로 닭이 기원전 5000년 무 렵에 가축화했다. 그리고 500년 정도 지나 물소가 쟁기를 끄는 가축 으로 이용되기 시작했다.

서남아시아에 있던 좀 더 큰 마을이나 작은 도시에서 그랬던 것처 럼, 농업이 확대되기 시작하면서 교역 네트워크와 함께 점점 더 세련되 어져 가는 문화가 발달하기 시작했다. 농경도 중국을 중심으로 퍼져 나갔다. 쌀 재배는 히말라야산맥 기슭과 미얀마, 태국 북부로 퍼져 갔고, 기원전 3500년 무렵에 타이완에까지 이르렀다. 기원전 2100년 무렵에는 동티모르에 전해졌고, 그로부터 400년쯤 후에는 필리핀에 도착했다. 일본에 전해진 것은 기원전 400년이 되어서였다. 작물과 가축은 서남아시아에서 직접 중국으로 전해진 것이 아니라 중앙아시아의 다양한 집단들을 통해 간접적으로 동쪽으로 전해졌다. 밀과 보리는 기원전 2500년 무렵에 도착했으며, 양과 염소는 좀 더 늦게 도착했다. 서남아시아에서와는 달리 중국에서는 양이나 염소가 그리 중요시되지 않았다.

중앙아메리카

세계에서 세 번째로 독립적으로 작물화와 가축화가 일어난 곳은 중앙아메리카(현재의 과테말라와 벨리즈, 그리고 멕시코의 남부와 동부에 이르는 지역)이다. 이 지역에서 일어난 농업의 기원을 연구하는 것의 문제는 현대적인 고고학적 방법으로 발굴된 현장은 대여섯 군데 정도밖에 되지 않는다는 점이다. 가장 먼저 재배된 식물은 호박 종류(늙은 호박과 단호박)였는데, 처음에는 그릇으로 쓰다가 점점 씨앗을 먹게 되었으며, 작물화하면서 속살에 단맛이 강해지자 그 부분도 먹게 되었다. 같은 종류에 속하는 것으로 페포호박과 매로호박도 작물화했고, 그 밖에도 초기에 작물화한 종으로 토마토와 아보카도, 고추 등이 있는데, 먹을거리로서 지닌 중요성은 그리 크지 않았다. 가장 중요한 작물은 옥수수였고, 옥수수와 함께 먹는 콩 종류가 다음이었다.

옥수수의 조상은 테오신테라고 하는 야생초였던 것이 거의 확실하다. 처음에는 야생 상태에서 채집해 먹었지만, 기원전 3500년 무렵에 서부 멕시코 과달라하라 부근 고원지대에서 작물화했다. 초기 경

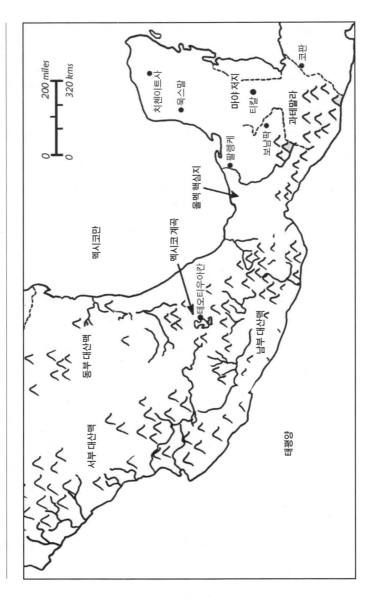

메소아메리카

작민들은 옥수수를 재배하기 시작하면서 곧 문제에 봉착했다. 이것은 구대륙에서 야생 곡식을 작물화할 때는 전혀 발생하지 않았던 문제였다. 작물화 과정이란 종자를 선택해 교배함으로써 생산성을 늘리는 과정인데, 옥수수는 유전학적인 이유로 그렇게 생산성을 늘리기가 어려웠다. 초기 옥수수는 지금의 옥수수와는 아주 달라서, 길이가 겨우 6센티미터 정도밖에 되지 않았다. 초기의 작물화한 야생 옥수수 변종은 한자리에서 길렀으니 수확하기는 쉬웠겠지만, 생산성 면에서는 야생 옥수수보다 조금 더 많이 수확되는 정도였다. 그 결과 농업으로 전이하는 과정이 서남아시아에서보다 훨씬 길었고, 옥수수 농사를 시작한 사람들에게 채집과 수렵은 여전히 가장 중요한 생계수단이었다. 기원전 2700년 무렵에 테우아칸 골짜기에 살던 초기 경작민의 식단에서 옥수수가 차지하는 비중은 4분의 1도 안 되었다. 최초의 농촌이 기원전 2000년 무렵에 등장했으나, 옥수수 생산량이 더 나아질 때까지 이들 농촌의 발달은 아주 느린 속도로 진행되었다.

작물화한 옥수수는 기원전 1500년 무렵에 중앙아메리카로 퍼져나갔고, 거기서부터 북쪽으로 올라가 현재 미국의 서남부에 이르렀다. 여기서 기원전 1200년 무렵에 그 지역의 토착종인 테오신테와 교배되어 '마이스 데 오초'라는 종이 되었는데, 이것은 북부 지역의 짧은 재배 기간에 더 잘 적응하는 종이었다. 기원전 300년 무렵에는 이 지역에도 최초의 마을이 생겨났는데, 그로부터 1000년 동안 옥수수 농사가 그보다 더 북쪽으로 올라가지 못하다가 추위에 더 잘 견디는 강한 종이 개발되고 나서야 북쪽으로 농업이 전파되기 시작했다. 옥수수 농사는 남쪽으로도 전해져 기원전 1000년 무렵에는 남아메리카 북부 지역까지 확산되었다. 그러나 그보다 훨씬 먼저 안데스 산지에서는 전혀 다른 작물과 가축들에 기초한 농업이 발달하고 있었다.

안데스와 기타 지역

기원전 7000년 무렵에 안데스산맥 고원지대의 채집·수렵 집단은 야생 구아나코와 비쿠냐(각각 가축화한 라마와 알파카의 조상이다.)를 기르기 시작했다. 이 동물들은 양이나 염소처럼 순해 쉽게 길들일 수 있었다. 이 동물들은 높이 1500미터 이상의 고지에서 자라는 퀴노아 나무의 잎을 먹고 살았다. 나무의 씨앗은 동물 사이로 떨어져 손상되지 않고 동물들의 분뇨를 비료로 삼아 잘 자라곤 했다. 퀴노아는 기원전 3000년 무렵에 야생 구아나코와 비쿠냐가 라마와 알파카로 가축화할 때쯤에 작물화한 것이 확실하다. 가축화한 다른 동물로는 쥐의 일종인 기니피그가 있는데, 기원전 9000년 이래 먹을거리로 사용되어 왔다. 그러나 가장 중요한 것은 네 종류의 야생 뿌리채소를 작물화한 사실이다. 그중 세 가지(오카, 마슈아, 울루쿠)는 고원지대에서만 경작되었지만, 네 번째 작물인 감자는 여러 가지 변종으로 개발되어 저지대에서도 재배되었으며, 결국에 가서는 세계에서 가장 중요한 식량 작물 중 하나가 되었다. 이 뿌리채소들은 아주 오래전부터 야생에서 채집되던 것인데, 최초로 작물화한 것은 기원전 2500년 무렵에 페루와 볼리비아 경계 지역에 있는 티티카카호 근처였다. 감자에는 상당히 흥미를 유발하면서 아직도 해결되지 않은 의문점이 있다. 거의 모든 야생 감자가 독성을 가지고 있는데, 사람들이 그것을 어떻게 해서 처음 먹기 시작하고 결국 작물화까지 하게 된 것일까 하는 점이다.

세계의 다른 지역에서 식물들이 작물화한 과정에 관한 증거는 대단히 개괄적인 수준에 머문다. 지금 세계에서 가장 중요한 곡식 중의 하나인 수수는 수단-차드 지역에서 처음 작물화했다. 그 시기는 아주 오래전임이 틀림없다. 이것이 아라비아반도를 거쳐 인도에 도착한 것이 기원전 2000년 무렵이기 때문이다. 진주 기장은 사하라 지역에서 작물화했는데, 이것을 그 지역에서 나오는 콩 종류(카우피와 땅콩)와 섞어 먹으면 균형 잡힌 식단이 되기 때문에 사헬 지방 전역에서 이용되었다. 쌀 종류 중 아프리카 지역의 변종은 기원전 1500년 무렵에 작물화했으며, 구대륙의 면화는 수단-누비아 지역에서 처음 생겨나 기원전 1800년 무렵에는 인더스강 계곡에서 재배되었다. 열대작물에 관해 밝혀진 사실은 더욱 미미하다. 아프리카와 동남아시아 전역에서 발견되는 얌은 줄기를 다시 심으면 경작할 수 있기 때문에 채집·수렵인들도 많이 이용했다. 타로 토란과 빵과일은 동남아시아에서 기원해 오세아니아로 확산되어 갔다. 마니옥(카사바)과 고구마는 열대 남아메리카에서 온 것이다.

기원전 2000년이 조금 지났을 무렵에는 세계의 모든 주요한 작물과 동물들을 인간이 길들였다.(말은 가장 늦게 가축화해 기원전 3000년 무렵에 우크라이나 지방 어딘가에서 길들이기 시작했을 것이다.) 그러나 수천 년 동안 유라시아와 아메리카 사이에, 그리고 심지어는 유럽과 아시아의 여러 지역 사이에 교류가 없었기 때문에 농업은 각각 다른 흐름을 형성해 갔다. 그러다가 두 가지의 거대한 물결을 계기로 서로 다른 흐름이 하나로 합쳐져 세계 각지의 작물과 가축이 섞이기 시작했다. 7세기 후반부터 이슬람 세력이 확장하면서 거대한 교역 세계를 창출해, 많은 아열대작물들이 근동과 지중해로 오게 되었다. 그로부터 거의 1000년이 지난 후 아메리카의 작물과 가축이 유럽으로(그리고 조금 늦게 아시아로도) 반입되었고, 유럽의 작물과 가축이 아메리카와 오스트레일리아로 퍼졌다.

농업의 영향

농경의 채택은 인간 역사에서 가장 근본적인 변화였다. 이로 인해 처음으로 정착 사회가 생겼을 뿐만 아니라 사회 자체도 엄청나게 변화했다. 채집·수렵 집단은 '소유물'이라는 것이 없는, 기본적으로 평등한 사회였다. 특별한 도구를 만들 수 있거나 먹을거리의 종류를 식별할 수 있는 전문가가 몇몇 있었을 것이고, 한 집단에 한두 사람 정도의 노인이 그 집단의 신념과 전통을 지켜 가는 책임을 맡았을 것이다. 아마 이런 사람들은 집단 내에서도 특별한 위치를 가졌을 것이다. 그러나 땅과 거기에서 나오는 자원들은 어느 누구의 소유도 아니었다. 누구든 그것들을 가져가는 사람의 것이 되었으며, 한 집단에서는 모두 음식을 나누어 먹었다. 밭에서 작물을 기르고 가축을 키우고 방목하게 되면서 땅, 자원, 먹을거리를 '재산'으로 보는 견해가 생기기 시작했다. 이런 경향은 농경이 채집과 수렵보다 훨씬 많은 시간과 노력을 요구한다는 점 때문에 더 심해졌을 것이다. 어쩌면 처음에는 공동체가 땅과 식량을 소유했을 것이다. 그러나 곧장 이러한 것들을 개인이 소유하기 시작하면서 땅과 식량을 차지하는 일은 불평등한 것이 되어 갔다.

채집 및 수렵과 비교해 볼 때 농업은 더 많은 노력이 들어간 만큼 더 많은 식량이 생산되는 경우가 대부분이었으며, 경작자와 그의 가족이 먹고살고도 남을 만큼의 생산물이 나오는 경우도 종종 있었을 것이다. 이렇게 식량이 남았다는 사실은 이후 모든 사회적·정치적 변화의 원인이 되었다. 잉여생산물로 식량 생산에 참여하지 않는 사람들(수공업자, 관료, 종교 지도자 그리고 결국 정치적·군사적 지도자까지)도 먹여 살릴 수 있게 되었기 때문이다. 거시적으로 보면 농경이 시작된 이래 8000년 동안의 인간 역사는 잉여 생산된 식량의 습득과 분배, 사용에 관한 역사였다. 어떤 사회에 얼마만큼의 잉여 생산이 있느냐 하는 것에 따라 그 사회가 감당할 수 있는 농업 외 인구의 수가 결정되었다. 몇백 년 전까지만 해도 잉여 생산된 식량의 규모가 그리 크지 않았을 뿐 아니라 생산량의 기복이 심했다. 일반적으로 전체 인구의 10분의 1 정도만 농사짓는 일 외의 직업을 가질 수 있었다. 이 때문에 초기의 국가와 제국이 유지할 수 있는 규모와 기능은 제한적일 수밖에 없었다. 농업 생산성이 폭발적으로 증가한 최근에 들어서야 전체 인구의 5퍼센트도 되지 않는 농업인구로 산업사회 및 후기 산업사회가 유지될 수 있게 되었다. 초기의 단순한 사회일수록 그 연관성이 뚜렷했을 것이다. 중세 유럽과 여타의 봉건사회 및 유사 봉건사회에서는 소유한 땅의 양과 군사력 간에 직접적인 연관성이 있었으며, 교회는 땅을 직접 소유하거나 십일조를 거둬들임으로써 식량을 얻었다. 지도자(영주)들은 자신이 소유한 땅을 돌며 잉여 식량을 바로 그 자리에서 소비했는데, 잉여 식량을 이동시킬 운송 매체가 없었기 때문이다. 1920년대와 1930년대의 소련에서 그랬듯이 종종 강제로 잉여 식량을 뽑아내기도 했지만, 오늘날에는 대체로 시장의 힘에 의해(그리고 산업사회에서는 많은 장려금에 의해) 잉여 생산이 이루어진다.

초기의 농경 집단에서는 잉여생산물이 공동체가 동의한 활동들(주로 도기와 도구 등을 만드는 전문적 수공업이었으며, 금속공업이 발전하면서부터는 더욱 그랬고, 종교적 활동들은 대개 언제나 있었다.)을 지원하기 위해 자발적으로 주어졌던 것처럼 보인다. 그러나 비교적 작은 규모의 농경 사회에서조차 계급의 분화는 빠른 속도로 나타났다. 주로 잉여 생산물을 거두어들여 비농업인구로 다시 나누어 줄 권한이 있는 씨족사회의 지도자들이 이런 분화에서 우두머리가 되었다. 농경의 도입으로 인해 사회적으로는 여러 가지 취약점이 생겨났기 때문에 이러한 계급의 분화 및 재분배 기능은 매우 중요했다. 농경을 하게 됨에 따라 한 사람에게 돌아가는 식량의 분량이 평균적으로 늘어났는지 아닌지는 확실하지 않다. 총생산량은 더 많아졌을지 모른다. 그러나 식량이 재분배되는 양이 증가하는 만큼 인구도 증가했다. 초기의 농부들은 한정된 농작물에 의존했으므로 기후가 악화되거나, 작물에 질병이 돌거나, 저장한 곡식이 많이 손실되었을 경우 속절없이 굶주릴 수밖에 없었다. 특히 다음 추수 때까지 먹을 수 있는 곡물이 충분하지 않을 경우에는 문제가 훨씬 심각해졌는데, 그런 경우는 상당히 자주 발생했다. 흉년이 두 해만 지속되어도 파멸이었다. 음식물을 저장하면 쥐가 먹거나, 누군가가 훔쳐 가거나 해서 집단 내에 불화가 생겨났다. 식량의 재분배가 보장되지 않을 때 가장 취약해질 수 있는 이들은 공동체 내에서 식량을 생산하지 않는 사람들(지도자, 기능인 등)이었다.

상황이 이런 만큼 초기 농경 사회에서 족장, 씨족 지도자, 종교 권위자들이 잉여 식량과 재분배 구조에 관한 지배권을 갖게 된 이유를 쉽게 이해할 수 있다. 리더십은 한 공동체를 순조롭게 운영해 나가기 위해 필수적이었으며, 토지나 식수 이용 문제로 다른 집단과 갈등이 있을 때는 더욱 그랬다. 그러나 지도자들이 이런 기능을 수행하면 할수록 집단의 다른 부분에 관한 지배력이 커졌다. 이런 발전 단계에 있는 사회들은 수천 년에 걸쳐 세계 어디에나 존재했다. 이는 1000년 전까지만 해도 유럽 대부분의 지역, 특히 중부 유럽과 동부 유럽에서 발견할 수 있었다. 북아메리카에서는 1600년 이후에 유럽인이 토착 아메리카 원주민들의 삶의 방식을 파괴하기 전까지 존재했다. 그리고 20세기 초반까지 아프리카에는 이전과 비슷한 형태의 사회가 남아 있었다.

문명의 출현

어떤 사회는 특정 분야에서 외부의 영향 없이도 크게 앞서 나가 강압적인 국가가 되어 조직과 기관, 문화 등 우리가 '문명'으로 부르는 것을 이루어 내었다. 이러한 일은 인류의 역사에서 많게 잡으면 여섯 번 일어났다. 그중 세 번은 농경의 등장에서 가장 중심적인 지역인 중국과 중앙아메리카, 중앙 안데스 지역에서 일어났으며, 다른 두 번은 이와는 다른 사례로 메소포타미아와 인더스 계곡에서 일어났다. 최초의 고대 문명으로서 유럽인들이 집중적으로 연구하는 대상이 되었던 이집트는 메소포타미아 지역이 발달한 것에서 영향을 받았는데도 보통은 이 범주에 속하는 것으로 친다. 이러한 사회들에는 공통적인 특징이 있다. 성직자, 지배자, 관료, 수공업자, 군인 등 수천 명의 비생산 엘리트 계층이 있다는 점이다. 이들은 도시 안에 살면서 조세, 조공, 강제 노동 등의 형태로 다른 계층의 사람들에게 지배력을 행사했다. 이런 도시 내에는 사원, 궁전, 곡물 창고와 같은 종합적인 공공건물이 있었고, 그중에는 규모가 거대한 것도 종종 있었다. 또한 이러한 도시 사회는 이전의 공동체 집단보다 훨씬 복잡했으며, 자기 영토에 관한 개념이 뚜렷했다. 전쟁은 거의 항상 있었으며, 안데스 지역을 제외한 모든 문명에서 식량이나 토지를 기록하고 관료들이 이들을 지배하기 위해 기록물이 발달했다.

어떤 사회가 농경을 채택했다고 해서 이런 과정이 모두 자동적으로 발생하는 것은 아니다. 어떤 요인이 문명을 낳는 것인지 확인하는 것도 쉽지 않다. 기술적 발전이 중요한 것이 아니다. 금속을 사용하면서 생긴 주요 기술의 발달은 문명이 발생한 뒤에 일어난 것이며, 아메리카 대륙에서 나타난 문명의 발달은 금속 기술과는 거의 무관하게 일어난 것이기 때문이다. 마찬가지로 문자 역시 문명의 출현에 뒤따른 것이지, 문자가 문명을 창조한 것은 아니었다. 문명 출현을 결정짓는 요인은 초기 국가들을 태동시킨 자연환경인 것처럼 보인다. 가장 결정적인 것은 농경을 시작하면서 그들이 직면하게 된 환경문제이며, 이에 대처하기 위해 필요해졌던 조직 수준의 문제였다. 이런 지역의 농업이 다른 지역의 농업보다 특별하게 더 생산적이지는 않았다. 당시에 가능한 기술력으로 농업 생산자들이 식량 생산량을 대폭 늘리는 일은 불가능했다. 중요한 것은 이들 사회가 조직된 방식이었다. 사회 내의 힘과 권위의 수준이 상대적으로 짧은 시간 내에 극적으로 증가했는데, 이와 함께 훨씬 더 큰 불평등도 진행되었다. 농경이 대두한 과정에서와 마찬가지로, 이 과정엔 분명히 '톱니바퀴 효과(ratchet effect)'가 있었다. 일단 한발 내딛으면 되돌리기 어렵고, 한 사회의 특정 영역에서 일어난 변화가 다른 부분에 엄청난 영향을 주며, 그 변화는 확대되어 다른 부분에 더 큰 영향을 초래하는 등 나선형 양성 피드백이 연쇄적으로 일어난다. 문명의 탄생은 대개 비슷한 패턴을 보인다. 따라서 이런 변화가 최초로 발생한 지역인 메소포타미아의 변화를 살펴본 후 다른 문명 발상지와의 차이를 살피는 것이 좋겠다.

메소포타미아

초기 농경에서 주요한 발전은 티그리스강과 유프라테스강 사이의 평야를 둘러싼 산기슭에서 나타났다. 이 지역은 조건이 좋지 않아 기원전 5700년까지는 농경민이 정착하지 못했다. 여름은 길고 무더웠으며 겨울은 매섭고 추웠다. 물을 대면 토지는 비옥해졌지만, 강에서 좀 떨어진 곳에서는 물을 구하기 어려웠다. 또한 이 지역에는 돌과 구

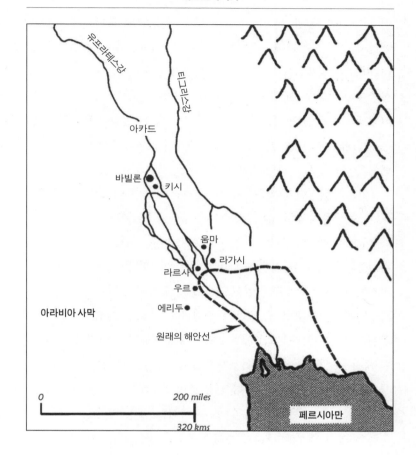

리, 목재 등 생존에 필요한 많은 것이 부족했다. 만약 누군가가 기원
전 3000년 무렵의 이 지역을 봤다면 이곳이 최초의 문명 발상지가 될
것으로 생각하지 못했을 것이다. 한편으로 생각하면 바로 이렇게 어
려운 상황이었기 때문에 처음부터 사회조직이 상당한 정도로 필요했
을지도 모른다. 이 계곡에서 처음 농사지은 사람들은 남쪽으로는 거

의 비가 오지 않고 작물에 가장 물을 많이 공급해 주어야 하는 8월에서 10월 사이에 강의 수위가 가장 낮다는 것을 알게 되었다. 작물이 여려서 약한 초여름에는 산 위의 눈이 녹아 내려 홍수를 이루곤 했다. 따라서 수자원의 통제와 저장, 그리고 관개시설은 필수적이었다. 상황이 이렇다면 (훨씬 나중에 나타난) 강력한 중앙집권 국가가 필요하다기보다는 우선 농업공동체 내부의 강도 높은 협력이 필요하다. 같은 마을에 사는 1000명 정도의 대규모 친족 집단을 중심으로 이런 협력체가 나타나기 시작한다.

가장 핵심적인 발전은 기원전 5000년 무렵에 메소포타미아에서도 가장 상황이 좋지 않았던 남쪽의 수메르 지역에서부터 시작되었다. 이 당시에는 이미 에리두와 우르 같은 상당한 규모의 마을이 많이 존재했는데, 가옥은 진흙 벽돌과 갈대를 엮어 만들었다. 공동체의 경작지는 마을 근처에 모여 있었으며, 초기의 사원은 잉여 곡식이 저장되는 마을의 중심이었을 것으로 추정된다. 마을은 종교 활동과 의례 활동의 중심이었다. 특히 메소포타미아 문명권에서 가장 규모가 컸던 에리두는 약 5000명의 인구가 있었던 것으로 보여 당시 전 세계에서 가장 큰 규모의 정주지였다. 대부분의 정착지는 강둑을 따라 있었다. 마을은 계속 확대되었고 농작물 재배를 위해 5킬로미터 정도의 운하를 파서 관개했다. 지역 습지에서 잡은 물고기는 식생활의 주요 부분을 차지했다. 그러나 유적 발굴 조사에 따르면 공동체 내에서 사회적 계층화나 빈부 격차는 거의 없었던 것 같다.

문명 발달의 역사에서 기원전 3000년 무렵부터 이어지는 2000년 간은 아주 중요하다. 이 시기를 연구하기 위해서는 이 지역에 존재했던 가장 큰 정주지이자 세계 최초의 도시인 우루크를 살펴보는 것이 가장 좋을 것 같다. 기원전 3600년 무렵에 지구라트라고 하는 거대한 사원이 만들어지기 시작했고, 이것은 점차 확산되어 갔다. 결국 사원 등 공공건물의 총면적은 250헥타르(전성기 아테네 면적의 두 배)에 달했던 우르크 지역의 3분의 1을 점하게 되었다. 기원전 3000년 무렵에는 도시가 거의 10킬로미터나 되는 장벽에 둘러싸여 있었고, 인구가 4만 명으로 늘어났다. 이런 규모의 토목 사업을 하려면 엄청난 노동력이 필요했을 것이다. 이런 노동력을 조직한 것은 사원의 높은 사람들이었겠지만, 점차 세속적 지도자들도 대두하기 시작해 노동력 조직을 분담했다. 기원전 3400년 무렵에는 도시의 여러 활동을 관리하기 위해 원시적 형태의 문자가 발달했다. 주변 지역에는 각각 관개시설을 갖춘 소규모 마을들이 서로 의존하며 살았다. 우루크의 신전에는 주변 지역으로부터 순례자와 (자발적 혹은 강제적) 제물이 모여들었다. 도시의 군사 및 정치를 담당하는 사람들도 방위와 국가사업의 명목으로 '공물'과 '조세'를 강제로 거두어 갔다. 수메르에서 가장 큰 도시는 우루크였지만, 이 지역의 다른 도시와 마을에서도 이와 비슷하게 사회적 통제가 강화되는 과정이 진행되었다. (초기 왕조로 알려진) 기원전 3000년과 2300년 사이의 기간에 수메르의 도시국가들은 사회를 유지하기 위해 필수적인 자원인 땅과 물을 두고 끊임없이 전쟁했다. 기원전 2500년 무렵에 라가시와 움마는 수자원에 관한 통제권을 두고 150년 이상 전쟁했다.

최근까지는 수메르가 '사원 국가(temple state)'들의 연합으로 이루어져 사원들이 모든 땅을 소유하고, 지역 주민들은 사원의 고용인으로서 여러 계급으로 분화되어 있었으며, 세속적 지도자는 사원의 대리인이었다고 알려져 있었다. 이것은 수메르 문명에서 잉여 식량의 징발과 문명 발달을 담당한 것이 종교 부문이었다는 주장을 뒷받침해 왔다. 오늘날 이러한 해석은 심각한 오류로서, 1930년대에 기르수

(Girsu) 신전에서 나온 하나의 문건을 잘못 해석한 데서 비롯되었다는 것이 밝혀졌다. 현재 받아들여지는 수메르 사회의 조직 방식에 관한 그림은 이와는 매우 다르며, 수메르 문명의 출현으로 이어지는 과정에 관한 매우 다른 시각을 제공한다. 수메르의 토지 대부분은 가족 집단이 소유했으며, '사원'의 토지는 도시의 지도자 소유로, 지도자가 그의 추종자들에게 분배할 권한을 갖고 있었다. 지도자는 도시가 섬기는 신의 이름으로 도시의 수호자 역할을 했다. 그는 사원을 관리하며 그의 사회적 지위는 성직자들과 함께 종교의식을 거행하는 등 신과의 관계 맺음을 통해 보장받을 수 있었다. 왕족은 사원의 위계질서 내에 몇 개의 주요 직위를 차지하고 있었다. 그러므로 정치와 종교는 분리되어 있지 않았다. 이론적으로 사원은 많은 땅에 관한 통제권을 갖고 있었다. 농부들은 공동체를 위해 노동의 일부를 할당해야 할 의무가 있어서, 사원이 소유한 땅의 일부에는 농부가 와서 직접 농사를 지었다. 하지만 그 밖의 땅은 사원 내에 직위를 가진 (주로 지도자 가문의 일원이었던) 구성원들에게 배분되었다. 사원에는 많은 직위가 있었는데, 대물림되는 직책이었고, 직위에 딸려 오는 토지도 대물림되었다. 나머지 사원 땅은 가족이나 개인에게 임대되었다. 사원에는 대규모 작업장이 있어 전문적인 수공업자들을 고용했고, 이들에게는 사원 소유의 땅에서 나오는 농산물이 지급되었다.

얼마 지나지 않아 토지는 가족 소유가 아니라 개인 소유가 되었고, 이러한 토지는 사고팔 수 있었다.(토지 매매는 농토의 지도가 그려진 점토판에 기록되었다.) 땅 없는 농업 노동자가 많이 생겼다. 그들은 계약 기간과 임금(은 혹은 보리로 지급되었다.)이 명시된 계약을 맺었다. 그러나 그보다는 궁전과 사원, 또는 지배계급 소유지에서 일하는 노동자가 더 많았다. 이들은 토지에 묶인 종속적인 노동자로, 실질적으로는 농노 또는 반(半)노예와 마찬가지였다. 흉년이 들면 가문 전체가 품팔이에 나설 수밖에 없었다. 빚 때문에 자기들 땅의 소유권이 남에게 넘어가면 그 땅에서 채무 소작인으로 종속적인 삶을 살기도 했고, 어떤 때는 자신을 구매한 사람들이 주는 대로 먹고 사는, 노예 비슷한 신세가 되기도 했다. 평등한 농부들로 이루어진 작은 마을이었던 시절과는 사회가 많이 달라졌다.

궁전에서는 지배자와 그 가족, 그리고 이들을 수행하는 하인들이 살았다. 작업장이 따로 있었고, 궁전은 행정의 중심이자 국고가 위치한 곳이기도 했다. 궁전에서는 지배 가문의 광대한 토지에 관한 관리도 했다. 지배자는 주로 전쟁을 이끄는 역할을 담당했는데, 이러한 지배자의 역할은 세속적인 권위가 출현하는 데 중요하게 작용했던 것 같다. 처음에는 지도자가 일시적으로 전쟁 지도자 역할을 했겠지만,(초기의 친족 사회의 모습을 반영하는 원로회의에서 선출되었을지도 모른다.) 늦어도 기원전 2600년부터는 세습군주제가 되었을 것이다. 전쟁은 수메르의 도시국가가 출현하는 데 중요한 역할을 했다. 기원전 4000년에 만들어진 원통형 점토 도장에는 전투와 전쟁 포로의 모습이 나타나는데, 도시가 발달해 감에 따라 전쟁은 더욱 격렬해졌던 것 같다. 군대는 국가에 의무를 진 징집병으로 이루어져 있었고, 도끼와 낫, 창, 가죽 방패를 들고 싸웠다. 지도자는 단단한 바퀴가 달린 당나귀 전차를 타고 전장에 나갔지만, 싸울 때는 보병과 마찬가지로 땅에 내려와 싸웠다. 식량을 공급해 주는 땅이 점령되면 도시가 무너지는 것은 일도 아니었고, 그렇게 되면 잔인한 일들이 일어났다. 도시가 함락되면 보통은 성벽을 무너뜨렸고, 남자들은 죽이거나 눈을 멀게 해서 노예로 삼았으며, 여자와 어린이는 노예로 삼았다.

초기 왕조기 끝 무렵(기원전 2400년 무렵)이 되면 수메르 도시국가들 사이의 끝없는 전쟁으로 인해 권력의 중앙집권화가 이루어졌다. 마침내 우루크와 우르, 움마를 지배한 지도자가 수메르의 거의 전 지역에 지배권을 행사했다. 그 후 그 역시 북쪽의 키시 지역에서 온 사르곤(Sargon)에게 패했고, 인류 역사상 최초로 '제국'이 설립된다. 사르곤과 그 후계자들은 제국의 영역을 수메르에서 남쪽으로 넓혀 시리아 북부와 이란 서부 지역까지 장악했으며, 아나톨리아 지역까지 정벌에 나섰다. 사르곤의 손자 나람신(Naram-Sin)은 자기의 정복 사업에 감동해 자기를 스스로 신이라고 선포했다. 이렇게 해서 이후 수천 년간 되풀이될 인류 역사의 패턴이 확립된 것이다.

이집트

나일 계곡에 문명이 출현하는 과정(인류 역사상 두 번째 문명이었다.)은 메소포타미아보다 시기적으로 늦게 나타났지만, 더욱 집중적으로 이루어졌다. 기원전 3500년(이미 메소포타미아에서는 도시가 출현하고 전쟁이 난무하며 문자가 출현했을 시기)에 이르러서야 나일 계곡에 인간이 완전히 정착하게 되었다. 이어서 작은 마을과 약간의 관개 사업, 장인 계급의 분화가 나타나기 시작하면서, (그래 봤자 마을 몇 개를 지배하는 정도였지만) '우두머리'로 불리는 사람들도 생겨나기 시작했다. 그 후 이곳에서 5세기 동안 존재했던 문명은 메소포타미아 문명과 다음 두 가지의 중요한 측면에서 다르다. 첫째, 나일강의 정기적 범람으로 인해 농경지의 양이 제한되었고, 따라서 인구밀도도 수메르보다 낮았다. 도시도 발달하기는 했지만, 수메르의 도시들처럼 많은 인구가 사는 도시라기보다는 의례의 중심지였다. 둘째, 나일 계곡 지역은 초기부터 통일되어서 수메르처럼 여러 개의 독립적인 도시국가가 발달하지 않았다. 물론 이 지역의 통일이 깨지는 일도 자주 있었지만, 전통적으로 이집트의 위대한 지도자와 왕조는 나일 계곡을 통일하는 능력을 특징적으로 발휘해 왔다. 메소포타미아 문명과 이집트 문명에 공통적인 특징이 하나 있다면 그것은 소수의 종교적·정치적 엘리트가 대중에게 광범위한 사회적·정치적 강압을 행사했다는 것이다.

이집트에 국가가 출현하는 데는 환경적인 요인이 중요한 역할을 했다. 기원전 3300년을 전후해 나일강의 범람 수준이 크게 감소하면서 나일 계곡을 따라 형성된 정착지 전체에 큰 영향을 끼쳤다. 이로 인한 흉년이 계속되자 이에 대처하기 위해 사회를 통제할 필요성이 커졌다. 또한 더는 강의 범람 지역에 포함되지 않게 된 땅이 늘어나면서 토지를 재분배할 필요성도 생겨났다. 나일 계곡의 우두머리와 지도자들은 이러한 활동들을 조직하면서 그들의 권력과 특권을 증대해 갔다. 이때 중심적 역할을 한 지역 중 하나가 상이집트의 히에라콘폴리스로, 약 1만 명이 거주했다. 마을은 경쟁 상대였던 이웃 마을 나가다까지 통제권을 확장했으며, 이어서 나일 계곡 상부 지대 대부분의 지역에 관한 통제권을 장악해 갔다. 정확한 통일 과정을 지금 복원할 수는 없지만, 나일강 계곡을 따라 형성되었던 마을들의 우두머리 사이에서 벌어졌던 전투라는 특성을 가졌던 것은 확실한 듯하다. 기원전 3050년을 전후해 히에라콘폴리스의 지도자 나르메르(Narmer)가 상이집트와 하이집트(나일 삼각주 부근)를 통일했는데, 이것이 국가로서 이집트를 탄생시킨 주요 사건으로 간주된다.

나일 계곡이 통일된 후에도 오늘날 '이집트적'의 정수라고 부르는 문화가 형성되기까지는 더 많은 시간이 필요했다. 이집트 문화의 모든 요소는 파라오의 궁정에서 비롯되었다. 파라오는 언제나 이중 왕관을 썼는데, 흰색 왕관은 상이집트를, 붉은 왕관은 하이집트를 나타냈다. 파라오의 신성을 강조하기 위해 정교한 사상과 상징, 의례가 발달했다. 이 과정에서 상형문자라는 매우 독특한 문자 체계가 탄생했고, 광범위한 기록(이는 좀 더 단순한 신관문자로 이루어졌다.)이 국가의 중심이 되어 갔다. '구왕국' 시대(보통 기원전 2700년에서 기원전 2200년 사이로 본다.)에는 고도로 발달한 강력한 통일국가가 나일 계곡에 출현했다. 지배자들이 세운 무덤과 돌기둥에는 끊임없는 전쟁과 전쟁 포로, 누비아와 시나이에서 가져온 노획물의 그림이 그려져 있다. 기원전 2700년 무렵에는 사카라에 최초의 피라미드와 의례용 궁정이 만들어진다. 이런 건축물들의 최고봉은 평균 2.5톤 무게의 돌 230만 개로 만들어진 대(大)피라미드였다.(어떤 돌은 15톤에 달했고 1.5톤이 넘지 않는 돌은 없었다.) 대피라미드의 높이는 처음에는 거의 150미터나 되었다고 하는데, 지금은 피라미드 꼭대기에 얹었던, 금으로 둘러싼 갓돌이 없어진 상태다. 피라미드는 태양과 별을 상징했고,(특히 북극 부근의 별의 경우 지지 않는다고 해서 '불멸'의 상징이었다.) 파라오와 태양 및 별의 관계를 상징했으며, 파라오와 그가 통치하는 땅의 관계를 나타낸 것은 아니었다. 피라미드는 신성한 파라오가 죽은 뒤 겪게 되는 변신을 상징했다.

피라미드는 또한 국가로서 이집트의 특성을 상징했고, 지배계급이 여타 사람들에게 휘두르는 권력을 상징했다. 잉여 농산물은 정치적·종교적 지도자와 그들의 하인과 장인, 관료들에게 바쳐졌다. 그뿐만 아니라 백성들은 지배계급이 요구하는 거대한 토목 사업을 하는 데 장기간 징발되어야 했다. 이런 사업들에 관해 어느 정도의 민중적 지지는 있었을 테지만, 많은 부분이 강제 노동이었을 것이 분명하다. 관료들이 주로 하는 일은 농업 노동자들 가운데서 토목공사를 할 인력을 선발해 조직하고, 공사하는 기간에 이들이 먹고살게 해 주는 것이었다.

인더스 계곡

기원전 2300년 무렵에 인더스 계곡에 출현한 문명은 인류 역사상 세 번째 문명이었지만, 초기 문명 중 가장 덜 알려진 문명이다. 인더스 문자는 아직도 해독되지 못했고, 따라서 인더스 문명이 어떻게 출현했는지, 그 내부 구조가 어떠했는지에 관해서는 거의 알려지지 않았다. 인더스 문명이 이룬 위업은 후대의 국가들에 거의 전달되지 못했으며, 인더스 문명의 수명은 초기 문명 중 가장 짧았다. 인더스 문명의 전성기는 3세기가 조금 넘는 기간을 지속하다가 기원전 1750년 이후 빠르게 쇠퇴했다.

인더스 계곡에서는 기원전 6000년 무렵에 농경이 시작되어 밀과 보리를 재배했다. 농경이 서남아시아의 초기 부락에서 전파된 것이라는 점은 거의 확실하다. 면화가 주요 작물로 재배되었고,(이는 세계 최초의 면화 재배다.) 흑소와 들소, 돼지 등의 동물이 가축화되었다. 염소나 양은 별로 중요한 가축이 아니었다. 기원전 4000년 무렵부터 인구가 늘어나면서 진흙 벽돌로 지어진 상당한 규모의 마을이 번성했고, 계곡 전역의 문화가 점점 더 비슷한 모습으로 되어 갔다. 기원전 3000년부터는 인더스강의 주기적인 범람을 통제하기 위해 광범위한 관개 사업이 벌어졌다. 이는 상당한 수준의 통제와 지시 체계가 있었음을 짐작하게 하며, 관개 사업을 하면서 식량 잉여가 늘어나게 되어 이러한 추세를 더욱 강화했다.

기원전 2300년이 되면 복잡한 사회와 국가가 나타났지만, 지배자들의 이름은커녕 도시의 이름조차 알려져 있지 않다. 큰 마을이라곤 두 개 뿐이었다. 남쪽의 모헨조다로와 북쪽의 하라파였다. 전성기 때의 인구는 3만 명에서 5만 명(우루크와 비슷한 규모)이었을 것이다. 두 도시 모두 비슷한 도시계획을 따르고 있었다. 주요 공공건물은 요새로 이루어져 있었고, 저지대의 거주 지역에는 일정한 형태의 거리가 조성되어 있었으며, 모든 건축물은 비슷한 크기의 벽돌을 사용했다. 인더스 계곡에서는 도량형이 통일되어 있었고 기록을 위한 단일한 문자가 사용되었던 것이 분명하다. 이 모든 요소는 사회에 대한 고도의 중앙 통제 및 지시 체계가 있었음을 시사한다.

중국

웨이수이강과 황허강 주변에 있는 중국 중부의 평야 지대에 있던 초기 농경 마을이 어떻게 해서 복잡한 문명으로 발전해 갔는지에 관해서는 알려진 바가 별로 없다. 문자로 기록된 것도 없고 고고학적 작업도 거의 이루어지지 않았다. 그러나 그 과정이 메소포타미아 문명이나 이집트 문명, 인더스 문명의 사례와 그리 크게 다르지는 않았을 것이다. 분명한 것은 기원전 1800년 무렵에는 상(商) 문명이라는 거의 완성된 형태의 복합 문화와 문명이 존재했다는 사실이다. 상 문화의 중심에는 다른 지역에서는 찾아보기 어려운 독특한 청동기 세공품이 자리했다. 상 문화는 수메르에서 최초의 문명이 탄생한 지 1000년도 더 지난 후에 나타났지만, 외부의 영향을 받지 않았다는 점에는 의심의 여지가 없다. 중국 문명의 독특한 문화와 문자, 제도의 기초는 기원전 1122년 혹은 1027년에 막을 내린 상대(商代)에 형성된 것이다.

상 문명에 관해 알려진 사실들은 대부분 첫 도읍인 안양에서 출토된 정보에 기초한 것이다. 안양은 통상적인 의미에서 도시라기보다는 의례의 중심이었다. 이곳을 중심으로 해서 모든 방향으로 거의 250킬로미터에 달하는 넓은 지역이 펼쳐져 있었고, 종속된 마을들이 위치하고 있었다. '상'나라가 중국의 유일한 '국가'는 아니었던 것이 분명하다. 혼인과 씨족으로 맺어진 여덟 개에서 서른세 개 사이의 다른 국가가 존재했다는 기록이 보이지만, 그 정확한 위치는 알려져 있지 않다.

상나라는 씨족과 왕족이 복잡하게 얽힌 통치 형태를 갖고 있었으며, 왕족 성원 여러 명이 각기 도시를 세웠다. 그것은 통치자의 이름을 딴 계획도시로, 자연적으로 발생된 도시는 아니었다. 도시의 통치자는 도시를 둘러싼 농경지를 다스렸고, 식량과 용역을 안양에 있는 왕에게 바칠 의무가 있었다. 실제로 그 의무가 이행되었는지는 의문스럽다. 사실 상나라가 하나의 통일국가였는지, 아니면 혈연 혹은 명목상의 관계로 왕에게 충성을 맹세한 느슨한 형태의 연합이었는지조차 분명하지 않다. 사실 이들 도시 간에는 전쟁이 자주 있었고, 백성들은 100호가 한 단위가 되어 징병되었다. 다른 초기 문명들에서처럼 지도자는 중요한 종교적 기능을 담당하며 자신의 권위를 강화해 갔다. 가장 높은 신인 제(帝)는 사회와 국가에 필수적인 두 가지 요소, 즉 수확 및 전쟁에서의 승리를 제공한다고 믿어졌다. 왕의 조상들은 제와의 관계에 개입할 수 있다고 믿어졌기 때문에, 조상에 대한 숭배는 필수적이었다. 왕은 질문이 새겨진 동물의 뼈를 불에 달구어 쪼개지는 모양을 보고 조상들의 뜻을 점쳤다. 질문을 새긴 문자는 중국 고유의 것으로, 적어도 그 이전 1000년 동안은 발달해 왔을 것이며, 그 즈음에는 거의 완성 단계에 있었다. 점을 치는 데 사용되었던 동물의 뼈는 이 중국 고유의 문자를 보여 주는 것으로, 가장 오래된 유품이다.

아메리카 대륙

아메리카에서는 다른 지역보다 문명이 비교적 늦게 발달했다. 이는 정착 사회가 (기원전 1만 2000년에) 늦게 출현했기 때문이며, 옥수수의 수확을 늘리기 어려웠다는 점도 작용했다. 최초의 농경 사회는 기원전 2500년에서 1500년 사이가 되어서야 발달하기 시작했다.(이는 유라시아보다 적어도 6000년 이상 늦은 것이다.) 기원전 1000년 무렵에 비교적 복잡한 형태의 사회들이 처음 나타났고, 최초의 도시들과 국가의 맹아는 기원을 전후해 등장한다.(안데스 지역의 발달은 이보다 조금 늦었다.) 이러한 사회들은 구대륙의 사회들과는 다른 특징을 갖고 있었는데, 그 주된 원인은 이 지역 특유의 작물과 가축을 길렀다는 점일 것이다. 특유의 작물을 재배한 것 외에도, 아메리카에는 양과 염소, 돼지가 없었고 특히 힘쓰는 데 쓸 수 있는 소와 말, 당나귀 등이 없었다. 안데스 지역에서 가축화된 라마와 알파카는 역축으로 쓸 수 없었다. 이러한 점은 사회 발달에 커다란 제약으로 작용했다. 바퀴의 원리는 알고 있었지만, 탈것으로 발전되지 못했다. 게다가 금속이 거의 사용되지 않았고, 농기구로는 여전히 석기를 이용했다.

중앙아메리카 문명에서 고립되어 온 페루 문명의 발달 양상은 환경이 결정했다. 태평양 연안 지역은 대부분이 건조하고 황량한 사막으로, 안데스산맥에서 갈라져 내려오는 마흔 개의 계곡으로 나뉘어 있었다. 계곡에서는 농경과 관개를 할 수 있었지만, 사이사이에 놓인 사막 때문에 사회들은 각각 고립된 채로 있었다. 기원전 2500년 무렵에 최초의 마을이 나타났고, 약 700년 후에 도기와 섬유 직조술이 발달하기 시작했다. 이 무렵이 되면 대부분의 계곡에 거대한 건축물이 세워진 대규모 의례 중심지가 있었다. 이 사회들이 관개농업에 기초하고 있었고 지배계급은 상당한 권력을 휘두르며 많은 노동력을 동원할 수 있었다는 점은 분명하다. 전쟁은 어디서나 있었다. 하지만 도시의 발달은 늦어서, 메소포타미아에서라면 이미 4000년 전에 있었을 법한 도시들이 처음으로 나타나기 시작한 것은 기원후 600년이 지나면서부터였다.

중앙아메리카에서는 페루보다 조금 늦은 기원전 2000년 무렵에 최초의 농경 마을이 생겨났지만, 나중에 가서 발달 속도는 더 빨라졌다. 최초의 복잡한 사회는 놀랍게도 기원전 1200년을 전후해 멕시코 만 주변의 아열대 정글 속에서 나타났다. 아열대의 환경은 언뜻 보기에 정교한 문화가 발달하기 어려운 것처럼 생각될 뿐 아니라, 같은 시기에 세계 어디서도 아열대기후에서 문명이 발달하지 않았다. 이 문명의 이름은 올멕(Olmec)이었다. 사실 올멕은 그보다 2000년 후 스페인이 이 지역을 정복했을 당시에 이 지역에 살았던 부족의 이름이다. 기원전 1200년을 전후한 시기에 이 지역에 의례 중심지를 만들고 모여 살았던 사람들의 이름은 아직까지 모른다. 올멕 문화는 비옥한 땅과 많은 강수량(연간 300센티미터에 육박했다.)으로 한 해에 옥수수를 두 번 수확할 수 있었기 때문에 발달할 수 있었다. 상당한 식량 잉여로 인해 지배계급이 유지되고 거대한 흙무덤을 쌓아 의례 중심지를 만들며 올멕 문화 특유의 거대한 머리 석상을 세울 수 있었다. 올멕 문화의 영향은 기원전 400년 무렵까지 중앙아메리카 전역으로 퍼졌고, 이후에 출현한 모든 문명의 기초를 제공했다. 특히 52년마다 한 번 일치하는 두 종류의 달력(365일과 260일 달력)을 만들었고, 20진법을 사용했다.

올멕 문화가 붕괴된 후 중앙아메리카에서는 거의 4세기 동안 문명이 단절되었다가 기원 직후가 되면 멕시코 계곡의 북동부에 있는 테오티우아칸에 주요 도시와 제국이 처음 등장한다. 이 도시는 방대한 지역을 차지했으며 수많은 사원과 두 개의 거대한 피라미드가 있었다. 또한 2000여 개의 거주 지구가 있었는데, 각각에는 60여 명이 살았으며, 아마도 씨족 중심으로 조직되어 있었을 것이다. 전성기였던 기원후 400년 무렵에는 인구가 거의 10만 명에 달해 세계 최대의 도시가 되었다.(이 무렵 로마 제국의 규모도 이 도시의 절반이었다.) 도시는 그 안에 수많은 천문학 구조물이 배열된 것으로 보아 명확히 의례 중심지였던 것으로 보이나, 그 기초는 계곡에서 이루어졌던 관개농업이었다. 도시는 종교적·정치적 엘리트가 좌우했고,(도시에는 방어벽이 존재하지 않았는데도 말이다.) 이들은 다수의 민중에게 광범위한 강압과 통제권을 행사했다. 문자가 발견된 적이 없어 이 사회의 성격이 정확히 어땠는지에 관해서는 알려져 있지 않다. 테오티우아칸은 기원후 750년을 전후해 붕괴되었는데, 이는 일련의 대대적인 민중 봉기로 인한 것임이 거의 확실하다.

초기의 문명들

기원전 3000년 무렵에 메소포타미아와 이집트에서, 몇백 년 후에 인더스 계곡에서, 인더스 계곡보다 약 1000년 후에 중국에서, 중국보다 2000년 후에 아메리카에서 엄청난 권력을 행사하는 종교적·정치적 엘리트가 지배하는 위계적이고 군사적인 사회가 확립되었다. 대체로 평등하던 사회는 계급이 뚜렷하고 부의 편중이 심한 사회로 대체되었다. 이 모든 변화는 농경의 발달과 잉여 식량이 이용된 방식으로 인해 생긴 것이었다.

이러한 변화는 또다시 두 가지 중요한 결과를 낳는다. 식량 생산에 참여하지 않는 인구를 부양할 수 있게 됨으로써 이후 인류의 모든 문화적·과학적 진보가 가능해졌다. 엘리트들은 거대한 사원과 궁전, 공공건물을 비롯한 건축물들을 만들게 했고, 이러한 과거의 거대한 유적들은 오늘날까지 과거 사회의 기념물로 남아 있다. 또한 장인들은 지금까지도 경탄을 자아내는 정교한 예술 작품을 만들어 냈다. 정착 사회의 출현으로 종교적·영적·철학적 사고도 크게 진보했다. 간단한 기록의 필요성 때문에 발달하기 시작한 문자는 이후 인류의 모든 지적 발전의 기초가 되었다. 초기 사회에서는 천문학 지식 또한 급속히 진보했는데, 특히 바빌로니아와 마야의 유산이 눈에 띈다. 중앙아메리카와 중국, 청동기 시대 영국 등의 많은 유적은 해와 달, 별의 위치에 맞추어 정렬되어 있다. 그러나 그 이면에는 사회적 강압과 대규모 전쟁의 증가가 있었다. 고대 사회의 거대한 건물과 기념비들은 어마어마한 인간 노동력을 통해서만 건설될 수 있었다. 이런 좀 더 복잡한 사회의 초기 단계에는 어느 정도 자발적인 노동도 있었겠지만, 이내 강압에 의한 것으로 바뀌고 말았다. 사회 내부에서 그렇게 강력한 조직화와 통제가 진행된 이유 중 하나는 외적의 위협과 전쟁이 늘어났다는 것이다. 많은 초기 도시는 방어벽을 갖고 있었고 거의 끊임없이 전쟁이 있었다. 초기의 제국들이 발달해 감에 따라 군대의 규모도 커졌다. 기원전 1285년의 카데시 전투에서 이집트는 2만 명 이상의 군대를 동원할 수 있었다.(이는 17세기 이전 유럽의 그 어떤 군대보다 큰 규모였다.) 전쟁은 매우 파괴적이었고 민간인에게 엄청난 잔학 행위가 행해졌다. 싸움에 패하면 죽거나 노예가 되는 일이 다반사였다. 기원전 1000년 초에 고도로 군사적이었던 아시리아 제국은 450만 명을 강제로 추방했다.

일단 최초의 국가와 제국이 확립되고 나자 수천 년 동안 인류의 생활 방식에는 근본적인 변화가 일어나지 않았다. 압도적으로 많은 수의 대중이 농부, 토지가 없는 노동자 혹은 노예가 되어 무지막지한 식량 수탈과 강제 노동, 광범위한 전쟁의 위험에 언제든지 시달릴 수 있었다. 그들은 끊임없이 생존의 한계상황에서 굶주림에 시달리고 있었고, 굶어 죽는 일은 언제든지 일어날 수 있었다. 극소수의 사람만이 부를 누리며 지적으로 좀 더 만족스러운 삶의 방식을 영위할 수 있었다. 이런 식의 생활 방식에서 크게 벗어나지 않은 채 수많은 국가와 제국이 흥망성쇠를 거듭했다.(망하는 것은 주로 지도자의 예기치 못한 죽음이나 내부적인 반란, 전쟁에서의 운 때문이었다.) 하지만 이 국가들이 그 주변 환경에 끼친 영향은 아주 광범위했다. 그것들은 인간이 일으킨 환경 변화와 그 변화의 파괴적인 영향에 관한 최초의 예가 된다. 또한 스스로 붕괴를 초래할 정도로 환경을 파괴한 사회들의 초기 사례이기도 하다.

파괴와 생존

5

오래된 나라를 여행한 사람을 만났다.

그는 말해 주었다.

"몸체가 없는 석상의 거대한 다리 두 개가 사막 한가운데 서 있었다.

그 곁 모래 위에 반쯤 파묻혀 깨진 채로 석상의 얼굴 부분이 굴러 있었다.

주름지고 찌푸린 입술에 차가운 명령의 비웃음을 담고 있어

조각가가 그 격렬한 감정을 잘 읽었음을 말해 주고 있었다.

생명이 없는 돌멩이에 새겨진 채 그 격정은 생생히 살아남았다.

만물을 조롱하던 손과 모두를 먹여 살리던 심장이 오래전에 소멸된 후에도.

받침돌 위에 새겨진 글은 말한다.

'내 이름은 오지만디아스, 왕 중의 왕,

위대하다는 자들이여, 나의 위업을 보고 절망하라!'

그 밖에는 아무것도 남아 있지 않았다.

거대한 석상 폐허 주변으로는 끝도 없이

외로운 평탄한 모래만이 멀리까지 펼쳐져 있을 뿐."

(퍼시 비시 셸리(Percy Bysshe Shelley), 「오지만디아스(Ozymandias)」)

농경의 채택은 그것이 가져다준 두 가지 중요한 결과, 즉 정착 공동체가 생겼다는 사실, 인구가 꾸준히 증가하게 되었다는 사실과 함께 환경에 점점 더 많은 부담을 주게 되었다. 처음에는 그 영향이 국소적으로 나타났지만, 농업의 확산과 더불어 퍼져 나갔다. 북서유럽의 온대 삼림 기후처럼 알맞은 온도와 높은 강우량, 비옥한 토양을 갖춘 지역은 그 부담을 어느 정도 감당해 낼 수 있었다. 그러나 생태계 자체도 취약하고 인구밀도마저 높았던 다른 지역의 생태계는 정착 농경 생활이 시작된 지 1000년 정도가 흐르자 손상되기 시작했다.

농업이란 인간이 원하는 작물과 동물을 기를 인공 서식지를 만들기 위해 자연 생태계를 없애 버리는 것이다. 따라서 생태계 본래의 균형과 거기에 내재한 안정성을 파괴한다. 이전 같으면 영구적인 토양 보호막이 토지를 덮어 그 위에 다양한 생물군이 살았을 곳에, 몇 종류의 작물이 1년 중 어느 계절 동안만 토지를 덮게 되었다. 토양은 전에 없이 바람과 비에 노출되게 되었고, 특히 연중 작물이 나지 않은 맨 땅인 상태에서는 더 그랬다. 그 결과 자연 상태의 생태계에서보다 훨씬 심한 토양침식이 일어나게 되었다. 영양물질의 순환 과정 또한 손상되어, 적절한 비옥도를 유지하려면 퇴비나 거름을 따로 주어야만 했다. 관개 농업은 강우량에 의존하는 건조지 농업보다 더욱 인공적인 환경을 조성하는 것이므로 더욱 빨리 붕괴를 촉진한다. 척박한 토양에 많은 물을 댄다는 것은 농부가 선호하는 작물을 잘 자라게 할지는 몰라도, 장기적으로 볼 때는 토양에 치명적인 영향을 줄 수 있다. 관개시설을 통과한 물은 지하 수맥이나 우물로 빠져, 이런 곳의 수위가 높아지면 토양이 물에 잠기게 되었다. 물의 양이 늘어났기 때문에 토양 안에 포함되어 있던 광물질 성분도 변하게 되어 토양 속 염분의 양이 늘어났다. 더운 지대에서는 토양의 수분이 빨리 증발해 버리기 때문에, 결과적으로 토양의 염분이 계속 누적되면서 땅 위에 두꺼운 소금층을 이루어 농사를 지을 수 없는 지경까지 되었다. 이를 막는 유일한 방법은 물을 너무 많이 대지 않도록 조심스럽게 관개하고 밭을 충분히 쉬게 해 주는 것이었다.

마을과 도시가 생겨나고 인구가 증가함에 따라 자원이 더 많이 필요해졌으며, 이 수요를 맞추기 위해 공급을 늘리려다 보니 환경에 더 많은 부담을 주지 않을 수 없었다. 그중에서도 가장 시달린 것은 숲인데, 집 짓는 데 드는 건축 자재와 다양한 생활 용구를 만드는 데 쓰이는 재료들에 관한 수요가 꾸준히 증가했기 때문이다. 정주지에서는 근처 숲의 나무를 벌채해 점점 더 토양침식이 심해졌다는 것이 큰 문제가 되었다. 최근 중앙 요르단 지역에서 발굴된 증거로, 정착 사회가 나타난 지 1000년도 지나지 않은 기원전 6000년쯤에 이미 삼림 황폐로 인한 토양침식 때문에 경관이 손상되고 작물 수확이 줄어들었다는 것을 알 수 있다. 결국 식량 생산이 줄어 급기야는 식량을 제대로 조달할 수 없게 되자 사람들은 마을을 버리고 떠나기도 했다.

인간은 식량 생산을 위해 환경을 인공적으로 고치고 마을을 이루어 살았지만, 이로 인해 환경에만 충격을 줬던 것은 아니다. 인간은 자신의 행위가 빚어낸 결과를 점점 더 감당하기 어려워졌다. 지역에 따라 생태계가 특히 취약한 곳에서는 사회 기반이 붕괴될 정도의 영향을 받은 곳도 있다. 초기의 사회는 증가하는 사제와 지배자, 관리, 군인, 장인들을 먹여 살리기 위해 더 많은 식량을 생산하는 데 힘썼다. 식량 생산이 어려워지고 작물 수확량이 감소해 사회 내에 재분배할 식량이 줄어든다는 것은, 초기의 도시국가나 제국의 기반 자체가 흔들린다는 것을 의미했다. 대규모 환경 손상의 징조가 맨 처음 나타난 곳이, 인간이 자연환경을 가장 먼저, 그리고 가장 많이 변화시켰던 메소포타미아 지역이라는 것은 놀라운 일은 아니다.

수메르의 흥망

고대 수메르의 오랜 도시들을 발굴하는 작업에 참여한 레너드 울리(Leonard Woolley)는 1936년에 저서 『샬디즈의 우르(Ur of the Chaldees)』에서 셸리의 시에 그려진 것처럼 황량하고 나무라고는 찾아볼 수 없는 오늘날 남부 메소포타미아의 풍경을 보면서 의문을 품는다.

메소포타미아의 사막을 본 사람에게는 고대 세계를 떠올리는 것이 거의 불가능하다. 과거와 지금의 대조가 너무나 뚜렷하기 때문이다. (……) 이 텅 빈 황무지에 한때는 바쁜 세상을 유지하기 위해 꽃이 피고 열매가 맺혔다는 것을 실감할 수가 없었다. 우르가 제국의 수도였고 수메르가 한때는 거대한 곡창이었다면, 왜 사람들은 다 떠나 버렸고 토양은 황폐해졌을까?

울리의 질문에 대답하자면 이렇다. 그처럼 어려운 환경 속에서 메소포타미아 남부에 공들여 정착 사회를 이룩해 낸 수메르인들은 자기들의 손으로 그 사회를 파괴했다는 것이다.

나란히 흐르는 티그리스강과 유프라테스강의 계곡에서 사는 것은, 특히 남부 지역에서는 어느 사회에서나 큰 난관을 극복해야 하는 일이었다. 강은 눈이 녹는 봄에 최고 수위가 되었다가, 새로 심은 작물에 물이 가장 많이 필요한 8월과 10월에 최저 수위를 기록했다. 메소포타미아 북부에서는 늦은 가을과 겨울에 오는 비로 이 문제가 해결되었지만, 강우량이 매우 적은 데다가 남부에는 비가 아예 오지 않을 때도 많았다. 수메르 지역에서 곡물을 재배하려면 관개시설과 저수지가 필수였음을 이해할 수 있다. 초창기에는 이익이 불이익보다 많았지만, 시간이 흐를수록 문제점이 명백해졌다. 40도를 넘는 무더운 여름에는 물 증발량이 늘어나 토양 속에 염분이 많아졌다. 땅속 깊은 곳에 물이 차서 땅 전체가 질퍽거리게 되는 현상은 두 가지 이유로 심해졌다. 첫째는 토양 자체가 물을 잘 빨아들이지 못하는 특성을 갖고 있었고, 둘째는 땅이 평평해서 배수 속도가 더욱 느려졌다는 것이다. 상류 지대의 삼림이 황폐해지자 그곳에서 진흙이 쓸려 강으로 들어와 하류 부근에 쌓였기 때문에 강바닥이 높아져 이런 현상이 더욱 심화되었다. 이렇게 강바닥에 쌓이는 진흙은 1000년마다 약 1.5미터씩 높아져, 이에 따라 두 강의 삼각주가 1000년마다 약 25킬로미터씩 늘어났다. 땅이 점점 침수되고 지하수면이 높아짐에 따라 염분이 더욱 증가해, 수분 증발이 많은 지역에서는 두꺼운 염분층이 형성되었다. 현대의 농업 지식으로도 이런 현상을 피하려면 휴경을 하고 장기간 물을 대지 않음으로써 지하수면의 수위를 낮추는 방법밖에 없다. 그러나 수메르 사회의 내부 압력으로 인해 이런 방법을 취하는 것은 불가능했으므로 재앙을 초래한 것이다. 관개시설이 되어 있는 땅이 제한되어 있는 점, 인구가 증가한 점, 군사와 관리들을 부양해야 할 필요성이 커진 점, 도시국가 간의 경쟁도 늘어난 점 등 이 모든 현상은 더욱 집약적으로 농경을 하도록 만드는 압력이었다. 더 많은 식량을 재배해야 한다는 압도적인 요구로 인해 땅을 오랜 기간 쉬게 할 수 없었다. 단기적인 수요가 우선되어서, 지속 가능한 농업을 유지해 장기적인 안정을 확보할 필요성이 무시된 것이다.

기원전 3000년 무렵에 수메르 사회는 세계 최초로 문자를 가진 사회가 되었다. 도시국가의 사원이 보관해 놓은 세부적인 행정 기록을 보면, 이들이 농경 체계가 변화하고 있으며 문제점도 따라서 커지고 있다는 것을 잘 알고 있었음을 알 수 있다. 기원전 3500년 무렵에 남부 메소포타미아에서는 보리와 밀이 반반씩 자라고 있었다. 밀의 재배가 점차 염분에 강한 보리의 재배로 대체되어 갔다는 사실로 미루어 볼 때, 토양의 염분 농도가 점점 높아졌음을 알 수 있다. 기원전 2500년 무렵에는 밀의 재배가 전체 작물의 15퍼센트에 지나지 않게 되었다. 우르에서는 기원전 2100년 무렵에 밀 재배를 포기했고, 수메르 지역 전체로 보아도 밀은 곡물 재배의 2퍼센트가량을 차지했을 뿐이었다.

이보다 더 중요한 변화는 이 지역 전체의 곡물 생산성이 떨어졌다는 것이다. 초기에는 염분화로 인해 생산성이 떨어지면 다른 땅에다 곡식을 재배했다. 늘어나는 인구와 점점 잦아지는 전쟁을 감당할 군대를 부양하기 위해 더 많은 식량이 필요했고, 이에 따라 새로운 토지가 필요해졌다. 하지만 아무리 관개시설이 발달해도 경작지로 쓸 수 있는 토지의 면적은 제한되어 있었다. 기원전 2400년까지는 곡물 생산성이 아주 높아서, 일부 지역에서는 중세 유럽 이상으로 수확량이 높았다. 그러다가 경작할 수 있는 토지가 한계에 이르고 염분화가 급속히 진행되자 잉여 식량의 생산도 격감했다. 작물 수확량도 기원전 2400~2100년에는 40퍼센트가 줄었고, 기원전 1700년에는 3분의 2가 줄었다. 기원전 2000년 무렵부터는 "토양이 하얘졌다."라는 보고가 보이기 시작해 토양이 급격히 염화되었음을 알려 준다. 잉여 식량 생산에 의존하는 사회의 운명은 쉽게 예측될 수 있다. 관료제, 그리고 아마도 그보다 더 중요했을 군대를 유지할 수 없었다. 군대의 규모가 줄자 국가는 외부의 침략에 대단히 취약해졌다. 주목할만한 것은 수메르와 그 도시국가들의 정치사가 농경의 쇠퇴를 그대로 따라갔다는 점이다. 독립적인 도시국가들은 기원전 2370년 아카드(Akkad) 제국을 세운 사르곤에 의해 최초로 외부로부터 정복당하면서 사라졌다. 이 정복이 일어난 시기는 토양의 염화가 전 지역에 퍼져 작물 수확이 감소하던 시기와 일치한다. 그로부터 600년 뒤에 아카드 제국은 자그로스산맥에서 온 구티(Guti) 유목민들에게 멸망당하고, 기원전 2113년에서 2000년까지의 짧은 기간에 우르 제3왕조가 부활했다가, 서쪽의 엘람인(Elamites)들과 동쪽의 아모리인(Amorites)들에 의해 붕괴되고, 다시 기원전 1800년 무렵에는 북부 메소포타미아의 바빌로니아 왕국이 메소포타미아를 정복한다. 한때는 번성하고 강력한 도시국가였던 수메르가 기울기 시작해 이 지역 전체가 바빌로니아에 정복되기까지 작물 수확량은 계속 줄어들었고, 사실상 국가를 지탱해 줄 수 없었다. 수확량이 초기 왕조 때의 3분의 1밖에 안되는 기원전 1800년 무렵에는 농업 기반이 사실상 붕괴된 셈이었고, 그때부터 메소포타미아 사회의 중심은 영구히 북부로 옮겨졌다. 그곳에서도 여러 제국이 흥망성쇠를 거듭했는데, 그러는 동안 수메르는 점점 더 인구도 줄어들고 가난해지면서 제국에서 별 중요성이 없는 변두리가 되어 갔다.

수메르 문명의 기반이었던 인공 농업 체계는 너무나 취약했고, 끝내는 문명의 몰락을 초래했다. 이 지역의 후기 역사도 자연에 대한 인간의 간섭은 모두 생태계를 파괴할 우려가 높다는 점을, 그리고 농업 체계가 매우 인위적일 때 쉽게 파괴로 치달을 수 있다는 점을 보여 준다. 그 역사는 또한 한번 시작된 과정의 균형을 다시 맞추거나 치유하기란 아주 어렵다는 점도 보여 준다. 수 세기가 지난 후 수메르의 도시국가들이 기억에서조차 사라졌을 때, 메소포타미아의 다른 지역에서 똑같은 과정이 반복되었다. 기원전 1300~900년에 메소포타미아 중부 지역에서도 지나친 관개 사업으로 인한 염화 때문에 농업이 몰락했다. 7~8세기 무렵 아랍의 침략을 전후해 바그다드 근처의 지역은 관개 농업으로 많은 양의 작물을 수확하면서 부유하고 고도로 세련된 사회를 유지했다. 하지만 3000년 전에 수메르에서 나타났던 바로 그 압력이 여기에서도 나타났다. 식량 생산을 높이기 위해 티그리스강과 유프라테스강 사이에 네 개의 새로운 관개 운하를 설치했지만, 이것도 토양을 침수시키고 지하수맥을 높이며 토양을 급속히 염화시켰다. 당시에 메소포타미아의 인구는 150만 명 정도였지만, 집중적인 관개에 따른 농업의 붕괴와 13세기 몽골족의 침입으로 인해 인구가 급격히 줄어들어, 1500년 무렵에는 15만 명으로 줄었다. 수 세기 동안 번성했던 메소포타미아의 고도로 발달한 사회는 이렇게 멸망의 길을 걸어갔다.

인더스강 유역

인더스강 유역에 살던 사람들이 쓰던 문자는 아직 해독되지 않았기 때문에 이곳에서도 농업이 붕괴하는 과정이 메소포타미아와 같은 것이었다고 단언할 수는 없다. 그렇지만 초기 메소포타미아 정착 사회를 붕괴시킨 바로 그 요인 중 상당수가 인더스강 유역에서도 같은 작용을 한 것으로 보인다. 메소포타미아처럼 한때는 번영하고 부유하고 생산성이 높았던 지역이, 민감한 환경에 지나친 부담을 지움으로써 황폐해졌다. 기원전 2300년쯤에 나타났던 복잡하고 고도로 중앙 집중화된 사회는 500년도 채 가지 않았다. 인더스강 유역에 정착한 사람들은 한 가지 큰 난관에 부딪쳤다. 강물이 넓은 지역으로 범람해 그 흐름이 바뀌는 경향이었다. 지배계급과 사제와 군대를 부양하는 데 필요한 식량을 생산하기 위해 밭에 관개시설을 두고 강물을 저장하느라 대역사가 행해졌다. 계곡의 더운 기후 속에서 관개시설은 수메르에서와 같은 효과를 낳았다. 즉 지하수맥을 높이고 침수 작용을 일으켰다. 토양이 점점 염화됨에 따라 지표면에 소금층이 형성되어 서서히 작물의 수확이 감소했다. 인더스강 유역의 환경을 붕괴시킨 또 하나의 요인은 삼림 황폐다. 처음에 정착자들을 끌어들인 것은 야생 생물이 풍부한 짙은 삼림이었다. 정착자들은 밭을 만들기 위해 이 삼림의 일부를 벌목했다. 하지만 더 중요한 원인은 건축 방법이었다. 메소포타미아인들은 사원과 궁전을 짓는 데 태양열로 말린 벽돌을 사용했다. 인더스강 유역의 사람들도 진흙 벽돌을 사용하기는 했지만, 태양열이 아니라 화덕을 이용했기 때문에 이 과정에서 엄청난 양의 나무가 필요했다. 엄청난 기세로 이 지역의 나무들이 벌목되었다. 이로 인해 숲의 토양이 드러나면서 빠른 침식과 함께 토양의 질을 떨어뜨렸다. 기원전 1900년 무렵에 인더스강 유역의 사회는 갑작스러운 종말을 맞았다. 그 직접 원인은 메소포타미아처럼 내부의 쇠퇴에 이은 외적인 침략이었다. 하지만 토양의 염화와 삼림 황폐로 잉여 식량이 감소되어 군사가 줄었기 때문에 외부의 침략에 무력해졌을 것이다. 수메르가 망한 것과 아주 비슷한 과정이었을 것이다.

삼림 황폐

역사를 통해 많은 사회가 대규모 삼림 황폐로 어려움을 겪었다. 늘어나는 인구는 환경 전반에 부담을 주었지만, 특히 난방과 취사, 건축에 쓰이는 자재인 목재가 주는 부담은 심각했다. 꾸준히 늘어나는 인구를 부양하는 데 필요한 밭을 만들기 위해 나무를 베어 냈다. 이처럼 점진적이고 꾸준하며, 눈에 잘 띄지 않는 숲과 삼림의 파괴는 인간 사회가 발달하는 밑바탕이 되었다. 초기 사회에는 대규모의 개간을 할 만한 기술은 없었지만, 쇠도끼와 나무껍질 벗기기, 화전만으로도 효과적으로 목재를 얻고 밭을 개간할 수 있었다. 급격한 변화가 야기되리라는 것을 한 세대에서는 알 수 없었다. 그래서 사람들은 점차 벌목이 그들이 원하는 자원을 얻는 자연스러운 방법이라고 여기게 되었다. 정착촌이 새로운 지역으로 이동해 가면 똑같은 방식의 소모 과정이 되풀이되곤 했다.(유럽에서는 여러 곳에서 목재를 지속적으로 얻기 위해 작은 숲을 조성하는 일이 많았지만, 대규모의 식목이나 재식목을 시도했던 흔적은 보이지 않는다.) 수백 세대를 거쳐 오는 동안, 파괴의 규모가 엄청나게 커지기도 했다. 한때는 나무가 빽빽한 숲이었지만, 점차 나무 한 그루 없거나, 빈약한 숲만이 섬처럼 드문드문 남은 곳으로 변한 지역의 면적은 엄청나다.

중국에서 농업의 발달과 정착 사회의 발생은 북부 지방의 황토질에서도 잘 자라는 기장의 재배를 기본으로 해서 이루어졌다. 토양은 비옥했지만, 기장밭을 만들기 위해 일단 자생하는 풀을 걷어 내고 나면 쉽게 침식되어 버렸다. 흙이 바람에 날아가거나 비에 씻겨 버리자,

이내 물이 말라 버린 거대한 협곡과 그 사이의 도랑이 생겨났다. 이와 동시에 산기슭의 나무들은 연료와 건축용으로 베어졌다. 나무가 사라진 지역은 점점 늘어나, 약 200년 전에는 중국에 있던 원래의 삼림은 거의 모두 사라져 버렸다. 중국 고원지대에서 일어난 대규모 벌목으로 인해 황허강이 무섭게 범람해 주기적으로 강이 넘쳐 수많은 생명을 앗아 갔다.(황허강(黃河)이라는 이름은 상류의 침식으로 인해 떠내려온 흙이 많은 데서 붙여졌다.) 일본에서도 사정은 마찬가지였다. 1600년의 도쿠가와(德川) 시대부터 성과 마을이 갑작스레 생겨난 뒤 삼림을 벌채하는 규모가 크게 늘어나, 나무를 베려면 정부의 허가장이 있어야만 했다. 중세 에티오피아의 기독교 왕국에서도 같은 문제가 나타났다. 원래 이 왕국은 티그레(Tigre)와 에리트레아(Eritrea)라는 북부 지역에 있었다. 계속적인 벌목은 토양을 부식시키고 환경을 파괴해 잡목이나 잡초마저도 자랄 수 없는 지경에 이르렀다. 서기 1000년이 되자 손상 정도가 너무 커져서, 국가의 중심이 남부로 내려가 중앙 고지대에 새로운 수도를 세웠다. 하지만 여전히 같은 과정이 되풀이되어 심한 환경 파괴가 일어났다. 사람들이 얼마나 빨리 주변 환경을 변화시키는지는 1883년에 아디스아바바가 수도가 된 후에 일어난 일로도 알 수 있다. 20년 안에 도시 주변 150킬로미터 안의 삼림이 모두 파괴되었다. 수도에서 사용하는 연료인 숯을 만들려고 나무를 모두 베어 버린 것이다.

끊임없이 나무를 베어 내고 난 결과를 가장 잘 보여 주는 곳은 지중해 지역이다. 오늘날 관광객들은 올리브 나무와 포도나무, 키 작은 관목 숲, 향기로운 약초밭을 이 지역 최대의 매력으로 친다. 하지만 이들은 인공적인 체계를 만들어 생긴 것이 아니라, 오직 장기적인 정착과 늘어나는 인구의 끊임없는 압력으로 인해 환경이 대규모로 파괴된 결과 생긴 것이다. 원래 지중해 지역에는 떡갈나무와 자작나무, 소나무, 삼나무 등 낙엽수와 상록수가 섞여 뒤덮여 있었다. 이 숲들이 농경지를 만들거나, 난방용 연료와 취사용 연료를 장만하거나, 집이나 배를 만들 목재를 얻는 등의 여러 가지 이유로 조금씩 사라졌다. 숲이 되살아나지 못하게 된 데는 다른 이유도 있다. 방목하는 양과 소, 염소의 떼가 나무가 채 자라기도 전에 어린싹을 먹어 치웠기 때문이다. 가축 떼들은 점점 숲을 먹을 수 없는 식물로 가득 찬 잡목 덤불로 만들어 버렸다. 나무가 사라지자 토양침식이 일어났고, 가파른 경사 지대에서는 더욱 심해져 농토가 엉망이 되어 버렸다. 안 그래도 이때쯤에는 이동 방목이 시작되었으므로 가뜩이나 거름이 부족한 상황이었다. 게다가 산에서 흘러내려 온 엄청난 양의 토사가 강을 막아 버려 강어귀에 커다란 삼각주와 습지가 생겨났다.

이렇게 장기간에 걸쳐 환경이 쇠퇴해 간 과정은 지중해 지역과 근동 지역의 어느 곳에서나 찾아볼 수 있다. 기원전 2000년까지도 모로코와 아프가니스탄 일대를 뒤덮었던 삼림 중에서 지금까지 남은 것은 10퍼센트도 되지 않는다. 가장 먼저 시달렸던 곳은 레바논과 시리아의 언덕이었다. 이곳의 극상을 이룬 수풀에는 특히 삼나무가 많았는데, 레바논의 삼나무는 길고 곧아 고대 중동 지방 전역에 이름을 떨쳤다. 메소포타미아의 도시국가와 제국에서도 레바논 삼나무를 귀한 건축 자재로 여겼기 때문에, 레바논을 자기 세력하에 두거나 레바논 지배자들과 무역하는 일은 최우선의 관심사였다. 나중에 삼나무는 페니키아 왕국의 주요 무역품으로 먼 지역까지 수출되었다. 하지만 숲의 나무는 점점 잘려 나가서, 마침내 그 유명했던 레바논의 삼나무 숲은 보기에도 불쌍한 작은 수풀 몇 군데가 되고 말았다. 지금은 네 군데의 작은 삼나무 숲만 남아 예전의 영화를 말해 주고 있다.

그리스에서는 인구가 늘어나고 정착촌이 확장됨에 따라 기원전 650년 무렵부터 대규모의 환경 파괴가 시작되었다. 문제의 근원은 경작에 부적합한 땅의 80퍼센트에서 과도하게 방목했다는 사실이었다. 그리스인들은 토양의 구조를 유지하기 위해 거름을 준다거나, 언덕의 토양침식을 막기 위해 계단식 밭을 만드는 등 토양을 보호하는 기술들을 알고 있었지만, 인구 증가로 인한 지속적인 압박이 너무 컸던 것이다. 몇 세대 지나지 않아 아티카(Attica)의 언덕은 벌거숭이가 되었고, 기원전 590년에 아테네의 위대한 의회 개혁자 솔론(Solon)은 토양의 유실을 막기 위해 가파른 경사지에서 경작하는 것을 금지해야 한다고 주장했다. 몇십 년이 지난 후 아테네의 폭군 페이시스트라토스(Peisistratos)는 올리브 나무를 심는 농민에게 포상금을 주었다. 올리브 나무는 석회질의 암반을 뚫을 만큼 강한 뿌리를 갖고 있어 침식된 토양에서도 자랄 수 있는 유일한 나무였기 때문이다. 헤로도토스(Herodotus)와 크세노폰(Xenophon), 아리스토텔레스(Aristotle) 등 고대 그리스의 많은 문필가기 삼림 황폐와 토양침식의 문제점을 알고 있었지만, 그 영향을 가장 생생하게 기술한 사람을 플라톤(Plato)이었다. 그는 『크리티아스(Critias)』에서 이렇게 기술했다.

예전에 비하면 지금 남아 있는 땅은 뼈만 남은 병자 꼴이다. 기름지고 부드러운 땅은 모두 소모되고 메마른 뼈대만이 남았을 뿐이다. 지금은 간신히 벌이나 칠 정도의 나무밖에 안 남은 산에도 그리 멀지 않은 옛날에는 나무가 있었다. (······) 키 큰 나무들이 심어져 있었고 (······) 끝없는 목초지가 펼쳐져 있었다. 더구나 땅은 제우스가 매년 내려 주는 비로 비옥해 졌고, 지금처럼 비가 내리는 족족 맨 땅을 흘러 바다로 씻겨 가는 것이 아니라 수분이 땅에 머물렀다. 토양은 깊고 수분을 머금은 양토질이었고 (……) 여러 지역에 연못과 시내가 있어 샘물이 솟는 곳에는 신전을 세웠다. 지금은 샘물이 말라 버리고 신전만 남아 있지만.

몇 세기 후에 이탈리아의 인구가 늘어나고 작은 도시였던 로마가 지중해와 근동 대부분을 포함하는 지역을 지배하는 제국의 중심지로 성장하면서 같은 문제가 나타났다. 기원전 300년까지는 이탈리아와 시칠리아에도 숲이 있었지만, 토지와 목재에 관한 수요가 늘어나면서 빠르게 파괴되어 갔다. 이에 따라 토양침식이 이전보다 훨씬 심해지고 흙이 강으로 흘러들어 감에 따라 강 하구에 점차 토사가 쌓여 갔다. 이탈리아 남부의 항구도시 파에스툼(Paestum)은 토사로 완전히 막혀 버려 쇠락했고 라벤나(Ravenna)는 바다로 가는 길이 막혀 버렸다. 로마의 항구인 오스티아(Ostia)는 부두를 새로 만듦으로써 가까스로 항구로서 살아남을 수 있었다. 다른 곳에서는 언덕에서 쓸려 간 토사가 쌓여 강 하구에 큰 늪이 발달했다. 그중 기원전 200년 무렵에 형성된 폰티노(Pontino) 습지는 그보다 400년 전에는 열여섯 개의 볼스키 마을(Volscian villages)을 먹여 살리던 큰 강 유역이었다.

로마 제국의 탄생으로 식량 수요가 늘어나면서 지중해의 다른 지역들에서도 환경에 대한 압력이 증가했다. 로마 제국의 많은 지역은 이탈리아 인구를 먹여 살리기 위한 곡창지대로 변해 갔고, 이러한 현상은 정치적인 이유로 인해 로마 시민들이 무료로 곡식을 지급받게 된 기원전 58년 이후 특히 심해졌다. 예를 들어 북아프리카에는 리비아의 위대한 도시 렙티스 마그나(Leptis Magna) 등 어마어마한 로마의 유적들이 남아 있다. 이들은 한때 로마 제국에서 가장 번창하고 생산성이 높았던 지역이었지만, 지금은 광대한 사막 한가운데에 놓인 채, 인간이 초래한 광범위한 환경 파괴의 기념비로 남았다. 이 지역은 기원전 146년에 카르타고가 최후에 패망한 이후까지도 계속 번성했지만, 로마의 곡물 수요가 계속 늘어남에 따라 언덕뿐 아니라 숲이 파괴되면서 쉽게 침식되는 취약한 토양이 있는 지역에서까지 경작이 이루어졌다. 북아프리카 지방의 쇠퇴가 정확히 어느 시점부터 시작되었다고 말하기는 어렵다. 그것은 토양이 침식되고 남쪽에서 사막이 점점 확대되어 감에 따라 환경이 악화되어 가는 장기간에 걸친 과정이었다. 이 과정은 로마 패망 이후 베르베르족 등의 부족들이 경작 지역으로 옮겨 올 때 풀 뜯는 가축 떼를 대규모로 데려오면서 지표면에 남은 식생이 완전히 사라짐에 따라 가속화되었다. 이와 비슷한 압력은 소아시아 지역에서도 나타나, 기원후 1세기 무렵이 되면 로마의 오래된 지방인 프리기아(Phrygia) 내부의 삼림이 완전히 파괴되었다. 수십 년 후 삼림 파괴가 너무 심해지자 하드리아누스(Hadrianus) 황제는 시리아에 남아 있는 숲에 출입 금지령을 내렸다. 손상이 덜한 일부 지역은 계속 번성해 주요 도시로 식량을 수출했고, 안티오크(Antioch)와 바알베크(Baalbeck) 같은 도시는 비잔티움 시대 초기까지 번성했다. 하지만 지금은 두 도시가 모두 폐허로 변해 어떤 곳의 석회암 언덕 지역은 토양이 2미터나 유실되었고, 안티오크는 숲의 황폐로 인해 언덕에서 쓸려 내려온 토사가 8미터나 쌓여 버렸다.

역사학자들은 지금도 로마 제국이 쇠망한 원인에 관해 여러 의견을 내놓고 있다. 하지만 대부분은 내부의 정치적 부패와 외부 압력에 취약했던 데서 비롯된 몇 가지 요인의 상호작용의 결과라는 데 의견을 같이한다. 그러므로 환경 파괴가 유일한, 아니면 적어도 주요한 쇠망의 원인이라고 보는 시각은 너무 단순화한 것일지도 모른다. 하지만 그것이 중요한 원인 가운데 하나이며, 로마의 대인구와 대규모 상비군을 먹여 살리기 위해 식량을 차출하는 문제가 제국 내부를 악화시켰다는 점은 분명하다.

로마 제국이 멸망했어도 지중해 지역의 환경 악화는 멈추지 않았다. 제국을 먹여 살리기 위한 수요가 없어지고 인구도 줄어들자 일부 지역에서는 2차 삼림이 형성되었을지도 모른다. 그러다가 1000년 무렵에는 전과 마찬가지 수준으로 인구가 늘어났고 그 후로도 계속 늘어났다. 즉 삼림 벌목이 오늘날까지도 계속된다는 얘기다. 점점 더 많은 삼림이 개간될수록 토양의 침식도 심해졌다. 같은 과정이 스페인에서도 있었다. 중세의 길드 중 가장 강력했던 메스타(Mesta)가 대규모 양 떼를 풀어 과도 방목(overgrazing)했던 것이다. 이에 따라 라만차(La Mancha)와 엑스트레마두라(Extremadura) 지방 등 스페인 중부의 넓은 지역의 환경이 영구적으로 파괴되어 잡초와 잡목으로 우거진 거대한 황무지를 만들어 냈다.

마야 문명의 흥망

아메리카 대륙에서 정착 사회가 발달하는 과정은 유라시아에서와 똑같은 수순을 밟았다. 농경을 하기 위해 개간했고 삼림을 베었으며, 그 결과 토양이 침식되었다. 멕시코 계곡의 거대한 도시 테오티우아칸과 1세기 무렵 페루 해안 지대에 있었던 도시국가들의 붕괴 역시 지나친 관개와 그로 인해 농업 기반이 무너져 국가의 상부구조가 유지될 수 없었기에 일어났으리라고 추정된다. 그중에서도 마야는 환경 파괴가 한 사회의 종말을 이끈 가장 뚜렷한 예를 보여 준다. 마야는 현재 멕시코와 과테말라, 벨리즈, 온두라스의 일부에 걸쳐 발달했던 도시국가로, 그와 비슷한 예를 세계 어디서에도 찾을 수 없는 독특한 사회 유형을 지니고 있었다. 1830년대 후반에 이 '사라진' 도시를 발견한 초기의 탐험가 중에서 존 스티븐스(John Stevens)와 프레더릭 캐서우드(Frederick Catherwood)라는 두 미국인은 메소포타미아를 발굴한 레너드 울리처럼 미궁에 빠졌다. 유적지인 코판(Copan)과 팔렝케(Palenque)에서 그들은 사라져 버린 사회에 관해 깊이 생각해 보았다.

우리는 (……) 우리를 둘러싸고 있는 이 미스터리의 실체를 알아보려고 애썼지만, 헛수고였다. 이 도시를 세운 것은 어떤 사람들이었는가? (……) 건축과 조각, 회화 (……) 삶을 아름답게 해 주는 이 모든 예술이 이 울창한 숲에서 번성했고 웅변가와 전사, 정치가, 미인, 야망과 영광이 여기서 숨을 쉬다가 사라져 갔다. 그런데 그 과거에 관해 아는 사람도, 말해 줄 수 있는 사람도 없다. (……) 세계 역사에 사건들이 많지만, 한때는 위대했고 매혹적이었던 도시가 전복되고 파괴되고 사라졌다가 몇 킬로미터나 되는 숲속에서 우연히 발견되어 그 이름조차도 없는 이 광경처럼 내게 강한 인상을 준 것도 없다.

그곳에서 어떤 일이 벌어졌는지를 이해하는 데 가장 큰 장애는 마야 문자가 이제 막 해독되기 시작했다는 것이다. 이 유적이 발굴되고 난 이후 진전된 고고학적 조사 및 지난 50여 년 동안 점점 더 정교하게 발달해 온 탐사 기술 덕분에 새롭게 이해할 수 있는 여지가 생겨났다.

마야 사회는 열대 저지대의 울창한 밀림에서 발전했다는 점에서 대단히 놀라운 성취라고 할 수 있다. 이 지역에 사람들이 정착하기 시작한 것은 기원전 2500년 무렵으로 거슬러 올라간다. 인구는 점차 늘어났고 정주 규모도 커지고 복잡해졌다. 그래서 기원전 450년 무렵에는 정착촌 가운데 제사를 지내기 위한 특별한 장소와 건물들이 분화된 것처럼 보인다. 그로부터 200년 후에는 과테말라의 티칼(Tikal)에서 복잡한 계급사회가 생겨났다.(집단마다 장례 방식이 크게 차이가 나는 것으로 보아 계급제도가 있었다는 것을 쉽게 알 수 있다.) 중심부의 북쪽에 있는 성채 안에 그 지역에서 나는 석회석으로 30미터 높이의 가파른 피라미드를 건설하고 그 정점에 신전을 세웠다. 그 후 2~3세기 동안 지역 전체는 크게 발전해, 건축양식이나 문자가 보여 주듯이 놀랄정도로 균일한 문화를 지닌 큰 정착촌이 여러 개 발달했다. 마야 사회의 높은 지적 수준은 특히 천문학에서 두드러진다. 해와 달뿐 아니라 금성의 양상과 위치에 관해서도 정확하고 세밀한 계산을 했을 뿐 아니라, 기원전 3114년에 해당하는 어느 날(이 날의 의미는 아직도 알아 내지 못하고 있다.)을 기점으로 해서, 거기서부터 52년을 1주기로 삼아 세어 나가는, 대단히 복잡하고 정확한 달력을 썼다. 모든 마야의 유적지는 수많은 날짜와 문구들이 새겨진 돌비석을 여러 개 갖고 있다. 마야 역사에서 중요한 부분은 이제 명확해졌다. 최근에 이 문구들이 해독되어서 정치사의 상당 부분을 재구성해 내게 되었다. 기원후 최초의 수백 년간, 마야의 전역에서 대단히 정교하게 건설된 제사 장소가 다수 만들어졌다. 400년 이후 두 세기 동안에는 멕시코 중앙부의 도시 테오티우아칸에서 많은 영향을 받았지만, 마야의 문화가 한층 꽃핀 것은 600년 이후 테오티우아칸의 멸망으로 그 영향이 약해지면서부터다. 제사 장소마다 의미심장한 천문학적 지점을 향해 정렬된 거대한 피라미드가 세워졌고, 비석도 수없이 세워졌다. 그러다가 800년 이후 수십 년 내에 사회 전체가 붕괴되기 시작했다. 돌비석도 세워지지 않았고, 제례 중심지는 버려졌으며, 인구도 급격히 감소했고, 도시들은 점차 정글로 뒤덮여 버렸다.

마야는 세계에서 유례를 찾아볼 수 없을 만큼 평화로운 국가로서 세속 군주나 군사 엘리트가 아니라 달력과 천문학적 관측에 몰두한 종교 지도자들이 나라를 다스렸다고 1960년대까지도 사람들은 믿었다. 돌기둥에 적힌 날짜가 천문학과 달력의 주기에 관한 것이기 때문이다. 마야가 사제 계급을 부양하기 위해 어떻게 저지대 밀림에서 식량을 구했는가 하는 점만이 의문으로 남아 있었다. 20세기에 행해진 연구를 토대로 보면, 그 방법은 화전 농업밖에 없는 듯했다. 12월에서 3월 사이의 건기에 돌도끼로 밀림을 헤치고 불을 놓아 우기가 오기 직전에 옥수수를 심어 가을에 수확했으리라는 것이다. 이렇게 한두 해 하다가 토지가 척박해지면 그대로 버렸을 것이고, 버린 토지는 다시 잡초가 뒤덮여 개간이 어려워졌을 것이다. 이러한 경작 체계는 열대 지역에서 많이 쓰이는 것이며,(초원이나 덤불숲보다 정글은 개간하기가 훨씬 쉽다.) 장기적 안목으로 볼 때 매우 안정성이 높다. 그러나 개간된 밭이 다시 밀림으로 뒤덮이려면 20년이 걸리기 때문에, 이런 방법을 쓰려면 농부 한 사람이 많은 땅을 가져야 한다. 그러므로 이런 농법을 쓰는 마야 사람들은 적은 규모로 집단을 이루어 온 밀림에 흩어져 이동하며 살다가, 사제들이 정주하는 제사 장소에 1년 중 일정 기간만 모였을 것으로 추정되었다.

하지만 이러한 가설은 지난 50년 동안의 연구로 뒤집어져, 마야 사회에 관해 근본적으로 다른 그림이 제시되고 받아들여졌는데, 그렇게 보면 마야 사회가 왜 그렇게 갑작스레 붕괴했는지 설명된다. 이렇게 마야 문명을 보는 방식이 갑자기 변한 것은 비석에 새겨진 비문을 새로이 해석하는 방법이 발견되었기 때문이다. 현재는 이 비석에 새겨진 것은 종교적인 내용이 아니라, 각 도시의 세속 지배자들이 기념비로서 그들의 생년월일과 왕위 상속일, 사망일, 재임 기간 중 중요한 일 등을 기록한 것임이 명백해졌다. 평화롭고 종교적인 사회라는 그림은, 다른 초기의 사회들과 마찬가지로 군부의 지원을 받아 끊임없이 도시 간의 전쟁을 계속하는 세속적인 지도자가 지배하는 마야 사회의 모습으로 대체되었다. 최근의 고고학적 연구는 이런 도시들의 성격을 훨씬 더 명확하게 해 주었다. 이 도시들은 단순히 소수의 엘리트가 살았던 종교 중심지가 아니라 많은 상주인구를 지닌 진정한 도시였다. 중앙에는 광장을 중심으로 거대한 신전과 궁전이 들어서 있었다. 그 너머로는 궁전을 중심으로 오두막이 늘어서 있었고, 사람들은 확대가족 단위로 살았다. 그들은 공공건물과 엘리트들의 집을 지을 노동력을 제공해 주었다. 티칼 외곽 지대를 발굴한 결과 전성기에는 인구가 3만 명에서 5만 명 정도 되었으리라는 것이 밝혀졌다.(수메르의 도시들과 맞먹는 규모다.) 다른 도시는 그렇게까지 크지는 않았지만, 역시 인구밀도가 높은 도시적인 정착촌 형태였을 것이며, 지금은 겨우 수만 명이 사는 마야 지역 전체의 인구가 전성기 때에는 500만 명을 헤아렸을 것이다.

마야 사회의 성격에 관한 이런 새로운 지식은 마야인들이 식량을 획득하는 방법에 대해 새로운 사실들이 밝혀지면서 좀 더 견고해졌다. 화전 농업만으로 그렇게 많은 인구를 먹여 살릴 수 없었다는 점은 확실하다. 도시들이 겨우 10여 킬로미터밖에 떨어지지 않은 경우도 있어, 도시 간에 나누어 갖기에는 땅도 부족했다. 사냥과 고기잡이로 얻을 수 있는 식량은 보조적인 것에 지나지 않았고, 가루로 만들어 먹을 수 있는 라몬, 즉 빵나무가 많기는 했지만, 정 먹을 것이 없을 때만 이용한 것으로 연구 결과가 밝히고 있다. 1970년대에 고고학자들은 현지 조사를 통해, 고대 마야인들이 그보다 훨씬 더 집약적인 농경 체계를 이용했음을 밝혀냈다. 마야인들은 언덕배기의 밀림을 개간해 계단식 농업을 함으로써 토양침식을 막으려 했다. 그에 못지않게 중요한 방법은 습지에 밭을 높은 단처럼 올려 만드는 것이다. 습지에 배수 도랑용 격자를 설치했고 도랑에서 나온 재료로 밭을 높였다. 상당히 넓은 지역이 한때는 이런 밭으로 뒤덮였다는 흔적이 과테말라에서 벨리즈에 걸친 밀림에서 발견된다. 밭에서는 옥수수, 콩과 같은 식용작물과 면화, 카카오 등을 재배했다.

이러한 집약 농업이 마야 문명의 기반이었다. 하지만 수요가 너무 많아지자 그 부담을 감당할 수 없었다. 600년 무렵에 테오티우아칸이 몰락한 뒤에 결정적인 시기가 왔다. 이때쯤 마야의 도시국가 간에는 전쟁이 급증했고, 엄청난 노동력이 필요한 거대한 의례용 건물이 세워졌다. 인구는 꾸준히 늘어났고 대다수의 사람이 군인이나 공사 인력으로 동원되어 도시에 상주했다. 농업은 점점 집약적으로 바뀌었다. 하지만 그렇게 큰 상부구조를 지탱할 수 있는 생태학적인 기반은 전혀 없었다. 열대 삼림의 토양은 일단 나무가 없어지면 쉽게 침식되어 버리기 때문이다. 마야의 정착촌은 당연히 토양이 비옥한 곳을 중심으로 형성되었지만, 이 지역의 비옥한 토양 중 4분의 3가량은 침식에 매우 약한 토양으로 밝혀졌다. 티칼 근처의 토양 중 4분의 3은 비옥한 토양이지만, 그중 3분의 2가량이 나무가 베어진 후에는 침식되기 쉬운 토양이다. 따라서 나무를 베어 내고 경작지로 만들면 토양의 질은 금방 나빠지며 작물 수확도 감소할 위험이 높다. 거름을 제공해 줄 가축이 없었기 때문에 이런 사태는 더욱 악화되었다. 삼림은 경지를 마련하기 위해서뿐만 아니라 연료용과 건축용으로 쓰기 위해서도, 제사용 건물들에 바르는 막대한 양의 석회 도료를 만들기 위해서도 벌목되었다. 인구가 늘어남에 따라 경지는 더욱 침식되기 쉬운 한계 지역으로 계속 밀려났다. 마야 지역 전체에서 취약한 토양이 점점 더 많이 노출되어 비바람에 날려 갔다.

삼림 벌목에 따른 토양침식은 주변 지역의 작물 수확을 감소시켰다. 또한 강 주변에 토사가 쌓이게 해서, 습지에 높여 만든 밭과 그 밭에 관개되는 물 사이에 미묘한 균형이 깨지고 도랑이 막혀 그 넓은 밭을 심각하게 손상했다. 800년이 되기 전에 벌써 식량 생산이 감소하기 시작했다는 증거가 뚜렷해진다. 이 시기의 무덤에서 나온 유골들은 여자와 어린아이의 사망률이 높았으며, 영양 결핍으로 인한 질병이 많았음을 보여 준다. 지배계급과 종교적 지도자, 군대가 의지하던 식량이 줄어들자 사회문제가 발생했다. 농민에게서 식량을 더 많이 차출해 가자 반란이 일어났다. 한 사회 내부에서뿐 아니라 도시국가 간에도 줄어드는 자원을 둘러싼 갈등은 더욱 심화되었고 전쟁도 더 빈번해졌다. 식량 공급 자체가 줄었을 뿐 아니라, 식량 자원을 둘러싼 전쟁으로 사망률이 급증해 인구가 급격히 줄어들었다. 마야의 정교한 상부구조는 처음부터 제한된 환경 위에 건설되었기 때문에, 일정 기간이 지나자 더는 유지될 수 없게 된 것이다. 수십 년 후 도시는 황폐해지고 더는 지배자를 기념하는 돌기둥도 세워지지 않았다. 이 지역에 남아 계속 살아온 사람은 극소수의 농부뿐이었다. 이렇게 황폐해진 밭과 도시는 울창한 밀림으로 뒤덮여 19세기가 되어서야 다시 발견되었다.

나일강 계곡

자연환경과 식량 수요 사이의 지속 가능한 균형을 가장 잘 맞춘 사회는 이집트였다. 나일강 계곡에서 처음으로 정착 사회가 출현한 이래 약 5000년간 이집트 사람들은 매년 범람하는 나일강을 이용해 살아올 수 있었다. 그것은 파라오 시대의 여러 왕조와 그리스 출신의 프톨레마이오스 왕조 시대에서 로마 제국 시대를 거쳐, 아랍인과 무슬림 군인들의 통치하에서도 그 무수한 국가의 기초가 되어 왔다. 그러다가 19세기에 새로운 기술을 채택하면서 이 체계가 무너지기 시작했다.

매년 나일강은 그 엄청난 길이의 하류 계곡에서 범람하면서, 상류인 에티오피아와 우간다의 수원에서 실려 내려오는 막대한 양의 토사를 쌓아 놓는다. 어떻게 보면 이집트인들은 다른 지역의 환경문제로 인해 혜택을 받아 온 셈이다. 상류의 고원지대 삼림이 황폐해져 토양이 깎여 내려가면서 그 토사가 나일강 하류에 운반되어 많은 영양물질과 함께 퇴적되었기 때문이다. 현재는 해마다 1억 톤의 토사가 이집트로 들어오는 것으로 추정되지만, 전에는 이렇게 많지 않았을 것이다. 상류의 고원지대에 비가 가장 많이 오는 시기는 6월이지만, 이 많은 비가 3000킬로미터나 떨어진 이집트에 도달하는 것은 9월이 되어서다. 강물은 (어떤 곳에서는 폭이 20킬로미터 정도밖에 안 되는) 좁은 계곡 전역에 넓게 퍼져, 자연적으로 형성된 운하를 따라 넘치면서, 해마다 기름지고 새로운 토양을 이집트에 가져다주었다. 범람은 11월에 끝나는데, 이 짧은 기간은 가을작물의 파종에 알맞은 시기였다.

이 농업 방식은 대단히 안정된 것으로, 고대 이집트인들이 시작해 그 후손들까지 계속 이용해 왔다. 이 방식은 자연조건을 교묘하게 이용하면서 인간의 개입은 최소한으로 하고, 개입한다고 해도 아주 단순한 기술을 이용했다. 이곳의 수자원 관리 체계는 인공적인 환경을 조성하는 것이 아니라, 자연의 흐름을 그대로 이용해 적당량의 물과 비옥한 토양을 적절한 시기에 이용할 수 있게끔 하는 것이었다. 어떤 곳에서는 자연적으로 형성된 둑을 헐어 물을 최대한 멀리까지 대기도 했고, 어떤 곳에서는 물을 좀 더 오래 받아 두기 위해 인공적인 웅덩이를 만들기도 했다. 자연적으로 관개수로처럼 형성된 범람 지역의 지형 덕분에 인공 운하 건설은 쓸모가 없었을 뿐 아니라 필요도 없었다. 지리적인 구조, 그리고 본질적으로 자연 그대로인 관개 체계 덕분에 나일강은 메소포타미아에서처럼 인공 관개 체계에 따르는 문제와 원치 않는 파괴적인 부작용을 겪지 않았다. 범람이 일어나기 시작하면 한 달 안에 지하수면이 지표 밑으로 3미터 이상 내려가기 때문에 땅이 물에 잠기는 일도 일어나지 않았고, 지표면에 염분층도 형성되지 않았다. 메소포타미아에서는 침수와 염화를 막으려면 긴 휴경기를 두어야 했을 테고, 실제로는 그러지 않아 문제가 커졌지만, 이집트에서는 그럴 필요가 없었다. 풍부한 영양분을 함유한 토사가 정기적으로 새로 쌓이니 거름을 많이 주거나 해서 토양의 비옥도를 높여 줄 필요도 없었다. 토양이 얼마나 비옥했는지는 18세기에 이 지역의 작물 생산량이 프랑스의 두 배나 되었던 것으로 알 수 있다. 염화가 일어나지 않았다는 것도 이집트에서는 소금기에 민감한 밀의 생산이 보리 생산보다 강조되었다는 점을 보면 알 수 있다. 메소포타미아의 경우와 정반대다.

약간의 변화는 있었지만, 수 세기 동안 이집트의 농경 체계는 놀라울 정도로 지속성이 있었다. 파라오 시대의 농부들은 범람원에 밀과 보리, 그리고 주요 겨울작물인 콩과 이집트 콩을 재배했다. 고원지대에서는 대추야자 재배가 성행했다. 프톨레마이오스 왕조 때부터는 건조한 기후에서도 잘 자라는 사탕수수를 심기 시작했고, 이슬람 시대에 면화와 쌀, 사탕무가 처음 재배되었다. 해마다 강물이 넘칠 때 이용하는 기술은 이 체계의 다른 요소와 마찬가지로 단순했다. 초기 2000년 정도는 사람이 양동이에 물을 퍼 날라서 밭에 물을 대었다. 기원전 1340년부터는 지렛대를 이용하는 두레박인 샤더프(shaduf)가 도입되었는데, 그로 인해 경작할 수 있는 땅이 10퍼센트 정도 늘어났다. 기원전 300년 무렵에는 가축이 움직이는 물레방아가 도입되어 또 한 번 그 정도로 경작지 면적이 늘어났다. 그 뒤로 19세기까지 별다른 중요한 기술적 변화는 일어나지 않았다.

이집트 농경 체계의 장기적 안전성은 자연적인 범람 체계에 별로 변화가 일어나지 않는 동안에는 유지될 수 있었다. 하지만 해마다 나일강의 범람 수위가 달라졌고, 특별히 고수위를 유지하는 기간과 저수위를 유지하는 기간이 있었기 때문에 생기는 문제가 있었다. 단기적으로 볼 때 이런 문제가 이집트의 농업과 사회에 심각한 재앙이 되기도 했고, 이러한 변화는 이집트 역사의 경로를 바꾸어 놓기도 했다. 특히 파라오 시대에는 심각했다. 수위가 아주 높아지면 정착촌과 인공 저수 시설이 파괴되었다. 수위가 너무 낮아지면 일부 지역이 건조해지고 토사가 부족하게 되었다. 예를 들어 1877년의 범람은 보통 때보다 단지 180센티미터가 낮았을 뿐이었는데도 유역의 3분의 1에 해당하는 지역에 물과 토사가 사라졌다. 수위가 높을 때와 낮을 때 모두 작물 수확이 치명적으로 감소했고 사회에도 큰 영향을 미쳤다.

전체적으로 볼 때 나일강의 수위는 점점 떨어졌다. 아마도 강의 근원인 고원지대의 강우량이 줄어들기 때문인 듯했다. 하지만 이런 전반적인 추세 속에서 변화의 폭은 컸다. 기원전 3000년 이후 수위가 약 4분의 1 정도 떨어졌는데, 그런 가운데서도 기원전 2250~1950년 사이에 몇 해 동안 계속 수위가 극히 낮아져, 결국 대규모 사회적 혼란과 함께 이집트 고왕국이 붕괴하고 말았다. 홍수 시의 수위가 낮은 해가 계속되면 작물 수확이 대폭 감소해 많은 사람이 굶어 죽고 가축이 몰살당했으며, 다음 농사철에 뿌려야 할 종자가 부족해 농사를 포기하는 지역이 생겼다. 이런 흉작은 국가의 수요가 점점 늘어날 때(거대한 건축물들이 계속 지어졌을 뿐 아니라 늘어나는 관리와 군대, 사제들을 먹여 살려야 했다.)와 같은 시기에 발생해서, 약해진 농업 기반에 더욱 무거운 부담을 안겨 주었다. 그 결과 농민 폭동이 거세졌고 파라오 왕조는 정치적·사회적으로 붕괴했다. 이집트는 그로부터 2세기 정도 분열된 상태로 있다가, 이른바 중왕국(Middle Kingdom)에 의해 통일된다. 이 시기에는 강물이 아주 높게 범람했다는 특징이 있는데,(기원전 1840~1770년에는 수위가 매우 높아서, 현대의 기준으로 볼 때 9미터 이상 높아진 지역도 있었다.) 그 결과 역시 파괴적이었지만, 적어도 작물 재배에 적당한 물과 토사는 확보되었다. 기원전 1150년 무렵에 다시 수위가 크게 낮아지자 심각한 정치적·사회적 문제가 발생했다. 식량 생산이 줄어들자 식량을 생산하지 않는 수많은 인구를 감당할 수가 없었다. 특히 이 시기에는 이집트인들이 기록에 '바다 사람들'이라고 적은 사람들이 나일 삼각주에 정착을 시도하는 등 외부의 압력이 심했기 때문에 군대의 수가 많았다. 아부 심벨(Abu Simbel)과 같은 거대한 사원을 건설한 람세스(Ramessid) 왕조가 다스렸던 강력한 이집트 국가가 무너졌다. 이집트는 다시 한번 분열되어 2세기 후에 외부의 정복자가 통일한다.

이집트 역사에 큰 영향을 끼쳤던 이러한 흥망성쇠에도 나일강은 19세기까지 계속해 안정되게 이집트의 거대한 인구와 복잡한 사회를 지탱해 왔다. 19세기에 이르러서야 비교적 짧은 기간에 광범위한 영향을 끼친 주요한 변화가 발생했다. 1840년대에 이집트인들은 유럽으로 수출할 면화 재배를 위한 관개 경지를 만들기 위해 인공 관개 체계를 건설했다. 그로부터 수십 년도 채 지나지 않아서 새로 경작된 지역에 광범위한 염분화와 침수가 발생했다. 영국의 농업 전문가 매켄지 월러스(Mackenzie Wallace)는 "새하얀 질소질의 염분이 토양을 뒤덮어, 햇볕을 받을 때는 마치 아직 밟지 않은 눈처럼 빛난다."라고 했다.

초기 정주 사회는 대부분 민중과 지배자, 관리, 성직자, 군사들을 먹여 살리기 위한 식량의 수요와 장기간에 걸친 집약적 농업을 지탱해 줄 수 있는 환경의 능력 사이에서 균형을 잘 맞추지 못했다. 상당한 기간, 때로는 수백 년씩이나 성공을 거두는 듯싶었던 사회도 결국에는 능력의 한계를 벗어나고 말았다. 메소포타미아와 인더스강 유역, 중앙아메리카의 밀림과 그 밖의 다른 지역에서 취약한 환경은 부담을 감당하지 못하고 붕괴해 버리고 말았다. 점점 복잡해지는 사회의 요구는 상부구조를 지탱하기 위해 농업 기반에 무리를 주게 되었다. 처음에는 환경적 역경을 극복할 수 있는 해결책처럼 보이던 것이, 결국 그것이 가져다주는 원치 않았고 예상치 못했던 부작용으로 인해 그 자체로 문제가 되어 버렸다. 그 결과 식량 생산은 줄어들었고, 엄청난 비생산 인구를 먹여 살리기가 어려워졌다. 수확량이 감소해 가는데도 지배계급이 자기들이 분배해 가질 식량을 더욱 확보하려 하면 이에 불만을 품은 민중이 반란을 일으켰다. 군대가 대규모화하면 먹여 살릴 식량이 부족해 오히려 외적에게 정복당하는 일도 있었다. 마야의 경우처럼 사회 전체가 급격하게 붕괴하거나 전 국토가 못 쓰게 되는 일은 그리 많지 않았다. 지중해와 중국에서는 장기적인 악화가 진행되어 가면서 이런 사회를 지탱하는 자원의 반을 심각하게 훼손했다. 충분한 식량을 확보하려는 노력은 이후 거의 모든 인류사에서 지배적인 양상 가운데 하나가 되어 갔다. 지구상의 대다수 사람에게 발등의 불로 남겨진 것이다.

기나긴 투쟁

6

농업이 전 세계 인구를 먹여 살릴 식량의 생산이라는 문제를 해결해 준 것은 아니었다. 200년 전까지도 세계 도처에서 거의 모든 사람이 기아선상을 헤매었다. 그 수천 년 동안 정치 체제의 변화, 제국의 흥망성쇠, 새로운 국가의 부상과 멸망 등을 거치면서도 그 저변의 경제와 사회의 상황은 거의 변하지 않았다. 메소포타미아보다 환경적으로 덜 민감한 인더스강 계곡이나 중앙아메리카의 열대 밀림 같은 곳에서는 사회 전체가 붕괴되는 일은 일어나지 않았지만, 그래도 생명이 대규모로 손실되는 과정에서 큰 대가를 치르기도 했다. 5퍼센트를 제외한 세계 모든 인구가 농부여서 토지에 직접 의존하고 있었으며, 높은 유아사망률, 짧은 평균수명, 만성적 영양실조가 일상인 삶을 살았다. 거기에 기근과 악성 전염병의 위협은 항상 있었다. 그들이 먹는 음식은 거의 식물성이었으며, 특히 아시아와 아프리카, 아메리카에서는 더욱 그랬다. 세계의 3대 주요 작물은 아시아의 쌀, 아메리카의 옥수수, 유럽의 밀(귀리와 호밀이 보충 식량)이었다. 이들 사회는 압도적으로 농업에 의존해 성립되었으므로 농업 외의 활동에는 한계가 있을 수밖에 없었으며, 군인과 성직자, 장인의 수도 제한되었다.

식량과 인구

농업 생산량과 인구 수준 사이의 균형에 따라 인류가 처하는 상황도 장소나 시대에 따라 가지각색이었다. 세계 인구가 현재보다 훨씬 적기는 했지만, 농경 체계가 비효율적이었으므로 언제나 인구과잉의 위협이 있었고, 늘 기아의 위협에서 자유롭지 못했다. 농경이 시작되면서 채집·수렵 시대보다 훨씬 많은 인구가 생활할 수 있게 되었다. 그러나 특정 환경에서만 자라는 작물에 의존했기 때문에 수확량이 갑자기 감소하면 인간 사회는 큰 타격을 받기 쉬웠다. 같은 경지에서 계속 경작하기 때문에 토양은 점점 척박해졌다. 그런데 인간의 소비는 점점 늘어났기 때문에 경작이 가능한 땅에는 되도록 많은 작물을 심으려 했다. 이로 인해 동물이 살 땅이 줄어들면서 토양의 비옥도를 유지해 주는 동물 분뇨가 부족해지는 악순환이 생겨났다. 수확량의 한계는 수확된 식량을 분배하는 문제 때문에 더욱 악화되었다. 오래 저장할 수 있는 식량의 양이 제한되어 있었을 뿐 아니라, 저장 설비도 충분하지 않았으므로 보존 중에 손실되는 양도 많았다. 또한 운송 체계가 원시적이었기 때문에 수운을 이용하지 않는 한 식량을 먼 지역으로 옮기는 것이 매우 어려웠다. 이로 인해 식량 시장이 제한될 수밖에 없었으므로, 한 지역의 작물이 흉작이 되었을 때 다른 지역의 작물로 보충할 수가 없었다. 비축된 식량을 구하기도 어려웠을 뿐 아니라, 구했다고 해도 운반할 수가 없었기 때문이다. 성직자나 지배자가 세금이나 십일조 등의 방법으로 식량을 직접 징수했기 때문에 문제는 더욱 악화되었다. 농민에게는 목숨을 이어 갈 만큼의 식량도 남아 있지 않은 경우가 많았다. 온 나라를 돌면서 자기들 먹을 식량을 약탈하고 작물이나 가축을 엉망으로 만드는 군인들은 이런 사태를 더욱 악화시켰다.

농업 생산성의 향상 및 식량의 저장 기술과 운송 기술의 발달은 아주 천천히 진행되었다. 장기적으로 보나 단기적으로 보나, 19세기 이전까지 인구 규모는 가용 식량의 규모를 넘어서기 일쑤였다. 단기적으로는 흉작이나 전쟁으로 인해 식량 공급 균형이 깨지면 재앙이 초래될 수 있었다. 장기적으로는 인구가 계속 늘어났기 때문에 대다수의 사람이 항상 식량 부족에 시달렸다. 인구가 늘어나는 만큼 빨리 식량 생산을 증가시키는 것은 어려웠다. 세계의 농경 사회 대부분이 (영아 살해라든가 결혼 연령을 늦추는 방식 따위로) 아주 거친 방법으로 산아제한을 하기는 했지만, 식량 공급과 인구 규모의 균형이 맞은 적은 거의 없었다. 거시적으로 보면 농업 방식이 서서히 개선됨에 따라 더욱 많은 인구를 지탱하게 되었다는 것은 명백한 사실이다. 하지만 전반적으로 인구 증가율은 대단히 낮은 수준을 유지하고 있었다. 300년 전까지만 해도 세계 인구는 한 해에 0.1퍼센트 이상 늘지 않았다. 이것은 현재 인구 증가율의 20분의 1에 지나지 않는다. 이렇게 점진적인 상승 추세를 보이기는 했어도 인구나 식량이 꾸준하게 증산된 것은 아니었다. 인구가 급속히 늘어 식량이 모자라기도 했고, 전쟁과 질병으로 인해 인구가 갑자기 줄어들기도 했으며, 그러고 나면 또 한동안 인구가 급속하게 늘어나기도 했다. 인구가 늘어나면 제한된

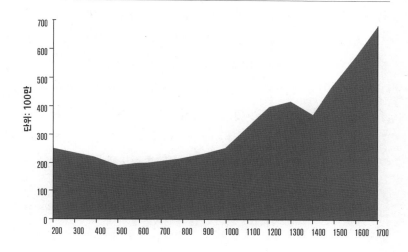

농경 체계에 부담을 주어 빈곤과 영양실조를 더 심화했다. 이렇게 인구와 식량 공급이 서로 맞지 않을 때는 대개 기아나 대량 살상 등의 극적인 형태로 문제가 해결되었다.

　최근 200년 전까지도 제대로 된 인구통계가 없었다. 하지만 부분적인 인구조사와 추정, 그리고 납세 등 다른 목표 때문에 국가가 확보한 보고서 등을 통해 인구학자들은 세계 인구의 수와 분포, 확산기와 쇠퇴에 관한 큰 그림을 제시한다. 세계의 3대 핵심 지역에서 농업이 시작될 무렵 세계 인구는 약 400만 명이었다.(이것은 오늘날 대도시 하나의 인구 정도다.)

　농경의 확산으로 더 많은 사람을 부양할 수 있게 되자 인구가 꾸준히 늘어나 1000년마다 인구가 두 배로 늘어, 기원전 1000년 무렵에는 약 5000만 명이 되었다.(이것은 현재 잉글랜드와 웨일스의 인구 정도다.) 인구는 그 후 500년마다 두 배로 늘어, 한나라와 로마 제국이 전성기이던 200년에는 2억 5000만 명으로 늘어났다. 이 제국들이 붕괴하자 많은 지역이 불안정해졌으며, 전쟁과 파괴가 계속되어 1000년까지는 인구가 거의 늘지 않았다. 그러다가 중국과 유럽에서 모두 인구수가 일시적으로 치솟아 1200년이 되자 세계 인구는 3억 5000만 명이 되었다. 식량 생산이 한계에 달하면서 인구 증가 속도가 느려져 그 후 100년 동안에는 400만 명 정도밖에 늘지 않았다. 1300년 이후에는 기아와 역병으로 인구가 급격히 감소했다. 다시 인구가 늘기 시작했지만, 1400년 무렵이 되어도 3억 5000만 명 정도에 지나지 않았다. 그 후 2세기 동안 인구는 빠른 속도로 늘어나 1600년 무렵에는 5억 5000만 명이 되었다. 그러나 그다음 1세기 동안 나쁜 기후로 식량 생산이 감소하자 인구 증가는 둔화되어 1700년 무렵에도 7억 명에 지나지 않았다. 18세기에는 전례 없이 빠른 속도를 보여 1825년에는 9억 명이 되었다.

이렇게 오랜 세월에 걸쳐 인구 증가가 계속되는 사이에 세계의 인구 분포 역시 크게 변화했다. 농경이 확산되기 전까지는 인구가 전 세계에 걸쳐 고루 분포되었으나, 정주 사회가 생기면서 아프리카와 아메리카, 오세아니아의 인구는 세계 인구의 40퍼센트에서 15퍼센트로 줄어들었고, 중동 지방, 지중해 지역, 인도, 중국이 인간 사회의 중심지로 떠올랐다. 이런 전체적인 그림 속에서 중국이나 인도의 인구가 유럽 인구보다 항상 많았다. 기원전 3000년 무렵에 근동 지역의 사회들이 농경을 제일 먼저 채택하는 바람에 일시적으로 중요했지만, 그게 사라지고 난 직후부터 앞과 같은 패턴이 생겨 지속되었다. 로마 제국과 한나라 시대에는 유럽에 5000만 명이 있었고, 중국과 인도에도 이와 비슷한 수가 살았다. 같은 시기에 아메리카 대륙의 인구는 500만 명 정도였으며, 오세아니아 인구는 100만 명, 아프리카 인구는

2000만 명 정도였는데, 아프리카 인구 중 절반 이상은 북아프리카와 지중해 연안에 살았다. 이러한 개괄적인 패턴은 1000년이 지난 뒤에도 마찬가지여서 유럽에는 6000만 명, 중국에는 8500만 명, 인도에는 9000만 명, 아프리카에 4600만 명, 아메리카에 1400만 명, 오세아니아에 200만 명 정도가 살았다.

중국

중국과 유럽에서는 상당히 다른 농업 방식이 발달했지만, 두 지역 다 환경의 제약을 받았다는 점에서는 동일했고, 둘 다 장기간에 걸쳐 인구와 식량 공급 사이에 균형을 유지하지 못했다. 중국에서 농업이 발달해 정주 사회가 출현한 것은 북부였다. 이 사회들은 기장을 재배하는 건조지 농업에 기초해 이루어졌다. 기원전 220년에 한 제국이 멸망하기까지 중국의 국가는 북부에 중심을 두었다. 중국 사회의 특성이 더욱 두드러지게 나타난 것은 이 시기의 일이다. 그것은 지배계급과 작은 마을에 사는 대부분의 농민이라는 두 가지 계층으로 사회가 극심한 분화를 보인 일이었다. 중국 역사를 통해 정치는 끊임없이 통일과 분열을 거듭했지만, 압도적 다수였던 촌락 사회 사람들의 생활은 기본적으로 별로 변화가 없었다. 지배계급의 주요 임무는 자기들과 군사를 부양할 식량을 충분히 징발하는 것이었다. 군대는 중앙아시아 유목민들의 공격을 막기 위해 대개 북쪽에 주둔했다. 야만족의 침략으로 한나라가 멸망하자 중국 정부의 중심은 장강(창장강) 이남으로 옮겨지고 이 일대가 주요 곡창지대가 되었다. 589년 이후에 수나라가 중국을 재통일하자 군대를 먹여 살리기 위해 잉여 식량을 북쪽으로 운송해야만 했다. 7세기 초에 군대용 식량과 수도의 주민들이 먹을 식량(수도에서만 식량 소비량이 40만 톤이었다.)을 장강 유역에서 북쪽으로 운반하기 위해 1900킬로미터나 되는 대운하가 건설되었다. 11세기까지 북부의 30만 군대와 변경 지대의 75만 군대를 이런 식으로 부양했다. 농민들의 부담이 막심했음은 말할 것도 없다.

4세기 이후에 농업 생산의 혁신이 일어나 남쪽으로 가는 이민의 물결이 생겼고, 이와 함께 중국 사회에 중대한 변화가 생겼다. 벼는 동남아시아 전역에서 수천 년 동안 작물화하고 재배되었지만, 밀이나 보리처럼 건지에서 재배되었다. 기원전 500년 무렵부터 논에서 벼를 재배하는 수도작 농법이라는 새로운 기술이 동남아시아에서 시작되어, 그로부터 1000년 동안 한국과 중국, 일본, 인도, 자와(자바) 등으로 퍼져 나갔다. 열대의 토양은 원래 척박했지만, 복잡한 물 관리 기술을 써서 막대한 양의 물을 밭에 채우고 벼를 재배하자 열대 토양의 단점이 보완되었다. 이것은 두 가지 방법으로 양분을 보충해 준다. 물속에 조류가 자라게 해서 공기 중의 질소를 포착해 물에 공급하는 것, 그리고 식물 찌꺼기, 인간과 동물의 분뇨를 물속에서 썩게 해서 영양소를 공급하는 것이다. 또한 작업 과정에서 토양을 밟아 줌으로써 토양이 단단해져 양분을 함유할 수 있게 해 준다. 이 방법은 작물 수확량을 크게 늘려 주기는 했지만, 작물을 재배하고 논을 만들고 유지하고 물을 대기 위해서는 엄청난 노동력이 필요했다. 서기 400년 이후 농민들은 계속 남쪽으로 내려가 논을 이용한 새로운 경작지를 개척해 갔다. 농민들은 장강 삼각주, 상강(샹장강) 유역, 사천(쓰촨), 광동(광둥) 등 주요 벼농사 지대에 옮겨 들어가, 혁신적이라고까지 말할 수는 없다고 하더라도 꾸준한 속도로 논농사 기술을 개선해 수확량을 늘렸다. 그중에서도 가장 중요한 것은 11세기 무렵에 인도차이나 지방에서 고성장 품종이 도입되어, 가장 적합한 환경을 가진 남부 일부

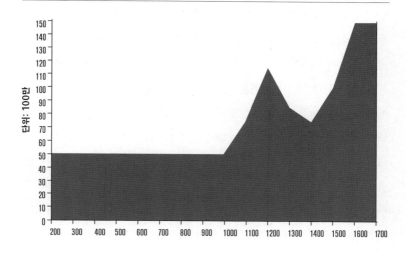

지역에서는 벼의 이모작이 가능해졌고, 북쪽에서는 벼와 밀을 차례로 재배할 수 있게 된 것이다.

중국인들은 세계에서 가장 정교한 농경을 발전시켜 집약적인 농지에서 높은 수확을 올렸다.(윤작 같은 방법은 유럽에서는 그때까지 많이 보급되지 않았다.) 1200년 무렵이 되자 중국은 세계에서 가장 강대하고 문화적으로도 가장 앞선 나라가 되었다. 남쪽 지방의 새로운 논농사 지대로 인해 한나라 때 5000만 명이 되어 이후 수백 년간 그 수준으로 지속되었던 인구가 13세기 초에는 1억 1500만 명으로 늘어났다. 하지만 중국 사회에는 식량 공급과 인구의 균형이 만족할 만한 수준으로 이루어질 수 없게 만드는 몇 가지 구조적인 문제점이 있었다. 농업기술을 개선하거나 새로이 경작지를 개간해 식량 생산량이 일시적으로 늘어났다고 하더라도 인구 증가 속도가 다시 그 속도를 앞지르곤 했다.

중국인들은 농업 체계를 구조적으로 변화시켜 식량 생산을 대폭 늘리는 일은 하지 못했다. 현대적인 인공 비료가 나타나기 전까지 수확량은 높아질 만큼 높아져 있었다. 가장 비옥한 지역에서는 이미 인구가 밀집해 있어 비료를 만들어 내는 동물을 기를 만한 땅이 부족했다. 가족 간에 균등한 토지 분배를 강조하는 사회규범 때문에 아주 영세한 농가가 많이 생겼고, 따라서 잉여 생산이 발생한다고 해도 그 양은 극히 적었다. 생산성을 약간 개선하거나 새로운 토지를 개발하는 방법만이 증산을 가능하게 했지만, 그렇게 개발한 토지는 대개 질이 좋지 않았기 때문에 수확량도 적었다. 중국의 농업은 전체적인 생산량이나 대단히 집약적인 생산방식으로 볼 때, 확실히 인상적이다. 하지만 인구가 워낙 많은 데다가 농업기술상에 뚜렷한 진전이 없었기 때문에, 대대수 주민은 개인적으로 보면 아주 낮은 수준의 식량에 의존해 살았다. 특히 몽골의 침입으로 3500만 명의 중국인이 희생되었을 때, 그리고 각각 전체 인구의 5분의 1을 감소시킨 1586~1589년과 1639~1644년, 두 차례 역병이 돌았을 때 인구 압력은 잠시 완화되기도 했다. 하지만 1700년 무렵 이후에 인구가 극적으로 증가했는데, 작물이 크게 증산되었다는 증거는 어디에도 없다. 경작지가 늘어나기는 했어도 한 명에게 돌아가는 식량의 양은 1850년이나 그보다 300년 전이나 마찬가지였다. 이렇게 집약도가 높은 농업을 계속한 결과는, 대대수의 인구가 여전히 만성적인 기아 상태에서 살아간다는 것이었다.

유럽

중국의 농업은 많은 사람을 굶어 죽기를 겨우 면하게 하는 정도로 유지해 줄 수 있었다. 중세 유럽의 농업은 생산성이 낮아 소수의 인구를 그런 상태로 유지해 주었다. 유럽에서도 마찬가지로 꾸준히 식량 생산을 늘려 가기가 어려웠다. 이곳에서 제일 큰 문제는, 작물을 계속 재배하는 데다가 땅속 영양물질이 비에 씻겨 내려가고, 거기에 조금씩이기는 하지만 토양침식도 계속되어, 토양의 비옥도는 계속 떨어지는데 이를 보충해 줄 양분이 모자란다는 것이었다. 밭의 비옥도를 유지하려면 동물 분뇨로 만든 퇴비를 이용해야 하는데, 건초가 모자랐기 때문에 기를 수 있는 동물의 수도 한정되었다. 겨울을 날 건초가 모자라 가을에 많은 가축을 도살할 수밖에 없었다. 밭에서 퇴비로 쓰려고 목초지에서 동물 분뇨를 거두어 가면, 이번에는 사료로 쓸 목초가 비료 부족으로 잘 자라지 못해 장기적으로는 가축을 유지하기 어려웠다. 이로 인해 악순환의 고리가 생겨났다. 가축의 수가 줄어들면 경지에서 사용하는 가축 분뇨의 양도 줄어들어 작물의 수확이 감소하는 것이다. 거기다가 대부분의 분뇨는 그대로 방치해 두었으므로 비를 맞아 양분이 씻겨 나가 비료의 가치가 떨어졌다. 가을에 겨울작물을 심고 다음 해에는 쉬는 이포제(二圃制) 방식을 쓸 동안에는 수확이 점점 감소했다. 그러니까 지력을 회복하는 동시에 병에 걸려 수확이 감소되는 일이 없도록 토양 속의 병균을 제거하려면, 채산이 맞지 않을 정도로 긴 기간 휴경할 필요가 있었다. 석회 등 알칼리성 비료가 부족해 토양의 산성도를 낮출 수 없었던 것도 생산성 저하의 한 원인이었다. 그 결과 중세 유럽의 농업 체계는 생산성이 매우 낮았다. 단기적으로는 생산량이 늘어날 때도 있었다. 새로운 초지에서 동물을 길러 새로운 경작지에 퇴비를 더 줄 수 있었기 때문이다. 하지만 이것은 초지에서 양분을 빼앗는 것이므로 장기적으로 유지될 수는 없었다. 계속 이런 식으로 토양이 불모화되어 나중에는 흉년이 빈발하지 않을 수 없었다.

유럽에서는 서서히 농경 체계의 변화가 일어났다. 800년 무렵에 프랑스 북동부에서 새로이 삼포제(三圃制) 농법이 시작되었다. 이 방법은 밭 하나에 겨울 밀이나 호밀을 심고, 두 번째 밭에는 다음 해 봄에 보리나 콩을 심고, 세 번째 밭은 쉬는 것이다. 이로 인해 휴경하는 시간이 늘어나고 작물이 다양해졌을 뿐 아니라, 밭의 비옥도도 높아졌고 노동도 연중 고르게 분산되었다. 이 삼포식 농법은 유럽 전역으로 퍼지기는 했지만, 전파 속도가 매우 느렸다. 잉글랜드에도 1250년에야 도입되었고, 훨씬 늦게 전파된 곳도 있었다. 그러나 삼포제가 도입된 후에도 여전히 비료가 모자라 식량 생산은 제약을 받고 있었다. 식량 생산을 증가시킨 중요한 도구는 6세기 무렵에 발명된 것으로 추정되는 무거운 쟁기다. 이것은 그로부터 400년에 걸쳐 유럽 전역으로 퍼졌다. 초기의 쟁기는 땅을 파는 막대기를 좀 크게 만들어 한두 마리의 소가 끌게 한 것이었다. 이것으로는 땅을 갈아엎지도 못했으려니와, 고랑 사이의 땅도 갈지 못했다. 이런 쟁기로는 북부 유럽, 특히 저지대의 무거운 흙을 갈기 어려웠다. 새로 고안된 무거운 쟁기를 끄는 데는 여덟 마리의 황소가 필요하기는 했지만, 이 쟁기 덕에 경작지로 쓰지 못하던 땅에서도 농사를 지을 수 있게 되었다. 이 방법이 토양의 양분이 떨어지는 것을 막는 데는 아무런 도움이 되지 않았지만. 질소를 고정해 주는 콩류를 재배해 토양의 비옥도를 높이고, 겨울에 가축에게 먹일 풀도 더욱 많이 생산하게 됨으로써 아주 느리기는 했지만, 수확량이 향상되었다. 이러한 방법은 처음에는 플랑드르 지방과 같은 일부 지역에서만 이용되었으며, 유럽 전역에는 1300년 무렵이나 되어서야 퍼졌다.

수천 년 동안 유럽 농업의 생산성은 매우 낮았고 주민의 대다수는 늘 굶주렸다. 유럽인들이 세계 어느 곳에서보다 인구를 제한하는

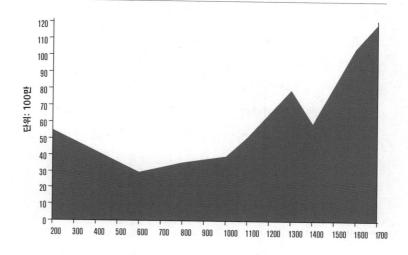

유럽 인구(200~1700년)

데 성공적이었다는 증거가 있다. 가장 중요한 조절 방법은 아주 늦게 결혼하거나 결혼을 아예 하지 않는 것이었다. 인구가 많아지고 식량 공급도 한계에 이를 때쯤이면 결혼 연령도 늦어지고 아예 결혼하지 않는 경우도 늘었다. 그리고 기아나 전염병 등의 영향으로 인구 압력이 낮아진 후에는 결혼 연령도 빨라지고 미혼자의 수도 줄었다. 그렇다고는 해도 이러한 방법으로 모든 문제가 해결될 수는 없다. 중세나 근대 초기의 유럽 인구 수준은 현대와 비교하면 아주 낮았지만, 식량 공급과 맞추어 생각한다면 언제나 '인구과잉' 상태였다.

1000년 무렵 유럽의 인구는 약 4000만 명이었다. 그 후 300년 동안 두 배로 늘어나 1300년 무렵에는 인구가 8000만 명에 달했다. 생산성 자체가 크게 증가한 것은 아니지만 경작지 면적이 많이 늘어났기 때문에 이렇게 증가한 인구를 어느 정도 부양할 수 있었다. 유럽 도처에서 인구가 넘쳐 났다. 북부 이탈리아와 플랑드르, 브라반트

(Brabant: 벨기에 중부), 파리 지역은 식량 생산성이 매우 낮았는데도 거의 19세기 초 정도로 인구가 많았던 것 같다. 13세기 말에는 새로 개간할 수 있는 토지가 거의 동났다. 식량 생산을 늘리기 위한 단기 처방으로 목장 등의 땅을 자꾸 경작지로 만들었기 때문에 동물의 수가 줄어들어 거름 생산도 줄었다. 결국 작물 수확량도 줄어들 수밖에 없었다. 땅이 부족한 데다 인구마저 늘어나자 곡물 가격이 올랐고, 동시에 많은 사람이 일자리를 잃고 생활수준이 크게 저하되었다. 또한 귀족과 성직자들이 농민들이 생산해 낸 식량을 십일조니 토지세니 하는 명목으로 반쯤이나 걷어 간 데다가 영주의 땅에서 일하느라 시간마저 빼앗겼으므로 식량 부족은 더욱 악화되었다. 1300년 무렵 유럽의 인구는 당시의 기술과 제도로 부양할 수 있는 적정 수준을 넘어섰다. 14세기 초에는 유럽 대부분 지역에서 영양실조와 기근에 가까운 상태가 만성적으로 발생했다. 이로 인해 토스카나(Tuscany: 이탈리아 서부) 지방과 프로방스(Provence: 프랑스 남동부) 지방에서 노르망디(Normandy: 프랑스 북서부) 지방과 잉글랜드 남동부에 이르는 각지에서 인구가 감소했다는 사실은 명백하다. 1316~1317년 사이에 대기근이 발생해 더 많은 인명 피해가 일어났지만, 이런 정도로는 자원에 대한 인구 압력이 줄지 않았다. 1346년의 흑사병, 이어 14세기 내내 연이어 발생한 전염병으로 유럽 전역이 죽음의 그림자에 휩싸이고 나서야 인구 압력이 좀 완화되었다.

인구 증가는 1300년에 최고조에 달했다가 그로부터 약 200년 동안은 낮은 수준에 머물렀기 때문에 14세기 후반에서 15세기 중엽까지는 비교적 번영을 구가할 수 있었다. 그러나 농업 생산성이 그리 개선되지 않은 채 1600년 무렵에는 인구가 1300년의 수준을 넘어서 거의 9000만 명에 육박했다. 이로 인해 인구와 식량의 불균형이 또다시 발생하고 '인구과잉'의 징조가 나타났다. 새로운 땅을 개간해 거주지를 늘려 갔지만, 그런 곳은 토양이 척박해 식량 생산성도 낮았다. 잉글랜드에서는 1500년 무렵에 식량 부족으로 농산물 가격이 올라 1500~1620년에는 실질임금이 절반으로 떨어졌다. 그 결과 사회 주변부를 이루는, 일정한 일거리가 없는 빈곤 계층은 심각한 곤경에 처했다. 부적절한 식생활로 인해 영양부족 수준과 사망률이 높아져, 1620년대에 들어서자 인구 증가는 둔화되었다. 프랑스에서도 마찬가지 현상이 나타났다. 1570년 무렵이 되자 쓸 만한 땅에는 모두 농사를 짓고 있었고, 계속되는 전쟁으로 인구 증가는 어느 정도 억제되었지만, 17세기 초가 되자 위기가 닥쳤다. 식량 가격은 계속 올라갔고, 1인당 토지 보유 면적은 계속 줄었으며, 실질임금은 급격하게 떨어졌다. 어떨 때는 인구가 2000만 명까지 증가하기도 했지만, 이 정도의 인구를 장기적으로 감당할 수는 없었으므로 곧 급속히 감소했다. 1690~1710년에 걸쳐 심한 기근이 연이어 일어났다는 사실은 농업 체계가 안정적으로 먹여 살리기에는 아직도 인구가 너무 많았음을 말해 준다.

기후와 식량, 인구

세계의 어느 농경 사회에서나 수확이 많고 적은 것은 사활이 달린 문제였다. 한 번 흉년이 드는 것도 큰일이었지만, 두 번 연속되면 그것은 재앙이었다. 식량 공급이 감소하거나 물가가 오를 때 가장 먼저 희생되는 빈곤층뿐 아니라, 전체 농민과 사회에도 영향을 미쳤다. 먹을 것이 없어 다음 해에 식량이 더 부족해질 것을 알면서도, 지금 당장 곡물 종자라도 먹어 버리고 싶은 유혹이 항상 있었다. 어떤 사회에서나 특권계급은 대체로 원하는 만큼 농부들에게서 식량을 강제로 징발하거나, 값이 아무리 폭등할 때라도 그것을 사들일 수 있었다. 기근의 영향에 시달린 사람은 살아가는 데 충분한 식량을 다음 해에 수확할 때까지 확보할 수 없는 농민들, 그리고 도시 지역에 살면서 비싼 음식 가격을 낼 수 없는 빈곤층이었다. 그런 상황에서는 이미 영양이 부족한 상태이므로, 흉년이 몇 번 있으면 반드시 돌게 마련인 전염병에 희생되는 것이 보통이었다.

수확량에 영향을 끼쳐 사회의 상태까지도 좌우하는 가장 큰 요소는 기후였다. 종자가 발아할 때 기온이 차거나 비가 많이 온다든지, 작물이 한참 성장할 때 건조하다든지, 수확기에 비가 많이 온다든지 하는 기상이변이 한 가지라도 발생하면 수확은 크게 감소했다. 그 때문에 역사상 거의 모든 국가의 지배자들은 전국의 날씨와 예상 수확량, 곡물과 빵의 가격 등을 사회불안을 예측하는 지표로 보고 세세한 부분까지 신경을 썼다. 연중 일어나는 날씨의 변화뿐 아니라 장기적인 기후변동도 수확을 좌우했다. 이러한 기후변동은 넓은 지역에 걸쳐 농업을 혼란시켰다. 예컨대 기후가 한랭해지면 성장기가 짧아지고 지역에 따라 생산을 못하는 곳도 생겨나서 전반적으로 수확이 줄어든다. 이런 상태가 지속되면 그해는 수확량이 줄어들며, 이런 흉작의 해가 계속되면 사회 내부에 불만이 축적되었다. 반대로 기후가 온난할 때는 작물이 자랄 수 있는 경지 면적이 늘어나고 식량 공급이 좋아져 먹여 살려야 할 인구로부터 오는 압력은 줄어든다. 이러한 장기적인 기후변동에 관한 자료는 대부분 유럽의 것이다. 그러나 세부적인 변화 양상은 지역마다 다르다. 예를 들어 일본에서 가장 추웠던 시기는 유럽에서 가장 더웠던 시기와 겹친다.

최종 빙하기 이래 유럽에서는 한랭한 시대와 온난한 시대가 교대로 반복되었다. 기원전 1만 년 무렵에 기후가 점점 따뜻해져 빙하기의 종말을 알린 이래, 기원전 5000년 이후의 2000년 동안은 온난기였다. 재배 한계선이 북쪽으로 이동했고, 이 기간은 유럽 전역으로 농경이 퍼져 나가며 발전했던 시기와 일치한다. 그러고 나서 기후는 전반적으로 한랭화해 기원전 900~기원전 300년 사이에 한랭기로 접어들었는데, 이때는 강우량도 매우 많았다. 기원전 100년 무렵에 날씨가 따뜻해져 포도나무 재배지가 북쪽으로 확산되었다. 서기 400년 무렵에는 다시 추워지기 시작해 약 400년 동안 추위가 계속되었다. 그리고 다시 먼젓번 온난기보다는 좀 짧은 온난기가 와서 1200년 무렵에 절정을 이루었다. 그 후 다시 추운 시기가 와서 1430~1850년에는 현재보다 약 1~2도 낮은, '소빙기'로 일컫는 시기가 왔다. 이 시기의 여름 날씨는 현재와 크게 다를 바 없었지만, 겨울에는 몹시 추웠다. 이러한 기후변동 양상은 퇴적물의 꽃가루 분석, 그린란드 빙핵 시추, 해저 지층에 포함된 유공충의 동위원소 분석, 호수와 빙하, 삼림의 한계선이 이동한 흔적, 역사학적인 기록 등 다양한 자료를 통해 밝혀진 것이다. 전반적인 경향은 알아냈지만, 기후의 영향에 관해 자세한 분석이 가능한 시기는 1200년 무렵에 끝난 온난기와 '소빙기'의 두 시기뿐이다.

1200년을 정점으로 한 온난기 이전에 있었던, 400여 년간 지속되어 온 온난기 중에서도 가장 더웠던 시기에는 중앙유럽의 수목 한계선이 지금보다 150미터나 높았다. 잉글랜드에서는 북쪽으로 세번(Severn)강에 이르기까지 포도를 재배할 수 있었으며, 남서부에 있는 해발 400미터인 다트무어(Dartmoor) 고지에서도 농경이 가능했다. 남부 스코틀랜드 고지의 대부분 지역에서 경작이 가능했고, 1280년에 노섬브리아(Northumbria)의 목양업자들아 농지가 고지대의 목초지까지 밀고 올라온다고 불평했다는 기록이 남아 있다. 온난해진 기후가 가져온 가장 큰 변화는 바이킹들의 항해와 정착이었다. 아이슬란드는 온난기의 초기인 874년에 노르웨이가 식민화했으며, 그린란드는 986년에 식민화되었다. 이 두 곳 모두 유럽의 기후 한계지이며, 그곳 주민들의 생존 여부도 거의 기후에 의해 결정되었다. 그린란드의 정착촌에는 온난기에 인구 3000명에 농가가 300가구, 교회가 열여섯개나 있었으며, 대성당도 하나 있었다. 하지만 여전히 한계 지역으로, 온난한 기후에 전적으로 생존을 의지하는 매우 취약한 사회였다.

1200년 이후 기온이 점점 하락해 가면서 그린란드 사회도 계속 기울어 갔다. 건초 성장 기간이 계속 짧아졌는데도 바이킹 이주자들은 손쉽게 얻을 수 있는 수산자원으로 바꾸지 않고, 가축에 의존하는 종래의 생활 방식을 계속했다. 기후가 나빠지자 그린란드 북부의 원주민이었던 이누이트족(에스키모)들은 남쪽으로 이동했다. 그린란드의 서부와 바이킹의 정주지인 고드타브 피오르(Godthaab Fjord)는 1350년 직후에 이누이트족이 파괴했다. 기후가 더욱 나빠져서 그린란드 주변 바다의 얼음 기둥들이 여름에도 녹지 않아 유럽의 다른 지역과의 연락이 1408년 이후에 두절되었다. 그린란드 동부 율리아네하브(Julianehaab)에 있었던 정주지 역시 아마도 이누이트족의 공격을 받은 것이 원인이 되어 1500년 무렵에 소멸했다. 아이슬란드 역시 기후가 나빠지자 더욱더 살기 어려운 한계 사회가 되었다. 밀 수확은 중단되었고(아이슬란드에서는 가을 날씨가 1도만 떨어져도 생육기가 3분의 1가량 줄어든다.) 해양자원이 중요해졌다. 혹독한 기후 탓에 부양할 수 있는 인구가 점점 줄어 더운 날씨가 절정이던 1100년 무렵에 7만 7000명에 달했던 인구가 18세기 후반에는 3만 8000명으로 줄어들었다.

점점 추워지는 날씨는 유럽의 다른 지역에도 영향을 미쳤다. 스코틀랜드 남부의 고원지대는 다시 목초지로 돌아갔고, 잉글랜드에서는 1400년 무렵부터 포도주를 제조하기 위한 포도 재배가 중단되었다. 하지만 나쁜 기후로 인한 진짜 심각한 영향은 16세기 이후에야 나타났다. 매서운 겨울이 계속되었고 기후가 불안한 날씨가 약 300년간이나 계속되었다. 1580년 이후에 알프스와 아이슬란드, 러시아에서는 빙하가 밀려 내려왔는데, 2킬로미터씩이나 형성되는 곳도 많았고, 1850년이 지나서야 물러나기 시작했다. 1564년에서 1814년 사이에 영국의 템즈(Thames)강은 겨울에 스무 번 이상 얼었고, 1590년에서 1603년 사이에 프랑스의 론(Rhone)강은 세 번 얼었으며, 심지어 스페인 세비야(Seville)의 과달키비르(Guadalquivir)강도 1602~1603년에 얼었다. 프랑스 마르세유(Marseilles)에서는 1595년과 1684년에 바다가 얼었으며, 잉글랜드 해안에도 큰 얼음덩이가 떠다녔다. 1580년부터 아이슬란드와 그린란드 사이의 덴마크 해협은 여름에도 얼음덩이로 막혀 버렸다. 유럽 전역에 걸쳐 낮아진 기후는 생육 기간을 한 달 이상 줄여 작물이 자랄 수 있는 고도가 200미터나 낮아졌으며, 이에 따라 거의 모든 작물의 경작지가 재조정되었다. 기후가 전반적으로 나빠지는 추세 속에서 특히 더 나쁜 해에는 엄청난 결과가 나타났다. 일례로 1599~1603년의 차가운 안개 바람은 프로방스의 올리브 나무를 망쳐 놓았으며, 같은 기간에 발렌시아에 내린 서리는 과실수들을 몽땅 망쳐 버렸다.

기후의 영향은 유럽의 각 지역마다 차이가 났다. 기후나 강우량은 그 자체보다 계절적인 분포가 중요하기 때문에 작물 수확량과의 관계가 단순하지는 않다. 기온이 전반적으로 저하되는 현상은 스칸디나비아반도에 가장 큰 영향을 미쳤다. 이곳에서는 생육 기간이 줄어들자 많은 지역에서 농사를 거의 지을 수 없게 되었다. 더 남쪽 지역에서는 추운 겨울로 인해 해충이 줄어들어 유리하게 작용하기도 했다. 그러나 이런 지역들에서도 기후 악화의 영향이 발견된다. 잉글랜드에서는 추운 겨울로 인한 피해를 줄이기 위해 가을에 씨를 뿌리지 않고 봄에 씨를 뿌리는 방식으로 바꾸는 움직임이 있었다. 네덜란드에서는 1550년에서 1650년까지 100년 정도 사이에 메밀이 작물 중에서 중요한 위치를 점하게 된다. 메밀은 추위를 잘 견디고 금방 자라는 작물이지만, 그때까지 유럽에서는 잘 심지 않던 것이었다. 네덜란드에서도 역시 봄이 춥고 늦어져 목초지가 잘 형성되지 않자 유제품이 줄어들고 값이 올랐다. 새로운 건초가 자라날 때까지 사료가 모자랐으므로 소를 대량으로 살육하는 현상도 나타났다. 다른 지역에서는 강우량이 많아져 피해가 생겼는데, 특히 겨울에 심해 토양이 침수되어 경작지가 줄어들었다. 기후가 악화되기 시작한 시점은 유럽의 인구가 기존의 농경 체계로는 부양하기 어려워진 때쯤이었다. 생육 조건이 나빠지자 식량이 줄어들었고, 이에 따라 영양실조가 늘고 기아와 죽음이 만연했다. 또한 17세기 초에 유럽 각국의 국내 정세가 대단히 불안정해진 것도 기후 악화가 원인이었다.

식량과 기아

당시 대다수 사람에게 식량은 곧 식물성 작물을 의미했다. 따라서 거의 모든 땅이 경작지로 이용되어 목초지가 대단히 적었고, 이에 따라 가축에게 먹일 곡물이 부족했다. 가축이 있다고 해도 생산량이 적었다. 중세 유럽의 소는 오늘날 우리가 키우는 소의 6분의 1에 해당하는 우유와 4분의 1에 해당하는 고기를 생산했다. 중국에서는 열량의 98퍼센트를 식물, 주로 쌀에서 섭취했다. 유럽에서는 대부분의 사람이 채소와 곡식 죽과 빵으로 이루어진 단조로운 식단으로 생존을 유지했다. 고기와 생선은 상류층이 아니면 먹을 수 없는 매우 귀한 음식이었다. 1870년 무렵까지도 프랑스인들 식단의 70퍼센트가 빵과 감자였고, 1900년에도 열량의 20퍼센트만이 가축 생산품에서 나왔다. 유럽 전역에서 대다수의 사람이 기껏해야 하루에 2000칼로리를 섭취(지금의 인도 수준)했으며, 잉글랜드나 네덜란드같이 일부 풍요한 지역에서는 이보다 약간 많은 정도였다. 하지만 어디서나 사회 내부의 불평등이 매우 심했기 때문에 대다수 사람은 이보다 적게 섭취했다고 봐야 한다. 19세기 초까지만 해도 노르웨이와 프랑스, 독일의 평균 식품 소비수준은 지금의 라틴아메리카나 아프리카 북부보다 낮은, 하루 평균 2000칼로리 정도였다. 유럽에서도 가난한 지역의 식생활은 특히 비참했다. 18세기 프랑스의 오베르뉴와 피레네산맥 기슭 같은 데서는 대부분의 주민이 1년 중 2~3개월 동안을 밤과 옥수수 혹은 메밀 등으로 만든 죽을 먹거나 길가에서 잡초를 먹여 키운 소에서 짜낸 얼마 안 되는 우유를 먹고 살았다. 이들은 수렵과 채집을 하던 그들의 조상들보다 훨씬 열악한 식생활로 연명했다.

식량 공급 사정은 꾸준히 개선된 것이 절대 아니다. 14세기의 흑사병으로 인구가 줄었기 때문에 그 후 약 100년 동안은 비교적 잘 먹었다. 하지만 1500~1800년에 사람들의 식생활은 크게 악화되었다. 그 후 오랜 세월이 지나도록 식생활은 개선되지 않았다. 예를 들어 독일의 육류 소비량이 중세의 수준 정도로 회복된 것은 19세기 초나 되어서였다. 1년 중 식량 공급량도 굴곡이 심했다. 어디서나 마찬가지였지만, 유럽의 예를 보면 가장 좋은 시절은 추수기였다. 물론 제대로 수확되는 해의 얘기지만, 추수기는 축제의 시기였고 다른 때보다 훨씬 넉넉히 음식을 먹을 수 있는 때였다. 겨울에도 사정이 나빴지만, 가장 어려운 시기는 첫 작물은 아직 수확되지 않고 지난해의 작물은 떨어져 버린 이른 봄이었다. 가축에 역병이 발생하면 사태는 한층 악화되었다. 1709~1714년에 러시아에서 발생한 우역(牛疫)이라는 소의 전염병(이런 전염병은 영양 부족 상태에 있는 가축 사이에서 급속히 퍼져 나갔다.)으로 인해 150만 마리의 소가 죽었다. 인간도 늘 부족한 식량 때문에 영양실조와 질병에 시달려 사망률이 높았다. 예를 들어 17세기 말에 프랑스에서는 인구의 5분의 1 또는 4분의 1가량이 만 한 살이 되기 전에 죽었고, 절반 정도가 20세가 되기 전에 죽었으며, 10분의 1가량만이 60세까지 살았다.

전 세계 사람들이 대체로 항상 영양 상태가 나빴기 때문에 어쩌다 기후가 나빠져 흉년이 되면 그것은 바로 엄청난 기근을 의미했다. 중국에서는 기원전 108년에서 기원후 1910년 사이의 약 2000년 동안에, 나라 안의 적어도 한 지역에서 기근이 일어난 것이 1828회(전체 기간의 90퍼센트 이상)나 된다. 프랑스에서는 식량 생산량이 늘어났던 970년에서 1100년 사이에 60년이나 기근이 들었고, 토스카나에서는 1351~1767년에 111년이나 기근이 있었던 데 반해, 풍년은 열여섯 번(전체의 약 4퍼센트)밖에 없었다. 프랑스에서도 10세기와 18세기 사이에 나라 전체에 영향을 끼칠 정도의 기근이 빈발했다. 가장 심했던 시기는 11세기로, 대규모 기근만 꼽더라도 스물여섯 번이나 발생해 나라 전체를 휩쓸었다. 그리고도 18세기에 두 번째로 많은 16회의 기근을 기록한 것으로 보아 기근에 관한 대책이 없었음을 알 수 있다. 가장 좋았던 또는 가장 덜 나빴던 시기는 (새로운 경작지가 편입되었던) 12세기로 두 차례의 기근밖에 없었고, 그다음이 14세기로 네 번의 기근이 있었는데, 이는 1346년의 흑사병으로 인구가 극심하게 줄었기 때문이다. 식량 생산이 줄면 이어서 엄청난 비극이 발생할 수 있다. 1696~1697년에 핀란드에서는 인구의 4분의 1에서 3분의 1가량이 기아로 사망했다. 벵골에서도 비슷한 수가 1769~1770년에 죽어 전체 사망자 수가 1000만 명에 달했으며, 에티오피아에서도 1888년과 1892년 사이에 비슷한 수의 인구를 잃었다.

기근이 발생해 그 영향이 점점 확대되면 어떻게 되는지 1315~1317년의 중세 유럽에서 일어난 최악의 기근을 예로 살펴보자. 이 시기에 유럽의 인구는 당시의 농업 수준으로는 부양할 수 없을 정도로 증가해 있었다. 1314년의 수확은 평작이었지만, 사계절 내내 비가 내린 1315년은 끔찍한 흉작이었다. 밭이 침수되어 봄에 심은 작물은 거의 다 실패했다. 쟁기는 진흙에 빠져 버렸고, 건초 작물은 베어서 저장할 때가 되어도 제대로 여물지 않았고 잘 마르지도 않았다. 수확량은 평년의 절반밖에 안 되었으며 질도 낮았다. 1316년이 되자 유럽 전역에서는 식량 부족 현상이 나타났고, 다음 해를 위한 종자마저도 먹어 버렸다. 겨울과 봄도 역시 매우 습했고, 여름까지 내내 비가 와서 수확량은 다시 평년의 절반 수준으로 떨어졌다. 이로 인한 식량 부족은 유럽 전역에 재난을 몰고 왔다. 밀 가격은 정상가의 세 배 이상으로 치솟았고, 일부 지역에서는 여덟 배로까지 뛰었다. 이렇게 되자 가난한 사람들은 식량을 살 돈이 없었고, 돈을 가진 사람들도 식량이 없었기 때문에 사지 못했다. 심지어 1316년 8월에 잉글랜드 궁정이 세인트올번스에 도착했을 때 에드워드 2세(Edward II)마저도 먹을 것이 없었을 정도였다. 보헤미아의 왕은 먹일 건초가 없어 양 수천 마리를 잃었다. 사료가 없었기 때문에 유럽 전역에서 많은 가축이 도살당했다. 가난한 사람들은 굶어 죽거나 먹을 것을 얻기 위해 강도로 변했다. 전국에서 굶주려 가는 농부들이 떼를 지어 몰려다녔다. 구할 수 있는 식량도 질이 매우 낮아 빵에는 비둘기나 돼지의 똥이 섞여 있었고, 병으로 죽은 가축을 먹고 사람들이 전염병에 걸리곤 했다. 더

절박한 방법을 쓰게끔 내몰린 사람들도 있어서, 잉글랜드에서 발틱 해안의 리보니아에 이르는 지역에서 사람을 잡아먹었다는 얘기가 많이 전해진다. 1318년에 아일랜드에서는 먹기 위해 사체를 무덤에서 파헤쳤고, 실레시아에서는 처형당한 죄인을 잡아먹었다. 1319년이 되기까지도 사람을 잡아먹은 기록이 많이 있다. 가축은 먹일 목초가 없어 대량으로 살육된 데다가, 영양 부족으로 전염병이 돌면 대다수가 죽어 갔기 때문에 그 수가 격감했다. 일부 지역에서는 양의 70퍼센트가 도살당했고, 1319~1322년에는 유럽의 소 떼 중 3분의 2가 죽었다. 기후가 조금 나아져 수확량이 늘어나면 이런 파국이 아주 천천히 나아지곤 했다.

식량을 전적으로 농업 생산에만 의존하던 사회가 흉년이 되면 어떤 참상을 겪는지는, 스웨덴 서부 외르슬뢰사 교구 호적부의 기록 중에 16세기 말 최악의 기근에 관한 생생한 기록이 있어 상세히 알 수 있다.

1596년 초여름에 밭은 멋진 풀과 곡식으로 가득 차 있었다. 그래서 모두 올해는 식량이 넉넉하리라 생각했다. 하지만 (……) 스카라 시장이 열렸을 때(6월) 비가 어찌나 많이 왔던지 홍수가 나서 다리가 모두 떠내려가 버렸다. 이 홍수로 (……) 물이 밭과 초지를 뒤덮어 곡식과 풀을 망쳐 버려 곡식도 건초도 거의 사라져 버렸다. (……) 겨울이 되자 가축들은 물에 젖어 썩은 건초 때문에 병이 났다. (……) 젖소와 송아지도 마찬가지였고, 병들어 죽은 가축을 먹은 개들도 죽어 갔다. 그렇게 토양이 병든 상태가 3년 동안이나 지속되어, 심지어 좋은 농장을 가진 사람들조차도 젊은이들을 내보냈으며, 자식들까지 내보냈다. 부모 앞에서 자식들이 죽는 것을 차마 볼 수 없었기 때문이다. 그리고 나서 부모들은 집을 떠나 무작정 헤매다가 굶어 죽었다. (……) 사람들은 그물이나 왕겨, 나무껍질, 식물의 싹, 가시, 나뭇잎, 건초, 지푸라기, 석탄, 이끼, 콩깍지 등 먹을 수 없는 것을 빵 속에 섞었다. 사람들은 병에 걸려 온몸이 붓고 수없이 죽어 갔다. 많은 과부가 땅에 엎드려 잡초와 이름 모를 씨앗을 입에 틀어넣은 채 죽어 넘어져 있었다. (……) 아이들은 젖이 나오지 않는 죽은 어머니의 가슴에 매달려 굶어 죽어 있었다. 남녀노소를 가리지 않고 많은 사람이 굶다 못해 도둑질을 하게 되었다. (……) 이러한 재앙의 시기에는 이질도 뒤따라서, 곤경에 빠진 사람들의 목숨을 앗아 갔다.

끊임없이 지속된 기아의 위협은 유럽에서 좀처럼 물러가지 않았다. 1594년에서 1597년까지 유럽 전역에 4년 연속으로 흉년이 들었을 때 사람들은 개와 고양이, 그리고 사람의 고기까지 먹었다. 이것이 잉글랜드 남부에서는 마지막 기근이었지만, 북부에서는 여전히 흉년이 계속되어 1623년 펜리스 인구의 8분의 1이 죽었다. 프랑스는 17세기와 18세기 초까지도 심한 기근에 시달렸다. 1693~1694년에 북부 프랑스 인구의 10퍼센트가 사망했다. 오베르뉴에서는 그 두 배가 사망했으며, 전체 사망자 수는 200만 명에 달했다. 1709~1710년에도 비슷한 규모의 기근이 발생했고, 프로이센 지방에서도 대규모의 희생자가 발생했다.

유럽 전체를 휩쓴 마지막 위기는 1816~1817년에 발생했다. 나폴레옹 전쟁 탓도 일부 있었지만, 주원인은 대륙을 휩쓴 추운 기후 때문이었다.(미국도 심한 겨울 추위의 영향을 받았다.) 추운 기후의 원인은 1815년의 인도네시아 탐보라 화산 분출에 따른 다량의 화산재 때문이었을 것이다. 여름 동안에도 내내 날씨가 서늘했고,(기록에 남아 있는 7월 중에서는 가장 추운 7월이었다.) 강우량은 평년보다 50퍼센트가 많았다. 잉글랜드에서는 연중 강우량의 3분의 2가 7~9월에 집중되었다. 그 결과 추수가 6주나 늦어졌으며, 포도주를 제조하는 과정도 유례없이 늦어져 일부 지역에서는 11월까지 가기도 했다. 흉작은 전국적인 현상이어서 가뜩이나 비싼 밀 가격이 두 배로 뛰었으며, 농부와 노동자들의 실질임금이 크게 떨어졌다. 그러자 1816년에 잉글랜드와 프랑스, 벨기에에서는 식량 폭동이 일어났고 이듬해에는 전 유럽으로 번졌다. 사망률도 이전의 심한 흉년만큼은 아니더라도 전반적으로 높아지고 전염병도 늘어났는데, 유럽 남부 지역에서 특히 심했다.

유럽을 강타한 마지막 대규모 기근은 30년 후 아일랜드에서 발생했다. 아일랜드의 사회적·경제적 조건이나 취약한 농업 기반은 1세기 이전 유럽의 다른 지역과 유사했다. 기근을 일으킨 근본 원인은 토지에 비해 인구가 너무 많았다는 점이다. 아일랜드의 인구는 1500년의 80만 명에서 1846년에는 열 배로 늘어난 850만 명이 되었고, 상속 관습으로 인해 매우 작은 농장이 잔뜩 생겨났다. 65만 명의 땅 없는 노동자가 가난 속에서 살았으며, 대부분의 농촌 거주자들은 누추한 방 하나짜리 오두막에서 살았다. 작은 텃밭에서 식량을 충당해야 했기 때문에 유럽에서는 가난한 자의 음식으로 여기던 감자를 주로 심었다. 좁은 땅이라도 감자를 심으면 식단이 단조롭기는 했지만 최소한의 영양은 공급할 수 있었다. 19세기 초에 이르면 감자 재배는 아일랜드 전체 경작 면적의 40퍼센트를 차지했으며, 전체 인구의 절반 이상이 감자만 먹고 살았다. 그러나 감자는 습도가 높은 아일랜드 기후에 충분히 적응되지 않은 데다가 1739~1741년에 나쁜 기후까지 겹치자 대흉작이 일어나, 아일랜드 전체에서 50만 명 정도가 굶어 죽었다. 1830년이 되자 거의 매년 흉작이 발생해, 사정이 좀 좋은 해에도 인구 대부분이 거의 굶다시피 했으며, 새로 심은 감자가 아직 익지 않은 초여름에는 특히 심했다.

1845년에 미국으로부터 곰팡이가 일으키는 감자 전염병이 들어오자 사정은 더욱 악화되었다. 이 전염병은 알맞은 기후 조건에서 재빨리 확산되어 건강한 작물을 급속하게 망쳐 놓았다. 감자밭 전체를 망쳐 놓았을 뿐만 아니라, 그나마 건진 감자를 저장해 두면 저장하는 과정에서도 모두 썩게 만들었다. 8월이 되자 이 전염병은 유럽 전역에 퍼져 그 후 2년간은 유럽 어디서도 감자 파는 곳을 볼 수 없게 되었다. 그래도 1845년의 흉년은 부분적인 것이었다. 1846년에는 흉년이 거의 아일랜드 전역으로 확산되었다. 이런 흉년 중에 당시 아일랜드를 지배했던 영국의 정책은 불난 곳에 기름 붓는 격이 되었다. 영국 정부는 자유경쟁의 원리에 따라, 아일랜드의 식량 사정에 공식적으로 개입하지 않기로 결정한 것이다. 외국에서 곡물을 수입하지 못하게 했던 곡물법은 폐지되었다.(영국도 흉년이었기 때문일 것이다.) 이에 따라 곡물이 대량으로 수입되기는 했지만, 가난한 아일랜드 농부들은 밀이나 옥수수를 살 돈도 없었고, 그것을 요리할 그릇조차 없는 경우가 허다했다. 그런데도 이 시기에 아일랜드에서 생산된 곡물 중 상당 부분이 외국으로 수출되었다. 수출용 곡물을 반출하는 곳은 무장한 군인이 지키고 있었다. 1846년 여름에 기근이 절정을 이루자 정부는 주민들이 정부의 구호 식량에 의지하는 것을 막기 위해 모든 공식적인 빈곤 구제 사업을 중단했다. 지방정부가 돈을 대는 일은 허용되었는데, 그렇다고 하더라도 지방정부는 기근으로 인해 재원이 바닥나 있었기 때문에 거의 도움이 되지 못했다. 구제 식량을 베풀어 주는 일은 사기업이나 자선단체에 의존하는 수밖에 없었다. 그해 말에 가서 구제 사업이 일부 재개되기는 했지만, 그 규모는 겨우 50만 명 정도를 위한 것이었다. 수확이 좋은 해에도 2000~3000명이 굶주리는 상황에서 말이다. 정부가 비축한 식량은 민간 상인들의 활동에 방해되지 않도록, 오직 시장에서 돈을 받고 매매되었다. 1847년이 되어서야 무료 급식소가 생겼지만, 정부가 식량을 더는 수입하지 않게 됨에 따라 다른 구제 활동은 모두 중단되었다. 그 결과 100만 명 정도의 주민이 식량 부족이나 그로 인한 영양실조에서 비롯된 질병으로 죽어 갔다. 100만 명 정도는 이민을 떠났는데, 거기서도 더 비참하게 살게 되는 일이 빈번했다. 19세기 말까지 다시 300만 명가량이 아일랜드를 떠나서, 1840년대 중반에는 인구가 450만 명 정도로 반이나 줄어 버렸다.

아일랜드 기근은 식량을 공급하는 문제의 두 가지 측면을 보여 준다. 첫 번째는 19세기 유럽같이 진보했다는 지역에서도 100만 명씩 굶어 죽을 수 있다는 점이다. 두 번째는 기근이란 단순히 식량이 부족한 문제만은 아니라는 것이다. 당시에 아일랜드에는 식량이 얼마든지 있었지만, 영국 정부는 그것을 나누어 줄 준비가 안 되어 있었다. 누가 식량을 얻을 수 있는가(사든지 아니면 선물로 받든지) 하는 문제는 오늘날 가난한 나라들의 기근에 관한 분석의 핵심이 된다. 20세기 후반에 에티오피아와 남아메리카, 소말리아, 사헬 등의 지역에서 일어난 기근의 경우, 국가에는 식량이 넉넉히 있었고 수출도 계속되었다. 문제는 수확이 줄어 식량 가격이 폭등하면 어떤 계층은 식량을 손에 넣을 수 없게 된다는 것이다. 예를 들어 1943년의 벵골(300만 명가량이 굶어 죽었다.)에서는 상점에 음식이 많이 있었는데도 경찰과 군대가 도둑을 막아 주었고 사람들은 굶어 죽어 갔다. 1911~1912년에 러시아에서는 대기근이 발생해 60여 개 지역이 피해를 당했다. 하지만 기아로 사람들이 죽어 가는 와중에도 러시아 곡물 생산의 5분의 1은 서방 세계에 계속 수출되었다.(이것은 당시 세계 곡물 무역량의 4분의 1에 해당하는 것이었다.) 1930년대 초반에 소련에서는 정부가 식량을 도시에 우선적으로 공급하고, 공업화에 필요한 외화를 벌어들이기 위해 수출했기 때문에, 농촌에서는 굶어 죽는 사람들이 생겨났다.

깊이 따져 보면 기근이라는 문제는 식량에 관한 태도가 농경이 처음 시작된 이후 변해 왔기 때문에 발생하는 것이다. 과거의 채집·수렵인들에게 식량은 교역하는 것이 아니라 집단 내에서 나누는 것이었다. 그런데 정주 농경 사회가 성립하면서 토지와 식량에 관한 소유권이라는 사고방식이 생겨났다. 이런 사회들은 또한 제한된 곡물 생산에 의존했기 때문에 실패의 가능성도 높았고, 실패하면 그 사회의 빈곤층은 식량을 구할 수 없었다. 1315~1317년의 중세 대기근에서 볼 수 있듯이 식량의 절대량도 부족했다. 그러나 지금까지 남아 있는, 기근에 관한 기록 중에서 가장 오래된 기록, 즉 고대 사회의 기근에 관한 기록을 보아도 식량 분배가 불평등해 기근이 발생했다는 것은 명백하다.

각지의 식량 가격에 관한 정보가 상인들 사이에 교환되기 시작하면서 식량 분배의 문제는 유럽 전역으로 퍼졌다. 식량을 취급하는 상인들은 상품을 시장에 내놓지 않고 가격이 더 오를 때까지 쌓아 두거나, 좀 더 비싼 가격으로 팔 수 있는 지역에 가져다 팔았다. 그 결과 가격이 뛰어서 식량을 사지 못한 사람들의 불만은 상인들을 향하게 되었다. 이러한 사회불안을 우려하는 정부가 중요 도시를 중심으로 해서 식량 공급을 안정시키기 위해 시장에 개입했다. 정부가 스스로 식량을 사들이는 일이나 상인들에게 식량을 시장에 공급하라고 강제하는 일도 없지는 않았다. 그러나 고대의 그리스·로마 시대부터 근대 초기의 유럽에 이르기까지, 정부의 시장 개입은 보통은 공정가격을 설정하는 정도에 그쳤다. 이런 정부의 개입은 거의 성공하는 일이 없었고, 오히려 상인들이 식량을 시장에 내놓지 않게 하는 역효과를 낳는 경우가 많았다. 시민들의 불만이 얼마나 심했는지는 15세기에서 16세기로 넘어갈 무렵 프랑스의 여러 도시에서 일어난 일련의 폭동만 보아도 알 수 있다. 바욘(1488년), 몽토방과 무아삭(1493년), 파리(1500년), 아쟁(1514년), 리옹(1517년) 등에서 상인들이 식량을 그 지역 밖으로 반출하는 것에 반대하는 격렬한 시위가 있었다. 그 후로도 적어도 300년 동안 이러한 시위는 프랑스 전역과 유럽의 다른 지역에서 계속 일어났다. 식량 공급에 관한 불안, 특히 일부 사람이 식량을 독점해 시장에 내놓지 않고 있을 것이라는 불안은 프랑스 혁명 기간에 일어난 일련의 중요한 사건에서 민중의 행동에 영향을 미치는 핵심적인 요인이었다. 1816~1817년에 유럽 전역에 영향을 미친 농업 위기에서도 민중의 행동은 프랑스 혁명 당시의 행동들과 본질적으로 같은 것이었다. 예를 들어 1816년에 스코틀랜드의 덤프리스에서는 군중이 부두에 선적된 수출용 오트밀을 시내로 가지고 가서, 그들이 적당하다고 생각하는 가격에 강제로 팔게 한 일이 있었다. 1년 후에 툴루즈에서는 군중이 곡식 수출을 막고 시내에서 팔도록 강요했다.

새로운 작물과 개선된 농경 기술

농경이 시작된 이래 끊임없는 기아의 위협과 부족한 식량과 영양실조의 상태에서 살아가는 것이 인류의 공통된 운명이 되었다. 그러다가 유럽, 그리고 유럽의 식민지였던 아메리카와 오스트레일리아 등 극히 일부 지역이 드디어 이 생존의 투쟁에서 서서히 벗어날 수 있었다. 그것은 몇 가지 기술 개발을 조합해 식량 증산에 성공했기 때문이었다. 수 세기에 걸쳐, 작은 규모의 기술 개량이 축적된 결과 작물 생산량과 농업 생산성이 조금씩 높아졌다. 1200년 이후 600년 동안은 유럽의 농업 생산성이 천천히 진보했음을 확인할 수 있다. 1800년에는 수확량이 1200년의 2.5배였다. 이렇게 된 것은 여러 가지 변화가 있었기 때문이다. 사료작물의 종류가 다양해졌고, 토지의 비옥도를 개선하기 위해 콩과에 속한 식물의 이용이 늘어났다. 동물의 육종 개량과 선택교배로 생산량이 늘어났으며, 윤작 방식이 더 복잡해졌고, 겨울 동안 가축을 먹여 살릴 수 있게 됨에 따라 거름의 사용이 확산되었다. 이와 함께 새로운 작물과 가축의 도입으로 농업의 기반을 넓혀 주고, 흉년을 막아 식량 생산을 늘려 준 것도 중요한 점이다. 이러한 변화 중 어떤 부분은 제한된 지역에서 가축들이 서서히 퍼져 나가며 섞였기 때문이기도 하다. 특히 유럽의 남부에서 북부로 퍼져 나갔다. 예컨대 로마인들은 닭을 지중해에서 북서유럽으로 전파시켰고, 백포도를 모젤 계곡으로 퍼뜨렸다. 토끼가 가축화되어 남부 유럽으로부터 영국에 들어온 것은 12세기였고, 이후에 일부가 다시 야생화했다. 꿩과 노란 사슴도 이때쯤 들어왔다. 그러나 세계 동식물의 분포에 큰 변화가 생긴 것은 두 번의 과정을 거치면서였다. 첫 번째 과정은 7~10세기에 이슬람 세계로부터 받은 영향으로 말미암아 일어났고, 두 번째 과정은 1492년 이후에 유럽인들이 아메리카 대륙과 접촉하면서 일어났다.

16세기 이전까지는 유럽과 아메리카 대륙 사이에 농경 체계의 교류가 전혀 없었다. 메소포타미아의 여러 왕조는 서부 인도와 접촉이 잦았지만, 동쪽 지역과는 거의 접촉이 없었다. 로마 제국과 한나라가 동시에 절정기에 이르렀던 때조차 그들이 서로 접촉했다는 기록은 아주 적었고, 그나마 직접적인 접촉은 거의 없었다. 그들은 각각 자기들 나름대로의 방식으로 발전을 계속해 왔다.

세계의 작물과 가축의 분포 상황

주요 분포 거점

동남아시아	아메리카	아메리카	아프리카
사탕수수	밀	옥수수	경질소맥
쌀	보리	담배	수수
오렌지	귀리	감자	커피
레몬	양	토마토	
라임	소	마니옥	
시금치	말	코코아	
가지	돼지	고무	
바나나	벌	파인애플	
	토끼	아보카도	
		후추	
		스쿼시호박	
		사이잘삼	
		칠면조	

632년에 무함마드(Muhammad)가 사망한 이후에 이슬람 제국이 급성장해 18세기까지 근동 지방과 북아프리카, 스페인, 아르메니아, 조지아, 이란, 아프가니스탄의 대부분 지역과 인도 북서부를 점령했지만, 단일한 제국으로 오래 지속되지는 못했다. 그러나 이슬람 문화는 광대한 지역에 전파되어 그 지역 내에서는 상당한 문화적 동일성을 유지해 왔으며, 그 영향력은 무역로를 따라 동남아시아와 아프리카 동부 해안에까지 미쳤다. 이슬람 제국은 그들의 무역망을 통해 동

남아시아와 인도, 근동과 지중해 지역, 마침내는 유럽 남부에까지 작물을 퍼뜨렸다. 인도는 이 전파의 핵심 지역이 되었고, 오만도 동남아시아의 아열대작물을 서서히 새로운 생육 환경에 적응시키는 중심지가 되었다. 새로운 작물은 이러한 중심지로부터 북아프리카로 들어갔고, 어떤 것은 스페인까지 퍼졌다. 또 다른 종들은 서아프리카로 침투해 들어갔고, 아프리카 동부 해안의 무역로를 따라 잔지바르와 마다가스카르까지 퍼져 나갔다.

코코야자와 같은 작물은 아열대기후에서만 자랄 수 있어 걸프 지역과 동아프리카 너머로는 퍼지지 못했으나, 대부분 작물은 새로운 생육 조건에 적응해 멀리 퍼져 나갔다. 이 작물들 중에서 장차 세계의 농경 역사에서 가장 중요한 작물이 될 작물은 사탕수수였다. 7세기에 인도에서 메소포타미아로 들어온 사탕수수는 서쪽으로 레반트와 이집트로 퍼졌고, 10세기 무렵에는 지중해 동부의 섬들, 특히 키프로스에까지 퍼졌다. 경질소맥도 사탕수수만큼이나 중요한 작물이다. 경질소맥은 에티오피아에서 지중해로 서서히 퍼져서, 13세기 이후에는 북아프리카(쿠스쿠스)와 이탈리아(파스타)의 주식이 되었다. 벼도 중동 지방에서 아프리카의 넓은 지역으로 퍼졌고, 13세기 말엽에는 이탈리아의 포강 유역 계곡에까지 퍼졌다. 이슬람 상인들은 감귤나무와 쓴귤, 레몬, 라임을 중동 지방(원산지는 인도 동부)에서 지중해 지역으로 반입했고, 여기서 급속히 퍼져 나가 10세기에는 스페인 남부의 세비야 지역까지 퍼졌다. 원래 기원전 2000년 무렵에 아프리카에서 인도로 갔던 수수도 다시 서쪽을 향해 북아프리카와 스페인까지 갔다. 시금치와 가지 같은 채소도 페르시아와 인도에서 북아프리카를 거쳐 11세기에는 스페인에 도달했다.

이렇게 이슬람 세계와 그 주변에서 새로운 작물의 전파가 일어났다. 그러나 이런 과정을 통해 세계 각지 농업의 기본적인 틀이 바뀐 것은 아니었다. 고작해야 몇 가지 보조적인 작물을 더 보탠 것에 지나지 않았다. 훨씬 더 과격한 변화가 스페인이 16세기 초에 카리브 연안 군도와 아즈텍, 잉카를 정복하면서 일어났다. 유럽인들은 이런 지역에 들어갈 때 밀과 사탕수수, 소, 양, 말 등 그들이 기르던 작물과 동물들을 가지고 갔다. 그 결과 이 지역의 환경은 극적으로 바뀌고 말았다.(다음 장에서 상세히 다룰 것이다.) 하지만 거꾸로 전에는 알려지지 않았던 아메리카의 작물들이 들어와 유럽뿐 아니라 근동과 인도, 아프리카, 중국에 끼친 영향도 그에 못지않게 중요하다. '신세계'로부터 들여온 것 중 가장 중요한 두 가지는 중앙아메리카와 페루의 주식이던 옥수수와 감자다.

옥수수는 생산성이 (밀의 두 배로) 매우 높은 작물이지만, 새로운 변종이 개발된 후에도 유럽에 퍼지는 데는 오랜 시간이 걸렸다. 아마도 '소빙기' 동안 이 지역을 괴롭힌 나쁜 기후 때문이었을 것이다. 옥수수 확산의 중심이 된 지역은 이 작물을 재배하기가 수월했던 지중해 지역이었다. 특히 이집트의 풍토에 잘 맞아 17세기 무렵에는 이집트의 주식이 되었다. 유럽에서는 18세기에 이르러서도 옥수수가 발칸 지역에까지 퍼지지 않았다. 기후가 좀 더 좋아지고, 추운 지방의 짧은 생육 기간에서도 자랄 수 있는 신품종이 나온 후에야 북쪽으로 전파되었다. 인도에서는 옥수수가 19세기 초 이전에는 별로 없었지만, 그 이후에 급속히 퍼져 나갔다. 중국에서는 16세기 무렵에 옥수수를 도입해 남서 지방 고원지대에서는 주 작물이 되었지만, 북부로 퍼진 것은 300년이 지난 후였다. 옥수수의 가장 큰 장점은 생산성이 높아 단위면적당 더 많은 인구를 먹여 살릴 수 있다는 데 있다. 특히 중국에서는 벼 재배가 한계에 달했기 때문에 이런 장점이 더 큰 의미를 지닐 수 있었다. 17세기까지 쌀은 중국 전체 식량 생산의 70퍼센트를 차지했다. 그러나 20세기 초에는 아메리카 원산의 작물들이 더 중요해져서, 쌀이 차지하는 비율이 40퍼센트로 떨어졌다. 옥수수는 또한 16세기에서 브라질에서 서아프리카로 전해져 기장과 수수를 제치고 주식이 되었다. 생산성이 높기 때문이었다.

감자를 도입하는 과정도 옥수수와 마찬가지로 오랜 기간에 걸쳐 진행되었다. 감자는 1570년에는 스페인에, 16세기 말에는 잉글랜드와 독일에, 그로부터 약 100년 후에는 스칸디나비아반도까지 퍼졌고, 1718년에는 유럽에서 북아메리카로 건너갔다. 사람들은 대부분 감자를 먹으려고 하지 않았기 때문에, 처음에는 식용이 아니라 사료용으로 재배했던 것 같다. 19세기 이전에 감자를 주식으로 이용한 곳은 아일랜드와 발칸반도의 일부뿐이었다. 좁은 지역에서 많은 양을 생산해 낼 수 있는 감자의 장점은 널리 인식되었지만, 다른 작물이 흉작이었을 때만 감자를 먹었다.

아메리카에서 들여온 또 하나의 주요 작물은 열대작물은 카사바였다. 카사바는 17세기 초에 브라질에서 아프리카 내륙으로 전파되었는데, 건조한 기후에서도 잘 자라고 전염병에 대한 저항력도 강해 빠르게 보급되었다. 또한 이 작물의 독성을 제거하고 식용으로 쓰는 방법이 알려지자 열대지방의 주식이 되었고, 19세기에는 더욱 중요해졌다. 이 무렵에는 인도 남부의 농부들도 카사바를 재배하기 시작했다. 옥수수와 감자, 카사바 말고도 아메리카에서 여러 보조 작물이 들어왔다. 그중 중요한 것으로는 토마토가 있는데, 지중해 지역에서(인도와 근동 지방에서도) 먼저 재배되었고, 나중에 추운 기후와 짧은 생육 기간에서도 자랄 수 있는 품종이 개발되어 북쪽으로 퍼졌다.(현재 유럽은 세계 토마토 생산량의 40퍼센트를 재배한다.) 단백질의 주요한 공급원이 되는 여러 가지 콩과 칠리 등의 양념도 급속히 퍼져 나갔다. 이런 작물들은 세계 각지의 토착 문화 속에 깊이 뿌리내려, 지금은 인도를 비롯한 세계 여러 지역에서 빼놓을 수 없는 요리 재료가 되었다.

새로운 작물의 확산이 가져다준 가장 좋은 점은 폭이 좁아 취약했던 여러 사회의 생계 기반이 넓어졌다는 점이며, 이로 인해 극적인 흉년과 기근의 위협이 줄어들었다는 것이다. 또 한 가지 중요한 이득은 영양에 관한 것이다. 가난한 사람들에게 식량이 많아졌고 대다수 사람의 단조로운 식단이 다양해졌을 뿐만 아니라, 토마토와 칠리를 비롯한 식품들은 비타민도 풍부해 영양 결핍에서 오는 질병을 예방해 주었다. 하지만 일부 지역에서는 (특히 아메리카식으로 조리하지 않은) 옥수수에만 지나치게 의존해 영양 결핍에서 오는 병인 펠라그라가 발생하기도 했다. 새로운 작물이 들어오면서 안정성과 품질, 다양성은 개선되었지만, 기본적인 문제인 양의 문제는 아직도 남아 있었다. 생산성이 높은 작물인 옥수수나 감자 따위는 식량 생산량을 높여 주기는 했지만, 새로운 작물이 거의 모든 사회의 해묵은 문제인 인구와 식량 생산량 간의 불균형을 해결해 준 것은 아니었다. 오히려 새로운 작물은 아일랜드의 대기근 직전에 감자를 재배하는 농민들에게서 발생한 사태처럼, 1인당 칼로리를 높여 주기보다는 인구가 더 빨리 늘어나게 했다.

기나긴 투쟁에서 제한적으로 벗어나다

매우 서서히, 그리고 비교적 최근에 와서야 몇몇 사회에서 대다수의 사람이 최소한의 생계를 유지하는 형편없는 식생활에서 벗어났다. 처음으로 성공한 사회는 16세기와 17세기의 네덜란드였다. 이곳의 인구는 1500년의 100만 명에서 1650년에는 그 두 배인 200만 명이 되었다. 따라서 농업 체계도 바뀌어야만 했다. 새로운 땅(이런 땅 중에는 습지나 바다를 메워 만든, 정말 새롭게 탄생한 땅도 있었다.)이 농지로 편입됨에 따라, 식량 생산이 늘어났다. 또한 더욱 집약적인 농경 방식(더 많은 가축을 기름으로써 거름의 양이 늘어난 것과 함께 클로버와 콩, 사료작물 등을 이용했다.)이 도입되었다. 이 시기의 네덜란드 농업은 유럽에서 생산성이 가장 높아 잉글랜드보다 3분의 2가량이나 더 높았다. 그런데도 인구가 늘어남에 따라 네덜란드인들이 상권을 잡고 있던 발틱해 연안의 반식민지화된 곡물 경작지에서 모자라는 식량을 들여와야만 했다. 이 보충 식량이 없었다면 그 많은 사람이 어떻게 먹고살 수 있었을지 의문이다.

잉글랜드도 네덜란드에서 발전한 농업 방법을 들여와서 18세기 중엽에 이르자 인구가 증가하는 속도보다 식량 생산이 증가하는 속도가 더 빨라졌다. 하지만 이것은 잠시였고, 1780년 무렵부터 19세기 말까지 전례 없이 인구가 증가하자 다시 인구가 농업 생산성을 위협하게 되었다. 인구는 1년에 1퍼센트씩 늘어나는데, 아무리 잉글랜드의 농업 체계가 개선되었다고 하더라도 곧 식량이 모자랄 지경이었다. 잉글랜드와 웨일스의 인구는 1780년의 750만 명에서 1831년에는 1400만 명, 1901년에는 3250만 명이 되었다. 이러한 성장에 관한 잉글랜드 농업의 대응은 과거와 마찬가지였다. 우선 새로운 토지가 개간되었다. 그 결과 1700~1850년 사이에 잉글랜드의 경작지는 면적이 50퍼센트가 증가했다. 동시에 휴경지 면적이 줄어들었다. 이것은 새로운 토지가 40퍼센트 증가한 효과와 맞먹었다. 또한 이 땅에는 다소 질이 떨어지더라도 생산성이 높은 작물을 심었다. 그중에서도 감자의 재배 면적은 19세기 전반에 3.5배로까지 증가했다. 농업 생산성도 향상되었다. 18세기에 도입되었던 기술이 19세기에 들어 보편화된 까닭도 있었고, 더 많은 기계, 새로운 비료와 사료 등이 채택되었기 때문이다. 예를 들면 깻묵이 사용되기 시작해 1820년대에는 보편화되었다. 당시에 농촌에는 저임금노동력이 남아돌았기 때문에 손으로 잡초를 제거할 수 있어 그만큼 생산량이 늘 수 있었다. 그런데도 19세기 초에 잉글랜드는 증가하는 인구를 먹여 살리기 위해 아일랜드에서 점점 더 많은 식량을 수입해야 했다.

이 시기에 잉글랜드의 농촌인구는 급속히 증가해 거의 두 배가 되었다. 이 때문에 농촌에서는 땅값과 물가가 올라 커다란 사회문제가 되었다. 빈곤 계층도 늘어나, 산업화의 진전이 빨랐던 동부와 남부에서는 사람들의 생활수준이 더욱 낮아져 감자만 먹으며 사는 사람이 200만 명에 이르렀다. 그나마 신흥 공업 도시에 막대한 농촌인구가 유입됨으로써 농촌의 재난을 막을 수 있었다. 그래도 1840년대까지 대다수 인구의 생계는 거의 나아지지 않았다. 이 시기는 1846년의 곡물조례 폐지를 기점으로 농업에 대한 공업의 승리가 시작된 때로서, 이때부터 영국은 본격적으로 곡식을 수입하기 시작했다. 1840년대에 영국은 전체 식량 가운데서 5퍼센트를 (아일랜드가 아닌 다른 곳에서) 수입했다. 19세기 말에는 상황이 바뀌었다. 식용 곡물의 80퍼센트와 육류의 40퍼센트, 유제품의 70퍼센트 이상이 수입되었다. 영국이 급증하는 인구를 먹여 살리고 1인당 돌아가는 식량의 양을 늘려야 한다는, 매번 되풀이되는 문제를 해결하기 위한 방법은 식량을 다른 나라에서 공급받는 것뿐이었다.

유럽에서 식량 상황의 진정한 혁신은 1850년 이후에 이루어지기 시작했다. 북아메리카와 남아메리카의 식민지로 향하는 대규모 이민이 시작된 시기다. 마찬가지로 세계 각지로부터 대규모로 식량을 수입했다. 또한 남아메리카로부터 구아노(바닷새의 똥이 퇴적해 경화된 것) 비료를, 식민지로부터 기타 비료들을 들여와 사용하기 시작했다. 서유럽은 농경이 시작된 이래 세계의 거의 모든 사회가 겪어 온, 생존을 위한 기나긴 투쟁에 종지부를 찍을 수 있게 되었다. 그렇게 될 수 있었던 가장 중요한 이유는 유럽이 식민지 경영을 통해 세계의 다른 지역과의 관계를 변화시켰다는 점, 특히 유럽이 세계의 자원에 관한 지배권을 강화했다는 점을 들 수 있다.

사상의 변천

7

여러 세대와 여러 사회가 몸을 담고 살아온 환경은 다름 아닌 인간의 행동으로 만들어져 온 것이다. 이러한 인간의 행동을 낳은 원동력은 단순하다. 그것은 계속 늘어만 가는 인간의 의식주를 해결하려는 욕구였다. 그러나 인간이 환경을 다루는 방식을 정당화하는 데 중요하게 작용한 것은 인간이 주변 세계를 인식하고 사고하는 방식이었다. 최근 수백 년 동안 세계를 지배한 사고방식은 유럽에서 나온 것이었다. 다른 전통들, 특히 동양의 종교들은 전혀 다른 해석을 내리고 있기는 하나, 그 영향력은 적었다.

모든 전통에서 제기하는 기본적인 주제 중 하나는 인간과 인간을 둘러싼 나머지 자연과의 관계다. 인간은 자연에 통합되어 있는 일부인가? 아니면 자연과는 별개로서 어떤 면에서는 자연보다 우월한 것일까? 이런 질문에 대한 대답은 인간의 어떤 행동이 정당한 것이고 도덕적으로 정당화할 수 있는 것인지 사상가와 종교가가 판단하는 데 중요한 기준이 되어 왔다. 또한 여기서 지상의 모든 동식물이 인간의 유익을 위해서만 존재하는지, 혹은 인간이 자연(또는 신의 피조물)을 보호하고 돌볼 의무가 있는 것인지 등의 부수적인 질문이 나온다. 지난 200년 동안에는 이러한 종교적이고 철학적인 질문들이 다음과 같은 경제적인 질문에 밀려났다. 즉 희소한 자원을 어떻게 사용하고 분배할 것인가 하는 문제다. 이렇게 경제에 관한 질문들은 언뜻 보기에 철학적인 질문처럼 보이지는 않지만, 경제나 학문의 영역 너머에까지 영향력을 끼쳤다. 또한 인간의 세계관에 궁극적인 영향을 미쳤고 인간의 행동을 정당화했다.

고전적 세계관

인간과 자연의 관계에 관해 유럽인들이 지닌 사고방식의 기원은 고대 그리스·로마의 철학자들과 유대교로부터 물려받은 기독교 사상으로 추적해 볼 수 있다. 고전적인 전통과 기독교적인 전통을 관통하는 강한 믿음은, 인류가 나머지 종속적인 자연을 지배하는 위치에 있다는 것이다. 인간은 다만 수호자로서 자연 세계를 그대로 보전할 책임이 있다는 사상의 흐름도 있기는 했지만, 소수파 전통에 지나지 않았다.

지금의 생태학자들은 자연 세계를 동식물들이 생태계 안에서 벌이는 경쟁과 공생의 관계로 파악하지만, 과거의 많은 사상가는 자연 세계를 질서 정연한 세계로 봤다. 그 질서 안에서 많은 부분이 전체적인 구조 속에서 특정한 목적이나 역할을 맡은 것으로 보인다고 생각했다. 이들은 이 정도로 정교한 설계도는 신 또는 신들이 창조한 것이 틀림없다고 주장했으며, 그 속에서 인간들이 어떤 위치를 갖는지에 관해 여러 가지 이론을 내세웠다. 이런 작업의 선구자 가운데 하나였던 크세노폰은 『명상록(Memorabilia)』에서 다음과 같이 말한다. 인간의 모든 부분(눈이나 손 등)이 목적을 가지며, 신이 특별히 신경을 써서 모든 것을 인간에게 유익하도록 만들어 주었다는 사고방식이 소크라테스(Socrates)에게서 비롯된 것이라고. 이 책에서 그는 소크라테스가 제자들과 토론하는 장면을 가상적으로 도입하는데, 여기서 논쟁자 중 하나인 에우티데모스(Euthydemus)는 이런 말을 한다. "신들에게 인간들을 위한 일을 하는 것 말고 다른 일이 또 있을까요?" 그러면서 "동물들도 신들의 배려를 받는 축복을 누리는 듯하기는 하지만" 하고 걱정하자, 소크라테스가 전체적인 구도 안에서 저급한 동물들은 인간을 위해 만들어지고 키워진다고 확언한다. 이렇게 자연 안에는 계획과 구도가 이미 마련되어 있다는 주장은 19세기에 찰스 다윈(Charles Darwin)이 『종의 기원(On the Origin of Species)』에서 제창한 적자생존설로 무너지기 전까지 서구의 사고방식에 빈번히 나타나게 된다.

수 세기에 걸쳐 새로운 사상가들이 자연 안에서 동식물이 어떻게 여러 가지 방식으로 각자 특정한 역할에 잘 적응하는지를 설명하기 위해 새로운 증거를 제시하면서 이런 주장을 발전시켜 왔다. 이는 모든 사물이 인간을 위해 잘 준비되어 있기 때문에 인간이 지구상에서 가장 중요한 피조물이며, 다른 생물을 그들의 필요에 따라 쓸 권리가 있다는 사고방식을 강화해 주었다. 세계에 관한 이러한 인간 중심적인 사고방식은 아리스토텔레스에게서도 나타난다. 『정치학(Politics)』에서 그는 식물은 동물을 위해 만들어졌다고 말하고, 이어서 "자연에 불완전한 것이라곤 없고 쓸모없는 것이라곤 없다는 얘기는 자연이 그 모든 것을 인간을 위해 만들었다는 얘기와 다름없다."라는 말로 결론짓는다.

스토아학파, 특히 파나이티오스(Panaetius)와 키케로(Cicero)는 이러한 전반적인 접근 방법에 더 미묘한 주장을 덧붙여 미학적이고 공리적인 측면을 강조한다. 그들에게는 세계가 아름답고도 쓸모 있는 것이었다. 미(美)란 보기에 아름다운 것이므로 당연히 보존되어야 하지만, 인간은 음식과 자원과 물건에 대한 수요를 충족하기 위해 자연을 개선해야만 한다. 예컨대 키케로는 손대지 않은 자연 세계와 인간에 의해 수정된 세계를 거의 구별하지 않았으며, 양자는 동일하다고 가정했다. 에피쿠로스학파의 사상가들은 자연이 아름답기는 해도 야수성과 천재지변, 흉작 등 거친 면도 있다고 강조하기는 했지만, 고전 사상은 인간을 자연의 지배자로 보았다는 점에서는 공통적이다. 인간은 다른 어떤 동물보다도 높은 위치에 있다. 인간에게는 자신들의 세계를 만들어 갈 수 있는 힘이 있으며, 이 사실은 바로 인간이 신이 창조한 세계를 완성하는 역할을 맡은 존재라는 점을 시사하는 것이라고 생각했다. 고전 사상가들은 인간의 행동이 그들을 둘러싼 자연을 변화시킨다는 점을 잘 알고 있었다.(앞서 보았듯이 플라톤은 『크리티아스』의 한 대목에서 삼림 파괴와 토양침식을 지적한다.) 하지만 크세노폰이나 헤시오도스(Hesiodos)같이 인간의 역사를 과거의 황금기에서 쇠퇴해 가는 것으로 보는 학자들을 제외하면, 이들은 대체로 환경을 변화시키는 인간의 행동을 완전히 당연하고 이로운 것으로 보았다.

기독교 사상

　기독교가 부흥해 4세기에 로마 제국의 국교가 됨으로써 새로운 요소가 들어온다. 그것은 현대인들이 문명화된 세계의 주변 지역으로 여기는, 이전까지는 영향력이 없던 소수 주민들의 사고방식인 유대 사상이었다. 기독교도들은 자신들의 『성경(Bible)』에 초기 유대인들의 경전을 통합했다. 성서의 첫 번째 권이 되는 「창세기(Book of Genesis)」는 다른 두 가지 창조 신화를 가지지만, 둘 다 신과 인간과 자연 세계에 관해서는 같은 관점에 입각해 있다는 것을 알 수 있다.(또한 둘 다 다른 중동의 천지창조 신화와 큰 차이가 없다.) 이 두 신화 중에서 제일 먼저 나오는 「창세기」 제1장에 의하면, 신은 먼저 5일 동안 천지를 창조한 후 그것의 집대성으로서 인간을 창조한다. 그리고 신은 인간에게 신성한 축복을 내려 다른 창조물 위에 군림할 권리를 부여한다.

　열매를 맺어 번성하라. 땅을 가득 채우고 정복하라. 바다의 고기와 하늘의 새, 지상에서 움직이는 모든 산 것들을 다스리라. (……) 열매를 맺어 번성하여 땅을 가득 채우고 정복하라.

　또 하나의 신화(「창세기」 제2장)에서는 남자가 먼저 창조되고 에덴 동산이 동식물로 가득 찬 후에 마지막으로 여자가 태어난다. 하지만 이 신화에서도 동물들이 인간을 위해 창조되기는 매한가지였고, 아담이 그들에게 이름을 지어 준다. 그리고 신은 대홍수로 세상을 거의 파괴하고 노아와 그의 가족만을 유일한 인간 생존자로 정한다. 여기서 신은 다시 한번 더욱 노골적인 어조로 그들과 그 후손들에게 세계의 지배권을 준다.

살아 움직이는 모든 것이 너희의 식량이 되리라. 녹색 식물을 주었듯
이 나는 너에게 모든 것을 준다. (……) 지상의 모든 짐승, 공중의 모든 새,
지상에서 움직이는 모든 것, 바다의 모든 고기가 너희를 두려워하리라.
너희 손에 그들이 넘겨질지라.

이러한 주제는 『성경』에 통합된 유대인의 경전에서도 여러 번 반
복된다. 「시편(Psalms)」 제8편에는 "주께서는 인간이 주님의 창조물을
지배할 수 있게 하시고"라는 대목이 있으며, 「시편」 제115편도 같은
주제를 노래한다. "하늘은 여호와의 하늘이라도 땅은 인간에게 주셨
도다."

초기와 중세의 기독교 사상가들은 거의 이의 없이 신이 인간에게
식물과 동물, 그리고 전 세계를 인간의 이익을 위해 착취할 권리를 주
었다는 유대 경전의 견해를 받아들였다. 자연은 신성한 것으로 여겨
지지 않았으므로 인간이 일말의 가책도 없이 착취할 수 있는 것이었
다. 정말이지 인간은 자기가 최선이라고 생각하는 방식으로 마음대
로 자연을 사용할 권리를 가진다고 보았다. 신은 세계와 별도로 위에
존재하는 것으로 그려졌으며, 문제가 되는 것은 인간 개인과 신의 관
계이지, 자연 세계와 신의 관계가 아니었다. 이러한 사고방식에서는
인간은 자연계의 일부로 간주되지 않았다. 인간은 신이 다른 모든 생
물체보다 높은 지위에 올려놓은 특별한 존재였다.

12~13세기 이래 중세 유럽에서는 아리스토텔레스와 같은 고대
그리스 문필가들을 재발견해서, 앞에서 나온 것과 같은 견해는 중세
유럽에서 점점 더 영향력이 커지게 되었으며, 당시 사람들의 세계관,

그중에서도 인간의 위치에 관해 인식하는 틀을 제공해 주었다. 사상가마다 강조한 측면은 조금씩 달랐지만, 일반적으로 세계는 신이 그의 자비로움으로 계획하고 창조해 심판의 날까지 살아남는 것으로 간주되었다. 자연계에 질서가 존재한다는 것은 세계를 인간에게 호의적인 신이 창조했다는 증거로 보았다. 인간은 영혼을 갖고 있으며 사후에도 영생하는 유일한 피조물로, 다른 동물과는 전혀 다른 지위를 누렸다. 6세기의 수도사 코스마스 인디코플레우스테스(Cosmas Indicopleustes)는 저서 『기독교 지형학(Christian Topography)』에서 인간이 "하늘에 계신 주 그리스도와 함께 지상 만물의 왕이다."라고 적었다. 토마스 아퀴나스(Thomas Aquinas)는 이러한 견해를 요약해, 그가 다른 많은 기독교 사상을 위해 그랬듯이, 가장 일관성 있고 논리적인 표현을 제공했다. 아퀴나스는 주장하기를 가장 하찮은 존재에서 신에 이르기까지 계급이 있는데, 존재마다 사는 이유가 있지만, 전체적인 계획은 오직 신만이 아는 것이라고 했다. 인간은 동물들보다 우위에 있는 특별한 존재로서, 인간이 자연을 지배하는 것은 이성이 있는 피조물이 이성이 없는 피조물을 지배하는 것으로 지극히 논리적이며 신성한 질서의 일부라는 것이다. 또한 이는 인간이 동물을 가축으로 부리는 능력을 가진다는 사실만으로도 잘 알 수 있다는 것이다. 이와 유사하게, 경작지를 넓히고 자원을 이용함으로써 자연을 변화시키는 인간 사회의 행동은, 야생을 길들인다는 신의 질서의 일부이며, 또한 자연을 개선해 가는 일관된 과정의 일부라는 것이다. 이러한 관점은 16세기의 종교개혁에 의해서도 크게 바뀌지 않았다. 오히려 『성경』의 원래 어구에 충실해야 한다고 강조함으로써 그런 경향이 강화되었다. 종교개혁 지도자 중 한 사람인 장 칼뱅(Jean Calvin)은 하나님이 천지를 창조하는 데 6일이나 걸린 것은 최후에 만들어진 인간이 완전한 세계를 누릴 수 있게 하기 위한 것이었으며, "하나님은 인간을 위해 만물을 창조하셨다."라는 주장을 강력하게 지지했다. 언제나 인간을 특별한 존재로 보는 유대교, 그리고 그 전통을 승계한 기독교 신학은 매우 인간 중심적인 세계관을 만들어 냈으며, 그것은 이후 종교적인 분야를 넘어서 모든 유럽의 사고방식에 지속적인 영향을 미쳤다.

유대 사상과 기독교에도 예외는 있었다. 세상 만물 중에서 인간만을 특별히 대접하는 사고방식에 이의를 제기하는 사람들도 있었다. 이런 소수파들의 사상에서는 유대 창조 신화에서 조금 다른 측면, 즉 에덴동산의 신화가 중시되었다. 인간은 본질적으로 신의 창조물을 관리하는 자로, 신을 대신해 신의 피조물을 보살필 의무가 있다는 것이다. 이러한 관점은 유대계 사상가인 마이모니데스(Maimonides)에게서 잘 나타난다.

만물이 인간을 위해서만 존재한다고 믿어서는 안 된다. 다른 모든 사물도 무언가 다른 것을 위해서가 아니라 자기를 위해 존재하는 것이다.

이와 비슷한 견해가 아시시의 프란치스코(Francesco d'Assisi)의 사상에서도 발견된다. 프란치스코의 사상은 주류 기독교 사상을 많이 반영한다. 특히 자연계에서 목적과 질서의 존재 그리고 자연의 모든 구성 요소가 각각 살아가는 방식에 잘 적응되어 있음을 보면, 이들이 자비로운 창조주의 작업임을 알 수 있다는 사상이 그러하다. 그러나 프란치스코는 바로 그렇기 때문에 자연계는 신의 본질을 보여 주는 것으로 볼 수 있다고 했다. 그런 점에서 자연계는 저급한 수준에서이기는 하지만, 『성경』과도 같다는 것이다. 프란치스코는 모든 피조물이 창조의 동등한 일부이고, 각 부분은 신의 계획의 일부이지 인간의 공리적 목적을 위해 있는 것은 아니라고 보았다. 프란치스코의 다른 사상과 마찬가지로 혁명적이었던 이러한 사상은 교단 내에서 많은 반발을 일으켰다. 지난 10여 년간 환경에 관한 관심이 고조되면서 프란치스코의 의견이 부각되기는 했지만, 기독교 신념의 전반적인 구조 안에서는 소수 의견에 지나지 않았다.

세속적 사상의 대두

16세기부터 유럽에서 급속히 증가하기 시작한 세속적인 사상도 인간과 자연 세계의 관계에 관한 고전 사상이나 중세 사상을 거의 그대로 물려받았다. 약간 수정되기는 했지만, 기독교의 인간 중심주의도 계속되었다. 우주는 여전히 조직적이고 이성적인 신성한 계획의 일부로 간주되었다. 문필가들은 이처럼 완벽한 우주를 준비한 신의 현명함을 설명하기 위해 더 많은 예를 들어 가며 더 많은 생물학적 지식을 동원했다. 이러한 접근은 17세기 말의 잉글랜드 작가 존 레이(John Ray)가 쓴『창조의 작업에 발현된 신의 지혜(The Wisdom of God Manifested in the Works of the Creation)』라는 책에서 가장 두드러진다. 인간은 여전히 신에 의해 어떤 동물보다도 높고 특수한 위치에 놓여 있었고, 자기들에게 유익하도록 자연 세계를 사용할 수 있었다. 인간이 자연계에 관해 간섭하고 수정해 가는 것은 창조 작업을 개선해 가는 신의 의도에 일조하는 것으로 여겨졌다. 이렇게 인간이 특별한 역할을 갖고 있다는 사고방식 중에는 정말 극단적인 것도 있었다. 이탈리아의 르네상스 시기 저술가인 마르실리오 피치노(Marsilio Ficino)는 "인간은 자연을 단지 이용할 뿐만 아니라 그것들을 아름답게 다듬기도 한다. (……) 생물과 무생물, 모든 사물을 지키고 키워 내는 인간은 일종의 신이다."라고 했다. 비슷한 견해가 17세기의 법률가이며 『인류의 근원적 기원(Primitive Origination of Mankind)』의 저자이기도 한 매슈 해일(Matthew Hale) 경의 글에서도 발견된다.

이것이 바로 인간이 창조된 목적이다. 즉 하위의 존재, 특히 동물군과 식물군에 대해, 전능하신 주의 대리자로서 역할을 하게 하는 것이다.

이 사상가들은 인간이 특별한 지위와 자연을 관리하는 능력을 갖는 것은 인간이 '거대한 존재의 사슬'에서 맨 꼭대기에 위치하기 때문이라고 생각했다. 당시에는 가장 하찮은 것에서 가장 중요한 것에 이르기까지, 모든 생물이 하나의 사슬로 연결되어 있다고 믿었다. 문명을 유지해 가기 위해서는 인간이 자연에 간섭해야 한다는, 즉 마지막 마무리를 해 주어야 한다는 사고방식이 당시에는 일반적이었다. 동시에 자연은 원시적이고 야수적인 상태가 아니라, 인간이 통제하고 빛을 때가 최선의 상태라는 사상이 널리 받아들여졌다. 이러한 관점에서 볼 때, 인간의 지식이 점점 늘어 가면 자연계를 더욱 철저하게 관리할 수 있어 인간이 신의 창조물을 최대한 효율적으로 이용할 수 있기 때문에, 그렇게 하는 것이 신의 뜻에 합당한 일이라고 당시 사람들이 믿었던 것은 당연한 귀결이다.

17세기 저술의 중요한 주제 가운데 하나는 자연에 대한 인간의 지배와 신의 작업을 완성하는 인간의 역할을 강조하는 것이었다. 이러한 목적을 지향하는 인간의 행동은 무해할 뿐만 아니라 유익한 것으로 여겨졌다. 이 시대에 서서히 발전하던 과학적 방법과 과학 지식의 확대도 같은 방향으로 이용되었다. 르네 데카르트(René Descartes)는

『방법서설(Discourse on the Method)』에서, 계측과 정량화를 위해 수학을 구사하는 과학적 방법, 그리고 전체를 각 구성 부분으로 환원해 분석하는 과학적 방법의 중요성을 강조한다. 이런 환원주의가 과학 연구에서 폭넓게 수용되면서 이후 유럽의 사상이 형성되는 데 전반적으로 큰 영향을 미쳤다. 이것은 필연적으로 단편적인 세계관을 낳았다. 유기적인 전체가 아니라 개별적인 부분에 초점을 맞추고, 구성 요소들이 어울려 경쟁과 협동을 통해 상호작용하는 방식이 아니라 개별적으로 작동하는 방식을 강조하는 것이다. 이러한 경향은 역시 데카르트까지 거슬러 올라가는 기계론적 방법론에 의해 강화되었다. "장인이 만들어 낸 기계와 자연이 만들어 낸 여러 유기체 사이에는 차이점이 없다."라는 데카르트의 말에서도 잘 알 수 있다. 그러니까 동물은 단순한 기계라는 것이다. 데카르트가 추구하고자 한 지적 방식이 어떤 것이었든지 간에, 신은 여전히 데카르트가 지닌 세계관의 중심이었다. 또한 인간도 자연을 지배할 수 있는 지성과 영혼을 소유했다는 점에서 여전히 신의 구도 안에서 특수한 위치를 점한다고 보았다. 17세기 후반에 우주의 작동 원리를 중력 법칙과 같은 물리학적 법칙을 적용해 설명한 아이작 뉴턴(Isaac Newton)의 눈부신 업적으로 인해, 데카르트의 기계적 세계관이 옳았다는 사실이 확고히 입증되는 듯했다. 이렇게 해서 신과 인간, 자연 사이의 관계에 관한 새로운 이미지가 인기를 끌었다. 그 후 200년 이상 신의 이미지는 위대한 설계자로 그려졌으며, 신이 설계한 거대한 기계를 이해하고자 노력하는 것이 인간이 할 일이고, 인간은 신에게서 지적 능력을 부여받았기 때문에 그 일을 해낼 수 있다는 견해가 일반적으로 받아들여졌다. 데카르트 이후 200년이 지나도 사정은 별로 달라지지 않아, 1848년에도 미국의 경제학자 헨리 찰스 캐리(Henry Charles Carey)는 "지구는 거대한 기계로서, 인간의 목적대로 만들어지도록 인간에게 주어진 것이다."라고 했다.

　과학은 인간이 세계를 지배할 수 있게 해 주는 강력한 도우미이며, 중요한 도구이기도 하다는 생각은 프랜시스 베이컨(Francis Bacon)도 상세하게 논술한 바 있다. 베이컨은 "세계는 인간을 위해 만들어졌지만, 인간은 세계를 위해 만들어진 것이 아니다."라는 전통적인 세계관에서 출발해 다음과 같이 적었다.

　최종적인 목표를 기준으로 생각한다면, 인간은 세계의 중심으로 간주될 수 있을 것이다. 그러므로 만일 인간을 우주로부터 분리한다면, 나머지 세계는 목표를 상실한 채 헤매게 될 것이다.

　베이컨은 계속해서 모든 과학적인 노력의 요점은 아담이 에덴동산에서 추락하면서 잃어버린 세계의 주권을 돌려주는 일이라고 주장했다. 또한 『신논리학(Novum Organum)』에서 다음과 같이 역설한다. "신이 인간에게 준 자연에 관한 권리를 인류가 되찾게 하라." 그리고 그 권리를 찾을 수 있는 방법으로 점점 폭력적인 언어를 사용한다. 당대의 시인 에이브러햄 카울리(Abraham Cowley)는 "농경과 축산의 전문가들이 짐승과 새를 상대로 벌이는 지고지순한 전쟁"이라고 썼으며, 자연을 통제하려는 인간의 노력을 묘사하는 데 '우월'과 '정복', '지배' 같은 단어를 자주 썼다. 존 빌(John Beale)과 주고받은 편지에서 베이컨은 자연 세계를 연구하는 목적에 관해 "자연을 이해했다면, 그다음에는 그것을 인간의 생활을 위해 정복하고 경영하며 이용해야 한다."라고 했다. 데카르트 역시 과학 및 점점 늘어나는 인간의 지식이 갖는 목적을 더 광범위한 투쟁의 일부로 보고 "우리는 제각기 알맞게 그것들을 이용해 우리 자신을 자연의 지배자이자 소유자로 만들어야만 한다."라고 말했다.

18세기 후반이 되자, 이렇게 '완벽하게 짜인 세계'라는 개념은 비판을 받게 되었다. 볼테르(Voltaire)의 소설 『캉디드(Candide)』속에서 라이프니츠식 낙관주의를 풍자한 것이 유명한 예다. 처음에는 철학자들이 이런 작업을 했지만, 나중에는 과학 사상이 발전하면서 이를 뒷받침해 주게 된다. 1859년에 출판된, 다윈의 『종의 기원』은 인간의 기원에 관한 논쟁을 불러일으키면서, 신이 천지를 창조했다는 주류 사고방식을 동요시키고, 대단히 경쟁적인 세계 중에서 생존에 유리한 형질이 자연선택된다는 사고방식을 형성해 냈다. 이후에 허버트 스펜서(Herbert Spencer) 같은 철학자의 손에서 종의 기원에 관한 이론은 사회의 본질과 인간 행동의 도덕성에 관한 선언으로 바뀌었다. 스펜서는 결과적으로 자연 세계 전반에 대해 인간이 특별히 우위에 있다는 오랜 사고방식에다가 다윈 이론이라는 새로운 치장을 입힌 셈이다. 스펜서에게 모든 삶은 '적자생존'을 위한 투쟁이다. 인간 역시 살아남기 위해 자연과 투쟁하지 않을 수 없었지만, 그 과정에서 인간은 자연계의 모든 단계 중 제일 꼭대기까지 오른 '적자(適者)'임을 증명해 냈다는 것이다. 오랜 옛날부터 형성되어 온 이런 사상들은 19세기의 다른 저작에서도 수없이 반복되어 모습을 나타낸다. 그런 글들은 인간에게 목적감과 우월감을 안겨 주고, 예전부터 있었던 자연 세계에 대한 인간의 간섭과 당시에 막 시작된 산업 생산 같은 새로운 형태의 인간 활동까지도 정당화해 주는 매력 있는 증거들이었다. 철학자 이마누엘 칸트(Immanuel Kant)는 "지상에서 유일하게 오성을 가진 존재인 인간은 자연의 우두머리가 될 자격이 충분하다. (……) 인간은 자연의 궁극적인 목적이 되기 위해 태어났다."라고 썼다. 이런 입장이니

만큼 칸트는 인간이 자연과 맺는 관계에 관해서는 그 어떤 도덕적인 검열 기준도 적용해서는 안 된다고 확신했다. 근대의 다른 사상가들에게서도 이와 유사한 견해가 겉모습만 약간 바뀐 채 나타난다. 존 스튜어트 밀(John Stuart Mill)은 『종교에 관한 세 가지 소론(Three Essays on Religion)』에서 자연에 관해 "자연의 힘은 종종 인간의 적으로서 입장을 취하는데, 이런 자연으로부터 인간은 힘을 써서든 꾀를 부려서든, 할 수 있는 최대한 자기에게 소용이 되는 것을 빼앗아 내야 한다."라고 역설했다. 정신분석학의 창시자인 지그문트 프로이트(Sigmund Freud)는 『문명과 그에 대한 불평분자들(Civilisation and its Disontents)』이라는 책에서 인간의 이상에 관해 "다른 사회와 힘을 합해 과학의 지도에 따라 자연을 공략해 인간의 의지에 굴복시켜야 한다."라고 적었다.

진보 개념

이상에서 우리는 인간과 자연의 관계에 관한 유럽인의 사고방식이 수 세기를 두고 강하게 이어져 왔음을 알 수 있다. 동시에 '진보'라는 새로운 개념이 떠오른다는 것도 알 수 있다. 이 개념이 근대사상에서 차지하는 비중이 너무나 크기 때문에, 이 개념이 대단히 가까운 과거에 시작되었다는 것을 인지하기도, 이전에 존재한 다른 사회의 우주관이 어떠했는지를 헤아리기도 매우 어려운 일이 되어 버렸다. 고대 사회에는 진보라는 개념이 거의 없었다. 역사는 대개 특정한 방향이 없는 것으로 간주했고, 있다고 해도 황금기에서 쇠퇴해 가는 것으로 여겼다. 크세노폰이나 헤시오도스, 엠페도클레스(Empedocles)와 같은 문필가들은 역사가 황금시대에서 은 시대로, 다시 그들이 사는 철 시대로 기울어 간다고 보았다. 다른 사회들, 예컨대 체로키 인디언이나 장자(莊子)와 같은 중국의 도교 사상가들도 황금시대가 이미 지나갔다고 생각했다. 초기 기독교나 중세 유럽인들도 세계 역사를 에덴동산의 순수함을 잃어버린 쇠퇴의 역사로 보았다. 그들은 또한 머지않은 장래에 심판의 날이 와서 산 자와 죽은 자를 심판하고 지상의 역사를 마칠 것으로 믿었다. 15, 16세기의 사상가들도 그들의 시대는 문화뿐만 아니라 시민들의 미덕이나 용기도 그리스·로마 시대에 크게 못 미친다고 생각했다. 이러한 지적인 프레임 안에서 인간의 역사를 흔들림 없는 진보의 역사로 본다는 것은 불가능했다.

과학 지식이 쌓이고 기술이 일정하게 진보하던(이 두 가지 영역에서 유럽이 고대 세계보다 확연하게 앞서게 된) 17세기 말이 되어서야, 역사가 쇠퇴하기보다는 진보한다고 생각하는 사상가들이 생겨났다. 점차 유럽의 지성들은 역사가 부단한 개선이라는 한 방향으로 흘러간다는 설을 받아들였다. 18세기에는 어느 분야에서든 미래에 관한 낙관주의와 진보의 필연성에 관한 믿음이 두드러진다. 1793년에 잉글랜드의 문필가인 윌리엄 고드윈(William Godwin)은 『정치적 정의(Political Justice)』에서 빛나는 전망의 언어로 앞날에 관해 썼다.

지구상에서 사람이 살 수 있는 땅 중 4분의 3이 아직 미개척 상태다. 경작 기술이 얼마나 더 진보할 수 있을지, 지구의 생산성이 얼마나 더 향상될 수 있을지에 관해서는 우리가 미처 짐작하기도 어려울 정도다. 앞으로 수백만 년이 더 지나고, 그동안 꾸준히 인구가 증가한다고 하더라도 지구는 여전히 인간을 먹여 살릴 수 있을 것이다.

같은 해에 콩도르세(Condorcet) 후작은 『인간 정신의 진보에 관한 역사적 개요(Sketch for a Historical of the Progress of the Human Mind)』라는 책을 출판했다. 이 책에서 콩도르세는 인간의 잠재력과 무한한 진보의 가능성에 관한 신념을 피력한다.

인간의 완벽함은 무한하다. 이 완벽성은 점점 진보해 나가 그 어떤 힘도 그것을 막을 수 없으며, 자연이 우리에게 맡긴 지구가 영속되는 한 계속될 것이다. 이 진보는 지구가 우주 안에서 현재 위치를 점하는 한 역전되지 않을 것이다.

프랑스 혁명의 공포정치 시기였던 그다음 해에 자기가 감옥에서 죽게 되리라는 것을 알았다면, 콩도르세는 인간의 본성과 역사에 관해 그렇게 낙관하지는 않았을 것이다.

콩도르세와 동시대에 살았던 토머스 맬서스(Thoman Malthus) 신부는 인류 역사에 관해 훨씬 더 어두운 견해를 갖고 있었다. 1798년에 출판된 『인구론(Principle of Population)』에서 맬서스는 역사에는 변치 않는 주기가 있다고 주장했다. 인구는 식량이 감당할 수 없을 만큼 많아지다가, 그 시점에서 기아와 질병이 생겨나 다시 식량과 균형이 맞을 만큼 줄어든다는 것이다. 맬서스는 이 끔찍한 주기에서 벗어날 길은 없다고 보았다. 그러나 맬서스와 같은 역사관은 19세기 당시에는 거의 무시되어서, 진보의 개념은 당연한 것으로 받아들여졌다. 이러한 낙관론이 팽배했던 것은 19세기의 유럽과 북아메리카에서 인구 부양력이 증대하고 도시가 성장했으며, 새로운 발명이 줄을 이었고 공업이 발달하는 등, 물질적으로 확실히 진보하고 있었기 때문이다. 이렇게 진보를 긍정적으로 보는 시각은 서구 사상의 핵심을 이루는데, 생시몽(Saint-Simon)과 오귀스트 콩트(Auguste Comte), 스펜서,

밀 등의 사상이 대표적이다. 그런 시각은 인간 사회의 각기 상이한 경제 단계와 그에 따르는 정치 구조를 통해 인간 사회가 진보해 갈 수밖에 없다고 역설한 카를 마르크스(Karl Marx)와 프리드리히 엥겔스(Friedrich Engels)의 사상에서 가장 강하게 드러난다. 그들에 의하면 인간의 역사는 부족사회, 봉건사회, 자본주의사회를 거쳐 궁극적으로는 프롤레타리아와 사회주의의 승리로 귀결되는 진보의 과정이라는 것이다. 19세기 후반이 되자 이러한 진보 사상은 대중문화의 일부가 되기에 이르렀다. 또한 변화는 곧 진보라는 암묵적인 가정이 유럽인들의 사고 속에 뿌리박혔다. 20세기가 되어 이런 사상을 산산조각낼만 한 사건이 몇 가지 있었는데도, 진보 사상은 여전히 인간 역사와 현대사회의 미래에 관한 주류 견해로 남아 있다.

다른 전통들

아시시의 프란치스코 같은 사람들은 인간이 신의 피조물에 대한 관리자라는 견해를 강조하기는 했어도, 역시 인간이 다른 피조물 가운데 으뜸이라는 생각을 갖고 있었다. 하지만 다른 종교적 전통 중에는 인간이 그런 위치에 있다고 보지 않는 것도 있었다. 지난 50여 년간 서구적 사고방식이 환경에 미치는 영향에 관해 잘 알려지면서, 세계에 관한 다른 사고방식에 관한 관심이 증가해 왔다. 중국의 도가 사상은 각 개인의 내부에서나 사회의 내부에서나 힘의 균형을 중시한다. 인간 차원에서나 사회 차원에서나 중요한 것은, 자연 세계 내에서 균형 있고 조화로운 방식으로 살기 위해 노력해야 한다는 것이라고 한다. 이런 사고방식은 데카르트 이후 서구 사상을 지배했던 환원주의가 아니라 전일주의적인 것이다. 우파니샤드 경전이나 자이나교,

불교 등 종교에서 드러나는 인도의 사상들은 유대-기독교적 관점(그리고 또한 이슬람적 관점)과는 전혀 다른 세계관을 가지고 있다. 인간을 포함한 모든 피조물을 고통 속에서 살아가는 세계의 일부로 보았다. 그리고 한 생의 행동이 다음 생으로 이어지는 윤회에서, 재생을 통해 계속되는 존재의 주기에서 헤어나야만 할, 그러니까 해탈해야 할 존재로 보았다. 따라서 인도 사상에서는 윤회에서 벗어나지 못하는 피조물들에 대해 자비심을 품는 것이 아주 중요한 일이었다. 인간은 여기서도 특권을 가지기는 했지만, 그렇다고 해서 인간이 신을 대신하는 지배자인 것은 아니었다. 인간은 깨달음을 얻을 수 있는 유일한 존재이므로, 해탈을 통해 이 고통의 주기에서 벗어날 수 있는 드문 기회를 잘 이용해야만 한다는 것이다.

기독교를 포함한 모든 주요 종교의 전통이 각기 다양한 사상의 흐름을 지니므로 일반화하기는 어렵지만, 기독교가 발생하기 수천 년 전에 발전한 '동양' 종교 전통의 세계관은 자연 세계와 맺은 인간의 관계를 그렇게 공격적인 것으로 보지는 않는다. 인간이 자연 세계 위에 군림한다거나, 자연 세계가 인간에게 이용당하기 위해 존재하는 것이라고는 보지 않는다. 동양 사상에서 인간은 거대한 전체의 작은 부분에 지나지 않는다. 인간은 뛰어난 지적·영적 능력을 지녔다는 점에서 다른 동물들과는 구별되지만, 그것은 스스로 깨달음을 얻고 다른 생물들을 현명하게 대하는 데 써야 하는 것이며, 무익한 살생을 하지 않게 해야 한다는 것이다. 이러한 사고방식의 중심을 이루는 것은 우주에 대한 지배가 아니라 고통 및 보편적 자비의 개념이다.

채집·수렵 집단에 관해 알게 된 지식으로 추정해 보면, 당연히 이들은 수렵과 채집을 하는 가운데 자연과 밀접한 관계 속에서 살게 되기 때문에 인간과 식물, 동물은 서로 의존한다는 믿음을 가졌으며, 이

것이 그들 생활의 중심이 되었던 것 같다. 일반적으로 그들은 근대사회에서와는 달리 자연과 인간 사회를 구별해 보지 않았다. 그들의 세계는 단순히 사람과 동물, 무생물로 구성되어 있었으며, 이 모든 것이 서로 다른 범주로 구분되지 않고 단일한 전체로 함께 연결되어 있었다. 이러한 믿음을 잘 보여 주는 것으로, 아메리카 원주민인 스쿼미시 부족의 추장인 시애틀(Seattle)이 1854년에 미국 대통령에게, 백인 정착자들이 원주민과 북아메리카 대륙의 자연환경을 어떻게 다루었는지에 관해 항의한 편지가 있다.

짐승이 없다면 인간은 무엇입니까? 모든 짐승이 사라진다면 인간은 영혼의 외로움으로 죽어 갈 것입니다. 짐승에게 일어난 일은 인간에게도 일어나기 때문이지요. 우리가 우리 자녀에게 가르쳤던 것을 당신의 자녀들에게도 가르치십시오. 땅은 그들의 어머니라고. 땅의 운명은 땅의 자손의 운명이 될 것입니다. 땅에 침을 뱉는 것은 자기에게 침을 뱉는 것입니다. 지구가 인간에게 속한 것이 아니라 인간이 지구에 속한 것입니다. 인간은 생명의 거미줄을 짜는 것이 아니라, 그중 한 가닥의 실에 지나지 않습니다. 거미줄에 가하는 일은 자기에게 가하는 일입니다.

인간과 환경의 관계에 관해 이보다 더 유럽인들의 견해와 상충하는 견해는 찾기 어려울 것이다.

이런 견해들은 서구적 사고가 지난 2000년 이상을 두고 발달해 온 방식과 전혀 다르다. 이들 동양의 전통이 지난 반세기 동안 환경 운동이 형성되고 발달해 오는 과정에서 대단한 영향력을 보였다는 것은 아주 명백하다. 하지만 이러한 사고가 인간 사회의 행동 양식을 혁신적으로 변화시키는 데 얼마나 영향력을 가졌는지는 전혀 명백하지 않다. 역사상 인도와 중국을 지배했던 대제국들의 경우를 보면 서구 사회 못지않게 환경 파괴적이었다. 그들 역시 숲은 파괴하고 경작했으며, 그들이 원하는 방식으로 자원을 이용했다. 그들도 근본적인 경제적 힘의 원리를 따랐던 것이다.

현대 경제학의 출현

서양의 종교 사상과 철학 사상이 유럽인들과 다른 민족들의 세계관과 인간 활동의 허용 범위를 규정하는 가운데, 최근 200년 동안에는 새로운 영향력이 등장했다. 경제학이라는 개념이다. 이 '사회과학'은 학문 분야로서는 비교적 역사가 짧고 논란도 많다. 하지만 세계를 파악하고 분석하는 데 지대한 영향을 미쳤으며, 환경의 가치를 평가해 거기에 행동을 가하는 데 핵심적인 역할을 하게 되었다. 한 사회가 표방하는 경제 체계뿐 아니라, 경제학의 숨겨진 전제와 거기에 깃든 가치 체계는 인간과 자연계의 관계에 관한 현대인의 견해를 이해하는 데 가장 중요한 부분이다.

근현대의 경제와 사회는 시장 원리의 광범위한 지배를 받고 있기 때문에 그것이 비교적 최근에 나타난 현상이라는 점을 망각하기 쉽다. 토지와 노동, 자본이 시장의 자유로운, 혹은 비교적 자유로운 작동에 의해 거래되고 다른 고려는 부차적인 것이 된 것은 지난 한두 세기 동안 새로 나타난 현상이다. 수천 년 동안 사회는 이것과는 매우 다른 방식으로 조직되어 왔다. 채집·수렵 집단은 대개 소유물이 적었고, 토지를 소유한다는 개념은 아예 없었다.(바로 이 때문에 그들은 유럽식 체계에 적응할 수 없었다.) 또한 식량 등 집단을 유지하고 존속하는 데 필요한 것은 집단에 속한 모든 이가 이용할 수 있는 것이며, 필요하다면 나누어야 하는 것이었다. 초기의 국가나 제국에서는 공동체 성원들 간에 식량을 재분배하는 시스템이 있어서, 로마의 주민들은 국가가 무상으로 나누어 주는 곡식으로 살았다. 이런 사회들에서는, 그리고 19세기 이전까지의 좀 더 근대적인 사회에서는 대부분의 사람은 작은 집단을 이루고 살면서 거의 생계를 유지하는 데 필요한 정도로만 농경을 하고, 얼마 안 되는 잉여를 갖고 그 지역 수공인들에게 필요한 것을 사거나 물물교환을 하는 데 썼다. 그들은 화폐경제와 접촉할 일이 거의 없었다. 중세 유럽에서는 (다른 많은 사회에서와 마찬가지로) 토지가 거래되는 일이 거의 없었다. 돈보다는 군사적인 봉사의 대가로 주어지거나, 노동이나 물품을 받고 임대해 주는 것이었다. 노동시장 역시 자유로운 거래와는 거리가 멀었다. 노동은 주로 (고용주와 노동자의) 길드가 조직하는 것이어서, 노동시간과 임금, 도제 기간과 생산량 등을 조정했다. 국가는 여러 활동 영역, 특히 상업을 규제했고, 국가적·전략적 이익을 위해 시장의 작동을 제한했다.

유럽에 시장이 형성된 것은 아주 천천히, 몇 세기에 걸쳐 일어난 과정이었다. 교역이 증대되고, 부가 증가하고, 토지가 매매되고, 노동력이 사고팔 수 있는 상품이 되어 감에 따라 진전된 것이다. 18세기에 이르면 서유럽의 부유한 지역에서 토지와 노동, 자본이 거래되는 상당히 자유로운 시장이 발달하게 된다. 이런 변화를 처음 체계적으로 분석해, 당시에 일어나던 행동과 사회조직의 혁명적 변화에 관해 왜 그것이 필요한지 밝힌 사람은 애덤 스미스(Adam Smith)다. 따라서 스미스를 근대 경제학의 시조라고들 한다. 스미스의 『국부론(The Wealth of Nations)』은 1776년에 출판되었다. 스미스는 개인이 그가 생산자이든 소비자이든 간에 자기의 사적인 이익을 위해 행동하고, 그것이 개인 간의 경쟁을 통해 규율될 때 사회 전체적으로 가장 이로운 결과를 얻는다고 주장했다. 또한 '보이지 않는 손'이 작용해 개개인의 사적인 이익이 총체적으로는 사회 전체를 위해 최선의 결과를 가져온다고 보았다. 스미스도 18세기에 보편적이었던 신념을 공유하는 한 사람이었다. 진보를 굳게 믿었고 사회는 투자와 생산성 향상, 사적 부의 축적을 통해 끊임없이 향상된다는 믿음을 품었다. 스미스 사상의 핵심은 경쟁, 그리고 자체적 규율 능력을 가졌으며 수요와 공급의 균형에 의해 결정되는 가격기구를 통해 움직이는 시장의 개념이다. 이를 통해 경제와 사회는 최적의 자원 배분을 얻는다. 스미스는 ('고전학파'로 불리는) 데이비드 리카도(David Ricardo), 밀 등과 마찬가지로 재화의 생산을 경제학의 중심으로 삼았다. 그러므로 처음부터 경제학자들은 재화의 생산이 조직되는 방식과 노동, 자본 등 생산요소들에 대한 자유 시장의 필요성에 관한 연구에 집중했던 것이다.

고전학파 경제학의 가정들은 지난 두 세기 동안 현대 산업사회의 근간을 이루었다. 그러나 실제로 시장이 스미스 등이 그린 모습처럼 작동하는 일은 거의 없었다. 독점과 과점, 가격 담합 등 경쟁과는 반대되는 합의의 형태가 종종 나타났다. 어떤 부문에서는 시장이 그런대로 효율성을 발휘했다. 하지만 다른 부문에서는, 예를 들어 농업 같이 수요와 공급 사이에 상당한 시차가 존재할 경우 시장은 효율성을 보장하지 못했다. 더욱 중요한 사실은 개별 시장의 총합이 결코 사회 전체적으로 최적의 결과를 가져온다고 말하기 어려웠다는 점이다. 호황과 불황이 주기적으로 반복되는 경기변동은 만성적인 사회 문제를 낳았다. 그중 가장 심각했던 것으로 1930년대의 대공황을 들 수 있다. 대공황의 참상은 새로운 경제학의 조류를 탄생시켰다. 새로운 사조의 창시자인 존 메이너드 케인스(John Maynard Keynes)의 이름을 딴 케인스학파가 탄생한 것이다. 케인스학파는 자유주의경제학의 기본 가치를 인정하면서도 시장기구의 작동에 문제가 생길 경우 정부가 개입해 (세금과 정부 지출 등을 통해) 경제 전체의 수요를 관리함으로써 이를 해결해야 한다고 주장했다. 그렇게 함으로써 최악의 경기변동을 피할 수 있다고 보았다. 케인스 경제학은 국가의 경제활동 수준을 측정하는 새로운 방법들을 제시했다. 바로 국내총생산(Gross Domestic Product: GDP) 개념으로, 생산과 소비, 투자의 양을 지표화한 것이다. 이제 한 경제의 성공 여부는 연간 GDP 증가율을 보고 판단하는 것이 일반적이 되었다. 오늘날까지도 GDP는 경제적·사회적 발달을 측정하는 최선의 지표로 여겨진다.

마르크스 경제학

고전학파의 자유주의경제학에 관해 가장 근본적으로 문제를 제기한 것은 19세기 중반에 출판된, 마르크스와 엥겔스의 이론적인 작업이었다. 이러한 사상은 그들의 추종자, 특히 블라디미르 레닌(Vladimir Lenin)과 1917년 이후에 소련의 권력을 잡은 혁명주의자들에 의해 더욱 진전되었다. 하지만 자유 시장 자본주의에 관해 그들이 지닌 반감과는 달리 마르크스와 엥겔스는 고전 경제학의 가정과 진보 개념을 똑같이 품었으며, 다른 어느 누구보다 더욱 극단적인 형태로 밀고 가기까지 했다. 특히 환경문제에 관한 태도에서 더욱 그랬다. 그들은 모든 생산품의 '가치'는 거기에 투입된 인간 노동력의 양에서 나온다고 주장함으로써 한정된 자원이 가진 가치는 전혀 고려하지 않았다. 그들의 초기 저작들, 예를 들어 1840년대 초반에 쓰인 『경제철학 수고(Economic and Philosophic Manuscripts of 1844)』 같은 것을 보면, 자원에 관한 마르크스의 통찰이 그보다 나중에 나온 저작에서보다는 좀 이상주의적임을 볼 수 있다. 하지만 이러한 저작을 쓸 때도 마르크스는 기본적으로 자연의 의미는 인간의 요구를 충족해 주는 데 있을 뿐이라고 생각했으며, 그런 점에서 그 시대 유럽의 다른 사람들과 다를 바 없었다. 이런 점은 마르크스가 "그 자체만으로 추상화되어 인간과 고립된 자연은 인간에게 아무 의미도 없다."라고 쓴 글에서도 알 수 있다. 후기의 저작에서 마르크스는 이런 관점을 좀 더 밀고 나가 '자본이 문명의 발전에 미친 심대한 영향'이란 '자연의 신격화'를 거부한 것이며, 그렇게 함으로써 "인류 역사상 처음으로 자연이 인류에게 하나의 단순한 대상, 즉 순전히 이용하기 위해 있는 존재"가 되게 해야 한다고 주장한다. 엥겔스도 마찬가지 입장에서, 미래에는 인간이 "가장 일상적인 생산 활동이 자연에 미치는 아주 작은 영향까지도 탐지해, 그것을 통제할 수 있게" 될 것으로 주장했다.

마르크스와 엥겔스, 그리고 특히 레닌은 모두 사회 전체의 소비를 줄이고 더욱 단순하고 조화로운 삶을 추구함으로써 행복이 증대될 수 있다는 자유주의적인 사회주의 개념에 반대했다. 오히려 그들의 첫 번째 목적은 19세기 유럽의 부르주아들이 이룩한 소비수준까지 프롤레타리아를 끌어올리는 것이었다. 사회주의란 국가권력이 크게 개입하는 공장제도를 통해 조직되는 선진 산업사회의 생산 역량 위에 건설되어야 한다고 보았다. 공산주의는 자본주의보다 더 효율적으로 재화를 생산하게 될 것으로 보았고, 따라서 공산주의 사회의 발전 가능성은 무한하다고 봤다. 엥겔스는 "자본과 노동, 과학을 적용하면 토지의 생산성은 무한히 증대될 수 있다."라고 선언했다. 레닌과 그의 뒤를 이은 이오시프 스탈린(Joseph Stalin)은 산업 발전을 새로운 국가의 최우선 과제로 삼기로 작정했다. 자연 세계를 원하는 방식으로 변형할 수 있는 능력을 인간이 가질 수 있는 최고의 업적으로 보는 유물론적 사고에 따라 환경에 대한 영향은 무시되고, 미래에 관해 빛나는 전망만이 강조되었다. 이런 전망은 소련의 역사학자 미하일 포크롭스키(Mikhail Pokrovsky)가 1931년에 출판한 『러시아 소사(Brief History of Russia)』에 잘 드러난다.

현재로서는 상상하기 어려울지 몰라도 미래에 과학과 기술이 완성될 때는 자연이 인간의 손안에서 부드러운 왁스같이 되어, 인간이 마음먹는 대로 만들어질 것이다.

이런 포크롭스키의 책조차도 나중에 인간 역사에서 환경의 영향을 너무 중요시했다는 이유로 비난받았다. 인간은 자연을 자기의 목적에 맞게 만들어 내어야 하며, 그런 능력을 키우는 것이 최고의 과제라고 생각하는 마르크스주의자들의 시각이 얼마나 엄청난 영향력을 가졌었는지 이해할 수 있다.

경제학 비판

고전학파 경제학, 그리고 이로부터 파생된 여러 경제체제(마르크스주의와 복지국가, 케인스학파, 신자유주의경제학 등)는 모두 근본적인 결함을 갖고 있다. 그들은 이차적인 문제만을 다룬다는 것이다. 즉 희소한 자원을 어떻게 해서 서로 경쟁하는 다양한 목적에 배분할 것이며, 어떻게 하면 최적의 자원 배분을 달성할 수 있는지의 문제다. 지구의 자원은 자본, 즉 이윤의 원천이 될 수 있는 자산으로 간주된다. 나무와 야생동물, 광물, 물, 흙 등은 단지 팔거나 개발해야 할 상품일 뿐이다. 게다가 이런 자원을 추출해 상품화하는 데 드는 비용이 곧 그 자원의 가격이라고 생각한다. 이러한 견해는 지구의 자원이 '희소'하기만 한 것이 아니라 '유한'한 것이라는 점을 생각지 않는 것이다. 경제학은 이 사실을 분석에 포함하지 않으므로 이에 기초한 경제 체계는 생산자와 소비자가 자원을 현재 시장가격으로 나타나는 값에 모두 써 버리도록 장려한다. 경제학은 토지와 자원, 에너지 등의 자원은 끝없이 공급되며, 경제의 생산 활동 수준은 영원히 증가할 수 있다는 가정에 입각해 있는데, 사실 이것은 대단히 비논리적인 가정이다. 또한 어떤 자원이나 에너지원이 희소해지면 그것의 가격이 올라가고, 이로 인해 대체물이 개발될 것으로 가정한다. 단기적으로는 그럴 수 있겠지만, 영원히 그런 과정이 계속될 수는 없는데도 말이다. 경제학에서는 미래에 발생할 문제들에 관해서까지 현재의 가격에 반영하지는 않는다.(이론상으로 볼 때 인류의 미래는 영원히 펼쳐진다고 하는데, 그렇다면 미래에 쓸 자원을 보존해 두어야 할 것이다. 그런 점까지 반영한다면 현재 자원의 값은 무한히 높아져야 마땅하다.) 그러기는커녕 경제학은 개인과 사회가 할 수 있는 가장 합리적인 행동은 지금 당장 자기의 이익을 최대한 추구하는 것이라고 주장한다. 그렇다면 미래 세대를 고려할 필요가 없다는 말이 된다.

경제학의 또 다른 문제점은 시장에 진정한 비용이 반영되지 않으며, 따라서 가격에도 마찬가지로 비용이 충분히 반영되지 않는다는 것이다. 공기 같은 것들은 시장에서 거래되지 않기 때문에 모두가 소비할 수 있는 자유재로 여겨진다. 하지만 공기나 물 같은 재화가 자유재 취급을 받으면 기업들이 매연과 폐수를 내뿜으면서도 비용을 내지 않아도 되어서 오염 수준이 급격히 증가한다. 이것은 초기 산업화 사회라면 누구나 경험한 일이다. 그렇게 되면 그러한 활동으로 발생하는 비용, 즉 마실 수 없을 만큼 물이 오염되고 숨을 쉬지 못할 만큼 공기가 오염되는 결과를 사회 전체가 떠안는다. '외부성(externality)'으로 불리는 이런 문제를 해결해 줄 수 있는 것은 정부뿐이다.

　이런 많은 문제는 GDP가 사회와 경제의 진정한 상황을 측정하지 못하기 때문에 나타나는 것이기도 하다. GDP로 측정할 수 없는 활동이나 경제적 기여 행동은 많다. 예를 들어 임금을 받지 않는 주부의 가사 노동, 생계형 영농이나 지역사회에 대한 자원봉사 등은 GDP에 포함되지 않는다. (어떤 나라에서는 상당한 규모를 갖는) '암시장'의 경우도 측정되지 않는다. GDP로 측정되는 것 중에도 문제는 있다. GDP는 사회 전체적으로는 이익이 아닐 수 있는 것들도 이익으로 포함한다. 예를 들어 자동차의 수명이 짧아지거나, 더 고장이 잘 난다면 경제활동의 수준은 더욱 증가하고 GDP가 올라간다. (자동차 공장의 노동자나 자동차 정비공이 아닌 이상) 개인들로 보아 튼튼하고 오래 탈 수 있는 차가 더 좋다는 사실은 무시되는 것이다. 또한 GDP는 자동차를 이용함으로써 발생하는 부정적인 효과, 즉 오염이나 교통 혼잡 같은 부분은 포함하지 않는다. 주거와 건강의 문제 같은 사회문제들 역시 고려되지 않는다. 그런가 하면 어떤 사회문제는 오히려 문제가 클수록 GDP를 증가시킨다. 미국에서는 범죄율이 계속 상승함에 따라 범죄 예방 산업 및 방범 산업이 주요 성장 산업으로 떠오르고 있다. 방범 산업은 이제 연간 650만 달러의 가치를 지니며 GDP에 기여하지만, 그것이 사회에 이득이 될 것인지는 의심스럽다. 마찬가지로 과식, 비만과 체중에 관한 집착은 연간 320만 달러의 가치를 갖는 다이어트 산업을 창출했으며, 현대 생활의 스트레스는 연간 12억 달러에 달하는 항(抗)우울제 산업을 발달시켰다. 둘 다 GDP의 증가에 기여하고 있다. GDP가 사회적 비용을 다 반영하지 못한다는 견해가 증가하면서 지난 20~30년간 삶의 질에 관한 진정한 측량 지표를 만들려는 노력이 이어졌고, 이를 위해 오염과 교통 체증, 범죄, 건강, 교육 등의 요소를 포함하기도 했다. 그중 하나가 'GPI(Genuine Progress Indicator)', 즉 '진정한 진보 지표'로, 이는 GDP와는 매우 다른 그림을 보여 준다. 20세기 후반에 이르러 미국의 1인당 GDP는 1만 2000달러에서 3만 5000달러로 증가했는데, 이는 삶의 질이 거의 세 배로 증가했음을 의미한다. 그러나 GPI로 따져 보면 전반적인 사회문제들을 고려한 삶의 질은 단지 8퍼센트가 증가했다.

　이런 심오한 문제를 다루려고 노력하는 경제학자는 소수일 뿐이다. 에른스트 프리드리히 슈마허(E. F. Schumacher)는 1970년대 초반에 출판한 저서 『작은 것이 아름답다(Small is Beautiful)』에서 '인간을 고려한' 경제학을 주장한다. 슈마허가 일관성 있는 경제 이론을 정립한 것은 아니지만, 다음의 두 가지 주장을 명확히 했다는 점은 주목할 만하다. 인간 활동과 기술은 무한정 확대되어야 할 것이 아니라 적정한 수준에서 유지되어야 한다는 것, 그리고 무조건 절대적으로 생산수준만 높이려고 할 것이 아니라 과연 인간에게 필요한 것은 무엇인지 알아내야 한다는 것이다. 슈마허는 이런 접근법을 '불교도의 경제학(Buddhist Economics)'으로 부른다. 슈마허의 책은 세계적인 베스트셀러가 되었다. 그러나 정책 결정자들이나 주류 경제학계에는 거의 영향을 끼치지 못했다. 전통적인 경제학의 결점을 신랄하게 분석한 책을 또 하나 들자면, 1978년에 출판된 헤이즐 헨더슨(Hazel Henderson)의 저서 『대안적 미래의 창조(Creating Alternative Future)』가 있다. 헨더슨도 슈마허처럼 경제학적 사상이 분열되어 있음을, 경제학이 내재적 가치를 인식하지 못함을, 인류가 자연에 의존한다는 것을 고려하지 못함을 비판했다. 그 결과를 헨더슨은 이렇게 말한다.

경제학은 인간의 여러 특성 중 가장 매력 없는 부분을 왕좌에 올려놓았다. 물욕과 경쟁, 과잉 소비, 오만, 이기심, 근시안, 그리고 그저 맹목적인 욕심 등이다.

현대 자유주의경제학

1970년대 중반부터 케인스 경제학에 대한 강력한 반발이 일어나고 신자유주의적 사고가 등장하기 시작했다. 이는 현실 세계에서 일어나는 변화를 반영하는 것이기도 했다. 선진국에서조차 정부가 경제 부문에서 지니는 힘이 점점 약화되어 갔다. 1970년대에 정부는 환율에 관한 통제를 상실했고, 점차적으로 경제활동을 조종하고 규제하려는 시도를 포기했다. 정부는 더는 전 지구적인 자본과 투기의 자유로운 이동을 통제할 수 없게 되었다. 국영기업은 민영화되고 산업별 노동조합의 힘은 크게 감소했다. 정부가 경제활동 수준에 영향을 주기 위해 사용할 수 있었던 마지막 수단이었던 이자율조차 중앙은행으로 결정권이 넘어갔다. 점점 더 정부는 투자해 주면 그만큼 혜택을 주겠다고 하는 초국가 기업의 환심을 사려는 경쟁자 중 하나가 되어 갔다.

세계는 한때 제한적이나마 국가가 통제하는 사회주의에 호의를 보였지만, 1980년대 후반과 1990년대 초에 소련 및 그 위성국가들의 붕괴로 그런 관심도 사라졌다. 이제 받아들일 수 있는 것은 무제한적인 자유 시장 자본주의밖에 남지 않았다. 정부는 이러한 추세를 받아들이면서 점점 세계화되어 가는 경제체제 속에서 조금이나마 이득을 얻기 위해 노력하는 수밖에 없었다. 세계은행이나 국제통화기금(International Monetary Fund: IMF)과 같은 국제기구들은 이 과정을 열광적으로 지지했고, 자유주의경제사상이 경제적인 성공을 위한 유일한 길이라는 점을 모두가 받아들이게 하기 위해 온 힘을 다했다. 1990년대 중반에 세계무역기구(World Trade Organization: WTO)가 세계무역을 최대한 자유화하려는 목적으로 설립되었다. WTO는 각국 정부에 기구가 내린 결정을 강제할 수 있는 힘을 부여받았다. 초국가 기업과 정부 사이에서 이해관계의 균형은 변해 갔다. 1940년대 후반만 해도 정부들이 그러한 조직이 갖는 힘이 너무 커질 것을 우려해 설립을 극구 반대했던 것을 보아도 알 수 있다.

이 모든 과정은 환경에 중요한 영향을 끼쳤다. 자유주의 시장경제 자본주의라는 테두리 내에서 보자면 세계경제의 주체들, 특히 초국가 기업들이 생산과 소비를 증가시켜, 할 수 있는 모든 방법을 다 동원해 이윤을 극대화하려는 것이 논리적인 행동이다. 그러나 한 걸음 떨어져 바라보면 그런 시스템은 마치 자동조종장치에 맡겨진 듯 무한히 성장해 가려는 것 외에 아무런 목적이 없이 굴러간다는 것을 명확히 알 수 있다. 그러나 자원을 소비하고 여러 가지 오염을 일으키는 과정이 계속될 수는 없을 것이다. 문제는 정부와 경제체제가 분열되었다는 점이었다. 정부 스스로 특정 유형의 오염이 발생하는 것을 줄이거나 규제하는 경우는 있을 수 있겠지만, 경제체제가 이를 따르게 할 힘은 없는 것이다. 현대의 민주주의 정치가 지닌 특성상 정부는 경제성장을 지속할 수 있는지, 소비자가 예를 들면 자동차와 같은 상품을 원하는 대로 사서 쓸 '권리'에 개입하지 않는지 등에 따라 평가받기 때문에 문제는 더욱 심각해진다.

세계은행과 IMF, WTO 등 국제기구의 정책 중에는 환경 파괴적인 것도 많다. WTO 규정은 무역 차별로 악용될 수 있다는 이유로 환경보호 측면을 명확히 배제하고 있다. 그 결과 자연스레 환경기준은 최소 수준으로 축소되었다. 2005년에 홍콩에서 열린 WTO 총회에서 환경보호를 빙자한 무역 '차별'을 근절해야 한다는 의견들이 나온 것을 보아도 알 수 있다. 아르헨티나는 모든 국가가 '자원 재활용 로고'를 캔과 음료수병에서 제거하도록 WTO가 강제해야 한다고 주장했다. 태국은 WTO가 유전자 변형 재료를 포함한다는 것을 제품에 표시하지 못하도록 규제하기를 원했고, 새우와 조개 등에 '지나친' 독성 안전 검사를 하는 것을 중단하게 해야 한다고 요구했다. 중국은 온수 보일러와 에어컨에 에너지 효율성 기준을 부과하는 것에 반대했다. 21세기 초에 이른 지금, 세계의 주류 사상으로 자리 잡은 자유 시장 자본주의의 압력은 환경적인 제약과 미래에 발생할 수 있는 문제에 관해 신경을 거의 쓰지 않고 있다.

약탈되는 세계

8

지난 1만 년 동안 인간의 행위는 세계의 생태계를 크게 변화시켰다. 인류는 세계 곳곳에서 정착지를 넓히고 농경지와 목초지를 만들었으며, 숲과 황야를 개간하고 습지를 매립함으로써 거의 모든 동식물의 서식지를 서서히 감소시켰다. 식량과 모피, 기타 부산물을 얻기 위해(때로는 그냥 재미 삼아) 사냥하고 식물을 채집함으로써 많은 동식물을 멸종시켰다. 한편 인간은 식물과 동물을 세계 이곳저곳으로 옮겼는데, 그로 인해 예기치 않았을 뿐 아니라 때로는 재앙에 가까운 결과가 발생하기도 했다. 초기 야생 생물 멸종의 규모는 추산하기가 어렵다. 1600년 이후의 시기에는 산발적이나마 증거가 조금 남아 있지만, 세밀한 연구가 진행된 것은 20세기 들어 멸종의 규모에 관한 인식이 증가하면서부터였다. 전체적으로 볼 때 지난 1~2세기 동안 파괴의 속도가 눈에 띄게 빨라진 것은 의심의 여지가 없다.

　야생 생물 서식지가 감소하고 국지적인 범위에서 종의 소멸이 발견된 것은 인간이 처음 정착할 무렵부터다. 나일강에서 경작지가 늘어나자 습지의 배수와 사냥으로 인해 원래 이 지역에 살던 다수의 종이 멸종했다. 고왕국 시대(기원전 2950~2350년)에 코끼리와 코뿔소, 기린이 계곡에서 사라졌다. 지중해 지역으로 정착이 확산되던 때도 마찬가지 결과가 나타나, 먹이사슬의 최종 소비자인 동물들이 가장 먼저 사라져 갔다. 기원전 200년 무렵에 그리스와 소아시아 지역에서 사자와 표범이 멸종했으며, 늑대와 자칼도 먼 산간지대에서나 눈에 띄는 정도가 되었다. 북부 그리스에서는 비버를 덫으로 잡아 멸종시켜 버렸다.

　여기에 로마인들은 경기장 등에서 야생동물을 죽이는 게임을 광적으로 즐겨서 살육 규모가 더 커졌다. 수백 년 동안 로마 제국에서 구경거리로 행해졌던 살육이 어느 정도였는지는 다음 기록에서 추정해 볼 수 있다. 잡혀 온 야생동물 9000마리가 로마의 콜로세움 개관을 경축하는 100일간의 축제 기간에 살해당했고, 트라야누스(Traianus) 황제가 새 식민지인 다키아를 정복한 것을 기념하기 위해서도 1만 1000마리를 죽였다고 한다. 기원후 처음 몇 세기 동안에 코끼리와 코뿔소, 얼룩말이 북아프리카에서 사라졌으며, 나일강 하류의 하마, 이란 북부 및 메소포타미아 지역의 호랑이가 사라졌다.

유럽

　로마 제국의 대규모 축제는 제국이 망한 5세기 이후에 유럽에서 중지되었지만, 야생동물의 살육은 다른 방식으로 여전히 계속되었다. 중세 초기 유럽에는 거의 손상되지 않은 자연 생태계가 펼쳐져 있어, 그중에 드문드문 흩어진 정주지에서 적은 인구가 살았다. 정착 지역이 확대되면서, 특히 서기 1000년 이래로 동식물의 생존 기반이었던 서식지가 계속 줄어들었다. 모든 종의 동식물이 완전히 멸종되거나 특정 지역에서 아예 자취를 감추거나 수가 크게 줄었다. 삼림 황폐로 가장 큰 타격을 입은 동물은 (오늘날 소의 야생 시조인) 오록스였다. 영국에서 오록스는 기원전 2000년 무렵에 사라졌으며, 유라시아의 다른 지역에서도 서서히 사라졌다. 마지막 오록스는 1627년에 폴란드의 약토루프 숲에서 죽었다. 중세 초기까지도 현재의 벨기에와 독일에 해당하는 넓은 지역에 유럽 들소가 있었지만, 18세기 말에는 동유럽에만 남았다가, 1920년에 폴란드의 비아워비에자 숲에서 완전히 멸종되었다. 날지 못하는 커다란 바닷새인 큰바다쇠오리는 스코틀랜드와 아이슬란드의 대서양 연안을 따라 대규모로 서식했다. 이 새는 잡기가 매우 쉬워 1540년에 배 두 척이 30분 만에 갓 잡은 큰바다쇠오리로 배를 채웠는데, 선원들은 신선한 새를 먹기 위해 그보다 더 잡았다. 선원들은 알도 먹었는데, 큰바다쇠오리는 1년에 한 번만 알을 낳았기 때문에 번식률이 쉽게 떨어졌다. 18세기가 되자 스코틀랜드 해안에서 큰바다쇠오리를 보기가 어려워졌다. 마지막 남은 한 쌍은 1844년에 아이슬란드에서 잡혀 죽었다.

한때는 유럽 전역에서 흔했던 생물종들이 대거 사라진 지역도 많다. 늑대는 400년 전까지도 유럽에서 다수 발견되었다. 1420년과 1438년에도 한 떼의 늑대가 대낮에 파리 거리에 출몰했다고 한다. 100년 후인 1520년까지도 프랑수아 1세(François I)가 늑대 사냥 대회를 조직했을 정도로 수가 많았다. 1640년까지도 쥐라의 언덕에 늑대가 출몰해 브장송 주민들을 공포에 떨게 했다는 기록이 있다. 영국에도 늑대가 많아 16세기에 스코틀랜드에서 공식적으로 대규모 사냥을 해야 했을 정도였다. 마지막으로 늑대가 나왔다는 기록은 잉글랜드에서는 1486년, 웨일스에서는 1576년, 스코틀랜드에서는 1743년이며, 아일랜드에서는 19세기 초까지도 발견되었다. 큰곰도 중세 서유럽에서는 흔했다.(영국에서는 10세기에 멸종되었다.) 하지만 사냥과 서식지의 파괴로 서서히 줄어 이제는 아주 먼 산간지대에서만 볼 수 있다. 중세까지 유럽에서 흔했지만 가죽 때문에 사냥당했던 비버의 운명도 마찬가지였다. 영국에서는 13세기에 사라졌고, 유럽의 다른 지역에서도 차차 사라졌다.

영국은 유럽에서 최초로 인구가 집중되고 산업화가 이루어진 나라로, 영국에서 일어난 여러 가지 일은 전형이 되어 점차로 유럽 전 지역에서 나타나게 되었다. 학은 16세기에 멸종되었고, 1870년까지도 흔히 보이던 흰꼬리수리가 20세기에 들어와 멸종되었다. 초지가 밭으로 바뀌고 사냥이 늘면서 큰 새의 일종인 너새도 1838년 무렵에 사라졌다. 18세기까지는 아주 흔해 나타나도 별 얘깃거리가 되지 않던 물수리는 연어를 잡아먹는다고 잘못 알려지는 바람에 19세기에 연어 사냥이 늘자 무자비하게 사냥당해 멸종되어 버렸다. 20세기에 돌아온 몇 쌍은 세심한 보호 속에 번식하고 있다. 스코틀랜드 숲의 사냥감이었던 뇌조는 그 지방에서는 흔했지만, 숲이 개간되면서 그 수가 급격히 줄어들었다. 17세기에 들어 뇌조는 테이강 이북에서만 살게 되었고, 마지막 남은 개체가 1762년에 인버네스셔에서 발견되었다. 1837년에 다시 나타났지만, 계속되는 삼림 개간으로 인해 현재는 겨우 2000마리 정도가 남았는데, 이런 규모로는 생존을 지속해 가기 어려울지도 모른다. 검독수리는 더비셔 지방에서 17세기까지, 체비엇에서도 19세기 초까지 발견되었다. 이제는 스코틀랜드 고원지대같이 외진 곳에서 겨우 생존을 이어 가고 있다. 붉은부리까마귀는 19세기 초까지는 스코틀랜드 내륙에도 많았지만, 지금은 해안가를 따라 몇 안되는 고립된 지역에서만 발견된다. 붉은솔개는 맹금류 중에서 가장 흔한 것 중 하나여서, 16세기까지도 런던 중심가에서 쓰레기를 뒤지는 모습이 목격되곤 했다. 그러나 그다음 한두 세기 동안에 모조리 사냥당하고 서식지도 파괴되었다. 20세기 초에는 겨우 다섯 마리가 살아 있었을 뿐이다. 그 후로 개체 수가 서서히 증가하기는 했지만, 20세기 후반까지는 중앙 웨일스 지방에만 서식했고, 그 후 다른 곳에서도 살 수 있게 하려는 노력이 이루어지고 있다.

오늘날 우리가 이야기하는 야생동물의 보전이라는 개념은 20세기까지도 없었다. 자연을 대하는 일반적인 태도는 17세기 잉글랜드의 성직자인 에드먼드 히커링길(Edmund Hickeringill)의 글에 잘 나타나 있다. "어떤 동물들은 소리도 시끄럽고 걸리적거리므로, 모든 인류는 합법적인 방법을 총동원해 빠르게 제거해서 그런 성가신 일을 당하지 않게 해야 한다." 1668년에 출판된 존 월리지(John Worlidge)의 책 『농경 체계(Sysrema Agriculturae)』에는 농사에 해롭다고 여기는 동물을 제거하는 일을 적은 달력이 나와 있다.

2월: 보이는 달팽이는 모두 잡고 개구리와 올챙이를 죽인다.
4월: 벌레와 달팽이를 잡는다.
6월: 개미를 죽인다.
7월: 말벌과 파리를 죽인다.

공식적인 정책도 마찬가지로 파괴적이었다. 1533년에 잉글랜드 의회는 전국 각지에 떼까마귀와 붉은부리까마귀를 잡을 수 있는 그물을 상비하라는 법령을 통과시켰다.(스코틀랜드 의회도 비슷한 법령을 1942년에 통과시켰다.) 이 법령은 1566년까지 지속되어 여우와 긴털족제비, 족제비, 담비, 수달, 고슴도치, 들쥐, 쥐, 두더지, 매, 말똥가리, 물수리, 어치, 까마귀, 물총새 등의 시체를 가져오는 사람에게는 교회 관리인이 돈을 지급하게 했다. 잉글랜드 전역에서 여러 동물을 멸종시키기 위해 광범위한 사냥이 행해졌다. 1732년에 체셔의 프레스트베리에서 5480마리의 두더지를 죽였고, 1764년에서 1774년 사이에 베드퍼드셔의 노스힐에서 1만 4000마리의 참새를 죽이고 3500개의 알을 파괴했으며, 1779년에는 링컨셔의 디핑세인트제임스에서 4152마리의 참새를 죽였다. 19세기 초에 서덜랜드의 한 장원에서는 3년 사이에 550마리의 물총새를 죽였다. 1819년부터 7년간, 같은 서덜랜드 주에 있는 두 개의 장원에서, '놀이' 삼아 잡을 물고기와 사냥감을 보존하기 위해 295마리의 다 자란 검독수리와 60마리의 새끼 검독수리를 죽였고, 다량의 알을 파괴했다. 제1차 세계대전 중에 정부는 곡물 수확을 늘리기 위해 참새를 다 죽이라는 명령을 내렸다. 이를 위해 특별한 동호회들이 만들어졌는데, 얼마나 성공적이었는지는 하트퍼드셔주의 트링에서 3년 사이에 3만 9000마리의 참새를 죽였다는 예 하나만으로도 알 수 있다.

유럽 전역에서 '놀이' 목적의 사냥은 대단히 파괴적이었지만, 수백 년간 어느 정도의 규모로 파괴가 있었는지 측정하기란 불가능하다. 해마다 이런 일이 벌어졌는데, 몇 가지 예로도 그 규모에 관해 짐작할 수 있다. 18세기 중엽에 웨인플리트에서는 단 한 해 동안에 3만 1200마리의 오리를 죽였다. 1833년에서 1868년까지 링컨셔의 한 마을에서는 해마다 평균 3000마리의 야생 조류를 죽였다. 덫을 놓거나 총을 쏘아 철새를 잡는 것은 지금까지도 유럽 전역에서 흔히 볼 수 있는 일이다. 아마도 여섯 마리 중 한 마리꼴 정도의 철새가 이렇게 해서 살해되고 있을 것이다.(이탈리아에서는 매년 2억 마리의 새가 총에 맞아 죽어간다.) 식량을 얻기 위해 새를 쏴서 죽이는 것은 언제나 대규모로 행해져 왔다. 1898년에 파리 한 곳에서만 27만 마리의 야생 메추리가 시장에 나왔다. 과거에는 식용 조류의 범위도 현재보다 훨씬 다양했다. 마도요와 떼새류, 종달새, 지빠귀, 개똥지빠귀, 부비새까지도 먹었다. 19세기 동안에 배스록 한 군데에서만 한 해에 1300마리의 부비새가 잡혔다. 야생 조류의 알도 인기 식품이었다. 1870년대가 되자 댕기물떼새는 그 알에 대한 수요 때문에 잉글랜드 북부에서 멸종되었다. 다른 용도로도 마찬가지로 대규모의 살육이 일어났다. 19세기 중반에 영국에서는 뿔논병아리를 잡아 그 솜털을 부인용 장갑에 쓰려고 해서 멸종 위기에 처하게 했다. 1850년대에 잉글랜드에서는 사람들이 유충을 잡아 버리는 바람에 큰주홍부전나비가 멸종되었다. 19세기에서 20세기 초까지는 새장 속에 새를 넣어 기르는 취미가 유행해 역시 파괴적인 효과를 낳았다. 1860년에 서식스주의 워딩 지역에서만 한 해에 1만 4000마리의 오색방울새가 잡혔고, 20세기 초에 런던의 시장에서는 일주일에 7000마리 이상의 붉은가슴방울새가 팔렸다.

유럽이 기타 세계에 미친 영향

유럽인들이 유럽 대륙 외의 장소에 미친 영향은 더욱 강력하고 단기간에 이루어졌다. 처음에 아메리카와 오스트레일리아, 태평양 연안에 도착한 유럽인들은 새롭고도 신기한 동식물에 어리둥절해했다. 1830년대에 오스트레일리아에 도착한 어느 유럽인은 그 뚜렷한 차이를 이렇게 적었다.

나무가 잎은 놔둔 채 껍질을 떨어뜨리고 있고, 백조는 검고 독수리는 희고 벌에는 침이 없다. 포유동물 중에는 주머니가 달린 것이 있는가 하면 알을 낳는 것도 있고 (······) 심지어 블랙베리조차 빨갛다.

하지만 무엇보다도 그들은 사람이 거의 살지 않는 그곳에 서식하는 야생 생물의 풍부함에 충격을 받았다. 그들의 기록을 보면 사람의 손이 닿지 않은 생태계 안에서 가득히 살아가는 활기 넘치는 생명의 무리들에 관한 느낌이 전해진다. 1658년에 슈피리어호에 도착한 프랑스인 탐험가 피에르에스프리 라디송(Pierre-Esprit Radisson)은 "물고기가 잔뜩 있고 철갑상어는 엄청나게 크고 창꼬치는 길이가 2미터나 된다. 연대 하나를 한 달 동안 먹여 살릴 식량도 몇 시간이면 구할 수 있다."라고 적었다. 30년 후에 플로리다의 초기 정착민 중 한 사람은 "야생 비둘기와 앵무새가 잔뜩 있고 다른 새도 너무 많아 새의 알을 한 배 가득 실었다."라고 했다. 1709년에 영국 선원 우즈 로저스(Woods Rogers)는 칠레 연안의 후안페르난데스 군도 중 하나인 마스아푸에라에 닿았을 때의 인상을 이렇게 말한다. "바다표범과 바다사자가 너무 많아 착륙하기 전에 그것들을 내몰아야 했다. 얼마나 많은지 보지 못한 사람은 믿지 못할 것이다." 18세기 말에 오스트레일리아에 도착한 제임스 쿡 선장은 물고기가 얼마나 많은지 그물을 뚫을 지경이었으며 새들이 인간을 무서워하지 않기 때문에 수천 마리를 쏘아 죽이는 것도 식은 죽 먹기라고 적었다. 오스트레일리아 동북부 앞바다의 대보초를 탐험하러 나선 식물학자 조지프 뱅크스(Joseph Banks)는 수많은 나비를 목격하고 일기에 이렇게 썼다.

사방으로 수십 미터 정도 되는 하늘이 놀랍게도 모두 나비로 덮여 있었다. 어디로 눈길을 돌려도 수백만 마리의 나비를 볼 수 있었으며, 나뭇가지도 온통 나비로 뒤덮여 있었다.

몇 년 후 토머스 멜빌(Thomas Melville) 선장이 시드니항으로 항해하고 있을 때, 브라질의 오래된 고래잡이 기지에서 6년 동안 본 것보다 더 많은 향유고래를 단 하루 동안에 보았다고 말했다. "정오부터 해가 질 때까지, 마스트 꼭대기에 올라가서 보면 수평선 이쪽 끝에서 저쪽 끝까지 여기저기서 나타나는 수많은 고래의 무리들을 헤치고 나가야 했다."라는 것이다.

이렇게 풍부한 야생 생물은 초기의 탐험가와 정착자들에게는 아주 쉽사리, 그리고 언제든지 편리하게 이용할 수 있는 식량 자원으로 보였고, 그들은 그것을 결과가 어찌되는지 생각하지도 않고 뽑아 썼다. 이런 방만한 살육은 극적인 결과를 낳았는데, 특히 날지 못하는 새들이 주류를 이루던 섬의 경우에 더 파괴적이었다. 예를 들어 모리셔스섬에서는 새로 들어온 돼지와 쥐 그리고 선원들의 사냥으로 인해 땅에 둥지를 짓고 살던 도도새가 1681년 무렵에 멸종되었다. 생물 멸종 중에 가장 규모가 컸던 사례 중 하나가 18세기 후반에 유럽인들이 온 후 오스트레일리아에서 발생했다. 오리너구리는 1815년까지 블루마운틴 산지에서 흔했지만, 1850년에는 멸종되었다. 머리 달링 분지를 1856~1857년에 탐사했던 탐험대는 31종의 동물 종이 있다고 기록했으나, 지금은 그 가운데 22종이 멸종되었다. 그 밖에도 특히 캥거루와 에뮤 같은 종은 조직적인 사냥으로 심각한 피해를 입었다. 1850년에 포스터 파이언스(Foster Fyans)라는 사냥꾼은 빅토리아 식민지에서 다음과 같이 탄식했다.

우리가 처음 여기에 왔을 때는 에뮤와 캥거루가 천지에 널려 있었고, 능에도 마흔 마리 이상씩 떼를 지어 있었다. 능에는 이제 찾아보기 어려워 멀리 떨어진 곳으로나 가야 만날 수 있을 정도다. 캥거루와 에뮤도 이 근방에서 멸종되어 가고 있다. 이 나라에는 사냥감이 거의 다 떨어졌다.

19세기 말에 이르면 토끼왈라비나 줄무늬토끼왈라비와 같은 희귀한 유대 동물은 이미 멸종되고, 19세기에 가장 흔한 사냥감이었던 빌비는 1912년에 멸종되었다.

19세기와 20세기 초에 아프리카와 인도에서는 대형 동물의 사냥이 한창 유행이어서 이런 동물의 수를 크게 줄였다.(이 사냥은 오늘날 최상류층과 권력자들 사이에 다시 유행하고 있다.) 특히 먹이사슬의 꼭대기에 있는 사자나 호랑이 같은 육식동물이 심각한 피해를 입었다. 어떤 시기의 유행(그중 상당수는 현재까지도 계속되고 있다.)은 대량 살육을 더욱 부추긴다. 구두나 핸드백을 만들기 위한 악어가죽, 각종 상아 세공에 쓰이는 코끼리 어금니, 최음 효과가 있다고 알려진 코뿔소 뿔 같은 것들이다. 19세기 말에는 모자에 이국적인 깃털 장식을 꽂는 것이 유행해 1869년에 브라질에서만 17만 마리의 죽은 새를 수출했다. 1913년에 런던의 상점들에 나온 모자의 깃털들은 7만 7000마리의 왜가리와 4만 8000마리의 콘도르, 16만 2000마리의 물총새에게서 나온 것이었다. 파리와 로마, 뉴욕 등 산업 세계의 다른 대도시들에서도 비슷한 통계를 찾을 수 있다. 식물도 영향을 받았다. 19세기에 유럽에서는 희귀 난초의 수집이 유행해, 브라질에서는 한 해에 적어도 10만 개 이상을 열대 수림에서 채집하고 수출했다.

인간이 야생동물에 미친 영향은 오스트레일리아보다 북아메리카에서 더 파괴적이었다. 유럽인들이 처음 북아메리카 중앙의 대초원에 도착했을 때, 그들은 엄청난 규모의 들소들이 배회하는 것을 보았다. 그 규모는 아마 4000만 마리에서 6000만 마리 정도 되었을 것이다. 북아메리카 원주민들도 고기와 가죽을 얻기 위해 들소를 사냥했지만, 그들이 죽인 수는 한 해에 30만 마리가량으로, 자연적으로 회복할 수 있는 수준을 넘지 않았다. 따라서 유럽인들이 들소 사냥을 시작한 1830년대까지 들소의 수는 원래의 규모를 유지하고 있었다. 유럽인들은 처음에는 고기를 얻고자 사냥을 시작해 한 해에 200만 마리 정도를 잡았는데, 그 결과 당연히 들소 떼의 규모가 줄어들기 시작했다. 1871년에 들소 가죽을 제품화하기 시작하면서 살육이 급격히 늘어나, 1870년대와 1880년대에는 한 해에 300만 마리가량을 죽였다. 이로 인해 1890년대에는 들소가 멸종 위기에 처했다. 그래서 지금은 조심스럽게 관리되는 몇 개의 무리만 생존을 이어 가고 있다.

여행비둘기

야생동물의 역사에서 가장 끔찍한 살육의 예는 들소가 아니라 여행비둘기일 것이다. 이것은 믿기 어려울 정도로 끔찍한 이야기다. 초기에 북아메리카에 정착한 유럽인들은 꼬리가 길고 빠르고 우아한 푸른색 비둘기 떼를 찬미했다. 초기에 버지니아에 정착한 주민 중 한 사람은 다음과 같이 적었다.

겨울에 모이는 야생 비둘기의 수는 상상을 초월한다. 나는 야생 비둘기가 서너 시간 이상이나 하늘을 빽빽이 덮을 정도로 많이 모여 나는 것을 보았다.

이와 비슷한 기록이 1625년에 맨해튼섬의 네덜란드인 목격자에게서, 1631년에 매사추세츠주 세일럼에서, 1698년에 루이지애나의 최초 개척자에게서 보고되었다. 1854년까지도 뉴욕주 웨인 군의 한 주민은 이렇게 적었다.

며칠씩이나 새들로 하늘이 뒤덮일 때가 있다. 새 떼가 안 보이는 시간은 반나절도 안 되었다. 새 떼는 몇 겹씩 층을 이루어, 눈에 보이는 모든 곳을 뒤덮었다.

1873년 4월 8일에 미시간주 새기노에서는 아침 7시 반부터 오후 4시 사이에 여행비둘기들이 쉬지 않고 떼를 지어 날고 있었다고 한다. 또 다른 보고서는 새 떼가 이른 봄에 남쪽의 산란지인 뉴잉글랜드와 뉴욕, 오하이오와 남부 호수 지대로 가기 위해 하루에 네다섯 시간씩 머리 위를 날아가고 있다고 적었다. 그리고 새 떼가 얼마나 많은지 총을 한 방만 쏘아도 30~40마리가 잡혔고, 언덕에서 나뭇조각만 던져도 여러 마리를 잡을 수 있다고 했다. 따라서 둥지도 많았다. 약 160제곱킬로미터 면적의 지역에 빽빽이 나무들이 들어서 있었는데, 한 그루에 많게는 90여 개의 둥지가 있는 나무도 있었다고 한다. 이 새들은 서 있을 자리도 없어 포개져 서 있는 일도 종종 있었는데, 이들의 무게 때문에 가지가 부러지거나 심지어 나무둥치 전체가 부러지기도 했다. 유럽인들이 처음으로 북아메리카에 도착했을 무렵에 정확히 몇 마리의 여행비둘기가 있었는지는 알 수 없지만, 가장 신뢰할 만한 추정으로는 50조 마리 정도였을 것으로 보인다. 이 수치는 당시 북아메리카에 있던 새 전체의 약 3분의 1 정도이며, 오늘날 미국에 있는 새 전부와 맞먹는 수다.

여행비둘기가 이렇게 번성했던 이유는 매와 독수리를 제외하고는 천적이 없었기 때문이다. 하지만 여행비둘기들은 인간의 행동 앞에서는 놀라울 정도로 취약했다. 암컷 여행비둘기는 1년에 한 번만 알을 낳기 때문에 손실을 쉽게 보충할 수도 없었다. 둥지도 허술했고 떼를 지어 이동하는 습성 때문에 쉽게 공격 대상이 되었다. 여행비둘기는 북아메리카 대륙에 넓은 숲을 이루는 도토리와 밤, 너도밤나무 열매 등을 주로 먹었기 때문에 숲이 파괴되자 먹을 것도 줄어들었다. 이로 인해 개체 수가 약간 줄었을지 모르지만, 위기를 불러온 것은 사냥이었다. 아메리카 원주민들은 비둘기를 큰 그물로 잡았고, 1630년이 되면서부터는 유럽에서 온 정착민들도 이를 따라 하기 시작했다. 새끼 비둘기는 별미로 여겨졌고, 다 큰 새는 깃털과 고기를 취하려고 잡았다. 유럽인의 정착이 시작된 뒤 약 200년 동안에는 비둘기의 개체 수가 줄기는 했지만, 19세기 중반에는 아직 수십 만 마리가 있었다. 이 시기에는 인간의 공격 규모가 아직 제한적이었다고 볼 수 있다.

수십 억 마리의 여행비둘기는 약 50년이라는 기간에 멸종 위기를 맞는 지경에 이른다. 대량 학살은 확대되어 가는 미국 동부의 도시들에 값싼 비둘기 고기를 공급하려는 목적으로 대규모 상업적 사냥이 발달하면서부터 시작되었다. 오대호 지역과 뉴욕을 잇는 철도가 1850년대 초에 개통되면서 이 대량 학살에는 더욱 박차가 가해졌다. 1855년에는 뉴욕 한 곳으로만 한 해에 30만 마리의 비둘기 고기가 보내졌다. 최악의 학살은 1860년대와 1870년대에 행해졌다. 그 규모는 거의 믿을 수 없는 수치이지만, 합법적이고 이윤도 높은 사업의 일부로 세밀히 기록되어 있다. 1860년 7월 23일 하루 동안만 23만 5200마리의 새가 미시간주의 그랜드래피즈에서 동부로 보내졌다. 1874년 한 해 동안에는 미시간주 오세아나 군에서 100만 마리의 비둘기가 동부의 시장으로 보내졌다. 2년 뒤에는 한 주에 40만 마리가, 한 해에는 160만 마리가 보내졌다. 1869년에 미시간의 밴뷰런에서만 750만 마리의 새가 동부로 보내졌다. 1870년대에 여행비둘기의 수는 현저하게 줄었지만, 그래도 1880년에 미시간주에서 동부로 52만 7000마리가 보내졌다. 1880년대 말이 되자, 그렇게 흔했던 여행비둘기가 떼를 지어 날아다니는 모습을 볼 수 없게 되었고, 혹시라도 여행비둘기를 보게 되면 얘깃거리가 될 정도였다. 마지막 한 마리의 여행비둘기는 1914년에 새장 안에서 죽었다.

새로운 종의 도입

1500년 이후에 유럽인들은 세계 곳곳으로 퍼져 수많은 종을 멸종시키거나 개체 수를 격감시켰다. 하지만 유럽이 전 세계 생태계에 끼친 영향은 이뿐만이 아니었다. 그들은 유럽에서 기르던 작물과 가축을(그리고 많은 경우 전염병까지) 갖고 다녔다. 이로써 전 세계 동식물의 동질화 과정이 본격적으로 시작되었다. 많은 가축이 야생으로 도망쳤고, 외래 식물들이 토종 식물을 몰아내고 그 자리를 차지하는 일도 많았다. 그 효과는 전 세계 모든 곳에서 나타났지만, 특히 아메리카 대륙과 오스트레일리아에서 심했다.

유럽인들이 데려간 가축들, 즉 돼지와 소, 양, 말 등은 모두 엄청난 영향을 끼쳤다. 돼지는 도처에서 도입되었다. 야생으로 돌아가자 먹을 것이 풍부한 숲에서 빠른 속도로 번식했다. 현재 오스트레일리아에는 2000만 마리가 넘는 야생 돼지가 있다. 1493년에 콜럼버스가 가져간 소들이 50년 뒤에는 플로리다와 멕시코, 페루에서 거대한 무리를 이루었다. 소는 남아메리카와 팜파스에서 번성해 1700년 무렵에는 5000만 마리로 불어났다. 어찌나 수가 많았던지, 19세기 중엽에는 목장의 경계인 벽을 소의 머리뼈로 아홉 겹을 쌓아 올려 만들 정도였다. 오스트레일리아에도 야생 소가 엄청나게 많았지만, 기록을 보면 이들은 1788년에 축사에서 도망친 여덟 마리의 소에서 시작해 불어난 것이다. 유럽인이 신대륙에 가져간 가축 가운데 양은 1540년대에 멕시코로 가져가기 전까지는 별로 번성하지 않았다. 그런데 그때부터 30년 동안 엄청난 외래 양들이 번성했는데, 미초아칸 지역에만도 20만 마리 이상이나 되었다. 1614년 무렵에 칠레의 산티아고 지역에는 62만 마리의 양이 있었다. 유럽인들이 정착하기 전에는 오스트레일리아와 뉴질랜드에는 발굽을 가진 동물이 없었다. 100년이 지나지 않아 (19세기 말에) 1억 마리의 양과 800만 마리의 소가 생겼다. 뉴질랜드가 영국령이 된 지 30년 만에 900만 마리의 양이 생겼다. 이렇게 목축 동물이 증가하자 집약적인 목축에 적응되지 않은 이 지역의 초지도 타격을 받았다. 재래종 식물들은 유럽에서 온 변종들로 대체되었다. 소나 양의 경우처럼 유럽인들이 아메리카 대륙으로 데려간 말도 야생화했다. 이 말들은 멕시코에서 대평원으로 옮겨 가서 아메리카 원주민들에게 길들어 그들의 생활양식을 크게 바꾸어 놓았다. 말이 생기기 전까지는 소규모 농경을 하던 많은 부족이 들소 사냥꾼으로 변했다. 18세기에 애팔래치아산맥을 넘어 서쪽으로 가던 유럽인들은 대규모의 야생마 떼를 골칫거리로 여겨 쏘아 죽이곤 했다. 다른 동물들도 도입되었다. 19세기 말에 한 떼의 낙타를 오스트레일리아 중앙 사막에 도입해 짐을 싣고 가는 동물로 사육하려는 시도가 있었으나 실험은 실패해서, 낙타들은 야생 상태로 돌아갔다. 지금 오스트레일리아에는 아라비아보다 더 많은 낙타가 있다. 꿀벌도 북아메리카에 소개되어,(이전까지는 꿀이 없었기 때문에 인디언들은 단풍나무 시럽으로 단맛을 냈다.) 1800년 무렵에는 풍토에 적응했다. 오스트레일리아에는 1822년에 꿀벌이 도입되어 곧 토착종인 침 없는 벌보다 많아졌다.

생태계에 불어 닥친 가장 큰 환경적 재난은, 1859년에 빅토리아의 절롱 근처에 사는 토머스 오스틴(Thomas Austin)이라는 농부가 오스트레일리아에 사냥감으로 토끼 몇 마리를 가져옴으로써 시작되었다. 빠른 번식 속도로 잘 알려진 토끼는 천적이 없는 오스트레일리아에서 급속도로 불어나 광범위한 지역의 작물을 망쳐 놓았다. 1880년에 토끼는 뉴사우스웨일스에까지 퍼졌고, 오스트레일리아 남부의 양 목장을 망쳐 놓았다. 1880년대 중반에 토끼 제거 운동이 대규모로 벌어졌다. 빅토리아에서만 1800만 마리가 죽임을 당했고, 뉴사우스웨일스에서는 700만 마리 가까이가 살육되었다. 하지만 별 성과가 없어, 그 멈추지 않는 번식 확산은 계속되었다. 1890년대에는 토끼가 널라버 사막을 가로질러 서부 오스트레일리아로 향했고, 이에 새로운 대책이 시도되었다. 토끼를 막기 위해 1902년에서 1907년 사이에 1600킬로미터나 되는 울타리를 북쪽 해안에서 남쪽 해안까지 쳤지만, 1920년대에 토끼가 울타리를 뚫고 나왔다. 오스트레일리아에서 불과 몇 마리에 지나지 않던 토끼는 1세기도 지나지 않아 5억 마리로 늘어났다. 작물 피해가 커져 갔고, 토끼 제거 운동이 거의 끊이지 않고 계속되었지만, 모두 실패했다. 1950년, 절망한 오스트레일리아 정부는 최후의 조치로서 브라질에서 다발성 점액종 증균을 들여왔다. 덕분에 토끼의 사망률은 대단히 높아졌지만, 어느 병이나 그렇듯이 선천적으로 이 병에 대한 면역체를 보유한 일부 토끼가 번식을 계속해 나갔다. 7년 만에 사망률은 25퍼센트 정도로 떨어졌다. 주기적으로 다발성 점액종 증상이 발생했는데도, 토끼의 수는 다시 급속하게 불어났다.

만일 토머스 오스틴이 15세기에 마데이라의 포르투산투섬에서 어떤 일이 일어났는지 알았다면, 오스트레일리아에 토끼를 들여오기 전에 다시 한번 생각해 보았을 것이다. 1420년에 최초의 포르투갈인 정착자들이 그 섬에 도착했을 때, 그곳은 인간이 전혀 손대지 않은 식물군과 동물군을 간직하고 있었다. 이러한 상태는 그들이 가져온 토끼들이 도망치면서 곧 바뀌었다. 몇 년 안에 섬은 황폐해졌다. 광범위한 지역에서 식물이 없어지자 토양이 드러나 엄청나게 침식되어 갔다. 상황은 점점 악화되어 전 주민이 마을을 포기하고 마데이라로 이주하는 사태까지 발생했다. 이 마을은 30년이 지난 후 대단히 많은 노력을 들이고 나서야 다시 사람들이 사는 곳이 되었다.

또한 정착 초기에 배와 함께 (어느 배에나 있게 마련인) 쥐 같은 동물이 우연히 들어와 토끼만큼 치명적인 결과를 낳기도 했다. 초기 정착촌인 1609년의 버지니아 제임스타운이나 1790년의 오스트레일리아 시드니에서는 배에서 나온 쥐가 창고 안의 귀중한 곡식을 모조리 먹어 버리기도 했다. 스페인에 정복당한 지 40년 만인 1570년대에 페루는 유럽에서 온 배에 타고 있던 쥐가 옮기는 역병에 시달렸다. 오스트레일리아의 배에서 도망친 배는 자연적인 천적이 없는 상태에서 엄청나게 번식했다. 문제의 심각성은 1917년의 단 넉 달 동안, 오스트레일리아 남부의 한 지역에서만 3200만 마리의 쥐가 잡혔다는 것만 보아도 알 수 있다. 유럽찌르레기는 1891년에 유진 시펄린(Eugene Schieffelin)이 뉴욕 센트럴파크를 장식할 용도로 80쌍을 들여오면서 처음으로 북아메리카 대륙에 도입되었다. 그들은 급속히 번식해 30년 이내에 동부 해안의 대부분 지역에서 볼 수 있게 되었다. 모양은 예쁘지만 호전적인 찌르레기는 토착종인 새들을 물리치고 생태계에 자리 잡았으며, 파랑새와 플리커(딱따구리의 일종)에게 치명적인 영향을 주었다. 1950년대가 되자 그들은 미국 대륙을 가로질러 캘리포니아와 알래스카까지 갔다. 어떤 새들은 다른 방향으로 이동하기도 했다. 앵무새는 1840년, 새장에 담긴 예쁜 색의 애완조로서 처음으로 영국에 들어왔다. 그 직후 몇 마리가 탈출했는데, 야생으로 간 앵무새의 수가 번성하기 시작한 것은 20세기 후반이 되어 평균기온이 상승하면서부터였다. 지금은 앵무새가 대규모의 군집을 이루고 산다. 런던 남서부에 있는 군집 한 개에만 7000마리 이상의 앵무새가 살며, 매년 개체 수가 30퍼센트 증가한다. 2010년이 되면 이 지역에 10만 마리의 앵무새가 살 것으로 추산된다.

새로운 동식물의 도입은 식물에도 예기치 못한 극적인 영향을 미쳤다. 1810년에 세인트헬레나섬에 염소가 들어온 이래, 극성스럽게 먹어대는 염소를 견디지 못하고 33종의 토착 식물 중 22종이 멸종되었다. 1830년대에 우루과이의 대평원에서 찰스 다윈은 수백 제곱킬로미터의 땅이 가시투성이의 카르둔에 덮여 있어 지나가지 못할 정도인 것을 발견했다. 먹을 수 있는 풀은 야생 소와 말 떼가 다 먹어 치워 카르둔이 번성한 것이었다. 아메리카와 오스트레일리아의 토착 식물들도 유럽에서 들어온 식물로 인해 큰 피해를 입었다. 유럽산 양치류, 엉겅퀴, 질경이, 쐐기풀, 사초 등은 남아메리카와 북아메리카, 오스트레일리아에서 흔히 볼 수 있다. 이런 것들은 어쩌다 묻어 들어와서, 바로 급속하게 퍼져 나갔다. 1888년부터 정착이 시작된, 태평양에 있는 크리스마스섬의 경우, 1904년이 되자 30여 가지의 유럽 잡초가 무성하게 자라났다. 캘리포니아에도 1769년에는 비토착종이 3종밖에 없었지만, 100년이 지나지 않아 전체 식물의 절반가량인 92종으로 늘어났다. 18세기에 남아메리카의 팜파스에는 아티초크와 거대한 지중해 엉겅퀴가 무성하게 자라 넓은 지역을 사람이 뚫고 들어갈 수 없는 지경으로 만들었다. 1877년에 부에노스아이레스에서는 157종의 유럽 식물이 자랐으며, 50년 후에 브라질의 대초원 팜파스에 남은 토착종은 전체 식물의 4분의 1뿐이었다. 기후가 영국과 대단히 비슷한 뉴질랜드에서는, 특히 유럽 꿀벌이 들어온 이래 새로운 식물이 번성했다. 이곳에서 발견되는 식물의 절반은 원산지가 유럽이다. 기후가 험악해 유럽 식물이 적응하기 어려웠던 오스트레일리아에서조차 많은 토착종이 사라져 갔다. 정착이 시작된 지 100년 만에 오스트레일리아 남부에서는 139종의 유럽 식물이 자라게 되었고, 현재는 800여 종이 자라고 있다. 이런 식물들 중에는 진짜 큰 문제를 일으키는 것들이 있다. 울타리를 만들기 위해 1839년에 오스트레일리아에 들여온 부채선인장이 퀸즐랜드와 뉴사우스웨일스에 급속도로 퍼져 2미터가 넘는 울타리를 이루었다. 1925년 무렵에는 2500만 헥타르의 땅을 뒤덮었는데, 그 땅의 절반에는 다른 식물이 살 수 없었다. 남아메리카에서 부채선인장을 먹고 사는 유충을 들여오고 나서야 번식을 억제할 수 있었다.

세계 여러 지역 사이에 교류가 증가하면서 전염병도 퍼져 갔다. 처음으로 이런 병을 접해 아직 자연적인 저항력이 거의 없는 지역에서는 치명적인 피해가 발생했다. 1889년에 소말리아를 정복하려고 온 이탈리아 군대가 끌고 들어온 소에는 우역 바이러스 보균체가 있었는데, 이 균은 유럽에서는 이미 오래전에 정착된 것이었다. 하지만 아프리카에는 그때까지 없었으므로, 그것이 남쪽으로 퍼져 감에 따라 치명적인 결과를 불러일으켰다. 아마도 잠베지 남부 지역에서는 가축의 90퍼센트가 이 병으로 죽었을 것이다. 소의 죽음은 이 동물에 의존하던 목축 경제를 파괴했다. 그 결과 마사이족의 3분의 2가량이 죽음에 이르렀을 것으로 추산된다. 1900년에 미국 농무부는 아시아의 밤나무를 뉴욕에 들여왔다. 이 나무들은 곰팡이균을 보유하고 있었는데, 이 곰팡이균에 대해 아시아의 밤나무는 이미 상당한 정도로 면역이 있었다. 하지만 미국의 나무들에는 치명적인 영향을 미쳐, 20세기 말에는 미국 토종 수종이 거의 근절되다시피 했다. 콜로라도에서는 감자가 들어오자 그전까지 야생 샌드버(가시풀의 일종)를 먹고 살던 콜로라도감자잎벌레의 습성이 변했다. 콜로라도감자잎벌레는 감자를 망치는 골칫거리가 되었고, 1874년 무렵에는 동부 해안까지 퍼졌다. 아무리 통제를 해도 속수무책이어서, 1920년에는 프랑스에 퍼지고 서부 유럽으로 번져 나가 1955년에는 소련에까지 나타났다. 1850년대에는 로키산맥 동부의 야생 포도에 서식하던 미국 포도나무뿌리진디가 선박을 통해 유럽으로 들어갔다. 포도나무뿌리진디는 유럽의 포도밭에 막대한 손상을 입혀 포도주 산업의 장래마저 위태롭게 만들었다. 이것은 내성이 강한 미국산 포도 모목(母木)에 유럽 포도 넝쿨을 접목해 포도를 재배하기 시작하면서 진정되었다.

유럽인과 유럽 식물, 유럽 동물 등 유럽의 팽창이 낳은 효과는 광범위했다. 세계의 야생 생태계는 다시는 이전으로 돌아갈 수 없었다. 많은 종이 멸종되거나 수가 격감해 한정된 지역에서 간신히 명맥을 유지하고 있다. 게다가 유럽산 동식물들은 전 세계로 퍼져 나가 새로운 조건들에 빠르고 쉽게 적응했다. 따라서 지난 5세기 동안 전 세계는 종의 수 감소와 생태계의 동질화를 겪었다.

'공유지의 문제'

여행비둘기(그리고 큰바다쇠오리나 도도 등 다른 동물들)의 멸종과 아메리카들소의 멸종 위기는 상당히 어려운 질문을 제기한다. 왜 이러한 무차별적인 살육이 계속되었을까? 이런 생물자원을 파괴해 버리는 것이 결국은 그것을 이용하는 산업의 근본부터 파괴하는 역효과를 갖는다는 것을 왜 몰랐을까? 왜 어떤 일이 벌어질지 분명해진 시점에서조차 살육을 멈추지 못하고 좀 더 지속 가능한 방법으로 사냥하지 않았을까? 이러한 문제들은 미국의 생태학자 윌리엄 오펄스(William Ophuls)가 '공유지의 문제(the problem of the commons)'로 부른 문제의 예들이다. 이러한 동물 떼들을 공동체가 소유한 것은 아니었으므로, 엄밀히 말해 '공유물'로 부를 수는 없다. 그러니 '접근성 개방 체제의 문제(the problem of open access regime)'로 부르는 편이 나을지도 모른다. 아무도 이 동물들을 '소유'하지 않았고, 따라서 이들의 살육 속도를 조절하거나 지속 가능한 이용을 할 수 있도록 관리하려는 데 관심을 가진 사람이 없었다. 소유권도 없는 데다 이용하는 비용도 싸니까,(들소를 잡는 데는 총과 말이 있으면 되었고, 비둘기를 잡는 데는 그물이면 충분했다.) 많은 사람이 사냥에 뛰어들고 싶었을 것이다. 치열하게 경쟁하는 상황에서 개인이 취할 수 있는 가장 합리적인 행동은 경쟁자보다 먼저 한 마리라도 더 죽여 눈앞의 사냥감을 최대한 많이 잡는 것이다. 개체 수가 빠르게 줄어들수록 더욱 많은 동물을 더 빨리 죽이려는 압박감을 받게 된다. '접근성 개방 체제'에서 생기는 이러한 심리적 압박감은 사람들이 될 수 있는 한 큰 규모로 자원을 수탈하도록 만드는 경향이 있다. 이런 경향이 잘못되었다고 생각해 살육을 자제하는 사람이 있다고 해도, 이는 자기의 소득만 줄이고 경쟁자에게 더 많은 기회를 줄 뿐, 전체적인 살육 속도에는 영향을 주지 못한다.

장기적 고려 없이 단기적 이익만을 극대화하는 이러한 양상은, 궁극적으로는 자원의 고갈로 이어지지만, 인간이 동물을 사냥하는 방식의 주요한 특징이다. 그 종을 과도하게 사냥해 거의 멸종할 지경이 되지 않도록 방지하는 방법을 생각해 보려는 노력은 거의 또는 전혀 이루어지지 않았다. 4대 동물 자원 착취, 즉 어로, 모피 무역, 물개잡이, 고래잡이 모두 똑같이 참담한 실상을 보여 준다.

고기잡이

중세 유럽에서는 가축의 수가 적었기 때문에 생선이 주요 식량 공급원이었다.(농경지가 아주 제한된 일본도 상황은 마찬가지였다.) 16세기까지 유럽에서 고기잡이는 주로 연안 지역에 국한되었는데, 여기에서도 지나친 남획이 있었다는 징후가 나타나기 시작한다. 1500년에 이르면 발트해에서 청어잡이가 거의 불가능해진다. 불과 몇십 년 후에 서유럽 해안의 대구잡이도 마찬가지 운명에 놓인다. 이는 유럽의 어부들이 더욱 서쪽으로 가서 뉴펀들랜드의 풍부한 어장인 그랜드뱅크스로 눈을 돌리게 하는 한 요인이 된다. 초기에 뉴펀들랜드의 어장은 바닷물을 양동이로 퍼내면 고기가 잔뜩 잡힐 정도로 풍부했다.

20세기가 되기까지 광활한 대양의 어업자원은 무궁무진하다고 여겨졌다.(사실 물고기는 바다 중에서도 주로 대륙붕 같은 일부 지역에만 산다.) 주요 어로 국가들이 어로의 기계화와 공업화를 시작하면서 심각한 문제들이 생기기 시작했다. 어획량을 제한하려는 시도를 하기는커녕 어획량을 극대화하는 데 모든 노력을 기울였다. 어선들은 가장 고기가 많이 잡히는 지역에서 어로를 시작하다가 지나친 어로 행위로 어획량이 줄기 시작하면 점점 어린 고기들까지 잡기 시작한다. 이는 개체 수를 더욱 빨리 감소시켜, 결국 그 어장은 버려두고 좀 더 생산성이 떨어지는 다른 지역에 가서 어로 행위를 하게 된다. 이 어장

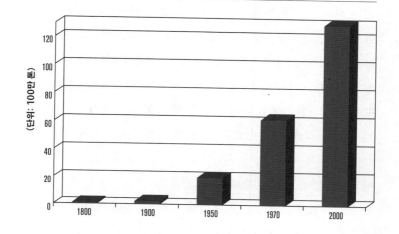

세계 어획량(1800~2000년)

저 어장에서 물고기 자원이 연이어 급속히 줄어들었다. 1890년에 처음으로 북해의 넙치가 크게 줄어든 데 이어, 1905년에는 북대서양산 대구, 1920년에는 대구가 같은 운명에 처했다. 1920년대에 아일랜드와 남서잉글랜드 어장의 대구류, 아이슬란드 동부의 대구와 북대서양 대구, 아이슬란드 서부의 가자미, 노스케이프의 북대서양 대구, 콜라반도의 가자미가 남획으로 인해 급격히 줄어들었다. 캘리포니아에서는 정어리 산업이 급격히 팽창했다가 급격히 쇠퇴하고 말았다.(그 모습은 존 스타인벡(John Steinbeck)의 『통조림공장 골목(Cannery Row)』에 그려져 오래도록 전해지고 있다.) 이 산업은 시작된 것은 1900년 무렵이지만, 1915년 이후에 값싼 생선 통조림을 수출하면서부터 본격화되었다. 1930년대 중반에는 연간 60만 톤의 정어리가 잡혔다. 그로부터 10년이 지나지 않아 정어리 남획으로 인해 이 산업이 망해 버려 많은 어선이 남아메리카 서부 해안의 어로 자원을 이용하기 위해 떠나야 했다.

전체적으로 보아 세계의 어획량은 제2차 세계대전이 끝나기 전까지는 아직 상대적으로 적은 편이었다. 19세기에 어획량은 100만 톤에서 200만 톤으로 증가했고, 1950년이 되면 2000만 톤 정도였다. 그 후 2000년까지 50년 동안 어획량은 여섯 배로 뛰어 1억 3000만 톤이 된다. 이는 여러 다른 어장에서 단기간에 집중적으로 어획했기 때문이며, 이러한 남획의 결과는 매우 빠른 어로 자원의 고갈로 나타났다. 오늘날 북해에서는 1950년 수준의 절반밖에 고기가 잡히지 않는다. 1965년에 북대서양에서는 대구가 25만 톤이나 잡혔으나, 10년 후에는 2만 톤에도 못 미쳤다. 가장 오래 지속되고 가장 집중적인 착취의 현장이었던 북해의 어업도 심각한 타격을 입었다. 어업 부문 자체적으로 효과적인 통제 기제를 마련할 수 없었으며, 어업의 채산성이 떨어지자 많은 어선이 조업을 중단했다. 남아서 조업하는 어선들은 그나마 남은 물고기를 잡기 위해 높은 기술력을 동원해야 했다. 이제 어선들은 거의 2킬로미터 너비의 그물을 사용하거나 130킬로미터나 되는 줄을 끌고 다녀야 한다. 그렇게 해도 어획량의 3분의 1은 상업성이 없어 버려진다. 정부들, 특히 유럽 연합(European Union: EU)은 쿼터제를 도입해 어획량 통제에 나섰지만, 어업계의 말을 수용하다 보니 과학자들이 적절하다고 제시하는 수준보다 훨씬 높게 통제 수준이 결정된다. 1차적인 책임은 어업 부문에 있지만, 정부는 문제를 더 심화하고 있다고 비난받는다. 전 세계적으로 연간 40만 파운드의 보조금이 어업 부문에 지급되는데, 이는 남획을 조장하는 결과를 낳고 있을 뿐이다.(그물 어로 산업은 잔디 깎는 기계를 만드는 제조업보다 더 소수의 사람을 고용하고 있을 뿐인데도 영국 정부는 이 사업에 연간 6억 파운드 이상의 보조금을 지급한다. 이는 1980년대 초보다 100배로 증가한 것이다.) 어류 자원과 어획량이 줄어 감에 따라 (과거에는 육류보다 저렴했던) 생선

값도 급증해 영국의 경우 1950년과 2000년 사이에 실질 가치가 여섯 배로 증가했다.

유럽 근해와 북대서양의 어류 자원이 급감하면서 어선들은 다른 곳으로 이동했다. 한때 소규모 지역 어선만이 출입했던 아프리카 서부 해안의 어장에서는 이제 EU 소속의 대규모 기계 어업 선박들이 남획 중이다. 1950년 이래 이런 선박들의 어획량은 스무 배로 증가했다. EU가 서아프리카에서 어업권을 사들이면(그로 인해 서아프리카 정부는 어업으로부터 얻는 단백질에 크게 의존해 살아가는 2억 명의 지역 주민을 희생시킨다.) 서아프리카의 정부들은 그 돈을 자국의 어업을 환경 친화적으로 바꾸기 위해 흘림걸그물을 폐기하고 처분하는 데 써야 한다. 2001년에 스페인과 포르투갈에서 흘림걸그물의 사용이 금지되자 EU가 이들 아프리카 국가들에 이를 팔았던 것이다. 선박들은 대서양과 남극해로 모여들어 이 지역에 풍부한 크릴새우를 어획했다.(크릴새우의 수는 그것을 먹고 사는 고래가 줄어들자 급격히 늘어났다.) 1960년대 초에는 한 해에 4만 톤 정도가 잡혔다. 1982년에는 한 해에 52만 톤으로 늘었는데, 이는 지속 가능한 수준을 넘는 것이었다. 몇 해 지나지 않아 어획량은 연간 10만 톤으로 떨어졌다. 북서태평양에서는 일본의 고등어 어획량이 1978년의 150만 톤에서 4년 만에 절반 수준으로 떨어졌다. 21세기 초인 지금 세계의 대양 어업은 위기에 처해 있고, 장기적 지속 가능성도 불투명해 보인다. 2006년 11월의 《사이언스(Science)》에 실린 보고서는 공해(公海)상 어장의 3분의 1은 붕괴 상태에 있다고 보고했다.(붕괴 상태란 원생산성 수준의 10퍼센트 정도만을 생산하는 상태로 정의된다.) 1950년 이래 지구의 어류 자원은 3분의 1이 줄었고, 감소하는 속도는 점점 빨라지고 있다. 세계의 모든 주요 어종 자원이 40년 내에 소진될 것이라는 전망도 있다.

전 세계의 주요 강과 호수에서도 이와 같은 남획과 붕괴 현상이 나타나고 있다. 카스피해의 철갑상어(캐비아의 재료) 어획량은 20세기 초와 비교할 때 4분의 1 수준으로 떨어졌다. 카스피해의 철갑상어 개체 수는 계속 감소했고, 2005년에 미국은 이를 우려해 캐비아 수입을 금지한다는 특단의 조치를 취했다. 북아메리카의 오대호 지역도 비슷한 상황이다. 18세기까지 이리호에는 도끼 자루로 때려 잡을 수 있을 만큼 철갑상어가 많았다. 19세기 말에 오대호 지역의 연간 어획고는 여전히 연간 450톤을 유지했다. 1960년대에는 2톤 이하로 줄었다. 시스코 어장의 붕괴는 더 굉장했다. 1930년대에는 한 해에 700만 킬로그램의 시스코가 잡혔는데, 1960년대 중반에는 4000킬로그램으로 줄었다. 19세기에는 연어를 잡는 것이 스포츠가 되어 일부 강에 치명적인 영향을 미쳤는데, 특히 스코틀랜드에서 심했다. 버윅주 트위드강의 연어 어획고는 1842년의 14만 9000마리에서 30년도 채 되지 않아 4만 마리로 줄어들었다.

대양과 호수, 강에서 이루어지는 어업에 점점 과부하가 걸리면서 20세기 후반에는 양식업이 발달했다. 물고기를 가두어 기르게 된 것이다. 21세기 초인 지금 세계의 어획량 3분의 1에 육박하는 양이 양식된 어종이다.(그중 3분의 2는 잉어 등을 오랫동안 양식해 왔던 중국에서 생산된다.) 양식을 할 수 있는 어종은 잉어와 새우, 참새우, 연어 등 몇 가지가 안 될 뿐 아니라, 그것들을 생산하려면 거의 생산되는 어류의 무게와 맞먹는 양식 사료가 필요하다.(연어는 살을 분홍색으로 만들기 위해 염색약도 먹여야 한다.) 앞으로 몇십 년 안에는 세계 어획량의 절반이 양식된 생선이 될 수도 있다고 한다.

모피 무역

유럽에서는 모피를 얻기 위해 덫을 놓아 짐승을 잡는 것이 19세기까지 주요 교역 활동이었다. 초기에는 유럽 시장에 나오는 모피가 유럽에서 잡힌 짐승의 것이었으나, 모피를 얻을 수 있는 짐승이 유럽에서 점점 고갈되어 가면서 모피를 얻기 위해 점령 지역을 확대해 나가게 되었고, 이것이 유럽이 팽창하는 숨은 원동력이 되었다. 동쪽으로는 러시아에서 시베리아를 거쳐 태평양으로 나가 알래스카를 가로지르고, 서쪽으로는 북아메리카로 이주하게 하는 데 핵심적인 역할을 했다. 모피 무역은 로마 제국 시대로까지 거슬러 올라가는데, 상인들이 현재 러시아에 해당하는 지역의 유목 부족으로부터 모피를 구해 오곤 했다. 하지만 모피 무역이 본격화한 것은 중세 유럽에서다. 모피는 난방 수단이 별로 없던 시대에 비교적 추운 지역에서 보온을 위해 필요했지만, 부유층과 권력자들이 가진 지위의 상징이기도 했다. 잉글랜드에서는 상류층 외에는 모피를 입지 못하게 하기 위해 많은 규제가 있었다고 한다. 1337년에 잉글랜드 의회는 왕족과 연 수입 100파운드 이상의 귀족들만 모피를 입을 수 있도록 법으로 정했다. 1363년에는 귀족과 성직자만이 모피를 입을 수 있게 하는 또 다른 법을 통과시켰다. 이런 식의 규제는 규칙적인 간격으로 계속 만들어졌는데, 그만큼 규제가 잘 지켜지지 않았다는 것을 반증한다.

생가죽 하나를 얻으려면 동물 한 마리를 죽여야 한다.(가죽을 손상하지 않기 위해 덫으로 잡았다.) 사냥당한 대부분의 동물은 다람쥐와 담비, 흰족제비, 검은담비, 여우 등 몸집이 작은 동물들이었다. 이런 모피의 가치는 희귀성과 유행에 따라 결정되었다. 13세기와 14세기에는 회색청서 모피가 최고의 유행 상품이었다.(당시에 유럽에서 흔했던 적갈색 모피는 별로 가치가 없었다.) 15세기에 회색청서 모피가 보편화하자 부유층들의 취향은 더 희귀한 검은담비와 여우, 담비 등으로 옮겨 갔다. 모피 하나를 만들기 위해서는 많은 생가죽이 필요해서(특히 다람쥐의 경우 많이 필요했다.) 많은 동물이 살육되었다. 한 개의 망토 안에 모피를 대는 데 수백 마리의 다람쥐가 필요했고, 보통 크기의 침대보를 만들기 위해서는 1400마리가 필요했다. 헨리 8세(Henry VIII)의 검은담비 가운을 만드는 데는 350개의 생가죽이 필요했다. 몇 가지 남아 있는 기록을 통해 잉글랜드 귀족의 가정에서 얼마나 많은 가죽을 썼는지 알 수 있다. 1200년대 후반에 에드워드 1세(Edward I)는 해마다 12만 마리의 다람쥐 가죽과 정확한 양을 알 수 없는 다른 가죽들을 사들였으며, 1390년대에 리처드 2세(Richard II)는 한 해에 10만 9000마리분의 생가죽을 사들였다.

처음에는 대부분의 모피 교역이 각 나라 안에서 덫사냥을 할 수 있는 야생 구역을 중심으로 일어났다. 곧 몇 개의 지역이 중심지로 등장했다. 14세기에 잉글랜드 상인들은 스코틀랜드와 아일랜드에서 모피를 공급받았다. 인버네스는 담비와 비버의 가죽이 모이는 국제적인 중심지가 되었고, 멀리 독일에서도 상인들이 몰려왔다. 지역 내의 가죽 교역은 수 세기 동안 계속되었다. 남서스코틀랜드의 덤프리스 시장에서는 19세기에도 연간 7만 마리의 들토끼 가죽과 20만 마리의 집토끼 가죽이 거래되었다. 하지만 서유럽에서 사람이 살지 않는 산간지대가 점점 줄어들고, 지나친 사냥으로 동물들이 줄어들면서 교역의 중심지는 점점 사람이 살지 않는 북부 유럽과 동부 유럽의 삼림지대로 이동해 갔다.

9세기 이래 키예프의 바이킹 상인들은 검은담비와 검은여우, 담비, 비버, 다람쥐 등의 모피를 중심으로 거대한 덫사냥 네트워크를 형성했다. 이들은 지역별 부족 조직이 덫을 놓게 했다.(수 세기 후에는 유럽인들이 북아메리카 지역에서 똑같은 일을 했다.) 처음에는 모피를 주로 남쪽의 비잔티움 제국으로 보냈지만, 12세기에 서유럽이 부강해지면서 독일의 한자 동맹 영향권인 발트 지역이 중요한 교역 지대가 되었다.(한자 동맹의 교역 중 4분의 3이 모피를 대상으로 하는 것이었다.) 서부 러시아의 초기 국가들에는 세 개의 주요 교역 중심지가 있었다. 노브고로드의 다람쥐 가죽 시장은 다소 중저가의 대중적 시장이었지만, 큰 호황을 누리며 나라의 경제적 기초가 되었다. 생가죽으로 땅이 거래되고 집세도 모피로 지급했다. 모스크바와 카잔은 사치품 시장을 겨냥한 검은담비와 여우, 담비에 집중했다. 러시아의 모피 교역 규모가 얼마나 어마어마했는지, 즉 얼마나 많은 짐승이 살육되었는지는 현재 남아 있는 문서들로 알 수 있다. 1393년에 배 한 척이 22만 5000장의 모피를 싣고 노브고로드를 떠나 플랑드르로 향했다. 이때 런던에서는 러시아로부터 한 해에 30만 마리의 다람쥐 가죽을 수입했으며, 1409년에 베네치아는 한자 동맹의 상인에게서 26만 6000마리의 가죽을 들여왔다. 한창때에는 노브고로드에서만 한 해에 50만 장의 다람쥐 가죽을 수출한 것으로 추정된다. 모스크바와 카잔의 교역에 관해서는 남아 있는 기록이 없지만, 16세기 초에 오스만 제국의 상인들에게 판 검은담비만 해도 한 해에 4만 마리가 넘었다는 것으로 그 규모를 추정해 볼 수 있다. 러시아에서도 서유럽에서도 수억 마리의 동물이 살육당했고, 그 속도는 지속 가능한 수준을 넘는 것이었다. 원래 교역의 중심지였던 키예프 주변의 드네프르 저지대에서는 이미 1240년 무렵부터 모피를 얻을 수 있는 짐승이 남아나지 않았다. 이 시기에 이미 노브고로드의 상인들은 우랄산맥을 넘어 1500킬로미터나 들어가 모피를 구해 오도록 교역 네트워크를 확장했다. 15세기 초부터 짐승의 수가 격감하면서 런던으로 수입되는 모피의 양이 줄고 러시아산 생가죽 가격도 오르기 시작했다. 1460년대가 되면 런던의 상인들은 모피 공급이 적절하지 못하다고 불평했고, 노브고로드로부터 들어오는 모피 수입은 이전의 절반 수준인 연간 20만 개로 줄었다. 유럽 다른 지역의 모피 생산도 거의 바닥 수준이었다. 1424년에 스코틀랜드의 왕은 담비 가죽의 수출을 금지해야만 했고, 16세기에는 남부 유럽의 비버 무역이 붕괴되었으며, 토끼 가죽처럼 질이 낮은 모피만 간신히 공급할 수 있었다. 검은담비는 서부 러시아에서 자취를 감추었다.

16세기에 들어서자 사냥꾼의 발이 닿지 않은 지역이라고는 시베리아뿐이었다. 하지만 서유럽의 모피 수요는 계속되어, 러시아 상인들은 현지인 덫사냥꾼과 러시아인 덫사냥꾼을 동원해 이 광대한 미개의 땅에까지 들어가야만 했다. 모피는 급속하게 지역의 주산물이 되었으며, 화폐 구실까지 했다. 모피 교역은 러시아 정부의 수입 중에서 3분의 1 이상이나 차지했다. 초기의 덫사냥꾼들은 자기 눈을 의심할 정도였다. 그들은 엄청난 수의 동물이 있었으며, 족제비들이 어찌나 순했는지 집까지 기어 들어오는 바람에 손으로 잡을 수도 있을 정도였다고 썼다. 동물의 수가 엄청났던 만큼 대규모 살육이 일어났고, 한 지역의 동물이 없어지면 사냥꾼들은 동물을 찾아 더 동쪽으로 들어갔다. 18세기 말에 이르면 시베리아의 광대한 지역에서조차 모피 동물은 거의 멸종되었고, 모피 상인과 사냥꾼들은 북태평양 군도의 해달에게로 눈을 돌렸다. 1750년에서 1790년 사이에 25만 마리의 해달이 잡혔는데, 그다음부터는 지나친 사냥으로 인해 이 사업이 붕괴하고 말았다. 19세기에 이르자 러시아 모피 교역의 전성기는 막을 내린다. 모피 짐승은 거의 찾아볼 수 없게 되었다. 흰여우는 거의 멸종되었지만, 시베리아에서는 해마다 여전히 2만 마리의 검은담비와 족제비, 붉은여우, 그리고 2000마리의 푸른여우가 살육되었다.

유럽인들이 북아메리카에 정착하기 시작한 초기부터, 모피를 찾으려는 노력은 아메리카 대륙 전역에서 교역과 개척의 숨은 원동력이 되었다. 1534년에 아메리카 원주민과 프랑스인이 처음으로 접촉했을 때, 유럽 상품과 비버 가죽을 맞바꾸었다. 곧 조직적인 모피 교역이 시작되었다. 오랜 기간 유럽인들은 동물을 직접 잡지 않고 원주민들에게 시켰으며, 그 대가로 유럽산 상품을 주었다. 덫사냥의 대부분은 비버 사냥에 집중되어 있었다. 이는 비버가 정착성인 데다 커다란 군집을 이루고 살기 때문에 별로 노력을 기울이지 않고 모피를 얻을 수 있었기 때문이다. 하지만 비버는 또한 번식률이 낮았기 때문에 함부로 잡아들이면 수를 회복할 수 없었다. 늘 나타나는 패턴이 이 경우에도 주류를 이루었다. 한 곳을 집중적으로 공략하다가 그곳의 경제성이 떨어지면 다른 곳으로 이동하는 것이다. 1600년에 이르면 세인트로렌스강 유역의 비버가 모두 사라졌고, 곧이어 뉴욕주 북부에서도 같은 일이 일어났다. 1610년에 비버는 허드슨강에 흔히 살았지만, 1640년에는 사라졌다.

17세기 중반이 되자 모피 교역은 세인트로렌스강 등의 하천을 따라 미국 내륙 지방에서까지 조직적으로 이루어졌고, 몇 군데 교역 장소를 통해 관리되었으며, 그런 곳에는 흔히 요새가 있어 엄중히 보호되었다. 특히 프랑스 상인과 영국 브리티시 허드슨 베이 회사 사이의 경쟁은 치열했는데, 그만큼 모피 동물들도 무차별하게 사냥될 수밖에 없었다. 유럽인들은 원주민에게서 덫사냥 기술을 배워, 교역하는 동시에 직접 나서 덫으로 모피 동물을 잡기도 했다. 이런 유럽의 덫사냥꾼들이 겨울을 나던 지역에 살던 야생 생물의 운명은 끔찍했다. 1709년과 1710년의 겨울에 포트넬슨 지역에서는 여든 명의 사냥꾼이 9만 마리의 자고와 2만 5000만 마리의 들토끼를 잡았다. 모피 교역의 규모는 더욱 어마어마했다. 1742년 단 한 해 동안 포트요크에서는 13만 마리의 비버와 9000마리의 담비가 거래되었고, 1760년대에 캐나다의 한 교역 거점에서 허드슨 베이 회사는 한 해에 10만 마리의 비버 가죽을 가져갔다. 1743년, 캐나다와 거래하는 주요 무역항 중 한 곳인 프랑스의 항구 라로셸에서는 12만 7000마리의 비버와 3만 마리의 담비, 1만 2000마리의 수달, 11만 마리의 너구리, 1만 6000마리의 곰에 해당하는 가죽을 수입했다. 북아메리카와 교역하는 프랑스와 영국의 항구에서는 이러한 규모의 거래가 흔한 것이었다. 18세기 말에는 북아메리카 여러 곳에서 짐승들이 멸종되고 모피 산업이 쇠퇴하기 시작한 것도 놀랄 만한 일이 아니다. 캐나다에서 수출된 비버 가죽은 1793년의 18만 2000마리분에서 1805년에는 9만 2000마리분으로 줄었다.

미국의 모피 교역은 서부 개척로와 태평양 연안을 따라 열린 마지막 사냥 붐으로 명맥을 유지할 수 있었다. 1805년에 최초의 미국인 탐험가들(메리웨더 루이스(Meriwether Lewis)와 윌리엄 클라크(William Clark))은 미시시피 서쪽 지역을 통과해 로키산맥, 그리고 그 너머 태평양으로 여행했다. 그들은 그 지역에 "지구상의 어느 곳보다 비버와 수달이 많다."라고 보고했다. 그러나 비버도 수달도 40년 이내에 이 지역에서 자취를 감추었고, 미국의 모피 교역은 설 땅을 잃게 되었다. 1840년에 여행가인 조지 럭스턴(George Ruxton)은 덫사냥꾼들의 성과를 이렇게 기록했다.

이 거친 남자들은 구멍 하나 모퉁이 하나도 남기지 않고 싹쓸이했다. 미시시피에서 서쪽의 콜로라도 입구까지, 북쪽의 동토 지대에서 멕시코에 이르기까지 비버 사냥꾼은 모든 계곡과 강에 덫을 놓았다.

모피 거래에는 보통 원주민 덫사냥꾼이나 유럽인 덫사냥꾼들이 뒤섞여 관여했다. 원주민들은 유럽산 상품을 얻기 위해 모피를 팔았고, 유럽인 덫사냥꾼들은 독립적으로 또는 영국의 허드슨 베이 회사나 미국인 존 제이컵 애스터(John Jacob Astor)의 회사를 끼고 사냥했다. 이들 간의 무제한적인 경쟁은 비버를 멸종 직전까지 몰아갔다. 1830년대 초반에는 비버를 찾아보기가 점점 어려워지면서 잡히는 개체 수가 이미 줄기 시작했다. 1831년에 이르면 북부 대평원에서 비버가 멸종되었다. 허드슨 베이 회사는 좀 더 효율적으로 사냥하기 위한 지침을 내렸는데, 여기에는 비버가 너무 적어 사냥을 하려고 해 봤자 시간만 낭비할 뿐인 지역을 명시해 이런 지역에서 사냥을 피하게 했다. 1883년에 북아메리카 서부 지역의 모피 교역은 거의 완전하게 붕괴되었다. 1830년대 말에 사정은 너무나 나빠져, 로키산맥 지역 전체에서 한 해에 겨우 2000마리의 비버 가죽만을 구할 수 있었다. 유행이 변한 덕에 비버는 멸종 위기에서 벗어날 수 있었다. 비버 가죽은 모자를 만드는 데 주로 쓰였는데, 공급이 줄고 가격이 올라가자 사람들의 관심은 새로 유행하는 실크 모자로 바뀌었다. 사냥꾼들은 다른 모피로 눈을 돌려 1840년대와 1850년대에 50만 마리의 사향뒤쥐 가죽과 13만 7000마리의 담비 가죽이 영국으로 보내졌다. 두 동물의 가죽도 곧 바닥이 났다.

19세기 후반에는 세계에서 모피를 얻을 수 있는 동물의 수가 너무 줄어든 나머지 사냥하는 것 자체가 헛수고일 정도였다. 세간의 관심은 친칠라 등 몇몇 이국적인 동물, 그리고 오스트레일리아라는 새로운 대륙으로 모아졌다. 오늘날 남아메리카의 친칠라는 지나친 사냥으로 거의 멸종되었다. 19세기 동안 오리너구리, 주머니쥐와 다양한 종류의 작은 캥거루들이 모피 때문에 사냥당했다. 이 시기에 빅토리아주에서만 한 해에 25만 장의 가죽을 수출했고, 1919~1921년에 오스트레일리아는 550만 장의 주머니쥐 가죽과 20만 마리의 코알라 가죽을 수출했다. 더는 야생에서 충분한 모피를 얻을 수 없게 되자, 모피 무역은, 특히 밍크의 경우 사냥보다는 농장에 의존할 수밖에 없게 되었다. 현재 세계 모피의 80퍼센트가 이런 농장에서 나오고 있다.

바다표범 사냥

모피와 특수 가죽에 대한 수요는 바다표범 사냥을 촉진한 커다란 요인이 되었다. 이미 1610년대부터 네덜란드인들이 아프리카 해안지방에서 바다표범을 잡아 가죽을 얻기는 했지만, 본격적으로 바다표범 산업이 발달한 것은 18세기에 들어 육상동물의 모피 교역이 빠르게 쇠퇴하면서부터였다. 보통은 바다표범이 새끼를 낳으러 해안에 올라와 무방비 상태일 때 곤봉으로 때려죽였다. 여기서도 '접근성 개방' 체제의 특징이 나타난다. 한 지역에서 바다표범이 멸종되거나 수가 너무 줄어 더는 경제성이 없어질 때까지 사냥하다가 다시 새로운 지역으로 이동하는 것이다. 1780년대와 1820년대 사이에는 주로 남반구 전역에 걸쳐 상당수가 서식하던 남방물개를 집중적으로 죽였다. 처음으로 착취되고 고갈된 곳 중 하나가 남대서양에 있는 섬들이었다. 1790년에서 1791년에 걸친 기간에 한 미국 선박은 트리스탄다쿠냐섬에서 5000마리의 가죽을 가져갔고, 포클랜드 군도와 티에라델푸에고 군도도 거의 같은 시기에 약탈당했다. 19세기의 첫 25년 동안, 무역의 중심지 사우스조지아에서 100만 마리가 훌쩍 넘는 바다표범이 살육당했다. 사우스셰틀랜드 군도의 바다표범은 단 2년간의 사냥으로 멸종당했다.(배 한 척이 3주 동안에 9000마리를 죽였고, 배 두 척이 한 철에 4만 5000마리를 죽였다.) 그 후 사냥은 남인도양으로 내려가 케르겔렌섬을 중심으로 이루어졌다. 이런 사냥의 결과 바다표범은 1820년대 중반에 멸종되었다. 태평양의 경우 바다표범 사냥은 칠레 해안에서 떨어진 섬들, 특히 후안페르난데스 군도의 마스아푸에라를 중심으로 이루어졌다. 배 한 척이 한 번에 10만 마리의 바다표범을 잡았다는 이야기도 있고, 동시에 열네 척의 배가 섬 주변에서 작업하기도 했다. 1797년과 1803년 사이에 300만 마리가 이 섬 하나에서 죽는 등 바다표범은 거의 멸종 위기에 처했다. 18세기 후반에 유럽인들이 처음으로 오스트레일리아와 그 주변 지역을 발견했을 때는 인간의 손이 닿지 않은 거대한 바다표범 군집에 놀랐다. 그 후 10여 년 사이에 이들은 바다표범을 싹쓸이했다. 배스 해협 부근에서는 한 시즌(1805년)에 10만 마리를 잡았는데, 그로 인해 이 지역에서는 바다표범의 수가 너무 줄어 경제성이 없는 사냥터가 되었다. 1810년에 처음 발견된 매쿼리섬에서는 3년 안에 18만 마리의 바다표범이 죽임을 당했고, 1820년대 초가 되자 이 섬에 살던 바다표범은 멸종했다. 사냥이 시작된 지 30년 만인 1820년에 이르자 남반구의 바다표범은 거의 전멸했다. 이제 바다표범 사냥은 대서양과 인도양, 태평양을 막론하고 경제성을 잃었다. 19세기 초반에 약 600만 마리의 바다표범이 죽은 것으로 추정된다.

북대서양에서는 사냥이 하프물범에게 집중되었다. 이들은 가을과 겨울에 남쪽의 데이비스 해협으로부터 래브라도와 세인트로렌스의 하구와 뉴펀들랜드로 와서 2월에 빙판 위에서 새끼를 낳았다. 새로 태어난 후 열흘 동안 하프물범은 탐스러운 하얀 모피를 지니기 때문에 바로 살육의 표적이 되었다. 다 자란 하프물범의 가죽은 더 거칠기는 하지만, 이들 역시 가죽과 기름을 얻으려는 사람들에게 사냥당했다. 뉴펀들랜드의 하프물범 산업은 18세기 초에 시작되어 1830년대에는 한 해에 8만 마리의 하프물범이 죽어 갔다. 한창때인 1850년대에는 그 수가 한 해에 60만 마리에 달했다. 대형 증기선의 도입으로 선상에서 가죽을 처리하는 작업을 할 수 있게 되면서 배 한 척이 하루에 2만 마리의 하프물범을 처리할 수 있게 되었다. 거대한 하프물범떼도 이러한 규모의 살육을 오래 견뎌 내지는 못했고, 곧 산업도 쇠퇴하기 시작했다. 1800년에서 1915년에 이르는 기간에 대략 4000만 마리의 하프물범이 이 지역에서 죽었고, 하프물범 무리는 5분의 1 규모로 줄어들었다. 훨씬 북쪽에서는 하프물범 사냥이 북극해의 안쪽에 자리 잡은 얀마옌섬을 중심으로 이루어졌다. 이곳의 사냥도 금방 막을 내려야 했다. 1840년대에는 한 해에 40만 마리의 하프물범을 잡기도 했다. 10년 후 하프물범은 멸종 위기에 놓이게 되었고, 하프물범 산업도 막을 내리게 되었다.

북태평양에서는 북방물개를 중심으로 사냥이 이루어졌다. 베링해에서 중앙 캘리포니아 연안으로 이동해 오는 이들 북방물개는 주로 바닷속에 머물렀다. 하지만 여름에는 새끼를 낳기 위해 육지로 올라왔다. 북방물개 전체의 5분의 4가량이 베링해의 프리빌로프 군도에서 새끼를 낳았다. 이 섬에 처음 온 사냥꾼은 러시아인들이었다. 이들은 처음에는 값비싼 해달을 노렸지만, 해달이 바닥나자 북방물개로 눈을 돌렸다. 엄청난 규모로 살육이 이루어졌다. 1791년 한 해에만 12만 7000마리가 죽어 갔다. 쌓여 있는 동물을 다 팔지도 못할 지경이었다. 1803년에는 80만 장의 가죽이 섬에 쌓여 있었는데, 그중에서 70만 장은 썩어서 폐기해야만 했다. 1820년대가 되면 북방물개의 수가 줄어 한 해에 7000마리가량만 잡혔다. 그때까지 프리빌로프 군도에서 죽은 북방물개의 수는 총 250만 마리에 달했다. 러시아인들은 이제 미국 본토와 알래스카의 북방물개를 노렸다. 알래스카가 미국에 팔렸을 무렵인 1867년까지 이 지역에서 약 400만 마리의 북방물개가 죽었다. 그러는 동안 프리빌로프 군도의 북방물개 떼는 다시 그 수를 회복해, 미국이 점령한 첫 해에 이 섬 하나에서만 25만 마리의 북방물개가 잡혔다. 1890년대까지 미국인들은 매년 10만 마리의 북방물개를 죽였는데, 1890년대에는 그 수가 너무 감소해 시장이 붕괴하고 말았다. 1910년이 되면 한때 수백만 마리가 넘었던 프리빌로프의 북방물개 떼가 10만을 겨우 넘기는 수로 줄었다. 1890년대부터는 마릿수가 너무 감소해 사냥꾼들은 바다에서 직접 사냥하는, 훨씬 더 어려운 작업 방식으로 바꾸어야 했다. 이렇게 해서 400만 마리가 더 잡혔다.

바다표범 중에서 가장 큰 코끼리물범은 가죽이나 모피가 아닌 기름을 얻으려고 잡았다. 이들은 커다란 무리를 이루고 살았지만, 남극 주변 몇몇 섬과 북아메리카 서부 해안에서 멀리 떨어진 섬에서만 서식했다. 포경업자들은 고래의 수가 줄어들자 코끼리물범에게 눈을 돌렸다. 19세기에 약 100만 마리의 코끼리물범이 남대서양에서 잡혔다. 그러다가 동물들의 마지막 생존지였던 케르겔렌과 매쿼리 군도가 자연보호구역으로 지정되면서 간신히 멸종 위기를 모면할 수 있었다. 캘리포니아 연안에서는 모두 25만 마리가량의 코끼리물범이 잡혔다. 이곳에서는 1840년대 중반까지 코끼리물범이 발견되었으나, 1884년에 파견된 한 과학 탐험대는 코끼리물범을 전혀 찾아볼 수 없었다고 보고했다. 20마리가량의 작은 무리만이 살아남았고, 그 후 보호 동물로 지정되었기 때문에 어느 정도 수를 회복했다. 아직도 코끼리물범 사냥은 계속되고 있지만, 그 수 자체도 훨씬 줄어들었을 뿐 아니라 점점 많은 소비자가 모피나 가죽의 불매운동을 하고 있기 때문에 사냥도 과거보다 크게 줄어들었다. 캐나다의 얼음 위에서 어린 코끼리물범을 곤봉으로 때려잡는 장면이 공개된 점도 크게 작용했다. 하지만 21세기 초반인 지금조차 캐나다에서는 연간 33만 마리의 코끼리물범을 죽이는 것이 허용된다. 코끼리물범 사냥이 전성기였던 18세기 말부터 100년 남짓한 기간에 전 세계에서 얼마나 많은 코끼리물범이 죽어 갔는지는 정확히 알 수 없다. 대략 6000만 마리가량일 것으로 추정된다.

기름과 가죽, 그리고 어금니의 상아를 얻기 위한 바다코끼리 사냥은 바다표범보다 훨씬 일찍 시작되었지만, 더 빨리 붕괴했다. 바다코끼리 산업은 300년 남짓한 기간밖에 지속되지 못했다. 1456년만 해도 템스강에 바다코끼리가 있었고, 심지어 19세기 중엽까지도 헤브리디스와 오크니에서 흔히 발견되었다. 하지만 현재 북대서양 전체에 있는 바다코끼리의 수는 모두 2만 5000마리에 지나지 않는다. 바다코끼리 역시 다른 동물들과 동일한 패턴으로 약탈당했다. 17세기에 영국의 머스코비 회사는 10년 동안에 스피츠베르겐 남쪽의 베어섬에서 2만 마리의 바다코끼리를 잡았다. 그 10년 동안 세인트로렌스강의 어귀에 살던 바다코끼리들도 몰살당했다. 약 25만 마리 정도였다. 그 후 사냥터는 래브라도와 북극해로 옮겨 갔으나, 1860년대에 이르자 이 부근의 거의 모든 바다코끼리가 살육되었다. 마지막 바다코끼리 무리가 1920년대까지 스피츠베르겐의 북극해 지역에 남아 있었으나, 역시 사냥당해 멸종에 이르렀다. 북대서양 지역의 사냥이 심각하게 쇠퇴하자 19세기 후반에 바다코끼리 사냥은 북태평양에 집중되었다. 1870년을 전후해 연간 8만 5000마리가 죽었는데, 이러한 속도의 살육은 오래가지 못했다. 1891년이 되면 프리빌로프 군도의 바다코끼리는 멸종한다. 19세기 말에 산업이 붕괴하기 전까지 얼마나 많은 바다코끼리가 죽었는지는 알려지지 않았지만, 적어도 400만 마리는 되었을 것이다.

고래 사냥

가장 오래도록 인간의 표적이 된 종은 고래다. 고래는 현존하는 동물 중에서 가장 큰 축에 속한다. 향유고래는 무게가 100톤이나 나가며, 길이도 30미터나 될 정도다. 고래는 천적이 거의 없고, 먹이사슬의 꼭대기를 차지하는 데 비하면 그 수가 많은 편이었다. 고래는 오래 살기는 하지만, 출산율이 낮아 공격당한다면 그 수를 회복하기가 쉽지 않다. 계속되는 고래 사냥, 특히 생육지에 집중된 사냥은 한 지역의 고래를 멸종시키기 쉬웠다. 고래는 크게 세 종류로 나뉘며 포경 방법도 그 특성에 따라 다르게 발달했다. 참고래(right whale)는 행동이 느리고 잡기도 쉽다. 그들은 잡기에 딱 '좋은(right)' 고래로, 죽었을 때 물 위에 뜨기 때문에 뭍으로 끌고 가서 자르고 가공하기에 좋았다. 긴수염고래(그들의 노르웨이 이름을 따서 로르퀄(rorqual)이라고도 한다.)로는 흰긴수염고래(대왕고래), 긴수염고래, 혹고래(혹등고래), 보리고래, 밍크고래 등이 있는데, 이들은 매우 빨리 헤엄쳐서 잡기가 어렵다. 또 다른 한 종류는 이빨이 있는 향유고래다. 고래는 (부족한 가축을 대신하려는 일본 연안의 고래잡이 외에는) 고기를 얻기 위해서라기보다는 고래의 지방 덩이를 끓여 기름을 얻기 위해 잡았다. 화석연료를 본격적으로 사용하기 전에는 고래기름이 조명의 빛을 내는 주요 수단이었다.(향유고래의 경뇌에서는 질이 좋은 양초가 나왔다.) 온갖 종류의 고래기름에서 수백만 개의 양초가 나왔으며, 1740년대에 런던에서는 심지어 고래기름으로 5000개의 가로등을 밝혔다. 고래기름은 또한 공업 기계의 유일한 윤활유이기도 했고, 거친 모직의 세정제로도 쓰였다. 또 다른 중요한 산업은 고래 뼈로 코르셋과 우산, 채찍, 낚싯대, 식사용 나이프의 자루 등을 만드는 것이었다.

18세기까지 고래잡이들은 주로 참고래만을 잡았다. 참고래들은 움직임이 느렸기 때문에 단순한 기술만으로도 생육지에서 대량으로 잡을 수가 있었다. 노 젓는 배로도 따라잡을 수 있었으며, 배에서 작살을 던져 잡아 밧줄로 묶은 다음에 고래가 지쳐 죽을 때까지 길어야 며칠 놔두기만 하면 되었다. 참고래에는 30~50센티미터나 되는 지방층(향유고래의 열 배)이 있어 엄청난 양의 기름을 얻을 수 있었고, 한 마리당 1톤가량이나 되는 뼈도 얻을 수 있었다. 1세기 무렵까지는 지중해에서도 고래가 잡혔지만, 멸종되었다. 900년 무렵부터는 주로 비스케이만에서 잡았고, 스페인 북부 해안에서 고래잡이가 성행했다. 소규모로 진행된 이러한 포경으로도 고래의 수는 줄어서, 15세기에 이미 비스케이만의 고래는 거의 멸종되었기 때문에 포경선들은 뉴펀들랜드 등 새로운 어장을 찾아 나서야 했다. 16세기에는 대규모로 새로운 고래 산업이 발달했다. 주로 네덜란드 사람들이 활발했지만, 영국 사람과 독일 사람들도 많았다. 사냥은 주로 참고래의 생육지가 있었던 스피츠베르겐 근방에 집중되었다. 1600년부터 참고래가 대규모로 살육당했다. 어린 고래와 임신한 고래도 포함되었다. 스피츠베르겐의 해변은 고래가 부위별로 해체되는 작업장이었다. 고래 지방을 졸여 내고, 나머지 부위는 포경업자들이 버리고 떠나면 두고두고 썩었다. 25년이 지나지 않아 고래는 거의 멸종되었고, 사냥꾼들은 더 멀리 그린란드로, 그리고 고래의 이동 경로를 찾아 가야 했다. 북극해의 고래잡이는 기술적으로 더 어려웠다. 스피츠베르겐에서와 달리 고래를 배 주위에 매단 상태로 바다에서 가공해야 했기 때문이다. 그런데도 산업은 번창했다. 18세기 말에는 1만 명가량의 선원과 수백 척의 배가 동원되어 철마다 2000~3000마리의 참고래를 잡았다.

미국의 포경 산업은 1650년대에 시작되어 동부 해안에서 주로 성행했다. 1700년 무렵이 되자 동부 해안의 고래는 바닥이 났고, 포경선들은 더 북쪽의 래브라도와 데이비스 해협까지 진출하게 되었다. 포경 산업은 빠르게 성장해서, 1730년에 뉴잉글랜드의 고래잡이 항구인 낸터킷에는 25척의 포경선이 있었으나, 그 세기의 말에는 130척으로 늘어났다. 1830년에 이르면 이곳의 고래 수도 줄어들어 새끼 고래까지 잡게 되면서 고래의 수는 더욱 빨리 줄어들었다. 고래잡이들은 더욱 필사적이 되어 배핀만같이 작업하기 아주 어려운 지역으로 이동해야 했지만, 이곳에서도 고래는 금방 소진되었다.

18세기 포경 산업의 주요한 변화는 향유고래 사냥에 점점 더 집중하게 되었다는 것이었다. 향유고래는 참고래보다 기름은 적게 나왔지만, 경뇌는 처리하는 과정 없이도 저장할 수 있었고 값도 비쌌기 때문에, 오랜 항해 시간을 감안하더라도 경제적으로 이득이었다. 향유고래는 1712년부터 북아메리카의 동부 해안에서 잡혔지만, 곧 고래가 고갈되어 포경선들은 남대서양으로 진출했다. 우선 아프리카 해안(1763년 이후)으로, 이후에는 브라질(1774년 이후)로 갔다. 여기서도 고래는 금방 감소해, 사냥꾼들은 오스트레일리아로 이동했다. 오스트레일리아와 뉴질랜드의 초기 정착민(특히 호바트 지역과 태즈메이니아 지역)의 대다수는 포경에 의존하고 살았다. 19세기의 초반은 태평양 지역 고래 사냥의 전성기였다.(허먼 멜빌(Herman Melville)의 작품『모비딕(Moby-Dick)』의 무대다.) 절정기를 이룬 1840년대에는 태평양에서

조업하는 포경선 중 미국 한 나라의 배만 해도 700척이 넘었으며, 북위 88도에서 남위 55도까지의 고래 어장은 완전히 포경선으로 뒤덮였다. 향유고래 어장은 캘리포니아에서 일본, 페루에서 길버트섬, 칠레에서 오스트레일리아에 이르렀다. 배 한 척이 한 철에 평균 100마리의 고래를 잡았다. 미국인들만 해도 태평양에서 한 철에 7만 마리를 잡았다는 얘기다. 태평양의 포경 산업은 곧 붕괴하기 시작했다. 1850년대에 북아메리카의 북서 해안에서는 해마다 600척의 포경선이 조업할 수 있었지만, 10년 후에는 사냥이 중단되었다. 고래가 너무 줄어 수지가 맞지 않았기 때문이다. 1880년 무렵에는 태평양의 고래 산업이 페루 연안과 오스트레일리아 연안의 몇 군데 소규모 어장으로 축소되었다.

이 시기에 고래 산업은 거의 완전히 붕괴될 뻔했지만, 일련의 기술혁신이 일어나면서 20세기 초반에 고래 사냥은 더욱 큰 규모로 일어나게 되었다. 증기선과 공장선, 즉 바다에서 고래를 바로 가공해 고래기름을 배에 저장할 수 있도록 고안된 배가 만들어짐으로써, 포경업자들이 장시간 바다 위에 머무르며 고래잡이를 해도 채산성이 맞게 되었다. 폭약을 단 작살(고래 뱃속에서 폭발하는 수류탄)의 발명으로 깊은 물에서 빠르게 헤엄쳐, 그때까지는 거의 잡히지 않았던 긴수염고래도 잡을 수 있게 되었다. 고래를 이용한 상품들의 시장 역시 변화했다. 전통적으로 고래기름은 주로 조명등이나 윤활유로 사용되었지만, 석유를 이용한 상품들이 일반화되면서 그런 용도는 줄어들게 되었다. 코르셋을 만드는 데 사용되던 고래 뼈 시장은 패션의 변화로 수요를 잃어 갔다. 그 대신에 고래기름을 이용한 두 개의 큰 시장이 생겨났다. 비누나 마가린으로 만드는 시장이었다. 그리고 고래의 지방에서 나오는 글리세린은 매우 폭발 감응도가 높은 니트로글리세린의 주원료가 되었다.

긴수염고래 역시 과거와 같은 패턴으로 사냥당했다. 먼저 가장 쉽게 접근할 수 있는 지역에서 흰긴수염고래나 혹고래처럼 커다란 고래를 집중적으로 사냥하고, 다음으로는 보리고래나 밍크고래처럼 덩치가 작은 고래들을 쫓아 배들이 점점 더 멀고 험난한 지역까지 들어갔다. 물론 덩치가 작은 만큼 더 많은 수를 죽여야 채산성이 있었다. 기술혁신은 1870년대에 노르웨이 사람들이 가장 먼저 시작했다. 10년도 채 지나지 않아 노르웨이 연안의 긴수염고래는 근절되고, 어장은 아이슬란드와 페로 제도 연안으로 옮겨 갔다. 1900년을 전후해 이미 참고래와 향유고래가 사라진 지 오래였던 유럽 부근 해역에서 긴수염고래도 멸종당했다. 그러자 노르웨이인과 영국인이 중심이 되어 마지막 남은 고래 서식지인 남대서양으로 진출해 갔다. 물론 처음에는 이 해역에서 엄청난 양의 고래를 잡을 수 있었지만, 남획으로 인해 10년도 지나지 않아 일부 지역의 고래가 고갈되었다. 최초로 기지로 삼은 사우스조지아섬 주변에는 1906년에서 1911년에 걸쳐 노르웨이 한 나라가 한 시즌 동안 잡은 혹고래만 해도 6000마리나 되었다. 1913년이 되자 그 수는 크게 줄어 연간 500마리가 되었으며, 1917년에는 혹고래의 씨가 말라 포경선단은 다른 고래를 표적으로 삼지 않을 수 없었다. 10년도 채 되지 않아 사우스조지아 주변에서 흰긴수염고래를 거의 찾아볼 수 없게 되었다. 포경선단은 사우스셰틀랜드 제도와 로스해, 남극으로, 그리고 남아프리카와 마다카스카르, 페루 등지의 생육지로 옮겨 갔다. 1920년대에는 독일과 일본의 선단이 고래 사냥에 가세해 경쟁과 살육의 규모는 더욱 커졌다. 1930년이 되자 남극해역에는 200여 척의 포경선이 작업하면서 한 해에 4만 마리의 고래를 죽였다. 흰긴수염고래가 집중적인 표적이 되어, 1930년에서 1931년 사이의 시즌에는 1만 9000마리의 흰긴수염고래가 죽었다. 이는 20년 전보다 60배로 증가한 수다. 고래의 수가 급격히 줄면서 위기 상황이 빠르게 전개되었다. 공장 설비를 갖춘 포경선이 1930년대에 60퍼센트나 늘어났지만, 생산된 기름의 양은 겨우 11퍼센트가 늘어났을 뿐이었다.

고래 사냥에 관한 어떤 규칙을 마련해 고래 사냥이 좀 더 낮은 수준에서나마 지속될 수 있게 하는 것이 포경 산업에 이득이 된다는 것은 분명했다. 1930년대에 얼마간의 시도가 이루어지기는 했었다. 하지만 이런 시도는 다 실패했고, 성과가 있었다면 일부 국가가 자국 영해에서 다른 국가 선박의 고래 사냥을 금지했다는 것 정도였다. 하지만 이는 고래 사냥을 자국 선박에만 허용하려는 시도였을 뿐이다. 제2차 세계대전 기간에 고래 산업이 침체기였기 때문에, 고래의 개체 수도 약간 회복되었다. 1946년에 고래 산업을 규제하기 위한 국제기구인 국제포경위원회(International Whaling Commission: IWC)가 설립되었다. 이 기구는 포경업을 하는 국가들의 모임이었는데, 할 수 있는 일은 거의 없었다고 해야 할 것이다. 원칙적으로는 과학위원회가 지속 가능한 고래 사냥의 수준을 권고하면 이를 바탕으로 할당량이 정해지기로 되어 있었다. 하지만 그 권고는 보통은 무시되었고, 실제 할당량은 훨씬 높게 설정되었다. 할당량이 얼마나 높게 설정되었는지, 대부분의 회원국은 그만큼 다 잡기가 어려울 정도였다. 새로운 정책이 도입되기 위해서는 4분의 3이 동의해야 했지만, 회원국은 다수결에 따를 의무가 없었다. 그냥 무시하면 그만이었다.(1950년대에 네덜란드가 자국에 할당된 양의 수준에 불만을 품고 이를 무시했듯이 말이다.) 포경국들의 편협한 관점에서 보더라도 IWC가 창립된 초기의 20년간 이 기구의 역할은 성공적이지 못했다. 1946년 이후에 고래가 급격히 줄어들었다. 1900년에서 1970년 사이에 남극에서 살육된 고래 가운데 절반 이상은 IWC가 결성된 뒤 20년 동안에 잡힌 것이었다. 대형 고래(특히 흰긴수염고래)들이 멸종 위기에 처하자 포경업자들은 밍크고래나 보리고래 같은 작은 고래를 잡기 시작했다. 1960년대 초반에 잡힌 고래의 수는 1930년대의 두 배였지만, 이로부터 얻은 고래기름의 양은 거의 절반으로 줄었다. 고래 산업은 IWC가 설립된 20년 동안 실질적으로 스스로 파괴해 간 것이다. 1950년대가 되면 많은 포경 회사가 파산했다. 고래 사냥을 위해 배를 띄우는 비용도 건지지 못할 만큼 수익성이 악화되었다. 1960년대 초가 되면 영국 등 많은 나라에서 고래 사냥이 중단되었다. 정책 결정으로 인한 결과가 아니라 기본적인 경제 원리가 작동한 결과였다.

여러 환경 단체와 야생동물 보호 단체의 영향으로 고래 사냥에 관한 여론도 변화했다. 고래 산물을 이용한 제품들이 거의 쓰이지 않게 된 것도 한 요인으로 작용했다.(마가린은 팜유로 만드는 것이 더 쉽고 저렴했고, 비누 대신 합성세제가 널리 사용되었다.) 고래를 잡던 나라 정부들은 고래 산업이 거의 소멸될 지경이 되자, 이제는 고래 사냥에 반대함으로써 자국이 친환경적이라는 점을 부각할 수 있다는 것을 알았다. IWC는 1960년대 초부터 점차적으로 고래의 총수가 아니라 개별 종류별로 할당량을 정했고, 흰긴수염고래의 사냥을 중지했다.(어차피 흰긴수염고래는 멸종해서 잡히지 않았다.) 하지만 이때도 역시 할당량이 너무 높게 설정되어 보호 조치로서 효과가 없었고, 일본과 아이슬란드, 노르웨이, 소련처럼 계속 조업했던 국가들은 이조차 무시했다. 부단한 외부 압력에 IWC는 1982년에 드디어 4년 동안 상업적인 포경을 중단하도록 중지 기간을 갖다가 1985~1986년 시즌부터 다시 개시하기로 합의했다. 하지만 포경 금지는 완전하지 못했다. 조업 중지 기간

중에도 '과학적인 포경'은 계속 허용한 것이다.('과학적인' 포경은 1962년
에 IWC 과학위원회가 고래의 수와 번식률 등을 연구할 목적으로 도입했다.)
1980년대에 고래 사냥을 계속하던 세 나라(일본과 아이슬란드, 노르웨
이)는 이 허점을 잡고 늘어지며 자국의 포경 산업을 살려 보려고 했
다. 일본 연합 포경 회사는 졸지에 고래 연구소로 변신했으며, 회사
소속 포경선들은 갑자기 연구 선박이 되었다. 반면에 생계를 위해 고
래를 사냥하는 알래스카와 시베리아의 원주민들(특히 세인트빈센트 그
레나딘섬의 원주민들)에게는 한 해에 겨우 200마리의 고래를 잡는 것만
이 허용되었다.

포경에 대한 금지(IWC에는 포경을 금지할 권한이 없으므로 '금지'라는
표현 대신 할당량을 0으로 설정한다는 표현을 썼다.)가 발효한 지 20년이 넘
었다. 1994년에 '포경 금지 구역'이 지정되었다. 남극해 고래 보호구역
(Southern Ocean Whale Sanctuary)이 그것이다. 그런데 지난 20년 동안
일본과 노르웨이, 아이슬란드는 거의 3만 마리의 고래를 죽였다. 그
중 대부분은 일본이 시행한 '과학적' 포경 프로그램이라는 명목으로
죽인 것이었다. IWC 규칙에 따르면 과학적 목적을 위해 죽인 고래라
도 그 고기나 다른 부위들은 상업적으로 팔 수 있다. 일부 일본 음식
점에서는 아직도 고래 고기가 진귀한 요리로 팔리지만, 고래 고기의
수요는 공급에 못 미친다. 남아도는 고래 고기는 가공되어 학교 급식
으로 제공된다. 아이슬란드의 고래 산업 역시 이와 비슷한 '연구' 프
로그램을 계속하고 있지만, 그 규모는 작은 편이다. 1993년에 노르웨
이는 다시 고래 사냥을 재개했고, IWC의 관할권을 대 놓고 부인하
기 시작했다. 스스로 연간 1000마리의 고래를 잡을 수 있는 권리를
할당한 것이다. 아이슬란드 역시 2006년에 같은 결정을 내렸다. 포경
금지령 이후 살육된 고래의 수는 점차 늘어나 1992년에 600마리였

던 것이 2005년에는 2000마리를 넘었다. 지난 20년간 고래의 수는 회복되었지만, 다른 종에 비하면 아직도 매우 낮은 수준이어서 장기적으로 존속하기 위해 충분한 수라고 보기 어렵다. 전 세계에 남아 있는 흰긴수염고래의 수는 500마리 정도밖에 되지 않을 것이다.(1910년에서 1960년대 초 사이에 35만 마리의 흰긴수염고래가 죽임을 당했다.) 그리고 긴수염고래는 겨우 2만 마리 정도가 남아 있다. 고래의 수가 어느 정도 회복된 것처럼 보이자 IWC 내부에서는 다시 고래 사냥을 허용해야 한다는 압력이 점차 증가하고 있다.(특히 할당량을 팔 수 있는 카리브 제도 국가들의 목소리가 크다.) 2006년의 IWC 연례 회의에서는 포경 금지령을 종료하는 것에 관한 표결이 있었다. 그러나 금지를 철회하기 위해 필요한 4분의 3 의결 정족수를 채우지 못해 부결되었다. 향후 수 년 안에 상업적 포경이 허용될 것으로 보는 견해가 대부분이다.

보호와 멸종

이런 패턴은 모든 산업에서 되풀이되어 왔다. 들소와 여행비둘기, 어업, 모피 무역, 바다표범, 고래 사냥 등등. 수 세기 동안 인간은 동물이 무한히 공급되는 것처럼, 혹은 멸종되어도 상관없다는 듯 행동해 왔다. 이는 인간이 얼마나 근시안적일 수 있는지를 전형적으로 보여 주었다. 관련 산업만 망한 것이 아니라 지구 전역에서 야생 생물이 엄청나게 줄어들었다. 광대한 지역에서 여러 종이 멸종되었으며, 수도 급격히 줄어들었다. 세계의 많은 지역에서 동물들은 멸종당하거나 급격히 수가 줄었다. 완전히 멸종하지 않은 경우는 개체 수가 얼마 남지 않아 경제성을 상실해 사냥을 중단했기 때문이다. 그 결과 세계는 피폐해졌다.

이 광범위한 살육에 대항해 남아 있는 세계의 야생 생물을 보호하려는 운동이 19세기 말에 시작되었다. 자연 생태계를 보호하기 위한 특수 보호구역이 만들어졌다. 미국은 가장 먼저 이런 운동이 시작된 곳 중 하나다. 옐로스톤 공원같이 개발과 사냥이 금지된 특별 야생 지역이 국립공원으로 지정되었다. 다른 나라들에서는 더 늦게 대응책이 나오기 시작했다. 영국에서는 1940년대에 처음으로 국립공원이 생겼으며, 1980년대가 되어서야 100여 개의 작은 지역을 특수한 과학 연구 지역으로 지정했다. 그 밖에도 특별한 의미를 갖는 오스트레일리아의 대보초 지역이나 갈라파고스 군도, 탄자니아의 세렝게티 공원 등이 보전 지역으로 지정되었다. 그러나 전 세계 대부분의 생태계는 보호되지 않은 채 남아 있다. 보호된 지역에조차 문제가 있다. 영국에서는 국립공원 내의 대규모 개발이 허용되어 있으며, 특별히 과학적인 가치를 지닌 지역도 파괴될 수 있고 파괴되어 오기도 했다. 영국 정부가 파괴의 주체인 경우도 많다. 개발도상국 중에는 자원이 부족한 곳이 많은데, 이로 인해 동물 자원을 효과적으로 관리할 수가 없어 밀렵꾼에 의한 살육이 계속될 수밖에 없다. 많은 경우에 국립공원이란 지도 위에 그어진 선에 지나지 않는다. 20세기 후반과 21세기 초에는 보호 노력에 반대하는 목소리가 점점 늘어났는데, 특히 미국 공화당의 '뉴라이트' 세력이 주도하고 있다. 이들은 경제성장을 계속하고 기업들이 보호구역에 들어가 원자재를 획득할 수 있게 하는 것이 가장 중요한 목적이라고 주장한다. 2003년에 부시 행정부에서 야생동물과 국립공원에 관한 책임을 맡았던 내무부 차관 크레이그 맨슨(Craig Manson)은 "개발업자들의 이익은 멸종 위기에 처한 동물들보다 중시되어야 한다."라고 말했다.

야생 생물과 자연 세계를 보전하려는 운동의 일부로, 시민 단체와 캠페인 조직의 중요성이 커졌다. 미국의 오더번 협회나 시에라 클럽 등과 영국의 왕립조류보호협회와 자연보호 트러스트 등이 특정 종을 보호하려고 노력하거나 중요한 야생동물 서식지의 일부를 사려고 시도했다. 1960년대 이후 세계자연기금(World Wildlife Fund: WWF), 지구의 친구들, 그린피스 등 세계적인 조직체들이 많은 돈을 모아 운동을 펼쳤는데, 단지 종 보호와 서식지 보호뿐 아니라 훨씬 광범위한 환경문제를 해결하기 위해 노력했다. 지난 20여 년 동안 중요한 서식지를 보호하고 야생을 보호하기 위한 일련의 협약과 조약이 맺어졌다. 그중 유엔환경계획(United Nations Environment Program: UNEP)의 주도하에 이루어진 것이 많다. 이들 조약 중에는 생물종 다양성, 멸종 위기 종 및 이동성 동물의 국제적 교역, 습지, 아프리카-유라시아 이동성 물새, 유럽의 박쥐에 관한 협약이 포함되었다. 이러한 국제 협약의 문제점은 각국이 서명은 쉽사리 하지만, 그것을 규제하는 데는 소극적이거나 무능하다는 것이다. 많은 국가, 특히 부패가 심한 나라에서는 자연보호구역의 파괴나 악어가죽, 희귀한 모피, 상아나 코뿔소 뿔 등의 무역에 관해 못 본 척하기 십상이었다. 보전 운동이 계속됨에 따라 대중의 인식을 높이는 데도 어느 정도 성공을 거두었고, 소규모이기는 하지만 몇 가지 승리도 거두었다. 하지만 그런 성과는 전 세계를 휩쓰는 파괴의 물결에 비하면 아무것도 아니다. 세계가 지금 동식물종의 여섯 번째 대멸종의 시기를 맞고 있다는 점은 의심의 여지가 없다.(다섯 번째 대멸종은 6500만 년 전에 공룡의 멸종이 있었던 때였다.) 멸종은 서식지 파괴(특히 열대우림의 개간)와 사냥 등 인간의 행동으로 인해 일어나고 있다. 그리고 점점 더 기후변동으로 인한 멸종도 늘어나고 있다. 생물종들은 여러 가지 이유로 자연적으로 사라져 버리기도 한다. 한 해에 1종에서 3종 정도 사라지는 것이 자연스러운 현상이었다. 1600년에서 1900년의 사이에 인간의 활동은 이 비율을 조금 상승시켰지만, 심각한 정도는 아니었다. 20세기에 이 비율은 전례 없는 수준으로 상승했다. 이제 인위적 멸종률은 자연적 멸종률보다 1000배로 커졌고, 자연 세계에 대한 인간의 영향은 이런 통계치가 보여 주는 것보다 훨씬 크다. 많은 종이 세계 곳곳에서 사라지고 있으며, 몇 안 되는 외진 고립 구역에서 소수가 겨우 살아남는 경우가 많다. 지난 400년 동안 83종의 포유류와 113종의 조류, 그 외 288종의 동물, 650종의 식물이 멸종했다. 그중 거의 대부분이 20세기에 멸종된 것이었다. 1700년 이후 멸종된 것으로 알려진 해양 생물 21종 중 16종은 1972년 이후에 멸종되었다. 20세기의 포유류 멸종률은 자연적 멸종 수준의 40배였고, 조류는 1000배나 되었다. 21세기에 그 속도는 더욱 빨라질 것이 분명하다. 2004년 1월 《네이처(Nature)》에 실린 논문은 지구의 기후가 빠르게 변화하고 남아 있는 열대우림이 모두 파괴되면 현재 사는 세계의 생물종의 거의 절반이 2100년까지 멸종될 것으로 추정했다.

많은 사람이 이러한 대규모 멸종은 일어나지 않거나, 일어나더라도 별로 상관없다고 주장할 것이다. 맨슨이 멸종에 관해 말한 것처럼 "우리가 그 영향을 확실하게 알 수 있다고 하는 것은 주제넘은 일이다." 이 분야에서 연구하는 과학자들은 의견이 다를 것이다. 동식물들은 살아남을 것이고, 일부는 멸종된 생물이 남긴 생태계의 틈새를 생존의 기회로 삼을 것이다. 하지만 그러한 세계는 훨씬 피폐하고 생물의 다양성이 심각하게 줄어든 모습일 것이다. 세계 어디를 가나 비슷비슷한 동식물만 보일 것이다. 아직 우리가 이 생물종들에 관해 아는 것이 많지 않으며,(열대우림에 사는 생물종의 대부분은 이름조차 파악된 적도 없다.) 많은 종이 의약품이나 다른 용도에 사용될 수 있는 화학 성분을 갖고 있을 지도 모른다고 주장하는 실용주의자들도 있다. 하지만 이런 종들의 미래는 이런 논쟁을 통해 결정되는 것이 아니다. 서식지 파괴와 기후변동을 유발하는 경제적 힘들이 생물종 멸종을 이끄는 동인이 될 것이다.

불평등의 기초

9

지구상에서 후진 지역에 지나지 않았던 유럽이 1500년 이후에는 400년 동안 다른 지역 위에 군림하게 되었다. 이런 유럽의 흥성으로 인해 지구 전체 생태계가 엄청난 영향을 받았을 뿐 아니라, 지역 상호 간의 관계에도 커다란 변화가 생겼다. 유럽과 아시아의 국가들은 기원전 200년 무렵(로마 제국과 한나라의 융성 이후)부터 점점 밀접하게 관계를 맺기 시작했고, 그 후 약 1000년 동안 기술과 과학적 지식, 작물, 종교의 교류가 점점 증가했다. 그러나 아메리카 대륙과 오스트레일리아, 대부분의 태평양 및 아프리카 지역은 고립되어 있다가, 결국 유럽 세력이 팽창하자 세계 각지가 하나의 체제로 통합되었다. 이 과정이 일어나는 데는 시간이 걸렸다. 1750년대 무렵까지는 유럽의 영향이 주로 아메리카 대륙과 아프리카 연안의 몇몇 교역 거점에 한정되어 있었다. 아시아에는 역사가 오랜 교역 체계와 부강한 국가들이 있었지만, 유럽이 여기에 미치는 영향은 거의 없었다. 유럽은 1750년이 지나서야 오스트레일리아에 정착했고, 아시아와 아프리카에 점점 더 큰 영향력을 행사했다. 전체적으로 이러한 과정의 영향력은 엄청난 것이었다. 1500년 이후 400년의 기간에 대두한 '세계경제'는 서유럽 국가들과 유럽인들이 광범위하게 정착한 지역들(북아메리카와 오스트레일리아, 뉴질랜드, 남아프리카)을 중심으로 짜여졌다. 아시아와 아프리카 열대지방의 식민지와 라틴아메리카의 많은 지역이 강제로 종속적인 위치에 처해졌다. 일본은 이러한 운명을 피하는 데 성공한 극소수의 비유럽 국가 중 하나인데, 이는 일본이 외부에 의해 정치적·경제적으로 통제되지 않았기 때문이다.(중국은 부분적으로만 그 운명을 피할 수 있었다.)

16세기부터 19세기 중반에 이르는 유럽 정착의 초기 단계에서는, 비록 상업이 점점 더 중요해지기는 했지만, 유럽 자체가 아직도 농업 경제 상태에 있었다. 새로 개척된 아메리카 식민지에서는 기후가 안 맞거나 노동력이 비싸 본국에서는 재배할 수 없는 작물(주로 사치품에 해당하는 상품작물)을 재배했다. 또한 목재와 같은 1차 자원, 그리고 멕시코와 페루에서 나오는 금과 은을 제공해 주기도 했다. 19세기에 접어들어 유럽이 점점 산업화하면서 정치적인 지배력이 커지고 정착지가 확대됨에 따라 이 과정은 점점 심화되었다. 식민지의 경제는 본토 경제의 수요에 맞게 재구성되어 갔다. 유럽 시장을 위한 농업 생산품은 확대되었으며, 변화하는 수요와 새로운 산업 과정에 맞추기 위해 새로운 작물들이 도입되었다. 그와 동시에 천연자원에 대한 유럽의 수요가 눈에 띄게 늘어 가면서 식민지는 이상적인 공급원이 되었다. 이들 식민지는 유럽 본토에서 필요 없는 산업 생산물을 처분하는 데도 안성맞춤이었다. 20세기 중반까지 많은 식민지 경제는 유럽 식민 당국이 요구하는 방식으로 발달했다. 그 결과 식민지가 독립을 얻고 난 다음에도, 식민지 시절에 형성된 경제의 모습을 바꾸고 부유한 산업사회들이 만들어 놓은 세계경제의 질곡에서 벗어나기가 매우 어려웠다.

유럽 팽창의 초기 단계

타국에 의존적이고 불균형하게 발달한 경제가 만들어지면서 세계의 불평등성이 형성된 것은 수 세기에 걸친 복잡한 과정을 통해서였다. 하지만 가장 중요한 특징들은 15세기에 유럽이 팽창을 시작한 바로 초기부터 나타나기 시작했다. 이는 포르투갈인들이 인도양을 항해하기 이전이며, 스페인이 멕시코와 페루를 정복하기보다는 훨씬 전이었다. 15세기 동안에 스페인과 포르투갈은 아소르스, 마데이라, 카나리아 군도, 카보베르데 군도 등 대서양 연안의 섬들을 정복했다. 마데이라섬에는 1420년대에 포르투갈인들이 도착하기 전까지는 사람이 살지 않았다. 정착민들이 밭을 개간하기 위해 지른 불로 마데이라섬 자체의 풍경이 바뀌었다. 섬을 뒤덮었던 처녀림이 거의 완전히 파괴되고, 정착자들이 들여온 돼지와 소들이 섬의 생태계를 파괴했다. 1450년대에 포르투갈인들은 키프로스 지역과 경쟁하기 위해 사탕수수 농장을 시작했다. 섬 사면에 계단식 밭이나 인공 수로를 만들고 작물을 경작한 다음에 끓여서 설탕으로 가공하기 위해서는 많은 시간에 걸친 중노동이 필요했다. 일단 가공된 설탕은 부피에 비해 매우 높은 값을 받을 수 있었고, 원거리 무역을 통해 상당한 이익을 얻을 수 있었다. 유럽인들(주로 베네치아인)은 키프로스섬에서 설탕 생산에 필요한 많은 노동력을 유럽인 혹은 그 지역 주민을 통해 충당할수 없다는 것을 이미 알고 있었다. 그래서 그들은 노예노동을 도입했다.(주로 흑해 주변에서 노예를 데려왔다.) 당시에는 설탕 수요량이 아직저조했고, 노예무역의 규모도 연간 1000명 정도밖에 되지 않았다. 하지만 설탕 생산, 그리고 나중에는 카보베르데 군도의 면화 생산이 급격히 늘어나면서 대서양 섬나라의 상황도 변했다. 1500년이 되면 마데이라섬은 자영농 중심의 작은 식민지에서 2만 명이 정착하는 플랜테이션 경제로 변했다. 플랜테이션 농장에서 일하는 노예만 해도 수천 명이었다. 마데이라섬의 설탕 생산(이 무렵 이미 키프로스섬보다 생산량이 많았다.)은 점점 더 북서유럽으로 팔리는 양이 늘어났다. 안트베르펜은 이 시기에 설탕 무역의 중심지였다.

스페인의 카나리아 군도 정복은 조금 어려웠다. 란사로테를 정복한 1402년에서 시작해 1496년에 그란카나리아가 최종적으로 굴복할때까지 지속되었다. 이 군도에 속하는 일곱 개의 섬에는 북아프리카에서 온 관체(Guanches)족이 살았고, 스페인 사람들이 도착했을 당시에는 인구도 8만 명에 이르렀다. 확실치는 않지만, 관체족은 유럽인들이 절멸한 최초의 종족이 아닐까 하고 보는 견해가 있다. 그들은 스페인 사람들이 세운 설탕 농장의 노예가 되어 중노동을 하다가 죽어 갔다. 마지막 관체인은 1540년대에 죽었다. 설탕을 끓이는 연료를 공급하기 위해 숲의 나무들이 빠르게 사라졌고, 스페인이 들여온 또 하나의 골칫거리인 토끼들이 걷잡을 수 없이 증식하면서 숲의 자연스러운 회복이 원천적으로 차단되었다.

1450년 이후 유럽인들이 발달시킨 대서양 연안 경제의 두드러진특성 두 가지는 플랜테이션 농경과 대규모 노예노동이다. 이 특성이처음 나타난 것은 15세기 중반에 포르투갈인들이 아프리카 노예를 데려와 마데이라섬의 설탕 플랜테이션 농장에서 일하게 했을 때였다. 1440년대에서 15세기 말까지 포르투갈인들은 거의 14만 명의 노예를 아프리카에서 대서양 식민지로 데려왔다. 유럽인들이 창조한 세계의 다른 주요 특징들도 이미 나타나고 있었다. 원주민의 정복과 말살, 그리고 식민지의 가장 좋은 땅은 본국 수출용 작물 재배에 사용하고 원주민의 생존을 위한 농경은 가장 열악한 땅으로 쫓아 보내는 것이다. 북아메리카와 오스트레일리아를 제외하면 대부분의 식민지에서 유럽인 정착민은 전체 인구에서 작은 비중을 차지했다. 그 후 몇 세기가 지나는 동안 이러한 체제는 거대한 규모로 반복되었다.

노예제도와 계약 노동

한때 이슬람 세계에서 부리는 노예들을 잡아 오던 곳이었던 서유럽은 이번에는 키프로스와 시칠리아의 사탕수수 플랜테이션 농장에서 처음으로, 그리고 대서양 연안의 플랜테이션 농장에서 주인의 입장이 되어 노예를 부리기 시작했다. 애초에 스페인이 멕시코와 페루를 정복한 목적도 원주민을 노예로 삼으려는 것이었다. 새로 정복한 땅을 이용하는 방식은 식민 당국이 엔코미엔다(encomienda)라고 해서, 새로운 정착민들에게 각각 지정된 수의 원주민 노예노동력을 쓸 수 있는 권리를 주는 것이었다.(이론상으로 보면 땅에 관한 권리를 주는 것은 아니었다.) 예를 들어 에르난 코르테스(Hernán Cortés)는 멕시코에서 11만 5000명을 쓸 권리가 있었다. 하지만 지나친 노동 착취, 그리고 유럽인과 함께 들어온 질병 때문에 원주민 인구가 급속히 감소해 이러한 체제는 무너졌다. 일부 식민지, 특히 잉글랜드 식민지에서는 계약 노동이 도입되었다. 잉글랜드인들은 식민지에 갈 때 일정 기간(보통 7년)을 식민지에서 무급 노동을 해 주는 조건으로 고용주가 여행 경비를 대 주는 방식을 취했다. 계약 기간이 지나면 이들은 자유인이 되었고,(물론 살아남았을 때 얘기다. 대다수가 노동을 하다가 죽었다.) 일정한 면적의 땅이 주어졌다. 1780년대 이전에 북아메리카로 건너간 대부분의 백인은 계약 노동자였다. 하지만 사탕수수 플랜테이션 농장의 노동력은 이런 식으로 구할 수 없었다. 혹독한 플랜테이션 농장 노동을 하려는 사람이 없었던 것이다. 그리고 농장에서 일하겠다고 지원한 사람 대부분이 열대 풍토병으로 매우 빨리 죽었다.

이런 상황에서 유럽인들은 아프리카에서 노예를 들여오는 쪽으로 돌아섰다. 처음에는 포르투갈인이 노예무역을 많이 했는데, 앙골라에서 브라질에 이르는 지역에서 활동했다. 그 뒤를 네덜란드와 영국, 프랑스가 이었는데, 점점 중요해지던 서인도제도에서, 그리고 설탕과 담배, 면화의 재배가 급증하기 시작한 북아메리카에서 노예무역을 했다. 1500년에서 1600년 사이에 노예무역의 규모는 비교적 작았다. 37만 명 정도가 아프리카에서 아메리카 대륙(주로 브라질)으로 강제로 잡혀갔다. 그 후 1700년까지의 100년 동안 바베이도스나 생도밍그 등 서인도제도에서 설탕 생산이 급격히 확대되면서 아메리카 대륙으로 팔려간 노예의 수는 187만 명에 육박하게 되었다. 18세기는 노예무역이 가장 번성했던 시기였다. 총 613만 명의 노예가 매매되었고, 마지막 20년 동안에는 1년에 8만 명이 거래되었다. 유럽인들이 노예로 사들여 아메리카로 데려간 인구는 모두 합해 1200만 명이나 되었다. 이들 노예는 노예선을 타고 대서양을 건너는 동안 다섯 명 중 한 명꼴로 끔찍한 조건을 견디지 못하고 죽었다. 가장 항해 거리가 긴 서인도제도까지 가는 도중에 죽는 비율이 가장 높았다. 하지만 아프리카에서 노예로 잡힌 사람의 수는 아메리카로 가는 항해를 시작한 노예의 수보다 훨씬 더 많았다. 잡혀서 노예무역항으로 가는 여정 자체가 너무 험악한 여건이어서 도중에 죽는 이가 많았기 때문이다. 유럽인들에게 노동력을 공급하기 위해 노예가 된 사람은 총 2000만 명에 이른다.

1820년에 대규모 노예무역이 막을 내리기까지 아메리카 대륙으로 끌려간 아프리카인의 수는 840만 명으로, 유럽인 이민자 240만 명의 3.5배나 되었다. 1820년대에 아메리카 대륙의 인구구성은 백인과 흑인이 반반씩 차지해, 노예들이 얼마나 무지막지한 조건에서 살았는지 짐작할 수 있게 한다. 카리브 제도에서 노예의 평균수명은 젊고 건강한 남자의 경우에도 7년 정도밖에 되지 않았다. 1690년대에 20파운드 정도를 주면 젊고 건강한 노예를 살 수 있었는데, 이것은 노예한 명이 1년에 생산할 수 있는 설탕 값과 같았다. 이렇게 싼값에 노예노동을 쓸 수 있었기 때문에 다른 경비를 고려하더라도 노예 고용자에게는 엄청난 이익이 남았다. 노예의 사망률이 높은 것은 전혀 문제가 되지 않았다. 싱싱한 노예를 언제든지 사 올 수 있었기 때문이다. 플랜테이션 농장과 노예는 서유럽이 부를 축적하는 데 중추적인 역할을 했다. 몇 가지 예를 살펴보면, 1638년만 해도 설탕을 생산하지 않았던 바베이도스는 7년 만에 섬 절반이 플랜테이션 농장으로 뒤덮였고, 얼마 지나지 않아 잉글랜드가 소비하는 설탕의 3분의 2를 생산하게 되었다. 1680년대가 되면 바베이도스에는 5만 명 이상의 노예가 살아 인구의 75퍼센트를 차지했다. 설탕 생산은 서인도제도 전역에 퍼졌고, 1710년에서 1770년 사이에 영국의 설탕 소비는 다섯 배로 증가했다. 18세기 중반이 되자 설탕과 (북아메리카에서 재배된) 담배는 영국 대외 무역의 50퍼센트 이상을 차지했고, 담배와 인디고, 쌀은 북아메리카 대륙에 있는 영국 식민지 전체 수출량의 75퍼센트를 차지하게 되었다. 19세기 전반에는 성장하는 영국의 직물 산업에 원료를 대기 위한 면화 수출이 미국에서 노예무역을 대폭 확대시키는 추진력이 되었다. 1790년에 70만 명이던 노예의 수는 1860년에 400만 명 이상으로 늘었다. 노예무역은 새로 아홉 개 주로 확산되었고, 대륙을 가로질러 텍사스의 서부 접경지대까지 퍼져 나갔다. 1830년 이후에 미국에는 미국을 제외한 아메리카 모든 지역을 합한 것보다 더 많은 노예가 있었다. 노예제도는 1833년에 영국의 식민지에서 폐지되었고, 1863~1865년에 미국에서, 1886년에 쿠바에서, 그리고 마지막으로 1888년에 브라질에서 폐지되었다.

노예제도가 폐지되자 유럽인들이 원하는 작물과 자원을 얻기 위해 엄격한 규율과 나쁜 환경 속에서 일할 값싼 노동력을 다른 방식으로 확보할 필요가 생겼다. 계약 노동이 다시 성행했고, 노동력은 주로 인도와 중국, 태평양의 군도들에서 들여왔다. 인도의 노동력은 서인도제도와 모리셔스, 나탈, 피지, 말레이반도, 동아프리카, 실론, 미얀마 등지의 사탕수수 농장에서 특히 중요한 역할을 했다. 1834년 이후 100년 동안 3000만 명이 인도를 떠나 계약 노동자로 나갔다. 1861년에 이르면 인도인들은 모리셔스 인구의 3분의 2를 차지했고, 현재 인도인은 기아나와 트리니다드, 피지의 인구 절반을 차지하고 있다. 해외 노동력으로 나간 3000만 명의 중국인 중 대다수는 동남아시아로 갔지만, 상당수는 태평양을 건너기도 했다. 1849년에서 1874년 사이에 중국인 9만 명이 페루로 가서, 유럽에서 비료로 사용되던 구아노를 파내던 하와이인들을 대신해 일했고, 하와이의 사탕수수 농장과 파인애플 농장은 4만 6000명의 중국인과 18만 명의 일본인, 16만 명의 필리핀인을 값싼 노동력으로 빨아들였다. 오스트레일리아 퀸즐랜드의 사탕수수 농장에서는 태평양 섬 지역의 원주민들이 노예로 일했다. 19세기의 마지막 40년 동안 6만 명의 원주민이 플랜테이션 농장 노동자가 되었고,(이 기간에 늘 1만 명 정도의 플랜테이션 농장 노동자가 있었다.) 4분의 1가량이 퀸즐랜드에서 사망해 고향으로 돌아가지 못했다.

전통 농업에 대한 유럽의 영향

유럽인들이 처음 세계의 다른 지역에서 지배권을 잡을 당시에는 그 지역에 잘 적응된 전통적인 농업 체계를 이어받았다. 농업이라는 것이 원래 자연 생태계를 해치는 것이기는 하지만, 전통적인 방법들은 대부분 오랜 세월을 두고 개량되어 온 결과로, 지역 환경에 주는 피해가 적고 안정성과 영속성이 높으며 오랫동안에 걸쳐 다양한 작물을 생산해 낼 수 있게 해 주는 것들이었다. 실제의 농업기술이나 작물은 그 지역의 기후와 토양에 따라 달랐지만, 일반적으로 외부에서 투입되는 물질을 최소한으로 줄이고 각각의 장소에서 경작자와 지역사회의 요구에 맞게 다양한 작물을 재배하는 데 중점을 두었다. 또한 세심하게 관리되는 계단식 경작지에서처럼 수작업으로 하는 경작은 토양의 교란과 침식을 줄일 수 있었으며, 다양한 작물을 섞어 심어 지력 고갈과 특정 병충해의 피해를 줄였고, 폐기물을 재사용하거나 비료로 만듦으로써 토양의 비옥도를 유지했다. 이런 체계는 지역 자립성 수준이 높아 외부 시장과 접촉할 일이 거의 없었다. 이런 체제는 유럽인이 원하는 조건을 만족시키지 못했다. 유럽인들은 식민지가 유럽 국내시장을 위한 작물을 재배하거나 세계시장에서 팔리는 상품 작물을 재배해 식민지에서 소요되는 비용에 보탬이 되기를 원했다. 따라서 전통 농경 방식은 고의적으로 파괴되었고 식민지의 농업은 좀 더 특화되어, 수출하기 위해 제한된 품목만을 주로 재배했으며 단일 작물이 경작되는 경우도 많았다. 단일 작물의 재배가 계속되자 토양의 비옥도가 떨어지고 전염병에도 민감해지는 등 환경문제를 야기했으며, 원주민의 생존을 위한 농업은 유럽의 압력에 의해 근본적인 변질을 겪게 되었다.

다음의 세 가지 관점은 식민지의 농업경제가 어떻게 변질되어 가는지를 이해하는 데 아주 좋은 접근법이 될 수 있다. 첫째, 케냐에서 영국이 취한 식민지 정책을 보면 이러한 근본적인 변화가 어떤 과정을 통해서, 또 얼마나 빠르게 나타났는지 보여 준다. 둘째, 플랜테이션 농업의 발달사, 그리고 대규모 농장에서 상품작물의 재배와 소규모 영농에 의한 작물 재배 간의 균형을 살펴보면 유럽의 식민지 정책이 식민지의 환경과 사회에 어떤 결과를 초래했는지 알 수 있다. 마지막으로 설탕과 담배, 면화, 쌀, 차, 커피, 바나나, 고무, 코코아, 야자유 등 주요한 상품작물의 재배와 수출이 어떻게 이루어졌는지를 추적해 볼 수 있다.

케냐의 경제와 사회는 1895년과 1920년대 사이의 기간 중에 영국의 공식적인 식민 통치를 겪으면서 급격하게, 그리고 대단히 집중적으로 재편성되었다. 개발은 아프리카 주민들의 이익과는 전혀 상관없는 방향으로 진행되었다. 가장 중요한 요인은, 식민지는 대영제국 전체의 이익에 기여해야 하며 영국이 요구하는 상품을 생산하는 데 도움이 되어야 한다는 영국 측의 요구였다. 동아프리카 개발을 위한 정부 위원회의 1925년 기록을 보자.

영국은 열대 아프리카에 풍부한 잠재적 유산을 소유하고 있다. 적절하게 자본을 투입하면, 현재 영국이 외국에 크게 의존하는 천연자원과 식자재를 이 지역으로부터 점점 더 다량으로 공급받을 수 있을 것이다.

비록 초기 식민지에는 백인 정착자의 수가 적기는 했지만,(1906년까지 2000명도 못 되었다.) 영국 행정 당국은 백인들에게 가장 좋은 땅(대부분 흑인들이 살던 곳)을 장기 임대 형식으로 할당했다. 그리하여 1910년에는 한 해에 25만 헥타르의 땅이 백인들에게 할당되었다. 그러기 위해 원주민인 키쿠유족 그리고 유목민인 난디족과 마사이족을 강제로 퇴거시켰지만, 이렇게 해서 확보된 토지 가운데 3분의 2가 1930년이 될 때까지도 농업에 사용되지 않았다.

식민 지배 초기부터 가장 이상적인 것으로 간주되었던 개발 패턴은 대규모 농장을 세워 원주민의 값싼 노동력을 이용해서 유럽인이 경영하게 하는 것이었다. 주요 작물로 선정된 것은 커피와 사이잘삼과 옥수수였다. 19세기 후반까지도 대영제국의 커피 재배 중심지는 스리랑카였다. 하지만 1874년에 커피 잎에 번진 질병으로 인해 수확이 5분의 1로 줄어들자, 영국은 브라질에 의존하게 되었다. 이러한 의존성을 줄이기 위해 1907년 이후에 케냐에서 커피 재배가 적극 권장되어 1922년에는 700여 개의 농장에서 커피를 재배했다. 고무 농장도 시도되었지만, 말레이시아가 더 적합했기 때문에 곧 포기했다. 그 대신 당시에 사이잘삼을 거의 독점적으로 생산하던 미국을 넘어서기 위해 사이잘삼을 재배하기로 결정하고, 동아프리카에 내다 팔 수 있는 옥수수도 재배했다. 제일 중요한 문제는 값싼 노동력을 확보하는 것이었다. 백인들은 인종적인 이유로 값싼 인도 노동자를 들여오는 것을 반대하는 한편, 현지의 노동력을 적당한 조건으로 확보할 수 있게 해 달라는 압력을 영국 정부에 가했다. 그 첫 단계는 아프리카인들이 가질 수 있는 토지의 양을 제한하는 것이었는데, 아프리카인이 토지를 많이 가지게 되면 "이 모든 사업과 희망의 토대라고 할 수 있는 값싼 노동력 확보"를 근본부터 무너뜨리기 때문이라는 것이었다.

아프리카인들이 현금 수입을 얻기 위해 일해야 할 필요성에 몰려 자작농을 계속하고 있을 수 없게 하고자 갖가지 방책이 강구되었다. 주택세와 인두세를 현금으로만 거두기 시작했다. 이것만으로는 충분히 노동력이 확보되지 않자, 충분히 확보될 때까지 세율을 올렸다. '원주민 거류지'의 면적은 더욱 줄였다. 아프리카인들의 물가를 올리기 위해 수입관세가 올라갔고, 유럽인 농장에 사용될 농기구만이 면세되었다. 1920년 이후에는 세액도 급격히 올렸고, 모든 아프리카인이 통행증을 가지고 다녀야 하게 했는데, 이 통행증은 직업을 가져야만 얻을 수 있게 했다. 식민 당국은 또한 강제 노동 계획도 도입했다. 토착 농업은 거의 원조를 받지도 못한 채 인구밀도가 높은 거류지와 척박한 농지로 내몰렸다. 이런 조건하에서 케냐의 아프리카 인구가 1902년의 400만 명에서 1921년의 250만 명으로 줄었던 것은 전혀 놀라운 일이 아니다. 1930년대에 이르면 전통적인 아프리카 경제가 백인 경제로 편입되면서 국제경제로 통합되는 과정이 대체로 마무리되었다. 백인의 1인당 평균 소득은 아프리카인의 200배였다. 1913년에는 백인 농장의 산물이 케냐 수출의 5퍼센트를 차지했으나, 1932년에는 76퍼센트나 차지했다. 그중 커피 한 종목이 전체의 40퍼센트를 차지했다.

거의 모든 유럽 식민지에서, 그리고 명목상으로만 독립국인 라틴 아메리카 국가들에서 경제는 서유럽(그리고 미국)에 필요한 산물을 생산해 주는 것으로 급격히 변화했다. 변화의 속도와 특성은 유럽 지배의 성격과 시기, 재배하는 작물의 특성에 따라 결정되었다. 19세기에 이르기까지 플랜테이션 농장에서 단일 종목만을 재배하는 곳은 아메리카에 국한되었다. 그곳은 토지도 풍부했고 아프리카에서 노예를 실어 올 수 있었으며, 열대지방을 제외하고는 기후도 유럽인들이 견딜 만했다. 동남아시아의 경우에는 유럽 시장을 위해 많은 상품을 생산하고 경작하기는 했어도, 19세기에 들어서도 한동안 그 지역의 군주가 지배했다. 아프리카 역시 몇몇 교역항이나 해안의 요새, 그리고 케이프에 있는 유럽인 정착촌을 제외하면, 19세기 후반까지 유럽의 지배가 완전히 미치지 못했다. 기후도 유럽인에게 맞지 않아 의료 시설이 들어오고 필요한 물자를 교역할 수 있는 여건이 갖추어지기 전에는 살기가 어려웠다. 이렇게 식민지 지배하에 놓였던 세 군데 대륙의 생산 방법은 모두 토지와 자본을 지배한 나라와 재배 작물의 종류, 나아가 가공 방법에 의해 결정되었다. 플랜테이션 농장은 유럽인과 미국인들이 소유하고 돈을 대고 경영하는 것이었는데, 상업적인 대규모 민간 기업에 의해 운영되는 비율이 점점 높아졌다. 소규모 플랜테이션 농장도 있었지만, 수가 적었다. 하지만 이들은 동남아시아의 고무 농장이나 서아프리카의 몇몇 작물 재배에서 중요한 역할을 했다. 고무와 코코넛, 야자유, 사이잘삼, 카카오, 커피 등의 열대작물은 재배에서 완성품에 이르기까지 많은 시간이 걸렸다. 따라서 상당한 투자가 필요했고, 수급 사정과 가격의 등락이 심해 위험이 높은 편이었다. 사탕수수와 면화, 황마, 담배 같은 일년생식물은 수요의 변화에 맞추기가 쉬웠지만, 상당한 투자가 필요하기는 마찬가지였다. 사탕수수의 경우 부피가 너무 커서 수확한 자리에서 가공까지 하지 않으면 유통하기가 어려웠다. 이런 작물들은 연중 노동이 고르게 분포되는 고무나 차와는 달리 단기간에 집중적인 노동력을 요구했다.

아메리카 대륙의 작물들

앞서 살펴보았듯이 설탕은 17세기 이후에 대서양 경제의 발달에서 핵심적인 작물이었다. 설탕 생산의 중심지는 브라질이었다가 서인도제도로 넘어갔는데, 프랑스 식민지였다가 1790년에 노예 반란을 통해 서인도제도 지역 최초의 독립국 아이티가 된 생도맹그에서 가장 많이 생산되었다. 19세기에는 스페인령 푸에르토리코 제도와 쿠바가 새로운 중심지로 떠올랐다. 이들 지역에서는 아직 노예노동이 성행했고, 토지의 생산력도 소진되기 전이었기 때문이다. 유럽에서 흡연이 유행함에 따라 아메리카 대륙에서는 담배가 두 번째로 중요한 수출 작물이 되었다. 담배는 원래 스페인이 독점했으나, 영국령 버지니아에 소개되면서 재배되기 시작한 지 수십 년 만에 망해 가던 지역 경제를 급속히 활성화했다. 담배는 토양을 빠르게 소진했지만, 사탕수수 재배에서처럼 가공 설비와 저장 설비에 대규모 투자가 필요치 않았다. 처음에는 자작농이 재배했으나, 나중에는 노예가 가동하는 플랜테이션 농장에서 재배되었다. 17세기 동안 담배 재배는 버지니아와 이웃 메릴랜드에서 경제의 근간을 이루었으며, 이들 지역에서 화폐로 통용되었다. 아메리카 식민지에서 런던으로 수출된 담배는 1619년에 9000킬로그램에서 17세기 말에는 1000만 킬로그램으로 늘어났다. 토양이 소진되어 감에 따라 담배 재배 지역은 버지니아와 메릴랜드를 거쳐 차츰 서부 식민지들로 옮겨 갔다.

18세기 말이 되자 새로 독립을 획득한 미합중국에서 노예제도가 쇠퇴하는 것처럼 보였다. 담배는 예전만큼 중요한 작물이 아니었으며, (남부 주들의 해안선을 따라) 인디고나 쌀 같은 다른 플랜테이션 작물 재배 역시 상대적으로 소규모로 유지되었다. 그러나 그 후에 영국 시장을 노린 면화 재배가 빠른 속도로 팽창해 가면서 노예제도가 다시 살아나 광범위하게 퍼져 갔다. 1830년대 중반이 되면 영국의 수입품 가운데 생면화가 5분의 1을 차지했다. 1807년에 미국은 영국이 사용하는 면화의 60퍼센트를 공급했고, 1820년이 되면 세계 최대의 면화 생산국이 된다. 미국의 면화 수출은 1790년에 3000자루였던 것이 1860년에는 450만 자루가 되었다. 목화는 대부분 노예노동에 의존하는 플랜테이션 농장에서 재배되었다. 사탕수수나 담배와 마찬가지로 목화 재배 역시 토양을 빠르게 소모한다. 그리하여 19세기 전반기에 목화 재배 지대는 버지니아와 캐롤라이나, 조지아 등 동부 해안의 주에서 앨라배마와 미시시피, 루이지애나, 텍사스로 이동해 갔다. 동부의 주들은 이제 노예를 '번식'시켜서 서부의 플랜테이션 농장으로 팔아넘기는 쪽으로 전환했다. 이 시기에 거의 100만 명의 노예가 서부로 강제로 이주당했고, 가족이 뿔뿔이 흩어지는 것은 보통이었다. 노예제가 폐지된 이후에도 노예였던 사람들은 계속 플랜테이션 농장에서 일하거나 가난한 소작농이 되는 것 이외에 별다른 대안이 없었다. 목화 재배 면적은 계속 늘어나서, 1830년대의 150만 헥타르에서 1900년에는 1200만 헥타르로 늘어났다. 목화 생산은 수요의 감소로 인한 가격 하락, 토양 소모 등의 문제점이 나타나고, 1894년 이후 텍사스에서 악성 목화 해충인 목화바구미가 돈 뒤부터 감소했다.

아메리카 대륙의 대형 플랜테이션 농장에서 재배한 세 번째 주요 작물을 바나나였다. 바나나는 1516년에 스페인인들이 카나리아 제도에서 아메리카 대륙으로 가져왔으나, 지역에서 그냥 식량 작물로 쓰는 정도에 머물렀다. 그러다가 19세기에 냉장선이 개발되자 바나나를 북아메리카와 서유럽으로 운반할 수 있게 되었다. 1890년대에 바나나는 중앙아메리카의 대서양 연안을 따라 광범위하게 재배되었고, 인도에서 온 계약 노동자들의 노동력에 의존하는 경우가 대부분이었다. 영국인들은 서인도제도의 몇몇 섬, 특히 자메이카에서 소규모로 바나나를 생산했다. 바나나는 냉장 설비에 투자해야 하고 플랜테이션 농장에서 연중 일할 대규모 인력이 필요했기 때문에 몇 개의 대기업이 바나나 산업을 장악했다. 특히 1889년에 첫 플랜테이션 농장을 설립한 미국의 유나이티드 프루트 컴퍼니(United Fruit Company: UFC)는 곧 바나나 산업의 일인자가 되었다. 노동력 공급을 담당하는 하청업자들이 생겨났다. 노동자들은 회사가 제공하는 천막에서 적은 임금으로 노동하며 UFC가 소유한 플랜테이션 농장 식료품점에서 식품으로 교환할 수 있는 증서를 받아 생활했다.(식품 가격은 부풀려서 매겨져 있었다.) 북아메리카나 서유럽에서라면 이런 식의 노동조건은 불법적인 것이었을 것이다. 1930년대에 들어 토양이 소진되고 파나마병(病)과 시가토카 병(病)이 한꺼번에 발생하면서 이 지역 플랜테이션은 타격을 받게 되었고, 중앙아메리카 여러 나라의 태평양 연안 지역에 새로운 플랜테이션이 생겼다. 이런 나라들('바나나 공화국'으로 불렸다.)의 경제는 바나나 수출 하나에 전적으로 의존했고, UFC는 (미국 정부의 비호하에) 이들 나라들의 정치계를 주물렀다. 1945년 이후에 에콰도르는 세계 바나나의 주요 생산국이 되었다. 에콰도르의 바나나 생산은 플랜테이션 농장보다는 소규모 농장이 주종을 이루었다. 하지만 UFC와 파이프스(Fyffes) 등의 몇몇 대규모 회사가 바나나의 판매와 마케팅을 장악했다.

동남아시아의 플랜테이션과 환금작물

19세기 이후 서남아시아의 플랜테이션과 환금작물은 세 가지 주요 작물로 대표된다. 차와 쌀, 고무다. 19세기 초까지만 해도 차의 재배는 중국과 일본에 국한되었다. 그러다 18세기에 영국에서 차 마시기가 유행하자 연간 수입액이 200배로 늘어났다. 1833년에 동인도회사의 차 무역 독점이 폐지되자 차의 재배는 아삼에 이어 스리랑카, 남부 인도 등으로 번져 나갔다. 아삼의 차 플랜테이션은 숲을 개간해 만들었고, 1900년에는 약 15만 헥타르 정도의 땅에 764개의 대농장이 들어설 정도였다. 그러다 1870년대에 커피 마름병이 차 농사를 망쳐 버리자 인도 남부와 스리랑카로 남하해 갔다. 실론섬에서는 차 농장이 점점 늘어나 1875년에 400헥타르이던 면적이 1900년에는 15만 헥타르에 이르렀다. 차 잎의 수확은 노동력이 대단히 많이 필요한 일로, 하루에 1헥타르를 수확하기 위해서는 약 100명이 필요했다. 농장을 소유한 차 회사는 노동자를 많이 끌어들였다. 아삼 한 군데만 해도 1900년에 노동자가 40만 명이나 되었다. 스리랑카에서는 타밀인이 대거 들어와, 지금도 그곳의 소수민족 중 가장 큰 규모를 이루고 살며, 1890년대에는 스리랑카인과 타밀인 사이의 인종 갈등으로 장기적인 내전까지 일어났다. 이러한 차 플랜테이션 노동자들의 생활 조건은 비참했다. 형편없는 회사 합숙소에 살면서 매우 적은 임금으로 일했다. 임금이 생산원가의 3분의 2를 차지했는데, 회사들은 차를 영국에서 가장 인기 있는 음료로 유지하기 위해 될 수 있는 한 가격을 낮게 책정했기 때문에 임금이 낮아질 수밖에 없었다.

유럽인이 들어오기 수 세기 전부터 쌀은 동남아시아인들의 주식이었다. 쌀은 농부들이 자급하기 위해 생산했고, 약간의 잉여생산물을 그 지역의 시장에 팔기도 했다. 그러다가 쌀을 처음으로 수출한 나라는 미얀마였다. 1852년에 영국이 미얀마 남부를 지배하면서부터였다. 1861년에 미국의 남북전쟁으로 사우스캐롤라이나에서 영국으로 가는 쌀 공급이 끊기고, 1869년에 수에즈 운하의 개통으로 동남아시아 지역에서 쌀을 들여오기가 쉬워지자 영국이 미얀마를 선택한 것이다. 미얀마에서 쌀을 재배하는 면적은 1920년에 1855년의 약 스무배로 증가했고, 1920년에 가까워지면서부터는 생산하는 쌀의 절반을 수출했다. 이러한 변화는 미얀마의 농민 사회에 엄청나게 파괴적인 영향을 끼쳤는데, 이런 상업용 쌀 생산은 부유한 부재지주나 정미소 주인들이 통제하는 것이었기 때문이다. 이들은 큰 자본을 이용할수 있어 농부들의 땅을 사들여서 큰 장원을 지을 수 있었고, 땅을 빼앗긴 농부들은 그곳에서 싼값에 고용되어 일했다. 이러한 대규모 농장과 경쟁하려면 그나마 땅이 조금 있는 농부들은 돈을 빌려 써야 했고, 결국은 부채를 갚지 못해 땅을 빼앗겼다. 결국 미얀마 토지의 3분의 1이 사채업자의 소유가 되었다. 이런 과정 속에서 미얀마의 농부들은 땅이 없는 저임금노동자가 되거나, 가난에 찌들고 빚에 시달리는 소작농으로 전락해 갔다.

프랑스 제국 당국도 1861년에 점령한 베트남 남부를 크게 바꾸어놓았다. 이곳에서는 1880년에서 1940년 사이에 쌀 재배 면적은 다섯배로, 쌀 수출량은 여섯 배로 늘었다. 생산은 주로 메콩 삼각주에 집중되었는데, 프랑스는 이곳의 토지를 대규모 필지로 나누어 팔았다. 부자들만이 땅을 살 수 있었고, 이들은 거대한 농장을 세워 소작인들이 경작하게 했다. 소작인들은 채무 때문에 반(半)농노 상태에서 농장에 묶여 살아야만 했다. 미얀마와 베트남의 상황은 태국의 경우와 비교할 만하다. 태국은 이 기간에 명목상으로는 독립을 유지했다. 하지만 태국에서도 쌀의 수요가 늘어나 1850년에서 1950년 사이에 재배면적은 여섯 배로 늘어났고, 수출량도 5만 톤에서 150만 톤으로 늘어났다. 이로 인해 태국 국민들이 먹을 쌀이 부족해졌다. 하지만 식민지가 되었던 적이 없어, 다른 나라에서처럼 식민 당국의 지원을 받는 대규모 농장이 생기지 않았으므로, 소규모 자작농이 농업의 중추로 남을 수 있었다.

19세기에 고무 무역은 1840년에 우연히 황을 가해 처리하는 가공법이 발견되면서 획기적으로 변화했다. 이제 고무를 더 가볍고 유연하며 온도 변화에도 잘 견디게 만들 수 있게 되었다. 이로 인해 자전거와 자동차의 바퀴 등 고무의 용도가 급증했고, 새로운 상품에 대한 용도도 늘어났다. 1840년에서 1900년 사이에 영국의 고무 수입량은 예순 배로 증가했다. 19세기 대부분의 기간에 고무는 아마존강 유역의 천연고무나무에서 추출하는 것이었다. 고무 수요의 급증으로 브라질의 경제도 바뀌었다. 1827년의 31톤에서 1900년에는 2만 7000톤으로 고무 수출이 늘어났다. 아마존강 3000킬로미터 상류에 위치해 20세기 초에 고무 무역의 중심지가 되었던 마나우스는 여덟 개의 신문사와 오페라하우스, 전화와 전기를 갖춘 도시가 되었는데, 세계 최초로 전차를 운행한 도시이기도 했다. 하지만 영국은 대영제국 내에 독자적인 공급원을 만들기로 했다. 그래서 1876년에 헨리 위컴(Henry Wickham)이 브라질에서 고무나무의 씨를 훔쳐 왔다. 위컴은 7만 개의 고무 씨앗을 바나나잎에 싸서 밀반입했고, 그 공로가 인정되어 기사 작위를 받았다. 고무 씨앗은 큐 왕립 식물원에서 발아되어 말레이반도에서 처음으로 시범 삼아 재배되었다. 1895년에 동남아시아에서도 고무나무가 자랄 수 있음이 입증되자 네덜란드인들도 1906년 이후에 수마트라에 농장을 세웠다. 곧 동남아시아는 세계 고무 생산의 중심지가 되었다. 말레이시아에서 고무를 재배하는 면적은 19세기 말에 겨우 120헥타르였던 것이 1940년에는 130만 헥타르로 늘어났으며, 1919년에는 전 세계 고무의 절반이 말레이시아 식민지에서 생산되었다. 20세기의 첫 20년 동안에는 고무가 주로 대농장을 중심으로 생산되었는데, 말레이시아의 농민들이 고무 농장에서 일하려고 하지 않자 영국 정부는 인도에서 타밀 노동자들을 데려와 일하게 했다. 1920년대부터는 현지 농민들도 소규모로 고무 재배를 시작했지만, 독립성은 거의 없었다. 고무를 팔려면 대기업과 무역업자들에게 의존해야 했기 때문이다.

동남아시아의 고무 생산이 늘어나자 브라질의 경제는 막대한 타격을 입었다. 1910년까지만 해도 브라질에는 15만 명의 채취업자가 있어 자연산 고무나무에서 수액을 채취했지만, 말레이시아의 농장에서 잘 정렬된 고무나무들로부터 채취하는 것보다 효율성이 떨어졌다. 브라질산 고무의 수요와 생산은 점차 감소해 1930년의 생산량은 1900년 생산량의 3분의 1 수준으로 줄어들었다. 그래서 브라질을 비롯해 남아메리카의 다른 나라들도 말레이시아를 본떠 농장을 지어 보았지만, 환경적인 요인 때문에 쉽지 않았다. 야생 상태에서는 잘 자라던 고무나무가 촘촘하게 심어지자 마름병이 돌아 다 망쳐졌다. 동남아시아에서는 마름병이 돌지 않았다. 현재 브라질은 고무를 생산하는 양보다 수입하는 양이 더 많다. 브라질의 고무 플랜테이션 설립을 지원했던 미국(자동차 회사인 포드도 초기 투자를 했었다.)은 세계 고무 무역에서 영국과 네덜란드의 독주를 막아 보려고 혈안이었다. 1920년대에 정부의 지원하에 미국의 타이어 회사인 파이어스톤이 미국의 식민지나 다름없었던 라이베리아로 눈을 돌렸다. 라이베리아 정부는 미국과 1헥타르당 1센트도 되지 않는 가격에 40만 헥타르의 땅을 빌려주는 내용의 양해 각서를 체결했다. 1920년대 후반이 되면 파이어스톤은 이미 라이베리아에 3만 2000헥타르의 고무 농장을 갖고 있었다. 플랜테이션의 노동자들은 끔찍한 환경에서 살면서 쥐꼬리만

한 임금을 받았다. 파이어스톤과 같은 미국의 대기업이 라이베리아 경제를 장악하는 정도가 어느 정도였는지는 1943년에 미국 달러가 라이베리아에서 화폐로 쓰인 것으로도 미루어 짐작할 수 있다.

아프리카의 플랜테이션

아프리카에서는 수출을 위한 농장의 설립과 상품작물의 재배가 비교적 늦게 시작되었다. 이는 아프리카 대륙의 정치에 관한 유럽의 통제가 19세기의 거의 마지막 무렵까지도 확립되지 않았음을 반영한다. 커피는 아프리카가 원산지이기는 하지만 대량으로 재배된 적은 없으며, 대규모 재배가 시작된 것은 네덜란드인들이 17세기 후반에 스리랑카에서, 그리고 1712년에 자와 등 동남아시아에서 재배한 것이 처음이었다. 커피는 곧 네덜란드령 동인도의 주요 수출품이 되었고, 1850년에는 이 지역에 3억 그루 이상의 커피나무가 있었다. 그러나 1870년대에 커피 마름병이 유행한 이후 생산량이 격감했다. 그렇게 되자 브라질이 세계 최대의 생산국이 되었다. 커피는 1770년대에 포르투갈인이 브라질에 소개했다. 토양의 소진과 철도의 건설로 재배 지역은 서쪽으로 점점 이동했다. 가격을 최대한 낮추기 위해 커피는 노예노동력에 의존한 대규모 플랜테이션에서 재배되었다. 1888년에 노예제도가 폐지된 후에는, 유럽에서 대거 이민해 들어오는 사람들에게 열악한 조건에서 싼값에 일을 시킴으로써 커피 제조업이 유지되었다. 19세기 후반에 브라질은 세계 커피 시장을 장악했다.(세계 총생산량의 4분의 3을 생산했다.)

19세기 후반에 영국은 브라질에 대항해 독자적인 커피 공급원을 확보하고자 새로 식민지로 만든 동아프리카 지역에 대규모 커피 농장을 건설했다. 커피 재배는 1878년에 말라위에서 처음 시작되었고, 케냐에서는 1895년에, 우간다에서는 1900년에 시작되었다. 대개의 경우 영국인들이 소유하는 농장에서 아프리카인 노동력을 이용해 재배했는데, 많은 경우 영국 식민지 당국에 의한 무임금 강제 노동이었다. 1950년 이후에야 자작농들의 커피 재배가 시작되었으나, 그것을 팔기 위해서는 대규모 판매 회사에 의존하지 않을 수 없었고, 세계 시장의 커피 가격이 오르락내리락하면 치명적인 타격을 입었다.

코코아는 유럽인들이 도착하기 전부터 남아메리카에서 재배되었는데, 포르투갈인들이 대서양의 여러 섬, 그리고 이후에는 포르투갈령 브라질에서 노예노동을 써서 재배해 유럽 시장에 내다 팔면서 대량 재배가 시작되었다. 1880년대까지는 브라질이 세계 최대의 코코아 생산지였다. 1870년대에 서아프리카에 코코아가 도입되었고, 영국 식민 당국은 코코아가 당시에 생산성이 비교적 떨어지던 식민지에서도 재배해 팔 수 있는 괜찮은 수출 품목이 되리라는 것을 알아챘다. 영국의 초콜릿 생산자들, 특히 존 캐드버리(John Cadbury)는 안정적으로 코코아 원료를 공급받기를 원했으므로 이 일을 후원했다. 대개 초콜릿 제조사가 소유하고 유럽인이 경영하는 코코아 플랜테이션 농장이 세워졌으며, 1911년에 가나는 세계 최대의 코코아 생산국이 되었다. 프랑스 식민 통치하에 있었던 아이보리코스트 등지에서는 아프리카인들이 스스로 코코아를 생산하려고 시도하기도 했으나, 곧 프랑스인이 소유한 플랜테이션에 넘어갔다. 얼마 지나지 않아 서부 아프리카 전역에서 코코아 생산은 유럽인 소유의 플랜테이션이 통제했으며, 원주민들은 계절노동자나 소작인으로 고용되었다.

서아프리카의 팜유 재배는 초창기에 수요가 별로 없었기 때문에 재배 면적이 제한되어 있었다. 처음에는 별 인기가 없는 윤활제나 비누의 재료로만 쓰였기 때문이다. 하지만 19세기 후반에 유럽 식품 산업의 기술 개발에 따라 마가린의 주원료로서도 떠올랐다. 1900년에 서아프리카는 한 해에 5만 톤의 팜유를 영국으로 수출했다. 1920년대 이후에는 유럽인이 소유한 대규모 플랜테이션이 생기기 시작하면서 팜유 생산은 계속 늘어났다. 팜유 생산은 동남아시아로도 퍼져 나가 20세기 후반이 되면 팜유 플랜테이션은 이 지역의 숲을 개간하는 주요 동기가 되었고, 오랑우탄이 멸종 위기에 처하게 하는 주요 원인도 되었다. 오랑우탄은 이제 전 세계에 약 6만 마리 정도밖에 남지 않았으며, 숲이 개간되어 팜유 플랜테이션 농장이 되어 감에 따라 1년에 8000마리씩 죽어 간다고 한다.

상품작물과 저개발

20세기 초에 이르기까지 유럽은 세계 다른 지역의 농업경제를 크게 변화시켰다. 미국도 뒤늦게 출발해 점점 더 그런 영향력을 발휘했다. 이런 경제에서는 농업이 차지하는 비중이 컸기 때문에, 그만큼 사회에 미치는 영향도 컸다. 대체로 식량을 자급자족하던 나라들이 점점 더 세계경제로 통합되어 갔으며, 이 세계경제를 지배하는 것은 공업화된 국가들이었다. 선진국들이 강력한 정치적 통제와 경제적 압력, 투자, 세계시장의 구조 등의 장치를 통해 영향력을 행사한 결과 이들 농업국의 '개발'은 다른 나라에 팔기 위해 작물을 재배하는 형태를 취하게 되었다. 재배되는 작물은 유럽과 북아메리카에 사는 사람들이 먹는 식단의 사치를 위한 것(설탕과 커피, 차, 코코아, 바나나)이거나, 이들 국가의 제조업을 유지하기 위한 것(목화와 고무, 야자유)이었다. 한편 선진국에 '개발'은 전혀 다른 의미를 지니는 것이었다. 즉 번창하는 다양한 산업 시설을 짓는 것과 빠르게 상승하는 소비수준, 국민들의 풍요한 생활을 의미했다. 이 과정을 통해 종속적인 식민지 경제들은 몇 가지 상품, 어떤 경우에는 단일한 상품을 중점적으로 재배하는 형태로 재편되었다. 이러한 변화가 환경에 미친 영향이 좋은 것일 수 없다. 다양하던 농업은 많은 지역에서 점점 단작으로 바뀌었고 토양을 고갈시켰으며 생물 다양성을 감소시키고 질병과 해충에 취약하게 만들었다. 이런 변화는 사회에도 마찬가지로 해로운 영향을 미쳤다. 자작농은 땅 없는 노동자나 땅에 묶인 소작농으로 전락했고 많은 빚을 지게 되었다. 20세기 전반기에 수출 작물의 생산이 매년 3.5퍼센트씩 늘어남에 따라 이런 농가들은 세계시장의 가격 등락에 따라 더욱 많은 영향을 받지 않을 수 없게 되었다. 한편 자국민을 위한 식량 생산은 인구 증가보다 느리게 증가했다. 그 결과 이들 국가에서는 식량을 수입해 올 수밖에 없었으며, 그것도 비싼 가격에 수입해야만 하는 경우가 빈번했다.

상품작물을 우선하는 농업이 낳은 왜곡된 결과는 여러 국가에서 나타났다. 1950년대에 쿠바에서는 사탕수수가 모든 작물 재배 면적의 60퍼센트를 차지했으며, 수출의 4분의 3을 차지했다. 피지에서는 1980년대 초반에 사탕수수 생산이 국내 경제에서 차지하는 비중이 쿠바보다 더 높았다. 수출의 80퍼센트를 차지하고 인구의 5분의 1이 종사하는 산업이 되었다. 설탕 가격이 출렁이면 이들 나라 경제는 더욱 심하게 출렁거렸다. 가격이 내려가면 수입 대금을 지급하기가 어려워졌고, 노동자은 임금이 깎이거나 해고되었다. 20세기 후반에 동아프리카에서 계절에 관계없이 화초를 재배해 유럽에 팔기 위한 거대한 농장을 짓기 위해 많은 농가가 사라졌다. 농민들은 땅을 잃고 식량을 사기 위해 임금노동을 해야 하는 노동자가 되었다. 그뿐만 아니라 이들은 별다른 보호 장비도 없이 다량의 살충제를 뿌리는 작업에 노출되었다.

1945년부터 약 20년간 아프리카와 아시아에서는 많은 나라가 정치적인 독립을 얻어 냈지만, 그렇다고 해서 그들의 경제적인 위치가 바뀐 것은 아니었다. 1820년대부터 독립한 라틴아메리카 국가들의 경험을 보면, 이미 이런 경제적인 위치를 벗어나기가 얼마나 어려운지를 알 수 있다. 신생 독립국들은 농업과 무역, 토지 소유의 형태가 이미 얼마나 견고하게 확립되어 있는지 깨달았다. 또한 국내에서나 국외에서나 변화에 강력히 저항하는 세력이 있다는 것도 알게 되었다. 일단 하나의 경제가 식민지 당국 혹은 신식민주의적 당국에 의해 특정한 형태로 형성되고, 서구 국가들이 압도적인 경제와 자금력을 가지게 되면 그 경로를 바꾸기란 매우 어려웠다. 이러한 상황에서는 식민지 당국이 확립해 놓은 상품작물 생산을 늘려 수출을 늘리는 데 힘쓰는 방법밖에는 대안이 거의 없었다. 아이보리코스트는 독립하기 직전에는 한 해에 7만 5000톤의 코코아와 14만 7000톤의 커피를 생산했으나, 1980년대 중반에는 이 수치가 각각 22만 8000톤과 30만 5000톤으로 늘어났다. 결과적으로 이 나라의 경제는 더욱 이 두 작물에 의존하게 되었다. 단일 작물에 의존하는 국가도 많이 있었다. 예컨대 1980년대에 부룬디는 수출의 93퍼센트가 커피였다. 생산국들이 협동해 농작물 가격을 안정시키려고 했던 시도는 실패로 끝났으며, 등락을 거듭하는 수출 상품 가격은 취약한 국가의 경제를 계속 잠식했다.(상품 가격의 실질가치는 지속적으로 떨어져 왔다.) 큰 플랜테이션을 가진 주요 대기업을 국유화하고 토지를 재분배한 국가의 정부도 세계시장의 교역조건까지 통제할 수는 없었다. 대기업들이 여전히 가공 부문과 제조 부문, 판매 부문을 장악하고 있었기 때문이다. 주요한 차 회사의 하나인 브룩 본드(Brooke Bond)는 지금은 스리랑카 차 농장의 1퍼센트만을 소유하고 있으나, 이 국가가 수출하는 차의 3분의 1을 통제하고 있다. 유통을 통제하는 거대 슈퍼마켓들은 생산자들에게 점점 더 낮은 가격을 강요했다. 2004년이 되면 코스타리카의 바나나 생산자들은 바나나 한 상자에 법정 최저 가격조차 받지 못했다.(슈퍼마켓에서 그 가격에 사 주지 않기 때문이었다.) 그래서 이들은 노동자에게도 법정 최저임금을 주지 못했다. 현재 바나나 소매가격의 90퍼센트에 가까운 돈이 유통업자와 교역상, 소매업자에게 돌아간다. 이들은 바나나 생산에 아무런 관여를 하지 않는데도 말이다. 바나나 플랜테이션 노동자에게 돌아가는 가격은 소매가격의 2퍼센트에 지나지 않는다.

굶주림과 영양실조의 문제를 겪는 와중에도 개도국은 식량 수출국이다. 세계 식량 무역에서 20퍼센트가 이들 국가에서 공업국으로 유입되며, 그 반대의 흐름은 겨우 12퍼센트에 지나지 않는다. 이러한 불균형은 서유럽과 북아메리카, 일본 등에서 자라지 않는 열대작물의 경우에만 국한되는 것이 아니다. 수에즈 운하가 개통된 지 1년도 못 되어 인도는 영국 국민들이 먹을 밀을 수출하게 되었다. 1876~1877년의 극심한 기근 때도 밀은 영국으로 수출되었으며, 인도는 1880년대에 세계 곡물 수출량의 10퍼센트를 공급했다. 20세기 후반에 라틴아메리카는 자국의 소비를 희생해 가며 대량의 쇠고기를 미국 시장에 수출했다. 1960년에서 1972년 사이에 과테말라의 쇠고기 생산량은 두 배로 늘었으나, 자국민의 1인당 고기 소비량은 5분의 1로 줄었다. 코스타리카의 상황은 더욱 나쁘다. 같은 기간에 코스타리카의 쇠고기 수출은 네 배로 증가했으나, 국내 소비는 40퍼센트 감소했다. 현재 미국의 고양이들은 코스타리카의 사람보다 더 많은 고기를 먹고 있다.

목재

유럽인들은 세계의 다른 지역을 유럽인들에게 사치성 식량과 산업 작물을 대 줄 수 있는 곳으로만 본 것이 아니라, 목재와 광물 등의 원료 공급처로 보기도 했다. 이러한 품목의 교역은 저개발과 빈곤이 특징인 종속적 경제를 만들어 냈다. 목재는 초기 식민지에서 유럽으로 보낸 것 중 가장 중요한 생산품이었다. 이를테면 영국령 온두라스(후에 벨리즈가 됨)는 유럽 시장에 내놓을 마호가니를 구하는 업자들 때문에 생긴 나라다. 벌목이 어느 정도 규모로 행해졌는지는 인도와 미얀마에서 영국이 한 짓만 보아도 알 수 있다. 19세기 초까지 영국 상인들은 유럽인들이 요구하는 목재를 조달하기 위해 인도와 말라바 연안에 있는 티크 삼림을 거의 완전히 파괴해 버렸기 때문에 새로운 공급지가 필요했다. 미얀마의 처녀림은 1826년에 영국이 그곳을 점령하는 강력한 동기를 제공했다. 식민지 정부가 처음 벌목한 테나세림 지역의 티크는 20년 내에 끝장나 버렸다. 1852년에는 미얀마의 평야 지역이 영국에 종속되어, 이라와디 삼각주의 거대한 삼림을 영국인이 벌목했다. 19세기 후반까지 400만 헥타르의 숲이 개간되었다. 서부 히말라야에서는 1801년에 고라크푸르 지역에서 영국의 통치가 시작된 이후 20년 동안 약 100만 그루의 나무가 벌목되었다. 다른 지역에서는 유럽 상인들에게 권리를 판 인도의 지배자들이 나무를 베었으며, 1850년대에 이미 전 지역에서 극심한 목재 자원의 고갈 현상이 생겼다. 같은 시기에 작물을 유럽으로 운송하기 위해 인도 전역에서 철도가 건설됨에 따라 철도 침목의 수요가 크게 늘어났다. 벌목은 점점 더 내륙 산간지대로 들어갔으며, 1870년대에는 침목용으로만 한 해에 50만 그루의 나무가 잘라져 나갔다.

아주 특별한 목재를 취급하는 교역이라고 할지라도 대단히 파괴적인 결과를 가져올 수 있다. 19세기 초반에 자단나무는 유럽뿐 아니라 중국에서도 매우 값나가는 상품이었다. 이것은 태평양 연안의 섬에서 거의 생산되었지만, 25년도 안 되어 이 무역 자체가 없어져 버렸다. 모든 나무를 다 잘라 버린 것이다. 많은 종류의 동물들에게 했던 것과 유사한 패턴이 반복되었다. 유럽과 미국의 업자들은 체계적으로 한 섬의 나무를 몽땅 베고는 다른 섬으로 옮겨 가곤 했다. 피지섬의 자단나무는 1804년에서 1809년 사이에 다 없어졌고, 마르키즈 군도에서는 1814년 이후 3년을 버텼으며, 하와이섬에서는 1811년에서 1825년까지 조금 오래 버텼다. 그러고 나서 자단나무 산업은 붕괴되었다.

1898년에 스페인과 미국이 전쟁을 벌인 후 미국이 필리핀을 통치하게 된 역사는 현대의 벌목이 발달하는 과정에 관한 좋은 예를 보여준다. 미국이 통치를 시작한 지 2년 만에 삼림청이 생겨났고, 상업 벌목이 1904년에 시작되었다. 당시까지만 해도 처녀림의 80퍼센트가 남아 있었으나 절반은 1950년대 초반까지 없어졌으며, 필리핀이 독립을 획득한 후에도 벌목은 계속되었다. 1980년대에는 3분의 1도 채 남아 있지 않았고, 21세기 초에는 원시림의 단 3퍼센트만이 남게 되었다. 필리핀에서 일어난 이러한 상황은 별로 특별한 일이 아니었다. 새로이 독립을 얻은 국가들은 목재를 작물의 한 가지 정도로만 여겼고, 안 그래도 수출로 외화를 벌 기회가 많지 않은 판에 딱 좋은 수출 품목이라고만 보았던 것이다. 1960년에서 1980년 사이에 인도네시아의 목재 수출은 200배로 늘어났다. 목재의 주요 수입국은 다름 아닌 일본으로, 자국의 숲을 보호하기 위해 선진국 중 가장 엄격한 삼림 보호 정책을 가진 나라다. 인도네시아의 숲은 면적이 1950년에 1억 6200만 헥타르에 달했으나, 연간 삼림 파괴량이 200만 헥타르에 육박했던 2000년에는 9800만 헥타르로 줄었다. 아이보리코스트도 1913년에는 겨우 4만 2000톤의 목재를 수출했으나, 식민 통치 말기인 1958년에는 이보다 열 배로 늘어난 40만 2000톤을 수출했고, 1980년대 초에는 여기서 다시 네 배로 늘어난 160만 톤 이상을 수출했다. 이곳에는 식민 통치가 끝나던 1956년까지도 1200만 헥타르의 열대우림이 있었으나, 독립한 지 20년도 채 안 된 1970년대에는 그 면적이 400만 헥타르로 줄어들었다. 20세기 후반에 아이보리코스트의 원시림은 원래 면적의 40분의 1보다 적게 남게 되었다.

광물

광물의 이용도 세계의 불평등을 증가시키는 또 하나의 중요한 요소였다. 초기에 스페인이 식민지를 확대하기 위해 힘쓰게 된 주요 동기도 광물을 얻고자 하는 것이었는데, 아즈텍과 잉카제국의 금은보화를 전부 녹여 써 버린 후 식민 당국은 볼리비아 안데스산맥의 4000미터 고지에 있는 포토시 대(大)은광을 개발하느라 혈안이 되었다. 지역 주민들은 식민지 당국의 강제에 의해 노동하지 않을 수 없었다. 이들은 지하에 한 번 투입되면 거기서 일주일간 머무르면서 맹독성의 수은으로 광석을 가공해야 했다. 사망률이 매우 높았던 것도 당연하다. 포토시는 당시 세계에서 가장 큰 도시 중 하나로 인구는 (거의 대부분이 강제 노동자로) 16만 명이었는데, 이는 파리와 로마, 마드리드, 세비야, 런던보다 많았다. 1500년 이후에 300년 동안 세계 은 생산의 85퍼센트와 금 생산의 70퍼센트가 아메리카 대륙에서 이루어졌다. 공식적으로 밝혀진 부분만 보더라도 스페인은 한 해에 33만 킬로그램의 은을 유럽으로 실어 갔다. 그리고 15만 킬로그램은 아카풀코에서 태평양을 건너 마닐라로 보내졌다. 밀무역으로 거래된 양은 아마 이것의 두 배 정도였을 것으로 추산된다. 유럽이 은 생산을 통제했기 때문에, 당시에 훨씬 발달되어 있던 아시아 시장이 원하는 상품을 별로 만들어 내지 못하면서도 아시아의 부유한 무역 시스템에 참여할 수 있게 되었다. 금은 아프리카 서부 해안에서도 얻을 수 있었다.(골드코스트, 즉 가나의 식민지 시절 이름은 이 때문에 붙여진 것이었다.) 전성기인 17세기 초에는 연간 4만 킬로그램의 금을 얻을 수 있었다.

1885~1886년의 베를린 회의에서 유럽 열강이 (미국의 참관하에) 아프리카를 최종적으로 분할함과 동시에 아프리카 대륙의 광물자원에 대한 착취가 대규모로 시작되었다. 일부 지역은 광산 회사가 통치하기도 했다. 예를 들면 벨기에의 국왕 레오폴 2세(Leopold II)는 20세기 초에 벨기에령 콩고가 된 지역의 일부를 정복하는 데 돈을 대 주는 대가로 구리 광산이 풍부한 카탕가를 한 광산 회사에 팔아 넘겼다. 그 후 이 지역은 그 회사의 재산이 되어 있다가 착취와 비인도적 대우의 정도가 지나치다는 여론에 밀려 벨기에 정부가 식민 통치권을 넘겨받았다. 광물은 아프리카에 대해 유럽이 하는 투자의 중심이었다. 1930년대까지 유럽인들이 아프리카 대륙에 투자한 자본의 3분의 2가 광산에 돌아갔고, 1897년과 1935년 사이에 아프리카의 광물 수출은 일곱 배로 늘어 전체 수출량의 절반을 차지했다. 주요 광물은 콩고와 북부 로디지아(잠비아)의 구리와 남아프리카의 금과 다이아몬드였다. 철도나 항구 등의 투자도 이루어졌지만 원자재를 유럽으로 가져가기 위한 것이었을 뿐, 지역 경제에는 도움이 거의 되지 않았다. 구리는 벨기에령 콩고의 카탕가에서 벵겔라 철도를 통해 포르투갈령 앙골라로 운반되어 수출되었다. 가공 공장은 거의 짓지 않았다.

유럽인들은 숙련된 기술자들이었고, 아프리카인들은 기술 없는 노동력을 제공했다. 식민 당국은 주택세와 인두세를 도입했는데, 이는 현금으로 내야 했으므로, 아프리카인들은 돈을 벌기 위해 광산이나 농장 등 노동시장으로 나서야만 했다. 원주민 광산 노동자들은 지저분하고 낙후된 막사에서 거칠게 빻은 옥수수죽만 먹으면서 가족과 떨어진 채 살아야 했다. 집에서 수백 킬로미터나 떨어진 곳에서 지내는 경우도 흔했으며, 외국 땅에서 살아야 하는 경우도 많았다. 1950년대에는 남아프리카 광산 노동자의 3분의 2가 다른 나라 출신이었다.

상품작물이 여러 식민지 국가의 경제에서 중요한 위치를 차지하다가 독립 후에도 외화를 획득하는 중요한 수단이 된 것과 마찬가지로, 광산도 몇몇 식민지 국가의 경제에서 중요한 위치를 차지했다. 두 경우 모두 독립한 후에도 그런 구조를 바꾸는 것이 거의 불가능했다. 예를 들어 잠비아와 모리타니에서는 광산품이 수출의 90퍼센트 이상을 차지했다. 이런 나라들은 점점 더 세계 전체 광물 생산에서 중요한 비중을 차지하게 되었다. 1913년에서 1970년 사이에 개발도상국에서 채굴된 철광은 전 세계 채굴량의 3퍼센트에서 39퍼센트로 늘어났으며, 같은 기간에 보크사이트의 생산량 증가는 더욱 극적이어서 0.5퍼센트에서 60퍼센트로 늘어났다. 그러나 이렇게 채굴량이 늘어나도 생산국은 그로부터 거의 이득을 얻지 못한다. 채굴은 선진국 세계에 자리 잡은 소수의 초국가 기업이 장악하고 있기 때문이다. 생산국 정부들은 통제력을 제대로 발휘하지 못하고 다국적기업의 지배를 받는 것이 보통이다. 생산국이 자체적으로 가공하는 구리 원석의 양은 생산량의 10퍼센트 정도이며, 철광의 경우 생산량의 20퍼센트 이하만을 가공한다. 값싼 에너지를 얻을 수 있는 경우일지라도 초국가 기업은 제련소나 가공 공장을 짓기를 거부한다. 기니와 가나는 독립한 직후에 이런 공장들을 유치하기 위해 수력발전소를 지어 싼값에 전기를 공급할 준비를 갖추었지만, 초국가 기업이 가공 시설을 짓기를 거절했기 때문에 결국 발전소 공사비만 손해 본 셈이 되었다. 알루미나는 보크사이트 원광보다 값이 여섯 배나 되고, 최종 산물인 알루미늄의 값은 원광의 스물다섯 배나 된다. 하지만 이런 고부가가치 가공 작업은 대체로 선진국에서만 할 수 있는 것이다.

광업의 환경적·경제적 영향은 라이베리아와 모리타니, 누벨칼레도니(뉴칼레도니아)의 세 가지 사례에서 볼 수 있다. 1945년 이후 라이베리아는 다국적기업에 자국의 철광맥을 개발하도록 양허했다. 네 개의 거대한 노천광(이는 막대한 양의 표토와 바위를 손상하고 커다란 갱과 웅덩이를 만들기 때문에 채광 방법 중에서 환경에 가장 많은 피해를 준다.)과 철광을 해안까지 실어 나르기 위한 철도가 만들어졌다. 하지만 기업 측이 외부 인력을 선호했기 때문에 현지 노동력의 고용은 거의 없었다. 이 새로운 사업으로 인해 수치상으로는 라이베리아의 경제가 신장되고 수출도 늘어난 듯했으나, 이 지역 사람들의 생활에 관계된 부분에는 거의 도움이 되지 못했다. 이런 사정은 1959년 이후에 대규모 철광 개발을 한 모리타니의 경우도 마찬가지였다. 모리타니 정부는 철광을 개발하는 회사에 5퍼센트의 지분만을 가지고 있었다. 그 회사는 독자적으로 누아디부 항구까지 650킬로미터의 철도를 건설했으며, 심지어 철광을 경비할 독자적인 군대까지 운영했다. 철광이 개발되기 시작한 지 7년 후에 모리타니 경제는 수치상으로는 2.5배로 증가했으나, 그 혜택은 지역 인구에게 거의 돌아가지 않았다. 광산은 독자적으로 운영되었고, 그 지역 노동력은 거의 쓰지 않았다. 필요한 장비는 모두 수입했고, 이윤은 모두 본국으로 송금되었다. 누벨칼레도니는 1853년에 프랑스에 병합되었다. 20년 후에 거대한 니켈 광맥이 발견되었다. 니켈은 강도가 매우 높고 잘 부식되지 않아 20세기에 들어 주요한 금속이 되었으며, 비행기와 무기, 원자력발전소 등에 광범위하게 쓰였다. 누벨칼레도니는 세계 전체 니켈 매장량의 4분의 1에서 3분의 1가량을 보유하고 있다. 프랑스는 소시에테 르 니켈(Société Le Nickel: SLN)이라는 회사를 세워 니켈 광맥을 채굴했다. 1920년대가 되면 누벨칼레도니는 일본과 자와, 베트남의 노동력을 이용해 세계 최대의 니켈 생산국이 되었다. 20세기에는 5억 톤의 바위를 파헤쳐 1억 톤의 니켈 광석을 얻었는데, 여기서 생산된 니켈의 양은 단 250만 톤이었다. 이 채굴은 지표에서부터 파헤쳐 내는 노천광 형식으로 이루어졌기 때문에 광산 주변은 처참한 광경으로 변해 버렸고, 진흙과 폐광 잔해들이 시냇물을 매웠다. 이런 것들이 엄청난 양으로 주변의 땅에 버려져 농사를 지을 수 있는 땅을 못 쓰게 만들었고, 해안의 산호초를 파괴했다. 니켈을 생산하기 위해서는 니켈 원석이 엄청나게 필요했기 때문에 제련은 그 자리에서 이루어졌다. 하지만 1980년대까지 환경적인 규제는 전혀 없었다. 그 결과 산성비가 내려 지역 환경은 더욱 파괴되었다. 한 세기에 걸친 니켈의 채굴과 제련으로 인한 환경 파괴에 대한 효율적인 정화 작업은 전혀 없었다. 그 피해는 지역 주민들에게 돌아갔고, 이익을 챙기는 사람은 따로 있었다.

비료

19세기 후반이 되자 농업 생산성을 올리기 위해 비료의 사용량이 급증했다. 미국은 자체적으로 비료를 조달할 수 있었지만, 서유럽은 모로코와 튀니지 및 남아메리카 태평양 지대의 구아노(바닷새의 똥이 퇴적해 굳어진 것으로 질 좋은 비료의 원료가 된다.) 광산에 크게 의존했다.

이곳은 원래 볼리비아의 영토였으나, 1881년에 벌어진 구아노 광산을 둘러싼 전쟁에서 칠레가 승리하자 해안 및 해안 가까이에 있는 구아노 섬들이 칠레로 넘어갔고, 볼리비아는 바다 없는 나라가 되었다. 구아노 광산에서는 중국인 노동자들이 끔찍한 환경에서 일했다. 칠레는 곧 한 해에 100만 톤 이상씩 수출했으며, 수출에 부과한 세금이 국가 수입의 80퍼센트 이상을 차지하게 되었다. 대영제국은 비료의 원료를 이런 외부의 공급에 의존했는데, 20세기 초에 태평양의 나우루섬과 오션섬에서 거대한 인산 광산이 발견되었다. 이 광맥의 발견으로 오스트레일리아와 뉴질랜드의 농업 생산량을 증가시켜 줄 비료를 싸게 공급받을 수 있게 되었는데, 이 두 국가는 영국이 수입하는 식자재의 주 공급처였다. 나우루섬과 오션섬의 역사는 선진국의 자원 수요가 세계 다른 곳들의 사람들과 환경에 얼마나 심각한 영향을 미쳤는지 극명하게 보여 준다.

오션섬은 길이 5킬로미터, 폭 4킬로미터의 작은 섬으로 울창한 열대우림으로 덮였고, 전형적인 폴리네시아식 생활을 영위하던 바나바족 2000명가량이 살았다. 나우루는 오션섬보다 약간 커서 면적이 22제곱킬로미터 정도가 되며, 1400명의 인구가 있었다. 오션섬은 1901년에 영국령이 되었고, 나우루는 1914년까지 독일령이었다. 이 섬들은 거의 순수한 인산 광산으로 구성되어 있었는데, 그 매장량은 거의 세계 최고였다. 1900년에 영국 회사인 퍼시픽 아일랜드는 오션섬의 모든 광물에 관한 권리를 50파운드에 샀다.(실제로는 퍼시픽 아일랜드가 만든 제품 50파운드어치를 주고 사들였는데, 그나마도 가격을 훨씬 비싸게 책정한 것이었다.) 이 '조약'은 그 법적 타당성이 의심스러운 것이었다. 조약을 체결한 당사자는 이 섬의 추장이었는데, 추장에게는 다른 사람이 소유한 땅을 팔 권리가 없었기 때문이다. 그 뒤 5년 동안 매년

10만 톤의 인산이 채굴되었다. 1907년에 퍼시픽 아일랜드는 독일 정부를 상대로 나우루의 광산 채굴권에 관한 협약에 동의했다. 두 섬 모두에서 채광 작업에 섬 주민들이 고용되지 않았으며, 약 1000명의 노동자(주로 중국인)를 섬 밖에서 데려왔다. 80명가량의 유럽인이 이들을 감독했으며, 피지 경찰이 파견되어 감시했다. 나우루는 제1차 세계대전 초반에 오스트레일리아에 점령되었다. 1919년에 이 회사는 영국과 오스트레일리아, 뉴질랜드의 정부들이 합동으로 만든 브리티시 인산 협회에 팔렸다. 이는 인광을 원가, 즉 국제시장가격보다 훨씬 싼값으로 이들 정부에 공급하기 위해서였다. 1920년대 초에 광산은 해마다 약 60만 톤의 인산을 생산해 냈다.

값싸게 비료를 조달받음으로써 오스트레일리아와 뉴질랜드는 농업 생산 보조금을 받은 셈이며, 궁극적으로는 영국이 식품 가격에 관한 보조금을 받은 셈이다. 그 보조금의 대가는 섬 주민들이 내야 했다. 광산을 개발하기 위해 숲을 없애고 땅을 15미터가량 팠기 때문에, 아무것도 자라지 않고 사람도 살 수 없는 황무지로 변해 버렸다. 바나바족은 더는 땅을 팔기를 거부했지만, 이 거부는 용인되지 않았다. 1927년에 영국 정부는 나우루 전역에서 땅을 더 깊이 파도록 허용했고, 이듬해에 바나바족이 채굴을 위해 팔거나 임대하기를 거부하는 땅을 모두 강제로 압수하게 했다. 1930년대 초가 되자 인산의 생산량은 한 해에 100만 톤이나 되었다.

1941년 후반에 일본과 유럽 사이에 태평양전쟁이 발발하자 유럽인과 대부분의 중국인 노동자는 철수했지만, 두 섬의 주민들은 남겨졌다. 일본이 두 섬을 점령해 원주민을 캐롤라인 군도로 강제로 이주시켰다. 전쟁 전에 영국 정부는 방해 받지 않고 채굴하기 위해 오션섬의 주민을 강제로 이주시키려고 궁리하고 있었는데, 일본의 행동이 좋은 구실이 되어 준 것이다. 전쟁이 끝난 뒤에도 바나바족은 피지의 일부인 람비섬으로 이주당했다. 1947년에는 1500명의 노동자가 외부로부터 오션섬에 투입되었고, 섬 전역에 걸쳐 깊은 채굴이 시작되었다. 나우루섬 주민들은 사정이 조금 나았다. 나우루는 독일 점령 지역이었던 만큼 처음에는 국제연맹, 나중에는 유엔의 신탁통치령이 되어 오스트레일리아가 단독으로 행정을 맡았기 때문이었다. 전쟁이 끝나자 나우루섬 주민의 귀향을 허용하지 않을 수 없었지만, 나우루섬 주민들은 2등 시민으로 대우받았다. 섬에 온 1300명의 중국인 노동자와 마찬가지로, 섬 주민들도 인종적 이유 때문에 상점이나 위락 시설 등 회사가 제공하는 생활 편의 시설 사용에서 배제되었다. 1950년대 중에 한 해에 100만 톤이 이 두 섬에서 채굴되었으며, 1960년대 중반에는 거의 300만 톤으로 늘어났다. 이런 규모로 나간다면 인광이 얼마 안 가 고갈되어 버릴 것이라는 점은 명백했다. 오션섬에서 마지막으로 선적된 것이 1980년의 일이고, 나우루의 인산광도 1990년대까지밖에 버티지 못했다. 80년 동안 2000만 톤의 인산이 오션섬에서 채굴되었으며, 나우루에서는 그 세 배에 이르는 양이 채굴되어 태평양의 이 작은 두 섬에서 모두 8000만 톤의 인산이 생산되었다.

온통 파괴된 이 두 섬에서 자원이 곧 바닥날 것이 명백해지자, 섬의 소유자인 주민들을 어떻게 할 것인지가 심각한 문제로 대두했다. 오스트레일리아 정부는 나우루 주민들을 오스트레일리아 본토에 재정착시키려고 했지만, 섬 주민들은 반대했다. 그들은 유엔의 보호를 받았기 때문에 바나바족보다 훨씬 유리한 처지에 있었다. 1965년에는 인광 1톤당 받을 수 있는 얼마 안 되는 권리금을 어떻게 쓸 것인지를 오스트레일리아 정부가 아니라 섬 주민들 스스로 결정할 수 있는 권리를 획득하기도 했다. 오랜 투쟁 끝에 나우루는 1968년에 독립을 얻었으며, 2년 후에는 인산광의 경영권도 그들에게 돌아갔다. 나우루의 주민들은 이제 광산으로 파헤쳐지지 않은 유일한 지역인 좁은 해안가를 따라 산다. 전통적인 생활 방식은 사라졌으며, 먹고살기 위한 수입원은 전적으로 인산 광산의 로열티와 수익뿐이다. 그 정도 수입도 이들이 유럽식의 개발을 서툴게 모방하는 데는 충분했다. 섬사람들은 일할 필요도 없이 높은 수준의 물질적인 생활을 누리고 있기는 하다. 도로가 있을 필요가 전혀 없을 만큼 좁은 섬에는 도로가 단 하나 나 있는데, 이 섬의 차량 보유율은 세계에서 가장 높다. 주민의 식생활은 수입 식품에 의존하고 있으며, 서구 산업사회의 생활 방식에서 흔히 나타나는 많은 질병을 경험하고 있다. 그러나 수입원 관리를 잘못해 21세기 초에 나우루는 파산했다. 수입을 조금이라도 올리려는 절박한 심정에 나우루는 2005년에 오스트레일리아 회사와 인산 광산 사업을 재개하는 계약을 맺지 않을 수 없었다.

한편 그 어떤 국제기구의 보호도 받지 못했던 오션섬 주민 바나바족이 당한 처우는 나우루의 사례보다 훨씬 열악했다. 1911년에 영국 정부는 인광 채굴 권리금을 이용해 신탁 기금을 만들어서 바나바족들을 위해 사용하자고 제안했다. 영국 인산 회사는 연간 2000만 파운드나 되는 수익을 올리고 주주들에게는 연간 40~50퍼센트의 배당금을 주면서도, 바나바 사람들에게는 고작 연간 250파운드를 주고는 생색을 냈다. 인산이 고갈되고 난 뒤에야 영국 정부는 바나바족들이 쓸 수 있는 기금을 조성하기 위해 톤당 6펜스의 권리금을 내도록 회사를 설득했다. 이런 영국 정부의 행동은 언뜻 보기에는 꽤 인도주의적인 것 같았지만, 사실은 그와 거리가 멀었다. 바로 인근의 영국 식민지였던 길버트 군도와 엘리스 군도는 식민지를 경영하는 비용이 늘 적자였는데, 영국 정부는 이 길버트 군도와 엘리스 군도에 오션섬을 통합하고 인광에서 나오는 기금을 이 통합된 지역 전역의 식민지 경영 비용으로 썼다. 영국 정부는 바나바 사람들에게 원래는 그들이 받게 되어 있는 권리금 중 85퍼센트가 이런 식으로 쓰인다는 것을 전혀 말해 주지 않았다. 사실 영국 정부는 이들에게 그들이 받게 되어 있는 권리금이 얼마나 들어오는지, 그리고 그것이 어떻게 쓰이는지 전혀 말해 주지 않았다. 영국 정부는 (유럽의 식민지 정부가 대개 그렇듯 자기들이 다 돌보아 주어야 일이 되는 것처럼 으스대면서) 주민들이 '무책임'하다고 보았기 때문이다. 바나바 사람들에게는 그저 가끔 아주 소액의 돈이 주어졌을 뿐이다. 제2차 세계대전 이후 바나바 사람들이 람비섬으로 강제로 이주당했을 때 그들의 의견은 전혀 고려되지 않았다. 하지만 람비섬을 사는 데 쓰인 것은 다름 아닌 바나바인들의 광산 권리금 수입이었다.(피지의 식민 당국이 그 절차를 진행했다.) 바나바 사람들은 고향과는 전혀 다른 기후를 가진 람비섬에서 딱히 생계를 꾸려 갈 방법도 없이 살아야 했다. 결국 영국 정부는 섬 주민에게, 이제까지 했던 모든 채굴이 미친 악영향과 강제 추방에 대한 최종적인 화해금 명목으로 50만 파운드를 내놓겠다고 했다. 섬 주민들은 그 제안을 거절하고 1970년에 영국 정부를 영국 법정에 고소했다. 이 소송은 이제까지 알려진 것 중 가장 길게 끈 행정소송이었다. 섬 주민들은 소송의 중요한 부분에서 패소했다. 1900년에 회사가 섬에 있는 광산의 채굴권을 50파운드를 주고 사들인 계약서가 법적으로 효력이 있다고 법원이 인정했기 때문이다. 법원은 영국 정부가 섬사람들을 돌볼 의무를 이행하지 않은 점은 인정하기는 했으나, 보상을 받도록 중재해 달라는 요청은 거절했다. 결국 다 죽어 가던 영국 인산 회사가 얼마간의 돈을 내놓기는 했으나, 그것은 그 질질 끈 소송비용을 겨우 충당할 정도밖에 되지 않았다. 1980년이 되자 오션섬은 인산 광산으로 인해 폐허가 되고 인광은 모두 고갈되었다. 섬 주민들은 고향을 잃었고, 실제로 그들이 잃은 것에 대한 보상은 전혀 받지 못한 셈이 되었다. 그것이 오스트레일리아와 뉴질랜드가 사용했던 값싼 비료와 영국이 소비했던 값싼 수입 식품의 진정한 대가였다.

저개발과 불평등

바나바족의 운명은 서유럽의 팽창으로 식민지가 된 종속적 세계에서 일어난 많은 일을 상징적으로 대변한다. 자유 시장을 옹호하는 경제학자가 주장하는 대로라면 1500년 이후에 형성된, 서유럽과 북아메리카가 지배하는 세계경제는 세계적 규모로 노동이 분담되고 특화되는 구조를 낳았어야 한다. 이런 구조 속에서 각 국가와 지역은 그 지역에 가장 적합한 작물을 재배하거나 상품을 만들 수 있어야 한다. 그런 이론들에 따르면 그런 특화의 결과로 각 지역이 가장 효율적으로 자원을 분배해 그로부터 마땅한 이득을 얻어야 한다. 이런 이론들의 문제는 정치적 요인을 완전히 무시한다는 것이다. 국가와 지역의 정치적 힘이 평등하지 않고, 국가가 스스로 무엇을 생산할지 결정할 수 없는 경우가 많다. 식민 강국은 정치적 통제를 통해 본국이 원하는 상품을 생산하고, 이들과 식민지 사이에 대단히 불평등한 상품의 교환을 강요했다. 19세기 후반에 영국의 아프리카 점령을 주도했던 인물 중 하나인 세실 로즈(Cecil Rhodes)의 말은 자유주의경제학 이론의 이면이 지닌 현실을 보여 준다.

우리는 원료를 쉽게 얻을 수 있는 새 땅을 발견해야 하며, 동시에 식민지의 값싼 노예노동력을 이용해야 한다. 식민지들은 또한 우리의 공장에서 잉여 생산된 상품의 쓰레기 처리장이 되어 줄 것이다.

세계의 어떤 지역들(유럽과 북아메리카, 식민지 중 백인 정착자들이 사는 곳)이 '개발'되는 방식과 또 다른 지역들이 '저개발' 상태로 남겨지는 방식은 별개의 현상이 아니다.

1500년 이후에 형성된 세계경제에서 한 지역은 막대한 잉여 생산품과 천연자원을 다른 종속적 지역에서 뽑아 쓸 수 있게 되었다. 산업화된 사회의 핵심 지역에 있는 지배적 경제는 자본 집약적인 상품의 생산, 상대적으로 높은 임금과 이윤, 소비수준과 소득의 상승 등을 그 특징으로 한다. 반면에 종속적인 주변부 국가들은 작물과 원재료, 광물의 생산 등 낮은 자본의 집약도와 저임금으로 특징지어지며, 이들 나라에서 발생하는 이윤은 선진국으로 빠져나간다. 종속된 식민지 경제에서도 개발은 일어났지만, 이것은 거의 전적으로 식민 당국 혹은 경제적 주도국의 수요에 맞추어져 있다. 철도는 주로 내륙지역과 몇 개의 주요 항구를 연결하는데 그치고 있으며, 이는 작물과 원재료의 수출을 촉진하기 위해 만들어진 것이었다. 정치적인 독립도 경제적인 독립을 가져다주지는 못했다. 세계경제의 구조는 이미 확고하게 형성되어 있기 때문이다. 단지 몇몇 국가만이 이러한 덫을 피했다. 일본처럼 정치적인 독립성을 유지했거나, 한국이나 타이완처럼 유럽의 식민 지배를 피할 수 있었던 지역(그리고 냉전 시기에 미국의 엄청난 지원을 받은 지역), 중동의 산유국, 홍콩이나 싱가포르 같은 교역 중심 국가들이다. 20세기 후반의 중국은 1850년에서 1950년 사이의 비극에서 회복하고 나자 빠르게 산업화했다. 브라질이나 인도 같은 다른 나라들은 이보다는 더디기는 해도 개발의 방향으로 나아갔다. 대부분의 개도국에서, 특히 아프리카와 라틴아메리카, 아시아의 많은 지역에서는 이런 선택을 할 수가 없었다. 그들이 선택할 수 있었던 유일한 길은, 몇몇 상품작물과 광물의 생산성을 늘려 소득과 수출을 늘리려 애쓰는 것뿐이었다. 이러한 선택의 문제점은 생산이 늘어남에 따라 가격도 낮아지고 임금도 낮아지며, 소수의 상품에 의존함에 따라 취약성도 커져 경제적으로 더욱 불안정해진다는 것이다.

이러한 불균형한 발전의 결과로 세계는 점점 불평등해져 갔다. 선진국들은 자국이 가진 자원의 제약을 벗어날 수가 있었다. 산업 생산을 위한 원료를 얼마든지 구할 수 있었고, 빠르게 늘어나는 인구를 부양하기 위한 식량을 수입할 수 있었다. 이는 엄청난 소비의 증가와 세계 역사상 가장 높은 물질생활수준을 가능하게 했다. 그러나 이런 성취를 할 수 있었던 것은 세계의 다른 부분에서 착취와 가난, 인간적 고통이라는 형태로 상당 부분 대가를 치렀기 때문이었다. 늘어 가는 세계의 불평등으로 인한 환경문제는 부유한 나라와 가난한 나라에서 다른 양상을 띠었다. 오늘날 세계의 환경문제는 1500년 이후에 형성된 세계경제가 지닌 특성의 맥락을 고려해야만 이해할 수 있다.

질병과 죽음

10

인간이 살아가는 방식과 인간이 만들어 낸 환경은 인간의 건강과 수명, 사망 원인 등에 중대한 영향을 끼쳤다. 그 과정은 환경이 또 다른 방식으로 인류 역사에 끼쳤던 영향을 보여 준다. 질병이 인류에 미친 심대한 영향을 역사적으로 살펴보면, 주로 다음 세 가지 방식으로 분류할 수 있다. 첫째는 '흑사병'처럼 치명적인 전염병의 유행이다. 흑사병은 14세기 중엽에 유럽에서 처음 유행하면서 인구의 4분의 1에서 3분의 1가량을 죽였다. 둘째는 수면병과 말라리아, 주혈흡충증 등 고질적인 풍토병이다. 이 병들은 만성적인 쇠약을 가져오고 일정 지역에 사람이 살 수 없게 만들기도 했다. 셋째는 대부분의 세계 인구가 생존하기 위해 어쩔 수 없이 해 왔던 부적절한 식사다. 이는 결핍성 질환, 전반적 건강 수준의 저하를 초래해 사람들을 다른 질병에 더 잘 걸리기 쉬운 상태로 만든다.

질병과 죽음의 유형은 인류 역사의 네 가지 주요한 발전에서 영향을 받아 왔다. 첫째, 농경 사회의 탄생은 동물에 기인한 수많은 질병에 인간을 노출시켰다. 게다가 정주 생활을 시작하면서 깨끗한 식수를 공급받기가 어려워 전염병이 발생하기도 쉬워졌다. 둘째, 도시의 발달로 인구밀도가 높아져 유행성 질병이 나타나고 퍼지기 좋은 조건이 되었다. 셋째, 전 세계적으로 인간 공동체 간의 교류가 증가하면서 처음에는 유라시아 대륙 내부에서, 그 후에는 유럽인들이 아메리카 대륙과 오세아니아로 진출해서 새로운 질병을 옮기면, 면역력이 갖추어지지 않은 사람들이 큰 피해를 입는 경우가 많았다. 넷째, 19세기 후반의 산업사회에서는 공중 보건이 향상되면서 질병이 발호하는 방식도 크게 변화했다. 이는 20세기에 들어 의학이 효과적 치료법을 제시할 수 있게 되기 훨씬 전의 일이었다. 의학적 치료가 갖는 영향력도 상당한 것이었지만 한계가 있었고, 20세기 후반에 질병의 유형이 변함에 따라 새로운 위협에 직면한다.

농경 사회의 질병

채집·수렵 집단의 건강 상태에 관해 얻을 수 있는 정보는 불완전하지만, 매우 뚜렷한 패턴을 읽을 수 있다. 이들이 매우 다양한 음식을 먹었다는 점에서, 영양실조를 별로 겪지 않았고 영양소 결핍으로 인한 질병이 없었을 것임을 알 수 있다. 그들은 주로 음식을 제대로 익혀 먹지 않고 깨끗한 식수를 마시지 않아 생기는 약간의 장내 기생충 때문에 질병에 걸렸을 것이다. 인구도 적었기 때문에 감염성 질병이 창궐할 수 없었을 것이다. 출산 시의 사망률과 유아사망률은 상당히 높아 거의 1000명 중 200명 정도의 비율이었을 것이다. 이는 17세기 프랑스의 수준과 비슷하며, 1000명 중 300명이 죽었던 19세기 후반 미국 워싱턴의 유아사망률보다는 낮은 수준이다. 그러므로 전체 인구의 평균수명은 높지 않아 22세에서 25세 정도였을 것이다. 이는 1920년대의 인도와 같은 수준이다. 현대의 채집·수렵 집단에 관한 연구에 비추어 보면 인구의 10퍼센트 정도가 60세 이상이었을 것으로 추정된다. 초기 농경 사회도 이와 비슷하거나 더 낮았을 것이다.

농경이 시작되고 정착 사회가 형성되면서 인류의 건강 수준이 눈에 띄게 저하되었다는 데는 의심의 여지가 없다. 최초로 동물을 가축으로 기르게 되면서 인간은 여러 동물과 밀접하게 접촉하게 되었으며, 원시적인 주거에서 인간과 동물이 같이 살아가는 경우도 많았다. 특정 동물의 종에서 유행하던 여러 질병이 인간의 몸에 적응하고 변이를 일으키면서 인간에게도 감염되었다. 인간에게 흔한 질병 중에는 동물의 질병에서 온 것이 상당히 많다. 천연두는 우두와 매우 비슷하며, 홍역은 우역이나 개홍역과 비슷하다. 결핵과 디프테리아는 소에게서 나온 것이다. 인플루엔자는 인간과 돼지, 조류에게서 흔히 나타나며, 감기로 보통 부르는 것도 말에게서 나온 것이다. 나병은 물소에게서 나왔다. 거의 1만 년을 동물과 가까이하며 살아온 인간은 현재 개와는 65종의 질병을 공유하고 소와는 50종, 양 및 염소와는 46종, 돼지와는 42종, 말과는 35종, 가금류와는 26종의 질병을 공유하고 있다. 이런 질병들은 인구밀도가 낮을 동안에는 잘 나타나지 않고 천천히 발전해 왔지만, 그것이 인류 역사에 미친 영향은 엄청난 것이었다.

초기 정주 사회에서는 열악한 위생 상태 때문에 질병의 피해를 입었을 것이다. 인간의 배설물이나 음식 쓰레기 등이 식수와 섞여 내장에 기생충이 증가했을 것이다. 더 중요한 요인은 장티푸스의 출현이었는데, 이는 살모넬라 계통 박테리아의 일종으로 오염된 물, 직접적인 접촉, 파리로 인해 전염되었다. 장티푸스는 20세기까지도 전 세계적으로 흔한 질병이었고, 특히 위생 시스템이 갖춰지지 않은 마을 같은 데서 잘 나타났다. 장티푸스는 선진국에서는 20세기 초에, 개발도상국의 부유한 지역에서는 이보다 조금 후에 사라졌다. 그런데도 20세기 후반에 전 세계적으로 연간 1500만 건의 장티푸스가 발병했고, 연간 100만 명 이상이 죽었다. 장티푸스 외에도 이질 등 유사한 질병들도 있어 왔다.

둘째, 초기 농경 사회에서 관개농업이 발달하면서 극도의 쇠약과 나른함을 불러오는 디스토마인 주혈흡충증이 만연했다. 이것은 일종의 혈액 디스토마로 각 발달 단계에 따라 인간과 우렁이를 숙주로 삼는 정교한 생애 주기를 가지고 있다. 사람이 서서 오랜 시간 일하는 관개용수로는 우렁이에게 아주 좋은 서식지가 되었다. 이 병은 메소포타미아와 이집트의 초기 농경 사회에서부터 만연했으며, 중국에서도 논에서 벼를 재배하면서 나타났지만, 어떤 이유에서인지 인더스 계곡의 문명 지역에서는 나타나지 않았다. 일단 한 지역에서 나타난 주혈흡충증은 지금까지도 풍토병으로 남아 있다. 20세기 중반까지 중국에서는 거의 1만 명이 이 병에 걸렸고, 이집트에서는 19세기에 관개 시설이 된 논에서 자란 면화가 주요 수출 품목이 되면서 인구의 절반이 주혈흡충증에 걸렸다. 20세기에는 관개 농지가 엄청나게 증가하면서(거의 다섯 배로 증가했다.) 더 많은 사람이 주혈흡충증에 걸리게 되었다. 이제 이 병은 74개국에서 풍토병이 되었고, 2억 명의 인구가 감염되어 있으며, 그중 10퍼센트 정도는 심각한 증세를 겪고 있다.

셋째, 농경이 시작되어 음식의 다양성이 줄어들면서 영양소 결핍성 질병이 많이 나타난 것으로 보인다. 음식물을 장기간 보관하면 주요 비타민과 영양소가 파괴되므로 식품 일반의 질은 전체적으로 떨어졌을 것이다. 최초로 나타난 결핍성 질병은 철분의 부족으로 인한 빈혈이었다. 이 병은 채집·수렵인들에게서는 나타나지 않았지만, 최초의 농경 사회에서는 점점 빠른 속도로 나타나기 시작했다. 철분의 흡수를 방해하는 곡류가 식단에서 차지하는 비중이 너무 높아졌기 때문이다. 아메리카 대륙에서는 옥수수가 식단에서 차지하는 비중이 커지자 바로 빈혈이 생겨났다. 중국에서는 티아민 부족으로 인한 각기병이 기원전 2000년에 흔했다. 각기병은 신경 체계에 문제를 일으키고 얼굴과 사지를 붓게 하는 증세를 보인다. 이는 지나치게 많이 깎은 쌀이 식단에서 차지하는 비중이 너무 높을 때(80퍼센트 이상) 나타난다. 19세기 후반에 유럽인들이 쌀의 외피를 말끔하게 도정할 수 있는 제분 기계를 도입했을 때 동남아시아에서 각기병이 크게 돌았다. 각기병은 쌀의 외피를 조금 남기도록 도정기를 바꾸고 1936년에 합성 티아민이 만들어짐에 따라 영향력이 많이 줄어들었다.

괴혈병은 비타민 C의 부족 때문에 나타나며, 식단에서 신선한 과일과 채소의 섭취가 부족할 때 전 세계 어디에서든 나타난다. 최초의 괴혈병은 기원전 1500년에 이집트에서 나타났다. 괴혈병은 천천히 진행되지만, 증세가 누적되면 오랜 상처가 재발하거나 잇몸이 물러지고 이가 헐거워지는 증세로 발전한다. 1600년 이후에 유럽이 원거리 항해를 시작함에 따라 유럽인들의 배에서 괴혈병이 특히 많이 발생했다. 그로부터 200년 동안 거의 100만 명의 선원이 괴혈병으로 죽었을 것이다. 괴혈병은 19세기 후반에 유럽과 북아메리카의 어린이들에게서도 많이 나타났는데, 엄마들이 아이들에게 모유 대신 비타민 C를 전혀 함유하지 않는 연유나 분유를 주기 시작했기 때문이다. 한편 펠라그라(이탈리아 어로 '거친 피부'라는 뜻으로, 이 병의 초기 증상 중 하나가 거친 피부이기 때문이며, 병이 진행되면 치매 증세가 나타난다.)는 옥수수를 너무 많이 먹어 나타나는 병이다. 펠라그라는 나이아신 결핍으로 인해 나타나며, 균형 잡힌 식사를 하면 바로 완치된다. 하지만 옥수수밖에 먹을 것이 없는 가난한 사람들은 그렇게 할 수가 없었다. 이 병은 1735년에 스페인의 아스투리아스에서 처음 발견되었고, 옥수수가 가난한 농부들의 주식이 되면서(북부 이탈리아에서는 폴렌타라는 옥수수죽을 만들어 먹었다.) 프랑스와 이탈리아로 퍼졌다. 19세기 후반과 20세기 초에 미국 남부의 가난한 아프리카계 미국인들에게서도 펠라그라가 흔히 나타났다. 또한 남아프리카의 탄광 노동자들도 옥수수를 거칠게 빻아 만든 죽만을 거의 먹고 살았기 때문에 이 병이 흔했다. 하지만 아메리카 원주민들, 특히 중앙아메리카의 원주민은 식단에서 옥수수가 차지하는 비중이 매우 높았는데도 펠라그라에 걸리지 않았는데, 이는 그들이 옥수수를 석회로 처리해 토르티야를 만들어 먹었기 때문이다.

음식 관련 질병 중 가장 이상한 종류는 맥각 중독일 것이다. 이 병은 유럽에서 600년부터 약 150년 전까지 나타났다. 곡류, 특히 호밀에 기생하는 맥각 곰팡이 때문에 발생하며, 파종기나 수확 후 저장기의 습한 조건에서 번식한다. 맥각 중독의 증세는 피부가 붉어지고 갈라지며,('성 안토니우스의 불'이라는 별명이 있다.) 급성인 경우 중추신경이 감염되면 경련과 발작, 환각을 일으킨다. 922년에 프랑스에서는 맥각 중독이 크게 유행해 4만 명이 죽었고, 1128년에서 1129년 사이의 겨울에 파리에서는 이 병으로 1만 4000명이 죽었다. 19세기에 러시아에서는 열 번이나 이 병이 창궐해 평균 치사율이 40퍼센트에 달했다. 1930년대에 집단농장화(collectivisation)가 대대적으로 추진될 때 이 병이 다시 돌아 네 차례에 걸쳐 발호했다. 1530년대에 독일 전역에서 여러 차례 발생했으며, 특히 1534년에 뮌스터를 흔들었던 재세례 (anabaptist) 운동의 광적 신앙은 이 병 때문이었던 것이 거의 확실하다. 영국은 식단에서 유제품이 차지하는 비중이 높아 호밀에 포함된 독을 해독하는 데 도움이 되었기 때문에 맥각 중독의 심각한 피해를 피할 수 있었던 것으로 보인다.

전반적으로 농경 사회들의 건강 수준과 평균수명 수준은 매우 열악했다. 기원후 700년을 전후한 초기 이슬람 시대의 레반트에서 평균 사망 연령은 기원전 9000년의 최초의 농경 사회에서와 같았다. 스칸디나비아에서는 1200년 무렵에 평균수명이 18년이었고, 인구의 절반은 유아기에 사망했다. 기원후 1000년에서 1200년 사이의 기간에 해당하는 알프스 이북에 있는 100개 이상의 묘지를 조사해 본 결과 유아사망률도 매우 높았지만, 남자의 3분의 1과 여자의 4분의 1이 14세에서 20세 사이에 죽었다고 한다.(주로 말라리아와 천연두, 이질, 결핵으로 인한 것이다.) 40세 이후까지 산 사람은 전체 인구의 4분의 1도 안 되었다. 그 결과 이런 사회들은 현대사회와는 매우 다른 인구구성을 가졌다. 인구의 단 5퍼센트만이 65세 이상이었고, 주로 부양해야 할 대상은 노인이 아닌 어린이층이었다.

'흑사병'과 그 확산

정주 사회가 출현한 이후 최초의 도시가 발달하는 것과 함께 인구 규모가 커지고 인구밀도도 높아지면서 인간은 동물에게서 오는 질병에 더욱 대규모로 노출되기 시작했다. 천연두와 홍역 등의 감염성 질병은 물이나 다른 숙주 없이도 전염될 수 있으며, 일정 수 이상의 인간 숙주가 있어야만 발호할 수 있다. 도서 지방을 대상으로 한 최근의 연구에 의하면 인구가 25만 명 이하일 경우 홍역은 저절로 수그러든다고 한다. 그러므로 상대적으로 큰 도시들이 발달하기 전까지는 이런 감염성 질병이 나타났다고 해도 단기적이거나 지역적으로만 나타났을 것이다. 기원전 500년 이전에는 이런 정도의 규모를 가진 도시가 없었고, 그로부터 500년이 지나야 로마, 그리고 중국의 수도 낙양(뤄양)이 이 규모에 도달했다. 천연두나 홍역이 어디서 시작되었는지, 혹은 얼마나 많이 발생했는지는 알려지지 않았다. 질병 발생에 관해 남아 있는 기록은 정확성이 떨어져 구체적으로 어떤 질병이었는지 알기 어렵고, 또한 일부 질병은 시간이 흐름에 따라 그 특성이 변화해 왔기 때문이다. 질병들이 미치는 영향은 질병의 역사상 또 하나의 중요한 요인에 의해 변해 왔다. 교역과 여행의 증가로 질병이 한 지역에서 다른 지역으로 좀 더 빨리 전파될 수 있게 된 것이다. 초기 문명들도 상호 간 교역을 했지만, 기원전 200년에서 기원후 200년 사이의 기간에 유라시아 대륙을 가로질러 지중해와 중국을 연결하는 두 개의 주요 노선, 즉 비단길(실크로드) 및 인도와 동남아시아를 잇는 해상무역로가 확립되면서 질병은 대륙 전체로 퍼졌다. 천연두는 유라시아 대륙 동부 어딘가에서 발생했을 것으로 추정되며, 165년에 '안토니우스 병'이라는 이름으로 지중해 세계에 알려진 것이 거의 확실하다. 안토니우스 병은 로마 제국이 경험한 두 개의 대질병 중 첫 번째였다. 메소포타미아에 출정했던 군대가 이 질병을 옮겨 왔는데, 그 후 15년 동안이나 천연두가 유행했다. 감염 지역 인구의 2분의 1에서 3분의 1이 사망할 정도로 치사율이 높았다. 161년에서 162년 사이의 중국에서도 천연두가 크게 유행했다.(로마 제국에 유행했던 천연두는 중국에서 왔을 가능성이 크다.) 그리고 310년에서 312년 사이에도 천연두가 다시 유행했는데, 이때는 치사율이 40퍼센트에 달하는 지역도 많았다. 251년에서 256년 사이에는 로마에서 처음으로 홍역이 발생했는데, 정점에 달했을 때는 하루에 로마의 시민 5000명이 죽기도 했다. 이때부터 천연두와 홍역은 유라시아 대륙 전역에서 풍토병으로 자리 잡았다. 하지만 홍역이 북서유럽에 자리 잡기까지는 좀 더 시간이 걸렸는데, 이는 인구가 적고 인구밀도가 낮았기 때문이었다.

홍역은 동물에게서 오기는 했지만 인간만 걸리는 질병이며, 초창기의 홍역은 지금보다 훨씬 치명적인 질병이었다. 홍역은 특징적인 발진 증세를 수반하며 인간이 지닌 면역 체계의 발동을 억제해 다른 질병에 걸리기 쉬운 상태로 만드는데, 바로 이 때문에 홍역에 걸려 죽기도 하는 것이다. 홍역에 노출된 적이 없는 사람들이 홍역을 경험하면 어떤 결과가 초래되는지는 지구의 정반대에 위치한 두 지역의 19세기 중반 사례를 통해 알 수 있다. 1846년 3월에 북대서양의 파로섬에 홍역이 발생했는데, 6월까지 7864명의 섬 인구 중 6100명이 감염되었다. 이 섬은 1781년에 한 번 홍역이 발생해 제한적이나마 홍역에 대한 면역이 형성되어 있었다. 완전히 무방비 상태인 사람들이 홍역에 노출되면 어떻게 되는지는 30년 후 피지에서 확인할 수 있다. 1875년에 피지의 세루 에페니사 다콤바우(Seru Epenisa Cakobau) 왕은 오스트레일리아의 뉴사우스웨일스를 방문하고는 영국 군함 디도호를 타고 다른 두 척의 수행을 받으면서 피지로 돌아왔다. 세 척의 배에는 모두 홍역 감염자가 타고 있었다. 귀국한 왕은 예순아홉 명의 추장과 그들의 수행원을 만났고, 이로써 홍역은 섬 전역에 퍼졌다. 홍역으로 인한 인명 피해는 적어도 4만 명이며, 이는 섬 인구의 4분의 1이었다.

서유럽과 북아메리카에서 홍역으로 인한 사망률이 감소하기 시작한 것은 19세기 후반과 20세기 초에 이르러 어린이들의 영양 상태가 개선되고 주거 환경의 인구밀도가 낮아지면서부터였다. 홍역 바이러스가 1911년에 발견되기는 했지만, 1963년에 홍역 백신이 개발될 때까지 홍역에 대한 방비책은 전혀 없었다. 취할 수 있는 방법이라고 는 감염자를 격리하는 것뿐이었다. 홍역 백신은 다른 질병의 백신보 다 효과적이지 않았고, 생후 9개월까지는 백신을 투여할 수 없었다. 그런데도 백신의 효과는 상당했다. 1970년대 초에 전 세계적으로 연 간 800만 명이 홍역으로 인해 사망했다. 그러다가 홍역 예방접종 캠 페인이 대대적으로 시행되면서 1980년대 후반이 되면 홍역으로 인 한 사망자 수는 연간 100만 명으로 감소한다. 하지만 백신 투여율은 점점 감소했고,(선진국에서만 70퍼센트 수준으로 떨어졌다.) 아직도 연간 4000만 명이 홍역에 감염되어 200만 명이 죽고 있다. 홍역의 확산은 막았지만 홍역이 사라진 것은 아니며, 백신 투여율이 계속 떨어지면 홍역이 대대적으로 유행할 가능성도 있다.

홍역과 마찬가지로 천연두(천연두는 영어로는 'small pox'라고 하는데, 이는 '작은 뾰루지'라는 뜻이다. 'great pox', 즉 '큰 뾰루지'는 매독을 가리키 는 말이다.) 역시 동물의 질병에서 나왔지만, 인구가 많으면 발생하고 전염될 수 있는 인간의 병으로 발전했다. 천연두는 기원후 1000년이 되면 유라시아 대륙 전역에 풍토병으로 자리 잡았으며, 사하라 사막 을 가로지르는 낙타길을 따라 아프리카 내륙으로 퍼져 갔다. 천연두 의 첫 증상이 분명하게 드러나기 전까지는 약 12일의 잠복기가 있기 때문에 여행은 질병이 퍼지는 주요 경로가 되었다. 내출혈로 인해 빠 르게 사망에 이를 수도 있었지만, 이를 견뎌 내면 천연두의 특징적인 뾰루지와 농포가 나타났다. 농포가 낫고 나면 마마 자국이 남았다. 천 연두는 고름이나 딱지로도 전염되었지만, 주요 감염 경로는 공기를 통해서였다. 1500년부터 유라시아의 천연두는 예전보다는 약간 덜 치명적 형태로 바뀌어 유아기의 주요한 질병이 되었다. 17세기와 18세기에는 천연두로 죽는 유럽의 인구가 연간 40만 명에 달했으며, 실명하는 원인 중 3분의 1이 천연두로 인한 것이었다. 감염자의 3분의 1이 죽는 치사율을 보였고, 살아남는 사람 중 4분의 3은 얼굴에 얽은 자국이 났다.(1890년대에 베트남에서 행해진 조사에 의하면 베트남 청소년의 95퍼센트는 얼굴에 천연두로 인한 곰보 자국이 있었다.)

천연두에 대한 최초의 예방 조치는 기원후 1세기 중국에서 이루어졌다.(이는 중국에서 천연두가 발생했을 것이라는 점을 강력히 시사한다.) 바로 종두법인데, 감염자의 고름과 딱지를 이용해 감염을 예방하는 것이었다. 종두법은 미량의 천연두균을 투여하는 것이었다.(이것으로도 1~2퍼센트 정도의 치사율은 나타난다.) 기원후 1000년에 종두법은 아시아의 서쪽 지역으로 보급되어 이슬람 세계와 아프리카에서 널리 행해졌다. 종두법은 서유럽에서는 보급되지 않다가, 18세기 초에 이스탄불 주재 영국 대사의 부인이 최초로 종두법의 시술을 목격한다. 종두법은 아프리카에서 데려온 노예들에 의해 아메리카 대륙에도 소개되었다. 약 한 세기 후인 1798년에 영국인 의사인 에드워드 제너(Edward Jenner)가 우두(cow pox)가 천연두에 대한 면역을 생기게 한다는 것을 발견하고 백신을 시술하기 시작했다. 10년도 되지 않아 유럽 전역에서 거의 200만 명의 인구가 백신을 맞았고, 천연두는 잠잠해졌다.

그러나 선진국 외의 세계에서는 진전이 훨씬 느렸다. 1950년에도 매년 5000만 명의 천연두 환자가 발생했다. 그리고 20세기 동안 3억 명 이상이 천연두로 죽었다. 세계보건기구(World Health Organization: WHO)는 설립된 직후인 1953년에 전 세계적인 천연두 박멸 캠페인을 시행하고자 제안했지만, 선진국들이 비용 문제로 반대해 무산되었다. 소련과 중국은 독자적으로 천연두 박멸 프로그램을 시행해 수 년 내에 천연두를 절멸했다. WHO의 제안은 1958년에 받아들여졌지만, 지금은 전혀 지원받지 못했다. 그러다가 아프리카와 아시아의 신생 독립국들이 더 큰 영향력을 갖게 되면서 선진국이 지속적으로 반대 하는 데도 마침내 1966년에 천연두 박멸 프로그램이 채택되었다. 프로그램은 엄청난 성공을 거두었다. 천연두는 1970년대까지 서아프리카와 중앙아프리카에서 근절되고 1년 후에는 브라질에서, 1975년까지는 아시아에서 근절되었다. 천연두는 1977년에 소말리아에서 마지막으로 나타났다. 이제 천연두의 균은 냉동된 상태로 미국과 러시아의 질병 관리 본부에 보관된 것이 전부다. 이렇게 성공할 수 있었던 것은 천연두는 인간 이외의 동물을 숙주로 할 수 없기 때문에 사람에게 백신을 접종하는 것만으로도 충분했기 때문이다. 효과적인 퇴치 프로그램을 시행할 충분한 의지와 돈만 있으면 되었다. 하지만 1980년대 중반부터 대부분의 나라에서 백신 투여를 중단했고, 그 후 20년 동안 백신 치료의 효과가 급속히 감소했다. 오늘날 천연두 감염에 매우 취약한 인구 집단의 규모는 상당하며, 따라서 우연히 혹은 고의로 천연두 바이러스가 유포되면 엄청난 재앙이 초래될 수 있다.

인간 역사를 괴롭힌 세 번째 '대(大)질병'은 선페스트였다. 선페스트는 설치류(특히 들쥐)와 쥐벼룩에 감염되는 박테리아들에 의해 발생한다. 인간이 벼룩에 물리면 감염될 수 있고, 보통은 쥐들에게서 대규모 선페스트가 유행해 쥐가 많이 죽으면 벼룩들이 인간의 피를 빨기 시작하므로 질병이 옮겨 간다. 인간은 선페스트 박테리아에 대한 면역력이 거의 없기 때문에 벼룩에 물린 상처 주위의 세포는 빠르게 죽어 가면서 검게 변하며 물집과 뾰루지가 생긴다. 그리고 선페스트는 림프절을 따라 감염되므로 근처의 림프절이 부어오른다.(주로 사타구니나 겨드랑이의 림프절이 부어오르며, 최초의 감염 후 4~6일이 지나면 오렌지 크기만큼 부풀어 오른다.) 벼룩에 물린 지 10일 안에 감염자의 60퍼센트 정도가 죽는다. 감염된 사람 중 일부는 2차로 폐 감염을 일으키는데, 이 단계부터 페스트는 공기로 감염되어 더욱 치명적이 된다.

선페스트가 어디서 발생했는지는 불확실하지만, 우리에게 알려진 최초의 기록은 기원후 540년대 초의 동로마 제국 지역에서였다. 아마도 인도에서 이집트로 전해지고 곡물선 등을 통해 콘스탄티노폴리스로 들어왔던 것 같다. 절정에 달했을 때는 콘스탄티노폴리스 인구 1만 명이 하루에 죽기도 했다. 선페스트로 죽은 총인구는 전체 인구의 3분의 1에서 4분의 1에 달했던 것으로 보인다. 동로마에서도 쥐가 들끓고 인구가 밀집한 항구도시 지역에서 더욱 발병률이 높았다. 선페스트는 북서유럽으로도 퍼졌지만, 이 지역의 고립된 소규모 농업 공동체들은 별로 영향을 받지 않았을 것이다. 선페스트는 610년에 중국에도 도달해 (인도에서 온 배를 타고) 광동항으로 들어왔다. 광동성 인구의 4분의 1이 페스트로 사망했다. 770년대가 될 때까지 유럽에서도 몇 번의 선페스트가 더 유행했다. 그러다가 거의 600년 동안이나 선페스트가 잠잠해진 것처럼 보였는데, 그 이유는 분명하지 않다.

역사상 가장 심각한 전염병이었던 '흑사병'으로 불리는 질병이 그 다음에 등장하는데, 이 병에 관해서는 훨씬 더 많은 사실이 알려져 있다. 흑사병의 확산을 보면 교역과 여행이 질병의 확산에 얼마나 중심적인 역할을 하는지 알 수 있다. 흑사병은 중앙아시아 어딘가에서 기원해 1331년에 중국으로 퍼진 것으로 보인다. 그 후 육상 교역로를 통해, 그리고 몽골 군대를 통해 1346년에 제노바가 교역을 위해 식민지로 삼았던 크림반도의 카파라는 지역으로 전해졌다. 거기서부터 흑사병이 전염되어 1347년 말이 되면 지중해와 남부 프랑스로 퍼졌다. 이듬해에는 북부 프랑스와 남부 영국으로 퍼졌다. 그러고는 북으로 그린란드까지 퍼졌다가 다시 동쪽으로 경로를 돌렸다. 1350년에는 러시아에까지 도달한다. 흑사병이 퍼지는 곳마다 사망률이 치솟았고, 특히 폐렴 증세가 나타나기 시작하면 치사율이 높아졌다. (조반니 보카치오(Giovanni Boccaccio)의 『데카메론(Decameron)』에 등장하는 열 명의 부유한 젊은 남녀가 피렌체를 탈출해 왔던 것처럼) 많은 사람이 흑사병을 피해 달아나려 했고, 이로 인해 흑사병은 더욱 널리 퍼질 수 있었다. 의학적인 치료는 아예 없거나 거의 효과가 없었으며, 공중 보건적인 조치라고는 시체를 치우고(어떨 때는 그것조차 할 수 없었다.) 감염된 사람이 있는 집을 그 사람들을 안에 둔 채 나무판자를 대고 못을 박아 폐쇄하는 것 정도였다. 흑사병이 유럽과 이집트, 레반트 지역에 미친 영향은 끔찍했고, 중국의 경우보다 훨씬 좋지 않았다.(흑사병은 인도와 아프리카로도 퍼져 갔지만, 정보 부족으로 이들 지역에 얼마나 영향을 미쳤는지 추정할 수는 없다.) 유럽과 지중해 주변 지역에서는 인구의 3분의 1 정도가 죽었다. 많은 도시에서 사망률은 이보다 높았으며, 몇몇 외딴 지역만이 흑사병의 피해에서 온전할 수 있었다. 이로 인해 가족과 공동체가 파괴되고 마을이 버려짐에 따라 엄청난 인간적 고통과 사회적 혼란이 초래되었다.

흑사병은 이후 350년 동안 주기적으로 유럽을 찾아왔다. 1350년과 1536년 사이에 평균 11년마다 유럽 어딘가에서 흑사병이 대규모로 발생했다. 그 후 150년 동안에도 그 간격이 15년으로 늘어났을 뿐, 흑사병은 계속 찾아왔다. 17세기 동안에 프랑스에서는 200만 명이 흑사병으로 죽었는데, 그중에서 75만 명이 1628~1632년에 단 한 번 발생한 페스트에 희생되었다. 잉글랜드에서 마지막으로 유행해 '런던의 대역병'으로 불렸던 흑사병은 1665년에 암스테르담에서 들어왔다. 정점에 이르렀던 9월이 되자 매주 6000명이 이 병으로 희생되었

다. 왕과 궁정, 정부는 옥스퍼드로 이전했다. 해군성에서 근무하던 새
뮤얼 피프스(Samuel Pepys)라는 사람 역시 런던을 떠나 안전한 장소를
찾아 그리니치와 울리치로 피신했다가 9월 14일에 잠깐 런던에 들렀
는데, 그때 본 그 병의 위력에 관해 일기에 다음과 같이 적었다.

역병으로 죽은 사람의 시체들을 든 행렬이 정오에 판처치 시내 한복
판을 지나 내가 있는 곳 바로 옆에 묻으려고 왔다. 그레이스 교회 옆에서
아픈 사람들이 마차에 실려 지나가는 것도 바로 옆에서 보았다. 우리 장
원 뱃사공인 페인(Payne)은 가엾게도 아이를 하나 묻고 나서 자기도 죽
어 가고 있다고 한다. 며칠 전에는 일꾼 한 사람을 대거넘으로 보내 사정
을 살펴보고 오라고 했는데 그는 그만 그곳에서 역병으로 죽고 말았다.
매일 나를 태워다 주는 다른 사공 한 명이 금요일 아침에 나를 내려 주자
마자 앓아누웠다가 지금은 죽었다. 루이스(Lewes) 씨 집에서는 또 다른
딸도 병에 걸렸다는 이야기를 들었다. 하인 두 명 모두 이번 주에 아버지
를 역병으로 여의었다고 한다. 이 모든 얘기를 듣는 내 마음은 당연히 무
척 우울하다.

이 역병은 17세기 후반에 북서유럽에서 사라지기 시작해, 마지막
으로 발병한 것은 1720~1721년 마르세유에서였고, 치사율은 50퍼센
트였다. 동부 유럽에서 마지막으로 크게 유행했던 것은 1770~1771년
이었는데, 이때도 인구의 절반 정도가 죽었다.

서남아시아와 이집트, 인도에서는 더 오랫동안 흑사병이 풍토병
으로 머물러 있었다. 효과적인 의학적 치료법도 없었고, 의미 있는 공
중 보건 조치라고는 검역을 시행하는 것뿐이었다.(검역은 라구사, 즉 오
늘날의 두브로브니크에서 1337년에 처음으로 도입되었다.) 현대의 흑사병

발생 사례는 내란기의 혼란 중에 있던 중국의 운남 지역에서였다. 흑사병은 1894년에 홍콩과 광동에도 도달했으며, 2년 후에는 봄베이에 (이어서 인도 전역에) 도달했다. 1900년에는 시드니와 샌프란시스코에도 전해졌다. 그 결과 역사상 처음으로 이 병의 세균이 오스트레일리아와 아메리카 대륙, 남부 아프리카의 설치류에게 감염되어 오늘날 이들 지역의 풍토병이 되었다. 유럽은 오늘날 세계에서 유일하게 설치류에게서 자연적으로 흑사병이 발생하지 않는 지역이다.(아메리카 대륙에서는 오늘날 34종의 구멍 설치류와 35종의 벼룩이 흑사병을 보유하고 있다.) 효과적인 백신은 없지만, 현대의 의학적 치료를 통해 감염자의 사망률을 낮출 수는 있다. 현재 흑사병이 인간에게 감염되는 주요 지역은 아프리카이며, 전 세계 흑사병의 99퍼센트가 이 지역에서 발생한다. 2003년에 2118건의 흑사병이 발생했으며, 182명이 죽었다. 선페스트는 공중 보건 조치를 통해 비교적 가벼운 질병이 되었다. 공중 보건 조치가 무너진다면 선페스트의 도래는 치명적인 결과를 초래할지도 모른다.

유라시아 지역의 다른 질병들

인간이 겪은 가장 오래된 병 중 하나인 나병은 물소에게서 유래했지만, 인간만이 그 증상으로 고통받는다. 극심한 신체의 변형을 가져오는 박테리아성 감염으로 특히 윗입술과 코를 망가뜨리고 매우 심하게 목을 쉬게 하는 경우가 많다. 거의 모든 초기 사회에서 흔한 병으로, 명확하게 남아 있는 최초의 나병 발병 사례는 기원전 600년이지만, 그보다 훨씬 오래전부터 있어 왔다. 나병은 기원후 6세기에 유럽에서 처음 나타났지만, 11세기까지는 널리 퍼지지 않았다. 대부분의 사회에서 나병에 대한 반응은 비슷했다. 비난하면서 따로 가두는 것이다. 1179년에 가톨릭교회의 라테라노 공회의는 기독교인들이 따라야 할 규칙을 제정했다. 그에 따르면 나병 판정은 죽음과 동일한 것이었다. 나병 환자는 열려 있는 무덤 안에 서 있게 하고 성직자가 망자를 위한 의식을 행하며 나병 환자의 머리 위로 흙을 뿌렸다. 나병 환자는 자기 재산에 관한 모든 권리를 상실했으며, 교회에 가거나 기독교식 묘지에 묻힐 수 없었다. 그리고 종교재판의 심문 과정에서 많은 고문을 받았다. 13세기 초에 그들은 런던과 파리의 길을 걷는 것이 금지되었다. 유럽 전역에 나환자들을 위한 1만 9000개의 격리 병원이 있어 나환자들을 격리 수용했다.

15세기부터 나병은 유럽에서 감소세를 보였으나, 유라시아의 다른 지역에서는 계속 풍토병으로 남아 있었다. 나병이 왜 감소했는지는 분명치 않지만, 결핵이 대두한 것과 관련이 있다고 추정된다. 먼저 결핵에 걸리면 나병에 대한 면역력이 생기는 것같이 보인다. 나병은 계속해서 두려움과 혐오의 대상이었다.(19세기 후반의 유럽에서는 '황인종의 위협(Yellow Peril)', 즉 황인종에 의해 겪게 되는 재앙으로 간주하기도 했다.) 1873년에 나병을 일으키는 박테리아가 발견되었지만, 격리밖에는 취할 수 있는 조치가 없었다가, 1940년대에 최초로 약으로써 치료하는 법이 개발되었다. 그러나 1960년대에 약물에 내성이 있는 나병 박테리아의 일종이 나타났다. 1980년대 중반 이후에는 WHO의 나병 퇴치 프로그램이 주효한 효과를 발휘했다.(나병을 무료로 치료해 주고 훨씬 효과적인 약을 사용했다.) 지난 20년간 1400만 명 이상의 나병을 고쳤고, 500만 명을 넘었던 나병 환자의 수도 감소해 왔다. 나병은 113개국에서 근절되었고, 오늘날에는 브라질과 인도, 마다가스카르, 모잠비크, 네팔에서만 주로 발견되며, 새로 발생하는 건

수는 한 해에 40만 건 정도다.

유럽에서 결핵이 나타난 것은 주로 결핵에 걸린 소의 젖을 많이 섭취한 사람들 사이에서였는데, 그 증상의 하나로 연주창 혹은 '임금님 병(King's Evil)'이라고 해서 주로 목 부위의 림프절에 염증성 종양이 생겼다. 연주창은 치명적인 경우가 거의 없었지만, 나중에 돌기 시작한 폐결핵은 달랐다. 연주창은 어머니에게서 아이로 감염될 수 있었고, 19세기 이전에는 서유럽 인구의 2분의 1에서 3분의 1 사이가 연주창에 걸렸던 것으로 보인다. 대관식 때 성직자가 발라 주는 성스러운 기름으로 성별(聖別)받은 왕이 손을 대면 연주창이 낫는다는 믿음이 언제부터 생겼는지는 분명치 않다. 루이 9세(Louis IX)는 처음으로 이 행위를 시작한 것으로 추정되며 곧 잉글랜드의 왕들도 그렇게 했다. 1714년 이후에 잉글랜드에서는 이러한 치료 관행이 사라졌다. 새뮤얼 존슨(Samuel Johnson)은 1712년에 앤(Anne) 여왕에게서 이러한 시술을 받았지만 병이 낫지는 않았다고 한다. 프랑스에서는 루이 15세(Louis XV)가 1722년의 대관식 때 2000명의 아이에게 연주창 치료를 위해 손을 댔다고 한다. 1789년의 혁명으로 이 관행은 사라졌지만, 1820년대 후반에 샤를 10세(Charles X)가 잠시 이 관행을 되살리기도 했다.

발진티푸스는 유라시아의 다른 지역에는 오랫동안 있어 왔지만, 유럽에는 비교적 늦게 전파된 질병이었다. 이 병 역시 인간에게만 감염되며 '리케차'라는 미생물에 의해 발생한다. 리케차는 바이러스도 박테리아도 아니며, 주로 인간의 몸에 붙어 있는 이를 통해 확산된다. 인구가 밀집하고 비위생적인 조건에서 사람들이 옷을 껴입어 이가 번식할 수 있을 때 발생한다. 따라서 발진티푸스는 '전쟁 열병' 또는 '감옥 열병'으로 알려지기도 했다. 발진티푸스는 장티푸스와 증세가 매우 비슷해, 19세기 중반에 이르러서야 두 가지가 서로 다른 질병이라는 사실이 확인되었다. 발진티푸스는 치사율이 10~40퍼센트로 이 병으로 인해 죽는 사람들은 꾸준히 있어 왔지만, 급격하게 인구를 줄이는 일은 별로 없었다. 발진티푸스는 키프로스에 출정했던 스페인 병사들이 유럽으로 옮겨 왔는데, 즉각 그 영향이 나타났다. 4년 후에 프랑스는 병사들 사이에 발진티푸스가 돌자 나폴리 점령을 포기해야 했고, 1528년에 3만 명의 병사가 죽자 또 한 번 포기해야 했다. 발진티푸스는 17세기 전반에 벌어진 30년 전쟁 중에 중부 유럽 전역에서 성행했다.

20세기 초 이전에는 전쟁에서 적과 싸우다 죽는 병사의 수보다 병으로 인해 죽는 수가 더 많았는데, 대표적인 병이 발진티푸스다. 예를 들어 크림전쟁에서 프랑스의 사상자 9만 5000명 중 7만 5000명이 이 병에 걸린 사람들이었다. 영국은 2만 2000명이 죽었는데, 그중 단 4000명만이 전투 중에 죽은 것이었다. 발진티푸스로 죽는 것보다 적과 싸워 죽는 병사의 수가 더 많았던 최초의 군대는 1904년에서 1905년에 벌어진 러일전쟁 당시의 일본군이었다. 서유럽의 주요 강국들은 일본군이 취한 위생 조치에서 교훈을 얻었고, 1909년에 마침내 기생충이 발진티푸스를 일으킨다는 것을 알게 되었다. '이잡이 본부(delousing station)'를 설치하는 것 등의 조치를 취하고 나서야 발진티푸스의 대규모 유행을 막을 수 있었는데, 그 결과 제1차 세계대전 중에 4년에 걸쳐 서부전선에서 인간 살육이 계속될 수 있었다. 그러나 러시아 혁명으로 인한 혼란기에 동부전선에서는 여전히 발진티푸스가 성행해 3000만 명이 이 병에 감염되고 300만 명 이상이 죽었다. 제2차 세계대전 중에도 1943~1944년에 나폴리에서 나타나는 등 발진티푸스는 계속 발발했지만, 곧 이 병은 통제되었다. 발진티푸스를 위한 효과적인 백신은 아직 없지만, 항생제를 쓰면 통제할 수 있다. 이 질병은 이가 옷 속에서 살 수 있는 비교적 가난하고 추운 지역으로 퇴각했다. 이 질병은 회복한 후에도 수십 년간 환자에게 잠복해 있을 수 있으며, 이의 수가 늘어나면 새로운 전염병이 쉽게 진전될 수 있다.

질병의 2차 대전파

아메리카 대륙은 15세기 말까지 유라시아와 아프리카와는 고립된 채 남아 있었다. 테오티우아칸이나 아즈텍의 수도 테노치티틀란 같은 대도시들에서는 풍토성 내장 질병들이 생겨났을 테지만, 가축화된 동물이 없고 특히 소를 전혀 키우지 않았기 때문에 유라시아 대륙의 질병들(특히 천연두와 홍역)은 없었을 것이다. 유럽인들은 수천 년간 이런 유라시아의 질병들에 노출된 결과 상당한 자연적 면역력을 갖추었다. 그런데 아메리카 원주민들에게는 면역력이 없었기 때문에 유럽인들의 질병이 이들에게 미친 영향은 그야말로 치명적이었다.

아메리카 대륙을 강타한 최초의 일격은 1519년에 앤틸리스 제도에 도달한 천연두였다. 천연두가 1519년 이전에 이곳에 도달하지 않은 것은 순전히 우연이었던 것 같다. 항해가 길었던 점과 배에 보균자가 없었던 점 때문이었을 것이다. 에르난 코르테스와 그의 탐험가 일당이 아즈텍의 수도에서 쫓겨날 위험에 처하자 증원 부대가 파견되었고, 이와 함께 천연두가 아메리카 대륙 본토와 테노치티틀란에 전파되었다. 천연두의 발발로 아즈텍 사회에는 엄청난 혼란이 발생했다. 사망자가 너무 많아 생존자들이 시체를 다 묻기 어려워 시체가 길가에서 썩어 갔다. 일가족이 절멸되기도 했다. 겨우 살아남은 자들은 곰보가 되거나 실명했다. 스페인 사람들은 대체로 면역이 되어 있어 천연두에 걸리지 않았다는 점이 원주민을 더욱 혼란스럽게 했다. 스페인 사람들은 사기가 꺾이고 피폐해진 사회를 정복하기만 하면 되었다. 1520년대에 스페인인들이 잉카를 정복하러 진출했을 때도 질병은 이와 비슷한 위력을 발휘했다. 1530~1531년에 홍역이 들어오고 1546년에 발진티푸스까지 전파되면서 이런 질병들과 함께 천연두의 위력은 더욱 증폭되었다.

유라시아의 질병들이 가져온 파괴가 전체적으로 어느 정도였는지는 상상을 초월하는 것이었다. 1500년에 중부 멕시코의 인구(아즈텍 제국의 인구와 거의 비슷하다.)는 약 2000만 명으로, 당시 유럽 인구의 4분의 1과 같고 영국 인구의 네 배에 달하는 수준이었다. 1세기도 안 되어 이 지역에는 100만 명도 안 되는 인구만이 남았다. 잉카 지역의 인구는 1500년에 1100만 명에서 1600년이 되자 100만 명 이하로 내려갔다. 카리브해 지역의 인구(1500년에 600만 명)는 거의 절멸되었다. 인구의 90퍼센트가 줄어들었다고 하면 믿지 못하겠지만, 이는 자연적인 저항력이 없는 사람들이 처음으로 질병을 접했을 때 나타나는 현상들과 대체로 일치한다. 실제로 죽은 사람은 얼마나 될까? 16세기 동안 그 수는 거의 1억 명에 달했을 것이다. 이 정도 규모의 죽음은 역사상 어떤 사회가 겪은 것보다 더 큰 규모였다. 게다가 이것은 엄청난 문화적 충격과 더해졌는데, 유럽인들이 지역을 약탈하고 기독교를 강요하며 살아남은 원주민들을 노예로 삼았기 때문이다.

아메리카 대륙으로 건너간 또 다른 주요한 질병으로 황열병이 있다. 황열병은 오랫동안 서아프리카의 풍토병이었으며, 원숭이가 인간에게 옮긴 질병이다. 서아프리카 원주민들은 황열병에 대해 높은 수준의 면역을 갖추고 있었고, 이 병은 성숙 단계의 풍토병으로 자리 잡아 치사율이 높지 않았다. 이 병은 모기가 옮기는 질병으로 먼 지역까지 전염되기는 어려웠다. 황열병은 7~10일 정도밖에 유지될 수 없는데, 바이러스가 모기의 몸에서 성숙해 인간 숙주를 감염시킬 수 있을 정도로 모기가 오래 살지 못했기 때문이다. 황열병은 간을 감염시켜 황달을 일으키고 피부색을 특유의 노란색으로 만들며 더 발전되면 전신 내출혈이 일어나 검은 구토물을 토하게 된다. 이 질병에 새로이 노출되는 인구 집단에서는 치사율이 60퍼센트 정도이며, 이보다 높은 경우도 많다. 황열병으로 인해 유럽인들은 수 세기 동안 서아프리카에 발을 붙이기가 어려웠다. 해안을 따라 교역 거점 몇 개를 마련할 수 있었을 뿐이었다. 영국 왕실 아프리카 회사의 기록에 의하면 1695~1722년 사이에 서아프리카로 보낸 병사 열 명 중 여섯 명은 첫해에 죽고 2년에서 7년 사이에 두 명이 더 죽으며, 결국 한 명밖에 살아남지 못했다고 한다. 19세기가 되어서도 왕실의 아프리카 파병 부대는 형벌(사형을 받을 것이 거의 확실한 경우도 있었다.)을 대신해 군대에 복역하는 범죄자들로 구성되어 있었다. 어떤 해에는 사망률이 80퍼센트에 달하기까지 했다.

황열병은 한 세기가 넘도록 아메리카 대륙에 전파되지 않다가 17세기 초에 유럽이 노예무역을 시작하면서 전파되기 시작했다. 1647년에 바베이도스에 노예선이 도착하면서 처음으로 황열병이 전파되었다. 아메리카 대륙에 노예로 팔려간 아프리카인들은 상당한 면역력이 있었지만,(이 때문에 이들 노예에 대한 수요는 더욱 높아졌다.) 이 병은 카리브해 연안의 유럽인 사회를 쑥대밭으로 만들었다. 1655년에 프랑스는 세인트루시아를 정복하기 위해 1500명의 원정 부대를 보냈는데, 89명만이 살아남았다. 1801년에 아이티를 재정복하기 위해 보낸 원정 부대는 2만 7000명이 죽었다. 황열병은 미국 남부로도 퍼져, 1820년대와 1830년대에 플로리다에서 황열병이 크게 유행했다.

1878~1879년에 황열병이 멤피스에 도달했을 때는 50퍼센트 이상의 사망률을 나타냈고, 도시가 거의 마비되는 사태가 벌어졌다. 때때로 황열병은 리스본과 바르셀로나, 생나제르, 스완지와 같은 유럽의 항구에도 도달했지만, 모기가 살아남을 수 없었기 때문에 크게 유행하지는 않았다.

황열병의 전파 경로는 미국인 군의관인 월터 리드(Walter Reed)가 1900년에 처음 밝혀냈다. 오수 처리와 살충제(최초의 살충제는 피에트럼이었다.)를 통해 모기를 통제함으로써 파나마 운하를 건설할 수 있었다. 1930년대에 효과적인 백신이 발견되었지만, 황열병은 열대우림의 원숭이에게도 감염될 수 있었기 때문에 근절되기 어려웠다. 20세기 동안에도 중앙아메리카와 아프리카에서는 황열병이 많이 유행해 1960~1962년 사이에 에티오피아에서 3만 명이 이 병으로 죽었다고 한다. 황열병은 지금도 브라질의 풍토병으로 남아 있다. 21세기 초인 지금도 연간 20만 명의 황열병 환자가 발생하며, 그중 3만 명이 죽는다. 실제로는 그보다 훨씬 많을 것이다. 대폭 축소해 보고하는 경우가 많기 때문이다. 이 질병은 다시 늘어나는 것처럼 보이며, 여행의 속도가 훨씬 빨라졌기 때문에 한 지역에서 다른 지역으로 퍼질 가능성도 훨씬 높아졌다. 효과적인 백신 캠페인을 벌여 대규모의 유행은 막아야 할 것이다.

아메리카로 전파된 질병 중 황열병과 비슷한 것으로 뎅기열('뼈 깨짐'이라는 별명이 있다.)이 있다. 뎅기열 중 출혈성인 것은 주로 어린아이에게 나타나는데, 치사율이 30퍼센트에 이른다. 일반적으로 뎅기열이 치명적인 경우는 드물지만, 열이 나고 뼈마디에 강렬한 통증을 수반한다. 뎅기열은 모기에 의해 퍼지며, 그중에도 네 가지 종류가 있기 때문에, 그 네 가지를 다 앓기 전에는 면역력이 생기지 않아 백신을 만들기가 매우 어렵다. 따라서 치료법이라고는 진통제와 해열제 등을 쓰는 보조적인 방법밖에 없다. 뎅기열은 동남아시아에 기원을 둔 것으로 보이며, 인도를 통해 아프리카로 온 것으로 보인다. 아메리카 대륙에서 최초로 뎅기열이 유행했던 것은 1779~1880년 사이의 필라델피아에서였다. 푸에르토리코에서는 1977년 이후에 10년 동안 뎅기열이 아홉 번이나 유행했다. 뎅기열은 모기가 살충제 내성이 생기고 도시화가 진행되며 비행기 여행이 잦아지자 더욱 널리 퍼지고 있다. 현재 약 15억 명이 뎅기열 감염 지역에 살며, 연간 발생하는 환자 수만 해도 수백만 명에 이를 것이다.

1500년 이후 유럽인들이 대서양 경제를 건설하면서 유럽과 아메리카 사이에 질병이 전해졌는데, 그 경로는 일방적인 것만은 아니었다. 매독은 매종(동남아시아에서는 베젤(bejel)이라고 한다.)이나 열대성 백반증과 같은 트레포네마 균류 질병과 밀접하게 관련되어 있다. 매독은 스피로헤타 박테리아에 의해 발생하는데, 인간이 유일한 숙주로 알려져 있다. 매독은 열린 상처를 통해 감염될 수 있지만, 대체로 성행위로 감염된다. 매독은 세 가지 단계로 진행되는데, 단계마다 잠복기를 갖는다. 첫 번째 단계는 감염 후 약 3주가 되면 나타나는데, 박테리아가 몸에 침투한 지점에 작은 조직 장애가 생기는 것이 증세다. 약 한 달 정도가 지나면 이것이 사라지고 수 주 동안 잠복기를 거친 후 온몸의 피부에 조직 장애가 나타난다.(인체의 내부에 나타나는 경우도 많다.) 매독이 원래 '큰 뾰루지'로 불렸던 것은 이 때문이다. 수 년간도 지속될 수 있는 잠복기를 거친 후 나타나는 세 번째 단계에서는 매독균이 내장 기관과 골격을 공격하며, 중추신경계를 공격해 정신 질환과 죽음을 초래하기도 한다.

매독은 유럽에서 처음으로 발생한 시기가 정확히 알려져 있다는 점에서 드문 경우다. 첫 환자는 1493년에 바르셀로나에서 발생했고, 거기서부터 다른 많은 질병이 그랬던 것처럼 군대와 함께 전파되었다. 프랑스 샤를 8세(Charles VIII)의 군대가 1494년에 이탈리아로 매독을 전파시켰고, 이 원정이 실패한 후 군대가 해산되자 더 널리 퍼졌다. 매독은 1496년에 잉글랜드와 북해 연안 저지대 국가들에 이르렀고, 1499년에 헝가리와 러시아에 도착했다. 그 후 유라시아의 교역로를 따라 퍼져 나갔는데, 매독이 퍼진 속도를 보면 유라시아 대륙이 얼마나 밀접하게 통합되어 갔는지를 알 수 있다. 1498년에는 이집트와 인도로 전파되고, 1505년에는 광동에 도착해 거기서 일본으로 퍼져 나갔다. 모든 사회가 매독을 외래 질병으로 간주했고, 매독이 퍼지는 양상과 관련된 이름을 붙였다. 잉글랜드인과 이탈리아인들은 '프랑스 병'으로 불렀다. 프랑스인들은 '나폴리 병'으로 불렀고, 폴란드에서는 '독일 병'으로 불렀다. 인도인들은 '프랑크족 병'이라고 했고, 중국인들은 '광동의 병폐'로 불렀다. 일본인들은 '당나라 병'(중국에서 기원했다는 것을 시사한다.) 또는 '포르투갈 병'으로 불렀다.

중요한 문제는 이 질병을 크리스토퍼 콜럼버스(Christopher Columbus)의 여행(최초의 여행은 1492년에 있었다.)에 참여한 사람들이 날라 왔는지다. 그 당시 사람들은 바로 그렇게 해서 매독이 유럽으로 들어왔다고 확신했다. 그 시기 이전에는 유럽에 매독에 관한 명확한 기록이 남아 있지 않으며, 있었다고 하더라도 굉장히 가벼운 형태였다는 점이 이러한 주장을 강화한다. 매독이 보인 엄청난 치명성으로 볼 때, 그것이 1490년대에 새로 들어온 질병이라는 데는 의심의 여지가 없다. 만일 매독이 아메리카 대륙에서 오지 않았다면 당시의 유럽에 이미 있었던 매종이 우연히도 1490년을 전후해서 성행위를 통해 전파되는 훨씬 치명적인 병으로 변화했다고 볼 수밖에 없을 것이다.

매종이 아메리카 대륙에서 들어온 또 다른(아마도 가벼운) 매독균류와 만나 신종을 탄생시켰을 가능성도 있다. 하지만 매독은 유럽인들이 아메리카 대륙을 '발견'한 대가라고 보는 편이 훨씬 무리가 없는 것처럼 보인다.

사람들이 아무런 면역력이 없었을 당시인 16세기 초에 매독의 효과는 무서운 것이었으며, 매독균은 세 번째 즉, 최후의 단계로 빠르게 발전했다. 1520년대가 되면 유럽인들은 그 병이 성행위를 통해 전파된다는 것을 알았고, 그 후 10~20년도 채 안되어 매독의 치명성은 이미 감소하기 시작해 유행병이라기보다는 풍토병이 되었다. 17세기에도 매독에 감염되는 것은 위험했지만, 매독의 증세들은 훨씬 약해졌다. 그러나 20세기 중반까지 매독의 치료법은 알려지지 않았다. 두 가지 민간요법이 있었는데, 첫 번째는 수은이나 비소의 증기를 쐬게 하는 것이었다. 이렇게 하면 매독의 진전을 더디게 할 수 있었지만, 중금속의 독성으로 인해 치료하는 과정에서 죽는 사람이 질병으로 죽는 사람만큼 많았을 것이다. 두 번째 방법은 과이어콜(서인도제도에서 나는 나무에서 나온다.)이라는 국소마취제를 사용하는 것이었다. 1530년대에 이미 이 방법이 효과가 없다고 간주되었지만, 적어도 이 치료법 때문에 환자가 죽는 일은 없었다. 대안이 없었기 때문에 1932년까지 과이어콜은 영국이 승인하는 약이었다.

매독을 일으키는 박테리아는 1905년에 처음 알려졌지만, 1940년대 초에 페니실린이 발견될 때까지 매독에 대한 효과적인 치료법은 없었다. 페니실린이 발견되었을 때조차 체계적으로 치료되지 않았는데, 그 이유는 이 병이 강한 도덕적 의미와 직결되어 있기 때문이었다. 20세기 후반에는 치료를 통해 3기 매독과 죽음을 피할 수 있었다. 그러나 매독은 근절되지 않았고, 20세기 후반에도 증가 추세에 있었다.

합리적인 공중 보건 시스템이 있었다면 통제될 수도 있었을 테지만, 매독은 여전히 환자를 쇠약하게 만드는 풍토병으로 남아 있다.

영원한 질병: 말라리아

말라리아는 인간의 질병 중에서 가장 오래된 것 중 하나로 가장 정복하기 어려운 질병 중 하나로 알려져 있다. 최초로 기원전 2700년에 중국에서 발생했고, 기원전 1600년에는 메소포타미아와 인더스 계곡에서도 발견되었다. 하지만 이보다 훨씬 전부터 존재했을 것으로 보인다. 21세기 초인 지금도 개발도상국에서 주요 사망 원인이며, 세계 인구의 40퍼센트가 이 병의 위험에 노출되어 있다. 말라리아라는 이름은 '나쁜 공기'란 뜻의 이탈리아어 'mal aria'에서 왔는데, 말라리아로 악명 높은 로마 주위의 습지대에서 유래했다. 말라리아는 말라리아 원충(조류(藻類)의 일종과 관련 있을 것으로 보인다.)으로 인해 생기는 병으로, 모기에 물려 전염된다. 인간을 감염시키는 종류는 네 종류가 있는데, 그중에 팔시파룸이 가장 지독하고 치명적이다. 다른 종류는 기력을 크게 약화시키고 끊임없는 열과 나른함을 동반한다. 비백스라는 종류에 감염되면 이틀에 한 번 꼴로 이런 증세가 나타난다. 말라리아는 원숭이에게서 왔다는 것이 거의 확실하며, 동남아시아에서 처음으로 인간에게 감염되었다. 그리고 동남아시아에서부터 퍼지기 시작했는데, 주요 매개체인 아노펠레스 모기가 살 수 있는 곳이면 어디든지 퍼질 수 있었다. 팔시파룸 말라리아는 열대 지역에만 존재하나, 비백스는 추위에 훨씬 잘 견디므로 북쪽으로 잉글랜드와 캐나다 남부에서까지 살아남을 수 있다. 수천 년 동안 말라리아는 유라시아 대륙과 아프리카 전역의 풍토병이었다. 말라리아는 아마도 초기 유럽 정착민들과 아메리카로 잡혀간 아프리카 노예들이 아메리카 대륙으로 전파했을 것이다. 말라리아 균은 아메리카 모기를 통해서는 잘 전파되지 않기 때문에 카리브해 주변 섬들에는 말라리아가 비교적 드물다.

말라리아를 치료하는 약은 없었는데, 중국인들은 약쑥 성분으로 만든 '청화 쑥'이라는 약을 써서 증세를 완화했다고 한다. 유럽인들은 안데스 지역에 자라는 기나나무껍질이 부분적인 효과를 발휘한다는 것을 발견했다. 이 나무껍질이 치유력이 있는 이유는 알려지지 않다가 1820년대에 두 명의 화학자가 기나나무껍질 속에서 퀴닌이라는 활성 성분을 추출했다. 1830년대에 퀴닌은 대량으로 만들어져 비백스 말라리아를 치료하는 약으로 쓰였다. 1840년대가 되면 팔시파룸 말라리아의 감염 예방용으로도 쓰이게 되어 이 약이 다량으로 제조되었다. 이런 발견들 덕분에 19세기 후반에 유럽인이 아프리카에 정착할 수 있었다. 하지만 사망률은 여전히 높았다. 말라리아가 전염되는 경로에 관해서는 많은 연구가 행해졌는데, 마침내 1897년에 인도에 파견된 영국의 군의관 로널드 로스(Ronald Ross)가 선행 연구들을 참고해 최종적으로 경로를 밝혔다. 모기장과 퀴닌, 그리고 (로마 근교의 폰티네 늪지와 같은) 습지의 물을 없애는 것 등의 조치를 통해 20세기 초에는 말라리아의 영향이 줄어들었다.

말라리아의 퇴치를 약속하는 것처럼 보였던 시기는 두 가지 새로운 화학물질이 개발되었던 때였다. 1940년에 처음 사용된 살충제인 'DDT'는 모기를 죽였고 벽에 뿌려 두면 최대 세 달까지 활성화 상태를 유지했기 때문에 말라리아의 감염 경로를 무너뜨릴 수 있었다. 동시에 클로로퀴닌이라는 매우 효과적인 약이 개발되어 말라리아 환자의 치유에 쓰일 수 있었다. 1955년에 WHO는 말라리아를 박멸할 수 있게 되었다고 선포했다. 이것이 불가능한 목표라는 것이 곧 밝혀졌지만, 1992년까지도 공식적으로 이 목표는 포기되지 않았다. 1960년대에 DDT가 매우 독성이 강하다는 것이 밝혀지면서 DDT의 사용이 포기되었다. 동시에 클로로퀴닌에 내성을 가진 말라리아의 변종이 나타나기 시작했다. 1980년대가 되면 상황이 더욱 나빠져 캄보디아와 태국 사이의 접경 지역을 따라 여러 약물에 내성을 가진 말라리아의 변종이 나타났다. 21세기 초에 모든 유형의 말라리아에 대응할 수 있는 약은 단 한 가지뿐이며, WHO는 이 약을 계속 쓴다면 머지않아 이 약에도 내성을 가진 변종이 나타날 것이라고 경고했다. 만약 그렇게 되면 세계는 효과적인 약물 치료가 존재하지 않았던 1940년대 이전의 상황으로 돌아갈지도 모른다.

그런데 지금의 상황은 80년 전보다 훨씬 심각하다. 인구가 급격히 증가하고 있고, 내성을 가진 모기들이 생겨나고 기후까지 변화하고 있어, 1960년에는 세계 인구의 10퍼센트만이 말라리아의 위험에 노출되어 있었다면 지금은 그 수치가 40퍼센트로 늘어났기 때문이다. 말라리아는 이제 개도국에서 주요한 사망 원인이 되고 있으며, 감염의 90퍼센트 이상은 아프리카의 사하라 이남 지역에서 나타나고 있다. 3억 명에서 5억 명에 이르는 사람이 말라리아에 감염되고 있으며, 사망률은 연간 150만~270만 명에 이르고, 이 중 100만 명은 어린이다. 인간과 환경, 질병의 오랜 상호작용에서 말라리아는 인간이 실패한 대표적인 사례다.

풍토병, 인플루엔자

인플루엔자는 세상에서 가장 끈질긴 질병 중 하나다. 다른 질병들과 마찬가지로 동물에게서 기원하는데, 현재는 가축화된 돼지나 닭의 몸속에서 새로운 변종이 탄생한다. 야생 조류가 전파하기도 한다. 인플루엔자 바이러스는 쉽고 빠르게 돌연변이를 일으켜 새로운 변종이 계속 생겨난다. 공기를 통해 전염되는 병이기 때문에 재채기나 기침을 통해 인간들 사이에서 쉽게 퍼져 나간다. 사망률은 1퍼센트 정도로 낮으며, 어린이와 노인이 많이 걸린다. 그러나 새로운 변종이 나타나 전 세계적인 유행병이 된 적도 많다. 인플루엔자에 걸려 면역력이 생겼다고 하더라도 새로운 변종이 나타나면 별로 효과를 발휘하지 못하기 때문이다.

1510년 이전에는 인플루엔자에 관한 명확한 언급을 발견할 수 없다. 하지만 인플루엔자는 그 이전에도 오랫동안 존재했을 것임이 틀림없다. 16세기에 들어 유럽에서는 1510년과 1557년, 1580년에 걸쳐 인플루엔자가 크게 유행했다. 17세기에는 인플루엔자의 발생이 감소했다가 18세기에 다시 규칙적으로 나타나기 시작해 1781~1782년 사이에는 대유행했다. 19세기에는 전 세계적으로 세 번의 인플루엔자 대유행이 있었는데, 1830~1831년, 1833년, 1889~1990년에 있었다. 역사상 가장 심각했던 인플루엔자 대유행은 제1차 세계대전 직후에 있었던 것이다. 1918년 봄에 미국에서 처음 나타나, 처음에는 매우 가벼운 증세만을 나타냈으나, 1918년 8월에 변이를 일으켜 훨씬 독성이 강한 형태로 변했다. 인플루엔자는 미국의 보스턴, 서아프리카의 프리타운, 프랑스의 브레스트 등 세 개의 항구에 거의 동시에 출현했는데, 제1차 세계대전의 막바지에 군대의 이동과 관련되어 나타난 것이 분명하다. 1918~1919년에 걸친 겨울 동안 이 세 곳의 중심지로부터 전 세계로 빠르게 퍼져 나갔고, 그다음 해 겨울에는 가벼운 형태로 다시 나타났다. 이 인플루엔자 변종은 아주 쉽게 폐렴으로 이어졌고, 희생자의 절반은 20~40세 사이의 건강한 성인이라는 것이 특징이다.(제1차 세계대전에서 미군이 낸 사상자의 80퍼센트는 인플루엔자 때문이었다.) 이는 제1차 세계대전 말기의 조건들과 관련이 있는 것으로 보인다. (특히 유럽에서) 영양실조가 만연했고, 사회적·경제적으로 파탄이 난 국가가 많았기 때문이다. 전 세계적으로 인명 피해는 3000만 명에서 4000만 명에 이르렀다. 그중 거의 절반이 인도에서 나왔고, 미국에서 50만 명이, 영국에서도 25만 명이 죽었다. 다른 지역에서 인플루엔자의 영향은 커서 서사모아에서는 인구의 20퍼센트인 7542명이 인플루엔자로 죽었다. 전체적으로 보아 감염된 사람 중 사망하는 비율은 보통 독감의 두 배 정도에 지나지 않았다. 문제는 전 세계 인구의 20퍼센트가 이 병에 감염되었다는 것이다.

인플루엔자 바이러스는 1933년에 처음으로 추출되었으며, 그 이후 20세기 동안에 세계적으로 발생한 인플루엔자 중에 단 하나를 제외한 나머지는 모두 바이러스의 돌연변이로 인한 것이었다. 1933년과 1957년, 1968년의 인플루엔자가 바로 돌연변이에 의한 것이었으며, 1977년의 인플루엔자는 1933년의 인플루엔자가 다시 나타난 것이었다. 하지만 사망률은 낮아져 대체로 5만 명 정도의 수준이었다. 인플루엔자를 다루는 것에서 문제점은 백신의 효과가 부분적일 뿐 아니라, 일부 몸이 약한 사람들에게 백신을 사용하는 경우가 많다는 점이다. 인플루엔자 바이러스는 매우 쉽게 변이를 일으킬 수 있기 때문에 언제든지 세계를 휩쓸 강력한 변종이 나올 수 있다.

산업화와 도시화로 인한 질병

18세기 후반부터 빠른 인구 증가와 산업화 및 도시화의 물결이 서유럽과 북아메리카를 압도했다. 이러한 변화들로 인해 환경이 바뀐 결과 새로운 질병들이 물결처럼 밀어닥쳤다. 가장 중요한 것 중 하나가 결핵으로, 이전 세기에는 결핵이 림프성이었는데, 훨씬 치명적인 결절성으로 변했다. 이 결절성 결핵은 수천 년 동안 존재했지만 별로 큰 문제가 되지 않고 있다가, 19세기가 되어 도시가 성장하고 거대한 슬럼이 만들어져 제대로 먹지 못하고 심하게 밀집된 생활환경에서 사는 사람들이 생겨나면서 무서운 질병이 되었다. 결핵은 막대기 모양의 세균인 바실루스로 인해 생기며, 기침할 때와 침을 뱉을 때 공기를 통해 전염된다. 결핵은 서서히 폐를 파괴하고 몸 전체를 소모시키기 때문에 '소모열'로 불리기도 한다. 결핵균에 감염된다고 모두 결핵에 걸리는 것은 아니며, 주로 습한 곳에서 영양 섭취가 불균형할 때 결핵에 잘 걸린다. 결핵은 19세기의 유럽과 북아메리카의 도시 지역에서 주요 사망 원인이 되었다. 대부분의 사람에게는 효과적인 치료법이 없었지만, 부자들은 산속에 있는 요양소에서 유제품을 충분히 섭취하면서 몇 년 동안 쉴 수 있었다. 이러한 세계는 토마스 만(Thomas Mann)의 『마의 산(The Magic Mountain)』에 묘사되어 있다.

결핵의 원인인 바실루스는 1882년에 발견되었지만, 1921년까지는 백신이 전혀 없었고, 그 이후에도 백신의 효과는 완전하지 않았다. 1952년에 최초로 결핵을 약물로 치료할 수 있게 되었지만, 다른 치료법과 마찬가지로 내성을 가진 결핵 박테리아의 변종이 빠르게 생겨났다. 현재 한 가지 약물에 내성을 가진 변종은 세계 어디에나 존재하며, 러시아에는 모든 약물에 내성이 있는 변종도 몇 가지가 있다. 결핵은 오늘날까지도 가난의 질병이다. 현재도 매년 4000만 명이 결핵에 걸리며, 해마다 거의 300만 명이 결핵으로 사망한다. 이 두 가지 수치 모두 1990년대 초부터 서서히 올라가기 시작했다. 환자의 90퍼센트가 개도국에서 발생하며,(전체의 3분의 1은 인도에서 발생한다.) 다른 지역의 발생률도 증가하는 추세에 있다. 1980년대에 뉴욕에서는 가난한 사람이나 노숙자를 중심으로 결핵 발생률이 두 배로 증가했다. 결핵에 효과적인 백신은 아직 없다.

산업화가 점점 더 진행되는 세계에서 커져 가는 광역도시권에 사는 사람 중에는 제대로 먹지도 못하는 사람이 많았는데, 공장의 매연, 가정과 작업장에서 태우는 석탄 연기가 햇볕을 가려 건강에 미치는 악영향은 훨씬 심각해졌다. 이로 인해 구루병 같은 결핍성 질병이 유행했다. 구루병은 칼슘과 비타민 D의 부족 때문에 나타난다. 이들 영양소는 주로 햇빛을 받아 만들어지지만, 간과 달걀노른자, 생선기름 등에도 포함되어 있다. 이러한 질병은 뼈 성장을 위해 칼슘과 비타민 D가 필요한 어린이들에게 주로 나타나며, 이런 영양소가 부족하면 뼈대가 올바르게 성장할 수 없다. 구루병은 기원전 1000년 무렵에 중국에서 최초로 발견된 이래 약 1000년 후에는 지중해 지역에서도 발견되었으며, 중세 유럽에서도 가벼운 형태로 존재했다. 산업사회 이전의 대부분 사회에서는 식생활이 부족해도 햇빛을 받아 보충되는 부분이 있었다. 하지만 주요 도시에서 석탄을 떼는 것이 보편화하면서 17세기 초부터 잉글랜드에서 구루병이 증가하기 시작했다. 19세기 잉글랜드에서는 어린이 열 명 중 아홉 명이 구루병 증세를 나타내어, 구루병에는 '잉글랜드 병'이라는 별명이 붙기도 했다. 구루병으로 고통받은 또 다른 집단은 아프리카계 미국인이다. 그들의 검은 피부는 백인의 피부보다 3분의 1밖에 햇빛을 흡수하지 못해 햇빛이 적은 북아메리카에 사는 아프리카 노예의 후손들은 구루병으로 인해 큰 피해를 입었다. 20세기 초에 식생활이 개선되고 유럽과 북아메리카에 있는 산업도시의 하늘이 점차 맑아짐에 따라 구루병도 서서히 감소했다.

산업화가 이루어지던 사회들은 비위생적인 도시환경으로 인해 빈부에 관계없이 콜레라라는 무서운 유행병의 위협에 시달렸다. 콜레라는 인간이 유일한 숙주이지만, 동물 숙주 없이도 인간의 몸 밖에서 살아남을 수 있는 바실루스에 감염될 때 발생한다. 오염된 식수를 통해 전염되며 내장 기관에 문제를 일으키고 탈수 증세를 초래한다. 초기의 콜레라는 건강한 성인의 치사율이 50퍼센트 정도였는데, 어린이와 노인은 더 높았다. 이 질병은 갠지스강의 하류 지역에 오래전부터 존재해 왔고, 19세기 초에 전 세계로 퍼졌다. 콜레라의 전 세계적 전파는 교통수단의 발달이 인간과 질병 사이의 관계에 어떤 영향을 주는지를 보여 주는 또 하나의 사례다.

1817년에 벵골에서 콜레라가 크게 유행했고, 영국군과 인도군의 이동과 함께 봄베이 등 이전에는 콜레라를 겪지 않았던 인도의 다른 지역으로 퍼져 갔다. 그 후 100년 동안 3800만 명의 인도인이 콜레라로 죽었다. 콜레라는 인도로부터 배와 전쟁을 통해 전파되었다. 콜레라가 1821년에 걸프만에 도달해 동아프리카의 교역로를 따라 전파되었다. 1826년에는 캅카스에서 싸우던 러시아 군대를 감염시켰으며, 1831~1832년에는 군대를 따라 서쪽의 발칸반도까지 이동했다. 몇 달 되지 않아 서유럽 대부분의 도시에 콜레라가 돌았으며, 1832년이 되자 아메리카 대륙에까지 콜레라가 도착했다. 상하수도가 제멋대로 뒤섞여 있고 효과적인 위생 체계가 없던 시절에는 사망률이 아주 높았다. 콜레라가 어떻게 발생하고 전염되는지에 관한 긴 논쟁이 있었다. 많은 이는 더러운 공기가 뿜는 독기를 콜레라의 원인으로 생각했다. 그러다가 1854년 9월에 영국인 의사 존 스노(John Snow)가 런던의 브로드 거리의 한 우물에서 펌프 손잡이를 끊음으로써 콜레라의 유행을 막는 데 성공해서, 이때부터 콜레라의 원인이 무엇인지에 관해 올바른 인식이 자리 잡기 시작했다. 콜레라의 영향으로 유럽과 북아메리카 전역의 정부들은 서서히 상하수도 체계를 제대로 갖추기 시작했다. 이는 바실루스가 발견된 1890년보다 훨씬 전의 일이었다.

19세기 초 이래 여러 차례 콜레라가 전 세계를 휩쓸고 지나갔다. 다행히 20세기 중반 이후부터는 비교적 가벼운 증세를 동반하는 '엘토르'라는 콜레라의 변종이 우세했다. 전 세계적으로 유행했던 마지막(일곱 번째) 콜레라는 1961년에 인도네시아에서 시작되었다. 1960년대 중반이 되자 이것이 인도와 이란, 이라크, 소련으로 퍼졌다. 콜레라는 1970년이 되면 100년 만에 서아프리카에 상륙했고, 1991년에는 라틴아메리카에서도 발생했다. 콜레라는 아직도 위생 상태가 열악한 지역이나 전쟁과 내란 등으로 공중 보건 시스템이 마비된 지역에서 나타난다. 부유한 산업사회에서는 거의 근절되었다.

환경 및 의학적 개선의 역할

지난 한 세기 반 동안 인간의 질병은 수천 년 동안 우세했던 패턴과는 뚜렷이 다른 변화를 보였다. 인간 역사를 통해 대부분의 기간에 대다수의 어린아이가 생후 몇 년이 안 되어 죽었다. 지금은 부유한 선진국에서 5세가 되기 전에 사망하는 어린이는 1퍼센트뿐이며, 그것도 희귀한 유전적 장애로 인한 경우가 많다. 18세기 후반에 30~40세 사이였던 기대수명은 오늘날 70세가 훌쩍 넘는 수준으로 증가했다. 사망률도 꾸준히 감소했다. 1840년대까지도 영국의 연간 사망률은 1000명 중 20명꼴이었으나, 현재는 이것의 4분의 1밖에 안 된다. 나라마다 이런 변화가 생긴 것은 시기적으로 조금씩 차이가 나며, 변화의 정도에도 차이가 있지만, 전체적인 패턴은 비슷하다.

　사람의 수명이 늘어난 까닭은 수천 년 동안 인간 역사를 유린해 온 전염병으로 죽는 수가 줄었기 때문이다. 전염병이 준 원인을 어떻게 설명할 것인가 하는 문제를 놓고 이견이 많다. 전염병 중에서는 시간이 흐르면서 좀 더 약한 형태로 퇴화되어 가는 것도 있다. 성홍열과 매독의 경우가 그러한데, 이것은 바이러스와 박테리아가 생존하는 방식 때문이다.(바이러스나 박테리아가 숙주를 너무 많이 죽이면 그들 자신도 죽을 수밖에 없다.) 의학 지식과 기술의 발달도 중요한 요인의 하나다. 백신의 등장으로 천연두라는 질병이 사라졌으며, 홍역이나 황열병도 근절되지는 않았지만 통제할 수 있다. 척수성소아마비인 폴리오의 사례는 백신의 효과를 잘 보여 준다. 폴리오는 수천 년 동안 활동이 미약한 풍토병이었다가, 어떤 이유에서인지 20세기 초에 중요한 질병으로 대두했다. 프랭클린 D. 루스벨트(Franklin D. Roosevelt) 대통령도 폴리오로 고통받았으며, 폴리오의 전성기였던 1950년에는 유럽과 북아메리카에서 한 해에 수십 명에서 수천만 명이 이 질병으로 인해 심한 마비 증세를 경험했다. 1950년대 중반에 폴리오 백신이 개발되자 정부는 대규모 백신 프로그램을 조직해 폴리오 근절에 나섰는데, 당시에 제일 앞장선 것이 소련이었다. 1990년대 중반이 되자 WHO는 전 세계 5세 이하의 어린이 중 절반 정도(4억 명)가 백신을 맞았다고 발표했다. 폴리오로 인한 사망률은 1980년대 중반에는 한 해에 35만 명이던 것이 21세기에 접어들 무렵에는 3000명으로 줄어들었고, 폴리오가 발생하는 나라의 수도 125개국에서 7개국으로 줄어들었다. 그러나 폴리오가 사라지지는 않을 것이다. 그렇게 하려면 세계 모든 사람에게 백신을 투여해야 할지도 모른다. 폴리오에 감염된 사람 중 단 1퍼센트만이 병의 증세를 나타내기 때문이다. 그렇게 보편적인 백신 프로그램을 추진한다고 해도, 의학 기술의 진보가 할 수 있는 것은 백신을 개발하는 데까지 뿐이며, 백신이 개발되었다고 해서 문제가 다 해결되는 것은 아니다. 백신의 개발 못지않게 중요한 것은 효과적인 백신 프로그램을 만들고자 하는 정부와 국제 공동체의 의지, 그리고 충분한 돈과 자원의 공급이다.

백신 외에 가장 중요한 의학적 진전은 20세기 중반의 항생제 개발이다. 최초의 항생제인 페니실린은 1928년에 알렉산더 플레밍(Alexander Fleming)이 우연히 발견했다. 그러나 페니실린이 상당한 규모로 생산된 것은 그로부터 10년 이상이 흐른 뒤였고, 1940년대 중반이전에는 페니실린의 사용이 제2차 세계대전에 참전 중인 연합군 내부로 제한되었다. 20세기 후반이 되면 2만 5000가지의 항생제가 만들어진다. 항생제는 질병을 치료하고 생명을 구하는 데 중요한 역할을 했다. 그러나 박테리아는 계속해서 새로운 내성이 있는 변종으로 진화해 갔다. 의학적 치료는 기존의 약물에 대한 내성에 대응해 새로운 약을 개발하려는 싸움이 되었다. 상황은 항생제의 오용으로 인해 더욱 악화되었다. 항생제가 전혀 필요 없는데도 처방하는 경우를 포함해 과잉 처방이 비일비재하다. 그리고 산업사회에서 농경이 점점 더 집약적으로 되어 감에 따라 가축들은 점점 더 건강하지 않은 환경에서 사육되게 되었고, 항생제는 이런 동물들의 식단에 포함되어 일상적으로 처방되게 되었다.(미국에서는 동물이 먹는 항생제의 양이 인간이 먹는 양의 서른 배나 된다고 한다.) 페니실린에 내성을 가진 박테리아는 이미 1946년에 나타났지만, 다른 항생제를 쓰면 쉽게 죽일 수 있었다. 그러다가 1970년대 중반이 되자 결국 올 것이 오고야 말았다. 여러 가지 약에 내성을 가진 박테리아가 나타난 것이다. 1977년에 최초로 치료가 불가능한 결핵의 변종이 남아프리카에서 발견되었고, 이후 옛 소련과 동유럽 대부분의 지역으로 퍼졌다. 20세기 후반에는 전 세계 5000만 명의 인구가 이 결핵에 감염되었다. 이와 비슷하게 이질과 콜레라도 다양한 항생제에 내성을 가진 변종이 나타났다.(콜레라의 변종은 1922년에 방글라데시에서 나타났다.) 21세기 초에 이른 지금 20세기 중반에 개발한 항생제는 인류와 질병 간의 오랜 싸움에서 일시적인 승리였을 뿐이라는 것이 점점 분명해지고 있다.

의학 발전의 영향은 산업사회에서 질병을 감소시키는 데 중요하지만 제한적인 역할을 했다. 훨씬 중요한 것은 식생활과 환경을 개선하는 것이었다. 공중 보건 대책 역시 중요했다. 효과적인 하수도 체계와 상수도 처리로 인해 이질과 콜레라 등 수인성 내장 질병의 영향이 크게 줄어들었다. 전체적으로 보아 19세기에 감소한 사망률의 20퍼센트 정도는 이런 프로그램 덕택이었다. 더 다양한 음식물이 제공되면서 유럽의 식생활이 개선되고, 인구 밀집이 감소하고 환기가 개선되는 등 주생활 조건도 좋아짐에 따라, 질병의 감염은 크게 예방되었다. 결핵은 공중 보건과 생활환경의 개선, 감염 환자를 격리하는 요양원, 거리에 침 뱉는 행위의 금지, 감염된 소의 도축 금지 등 여러 대책이 결합되어 19세기에는 감염률이 크게 감소했다. 1908년에 시카고에서 시작된 우유 저온살균법은 또 하나의 요인이었다. 잉글랜드의 결핵 사망률은 1838~1882년 사이에 절반으로 줄어들었는데, 이는 결핵의 원인 균인 바실루스가 발견되기도 전의 일이었다.(콜레라의 경우도 이와 비슷한 양상을 보이는데, 1890년대까지는 콜레라균도 발견되지 않았다.)

산업사회에서 19세기와 20세기 초에 나타났던 사망률의 양상은 20세기에 들어 개도국에서 반복되지는 않았다. 20세기 개도국에서는 훨씬 빠르게 대규모로 사망률이 감소했다. 이것은 또한 이 지역에서 20세기 초의 상황이 얼마나 끔찍했는지를 말해 주기도 한다. 당시에 평균 기대수명은 25세에 지나지 않았는데, 이는 서유럽과 북아메리카의 절반 수준이었다. 20세기 후반이 되면 기대수명이 두 배 이상으로 늘어난 63세가 된다. 이는 발달한 의학 기술과 백신, 항생제, 그리고 모기 서식지에 대한 약물 처리 등의 기술이 도입된 결과였다. 이런 조치의 효과는 즉각적이었다. 예를 들어 모리셔스에서 사망률은 1940년대 중반에서 1950년대 중반 사이에 80퍼센트가 하락했는데, 유럽에서 사망률이 이만큼 하락하는 데는 150년 이상이 걸렸다. 그러나 20세기 후반부로 가면서 사망률이 감소하는 추세가 줄어들었고, 어떤 나라에서는 오히려 증가하기 시작했다. 이것은 심각한 사회적·경제적·환경적인 문제가 있을 경우, 의료적 처치를 한다고 하더라도 한계가 있다는 사실을 반영하기도 한다. 영양실조, 원활하지 못한 물 공급, 열악한 위생 상태, 도시인구 급증에 수반되는 빈민가의 급성장 같은 문제들이다. 그 결과 부유한 나라와 가난한 나라 사이에 질병과 사망이 주는 영향에 엄청난 편차가 생겨난다. 20세기 후반에 시에라리온에서 태어난 아이가 5세 이전에 사망할 확률은 아이슬란드에서 태어난 아이의 서른세 배였다. 방글라데시에서는 전체 사망자의 절반이 5세 이전에 죽었다. 토고와 베냉에서 유아사망률은 1800년의 스웨덴과 같은 수준이다.

주혈흡충증과 말라리아에서 보았듯이 의학적 개선은 최빈국들의 풍토병 대처에서도 한계를 드러냈다. 이와 비슷하게 체체파리가 전염시키는 수면병(아프리카 수면병)은 여전히 아프리카 사하라 이남의 넓은 지역에 사람이 살지 못하는 원인이 되고 있다. 20세기에 들어 우간다와 콩고 분지에 수면병이 크게 유행했고, 1920년대에는 아프리카의 사하라 이남 지역의 대부분에서도 유행했다. 20세기 후반에 WHO는 연간 50만 명의 수면병 환자가 발생한다고 추정했는데, 보고되지 않는 부분이 훨씬 많기 때문에 정확하게 추정할 수는 없다. 다만 앙골라의 일부 지역과 콩고에서 전 인구의 절반가량이 수면병으로 고통받는다는 것만이 알려져 있을 뿐이다.

신종 감염성 질병

20세기 후반에 아프리카를 중심으로 일련의 '새로운' 감염성 질병이 대두했다. 인구의 빠른 증가로 인해 새로운 농경지가 필요해지자 열대우림 지역으로까지 인간의 거주지가 확장되어 갔다. 열대우림이 인간 질병의 원천이 되어 온 역사(예를 들어 황열병 같은 경우)는 길다. 원숭이 및 기타 영장류에게 국한되었던 감염이 (과거에도 많은 질병의 경우 그랬듯이) 생물종 사이의 경계를 뛰어넘어 사람에게도 감염되기 때문이다. 1920년대의 어느 시점에 서부 아프리카와 중부 아프리카의 가장 치명적인 신종 질병인 에이즈가 침팬지(에이즈는 오랫동안 침팬지 고유의 병이었다.)에게서 인간에게로 옮겨 온 것도 열대우림 지역에서였다. 에이즈에 걸린 첫 환자는 1930년에 킨샤사에서 확인되었다. 에이즈의 감염은 침팬지를 사냥하고 먹음으로써 일어난 것이 거의 확실하다. 에이즈는 1970~1980년대의 앙골라 내전 기간에 더욱 확산되었고, 남아프리카에 도달했다가 전 세계로 퍼졌다.

에이즈는 인간면역결핍 바이러스(Human Immunodeficiency Virus: HIV)로 시작된다. 바이러스에 감염되면 강력한 면역 반응이 생겨나지만, 특이하게도 바이러스를 죽이지는 못한다. 그 후 아주 오랜 기간(최대 10년) 별다른 증세가 없다가 HIV가 완전히 성숙하면서 면역 체계가 무너지고 다른 질병에 감염되기 쉬운 상태가 된다. 에이즈는 진행이 느리고 증세가 없기 때문에 HIV는 쉽게 전염될 기회가 많지만, 특이하게도 바이러스에 노출된 사람 중 단 5퍼센트만이 HIV에 감염된다.(천연두의 경우 이 비율이 99퍼센트였다.) HIV는 성적인 접촉, 정맥 내 약물 주입, 혈액 및 혈액 제품의 사용 증가 등으로 인해 전염된다. 일본에서는 혈우병 환자의 절반이 오염된 피로 인해 HIV에 감염되었으며, 프랑스 등 많은 나라에서는 유통 과정이 명확한 경우에도 혈액 제품의 사용을 금지했다. 어머니가 이 질병을 가진 경우 30~50퍼센트의 아이도 감염되는데, 자궁 내에서, 출생 시에, 혹은 모유를 수유하는 과정에서 감염된다.

에이즈는 현대의 질병 중 가장 위협적인 질병이지만, 환자를 죽이는 속도가 느리기 때문에 대중의 의식에 미치는 충격은 적은 편이다. 그러나 일부 지역에서는 유럽의 흑사병이 돌던 기간만큼이나 높은 사망률을 보인다. 21세기 초인 지금, 전 세계에 4000만 명 정도가 HIV(에이즈)에 감염되어 있으며,(이것은 10년 전보다 두 배나 늘어난 수치다.) 매년 500만 명의 환자가 새로 발생하고, 연간 300만 명 이상이 사망한다. 에이즈는 다른 많은 질병과 마찬가지로 가난의 질병이다. 에이즈는 아프리카에서 압도적으로 많이 발생해 2500만 명이 감염되어 있다. 사하라 이남 지역 인구의 7퍼센트 이상이, 보츠와나와 스와질랜드에서는 성인의 40퍼센트 정도가 에이즈에 걸려 있다.(서유럽의 에이즈 감염률은 인구의 0.33퍼센트다.) 이런 나라에서 기대수명은 급속히 감소하고 있으며, 사하라 이남 지역 아프리카에서는 에이즈로 양친을 잃은 어린이의 수가 2000만 명에 달할 것이라고 한다. 에이즈를 위한 백신은 없으며, 약물을 많이 써서 병의 진행을 상당히 느리게 할 수는 있지만, 약값이 매우 비싸 1인당 연간 1만 5000달러 정도가 들어간다. 아프리카에서 1인당 평균 의약 지출은 연간 6달러이므로, 약물 치료를 받을 수 있는 사람이 겨우 3만 명 정도뿐이라는 것도 놀라운 일은 아니다.

20세기 후반에 나타난 또 다른 신종 질병은 출혈열로 총칭되는 질병으로, 여러 가지 바이러스가 이런 증세를 초래한다. 최초의 출혈열은 1969년(이보다 훨씬 이전에도 이 병은 존재했었다.)에 확인된 라싸열병이었다.(이 병이 최초로 확인된 나이지리아의 마을 이름을 땄다.) 자연 상태에서는 쥐를 매개로 하지만, 바이러스가 인간에게 감염되고 나면 매우 독성이 강해져 내출혈로 인한 치사율이 60퍼센트에 달한다. 이 병의 확산을 막을 수 있었던 것은 이 병이 사람에서 사람으로 직접적으로 전파되기 어렵기 때문이다.(유일한 전파 경로로 알려진 것은 오염된 혈액을 통해서다.) 이와 비슷하게 엄청난 내출혈을 일으켜 사망에 이르게 하는 질병으로 에볼라가 있다. 에볼라는 1976년에 수단 서부와 콩고에서 처음 발견되었다. 지난 30년간 중앙아프리카 전역에서 에볼라가 규칙적으로 유행했다. 알려진 1850명의 환자 중 1200명이 죽었으며, 이보다 훨씬 더 많은 사람이 감염되었다. 이들은 의학적인 치료를 전혀 받지 못했기 때문에 기록되지 않은 사례가 많다. 에볼라에 대한 백신은 없으며, 라싸열병과 마찬가지로 오염된 혈액과 직접 접촉해야만 감염되기 때문에 확산이 제한될 수 있었다. 세 번째 질병은 한타바이러스로, 아마도 1000년 전에 중국에서 처음으로 발견되었던 것 같다. 그러다가 1990년대 초에 미국 남부로 전파되어 새로운 형태로 변모했다. 한타바이러스는 사슴쥐가 매개하는데, 인간에게 감염되면 치사율이 50퍼센트 정도다. 이 질병은 뉴멕시코에서 플로리다로 다시 퍼졌다가 북쪽의 로드아일랜드까지 전파되었다.

풍요로 인한 병

지난 두 세기 동안 산업사회에서는 감염성 질병이 크게 감소한 반면에 새로운 질병이 대두해 죽음의 양상을 크게 바꾸어 놓았다. 이전에 사망의 주원인은 높은 유아사망률과 감염성 질병이었는데, 이제는 암과 심혈관계 질환이 주요 사망 원인이 되고 있다. 이 두 질환은 오늘날 산업화된 풍요로운 사회에서 나타나는 죽음의 3분의 2를 차지한다. 이러한 변화가 나타난 이유 중 하나는 사람들이 노년까지 살아남을 확률이 훨씬 높아져 퇴행성 질환, 특히 일부 암의 경우처럼 유전적인 요인에 의한 병에 잘 걸리게 되었기 때문이다. 하지만 환경적인 요인 때문에 이러한 변화가 나타난 측면도 있다. 오염이 증가하고 특히 20세기 후반에 독성이 높은 인공 화학물질이 생산되었기 때문이다.

지난 200년간의 식생활 변화 역시 중요한 요인이다. 특히 심혈관계 질환이 나타난 것과 관련이 깊다. 식생활의 변화는 결핍성 질병을 막는 데 도움이 되었다. 또한 영양 상태가 좋아져 평균 신장도 과거보다 커졌다. 지역과 시기에 따라 차이는 있겠지만, 중세 유럽 사람들의 평균 키는 지금보다 30센티미터 정도 작았다. 하지만 식생활의 변화가 좋지 않은 방향으로 일어난 측면도 있다. 특히 섬유질이 부족해지고, 설탕 소비와 지방 섭취, 가공식품의 섭취는 증가했다. 흰 빵은 식품을 가공하는 과정이 음식물에 포함된 섬유질과 영양분을 감소시키는 대표적인 예라고 할 수 있다. 밀가루에서 겨와 눈을 제거하는 방식은 14세기 무렵에 도입되었을 것으로 보이지만, 흰 빵은 부유한 사람들이나 즐길 수 있는 사치였다. 곡물이 부족한 사태는 자주 일어났기 때문에 빵 생산을 극대화하기 위해서는 있는 밀가루를 다 써서 빵을 만들어야 했기 때문이다.(어떤 때는 심각한 곡물 부족으로 정부가 흰 빵의 제조를 금지하기도 했다.) 1750년 이전에는 프랑스 인구에서 20분의 1 정도만이 흰 빵을 먹었고, 유럽에서는 19세기 후반이 되어 곡물이 부족하지 않게 되면서 비로소 흰 빵이 흔해져 결국 20세기 중반이 되어서야 흰 빵이 시장을 장악했다. 그리고 이렇게 산업사회에서 음식의 섬유질 함유량이 줄어들자 변비와 내장 질환에 대한 불평과 대장암 등이 나타났다.

설탕 소비량의 증가는 건강에 더욱 해로운 영향을 주었다. 17세기에 브라질과 서인도제도에서 노예노동을 쓰는 거대한 플랜테이션이 등장하기 전까지 서유럽에서는 설탕을 쓰는 법을 몰랐다. 음식에 넣는 감미료로는 꿀을 사용했다.(북아메리카에서는 메이플 시럽을 사용하기도 했다.) 1750년에 이르러 유럽과 북아메리카의 설탕 섭취량은 1인당 연간 2킬로그램을 먹을 정도로 늘어나 있었다. 오늘날에는 이것의 서른 배나 되는 설탕을 섭취한다. 가장 직접적인 영향은 충치가 빠르게 증가한 것이었다. 선사시대의 뼈 화석을 보면 충치가 치아의 3퍼센트도 안 되었고, 설탕 소비가 적은 사회에서는 충치가 거의 없다. 또한 설탕 소비의 증가는 당뇨병 환자의 증가와 직결된다. 당뇨병은 이전에는 매우 희귀한 질병이었는데, 잉글랜드의 귀족 중 설탕을 많이 먹는 사람들에게서 눈에 띄게 많이 발생하기 시작해 20세기에 들어서자 빠르게 증가했다. 오늘날 영국에서만 총인구의 3퍼센트에 해당하는 180만 명이 당뇨병에 걸려 있으며, 설탕 소비가 더욱 많은 미국에서는 총인구의 7퍼센트에 해당하는 2100만 명이 당뇨병에 시달리고 있다. 전 세계적으로 당뇨병 인구는 1억 5000만 명에 이를 것이며, 향후 20년 동안 그 수는 두 배로 증가할 것으로 예상된다.

지방의 섭취는 인류 역사를 통해 계속 증가해 왔다. 첫 번째 계기는 '2차 생산물 혁명'이 일어난 것이었다. 염소와 양 또는 소의 젖으로 유제품을 만들기 시작한 것이다. 하지만 목초를 충분히 먹지 못하고 사료도 없던 초기의 농경 사회에서 가축들의 젖 생산량은 매우 적었고, 교통이 발달하지 못해 쉽게 상하는 유제품을 멀리 운반할 수도 없었다. 이런 요인들로 인해 유제품 소비는 비교적 적었다. 19세기 말과 20세기 초에 일어난 기술적 변화, 즉 냉장과 저온살균, 통조림 가공, 철도를 이용한 빠른 운송 등으로, 당시에 급속하게 증가하던 도시 사람들이 유제품을 일상적으로 이용할 수 있게 되었다. 육류 소비가 증가하면서 식단에서 지방의 수준도 높아졌다. 이런 기술적 변화가 주원인이 되어 새로운 현상이 나타났는데, 신선한 식품을 팔기보다는 가공식품 판매에 주력하는 식품 산업의 등장이었다. 20세기 동안 일반적인 미국인의 가공식품 소비량은 세 배로 증가했고, 신선한 과일과 채소의 소비량은 3분의 1로 줄어들었다. 식품을 가공하면 영양분과 중요한 미량원소들이 제거될 뿐 아니라, 항산화제와 유화제, 경화제, 향미제, 색소, 인공감미료, 표백제 등의 첨가물이 포함된다. 식품첨가물의 대부분은 질 낮은 재료를 썼다는 것을 감추기 위해 쓰인다. 오늘날 평균적인 영국인은 매년 2킬로그램의 화학 첨가물을 섭취한다.

이러한 식생활의 변화와 더불어 음식 섭취량도 훨씬 늘어나면서 부유한 사회에 사는 인간의 건강에 큰 영향을 끼쳤다. 20세기 후반에는 비만이 급증했다. 영국에서는 성인 다섯 명 중 한 명은 비만으로 판정받고 있다. 1970년대보다 두 배로 늘어난 비율이다. 미국에서는 상황이 훨씬 좋지 않다. 약 6000만 명의 성인(인구의 약 3분의 1)이 비만이며, 그 비율은 1970년대 이래 두 배로 증가했다. 2010년이 되면 영국 성인의 3분의 1이 비만이 될 것이라고 한다. 1960년대 초에는 미국 어린이 중 4퍼센트만이 심각한 과체중이었는데, 그 후 40년 동안 그 비율은 네 배로 증가했다. 비만, 음식의 과도한 섭취, 지방 함량이 높은 식사는 사망률, 특히 심혈관계 질환으로 인한 사망률을 크게 증가시킨다. 한 세기 전만 해도 심장병은 거의 존재하지 않았다. 지방과 설탕의 함유량이 높은 식사를 하고 과식을 할 수 있을 만큼의 부자만이 심장병에 걸렸다. 1930년만 해도 심장병은 영국의 사망 원인 중에서 1퍼센트만을 차지했다. 1990년대 중반에는 인구의 30퍼센트가 심장병으로 사망하며, 그 수치는 계속 올라가고 있다.

심장병의 증가는 흡연의 증가 때문이기도 하다. 17세기 이후에 담배 소비가 (코담배와 시가, 파이프 담배, 일반 담배의 형태로) 크게 증가했는데, 이는 암 발생의 증가로 직결되었다. 흡연은 암 발생 위험을 약 33퍼센트 증가시키며, 심장병이나 기관지염 등 기타 폐 질환과도 관련이 있다. 상습적 흡연 인구의 절반 정도는 담배 때문에 죽으며, 흡연은 전 세계의 암 발생 원인 중에서 예방할 수 있는 주요한 요인이다. 담배 가공품은 20세기 동안 거의 1억 명을 죽였다. 산업사회의 폐암 발생률은 1960년 이후 20년 동안 80퍼센트가 증가했다. 담배 회사들이 개도국에서 마케팅을 점점 더 강화함에 따라 개도국에서도 이러한 현상이 나타나고 있다. 오늘날 암은 산업사회의 사망 원인 중 두 번째를 차지한다. 미국인 세 명 중 한 명은 암에 걸리며,(1900년에는 스물일곱 명 중 한 명만이 암에 걸렸다.) 네 명 중 한 명은 암으로 사망한다. 유럽의 암 발생률은 서아프리카의 열 배다. 하지만 오늘날 세계 암 발생의 절반은 개도국에서 발생하는데, 제대로 치료조차 되지 않고 있다. 선진국에서는 암 환자의 50퍼센트가 사망하는 데 비해, 개도국에서는 80퍼센트가 사망한다. 전체적으로 보아 암 치료는 여전히 미흡하며 치료될 확률도 희박하다. 지난 50년간 여러 종류의 암에 대한 치료법과 약을 찾기 위해 엄청난 돈이 들어갔으나 일부 희귀한 암을 제외하고는 전체적으로 보아 그 결과는 실망스러웠다. 대부분의 노력은 고도의 기술 집약적 의학 연구를 하는 데 들어갔으며, 환경적인 요인을 경감하려는 노력은 거의 없었다. 물론 일부 국가에서 진행된 흡연 반대 운동은 제한적이나마 성공을 거두고 있다.

인구의 무게

11

인류 역사상 가장 큰 변화 중 하나는 지난 250년 동안 인구가 유례없이 빠른 속도로 증가해 왔다는 것이다. 인구의 가속적 성장을 한눈에 보기 위해서는 세계 인구가 10억 명 증가하는 데 걸리는 시간을 비교해 보면 될 것이다. 세계 인구가 처음으로 10억 명을 넘어선 것은 1825년 무렵이었는데, 이 수준에 도달하기까지 2000년의 세월이 걸렸다. 그다음 10억 명은 단 100년 만에 추가되었다. 1925~1960년 사이의 35년간에 새롭게 10억 명(총 30억 명이 되었다.)이 추가되었다. 그다음 10억 명은 겨우 15년 만(1975년)에 늘어났다. 그리고 그다음의 10억 명은 12년 만인 1980년대 후반에 늘어났다. 그 후 12년 만에 또 10억 명이 늘어나 2000년이 되기 직전에 세계 인구는 60억 명이 되었다. 현재 세계 인구는 약 65억 명이다.

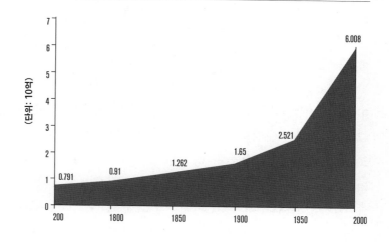

세계 인구(1750~2000년)

(단위: 10억)

0.791 · 0.91 · 1.262 · 1.65 · 2.521 · 6.008

200 1800 1850 1900 1950 2000

인구의 증가는 18세기 중반 이후에 시작된 전 세계적인 현상이었는데, 정확한 원인은 분명하지 않다. 중국에서 17세기 후반부터 19세기 후반까지 긴 안정과 평화의 시기가 지속되었다는 점이 중요하게 작용했을 것이다. 유럽에서는, 특히 네덜란드와 영국에서는, 사료작물을 재배하는 기술이 발달함에 따라 농업이 서서히 생산성을 더해가고 있었다. 게다가 아메리카 대륙에서 들여온 새로운 작물들(특히 옥수수와 감자)로 인해 식량 생산량이 늘어났다. 감염성 질병의 감소가 인구 증가에 기여한 것은 19세기가 한참 지나서였다. 동시에 외국으로부터 식량을 수입했던 것도 식생활의 양과 다양성을 증가시키는 데 크게 기여했다.

인구 성장의 양상은 지역마다 시대마다 상당히 달랐다. 유럽에서는 1750년에 인구가 1억 6000만 명이었지만, 그다음 한 세기에 70퍼센트 이상이 늘어난 2억 7500만 명이 되었다.(유럽 역사상 가장 급격한 인구 증가를 경험한 시기였다.) 그 후 50년 동안 감염성 질병의 감소와 음식물 공급의 증가로 인구는 더욱 빨리 증가해 1900년에는 4억 명을 넘게 된다. 20세기 전반부에 인구 성장률은 서서히 감소했는데, 이는 출생률이 급격히 하락했기 때문이었다. 잉글랜드에서 여성 한 사람당 평균적으로 낳는 아이의 수는 1850년에는 4.5명이었으나, 이것이 2명 이하로 줄어들었다. 이러한 양상은 모든 산업사회에서 반복되었는데, 그때까지 인류 역사 전체를 통해 볼 수 있었던 양상과는 현격하게 다른 모습이었다. 결혼 연령이 늦어지고, 혼인율도 낮아졌으며, 자발적인 산아제한을 했던 결과였다. 20세기 후반이 되면 대부분의 유럽 국가에서 출생률은 인구 대체율보다 낮은 수준(부부 한 쌍당 두 명 정도)이 되었다.

높은 출산율과 사망률에서 낮은 출산율과 사망률로 변화하는 이러한 '인구학적 변천'은 선진국에서는 150년에 걸쳐 일어났다. 세계의 다른 지역들에서는 이러한 변천이 더 늦게 나타났지만 훨씬 빠르게 진전되었으며, 여전히 빠르게 늘어나는 지역도 많다.

아시아에서 1750~1900년 사이의 인구 증가율은 유럽의 절반 수준이었기 때문에 인구는 5억 명에서 9억 5000만 명으로 늘어났을 뿐이다. 그러나 20세기에 들어서자 급격한 인구 증가가 나타나 유럽의 인구가 두 배로도 늘지 않는 동안 아시아의 인구는 세 배로 늘었다.

아프리카에서는 그 양상이 훨씬 극단적으로 나타났다. 인구는 1750년에서 1900년 사이에 거의 늘지 않다가 20세기에 들어 다섯 배 이상으로 증가했다. 아메리카 대륙(그리고 오세아니아 지역)에서 인구가 증가한 것은 이민해 오는 사람이 많았기 때문이다. 특히 라틴아메리카는 20세기에 인구가 일곱 배로 증가했다.

이렇게 인구가 증가한 데는 20세기 중반에 사망률이 급격히 감소했다는 사실이 크게 작용했다. 이집트에서는 1946년부터 25년 동안

유럽 인구(1750~2000년)

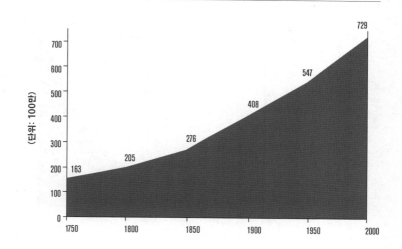

아시아 인구(1750~2000년)

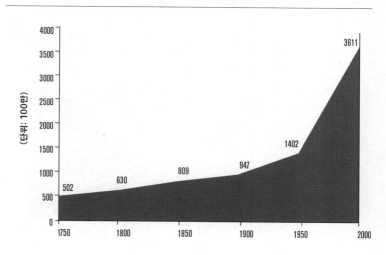

아프리카 인구(1750~2000년)

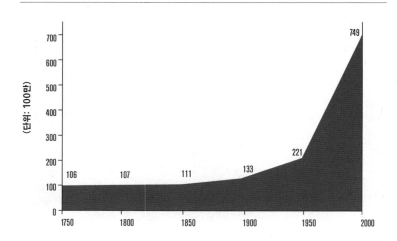

북아메리카 인구(1750~2000년)

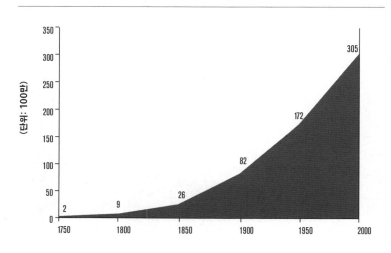

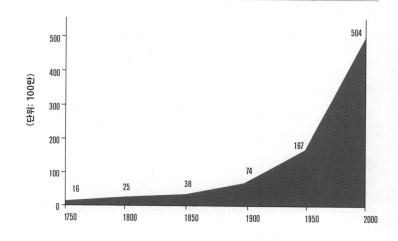

라틴아메리카 인구(1750~2000년)

사망률이 절반으로 줄어들었다. 스웨덴에서는 이런 일이 1800년에서 1920년 사이에 일어났다. 여기서 어느 정도 시간이 지나자 출산율까지 저하되기 시작했다. 전체적으로 보아 1950년부터 반세기 동안에 개도국에서 여성 1인당 평균 출산 아동 수는 여섯 명이 넘던 수준에서 세 명으로 줄어들었다. 하지만 전체적으로 다 줄어든 것은 아니다. 중국의 경우 20세기 말이 되자 인구 증가가 거의 없는 상태로 안정되었다. 이때 여성 1인당 아이의 수는 유럽의 수준에 도달했는데, 이는 정부가 이 목표를 달성하기 위해 당근과 채찍을 강력하게 휘둘렀기 때문이기도 하다. 아시아의 대부분의 나라도 비슷한 양상을 보였다. 그러나 아프리카의 경우 여전히 여성 1인당 평균 다섯 명의 아이를 출산하는데, 이것은 1750년의 영국 수준과 비슷하다. 이 모든 변화를 종합해 보면 세계 인구 증가는 1960년대 후반에 정점(연간 2퍼센트의 증가)에 도달했다고 볼 수 있다. 그로부터 성장 속도가 둔화되어 20세기 말이 되자 1950년대 후반의 절반이 조금 넘는 정도로 줄어들었다. 하지만 사망률을 초과하는 출생률이 가장 높았던 시기는 1990년대 초였고, 이 당시에 인구는 매년 9000만 명씩 늘어났다.

오늘날 세계에는 단 두 세기 전의 일곱 배나 되는 사람이 산다. 이처럼 세계 인구가 전례 없이 늘자 환경도 심각한 영향을 받았다. 이 모든 사람이 살 집이 필요해져 지구 전역에 걸쳐 정착지가 엄청나게 늘어났다. 이와 동시에 사람들은 에너지와 광물질을 비롯해 더 많은 지구의 자원을 소비했고, 그로 인해 지구의 오염을 증가시켰다. 그러나 오염의 증가는 인구가 일곱 배로 증가한 것 이상으로 증가했고, 그 이유는 앞으로 다섯 개의 장에 걸쳐 설명할 것이다. 일단 늘어난 인구가 먹고 사는 것이 시급한 문제가 되었다. 이 문제가 어떻게 해결되어 왔으며 그 결과 환경에는 어떤 영향이 있었는지를 보는 것이 이번 장의 주제다.

농경의 확대

18세기 이전의 기간에는 공급할 수 있는 식량이 경작할 수 있는 농지 면적과 농업 생산성, 식량 교역량, 사회의 비생산계급이 가져가는 생산물의 양 등에 의해 결정되었다. 지난 두 세기 동안 이런 영역들에서 혁신적인 변화가 일어났다. 현재 지구가 200년 전의 일곱 배나 되는 인구를 먹여 살리고 있다고 하면, 언뜻 듣기에 인간이 자연환경을 상대로 승리한 것처럼 들릴지도 모른다. 자연환경이야말로 수천 년 동안 식량 생산량을 제한함으로써 인구 증가율을 매우 낮은 수준에 묶어 두었던 제약이었으니까. 그러나 많은 근본적인 문제가 해결되지 않은 채로 남은 것도 많고, 더욱 악화된 부분도 있으며, 이런 변화들이 환경에 끼친 영향 또한 엄청나며, 지난 두 세기 동안에 이루어

세계 가축 수(1890년과 1990년)

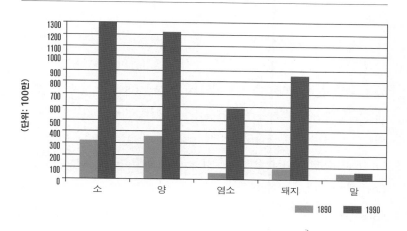

진 진보가 앞으로도 계속될 수 있을지는 정말 알 수 없다.

유럽과 중국에서 늘어나는 인구에 전통적으로 대응한 방식은 토지를 새로 개간하는 것이었다. 새로 개간된 농토는 대부분 예전 농토보다 생산성이 낮았다. 이 과정은 1700년 이래 전 세계적으로 반복되었다. 지난 300년간 전 세계의 목초지는 68퍼센트가 증가했으며, 경작지는 560퍼센트가 증가했다. 동시에 초원은 33퍼센트, 숲은 22퍼센트가 감소했다. 농경이 시작된 지 1만 년이 지난 20세기 후반 현재는 세계의 식생이 살 수 있는 지역의 3분의 1에서 농경과 목축이 이루어지고 있다.

앞서 살펴보았듯이 가장 중요한 추세 중 하나는 유럽이 세계의 다른 부분에 대한 정치적·경제적 지배력을 증가시켜 왔다는 점이다. 이는 아메리카 대륙, 오스트레일리아와 뉴질랜드에 있는 유럽 식민지에서 특히 두드러지는 현상이었다. 이들 지역에서 기후는 대체로 온화한 편이었고 유럽의 작물들은 비교적 쉽게 자랄 수 있었다. 유럽에서 출발하는 이민의 물결은 끊이지 않아 1846년 이래 90년 동안 유럽인 7000만 명이 유럽 대륙을 떠났다. 이민은 본국의 인구 압력을 해소했을 뿐 아니라, 신대륙에 새로운 경작지와 주거지를 만드는 등 활발한 개척 활동으로 이어졌다. 1800년에 북아메리카의 유럽인 거주지는 동부 해안의 일부 지역에 제한되어 있었으나, 100년이 채 되지 않아 태평양 연안까지 모두 개척되었다. 1860년 이래 60년의 기간에 500만 헥타르의 땅이 새로 경작되었는데, 주로 미국과 러시아에서 이루어졌다. 1860~1960년의 기간에 미국에서 경작지 면적은 2.5배로, 러시아 (소련)에서는 네 배로, 캐나다에서는 여덟 배로, 오스트레일리아에서는 스물일곱 배로 늘었다. 유럽에서 경작지는 1920년 이후로는 더는 확대되지 않았으며, 미국에서는 그보다 10년 뒤에, 일본에서는 1960년에, 소련에서는 1966년 이후로 확대를 멈추었다. 20세기 대부분의 기간 중에 경작지의 확대는 온대기후 지역에서 벗어나 열대 지역에서 집중적으로 이루어졌다. 서아프리카와 남아메리카 내륙, 인도네시아 같은 곳이다. 예를 들어 브라질에서 경작지는 1930년 이후의 40년 동안 여섯 배로 증가했고, 아마존이 개발되기 시작하면서 가속화했다.

이 새로운 경작지, 특히 북아메리카와 오스트레일리아, 남아메리카의 새로운 경작지는 19세기 후반에 세계적인 식품 교역을 탄생시켰던 두 개의 주요한 기술 발전에 의존했다. 첫째는 운송 수단의 발달이다. 값싸고 빠른 증기선이 대양을 누비면서 곡류같이 부피가 큰 식품도 쉽게 운반할 수 있게 되었다. 예전에 유럽이 수입하는 식품은 긴 항해 동안 상하지 않는 고가의 사치품이 주종을 이루었다. 설탕과 커피, 차, 코코아 등이 그런 것이었다. 그와 함께 거대한 대륙의 내륙지역까지 철도가 놓이면서 정착할 수 있는 지역이 빠르게 확대되고 식품들이 항구에 도달하기가 쉬워졌다. 미국에서는 1869년에 최초로 대륙횡단철도가 완성된 이래, 20년 사이에 밀의 수출이 일곱 배로 증가했다. 아르헨티나에서 영국은 모든 철도를 소유하면서 이를 이용해 내륙에 수출품을 생산할 목장과 농장을 만들었다. 둘째는 냉장 기술과 냉동 기술의 발달로, 역사상 처음으로 고기나 유제품같이 잘 상하는 식품을 세계 어느 곳에나 수송할 수 있게 되었다. 냉장육은 1875년에 최초로 뉴욕에서 잉글랜드로 수출되었고, 2년 후에는 부에노스아이레스에서 프랑스로 수출되었다. 1879년에는 냉장 설비를 갖춘 배가 오스트레일리아에서 영국으로 냉장육을 싣고 왔고, 3년 뒤에는 뉴질랜드에서도 왔다. 1890년대에는 버터와 치즈가 뉴질랜드로부터 수입되었다. 또한 1901년에 최초의 바나나 냉장선이 자메이카에서 잉글랜드로 과일을 들여왔다. 유럽의 식민지에서 이런 것들이 개발됨에 따라 유럽인들은 본국에 필요한 상품을 생산하도록 식민지의 경제를 만들어 가기 시작했다.

이 모든 기술 변화로 세계의 식품 무역량은 엄청나게 늘어났다. 1850년대에 식품 수입은 400만 톤에 지나지 않았지만, 1880년대에는 1800만 톤으로 늘어났으며, 제1차 세계대전이 발발하던 무렵에는 4000만 톤으로 늘어났다. 식품 교역량은 1950년대 후반까지 이 수준을 유지하다가 또 한 번 매우 급격히 변화하는 시기를 맞는다. 20세기 후반이 되면 식품 교역량은 거의 2억 5000만 톤에 달하게 되는데, 150년 동안 예순 배로 늘어난 셈이다. 이에 따라 19세기를 기점으로 수천 년 동안 계속되어 오던, 식량의 대부분을 자급자족하고 극히 일부 사치품만을 교역으로 보충하는 농경 체계는 막을 내렸다. 영국을 비롯한 유럽 국가들은 19세기 후반에는 수입 식품에 의존하게 되었다. 이 수입 식품 덕분에 유럽 국가들은 산업화를 대규모로 추진할 수 있었고, 고도로 도시화된 인구를 먹여 살릴 수 있었다. 20세기 초반에 영국은 밀 소비량의 80퍼센트, 과일 소비량의 65퍼센트, 고기 소비량의 40퍼센트를 수입했다.

투입 집약적 농업

지난 3세기 동안 농경지와 목축지의 면적이 엄청나게 증가하고, 세계 식품 교역이 발달한 것만으로는 일곱 배로 늘어난 인구를 먹여 살리기가 충분치 않았을 것이다. 산업사회의 농경에서는 여러 가지 기술 변화가 일어나, 다양한 요소와 에너지를 많이 투입함으로써 훨씬 많은 생산량을 얻을 수 있게 하는 혁신적인 변화가 계속되었다.

세계적으로 볼 때 19세기 중반까지도 농업 생산성의 증가는 상당히 낮았다. 고작해야 윤작 방법의 개선, 새로운 사료작물의 개발, 물빠짐 개선, 새로운 장비, 신종 작물 등 오랜 세월 동안 조금씩 개선되어 온 농업기술이 쌓여 생산량이 조금씩 늘어났을 뿐이었다. 이런 개선의 결과로 1800년 이전의 600년 동안에 유럽의 작물 수확량은 두 배로 증가했다. 중국에서는 1450년에서 1800년 사이에 벼농사의 생산량이 두 배로 증가했다. 최초의 큰 변화는 비료 사용이 급증한 것이었다. 19세기까지 농경은 토양의 생산성을 유지하기 위해 거의 전적으로 농장에서 자체적으로 생산한 퇴비에 의존했다.(중국과 일본에서는 도시에 매우 효율적인 청소 조직이 있어서 밤에 인분을 걷어 도시 근처의 농장에 가져다주어 비료로 사용하게 했다.) 따라서 어디서나 농경과 목축을 같이하는 혼합 농법이 대세였다. 그러다가 첫 번째 변화는 1820년대에 라틴아메리카의 태평양 연안에 있는 거대한 섬으로부터 구아노를 유럽으로 수입해 오면서 시작되었다.

오랜 세월 동안 사용해 오던 천연 성분의 비료 사용으로부터 멀어져 가기 시작한 계기는 1842년에 잉글랜드의 농부인 존 로스(John Lawes)가 인산염을 함유한 광석에 황산을 부어 최초의 비료인 '슈퍼 인산염'을 만든 것이다. 유럽에는 비료를 만들기에 적당한 이 광석이 거의 없어 수입에 의존했는데, 1888년에는 플로리다로부터, 1921년에는 모로코로부터, 이후에는 태국으로부터 수입했다. 소련은 콜라반도의 강제 노동 수용소의 인력을 이용했고, 오스트레일리아인들은 오션섬과 나우루섬의 자연경관을 황폐화해 가면서 인산염 광석 찾기에 혈안이었다. 질소는 수천 년 동안 대기 중의 질소를 '고정'할 수 있는 뿌리혹박테리아를 가진 콩을 심음으로써 얻었다. 독일의 화학자인 프리츠 하버(Fritz Haber)는 19세기 후반에 암모니아 합성을 통해 이 과정을 인공적으로 재현해 내는 데 성공했으며, 카를 보슈(Carl Bosch)가 이를 산업적으로 개발하는 데 성공했다. 제1차 세계대전 이후부터는 질소비료가 상업화되기 시작했지만, 인공 질소비료를 생산하기 위해서는 많은 에너지가 소비되었으므로 20세기 후반이 되어서야 그 사용이 급격히 확대되었다.

전체적으로 볼 때 세계의 인공 비료 사용량은 1900년의 36만 톤에서 2000년에는 1억 3700만 톤으로 증가했고, 최고점에 달했던 1990년에는 1억 5000만 톤이 사용되었다. 이러한 증가는 대부분 1950년 이후에 일어났는데, 그때까지만 해도 연간 비료 사용량이 1000만 톤밖에 되지 않았었다. 그러나 사용된 비료 중에는 낭비되는 부분이 많았다. 적어도 비료 성분의 절반 이상은 땅속 지하수로 씻겨 내려가 수없이 많은 환경문제를 야기했다. 비료를 너무 많이 쓰면 식물들이 토양 속에 있는 주요 미량원소를 잘 섭취하지 못하게 되기 때문에 생장이 저해될 수 있고, 영양가가 낮아질 수 있다. 옥수수 같은 작물은 많은 비료 사용에 잘 적응했기 때문에 경작 면적이 늘어났다.

세계 인공 비료 사용량(1900~2000년)

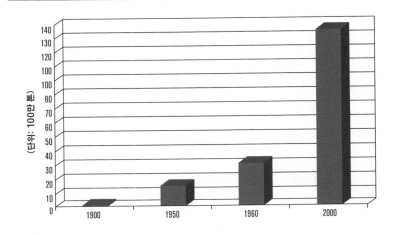

그러나 전반적으로는 그렇게 인공 비료를 많이 사용했는데도 수확량
은 그리 많이 늘지 않았다. 서유럽에서 비료의 사용은 1910~2000년
사이에 열 배로 증가했지만, 수확량은 두 배로 증가하는 데 그쳤다.
20세기 후반에 이르자 비료 사용이 효과를 갖는 최대한의 수준을 이
미 넘어선 것이 분명해졌다. 비료를 땅에 더 추가해 봤자 수확량은 늘
지 않고 다른 문제만을 증가시키게 된 것이다.

인공 비료 사용의 증가와 더불어 기계화가 진전되어 지난 수천 년
동안 허리를 휘게 했던 중노동을 대체했다. 1830년대 이후에 말이 끄
는 탈곡기와 수확기가 사용되었는데, 증기를 이용하는 대규모 농기
계는 농장에서 쓰기에는 채산이 맞지 않았다. 20세기 초에 내연 엔진
과 트랙터가 개발되면서부터 실질적인 도약이 시작되었다. 미국에서
는 노동력이 부족했기 때문에 1920년대 초부터 트랙터가 사용되기
시작해 1945년에는 230만 대가 있었다. 트랙터를 대규모로 사용한
두 번째 나라는 소련이었다. 1930년대에 농장 대부분이 집단농장화

함에 따라 거대해진 농장들은 트랙터가 필요해졌다. 트랙터의 생산과 사용은 스탈린주의 국가에서 맹목적인 숭배 대상이 되었다. 하지만 유럽에서는 제2차 세계대전 후에야 널리 보급되었다.(1950년에 독일의 농장들은 아직도 200만 마리 이상의 말을 사용하고 있었다.) 전체적으로 볼 때 1920년대에 30만 대(그중 3분의 2는 미국에서 사용되었다.)였던 전 세계의 트랙터 수는 20세기 후반이 되면 2600만 대로 늘어난다.

20세기 후반에는 다른 형태의 영농 기계화도 빠르게 진행되었다. 콤바인 추수기는 미국에서는 1920년에 도입되었지만, 제2차 세계대전 이전까지는 유럽에서는 거의 쓰지 않았다. 덴마크는 1944년까지 한 대도 없었으나, 1960년대 중반에는 4만 대를 갖게 되었다. 전기 착유기가 도입된 때는 1895년으로, 1920년에는 뉴질랜드 농가의 70퍼센트가 이것을 썼다. 서유럽에서는 1950년이 되어도 겨우 3퍼센트의 소만이 기계로 착유되었으나, 1980년대에는 사람의 손으로 착유되는 소가 3퍼센트에 지나지 않았다. 다른 작물의 재배도 기계화되었다. 1965년에 캘리포니아의 토마토 농장에서 기계로 수확하는 토마토의 비율은 1퍼센트밖에 되지 않았다. 그 후 3년이 지나자 95퍼센트가 기계로 수확되었다.

농업 생산성이 증가하고 기계화 수준이 높아지면서 농업 노동자는 빠르게 줄어들고 농장 규모는 커졌다. 농업 생산성이 낮았던 19세기 초 이전에는 비농업 부문에 종사하는 인구는 전 세계의 어디에서든 10퍼센트를 넘지 않았다.(이보다 훨씬 낮은 지역도 많았다.) 1851년까지만 해도 영국 인구의 절반이 농촌인구였으며, 1920년에 미국 노동력의 절반은 농업에 종사했다. 20세기 후반이 되면 산업사회에서 농업에 종사하는 노동력은 2~3퍼센트에 머물게 된다. 동시에 농장의 수가 빠르게 감소했다. 미국에서는 1930년대에 농장이 700만 개였으나,

1980년대에는 300만 개도 못 되며, 농업 생산량의 반 이상이 전체의 5퍼센트 이내에 해당하는 농장에서 나온다. 1930년대 중반 이후에 미국 농장의 평균 규모는 세 배로 증가했으며, 소련의 경우 평균 규모가 4만 헥타르 이상으로 증가했다.

20세기가 되기까지 전통적 목축 방식은 가축을 그냥 풀어 놓아 기르는 것이었다. 따라서 가축을 몇 마리나 키울 수 있는지는 풀밭의 규모와 겨울철에 확보할 수 있는 사료의 양에 달려 있었다. 품종을 개량하는 방법도 좋은 품종을 골라 기르는 것이 고작이었다. 예컨대 메리노 양의 양모 품질이 좋다는 것을 알게 되면 점점 더 메리노 양을 많이 키우는 식이다. 많은 가축을 한군데 모아 기르는 집약적인 목축 방식도 더러 있기는 했다. 16세기의 잉글랜드에서는 많은 돼지가 "몸을 돌리기 어려울 만큼 좁은 공간에 가두어져 배를 깔고 누울 수밖에 없는" 상황에서 사육되었다는 보고를 발견할 수 있다. 수 세기 동안에 집에서 기르는 닭이나 오리 같은 새 종류와 사냥해 고기를 먹는 새 종류는 육질을 부드럽게 하기 위해 어두운 곳에 가두어 바닥에 발을 못질해 놓거나 발을 잘랐다. 프랑스에서는 푸아그라, 즉 거위 간 요리를 만들기 위해 거위에게 강제로 먹이를 먹였다. 1686년에 잉글랜드의 대지주였던 로버트 사우스웰(Robert Southwell) 경은 "새로 발명된 외양간을 보았는데, 그곳에서 소들은 한 구유에서 먹고 마시며 도축될 때까지 움직이지도 않았다."라고 적었다. 20세기에 들어와서는 점점 더 집약적이며 에너지 사용량이 많은 방식으로 집약적 가축 사육이 거의 산업적인 규모로 이루어진다. 가축들은 야외에서 풀을 뜯는 대신에 실내에서 인공 사료를 먹었다. 닭은 바글거리는 울타리 안에서 자라며, 소는 좁은 축사에서 자라고, 돼지는 사슬로 묶어 움직일 수 없도록 벽에 바짝 붙여 키운다. 초식동물도 죽은 동물의 고기나 거름을 재활용한 것, 그리고 성장호르몬 또는 심지어 신문이나 시멘트 가루의 함량이 높은 사료를 먹게 되었다. 이런 환경에서 발생하기 쉬운 질병을 억제하기 위해 항생제까지도 규칙적으로 먹인다.

농업 자체도 인공적으로 키워졌다. 지난 60년 동안 선진국의 농업은 엄청난 정부 지원에 힘입어 유지되어 왔다. 역설적이게도 이러한 정부 지원은 농업 부문이 국가 경제에서 차지하는 비중이 눈에 띄게 감소해 주변적인 위치에 처했던 시기에 일어난 것이었다. 오늘날 선진국에서 지급되는 여러 형태의 보조금은 연간 5000억 달러나 된다. 예를 들어 유럽 연합(EU)은 설탕 산업에 연간 13억 4000만 파운드 규모의 보조금을 지원하는데, 이는 정부 고시가격을 시장가격보다 높게 책정하거나, 수출 보조금을 주거나, 수입품에 높은 관세를 매기는 등 다양한 형태를 취한다. 세계시장에서 결정되는 설탕 가격은 톤당 100파운드 남짓인데, EU는 설탕 생산자들에게 톤당 423파운드의 가격을 보장해 주고 있다. 개도국으로부터 수입되는 설탕에는 324퍼센트의 관세가 붙으며, EU에서 남아도는 설탕은 톤당 352파운드의 수출 보조금과 함께 세계시장에 덤핑되어 가난한 나라 농부들이 받을 수 있는 설탕 가격을 더욱 하락시킨다. 20세기 후반에 미국 쌀 생산량의 가치는 12억 달러에 지나지 않았는데, 정부는 쌀 농가에 연간 13억 달러의 소득을 지원해 주고 있다. 일본 정부는 농업이 일본 국내총생산(GDP)에 기여하는 바가 1.1퍼센트밖에 되지 않는데도 전체 GDP의 1.4퍼센트에 해당하는 보조금을 농업 부문에 지원하고 있다. 미국과 유럽의 소는 한 마리당 하루에 2.7달러의 보조금을 받는데, 이것은 개도국 농부 평균수입의 두 배다. 반면에 인도는 세계 최대의 우유 생산국인데도 세계무역기구(WTO)는 인도 정부가 자국 우유 생산에 보조금을 지급하는 것을 금지했다.

전반적으로 볼 때 현대의 산업적인 농업은 매우 에너지 효율이 낮다. 생산량은 많아졌지만, 이는 많은 에너지를 쓰는 엄청난 자원의 투입이 있었기 때문이다. 일단 기계를 만들어야 하고, 기계를 사용할 때도 연료가 소모된다. 가축을 수용하는 대규모 축사에도 조명과 난방이 필요하다. 사료는 공장에서 만들어야 한다. 엄청난 양의 인공 비료와 살충제, 제초제가 사용되는데, 이들을 생산하려면 엄청난 에너지가 필요하다. 그러고 나면 농업 생산품들이 먼 거리로 운반되고 저장되어야 한다. 전체적으로 오늘날 미국의 농업은 생산하는 에너지보다 더 많은 에너지를 소비하고 있다.

개발도상국의 농업

개발도상국에서 최근의 농업사는 선진국과는 매우 다른 양상을 보여 왔다. 1800년 이후에 유럽인들은 새로운 땅들을 이용할 수 있었지만, 개발도상국에는 그런 기회가 거의 없었다. 라틴아메리카에서 새로 만들어진 경작지에서는 대개 수출용 작물을 재배했고, 아시아에서는, 그중에서도 특히 중국에서는 새로운 경작지를 만드는 데 한계가 있었다. 이미 집약적인 농업이 이루어지고 있었고, 농사를 지을 만한 땅에는 벌써 농사를 짓고 있었기 때문이다. 이 국가들은 그 밖에도 두 가지 큰 문제에 봉착했다. 유럽의 정치적 지배 때문에 상당한 면적의 농지에 수출용 상품작물을 심어야 하는 데다, 토지의 불평등한 분배가 심했다. 현재 라틴아메리카에서는 전체 토지 소유자 중에서 1.5퍼센트에 해당하는 소수가 토지의 3분의 2를 소유하고 있으며, 전체 인구의 3분의 1에 해당하는 사람이 지니는 토지의 비율이 전체의 1퍼센트밖에 되지 않는다. 나머지는 대부분 토지가 없는 노동자다. 아프리카에서는 농민의 4분의 3이 겨우 토지의 4퍼센트를 소유하고 있다. 이러한 불평등한 분배로 인해 발생하는 끔찍한 사회문제 외에도, 토지의 대량 소유가 생산성이 낮은 데다 상품작물에 치중하는 경향이 있어 식량의 산출이 더욱 감소했다.

이러한 상황 속에서 인구는 급격히 증가했기 때문에 아시아와 아프리카, 라틴아메리카는 심각한 농업 문제를 겪어 왔다. 인구 1인당 경작할 수 있는 농지가 점점 더 줄어든 것이다. 이러한 현상은 중국에서는 1870년대부터, 한국과 인도, 필리핀, 베트남은 19세기 말부터, 자와에서는 1920년대부터 나타났다. 그러자 더 많은 식량을 얻기 위해 더욱 집약적인 농업을 하지 않을 수 없었다. 이러한 목표로 제2차 세계대전 이후에 주로 행해진 방법은 이른바 '녹색혁명'이라는 것인데, 이는 한 번의 농사로 좀 더 많은 수확을 거둘 수 있도록 품종이 개량된 밀과 쌀의 종자를 이용하는 것이다. 신품종 밀은 1940년대에 멕시코에서 처음으로 개발되었고, 쌀의 신품종은 1965년에 필리핀에서 개발되었다. 이들의 식량 증산 효과는 즉각적이었다. 멕시코에서 이 품종을 심기 시작한 후에 20년 동안 해마다 생산량이 5퍼센트씩 늘어났다. 이 품종은 1965년에 인도와 파키스탄에도 도입되었는데, 그로부터 10년 안에 밀의 생산량이 두 배로 증가했다. 쌀의 신품종도 마찬가지 효과를 거두었다.

'녹색혁명'을 추진하게 된 데는 정치적인 동기도 작용했다. 록펠러 재단을 통해 많은 연구 자금을 댔던 미국은 녹색혁명이 사회적 불만을 잠재우고 신생 독립국에서 공산주의의 위험에 대처하는 방법이라고 생각했다. 그러나 실제로는 '녹색혁명'은 지구상 인구 대부분에게 사회적·경제적·환경적으로 큰 손실을 가져다주었다. 어떤 측면에서는 이익을 본 나라도 없지 않았다. 한국과 중국, 인도 등이 그런 나라였다. 그러나 사하라 이남의 아프리카에서는 새로운 작물들이 들어와서 좋은 점이 거의 없었다. 전반적으로 볼 때 녹색혁명은 개도국에 식량 자급을 보장하지 못했다. 신품종 작물들은 에너지를 매우 비효율적으로 써서, 손과 호미로 하는 논농사에 비해 효율성이 25퍼센트에 지나지 않았다. 수확량은 증가했지만, 엄청난 양의 비료와 물, 살충제가 들어가야 했기 때문이다. 1950년 이후의 40년간 아시아의 비료 사용량은 서른여덟 배로 증가했다. 새로운 종자는 다음 해에 뿌릴 씨앗을 맺지 못하는 '불임'종이었고, 모든 종자에 특허가 등록되어 있어, 농부들은 해마다 씨를 종자 회사로부터 사야 했다. 또한 '녹색혁명'의 혜택을 받을 수 있을까 하는 희망도 부유한 농부들만 품어 볼 수 있었다. 새로운 종자를 이용해 농사를 짓는 데는 화학비료와 살충제, 농기계, 양수기 등 많은 돈과 에너지가 들어갔기 때문이다. 영세한 농업인들은 이러한 신품종 작물들의 혜택을 받을 만큼 많은 땅과 자본을 갖고 있지 않았다. 대지주들은 더욱 부유해졌고, 영세한 농부들에게서 땅을 사서 땅을 늘릴 기회가 생겼으며, 농부들은 땅 없는 노동자로 전락해 버렸다. 멕시코에서는 '녹색혁명'으로 인해 생산량이 늘기는 했지만, 그 증가분의 80퍼센트가 전체 농업인 중 3퍼센트에 해당하는 사람들이 생산한 것이었다. 땅 없는 노동자들이 연간 일하는 날짜는 194일에서 100일로 줄어들었고, 실질소득도 5분의 1로 줄었다. 이러한 변화는 1980년대에 에티오피아를 비롯해 여러 지역에서 사회적·경제적인 긴장을 고조시켜 혁명으로 이어지기도 했다.

20세기 말 세계의 농업

20세기에 농업 생산량이 크게 증가하기는 했지만, 세기말이 되어 가자 세계의 농업 시스템이 점점 더 취약해져 가고 있다는 징조가 나타나기 시작했다. 생산량이 늘기는 했어도 그것은 훨씬 더 많은 요소를 투입했기 때문에 이루어진 일이었다. 이제 선진국 농업은 세계의 다른 곳보다 그다지 '효율적'이라고 말할 수 없게 되었다. 선진국 농업이 할 수 있는 일이라곤 더 많이 생산하기 위해 더 많은 기계나 물자를 사들이는 일뿐이다. 이제 이 과정은 이론적 한계에 가까워지고 있다. 대부분의 재배 작물들은 이미 최대 산출량에 거의 육박했기 때문에, 비료를 더 사용한다고 해서 수확이 더 늘어나는 것은 아닌 단계에 도달한 것이다. 생산되는 작물의 수도 세계적으로 통일되어 그 종류가 크게 줄어들었다. 20세기 동안 세계 작물의 4분의 3이 사라져 더는 재배되지 않게 되어 버렸다. 세계적으로 식량에서 얻을 수 있는 열량의 90퍼센트가 단 스무 종의 작물로부터 나오고 있다. 그리고 전 세계적으로 섭취되는 음식의 절반은 쌀과 옥수수, 밀, 감자의 네 가지 작물로 구성되어 있다. 이 네 가지 작물 중 60퍼센트가 아주 특수화된 다수확 품종에서 나온다. 그 때문에 이러한 작물 중 어느 하나에라도 병충해가 돌면 전 세계의 식량 공급이 위태로워진다.

농업 생산성이 증가하던 경향은 20세기 말이 되자 둔해지기 시작했다. 1950~1990년 사이에 농업 생산성은 연간 2퍼센트의 비율로 증가했는데, 1990년 이후부터는 그 비율이 연간 1퍼센트로 줄어 인구 증가율보다 낮아졌다. 곡물 생산에 사용되는 토지의 면적은 1981년에 정점에 도달한 이래, 점점 줄어들었다. 환경 악화로 더는 생산할 수 없는 땅이 늘어나면서 농경지는 11퍼센트나 줄어들었다. 1950년에서 1984년 사이에 1인당 세계 곡물 생산량은 37퍼센트가 상승했다. 하지만 1984년을 정점으로 지난 20년 동안 1인당 곡물 생산량은 18퍼센트가 하락했다. 세계의 곡물 생산 수준은 1994년 수준에서 유지되다가 1999년부터 곡물 소비가 곡물 생산보다 커짐에 따라 매년 곡물 비축량이 감소하고 있다.

어떤 나라에서는 더욱 상황이 좋지 않다. 1930년에 식량 자급국이었던 개도국 쉰 곳이 1980년대에는 식량 순수입국이 되었다. 제2차 세계대전 이후 30년 동안 34개국에서 식량 증산이 인구 증가를 따라잡지 못했다. 가장 피해가 큰 지역은 아프리카로, 1967년 이후 1인당 식량 공급량이 지속적으로 감소하기 시작했다.

20세기의 세계 식량

오늘날 세계의 농업 시스템이 60억 인구를 먹여 살리고 있기는 하지만, 그 과정은 매우 불평등하다. 그 결과 배고픔과 영양실조, 심지어 기아까지 대규모로 발생하고 있다. 전체로 볼 때 세계에는 전 인구를 충분히 먹여 살릴 만큼의 식량이 있다. 문제는 불균등한 분배다. 간단히 말하면 선진국 사람들은 세계 인구의 4분의 1에 지나지 않지만, 전 세계 식량 생산량의 절반을 소비한다. 미국의 1인당 곡물 소비량은 사하라 이남 지역 사람들의 다섯 배에 달한다. 최빈국에서 선진국으로 수출되는 식량은 그 반대 방향보다 더 많다. 대부분의 개도국은 식량 순수출국이다. 예를 들어 1995~2005년 사이에 나이지리아와 에티오피아, 수단, 케냐, 탄자니아, 콩고(이들 나라의 인구는 사하라 이남 아프리카의 60퍼센트를 차지한다.)에서 1인당 식량 산출량은 20퍼센트 감소했으나, 1인당 농산물 수출량은 오히려 증가했다. 이러한 식량 교역 중 상당히 큰 부분이 과거에도 그랬듯이 사치품으로, 이미 잘 먹고 잘사는 사람들의 식단에 다양성을 더해 주기 위한 것이다.

그 결과 선진국에서는 너무 많은 음식과 설탕의 섭취로 비만과 당뇨병이 늘어나고 있고, 세계의 많은 지역에서는 영양실조가 계속되고 있다. 평균적인 미국인이 평균적인 개도국 사람보다 50퍼센트를 더 많이 먹지만, 선진국 내부에도 상당한 불평등이 존재했다. 1980년대 후반에 미국에서는 1500만 명 정도가 소득이 적어 균형 잡힌 식사를 하지 못했으며, 늘 굶주리는 사람도 1500만 명이나 된다. 이것은 전체 인구의 10퍼센트가 넘는 수준이다. 20세기 초반의 상황은 더 좋지 않았는데, 1930년대의 대공황 때는 특히 심했다. 그 당시에 뉴욕의 길가에서는 사람들이 굶어 죽어 갔으며, 영국에서는 인구의 3분의 1이 국제연맹이 건강을 유지하기 위해 필요하다고 생각한 최소한의 식사를 하지 못할 정도로 가난했다는 공식적인 추계가 있다.

부유한 나라들에서는 많은 음식이 낭비된다. 최신 추정에 따르면 미국에서 식품을 생산하고 유통하며 소비하는 과정에서 낭비되는 양은 실제로 섭취되는 식품의 85퍼센트에 맞먹는다. 세계 곡물 수확량의 40퍼센트(선진국에서는 70퍼센트 이상)는 사람이 직접 먹는 것이 아니라 고기를 생산하기 위해 동물을 키우는 데 소비되는 등 비효율적으로 사용된다. 부유한 나라의 애완동물은 가난한 나라 사람들보다 더 많은 고기를 소비한다. 또한 세계 곡물 수확량의 20퍼센트는 쥐들이 먹는다고 한다.

1930년대 이전에는 세계의 기아 규모에 관한 통계가 없었지만, 초기의 통계를 보면 기아가 어느 정도 심했는지 알 수 있다. 아마도 그런 경향은 수 세기 이전부터 존재했을 것이며, 아프리카와 라틴아메리카 그리고 아시아 일부 지역에서 특히 더했을 것이다. 1930년대에는 전세계 인구의 절반인 10억 명이 영양실조를 겪어야 했다. 1950년대 초에 이 수치는 15억 명으로 늘어나 세계 인구의 60퍼센트가 영양실조였다. 1950년대에는 세계 인구 중에서 영양실조 인구의 비율 자체는 조금 줄어들었지만, 인구가 빠르게 증가했으므로 그 수는 거의 20억 명으로 늘어났다. 1960년대 초부터는 식량 사정이 빠르게 개선되어 1980년대 초가 되면 세계 인구의 25퍼센트가 영양실조 상태로 남아 있었다. 그러나 인구가 계속 늘어났기 때문에 여전히 1950년과 마찬가지로 10억 명 이상이 영양실조 상태였다. 그나마 1980년 이후에 상황은 다시 나빠지기 시작했다. 20세기가 끝날 무렵에는 전 세계에서 10억 명이 만성적 영양부족으로 고통받았으며, 여기에 추가해 10억 명이 형편없는 식사로 살아갔다. 전체적으로 세계 인구의 3분의 1은 건강한 생활을 할 만큼 충분한 음식을 섭취하지 못하고, 상당수는 끊임없이 식량 부족의 위협에 시달리며 근근이 먹고살아 가고 있다. 매년 거의 4000만 명이 굶주림이나 굶주림에 관계된 질병으로 사망하는데, 이것은 매일 300기의 점보 여객기가 추락하는 것과 맞먹는 수치다. 게다가 그중 절반이 어린아이다.

유럽 대륙에서 기아의 망령은 18~19세기에 식량이 증산되고 해외로부터 식량을 수입하면서 모습을 감추었다.(전쟁으로 인한 사회적·경제적 혼란이 있을 경우에만 음식의 절대적인 부족이라는 모습으로 기아의 망령이 다시 찾아왔는데, 제1차 세계대전 당시의 벨기에와 독일, 혁명기와 내전기의 러시아, 제2차 세계대전 중의 그리스와 레닌그라드, 네덜란드가 그랬다.) 가난한 국가들에서 기아는 여전히 계속되는 위협이다. 20세기 전반에 얼마나 많은 사람이 굶어 죽었는지는 알려지지 않았다. 식민지 당국이 별로 관심을 두지 않았기 때문이다. 1908년에 나이지리아 북부에서 대규모의 기아가 있었지만, 수도 라고스에 있던 정부는 수개월 후 카노의 장교가 쓴 연례 보고서를 읽기 전까지는 전혀 몰랐다고 한다. 그 장교는 사망률이 "상당했다."라고 썼지만, "원주민들이 주장하는 것만큼 심각하지는 않기를" 바라며 "그 당시에 취할 수 있는 조치가 없었기 때문에 되도록 언급을 피했다."라고 기술했다. 1913~1914년, 그리고 다시 1931년에 프랑스령 서아프리카에서는 사헬 전역에 엄청난 기근이 있었다. 프랑스 인들은 이것을 아프리카인의 '게으름'과 '무관심', '운명론적 체념' 때문이라고 주장했고, 식민지 당국은 이렇게 기근이 심한 도중에도 내내 곡물 징발을 계속했다.

곡물이 징발되었던 현황을 보면 어떤 기아에나 공통적으로 있었던 중요한 사실을 알 수 있다. 그것은 역사상 어느 곳에서도 식량이 정말 없어서 굶었던 적은 없었다는 것이다. 어떤 시기에 식량이 부족해지면 가격이 엄청나게 치솟는데, 이때 그 돈을 주고 음식을 살 수 없는 사람들이 굶어 죽는 것이다. 벵골에서는 1943~1944년의 2년 사이에 쌀값이 네 배로 뛰고 전쟁으로 어업이 붕괴되면서 300만 명이 굶어 죽었다. 영국 정부는 아무 대책도 취하지 않았다. 기아는 사상 초유의 쌀 풍년으로 식량 비축량이 기록적인 수준을 기록한 직후에 일어났다. 에티오피아에서는 1972~1974년에 식량 생산량이 아주 조금 줄었는데, 울로 지방과 티그레 지방에서 20만 명이 죽었다. 이 기간에도 에티오피아 전역에서는 물론 피해 지역에서도 식량 수출은 계속되었다. 1974년에 방글라데시에서는 대호우가 발생한 후 3개월 동안 쌀값이 두 배로 뛰자 그 결과 150만 명이 굶어 죽었다. 식량이 부족했던 것은 전혀 아니다. 절대적인 양으로 보거나 1인당 소비할 수 있는 양으로 보아도 생산량은 어느 때보다 높았다. 이때 역시 음식을 살 돈이 없던 사람들이 굶어 죽었다. 20세기에 기아로 죽은 사람들의 수는 알려지지 않았지만, 적게 잡아도 1억 명은 될 것이다.

거센 여론에 떠밀려 기아와 영양실조, 굶주림에 대처하려는 시도가 몇 차례 있었다. 1963년에 존 F. 케네디(John F. Kennedy) 대통령은 "우리는 우리가 살아 있는 동안 지구상에서 굶주림과 가난을 씻어

널 방법이 있다."라고 말했다. 1974년의 세계 식량 이사회에서는 10년 내로 굶주림을 근절하자는 데 합의했다. 1996년의 세계 식량 정상 회의에서는 훨씬 완화된 목표에 합의했다. 2015년까지 굶주림으로 고통받는 인구를 절반 수준인 4억 명으로 줄인다는 것이었다. 지금까지의 노력은 형편없는 실패로 돌아갔다. 이러한 노력이 실패한 이유는 문제를 정확하게 분석하지 못하고 식량 원조를 정치적인 무기로 사용했기 때문이다. 세계에는 식량 부족이란 없으며, 다만 식량의 불공평한 분배 문제가 있을 뿐이다. 음식에 대한 이러한 불평등한 접근은 부유한 나라의 농업 보조금으로 인해 더욱 심화되고 있다. 세계 식량 원조의 대부분은 식량 보조금을 많이 책정하는 나라들에서 남아도는 농산물을 처리하기 위한 방법이 아니겠냐고 의심하는 사람도 많다. 게다가 미국이 제공하는 식량 원조는 수혜국이 미국에 어떤 태도를 취하느냐에 달려 있다. 식량 원조의 90퍼센트 이상(미국은 99퍼센트)은 원조해 주는 선진국의 상품을 사는 대가로 주어지며, 거기에다가 미국은 원조될 식량은 미국 선박을 반드시 이용해야 한다고 고집한다. 대개 공공 기금으로 원조될 식량을 구매하지만, 이때 공공 기관이 식량 유통 회사로부터 식량을 사들이는 가격은 그 식량을 원조받는 나라가 자국 내에서 사는 식량의 가격보다 절반 이상이 비싸며, 다른 나라에서 식량을 사 오는 것보다 33퍼센트 이상 비싸게 책정되는 것이 보통이다.

농업과 환경

농지 면적의 엄청난 확대와 목초지의 확대, 농경의 집약화는 모두 환경 파괴를 증가시키는 결과를 낳았다. 삼림 파괴, 초지의 개간, 한

계지나 경사지로의 농경 확대로 인한 토양침식과 지력 소모, 사막화 등으로 인해 자연 생태계가 파괴되었다. 관개시설의 사용이 증가하면서 물 사용 수요가 급증하고, 댐을 건설하기 위한 생태계 및 인간 거주지의 파괴도 늘어났다.

농경이 확립된 지 오래되어 농지 면적이 확대되지 않은 선진국에서도(영국의 경우 21세기 초의 농지 면적은 1860년과 같았다.) 20세기 후반에 상당한 환경 파괴가 일어났다. 이 기간에 영국의 모든 저지대 평원, 저지대 황무지의 3분의 2, 오래된 저지대의 숲과 늪, 습지의 절반, 그 안에서 자라는 관목림의 25퍼센트가 파괴되었다. 다른 지역에서는 습지의 물을 빼서 농지로 삼는 바람에 자연 생태계가 파괴되기도 했다. 미국에서는 지난 세기 동안 습지의 절반이 사라졌다. 가장 큰 규모로 습지가 사라진 것은 1883년부터 시작된 플로리다의 에버글레이즈에서였다. 이는 도시를 개발하기 위한 목적도 있었지만,(이 지역의 인구는 1만 1000명에서 400만 명 이상으로 늘어났다.) 주로 사탕수수 농장을 만들기 위한 것이 많았다. 강바닥을 퍼내고 새로운 운하를 파냈으며, 지역의 자연적인 배수로는 파괴되었다. 그 결과 바닷물이 역류하고 주요 호수에서 부영양화가 일어나 산소 부족으로 하천 생태계가 죽어 갔으며, 해마다 토양 소실로 3분의 1미터씩 지면이 낮아졌다. 그 과정에서 250만 마리에 달하던, 늪지대에 사는 새 종류의 90퍼센트를 포함한 야생 생물이 대부분 죽어 갔다.

삼림 파괴

자연 삼림의 개간은 새로운 농경지를 확보하는 가장 쉬운 방법이었기 때문에 인류 역사를 통해 계속적으로 이루어졌다. 농경이 시작되기 전에는 지표의 45퍼센트가 삼림으로 덮여 있었는데, 그중 3분의 1이 지난 1만 년 동안에 파괴되었다. 삼림이 지중해 지역처럼 오랜 시간에 걸쳐 서서히 파괴된 곳도 많다. 중국 역시 땅의 75퍼센트가 원시림에 덮여 있었는데, 20세기 초가 되면 숲은 접근하기 어려운 곳이나 산간 지역에만 남아 있었고, 20세기 말에는 땅의 5퍼센트만이 숲이었다. 오늘날 인도 라자스탄과 펀자브 지방의 타르 사막은 2000년 전만 해도 사람이 들어가지도 못하는 울창한 정글이었다. 1700년 이후에 삼림이 파괴되는 속도가 가속화하고, 20세기 후반에는 더욱 빨라졌다는 것이 분명하다.

아메리카와 오스트레일리아 역시 새로운 토지에 유럽인들이 정착함으로써 삼림이 대규모로 파괴되었다. '녹색 섬'이라는 뜻인 아이티섬에는 원래의 삼림이 10퍼센트도 채 남아 있지 않다. 미국 동부와 캐나다에서는 유럽인의 정착이 시작되고 나서 300년 동안에 숲의 절반이 개간되었다. 오스트레일리아에는 18세기 이후부터 유럽인이 정착했지만, 이미 원시림의 절반이 사라지고 열대우림의 75퍼센트가 파괴되었다. 뉴질랜드는 1840년에 대영제국에 편입된 이래 150년 동안 자연림의 절반이 사라졌다. 다른 지역에서도 유럽인들은 이국적인 나무를 잘라 가구를 만들고, 단단한 나무로 배를 만들었으며, 땅을 개간해 유럽인들이 원하는 설탕과 면화, 커피, 담배 등을 재배했고, 20세기 초에는 고무와 팜유를 얻기 위한 작물을 재배했다.

20세기를 거치는 동안 파괴의 패턴이 분명해졌다. 선진국에서는 숲이 차지하는 면적이 늘어나기 시작했으며, 특히 20세기 후반에 들어 더욱 그랬다. 19세기에는 미국의 산업 부문과 철도 부문의 연료로 목재를 태워 썼는데, 석탄보다 값이 싸고 쓰기에 편리했기 때문이다. 하지만 1907년에 1인당 목재 사용량이 최고점을 나타낸 이후 가정과 산업의 연료는 새로운 형태의 연료로 대체되었고, 산업용 자재와 건설용 자재도 무쇠와 철강, 플라스틱 등으로 대체되었다. 선진국의 숲 개간은 이제 주로 목재를 얻기 위해 이루어지며, 농경지를 얻기 위한 목적은 사라졌다. 선진국에서 숲 면적이 늘어난 것(1990년대의 10년 동안 3600만 헥타르가 늘어났다.)은 개도국에서 가구용 목재와 종이용 펄프를 수입했기 때문에 가능했다.

1950년 이후에 열대우림은 갑자기 파괴되기 시작했는데, 부유한 나라들의 목재 수요가 늘어났을 뿐 아니라, 열대우림 국가 안에서도 인구가 빠르게 증가해 농지를 더 넓혀야 할 필요가 생겼기 때문이다. 지난 반세기 동안 열대우림이 차지하는 면적은 28억 헥타르에서 15억 헥타르로 절반 가까이 줄어들었다. 초기에는 주로 필리핀과 인도네시아에서 파괴가 일어났다.(주로 일본의 수요를 충족하기 위한 것이었다.) 필리핀에는 원래 있었던 숲의 3퍼센트만 남게 되었다. 아시아 전체적으로는 원시림의 90퍼센트 이상이 파괴되었다. 아프리카에서 파괴의 속도는 더욱 빨라서, 어떤 나라에서는 연간 15퍼센트의 숲이 파괴되기도 했다. 아이보리코스트에는 원시림의 40분의 1만이 남아 있고, 나이지리아에는 단 7분의 1만이 남아 있다.

1970년대 이후에 삼림 파괴는 전 세계 열대우림의 40퍼센트를 차지하는 아마존 지역에 집중되었다. 브라질 정부는 아마존의 삼림 파괴를 지원하고 있는데, 몇 가지 목적에서 아마존 지역의 '개방'과 개발을 환영하고 있다. 우선은 토지 소유가 소수에게 집중되어 있고 지주의 정치적인 권한이 막강한 브라질에서 열대우림을 개간해 땅 없는 노동자에게 주는 것은 사회적 긴장을 완화하는 방편이 되었다. '땅 없는 사람'에게 '사람이 없는 땅'을 나눠 주는 것이었으니까. 또한 브라질의 거대한 내륙지역에 사람을 살게 해서 먼 국경을 수비하는 방편이 되기도 했다. 숲속으로 길(브라질리아와 벨렝을 연결하는 길을 따라 인구가 증가했는데, 길이 개통되던 1960년 당시에 20만 명이었던 인구가 10년 동안 200만 명이 되었다.)을 내서 목재를 획득하고 땅을 넓혀 집과 플랜테이션을 짓기 시작했다.

그러나 개발의 유형은 지역의 토질에 의해 결정되었다. 열대우림의 토양 자체는 척박하며 대부분의 영양분은 땅속에 있는 것이 아니라 나무와 식물들 속에 있다. 농부들이 땅을 개간하고 숲을 불태우면 한두 해 동안은 땅의 영양소를 이용할 수 있다. 그러다가 곧 토양이 황폐화되면 농부들은 땅을 대지주에게 팔고 새로운 땅으로 옮겨간다. 이런 토양에서는 목초 정도나 자랄 수 있기 때문에 대지주들은 이곳을 소를 키우는 넓은 목장으로 만든다. 그러나 이조차도 오래 유지되지 못하는 경우가 많다. 1978년 이전에 아마존 지역에 만들어진 대부분의 목장은 1980년대 중반에 이르러 버려졌다. 아마존의 숲이 얼마나 파괴되었는지 추정하기는 어렵지만, 21세기 초에 적어도 원래 있던 숲의 20퍼센트는 사라진 것으로 보인다. 그러나 2005년 말에 《네이처》에 실린 위성 조사 연구 결과에 따르면 '선택적 벌목'(마호가니 등 특정 나무를 베는 벌목 방법)으로 인해 아마존 지역이 심하게 훼손되었으며, 매년 일어나는 파괴의 수준은 이제까지 추정한 것보다 두 배에 달할 수도 있다고 한다.

전체적으로 21세기 초에 전 세계적 열대우림의 파괴율은 매일 평균적으로 8600헥타르(뉴욕시보다 넓은 지역)로, 그리고 연간 3100만 헥타르(폴란드보다 넓은 면적)로 추정된다. 이 속도로 가면 세계의 열대우림은 길어야 금세기 중반이면 모두 파괴될 것이다. 열대우림 개간은 지역의 전체 생태계를 파괴하는데, 이 숲들은 지구상의 모든 동식물 종의 절반가량을 포함하고 있다.(약 3000만 종이 서식한다.) 실제로 얼마나 많은 종이 멸종되고 있는지 정확히는 모르지만, 연간 5만 종 정도가 사라지는 것으로 추정되며, 대부분은 종의 존재조차 학문적으로 알려지지 않은 채 멸종되고 있다. 열대우림의 파괴는 기후에도 상당한 영향을 미칠 수 있다. 식생이 사라지면 태양에너지가 나무에 흡수되는 부분 없이 맨 땅에 반사되므로, 기온이 올라가고 토양을 건조시키며 대기 중 먼지의 양을 증가시켜 비구름이 형성되는 것을 막는다. 앞으로 26만 제곱킬로미터의 숲이 더 사라지면 이런 효과가 대규모로 아주 뚜렷하게 보일 것이라고 한다. 20세기 동안에 서아프리카에서는 이 면적의 네 배가 사라졌는데, 이것은 분명한 결과로 나타났다. 사헬 지역과 사하라 이남 지역에서 강우량은 한 세기 전보다 33퍼센트 줄어들었고, 1년 중 4분의 3은 건기다. 아마존 지역 전역에서도 비슷한 현상이 나타나고 있다.

1980년대 이래 삼림 파괴를 통제하려는 시도가 여러 차례 있었지만, 거의 모두 실패로 돌아갔다. 근본적인 문제는 수 세기 동안 목재 수출이 이미 이들 나라에 불리하게 형성되어 있는 세계 교역 여건 속에서 몇 안 되는 수출 품목 중 하나가 되었다는 점이다. 정부들은 선진국들이 과거에 그랬듯이 자기들도 천연자원을 맘껏 사용할 권리가 있다고 주장하며, 선진국이 이들 나라의 벌목을 제한하고자 한다면 보상을 해 주어야 한다고 요구한다.(심각한 정치 부패는 상황을 더욱 악화시킨다.) 나무 베는 것을 효과적으로 감시하기란 어려운 일이다. 영국이 수입하는 목재의 3분의 1은 불법적으로 벌목한 것이다. 최근에는 '지속 가능'한 벌목이라고 해서 나무 한 그루를 벨 때마다 한 그루를 새로 심는 사례도 있다. 그렇게 함으로써 벌목을 해도 삼림은 유지된다는 것이다. 그러나 이런 경우에도 풍부한 열대우림은 사라지고, 그 자리에 빨리 자라는 나무인 유칼립투스와 같은 나무들만이 들어설 뿐이다.

토양침식

세계 거의 모든 곳에서 현대의 농경은 삼림의 개간과 초지의 경작, 경사지에서의 농경 등으로 심한 토양침식을 일으켰다. 토양침식은 흙모래 폭풍이나 홍수를 일으키고, 토양의 비옥도가 떨어지게 만듦으로써 더는 경작할 수 없어 내버려지는 땅으로 만든다. 전 세계 땅의 3분의 1이 망쳐지고 있으며, 전 세계 경작지의 3분의 1은 흙이 생성되는 속도보다 더 빠르게 소실되고 있다. 인도에서는 거의 80만 제곱킬로미터의 땅에서 토양침식이 일어나며, 아이티에는 질 좋은 표층토가 전혀 남아 있지 않다. 터키에서는 토지의 4분의 3에서 토양침식이 일어나며, 그중 절반은 심각한 수준이다. 유엔환경계획(UNEP)의 추정에 따르면 1945년 이래 인간의 활동으로 인해 20억 헥타르의 땅에서 토양침식이 일어났고, 그중 4억 3000만 헥타르는 돌이킬 수 없을 만큼 파괴되었다.

토양침식 문제는 미국의 사례에서 분명하게 찾아볼 수 있다. 초창기의 유럽인 정착민들에게 아메리카 대륙의 땅은 무한정 공급되는 것처럼 보였기 때문에 토질을 관리하는 데 신경을 거의 쓰지 않았다. 경작은 그냥 밭에 씨를 뿌리면 되었고, 지력이 고갈되면 그 땅을 버리고 새 땅으로 쉽게 이동할 수 있었다. 가장 심각한 문제는 담배와 면화를 재배할 때 일어났다. 담배는 재배할 때 식량 작물보다 열한 배의 질소와 서른여섯 배의 인을 요구하므로 토양을 빠르게 소모한다. 담배 농사를 짓는 사람들은, 새로운 땅을 개간해 두 번째로 씨를 뿌린 작물이 가장 생산성이 높으며 그로부터 한두 해 후부터는 옥수수나 밀 정도밖에 자라지 않는 땅이 된다는 것을 알았다. 그런 농사도 역시 한두 해 정도 지을 수 있을 뿐 그 후에는 토양이 완전히 황폐해져 버렸다. 그러고 나면 땅은 버려졌고, 버려진 땅은 비바람에 쉽게 휩쓸려 가 버렸다. 유럽에서 온 정착민들은 숲을 개간해 잠시 쓰고는 그대로 버려 토양이 깎여 나가게 놔두면서, 타이드워터에서 피드몬트 지역으로 계속해서 서진했다. 1607년 이래 버지니아주는 정착이 시작된 지 100년도 채 지나지 않아 삼림 파괴로 인한 심각한 홍수에 시달리고 있었다. 18세기의 조지아주에서도 비슷한 상황이 벌어졌는데, 토양 침식으로 인한 고랑이 곳에 따라 40미터나 패인 곳도 있었다. 계속되는 면화 재배도 똑같은 영향을 토양에 주는데, 바로 이것이 계속해서 서부를 개척하게 만들고, 면화를 계속 재배하게 하며, 노예제도를 유지할 수 있도록 작용한 가장 큰 압박 요인이었다. 1817년 무렵이 되자 노스캐롤라이나에서는 버려진 땅의 규모가 경작지의 규모와 맞먹게 되었다.

대평원에는 19세기 후반까지도 유럽에서 오는 정주민 가운데 정착하려는 사람이 없었다. 당시의 쟁기로는 딱딱하고 밀도가 높은 초원의 토양을 뚫을 수가 없었기 때문이다. 대평원은 들소 떼와 그들을 사냥하는 아메리카 원주민들의 땅이었다. 그런데 소 여섯 마리 또는 열두 마리가 끄는 무거운 쇠 쟁기가 개발되자, 유럽에서 온 농부들은 대평원으로 밀고 들어가기 시작했다. 대평원은 곡류를 재배하기에 매우 부적합했다. 기후는 반(半)건조 지대였고, 강수량은 한 해에 겨우 500밀리미터 정도로, 얇은 표층토가 풀뿌리로 간신히 지탱되고 있었다. 그래도 거기에 밀을 심었다. 이렇게 수백 년 동안 토양이 침식되어 온 경험을 하고도 미국 토질 사무국은 생태학적인 원칙을 깨닫지 못한 모양이다. 1909년에 이 기관은 "토양은 불멸의 국가 자산이며, 고갈되지도 않고 다 써 버릴 수도 없는 자원이다."라고 선언했다.

그들이 이런 주장을 한 시기에 세계에서 가장 큰 생태계의 재난

이 대평원에서 일어났다. 마지막으로 남은 대규모 아메리카 원주민 영토였던 오클라호마에 백인의 정착이 시작된 것은 1889년부터였는데, 그로부터 40년 동안 1000만 헥타르의 처녀지가 경작되어 가뭄에 잘 견디는 신품종 밀이 재배되었다. 1919년 이후에 러시아로부터 들어오던 밀 공급이 중단되자 미국의 밀 생산량은 더욱 늘었다. 125만 헥타르가 새로이 경작지로 편입되었고, 산출량은 1914년의 2.5배로 늘어났다. 그러나 이렇게 과도하게 토양을 착취해 온 미국의 역사는 곧 복수의 여신을 마주할 수밖에 없었다.

1930년대 초, 대평원 지역에서 주기적으로 나타나던 가뭄이 또 한 번 발생했다. 보호막인 풀이 사라진, 헐렁하고 약하며 메마른 토양은 강풍에 날리기 시작했다. 서부 캔자스, 남동콜로라도, 북서오클라호마, 북부 텍사스, 북동뉴멕시코, 네브래스카와 다코타의 일부 지방에 걸친 지역에 거대한 흙먼지 폭풍이 발생했다. 이 영향으로 1934년 5월에 3억 5000만 톤의 표층토가 미국 동부로 옮겨 가서 시카고에만 1200만 톤이 떨어졌으며, 심지어 400킬로미터 떨어진 대서양에 있는 배에까지 먼지가 날아갔다. 1935년 3월에는 100만 헥타르의 밀밭이 흙모래 폭풍으로 망쳐졌고, 1938년에는 400만 헥타르 이상의 토지가 12센티미터가량의 표층토를 잃었으며, 500만 헥타르에 달하는 지역의 표층토가 6센티미터가량 깎여 나갔다. 이 모래 폭풍이 사회적·경제적으로 미친 효과는 끔찍했다.(존 스타인벡의 소설인『분노의 포도(The Grapes of Wrath)』에 기록되어 오랫동안 전해지고 있다.) 전 지역의 호흡기 질환은 25퍼센트가 늘어났고, 유아사망률도 3분의 1 정도 더 늘었다. 1938년에 8억 5000만 톤의 토양이 해마다 상실되자, 350만 명의 인구가 이 지역 농장을 버리고 떠났다. 오클라호마에서는 인구의 5분의 1이 줄어들었으며, 지역에 따라서는 인구의 절반이 떠나기도 했다. 1940년대에는 토양 보호 운동이 일어나 상황이 좀 나아지지만, 1952~1957년에 또 다른 주기적 한발이 일어나 바람에 의한 침식은 1930년대에 망쳐진 지역의 두 배에 해당하는 면적에서 일어났으며, 1970년대에도 또다시 가뭄과 강풍이 발생해 400만 헥타르가 심하게 침식되었다.

이렇게 해서 '황진 지대'가 형성되자 비로소 미국 정부는 국가의 토양침식 정도에 관심을 가지고 조사를 시작했다. 1938년에 발표된 결과는 엄청났다. 일리노이주와 같은 최상위 농경 지대에서도 농지의 3분의 1이 침식으로 손상되어 있었다. 모두 합해 사우스캐롤라이나 주 크기 정도의 땅이 침식으로 날아갔고, 오클라호마와 앨라배마를 합친 것 정도의 땅이 심하게 손상되었으며, 메릴랜드를 덮을 수 있는 땅이 강물에 씻겨 내려갔다. 20세기 후반의 상황은 더욱 나빠졌다. 1970년대에 이르면 미국의 표층토 중 3분의 1이 없어졌고, 5000만 헥타르에 가까운 밭이 불모화하거나 경작 부적지가 되어 버렸다. 이 밖에도 43만 제곱킬로미터가 믿기 어려울 정도로 심한 침식에 시달렸다. 당시에도 표층토가 침식되는 속도는 연간 50억 톤에 달했다. 한 세기 전보다 여섯 배로 증가한 속도다. 이렇게 방대한 규모로 황폐화된 것은 안 그래도 척박한 땅에 대대적으로, 그리고 지속적으로 단일경작을 한 결과였다. 당시 사람들은 그저 땅이란 작물을 심어 인공 비료와 제초제, 농약을 들이붓기만 하면 식물을 자라게 해 주는 매개체 정도로 봤던 것이다.

비슷한 재앙이 1950년대와 1960년대의 소련에서도 일어났다. 1929년에 선포된 제1차 5개년 계획은 "우리가 사는 국토를 더 많이 발견해서 정복해야만 한다. (……) 트랙터의 대열이 천년 묵은 처녀지를 경작할 때 우리의 스텝 지대는 진정한 우리 땅이 될 것이다."라고 선포했다. 이러한 1950년대의 '처녀지 개척' 계획의 일환으로 트랙터가 카자흐스탄같이 농사에 적합하지 않은 초원 지대에도 찾아왔다. 모두 합해 4000만 헥타르가 1954년에서 1960년 사이에 경작지로 변했다. 수확은 1956년에 절정을 이루었으나, 그 후로 서서히 줄어들었다. 땅을 깊이 쟁기질해 갈아 농사를 지은 다음 얼마간 그대로 방치해 두는 경작 방식을 썼기 때문에 토양은 더욱 심하게 침식되어, 그 결과는 1963년에 극심한 가뭄이라는 환경 재앙으로 나타났다. 1963년 이전에도 토지는 침식에 의해 한 해에 100만 헥타르 규모로 부식되었고, 1964년과 1965년에는 총 1000만 헥타르가 심하게 손상되었다. 이 계획이 추진된 지 10년 안에 절반 정도의 새로 경작된 땅이 심하게 침식되었다. 1960년대 중반 이후로는 4년마다 추가적으로 100만 헥타르의 땅이 버려졌다. 20세기의 마지막 20년 동안 카자흐스탄에서 경작지 면적은 절반 이상 줄어들었다.

오스트레일리아에서는 지나친 토양침식을 우려해, 정착이 시작된 지 10여 년만인 1803년에 최초로 벌목 금지령을 내렸다. 오스트레일리아는 대부분 사막 등 농사에 적합하지 않은 땅으로 구성되어 있으며, 70퍼센트 이상이 반(半)건조 지대여서 경작이나 목축이 과해지면 토양은 매우 쉽게 침식된다. 1878년에 광범위한 토양침식이 빅토리아에서 발생했다. 1920년대에는 시드니에 강한 흙모래 폭풍이 덮쳤고, 20년 후에는 뉴사우스웨일스의 절반이 토양침식에 시달렸다. 1980년대 중반의 조사에 따르면, 오스트레일리아 농토의 토양 중 절반이 토양침식을 겪고 있었다.

중국에서는 인구 증가와 수천 년 동안의 경작지 확대로, 광범위한 산림 파괴와 토양침식이 이루어졌다. 19세기 말에는 토양침식이 광범위한 영토를 손상했고, 이 상황은 20세기에 더욱 악화했다. 20세기 중반의 20년 동안 800만 헥타르 이상의 농지가 토양침식으로 유실되었다. 경작할 수 있는 땅 중 3분의 1이상이 버려졌다. 중국에서 봄철의 쟁기질이 시작될 때 발생하는 먼지는 수천 마일 떨어진 하와이에서도 발견된다.

토양침식이 일으키는 2차적 문제 중 대표적인 것이 막대한 양의 표층토가 강물에 씻겨 내려가 침전물이 늘어나면서 강둑이 높아지고 홍수의 위험을 증대시킨다는 점이다. 하류에 있는 댐에 진흙이 차고 강어귀의 삼각주 면적을 확대한다. 히말라야 산지에서는 1955년 이후의 30년 동안 연료를 공급하고 농경지를 만들기 위해 40퍼센트 가량의 삼림이 벌목되었으며, 그 이후 파괴 속도는 더욱 빨라졌다. 히말라야를 흐르는 큰 강은 한 해에 15센티미터 이상씩 높아지며 대규모 홍수를 일으켰고, 방글라데시와 같은 나라에서 엄청난 홍수와 함께 삼각주 면적을 빠르게 확대했다. 이곳에서는 땅이 부족하고 인구가 빠르게 증가하기 때문에 사람들은 삼각주로 인해 생긴 새로운 땅에 가서 살 수밖에 없다. 그곳에 사는 사람들은 계속 일어나는 홍수에 꼼짝없이 당할 수밖에 없고, 벵골만에서 올라오는 태풍 등 이른바 자연재해로 인해 목숨과 생계를 잃는 사례가 많다. 전 세계 인구의 거의 8분의 1에 해당하는 수가 현재 히말라야의 삼림 벌채와 토양침식으로 인한 홍수의 영향권 안에 산다.

삼림 벌채와 토양침식을 불러일으키는 또 하나의 요소는 아프리카와 중동, 중앙아시아의 주변 지역 등지에 사는 유목민들의 지나친 목축이다. 유목민들이 자기들의 생활양식을 유지하고 환경에 무리를 주지 않으려면, 신중하게 계획을 짜서 1년 내내 가축을 끌고 상당한 거리를 이동하지 않으면 안 된다. 20세기에 들어서면서 지구상에 약 4000만 명 정도 존재하던 유목민은 경작지 확대와 늘어나는 인구라는 두 가지 압력을 받게 되었다. 농부의 수가 늘어나면서 유목민들은 점점 농사지을 수 없는 한계지로 밀려났다. 유목민 인구가 늘어나면서 목축하는 동물의 수도 늘어났고, 안 그래도 척박한 환경에 더욱 큰 압력을 주게 되었다. 서아프리카의 사헬 지역에서는 1940년 이래 동물 수가 두 배로 늘었다. 1950년대에 라자스탄 지역에서는 목축지가 15퍼센트 감소했으나, 동물 수는 50퍼센트 이상이 늘어났다. 유목민을 정착형 가축 사육인으로 만들어 주는 원조 계획이 사정을 더욱 악화하기도 했다. 목초를 과도하게 소비함으로써 파괴적인 효과를 더욱 집중시켰기 때문이다.

토양 손실의 가장 극단적인 형태가 사막화다. 사막화는 현재 미국 남서부와 멕시코 동부, 북아프리카, 사헬, 아프리카 남부, 오스트레일리아, 중국의 상당 지역 등지에서 진행되고 있다. 세계의 사막은 적게 잡아도 연간 7만 제곱킬로미터씩 늘어나는 것으로 추정된다. 20세기 동안 사하라는 서서히 북쪽으로 이동해 연간 10만 헥타르의 토지가 새로 사막으로 변하고 있다.(리비아에 있던 로마 제국의 대곡창지대는 사라진 지 오래다.) 남쪽으로 이동하는 속도는 특히 수단에서 훨씬 빠르다. 칠레의 아타카마 사막도 한 해에 3킬로미터씩 늘어나고 있다. 전체적으로 7억 명(세계 인구의 10퍼센트가 조금 넘는 인구)이 건조지역에서 생활하며, 건조 지대나 반건조 지대에 살면서 사막의 확대로 위협받고 있다. 일부 지역에서 수치는 훨씬 높아, 케냐에서는 인구의 3분의 1이 사막화의 영향을 받고 있다.

물

지난 두 세기 동안 식량 생산의 집약화와 산출량의 급증은 관개

시설의 증가로 인해 가능했다. 전 세계적으로 1800년에는 약 800만 헥타르의 땅을 관개했으나, 19세기 동안에 이 면적이 다섯 배로 증가해 4000만 헥타르로 늘었다. 20세기에는 이 면적이 또다시 일곱 배로 증가해 2억 7500만 헥타르로 늘어난다. 전체적으로 서른네 배로 증가한 것이다. 전 세계 농경지의 총면적 중 약 15퍼센트가 관개시설로 물을 대는데, 특히 아시아에 밀집되어 있다. 작물을 키울 수 없던 지역에서 관개시설로 인해 작물을 키울 수 있게 되었으며, 그렇게 하면 (7000년 전의 농부들이 이미 발견했듯이) 수확률도 극적으로 높아진다. 예를 들면 남부 아시아에서 관개시설을 이용해 쌀을 재배하는 경작지는 세계 경작지의 전체 면적 중 3분의 1에 지나지 않지만, 생산량은 전체의 60퍼센트를 차지한다. 그러나 관개하는 과정은 침수와 염화를 통해 토양의 질을 떨어뜨린다. 이는 수메르에서는 이미 4000년 전에 알았던 사실이다. 이런 효과는 현재 시리아와 이라크의 관개 농지 중 절반가량에서 나타나고, 펀자브에서는 80퍼센트에서, 미국에서는 관개 농지의 4분의 1에서 나타난다. 소련이 생긴 후 30년 동안 아일랜드와 벨기에의 농지를 합친 면적만큼의 경작지가 토양 침수와 염류화로 인해 사라졌다. 관개 농지는 20세기 중반에 급증해 연간 3퍼센트씩 증가했다. 1978년 이후부터는 연간 1퍼센트의 증가를 보였다. 그러나 20세기의 마지막 25년 동안 관개 농지는 연간 1퍼센트씩 소실되었기 때문에 관개 농지의 순증가는 그리 많지 않았다.

관개 농지의 확대는 인구 증가와 산업적 수요, 그리고 1인당 소비의 증가와 함께 세계의 수자원에 심각한 부하를 걸었다. 전 세계에 존재하는 담수는 매우 제한되어 있다. 전 세계 물의 97퍼센트는 바다의 소금물이며, 담수의 3분의 2는 주로 남극에서 얼음으로 존재한다. 나머지 담수 중 대부분은 접근하기 어려울 만큼 깊은 지하 대수층에 존

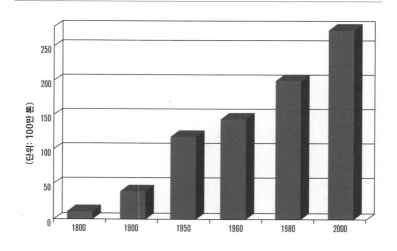

재한다. 전 세계 담수의 0.25퍼센트만이 호수나 강에 존재하며, 그중 4분의 1은 시베리아의 바이칼호에 존재한다. 세계인이 1년간 소비하는 물의 양은 1700년에 약 110세제곱킬로미터였던 것이 오늘날에는 5200세제곱킬로미터에 달한다. 무려 마흔일곱 배로 증가한 것이지만, 대부분이 지난 50년 동안 증가한 것이다. 역사를 통해 보면 인간이 사용하는 물의 대부분은 관개를 위한 것이었다. 1970년 무렵까지 관개를 위한 물의 사용은 물 총사용량의 75퍼센트 이상이었고, 오늘날에도 전체의 3분의 2 정도가 관개에 쓰이며, 나머지는 대부분 산업에서 쓰인다. 관개의 문제점은 대부분의 물이 낭비된다는 점이다. 인도와 중국에서는 3분의 2가량의 물이 증발로, 관개로의 누수 현상으로 없어지며, 미국에서는 절반가량의 물이 없어진다.

전 세계의 물 문제가 얼마나 심각한지는 21세기 초인 지금 분명히 드러나고 있다. 세계의 물 사용은 20세기 동안 거의 열 배로 증가

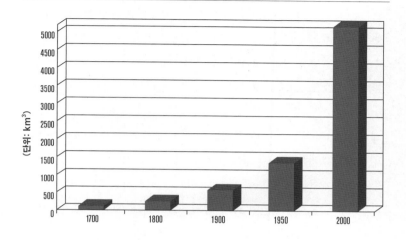

세계 물 사용량(1700~2000년)

(단위: km³)

연도	1700	1800	1900	1950	2000

했고, 그중 대부분은 20세기 후반에 증가한 것이다. 그러나 이러한 증가의 대부분은 '무임승차'였다. 지하 대수층에 물이 차는 속도보다 더 빠르게 물을 써 버렸던 것이다.(미국 대평원 지대 아래의 오갈랄라 대수층, 북중국 평원 아래의 대수층, 사우디아라비아 지하의 대수층과 같은 화석 대수층은 아무리 오랜 시간이 흘러도 회복하기 어렵다.) 오갈랄라 대수층은 텍사스에서 사우스다코타까지 이어지는 지하 하천으로, 2만 5000년 동안 축적되어 온 것이다. 유럽 사람들이 처음 이곳에 와서 정착했을 때 이 지역에서 풍차를 이용해 물을 끌어올렸는데, 지하 10미터 깊이밖에 팔 수 없었고, 약 3헥타르 정도의 농지에 물을 댈 수 있을 뿐이었다. 1930년대 이후에야 석유 시추 기술의 발달로 대수층에 도달할 만큼 깊은 우물을 팔 수 있었다. 1950년 이래 30년 동안 지하수 개발량은 네 배로 늘었고, 물을 끌어내는 속도는 물이 차는 속도의 열 배나 되었다. 남은 물을 뽑아내기 위해 우물을 점점 깊이 파야 했고, 비용이 점점 상승해 경제성이 떨어져 갔다. 1980년 무렵부터 관개되는 물

의 양은 점점 줄어들었다. 1990년대에 여전히 15만 개의 펌프가 작동하고 있었고, 이용할 수 있는 물에서 적어도 절반 정도는 소진되었을 것이다. 아무리 긍정적으로 전망해 보아도 남은 물은 2010~2020년 사이에 고갈될 것으로 보이며, 가뭄이라도 있는 경우에는 더욱 빨리 고갈될 것으로 보인다. 용수가 공급되지 않으면 농업의 타격은 엄청날 것이다.

전 세계적으로 비슷한 문제들이 심화되고 있다. 인도에서는 우물의 수가 1975년의 80만 개에서 2002년에는 2200만 개로 늘어났다. 많은 지역에서 지하수면이 1년에 1미터씩 내려가고 있으며, 북부 구자라트에서는 지하수면이 30년 동안 15미터 깊이에서 400미터가 넘는 깊이로 내려갔다. 우타르프라데시 지역 정부는 1970~1985년 사이에 2700개의 마을 우물을 파서 농촌 지역에 담수를 공급했다. 그러나 1990년대에 이르면 이 중 2300개가 말라붙었다. 파키스탄에서는 퀘타 근방의 지역에서 지하수면이 연간 3.5미터씩 내려가 향후 10년이면 이 지역의 지하수가 고갈될 것으로 보인다. 예멘에서는 지하수면이 연간 2미터씩 내려가, 연간 3퍼센트씩 인구가 증가하는 수도 사나의 인구가 쓸 물이 몇 년 안으로 완전히 고갈될 것으로 전망된다. 도시들이 물을 너무 많이 써서 생기는 문제는 이뿐만이 아니다. 멕시코시티는 호수 위에 지어졌는데, 20세기 동안 물 사용량이 서른다섯 배로 증가했다. 그 결과 도시가 호수 밑으로 7미터 이상 잠겼다. 도쿄는 지하수 이용 때문에 1920년 이래 40년 동안 5미터나 내려앉았으나, 엄격한 통제를 시행해 겨우 상황을 진정시킬 수 있었다.

사우디아라비아에서는 정부가 석유를 수출해 벌어들인 돈으로 밀 자급을 달성하려고 결심했다. 그렇게 하기 위해 세계시장가격의 다섯 배에 달하는 보조금을 국내산 밀에 지급하고, 지하 대수층으로부터 엄청난 양의 물을 끌어다 쓰기 시작했다. 1984년에 지하수 추출이 시작되었을 때 존재하던 지하수의 절반을 이미 써 버렸고, 물을 찾기 위해 1킬로미터나 우물을 파야 하는 경우도 있었다. 이 정책은 경제적으로나 환경적으로나 지속 가능하지 않다. 중국의 상황도 우울하기는 마찬가지다. 4000킬로미터에 달하는 황하의 물을 너무 많이 퍼서 쓴 나머지 1972년에 황하가 마르고, 1985년 이후에는 강물이 부족해 바다까지 흘러들어 가지 못하는 일이 잦아졌다. 북중국 평원의 지하 대수층은 2000년 한 해 동안 3미터나 내려갔고, 베이징 주변의 우물들은 1킬로미터나 파서 내려가야 담수가 나온다. 중국의 도시들은 물 부족 위기에 처했고, 물이 부족해 농업 생산성도 떨어지고 있다. 이 지역의 밀 수확량은 1997~2003년 사이에 30퍼센트나 감소했다. 이 지역은 중국의 주요 곡창지대인데, 중국의 곡물 수확량은 이 시기에 거의 4퍼센트가 감소했다. 캐나다의 곡물 총수확량과 거의 같은 양이다. 세계은행은 '미래 세대에 대한 재앙적 결과'를 경고한 바 있다.

　세계적으로 물 부족이 점점 심각해지면서 이 중요한 자원을 두고 점점 더 많은 분쟁이 일어나는데, 이는 결코 새로운 일은 아니다. 기원전 2500년에 라가시와 움마는 관개용수 사용권을 차지하려고 150년 동안이나 전쟁을 했다. 1953년에 이스라엘은 네게브 지역에 물을 대기 위해 요르단강 일부의 방향을 돌리고자 했으나, 비난 여론이 확산되자 계획을 바꾸어야 했다. 시리아와 요르단이 수로를 변경하려는 계획을 세우자 이스라엘은 1967년에 전쟁을 일으켜 시리아와 요르단이 기초공사를 해 놓은 부분을 파괴했다. 유프라테스강을 두고도 두 건의 분쟁이 있었다. 첫 번째는 1970년대 중반에 시리아와 이라크 사이에 있었다. 그리고 1990년 이후에 터키가 거대한 댐을 지으려고 하자 또다시 분쟁이 일어났다. 이집트와 수단은 나일강을 두고 자주 싸웠다. 물 부족이 향후 몇십 년 동안 점점 더 심각해져 가면 분쟁도 늘어날 것으로 보인다.

관개용수를 확보하기 위해(그리고 산업을 위한 수력발전을 하기 위해) 수많은 거대한 댐이 전 세계에 만들어졌다. 20세기 후반에 댐의 수는 5000개에서 4만 개로 늘었다. 오늘날 세계의 저수지 면적은 이탈리아 면적의 두 배에 달하며, 전 세계 강물의 3분의 2는 댐을 통과해 흐른다. 댐 건설 프로젝트는 환경적으로나 사회적으로나 매우 파괴적이다. 저수지로 인한 홍수는 수많은 사람의 집을 잃게 하는데, 지난 60년간 거의 4000만 명(이 중 절반은 인도인이다.)이 집을 잃었고, 지금도 연간 400만 명이 집을 잃고 있다. 대부분은 보상도 받지 못하고 떠나야 한다. 저수지로 호수를 만들면 엄청난 면적의 땅이 사라진다. 볼타 댐은 80만 헥타르를 집어삼켰고 카리바 댐은 40만 헥타르를 차지했다. 좋은 농경지가 물에 잠겨 버리는 경우도 많다. 게다가 호수에 확립되어 있던 어업도 망가지는 경우가 많다. 열대 지역인 경우 증발률이 매우 높아서 저수지 물의 대부분이 증발하고, 주변 경사지의 삼림 황폐화로 인해 엄청난 진흙이 흘러내려 와 쌓인다. 인도에서 안드라프라데시 지역의 니잠사가르 댐은 진흙이 쌓여 용량의 3분의 2를 잠식당했다. 1960년에 완성된 중국의 쌴먼샤 댐은 저수지가 완전히 진흙으로 가득 차 4년 만에 버려졌다. 하지만 가장 충격적인 기록은 진흙 퇴적 때문에 완공되기도 전에 버려진 라오잉 댐 프로젝트일 것이다.

커다란 댐으로 인한 문제점은 나일강의 사례에서 분명하게 나타난다. 나일강에서는 이집트의 위대한 문명의 기초가 된 낮은 수준의 관개 체계가 수천 년 동안 유지되어 오다가 지난 두 세기 동안에 파괴되었다. 전통적인 농업 시스템은 매년 범람하는 나일강의 특성에 맞추어, 봄철에 보리와 밀을 수확해 늦여름에 홍수가 나면 그 후 초가을에 다시 씨를 뿌리는 방식으로 이루어졌다. 이렇게 되면 홍수가 작물을 망치는 것이 아니라 오히려 파종을 쉽게 만들어 준다. 19세기 중반에 반(半)독립국이었던 이집트의 지도자 무함마드 알리(Muhammad Ali)는 광범위한 수출용 면화를 재배하는 프로그램을 지휘했다.(수출용 면화는 사회 지도층의 수입원이기도 했다.) 1855년 이후에 30년도 되지 않아 면화 생산량이 여섯 배로 증가했다. 그러나 면화는 8월과 9월에 수확되었으므로 여름 홍수로 인해 작물이 망쳐질 때가 있었다. 이에 따라 나일강의 흐름을 인간의 힘으로 통제해야 할 필요성이 대두했다. 1882년에 영국이 이집트를 점령하고 1898년에 수단을 점령하면서 나일강 통제를 위한 계획이 가능해졌다. 1902년에 아스완 로(Low) 댐이 준공되었고, 1912년과 1934년에는 댐의 높이를 높였다. 이것은 연례적인 범람의 20퍼센트 정도만을 통제할 수 있는 계획이었다. 그리스-이집트계 공학자인 아드리안 다니노스(Adrian Daninos)는 1912년과 1940년에 아스완에 훨씬 높은 댐을 만들자고 제안했다. 영국은 이를 거부했고 우간다나 수단에 댐을 세우는 것을 선호했다. 1952년의 혁명 이후에 새로 이집트의 지도자가 된 가말 압델 나세르(Gamal Abdel Nasser) 장군은 영국의 이런 아이디어를 거부하고,(나세르는 댐이 이집트의 통제하에 있기를 원했다.) 결국 소련의 지원과 새로 국유화된 수에즈 운하가 벌어들이는 수입을 이용해 아스완 하이(High) 댐을 지었다.

이렇게 해서 만들어진 (나세르의 이름을 딴) 호수는 나일강에서 2~3년 동안 흘러야 할 물을 저장하고 있다. 물을 통제함으로써 1년 중 두세 번의 경작을 할 수 있게 되었다. 홍수로 인해 농사를 짓지 못하던 여름에도 면화와 옥수수, 벼가 자랄 수 있다. 그뿐만 아니라 아스완 댐은 이집트의 전력 수요량의 3분의 1을 생산한다. 그러나 이러한 이득은 매우 큰 대가를 치르고 얻은 것이었다. 댐이 지어진 곳은 가장 증발율이 높아 매년 저수지 물의 6분의 1이 증발한다. 댐은 강바닥에 있는 진흙의 흐름을 막는데, 이는 수천 년 동안 이집트 농경에 필요한 양분의 근원이었다. 따라서 화학비료가 생산되어야 했고, 이를 위해 댐이 생산하는 전력의 대부분을 소요해야 한다. 또한 진흙의 부족으로 나일강 삼각주가 줄어든 결과 바닷물이 최고 50킬로미터나 내륙으로 침투해 들어왔고, 곳에 따라 삼각주가 한 해에 80미터씩 후퇴하기도 했다. 지중해로 흘러들어 가는 나일강의 수량은 50년 전에 비해 60분의 1로 줄어들었고, 이는 지중해의 염류화를 크게 가속했다. 영구 관개는 주혈흡충증의 발병률을 열 배로 증가시켰고, 일부 지역에서는 모든 인구가 이 병에 걸려 있다. 고대 이집트의 많은 위대한 유적이 아스완 댐에 잠겼고, 하류의 수심이 깊어지면서 염분과 미네랄의 불균형으로 인한 피해도 엄청나게 늘어났다. 아스완 댐의 건설은 이집트의 물 문제를 해결하지 못했다. 21세기 초에 이집트는 전 세계에서 가장 심각한 물 부족에 직면하고 있다.

아랄해

현재까지 관개시설로 인한 가장 충격적인 피해는 20세기 후반부의 30여 년 동안 옛 소련 지역에서 일어났다. 소련은 그 국가 체제가 존재하는 동안 내내 대규모 계획과 자연환경에 변형을 가하는 것을 아주 좋아해서 그런 공사를 끊임없이 이어 온 역사를 가지고 있다. 아랄해는 세계에서 네 번째로 큰 내해로, 두 개의 강이 이 바다로 흘러들어 가지만,(시르다리야강과 아무다리야강) 흘러나오는 곳은 없다. 그래도 증발률이 높아 호수의 크기가 일정하게 유지되어 왔다. 이곳에는 오랫동안 소규모로 관개를 해 왔다. 1970년대 초에 소련 당국은 (아일랜드의 전체 면적과 같은) 700만 헥타르의 땅에 물을 대기 위해 이 강의 물을 대규모로 끌어 쓰려는 오랜 숙원 사업을 실행에 옮기기로 했다. 그것도 전혀 풍토에 맞지 않은 면화를 재배하기 위해서였다. 이 수로 변경이 초래할 결과에 관해서는 잘 알려져 있었고, 정부 당국도 인정하고 있었다. 1950년대 후반에 이 계획의 옹호자 중 한 명인 투르크메니스탄 과학원의 원장인 아민 바바예프(Amin Babayev)는 다음과 같이 말했다.

내 생각에 아랄해를 그대로 내버려 두는 것보다는 아랄해가 말라붙는 것이 더 이롭다고 본다. 첫째, 이 지역의 기름진 땅이 얻어질 것이며, (……) 면화 재배만 하더라도 기존의 아랄해에서 이루어지던 어업과 해운업 등 모든 산업의 총합보다 수익성이 높을 것이다. 둘째, 바다가 없어진다고 해도 이 지역의 경관을 해치지는 않을 것이다.

이후 10년 동안 일어난 일은 이미 예견되고 계획된 재앙이었다.

수로 변경으로 인해 아랄해로 흘러들어 갔어야 할 강물의 양이 10퍼센트로 감소했다. 해수면은 19미터 하강했고, 바다로 둘러싸인 면적의 75퍼센트 이상이 줄어들었다. 1990년이 되자 아랄해는 두 개의 분리된 호수로 나누어졌다. 수분 증발과 함께 아랄해의 염도는 50퍼센트 이상 증가했고, 이제 아랄해는 바닷물보다 2.5배나 짠 물이 남았다. 바다가 줄어들면서 예전에는 바다 밑바닥이었던 3만 5000제곱킬로미터의 땅이 드러났다. 매년 1억 톤의 소금이 연평균 50일 동안 휘몰아치는 먼지 폭풍에 불려간다. 한때 바다였던 땅과 심한 침수가 일어난 주변 지역은 모두 단단한 소금 늪으로 변했다. '아랄쿰'으로 불리는 새로운 형태의 불모지다. 바다가 축소되면서 지역의 기후에도 상당한 영향을 미쳤다. 겨울은 더욱 길고 추워졌으며, 여름은 건조하고 훨씬 뜨거워져 기온이 49도까지 올라가게 되었다.

어업은 1982년에 붕괴했으나, 무이나크 통조림 공장은 소련이 망할 때까지 살아남았다. 발트해의 냉동 생선을 비행기로 실어 나르고, 태평양의 수산물을 시베리아 횡단철도를 통해 반입해서 통조림 공장을 돌린 것이다. 이러한 광기 어린 경제행위는 1992년에 막을 내렸다. 이 지역의 모든 생선과 포유류의 절반, 조류의 75퍼센트가 멸종했다. 식수가 소금으로 오염되고, 면화에 비료와 살충제를 들이부어야 했기 때문에 인간의 건강도 크게 악화되었다. 10년 안에 사망률이 열다섯 배로 증가했고 암과 폐 질환에 걸리는 비율이 서른 배로 증가했다. 이 지역은 예전의 소련 지역 중 최고의 유아사망률을 보이고 있다. 아랄해의 상태는 인간이 처벌을 받지 않고도 환경을 마음대로 조작할 수 있다는 생각(특히 소련에서 많이 나타난 생각이다.)이 얼마나 잘못된 것인지를 보여 준다. 아랄해를 되살리려는 시도는 별다른 효과를 거두지 못했고, 문제의 해결은 불가능해 보인다. 남쪽 호수라도 되찾으려는 시도도 있었지만 모두 포기되었고, 증발률이 증가함에 따라 안 그래도 얕은 바다가 2010년이 되면 거의 사라질 것으로 보인다.

현대 농업은 어느 정도의 성과도 거두었지만, 문제점과 환경적 재앙도 초래했다는 점에서 이전의 농업과 다를 바 없다. 달라진 것은 문제의 규모가 커졌다는 것이다. 전보다 많은 사람을 먹여 살릴 수 있게 되었지만, 분배는 더 불공평해졌다. 선진국 대부분의 주민들은 때로는 지나칠 정도로 풍부하고 다양하게 먹고 있지만, 전 세계의 인구의 다수가 대부분 영양이 부족한 상태이며, 영양실조로 인한 질병으로 고통받고 있다. 더 많은 땅에서 생산하고 더 집약적으로 생산해야 할 필요성 때문에 수많은 환경문제가 생겨났다. 삼림 파괴와 토양침식, 사막화, 염화, 땅과 물에 대한 과부하, 그리고 비료와 살충제, 제초제의 사용 등이다. 전 지구적 차원에서 보면 인류 역사를 통해 모든 농경 사회가 공통적으로 떠안고 살아왔던 과제, 즉 모두에게 식량을 충분히 공급한다는 과제는 아직도 해결되지 않았다.

제2의 대전환

12

인류 역사의 두 번째 대전환은 지구의 방대한(하지만 무제한은 아닌) 화석연료를 이용하는 데서 비롯되었다. 화석연료를 이용하게 되면서 에너지를 많이 소비하는 사회가 만들어졌다. 이것은 근본적인 변화를 가져왔다. 19세기까지 전 세계의 모든 사회는 에너지자원의 종류도 몇 가지 안 되었고, 쓸 수 있는 에너지의 총량도 극히 적었다. 화석연료의 사용은 농경의 시작과 정주 사회의 대두만큼이나 중요한 전환의 계기였다. 그것이 환경에 끼친 영향 면에서는 농경이나 정주 생활보다 짧은 시간 동안에 훨씬 크게 작용했다. 그 이전까지 인간 사회가 썼던 모든 에너지는 재생할 수 있는 에너지였다.(물론 나무의 경우 재생할 수 없는 방식으로 이용되기는 했다.) 지난 두 세기 동안 에너지와 관련된 특징은 재생할 수 없는 화석연료(석탄과 석유, 천연가스)를 사용했다는 것뿐이 아니다. 에너지 소비가 엄청나게 증가했다는 점도 특징적이다.

　사회는 불을 밝히고 요리를 하고 난방을 하고 농업과 건설업, 산업에 필요한 동력을 얻고 교통수단을 이용하는 등 여러 가지 근본적인 활동을 하기 위해 에너지를 소비한다. 에너지를 얻는 데는 언제나 비용이 들기 때문에 쓸 수 있는 에너지원에 제한이 생긴다. 나무를 줍는 경우라면 비용이 매우 낮을 것이고, 해양에서 석유를 파내는 경우에는 비쌀 것이다. 한 세기 이전에는 에너지 운송의 문제도 에너지 사용의 제약으로 작용했었다. 나무와 석탄은 무겁고 부피가 커서 수운 외의 방법으로는 운송하기가 어려웠고, 수력과 풍력은 특정 장소에서만 이용할 수 있었다. 유동성 있고 쉽게 공급할 수 있으면서도 난방과 조명, 동력 등을 해결해 줄 수 있는 에너지를 얻게 된 것은 19세기 말에 전기가 발명된 후, 그리고 이어서 고압 송전 체계가 갖추어지고 난 후의 일이다.

인력

　19세기까지는 전 세계가 사용한 기계적 에너지의 75퍼센트는 인간에게서 나왔고, 나머지는 거의 대부분 동물에게서 제공되었으며, 풍력과 수력은 극히 제한적으로만 이용되었다. 인간은 동물보다 훨씬 효율적인 동력원이었다. 인간은 동물보다 음식을 덜 먹기 때문에 농업 생산성이 낮은 사회에서는 사람을 주요 동력원으로 사용하는 수밖에 없었다. 수천 년 동안 모든 사회의 기초를 형성하는 데 인간의 엄청난 고통과 노력이 들어갔고, 이 과정에서 많은 이가 일찍 죽거나 고통받았다. 인간은 토지를 개간하고 나무를 자르고 잡초를 제거하고 땅을 파고 밭을 만들고 관개수로를 개설하는 등, 수많은 작업을 동물에게서 제한적인 도움을 받으며 원시적인 도구만으로 해냈다. 이 것은 지난 8000년에서 1만 년 사이의 대부분의 기간에 농부로 살아 간 90퍼센트의 사람들에게 삶의 현실이었다. 1806년까지도 프랑스의 농학자는 쟁기를 버리고 손으로 밭을 갈자고 주장했다. 속도가 느릴 지는 몰라도 값도 싸고 더 꼼꼼히 일한다는 것이었다.(노동력은 언제나 넘쳐 났다.) 인간은 산업에 필요한 동력의 대부분을 제공하기도 했다. 15세기에 벨기에 북서부 브뤼허의 장터에 거대한 크레인이 설치되자 사람들이 경탄하면서 기술의 기적으로 부르기도 했지만, 이 역시 인 간의 힘으로 돌리는 것이었다. 19세기에 영국 죄수들은 그 지역 공장 에서 쓸 에너지를 얻기 위해 바퀴를 돌리는 일에 동원되었다. 중국 대 운하의 가장 높은 곳에 있는 갑문도 수백 명의 인간이 굴대와 밧줄을 이용해 여닫는 것이다. 20세기에 여러 가지 노동을 절약해 주는 가전 제품이 발명되기 전까지, 가정에서도 인간의 힘이 주요한 동력이었다. 100년 전까지만 해도 영국에서만 250만 명가량(그중 80퍼센트가 여성 이었다.)이 하인으로 일했고, 하인 계급은 직업 범주로는 가장 큰 규모 였다. 그러나 새로 도입된 가전제품들은 비교적 잘사는 집에서만 쓸 수 있었다. 21세기 초에 이르러서도 나무를 하거나 물을 떠오는 등의 가사 노동을 하는 것은 전 세계 수억 명 여성의 일과였다.

사회에서 지배계급이 원하는 대규모 사업을 해내기 위해 필요한 노동력을 동원하는 것은 언제나 어려운 문제 중 하나였다. 대부분의 노동력은 강제에 의한 것이었는데, 그 사회의 주민들을 강제로 징발 하거나 노예를 이용하는 방법이었다.(노예에는 전쟁 포로도 있었고 정복 된 지역의 사람들도 있었다.) 메소포타미아의 궁전이나 사원, 이집트와 중앙아메리카의 피라미드, 중국의 대운하와 만리장성 등 고대 사회의 거대한 유적들은 대개 강제 노동을 이용해 세워졌다. 제4왕조기 (기원전 2575~2465년)의 이집트에서는 외곽 지대에 대중을 위한 묘비를 건설하거나 간단한 기념비를 제작하는 것들을 모두 금지했다. 그 대신에 모든 노동력은 왕과 관리들 그리고 그들의 친척들을 위해 거대한 피라미드를 건설하는 데 집중되었다. 이에 필요한 막대한 양의 노동력은 정부 당국이 중앙집권으로 운영했고, 이 노동이 자발적이었다는 흔적은 어디에도 없다. 중국에서는 남부에서 식량을 운반하기 위해 대운하를 건설할 때 농민 500만 명을 징발했고, 이들을 감독하기 위해 5만 명을 동원했는데, 그중 절반이 대운하가 완성되기도 전에 죽었다.

유럽에서도 강제 노동이 흔했다. 1000년 이상 동안 농부들은 땅을 빌려 경작하는 대가로 1년에 얼마씩 지주의 땅에 나가 일해 주어야 했다. 이것이 지주들이 자기 땅을 경작할 수 있는 유일한 방법이었고, 농민들은 땅에 묶인 경우가 대부분이었다. 농노제는 18세기까지 서유럽에 존재했고, 동유럽과 러시아에서는 19세기까지 존속했다. 강제 노동은 다른 목적을 위해서도 필요했다. 18세기까지도 프랑스에서는 도로를 짓고 유지하는 데 코르베(지방 공동체의 강제 노동력)를 동원했다. 20세기의 전체주의국가에서도 주요 건설 사업을 위해 강제 노동을 동원했는데, 소련과 중국의 사상범 강제 노동 수용소나 나치 독일의 집단 수용소 등이 대표적인 예다.

이렇게 자국민에게 강제 노동을 시키는 것으로도 모자라 노예를 이용한 사회도 많다. 노예는 먹여 주기만 하고 돈은 주지 않아도 되는 동력원으로 간주되었다. 노예제도는 정착 사회가 시작되면서부터 나타나 19세기까지도 전 세계에서 존속했다. 하지만 특별히 대규모 노예노동에 의존한 사회로는 역사적으로 세 가지 예를 꼽을 수 있다. 첫째는 고대 그리스 사회였다. 스파르타는 정복지인 메세니아의 농부들을 국가 노예(헬롯)로 부렸다. 노예들은 개 가죽으로 된 모자를 써야 했고, 스파르타인이라면 누구든지 이들을 마음대로 죽일 수 있었다. 아테네에서는 인구의 3분의 1(약 10만 명)이 노예였는데, 라우리온의 은광과 아테네 시민들의 농장에서 일했다. 아테네인들이 정치에 참여할 만큼 시간적 여유가 있었던 것도 노예노동이 있었기 때문이다. 이 두 사회의 노예노동은 로마 제국의 노예노동에 비하면 아무것도 아니다. 기원후 1세기에 이탈리아에는 약 200만 명의 노예가 있었고, 이들이 인구의 3분의 1을 차지했다. 이 정도 규모의 노예가 유지되려면 끊임없는 전쟁으로 노예(죄수, 그리고 점령지의 주민들)가 공급되어야 했고, 서유럽과 흑해, 아프리카에 걸친 방대한 노예무역의 네트워크가 발달되어 있어야 했다. 아마도 연간 25만 명이 붙잡혀 노예가 되었던 것 같다. 대규모 노예노동에 의존한 세 번째 사회는 유럽 식민 제국들이었다. 총 1200만 명의 아프리카인이 플랜테이션 농장에서 노예노동을 하며 설탕과 담배, 면화, 쌀, 인디고 등 유럽인들이 원하는 기호식품을 공급했다. 많은 아프리카 노예가 공장과 집 안에서도 일했다. 그뿐만 아니라 원주민의 대다수가 농장의 노예로 징발되기도 했고, 몇 세기 동안이나 유럽의 무역에 자금을 대어 온 볼리비아의 은 광산에서 끔찍한 노동조건을 감수하며 강제 노동을 해야만 했다.

인력은 운송 수단을 제공하는 데도 중요하게 이용되었다. 수천 년 동안 짐꾼은 짐을 운반하는 데 가장 많이 이용되는 수단이었으며, 아직도 세계 곳곳에서는 그런 곳이 많이 있다. 가축을 이용하지 않았던 잉카 제국에서는 국가가 강제 노동으로 건설한 도로를 따라 전령들이 달려서 메시지를 전달하는 효율적인 통신망이 구축되어 있었다. 바다에서도 바람보다 사람의 힘을 더 많이 이용했고, 이 두 가지를 병행하기도 했다. 고대 그리스의 대전투선인 삼단노선(Trireme)은 인간의 힘을 이용한 것이었고, 지중해의 갤리선(Galley)은 로마 제국 시대부터 19세기 프랑스에 이르기까지 상업용이건 군용이건 노예나 죄수들이 움직였다. 유럽보다 훨씬 기술적으로 앞선 중국의 배조차도 사람이 발로 밟아 돌리는 방아로 동력을 받는 외륜으로 움직였다. 가축은 부족하고 싸구려 노예노동력은 남아돌던 브라질에서는 16세기부터 소나 말 대신에 노예가 수레를 끌었다. 과거의 거의 모든 사회에서 사람이 사람을 운반했으며, 이것은 흔히 신분의 상징이기도 했다. 의자가 달린 바구니를 등에 매다는 방법은 아직도 세계 여러 지역에서 볼 수 있으며, 네 명이나 여섯 명이 메는 1인승 가마인 팔랑캥(palanquin)은 19세기까지 근동과 인도, 중국에서 흔히 쓰였고, 두 명이 한 조가 되는 가마는 17~18세기 유럽의 도시에서 널리 쓰였다. 인력거도 있었는데, 오늘날까지 자전거로 끄는 인력거의 형태로 남아있다.

축력

유라시아와 아프리카에서 인간 외에 가장 손쉽게 동원할 수 있는 동력원은 동물이었다. 선진국에서도 20세기까지 동물은 여러 분야에서 사용되었다. 하지만 동물의 힘을 사용하는 데 가장 큰 문제점은 충분한 사료를 재배하는 일이었다. 말 한 마리를 키우는 데 필요한 사료를 얻으려면 2헥타르의 땅이 필요했다. 또 다른 동력원인 황소를 키우는 데는 이보다는 적게 들었다. 농업 생산성이 낮은 시기에는 모든 토지가 인간을 먹여 살리는 데 쓰였기 때문에 키울 수 있는 동물의 수는 극히 제한되었다.

동물의 동력을 처음으로 사용한 것은 짐을 끌기 위해서였을 것이다. 짐은 동물의 등에 묶어 운반했다. 당나귀나 아시아당나귀같이 초기에 가축화된 동물은 수천 년 동안 짐 운반용으로 이용되어 왔다. 노새도 중요했으며, 특히 지중해 지역에서 많이 쓰여, 19세기의 스페인에는 노새의 수가 말보다 두 배나 되었다. 유럽인이 정복한 후의 라틴아메리카에서도 노새를 많이 썼다. 18세기에 남아메리카에는 노새가 200만 마리가량 있었다. 바퀴가 달린 수레는 기원전 3500년 무렵에 메소포타미아에서 처음으로 사용되었고, 그보다 약간 늦게 인더스강 유역과 이집트에서 사용되기 시작했다. 수레를 끈 것은 황소나 아시아당나귀였다. 아시아당나귀의 사용은 점차 줄어들었고, 유럽과 중동에서 짐을 싣는 데 가장 중요하게 쓰인 가축은 황소인데, 18세기까지도 말이 1400만 마리가 있었던 데 비해 황소는 2400만 마리가 있어서 농사에 쓰였다. 인도에는 20세기 초까지 500만 대 이상의 황소 수레가 있었으며, 아직도 많은 국가에서는 중요한 교통수단으로 남아 있다.

말이 가축이 된 것은 기원전 3200년 무렵으로 추정되는데, 남부 우크라이나 평원 어딘가에서 사육되기 시작되었다. 말을 통제하기 위한 재갈이 어디에서 처음 만들어졌는지는 알려져 있지 않다. 짐을 실어 끄는 데 필요한 장구가 덜 발달했기 때문에 3000년 동안 주로 등에 사람이 타거나 짐을 싣는 방법으로만 이용되었다.(가벼운 마차를 끌기도 했다.) 황소용 멍에를 말에 얹어 썼는데, 황소와 소, 들소는 목과 몸체를 연결하는 척추를 잡아당김으로써 효과적으로 통제할 수 있었지만, 말은 쟁기 등 무거운 물건을 끌 때 멍에를 당기면 그때마다 목이 졸려 질식했다. 말을 효과적으로 다루려면 멍에의 힘이 걸리는 부분이 말의 몸 측면까지 더 내려가야 했고, 그러기 위해서는 하나의 막대기로 제어하는 것이 아니라 양 옆구리에 두 개의 축을 두어 움직여야 했기 때문에 장치를 완전히 다르게 고안해야 했다. 이 문제점은 중국에서 기원전 3세기에 처음으로 가슴걸이를 고안함으로써 해결되어 이때부터 말들도 무거운 짐을 끌 수 있게 되었다. 유럽은 그 후 1000년이 지나도록 이 방법을 발견하지 못했다. 오늘날 쓰이는 것과 같은 말의 어깨띠(목 주위에 푹신푹신한 틀을 끼우고 어깨 높이에 굴대를 매서 말이 효율적으로 힘을 낼 수 있게 하는 방식)는 기원후 500년에 중국에서 최초로 사용되었으나, 유럽은 그 후 5세기가 지날 때까지 이를 몰랐다. 북서유럽에서는 발에 습기가 차는 것을 막기 위해 말굽을 사용해야 했다. 쇠로 만든 말굽은 중앙아시아에서부터 중국으로 퍼졌고, 다시 서쪽으로 퍼져 이슬람 세계를 통해 마침내 기원후 900년 무렵에 서유럽으로 퍼졌다.

이러한 기술적인 진전으로 서유럽에서도 말이 짐을 끌 수 있게 되면서 기원후 1000년 말이 되면 이 지역에 말을 이용한 농경이 도입된다. 말이 소를 대신하기까지는 오랜 시간이 걸렸다. 더 많이 먹어야 하고, 고기로 팔 수 있는 소와는 달리 늙으면 가치가 없어졌기 때문이다. 그래서 유럽에서는 1100년 이전에는 말을 농사용으로 거의 쓰지 않았고, 잉글랜드에서는 이후 수 세기 동안에 주로 소가 수레나 쟁기를 끌었다. 18세기에 이르면 말이 모든 농사일에서 주 동력원이 되었고, 그러한 상태는 20세기에 트랙터가 등장할 때까지 지속되었다. 잉글랜드와 프랑스에서는 1920년에 이르러 농사용 말의 수가 가장 많았고, 독일에서는 1939년에 말 300만 마리가 농가에서 사육되었다.

동물은 전쟁터에서도 긴요하게 쓰였다. 바퀴가 달린 탈것으로 가장 오래된 것 중 하나가 메소포타미아의 장군들이 몰았던, 단단한 바퀴가 달린 마차였다.(싸울 때는 마차를 타지 않았다.) 등자가 개발되면서 기마 부대와 기마전이 발달했다. 등자는 중앙아시아 어딘가에서 유목민이 개발했을 텐데, 기원후 3세기에 인도에 알려졌고, 477년에 중국에 도달해 그곳에서 발 전체를 싸는 형태로 발달했다. 등자가 서쪽으로 전파되는 데는 2세기가 걸려, 694년에는 이란에서 사용되었다. 유럽에서 등자를 처음 이용한 것은 730년대의 프랑크족 군대였다. 등자는 말을 탄 사람이 말에서 떨어지는 것을 방지해 준다는 이점이 있었다. 말이 유럽의 군대에서 중요한 위치를 차지하기 시작했다. 하지만 사료의 부족으로 말의 수는 제한되었다. 14세기까지도 3000~5000마리 이상을 키우지 못했다. 기마 부대의 전성기는 사료용 꼴을 구할 수 있었던 18~19세기로, 기술전이 증가한 20세기 전투에는 말이 적합하지 않았다. 그래도 군대는 운송용으로 계속 말을 썼다. 제1차 세계대전 때 영국군은 120만 마리의 말을 키웠으며, 제2차 세계대전 때 독일 군대는 기갑부대를 기계화했지만, 그래도 운송용으로 270만 마리의 말이 필요했다.(1914~1918년의 두 배나 되는 수다.)

바퀴 달린 수레는 고안된 후에도 사용하는 데 문제가 많아 몇백 년 동안 유라시아 전역에서 제한적으로 이용되었을 뿐이다. 짐을 먼 거리로 수송하는 것은 경제적이지 못했고, '길'이라고 해 봤자 바큇자국이 파인 좁은 통로뿐으로, 비만 오면 깊은 진흙 구덩이가 생겼다. 이러한 문제들로 인해 중동과 이슬람에서는 언뜻 보기에는 이상한 방향으로 운송 수단이 발전했다. 바퀴 달린 운송 수단 대신 낙타가 쓰인 것이다. 단봉낙타는 아마도 기원전 1500년 무렵에 아라비아반도 어딘가에서 가축화했을 것이다. 원래는 젖을 짜기 위해 키워졌으나, 기원전 100년 무렵에 북아라비아식 안장('V' 자를 뒤집은 모양의 틀을 낙타의 혹에 걸치고 그 위에 방석을 얹었으며 양 옆으로 짐을 묶을 수 있었다.) 이 개발되면서 운송 수단으로 이용되었다. 낙타를 이용하는 것은 몇 가지 이점이 있었다. 황소나 말보다 사육하는 비용이 적게 들고 마구를 메는 데도 문제가 없었다. 황소나 말은 짐수레에 짐을 얼마 실을 수 없었고, 유지하는 비용도 만만치 않았다. 반면에 낙타는 약간의 장치만 갖추면 짐을 실을 수 있었고, 하루에 이동할 수 있는 거리도 두 배나 되었으며, 길이 없어도 다닐 수 있었다. 또한 낙타를 서로 묶으면 한 사람이 여섯 마리까지도 제어할 수 있었다. 그러므로 낙타를 사용할 수 있게 되었다는 것은 교통수단 면에서 보면 크게 발전했다고 볼 수 있으며, 유지 비용과 설비 투자 비용이 적게 드는 만큼 그 돈을 다리나 대상용 여관(caravansary)을 만드는 데 집중할 수 있었다. 낙타는 사하라 횡단로를 개척하는 데 중요한 역할을 했고 쌍봉낙타(기원전 1500년 무렵에 이란 또는 아프가니스탄에서 가축화했다.)는 비단길을 따라 중국으로 가는 대상 교역의 근간이 되었지만, 옥수스강 서쪽 지역에서는 쌍봉낙타가 거의 이용되지 않았다.

수천 년 동안 가축은 세계 곳곳에서 기계를 움직이는 데 중요한 동력원이었는데, 그중에서도 특히 곡식을 갈거나 올리브를 으깨기 위해 방아를 돌리는 데 쓰였다. 18세기 후반의 이른바 '산업혁명'의 초기 단계였던 영국에서는 동물, 특히 말의 이용이 크게 늘어났다. 현대의 동력 측정 단위인 '마력'도 여기서 유래한 것이다. 초기 공장에서 사용된 기계는 소규모여서 작은 힘으로 작동할 수 있었다. 방아를 가동하는 데는 2~3마력, 방직기를 돌리는 데는 방추 100개당 약 1마력 정도가 필요했다. 새로운 방직기를 발명해 방직 산업의 발달에 공헌한 리처드 아크라이트(Richard Arkwright)는 노팅엄에 있는 자기 공장에서 방추 1000개를 움직이는 동력으로 말을 사용했다. 말은 또한 광산과 양조장에서도 많이 사용되었다. 말은 값싸고 순종적이었기 때문에, 10마력 이하의 낮은 출력을 내는 데는 언제나 동력원으로 사용되었다. 1800년 이후 증기가 말을 대신하기 시작했지만 그 과정은 수십 년이 걸렸다.

말은 내연기관이 널리 보급되기 이전까지 교통수단으로도 중요한 역할을 했다. 개인 교통수단은 거의 다 말이었으며, 역마차나 운하의 배를 끄는 동력도 말이었다. 19세기에 철도가 개발된 이후에도 교통수단으로서 말의 역할은 끝나지 않았다.(역마차만은 기차의 등장과 더불어 사라졌다.) 오히려 늘어난 교통량은 말의 수요를 증가시켜, 1900년이 되면 말의 수가 최고조에 달했다. 영국은 전 세계적으로도 가장 일찍부터 철도망이 조밀하게 발달한 나라 중 하나이지만, 그러한 영국에서조차 19세기에 말의 수가 급격히 증가했다. 1810년에는 1만 5000대의 개인 소유 마차가 있었는데, 1870년대에는 12만 대로 늘어났다. 도시에서 개인용 말과 사업용 말의 수는 1830년의 35만 마리에서 1900년에는 120만 마리로 늘어났다. 도시에 막 생겨나기 시작한 대중교통 체계도 20세기 초 이전에는 말을 이용했다. 1902년에 런던에는 말이 끄는 승합마차(마차 한 대당 두 마리의 말이 끌며, 하루에 열 마리의 말이 필요했다.) 3700대와 2인승 마차 7500대, 전세 마차 3900대가 있었다. 철도 회사도 짐마차를 이용해 창고에서 상품을 내보냈다. 런던에서 철도 회사는 6000마리의 말을, 석탄 회사는 8000마리의 말을 소유했다. 1913년 후반까지도 런던의 상품 물동량의 거의 90퍼센트는 말이 운반했다.

20세기 초의 영국에서 말의 수는 350만 마리로 현재의 스물다섯 배 수준이었고, 프랑스에도 대략 같은 수가 있었다. 미국에는 2000만 ~3000만 마리가량이 있었다. 이러한 수는 농경 시스템이 부양할 수 있는 최대 수준에 가까웠다. 1900년에 영국의 말들은 한 해에 400만 톤의 귀리와 건초를 먹어 치웠다. 이것은 약 600만 헥타르의 땅에서 생산되는 양이다. 외국에서 들여오는 값싼 수입품이 없었다면, 영국에서 이렇게 많은 말을 기르면서 사람도 먹여 살릴 수는 없었을 것이다. 이렇게 많은 양의 사료를 특히 도시에서 조달하는 것은 어마어마한 문제였다. 미국에서는 말 사료를 기르기 위한 경작지가 약 3600만 헥타르(전체 농지의 4분의 1)를 차지하기에 이르렀는데, 이로써 수용할 수 있는 최대치에 달했다고 할 수 있을 것이다. 농업 부문을 제외하면 말은 빠르게 대체되었다. 영국에서는 말이 끄는 버스가 제1차 세계대전 이전에 이미 사라졌고, 1920년대 초부터 10년 사이에 말의 수가 절반으로 줄었다.

수력과 풍력

19세기 동안에도 인간과 동물은 여전히 주요 에너지원이었다. 수력과 풍력은 단지 보조적인 에너지원으로 쓰였고, 거의 전적으로 산업에서만 활용되었다. 인류 역사에서 최초로 수력이 이용된 것은 기원전 100년에 이집트에서였는데, 물을 퍼 올리는 수차와 곡식을 빻는 방아가 쓰였다. 초기의 수차는 수평으로 돌아갔으나, 힘의 방향을 바꾸어 주는 캠(cam) 장치와 톱니바퀴가 발명된 뒤에는 훨씬 더 강한 힘을 내는, 수직 방향으로 회전하는 수차로 대체되었다. 유럽과 지중해 지역에서 수 세기 동안 거의 곡물을 가는 데만 쓰이던 수력발전은 인간의 노동력이 풍부하던 시기(대부분이 노예노동으로 인한 것이다.)에는 매우 서서히 보급되었다. 중국에서도 비슷한 시기에 수력발전이 개발되었으나, 지중해 지역과는 관련 없이 독자적으로 일어난 과정이었다. 용도도 달라서 곡물을 가는 방아가 아니라 철을 제련할 때 쓰는 두 개의 피스톤이 동시에 움직이는 풀무에 주로 쓰였다.

수 세기 동안에 걸쳐 수차는 서유럽 전역에 세워졌다. 수차에 관한 가장 오래된 기록은 1086년에 잉글랜드에서 출판된 『둠즈데이 북(Domesday Book)』에 나타난다. 이 책에 의하면 전국에 걸쳐 3000개 정착촌에 5624개의 수차가 있었다고 한다. 어떤 지역에서는 매우 밀집해 있어서, 윌트셔에 있는 윌리강에는 15킬로미터 사이에 서른 개가 있었다. 이처럼 밀집한 양상은 프랑스에서도 볼 수 있다. 루앙 근처의 루베크강가에는 10세기에 두 개밖에 없던 수차가 3세기 후에는 열두 개로 늘어났다. 14세기에 파리 근교 센강변에는 1킬로미터 정도 되는 길에 예순여덟 개가 있었고, 도시 중심의 그랑 퐁에는 다리 아래에 열세 개가 있었다.

수력은 노동력과 시간은 절약해 주었지만, 몇 가지 문제가 있었다. 강의 물살이 계절마다 달라 수차를 가동하지 못하는 시간이 많았다. 또한 강의 가장 좋은 부분에 수차를 건설해야 했기 때문에 강물의 이용과 접근을 두고 수많은 분쟁이 발생했다. 12세기 말에 툴루즈의 가론강에서는 다리 밑에 있던 떠 있는 수차들을 부수고 고정된 수차들을 세운 뒤, 각 수차로 들어가는 수량을 조절하기 위해 작은 댐들이 세워졌다. 이것 역시 끊임없는 분쟁을 일으켰다. 하류에서 유량을 더 확보하려고 댐을 더 높게 세우면, 상류에 있는 댐에서는 그만큼 물살의 흐름이 느려졌기 때문이다. 수력을 새롭게 이용하는 방법도 유럽 전역으로 점차 퍼졌다. 수력은 1086년에 노르망디에서 처음으로 모직물 축융 공정에 사용되었고, 1138년에는 파리에서 가죽을 무두질하는 데, 1238년에는 발렌시아에서 종이를 만드는 데 사용되었다. 철광석을 제련하거나 목재를 자르거나 풀무질을 하거나, 맷돌을 갈고 보석을 연마하고 주화를 주조하고 맥주 원료를 만드는 데도 수력을 이용했다. 잉글랜드에서는 모직물 축융 공정에 수력을 주로 이용하게 되어, 잉글랜드 모직 사업의 중심은 수력이 풍부한 북동쪽으로 옮겨 갔다.

최초로 바닷물의 힘을 이용한 수차는 11세기 초에 남부 메소포타미아의 바스라에서 처음 작동되었고, 이곳에서부터 서쪽으로 유럽까지 전해졌다. 조수 간만의 차를 이용한 최초의 수차는 1044년에 베네치아 근처의 아드리아해에 세워졌고, 강의 수력이 약하거나 불규칙한 지역을 중심으로 유럽 전역에 퍼졌다. 이러한 조력 수차는 주로 곡물을 가는 데 썼는데, 19세기에도 계속 지어져서 데번과 콘월에 스물다섯 개의 조력 수차가 있었다.

여러 가지 제약이 있었지만, 수력은 세계 전체에서 수 세기 동안 기계를 움직이는 주요한 동력원이 되었다. 18세기 후반부터 19세기 초에 있었던 이른바 산업혁명에도 초기에는 비효율적이었던 증기를 대신해 수력을 많이 사용했다. 영국에서 요크셔 지역과 랭커셔 지역의 섬유 공장은 대개 물살이 빠른 강둑 근처에 세워졌다. 19세기 초에는 런던에 물을 공급하기 위해 템스강의 물을 퍼 올리는 데도 수력을 사용했다. 1900년까지도 뉘른베르크에는 180개의 수차가 움직이고 있었다. 미국에서도 1880년대까지 공장에서는 주로 수력을 사용했고, 공장이 강에서 먼 경우에만 불가피하게 증기기관을 썼다. 수력은 거대한 산업을 유지하는데 기여했다. 뉴햄프셔와 매사추세츠주의 메리맥강을 따라 발전한 로웰, 로런스, 맨체스터 등 직물 산업의 중심지에는 900여 개의 수차와 공장들이 수력을 이용해 돌아가고 있었다. 모호크강에 있던 거대한 마스토돈 공장은 지름이 2.5미터나 되는 파이프로 물을 끌어들여 1200마력을 생산하고, 3.2킬로미터의 회전축을 따라 16킬로미터의 벨트, 7만 개의 방추, 1500대의 방직기를 돌려 하루에 60킬로미터의 면포를 생산해 냈다. 일본에서도 최초의 직물 공장은 수력을 이용한 것이었으며, 1890년대가 되어서야 증기에 의존했다.

유럽과 중국에서 수력의 보조 기관으로 사용된 것은 바람이었다. 풍차를 처음 만든 것은 티베트와 중국으로, 종교적 의례의 도구로서 사용했다. 그러나 보급되는 속도는 대단히 느려 13세기 말이 되어서야 중국에서 동력원으로 사용되었고, 물을 끌어들이는 데 사용한 것은 그보다 늦은 1600년에 이르러서였다. 이슬람 세계에서는 1100년을 전후해 풍차가 개발되었으나, 수직의 차축을 사용했다. 이와는 별도의 과정으로 유럽에서도 풍차가 발명되고 개발되었다.(풍차는 유럽이 당시 유라시아의 다른 지역보다 기술적으로 앞서 있었던 몇 안 되는 부문 중하나였다.) 유럽의 풍차는 수평의 차축을 이용했으며, 풍차의 날개로 바람을 맞받아 돌리는 기능을 만들어 효율성을 높였다. 최초의 풍차는 12세기에 잉글랜드에 세워졌으나, 빠르게 전 유럽으로 보급되어 몇십 년 안에 벨기에의 이퍼르 주변 지역에만 120개가 있었다. 14세기에는 폴란드와 러시아, 그보다 조금 후에는 지중해 지역까지 퍼졌다. 풍력은 강의 물살이 느린 지역에서는 주요한 에너지원이었지만, 수력보다 출력이 더 쉽게 변한다는 문제가 있었다. 처음에는 주로 곡물을 가는 데 사용했으나, 15세기부터는 물을 퍼내는 데도 썼다. 특히 네덜란드에서는 경작지를 늘리기 위한 간척에 풍차가 중요한 역할을 했다. 16세기가 되자 네덜란드에서는 제재소의 톱과 광산의 승강 장치, 모직물의 축융, 가죽 가공, 화약 제조, 구리판 제조, 비단실 제조 등을 위해 8000개의 풍차를 사용했다.

목재

19세기까지 세계적으로 주된 연료는 장작이었다. 그 밖의 연료원은 동물의 분뇨 외에는 없었다. 그러나 동물의 분뇨를 연료로 사용하면 농업 생산성이 크게 떨어지기 때문에 이는 최후의 연료로 사용되었다. 장작은 여러 가지로 좋은 점이 많았다. 구하기도 쉽고 마르면 잘 탔고 대체로 공짜였다. 문제는 수요가 너무 많았다는 것이다. 나무를 통째로 베지 않아도 (특히 숯을 만드는 데는) 윗부분 가지만 쳐주는 등 목재를 구할 수 있는 방법이 있었지만, 손쉬운 대로 나무를 찍어 넘기는 것이 보통이었다. 나무는 재생할 수 있는 에너지원이 될 수 있었지만, 장작이 무제한으로 공급될 수 있다고 믿었던 시절에는 재식림에 관한 관심은 거의 없었다. 연료 외에도 나무는 모든 종류의 건설 작업에 사용되었다. 산업에서는 포도주 저장통과 용기, 기계를 만들고, 배와 수레, 마차, 바퀴를 만들었다. 숯의 형태로 철광석을 녹이거나 유리와 벽돌을 만들고, 화약의 주요 성분 등으로 온갖 방면에서 다 쓰였다.

이 모든 용도로 쓰기 위해 엄청난 나무를 소비했다. 중세 유럽에서 중간 크기의 집을 짓는 데는 떡갈나무 12그루가 필요했고, 14세기에 윈저 성을 짓기 위해서는 10년 동안 4000그루의 떡갈나무를 벴다. 일단 산업용으로 쓰이기 시작하자 수요는 더욱 극적으로 늘어났다. 숯을 만드는 데는 많은 양의 나무와 인력이 필요했다. 1475년에 독일 라인 지방의 오버팔츠 지역에서 소규모 제철업에 종사하는 노동자 수는 750명이었고, 장작과 철을 나르는 인부는 3000명이었으며, 5000명이 넘는 나무꾼과 숯꾼이 1년에 1만 톤가량의 숯을 생산했다. 19세기의 미국(1890년대까지 나무가 주된 사업 동력원이었던 시대다.)에서는 보통 크기의 용광로를 만들기 위해 해마다 100헥타르의 숲을 파괴했으며,

펜실베이니아의 호프웰 거대 용광로 하나만으로도 그 세 배의 숲이 파괴되었다. 목탄에서 칼륨을 뽑아내는 공장은 더더욱 파괴적이었다. 러시아의 아르한겔스크 근처의 한 공장에서는 한 해에 1000톤의 칼륨을 수출했는데, 1톤의 칼륨을 만드는 데 1000톤의 장작이 필요했다. 또한 러시아에서는 17세기 후반에 칼륨을 생산하기 위해 한 해에 300만 톤의 장작을 사용했다. 소금을 만들기 위해 물을 증발시키는 과정에도 막대한 양의 장작 연료가 들어갔다. 18세기에 1200개의 제염 공장이 있던 러시아의 카마 지역에는 모든 숲이 파괴되어서 연료를 300킬로미터가 떨어진 곳에서 실어 와야 했다.

수 세기 동안 이렇게 무자비하게 숲을 파괴하기만 하고 거의 조림을 하지 않아, 인도와 중국, 근동, 서유럽에서는 서서히 숲이 고갈되기 시작했다. 일찍이 중국에서 일어난 초기 산업혁명으로 인해 11~12세기부터 중국 북동부에서는 장작과 숯이 모자랐다. 인구가 비교적 적고 산업의 발달도 느렸던 서유럽에서는 15세기까지 목재 부족 현상이 나타나지 않았다. 조선업 분야에서 처음으로 목재 부족 현상이 나타났는데, 가장 강력한 해상 도시였던 베네치아에서는 목재가 모자라서 식민지 달마티아에서 수입했다. 베네치아인들은 1590년 무렵에는 조립된 선체를 수입해 와서 무기만 장착해야 했다. 베네치아의 경쟁자였던 제노바에서는 1460년 이후 100년 동안에 선박용 목재 값이 열한 배로 뛰었다.(이것은 인플레이션으로 말미암은 상승률보다 훨씬 빠른 가격 상승이었다.) 유럽 국가 중에서 최초로 인도양을 탐험한 포르투갈은 탐험 여행이 시작될 무렵인 15세기부터 목재가 부족했다. 그래서 16세기부터는 포르투갈의 선박이 모두 식민지에서 건조되었다. 고아에서는 인도 서부 해안에 있는 티크 숲을 이용했고, 브라질 동부의 바이아에서는 브라질산 목재를 사용했다. 스페인 역시 심한 목재 부족 현상을 맞았다. 1588년에 펠리페 2세(Felipe II)는 네덜란드와 잉글랜드에 맞설 무적함대를 건조하기 위해 폴란드에서 목재를 사들여야 했다.

잉글랜드에서는 1620년대에 프랑스와 전쟁을 벌이는 도중에 목재 부족 현상이 처음으로 나타났다. 1650년대에는 목재 부족이 심각한 문제가 되었는데, 특히 배의 마스트를 만드는 등 특별한 용도에 쓸 목재가 없었다. 대포 120문을 갖춘 일급 함선을 만들려면 길이 40미터, 지름 1미터 이상의 주 마스트가 필요했다. 이전까지 잉글랜드 해군은 서식스의 떡갈나무 숲에서 목재를 구해 올 수 있었다. 17세기 말에 이르면 목재 부족 현상이 더욱 심각해져서, 해군성이 국가 재정으로 조림 사업 계획을 세웠다. 하지만 새로운 목재를 생산해 내는 데는 100년 이상의 기간이 필요했다. 그 사이에는 목재를 수입해야만 했다. 처음에는 스칸디나비아와 러시아에서 수입했다. 기록에 남아 있는 최초의 목재 수입은 1230년에 노르웨이에서였지만, 17세기가 되자 발트해 연안으로부터 전나무와 참나무를 대규모로 수입했다. 노르웨이와 스웨덴, 러시아, 덴마크의 주요 항구 근처에서는 이미 적당한 나무들이 사라져 버려 강을 타고 내륙 깊숙이 들어가야 했다. 1756년에 영국은 왕실 해군용으로 해마다 60만 그루의 나무를 수입할 수 있는 권리를 러시아로부터 사들였다. 영국 정부의 대리는 토지 전체를 사서 농경을 중단시키고 농노를 써서 남아 있는 나무를 모조리 베게 했다. 그리고 나면 토지를 팔았다. 북아메리카의 새로운 식민지가 영국 해군을 위한 목재의 주요 공급원이 되었다. 1652년에 뉴잉글랜드에서 처음으로 마스트용 소나무를 벤 이후, 반세기도 안 되어서 뉴햄프셔의 경제는 전적으로 목재 수출에 의존했다. 유럽의 목재 부족으로 인해 1696년에는 영국의 전투함이 북아메리카에서 건조되었고, 18세기에는 영국 전함의 3분의 1을 여기서 만들었다. 이처럼 목재 수요가 빠르게 증가하자, 곧 그 영향이 나타나기 시작했다. 1700년이 되자 뉴햄프셔의 강줄기를 따라 30킬로미터 이내의 숲은 모두 사라졌고, 그로부터 50년 뒤에는 산맥 동쪽 사면의 숲이 거의 자취를 감추었다. 그래서 1772년에 새로이 정복된 메인주가 뉴햄프셔의 뒤를 이어 목재의 주요 공급지가 되었다. 하지만 1775년 무렵에는 메인의 큰 소나무도 모두 써 버려서 영국 해군은 발트해 연안 공업도시인 리가에서 만든 합성 목재를 써야 했는데, 질이 떨어지는 것은 말할 것도 없었다. 미국 독립전쟁 기간 중에 영국은 심한 목재 부족에 시달렸으며, 나폴레옹 전쟁 중에는 전적으로 캐나다산 목재에 의존했다. 그러니까 19세기 중반까지 영국 해군의 우월함을 보여 준 전함은 영국의 떡갈나무로 만든 것이 아니었다. 1860년대 중반에 철갑함이 나올 때까지 영국군은 전함을 만들기 위해 질이 떨어진다고 못마땅해 하면서도 세계 곳곳에서 목재를 사들였다.

해군용 목재의 부족은 전 유럽을 휩쓸었던 문제의 한 단면에 지나지 않는다. 유럽의 목재 부족 현상은 심각했고, 이는 곧 유럽이 에너지 위기에 처했다는 뜻이 된다. (규모는 작았지만) 초기 공업의 대부분이 나무와 숯에 의존했기 때문이다. 내륙 수송 체계가 부실했기 때문에 한 지역의 공급원이 고갈되면 다른 지역에서 목재를 수송해 오기가 어려웠다. 16세기 후반부터 목재 부족 현상은 더욱 두드러지기 시작했다. 슬로바키아에서는 숯의 감소로 1560년에 철광 생산량을 줄여야 했다. 1595년에 프랑스 남쪽 몽펠리에의 제빵업자들은 나무가 없어 덤불로 빵을 구워야 했다. 또한 1715년에 부르고뉴에서는 나무가 매우 희소해지는 바람에 값이 올라 가난한 사람들은 불을 때지 못했다. 10년 뒤에 폴란드의 비엘리치카에서는 나무가 모두 없어져 소금 만드는 공장이 문을 닫았다. 에너지 위기와 그 결과는 영국에서 찾아볼 수 있다.

에너지 위기와 그것이 초래한 결과는 그 위기를 처음 겪었던 국가들 중 하나인 영국에서 볼 수 있다. 영국은 새로운 형태의 에너지로 전환하지 않을 수 없었다. 17세기 초의 평론가인 에드먼드 하우스(Edmund Howes)는 이렇게 적었다.

예전에는 잉글랜드에서 목재가 부족하다는 것은 상상도 할 수 없었다. 하지만 그렇게 상상도 할 수 없었던 상황이 벌어지고 있다. 그만큼이나 많은 목재를 배를 만들고 끊임없이 집을 지으며 가구와 통, 기타 기구들, 수레, 마차를 만드는 데 써 왔으며, 그보다 엄청나게 더 많은 목재를 쇠와 타일, 벽돌을 만드는 데 써 버린 나머지, 지금에 와서는 앞서 말한 그 목재의 엄청난 소비에다가 나무 심기를 소홀히 한 점도 겹쳐서, 전체 왕국에서 나무가 턱없이 부족해져 버렸다.

16세기 후반에는 문제의 심각성이 명백해졌다. 연료가 모자라 잉글랜드 소금 사용량의 3분의 2를 프랑스에서 수입해 와야 했다. 프랑스에서는 태양열로 수분을 증발시킬 수 있었기 때문이다. 큰 나무를 베는 것을 금지하려는 정부의 노력이나, 1548~1549년에 켄트의 웰드와 서식스에서 철광업자들에게 대규모 벌목을 금지한 법령도 효과가 없었다. 이 시기에는 숲을 개간하는 수준이 유례없이 높았다. 1560년에 떡갈나무가 9만 그루 이상 있었던 더필드 숲은 30년도 지나지 않아 6000그루로 줄었다. 숯의 부족으로 무기 생산을 줄여야 했고, 철제 총은 스웨덴에서 수입해야 했다. 17세기 후반에는 숯 가격이 껑충 뛰어올라 1630~1670년 사이에 150퍼센트가 상승했는데, 숯이 얼마나 부족했는지 알 수 있다. 18세기 초가 되면 사정은 더욱 악화되어, 1717년에 웨일스에 새로 건설된 용광로는 숯을 확보하지 못해 지은 지 4년이 되어도 가동하지 못했으며, 숯을 모으고 모아 간신히 가동했는데도 결국 36주 후에는 문을 닫아야 했다. 전국에 있는 용광로들은 몇 년에 한 번씩 잠깐 동안 가동될 뿐이었다.

이 심각한 에너지 부족에 대응하기 위해, 그때까지 저급한 에너지로 인식하던 석탄을 사용하게 되었다. 장작 값이 뛰자 가난한 사람들부터 석탄을 쓰기 시작해 나중에는 부자들까지 석탄을 썼다. 1631년에 역사가 존 스토(John Stow)는 연대기에 다음과 같이 적었다.

전국적으로 장작이 부족해서 (……) 주민들은 석탄이나 토탄을 쓰며 귀족들의 집에서조차 이것을 사용한다.

나무와 숯이 희귀해지고 비싸짐에 따라 석탄에 대한 수요가 증가했다. 1550년에 잉글랜드의 석탄 생산량은 21만 톤이었으나, 1630년에는 150만 톤으로 늘어났다. 석탄은 부피와 무게가 많이 나가 바다를 통해 수송해야 했기 때문에 뉴캐슬과 런던 사이의 오랜 교역 체계가 급격히 활성화되었다. 그 수송량은 1550년에는 3만 5000톤이었으나, 1700년에는 56만 톤으로, 1800년에는 85만 톤으로 늘어났다. 사람들은 난방이나 조리용으로 장작을 선호했지만, 기존의 화로와 난로에 석탄을 쓸 수는 있었다. 금속 세공과 양조, 비누 제조 등의 산업에서도 이와 마찬가지로 연료의 종류에 구애받지 않았다. 그러나 석탄에 함유된 불순물 때문에 최종 생산품의 질이 떨어진다는 점이 큰 문제가 되는 분야도 많다. 새로운 가공법이 개발되어야 했지만, 시간이 걸리는 일이었다. 석탄은 1610년부터 유리 공장에서 사용되었으며, 10년 뒤에는 벽돌 공장에서도 사용되었다. 1640년대에는 양조장에서 엿기름을 말리는 데 코크스를 사용했으며, 1680년대에는 납과 구리, 양철을 녹이는 데도 사용했다. 마지막으로 코크스를 사용한 곳은 선철을 제조하는 공장이었다.(중국인들은 700년 전에 이미 이 문제를 해결했지만, 유럽에서는 아무도 이를 알지 못했다.) 이 방법은 1709년에 에이브러햄 다비(Abraham Darby)가 처음 개발했으나, 1784년에 헨리 코트(Henry Cort)가 교반기를 발명한 뒤에야 코크스를 이용해 연철을 생산할 수 있게 되었다. 18세기까지도 일부 산업 공정에서는 숯을 대신할 연료가 존재하지 않아 생산에 제한이 있었다.

석탄

서유럽, 특히 영국에서 17세기부터 비싸고 귀한 장작 대신에 석탄을 사용하게 된 것은 단순히 한 에너지가 다른 에너지로 대체된 것 이상의 의미를 갖는다. 이전까지 모든 사회는 인력과 축력, 수력, 풍력, 장작 등 재생할 수 있는 에너지를 사용해 왔다. 인간들이 새로 숲을 조성하지 않고 숲을 '채굴'해 내기만 해서 에너지가 부족해졌으므로, 이 에너지 위기는 스스로 자초한 것이다. 이러한 근시안적인 접근의 결과는 오랜 세월을 두고 반복되어 왔다. 목재의 부족이 정말 큰 문제가 된 뒤에야 사회들은 대안을 찾기 시작했는데, 대안은 여러 가지 면으로 볼 때 열등한 에너지원인 석탄밖에는 없는 것 같았다. 그것은 재생할 수 없는 에너지원에 의존하게 된 첫 걸음이었다. 2억 년 전에 존재했던 엄청난 열대 삼림이 만들어 낸 화석연료를 본격적으로 채굴하기 시작한 때는 17세기였다. 이로 인해 인류 역사상 두 번째의 대전환이 시작되었는데, 그 영향은 깊디깊은 것이었다. 그것은 단순히 재생할 수 없는 에너지원으로 전환하는 것 이상의 의미를 가졌다. 그것은 인류 역사가 지금까지 이어 온 흐름을 근본적으로 끊고 새로운 방향을 만드는 것이었다. 역사를 통해 인류는 늘 에너지가 부족한 상태로 살아왔다. 그런데 이 시점부터는 그런 상태와 결별하고 에너지 사용량이 급속하게 증가해 대단히 많은 에너지를 쓰면서 사는 사회로 진입한 것이다. 그 전환의 결과는 오늘날에 와서야 분명해지고 있다.

유럽의 주요 탄전은 13~14세기에 소규모로 채굴이 시작되었다. 당시의 석탄광은 노천광이거나 15미터도 안 되는 얕은 광산이었다. 탄광을 깊이 파고 들어간 것은 18세기의 일로, 숯의 값이 너무 비싸져서 깊은 곳에서 석탄을 캐내는 데 비용이 들더라도 채산성이 있게 되고, 깊은 갱도로부터 물을 퍼 올릴 수 있는 비교적 효율적인 펌프 시설이 개발되고 나서였다. 이 펌프는 석탄에서 얻은 증기력을 이용한 최초의 기계다. 그러나 석탄을 에너지원으로 하는 산업은 새로운 연료를 사용하는 데 따르는 기술적인 문제들이 해결된 뒤에도 매우 서서히 개발되었다. 영국 직물 산업의 발달 초기에서는 주로 수력이 이용되었는데, 그때까지만 해도 석탄의 수송이 어려웠던 데 비해 수력은 좀 더 값싸고 전국 어디에서나 사용할 수 있었기 때문이다. 석탄광은 요크셔와 사우스웨일스, 루르, 프랑스 북동부, 벨기에의 캠핀, 네덜란드의 림뷔르흐 등지에만 있었고, 새로운 공장들은 주로 석탄 생산지 가까이에 자리 잡았다. 유럽에서 석탄 매장량이 적은 이탈리아와 오스트리아, 스칸디나비아 삼국 등은 가장 뒤늦게 공업화를 시작했다.

그런데도 19세기에 들어서는 에너지 소비량이 급증했다. 세계 에너지 사용량은 1800~1900년 사이에 세 배로 증가했고, 이는 거의 대

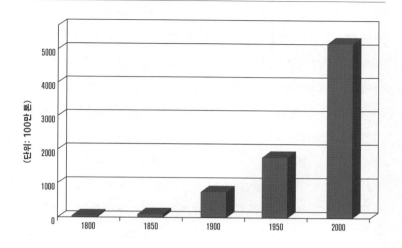

세계 석탄 생산량(1800~2000년)

부분 석탄 소비의 급증으로 인한 것이었다. 1800년에 세계 석탄 생산량은 1000만 톤이었으나 1850년에는 7600만 톤이 되었고, 1900년에는 7억 6000만 톤(일흔여섯 배로 증가)이었다. 19세기의 마지막 2년 동안 전 세계의 석탄 사용량은 18세기 전체 기간에 사용한 양보다 많았다. 거의 사용되지 않던 석탄이 폭발적으로 늘어난 세계 에너지 소비량의 90퍼센트를 차지하게 되었다. 새로운 에너지 소비 속도는 목재라면 감당해 낼 수 없었을 것이다. 1900년에 세계의 석탄 소비량은 한 해에 영국의 세 배에 달하는 면적의 숲이 사라져 가는 것과 맞먹었다. 이러한 소비량을 감당해 낼 만큼 숲이 많지도 않았고, 그처럼 막대한 목재를 세계 곳곳으로 운송하는 문제도 심각했을 것이다. 유럽이 산업화할 수 있었던 것은 어렵고 위험한 조건에서 변변한 기계도 없이 작업했던 수십만 명의 광산 노동자가 있어서였다.(인력의 중요성을 보여 주는 또 하나의 예다.)

19세기에 미국의 공업화는 유럽의 에너지 소비와는 매우 다른 양상을 띠었다. 19세기 후반에도 아직 쓸 수 있는 목재가 많은 새로운 정착지였기 때문이다. 나무는 1850년에 미국 연료 공급원의 90퍼센트를 차지했으며, 미국의 철 생산량의 절반은 여전히 숯을 이용해 생산되었다. 난로와 보일러 등은 장작을 사용하도록 설계되었다. 미시시피강처럼 큰 강의 증기선은 장작을 때서 움직였고, 철도의 기관차도 마찬가지였다.(영국에서는 장작의 부족으로 처음부터 석탄을 이용한 기관차가 운행되었다.) 1870년까지도 장작이 운송용과 공장용 연료의 4분의 3을 차지했다. 가까운 숲이 다 사라져 버린 1880년대 중반이 되어서야, 석탄은 미국에서 제일 많이 쓰는 에너지원이 되었다. 일단 석탄을 쓰기 시작하자 수요가 급증했다. 1850년에서 1900년 사이에 소비량이 서른 배로 증가했다. 1910년이 되자 미국 에너지 소비량 중에서 전체의 4분의 3이 석탄에서 나왔다. 미국의 경험은 손쉬운 자원이 거의 다 고갈되고 난 뒤에야 석탄으로 눈을 돌린 사례를 다시 한번 보여 준다. 뒤늦게 산업화를 이룩한 일본에서도 비슷한 패턴이 발견된다. 일본에서는 수력이 직물 공업의 주 원동력이었고, 석탄은 1890년까지도 거의 쓰이지 않았다. 1914년이 되어서야 석탄은 전체 공업과 선박에 사용되었다. 그러나 공업화가 진행되자 일본의 석탄 생산량은 상당히 늘어나, 1880년에 100만 톤도 채 못 되던 것이 1920년대 말에는 3400만 톤으로 늘어났다.

　　화석연료로의 전환과 에너지 소비 급증 현상은 19세기 조선업의 구조 변화에서도 두드러지게 나타났다. 19세기 중반까지만 해도 전 세계의 배는 모두 재생할 수 있는 자원, 즉 풍력이나 인력으로 움직였다. 최초의 증기선은 1810년 무렵에 출현해 1821년에 최초로 잉글랜드 해협을 건너고, 1839년에 대서양을 횡단했다.(이런 증기선은 돛도 달고 있었다.) 전통적으로 이용되어 오던 범선도 1850~1860년대에 들어 선체를 철제로 만들게 된 것 등 몇 가지 기술적 발전으로 훨씬 효율적인 선박이 되었다. 가장 규모가 큰 범선은 2000톤 이상 나갔는데, 증기선이 1840년대부터 운항되기 시작했어도 초기 단계에서는 비효율적이고 값도 비싼 증기선보다 잘 만들어진 범선이 충분히 경쟁력이 있었다. 이런 상황을 반전시킨 것은 강철제 보일러로 만들어져 강력한 증기압을 낼 수 있는 증기선의 개발이었다. 1970년대 후반까지만 해도 증기선은 중국에서 유럽까지 범선의 세 배나 되는 짐을 싣고 절반 정도밖에 안 되는 시간 안에 올 수 있었다. 1831년에 겨우 3만 2000톤에 지나지 않았던 증기선 선적량은 1870년 중반이 되면 300만 톤 이상으로 늘어났다. 점차적으로 범선이 사라지고 증기선이 세계의 상선(商船)과 전선(戰船)의 주종을 이루게 되었다. 이에 따라 증기선의 선적량은 기하급수적으로 늘어났다. 영국은 해군을 유지하기 위해 세계 곳곳에 석탄 보급망을 마련했다. 전 세계적으로 선적량이 급증했을 뿐 아니라 에너지 수요도 더욱 증가했다.

석탄 소비의 증가가 가져온 부산물 중 중요한 것은 최초로 인공 에너지원인 가스를 조명에 이용하게 된 것이다. 석탄가스가 처음으로 공장을 환하게 밝힌 것은 1807년에 맨체스터 부근의 솔퍼드에서였으며, 6년 뒤에는 미국 로드아일랜드의 면방직 공장에서도 썼다. 공장 주인의 입장에서 큰 장점은 인공조명이 작업 시간을 연장해 주었다는 것이다. 초기 설치 비용(가스관과 가로등을 새로 설치하는 비용)이 비싸기는 했지만, 가스는 고래기름보다 값도 싸고 많은 양을 사용할 수 있었다. 이에 따라 가로등이 훨씬 대규모로 보급되었다. 1816년이 되자 런던에서는 최초로 지하에 묻힌 관을 통해 공급되는 가스등이 켜지는 지역이 등장했으며, 1823년에는 쉰두 개의 도시에 가스등이 설치되었다. 1820년대에는 보스턴, 뉴욕,(영국에서 석탄을 수입해 왔다.) 베를린에서도 가스등을 달았다. 19세기에 선진국에서는 서서히 거리와 (설치 비용과 운영비를 감당할 수 있는) 집의 조명에 석탄가스를 이용하게 되었고, 나중에는 조리용으로도 쓰게 되었다.

에너지원으로서 석탄에 대한 의존도가 절정을 이룬 때는 20세기 초다. 전 세계 에너지 소비량 중에서 석탄이 차지하는 비율은 1900년의 90퍼센트에서 1960년대 초가 되면 50퍼센트 이하가 되고, 21세기 초 현재는 25퍼센트다. 그러나 석탄 생산량은 계속 증가했다. 1900년의 7억 6000만 톤이 2000년에 50억 톤이 되었으니 6.5배로 증가한 셈이다. 처음으로 석탄의 중요성이 감소하기 시작한 지역은 방대한 석유 매장량을 가진 미국이었다. 유럽에서는 훨씬 더 늦게 변화가 찾아와 1950년대가 되어서도 석탄이 에너지 사용량의 80퍼센트를 차지했다. 하지만 1970년대가 되자 값싼 석유가 석탄을 대체해 비중이 30퍼센트 이하로 줄었다. 1950년대까지는 한 세기 전과 다름없이 유럽 대부분의 철도망은 석탄을 캐는 증기기관차에 의존했다. 그러다가 10여 년 사이에 디젤기관차와 전기기관차로 바뀌었다. 1900년에 영국은 세계에서 두 번째로 큰 석탄 생산국이었고, 석탄 산업에 120만 명 이상이 종사했다. 20세기 후반이 되면 석탄 생산량은 한 세기 전의 10퍼센트에 지나지 않으며, 석탄 산업에 종사하는 인원은 만 명 정도뿐이다. 생산방식도 깊은 탄광에서 노천 탄광 방식으로 바뀌었는데, 노천 탄광 방식은 비용이 훨씬 적게 들지만, 훨씬 더 많은 환경 파괴를 일으킨다. 그런데 오늘날 미국에서는 석탄 생산량의 3분의 2가 노천 탄광 방식으로 생산된다. 하지만 석탄은 여전히 전 세계적으로 두 번째로 중요한 에너지원이다. 세계 전력 생산의 40퍼센트는 석탄 화력발전소에서 생산되며, 아직도 석탄이 가장 중요한 연료인 나라가 많다. 석탄은 남아프리카 에너지 소비량의 80퍼센트 이상과 중국 에너지 소비량의 3분의 2, 인도 에너지 소비량의 5분의 3을 차지한다.

전기

지난 두 세기 동안 에너지 부문에서 가장 눈에 띄는 발전 중 하나는 화석연료를 이용해 전기라는 형태의 편리한 에너지를 사용하게 된 것이었다. 1821년에 마이클 패러데이(Michael Faraday)가 최초의 전기모터를 개발했고, 10년 후에는 발전기를 만들었다. 최초로 전기 발전기가 만들어진 것은 1834년에 런던에서였지만, 이 신기술이 상업화하기까지는 다시 몇십 년이 걸렸다. 19세기 이전에는 전신과 해저케이블이 발명되면서 전기가 주로 통신 시설에 사용되었다.(최초의 해저케이블은 1851년에 영국과 프랑스 사이에 놓였다.) 1875년에는 파리의 가르 뒤 노르에서 최초의 대규모 조명 기기가 만들어졌다. 탄소 필라멘트를 쓰는 전등(1881년에 잉글랜드 하원에서 최초로 쓰였다.)이나 더 오래가는 텅스텐 필라멘트 전등(1911년)이 개발되면서 산업사회 전역의 공장과 상점으로 전기 조명이 확대되었다. 머지않아 전기 조명은 부유층의 가정에서도 가스등 대신에 쓰이게 되었다.

20세기에는 전기의 생산과 소비가 크게 증가했는데, 이와 관련된 몇 가지 기술적 발전이 있었기 때문에 가능했다. 첫째, 거대한 발전 시설의 건설이었다. 1920년대에 발전 시설의 평균 용량은 약 3만 킬로와트였으나 50년 사이에 60만 킬로와트로 증가했다. 둘째, 전기를 지역적·전국적·국제적으로 전송하기 위한 고압송전선망의 설립이었다.(1885년에 독일에서 처음 개척되었다.) 1886년에 나이아가라 폭포에 최초의 수력발전소가 세워졌으나, 대부분의 전기는 화석연료를 사용하는 화력발전소에서 생산되었다. 처음에는 석탄을 쓰다가 후에 석유와 천연가스로도 발전하게 되었다. 이로 인해 화석연료의 소비가 더욱 끝없이 증가하게 되었다. 1950년에 전기 생산은 전 세계 화석연료 소비의 10퍼센트를 차지했는데, 20세기 후반이 되면 40퍼센트로 늘어난다.

전기라는 형태의 에너지는 일단 비용을 들여 시설에 투자하고 나면 공장과 가정에서 조명과 난방, 동력을 매우 편리하게 이용할 수 있었기 때문에 에너지를 이용하는 패턴에 획기적인 변화를 가져왔다. 인류 역사상 처음으로 에너지는 스위치를 살짝 건드리기만 해도 바로 쓸 수 있게 되었고, 이것이 엄청난 에너지 소비를 조장했던 것도 놀라운 일은 아니다. 전기는 단순히 공장의 증기기관을 대체하기만 한 것이 아니라, 기계와 20세기에 등장한 산업로봇을 활용해 생산과정을 자동화했다. 또한 알루미늄 생산같이 엄청난 전기가 필요한 새로운 산업을 일으키기도 했다. 1톤의 알루미늄을 만드는 데는 같은 양의 강철을 만드는 것보다 6.5배의 에너지가 소모되었는데, 20세기 동안 알루미늄 생산은 거의 100배로 증가했다. 또한 전기는 가정 내의 에너지 수요를 엄청나게 증가시키는 기반을 제공했으며, 그 에너지를 소비하는 제품을 만드는 산업도 폭증시켰다. 미국은 대규모로 전력이 공급된 최초의 나라 중 하나다. 1920년대에 도시 지역에 전력이 공급되었고, 10년 후에는 시골에서도 전기를 쓸 수 있게 되었다. 유럽에서는 1950년대까지도 시골에서는 전력을 쓸 수 없는 지역이 대부분이었다. 이제 산업화된 사회에서는 거의 모든 가정이 배전 간선에 연결되어 있어 냉장고와 텔레비전, 세탁기, 세척기, 컴퓨터 등 끝도 없이 다양한 가전제품을 통해 조명과 난방, 조리를 위한 동력을 공급받는다. 전체적으로 전력 소비는 전체 에너지 소비보다 두 배의 속도로 증가했다. 유럽에서만 해도 1920년에서 1970년 사이에 전기 소비가 스물여섯 배로 늘었다. 세계 전력 소비는 계속해서 빠르게 증가해 1980년 이후 20년 동안 전력 소비가 두 배로 증가했다.

석유

수 세기 동안 석유는 지표면에서 새어 나온 것을 거두어 선체의 누수를 막는 충진재나 약품으로 사용되었다. 상업적으로 석유를 채취하려 한 시도는 19세기 중반이 되어서야 시작되었다. 세계 최초의 상업적 유전은 1859년에 시추된 펜실베이니아의 드레이크 유정이었는데, 그로부터 수십 년간 전 세계의 석유는 소규모로 생산되었다. 석유의 채굴과 정유, 저장, 수송에 따른 기술적 문제를 극복하게끔 하는 압력은 두 군데서 왔다. 첫째는 고래기름이나 식물성 기름 같은 윤활유는 새로운 공업 기계에 쓰기에는 부적당했다는 것이며, 둘째는 고래기름의 공급이 달리기 시작하면서 값이 계속 올랐다는 점이다. 이 두 가지 용도는 초기에 석유 생산을 추진하는 배경이 되었다. 19세기 말에는 원유의 85퍼센트가 조명용 석유로 정제되고, 나머지는 거의 윤활유로 사용되었다. 20세기 초에 석유를 때는 용광로가 나오면서 새로운 용도가 생겨났다. 1909년에는 석유의 절반 가까이가 연료용으로 사용되면서 석유 개발과 공급 산업이 점점 더 중요해졌다. 영국 해군의 전함은 이 시기에 석탄에서 석유로 연료를 바꾸었다. 19세기 말에 내연기관의 발달과 자동차의 증가에 따라 석유 수요는 더욱 늘어났다. 1930년에 이르면 가솔린이 석유 제품의 주역이 되었고, 그 후 20~30년부터는 항공연료로도 중요함을 인정받았다. 풍부한 석유 공급과 기술의 발달로 나일론과 레이온, 플라스틱 같은 인공 화학제품

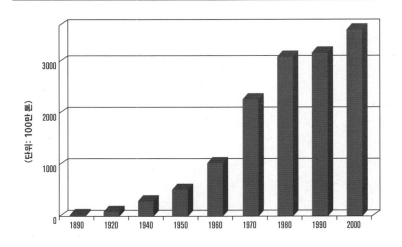

도 만들어졌다.

　20세기에는 전 세계에서 수많은 유전이 개발되었다. 1900년에는
러시아가 세계 최대의 산유국이 되어 주로 아제르바이잔의 바쿠 지
역이 유전 지대로 유명했다. 곧이어 미국이 텍사스 및 그 주변 지역과
캘리포니아에 있는 거대한 유전에서 생산을 시작하면서 러시아를 따
라잡았다. 1920~1930년대가 되면 베네수엘라와 멕시코, 루마니아의
석유 생산량도 늘어난다. 제2차 세계대전 이후에는 중동 지방의 유전
에서 전 세계 석유의 대부분을 채굴했다. 1938~1970년 사이에는 이
지역의 생산량이 마흔세 배로 증가했다. 석유를 탐사하고 시추하는
기술이 발달함에 따라 개발이 어려운 지역에서도 석유가 생산되기
시작했다. 알래스카와 멕시코만 앞바다, 북해 외에도 많은 지역에서
석유가 난다. 20세기 후반이 되면 세계 석유 생산의 3분의 1은 육지에
가까운 바다에서 생산되었다.

19세기의 공업이 비현실적인 정도로 발달한 것에 석탄이 결정적인 역할을 했던 것처럼, 값싼 석유의 공급도 19세기보다 더 했던 20세기의 에너지 소비 증가에서 견인차 역할을 했다. 지난 100년 동안에 전 세계의 석유 소비량은 천문학적인 수치로 늘어났다. 1890년에는 약 1000만 톤이던 소비량이 1920년에는 열 배 가까이로 늘어나 9500만 톤이 되고, 1940년에는 세 배로 늘어나서 2억 9400만 톤이 되었는데, 그로부터도 10년이 지나면 두 배로 늘어나는 속도를 보여, 1970년대에는 세계 총생산량이 23억 톤에 이른다. 20세기의 마지막 30년 동안 증가율은 감소했지만, 소비는 계속 늘어나 2004년이 되면 38억 톤이 넘게 소비되었다. 이는 100년 남짓한 기간에 380배로 증가한 것이다. 1900년에 세계 에너지 소비 중 석유가 차지하는 비율은 1퍼센트에 지나지 않았지만, 20세기 후반이 되면 엄청나게 늘어난 에너지 소비의 40퍼센트를 차지하게 된다. 교통 체계에 미친 영향은 더욱 커서, 석유는 전 세계 교통 부문에서 소비하는 에너지의 90퍼센트 이상을 차지한다.

천연가스

세계적으로 유전이 개발됨에 따라 얻어진 부산물로서 중요한 것은 에너지자원으로서 천연가스의 중요성이 커진 것이다. 미국의 유전지대에서 20세기 초부터 국지적으로 천연가스가 사용되었고, 고압으로 장거리 수송이 가능한 파이프라인 기술이 확립되면서 더욱 널리 보급되었다. 미국에서는 이 시설이 1930년대에 완비되었지만, 1960년대까지는 거의 사용되지 않았으며, 엄청난 양의 천연가스가 유전의 분출 방지 장치에서 그냥 연소되어 사라졌다. 현재 네덜란드에 공급되는 에너지의 3분의 1을 담당하는 네덜란드 흐로닝언 해안가 및 북해 등지에서 거대한 천연가스전이 개발되었다. 1970년대에 영국에서는 석탄가스가 천연가스로 대체되었으며, 1990년대에는 석탄 화력발전소에서 천연가스 화력발전소로 전환한다. 영국에서는 천연가스 사용량이 1970년에서 21세기 초 사이에 여덟 배로 증가한다. 러시아는 시베리아에 광대한 가스전을 보유하는 세계 최대의 산출국이며, 그중 상당 부분이 서유럽에 수출되고 있다. 20세기 초에 천연가스는 세계 에너지 공급량의 1.5퍼센트를 차지했을 뿐이지만, 한 세기 후에는 석유와 석탄 다음인 세 번째로 중요한 자원으로서 전체 에너지 소비량의 20퍼센트를 차지하게 된다.

비화석연료 에너지

증가하는 화석연료 사용에 대한 대안으로서 실제로 사용되는 것은 수력발전과 원자력 두 가지뿐이다.(풍력과 조력, 지력, 태양열 등 다른 재생할 수 있는 에너지는 그다지 큰 규모로 발전하지 못했다.) 20세기 초에는 수력발전이 급증해, 1929년에는 세계 전기의 40퍼센트를 차지했다. 그러나 그 당시에 이미 최적의 입지 조건을 갖춘 지역은 개발이 끝난 상태였고, 그 이후에 점점 그 중요성이 줄어들었다. 현재 수력발전은 세계 에너지 소비량의 5퍼센트도 안 되는 양을 제공하고 있다. 원자력발전은 핵무기 제조 프로그램에서 가지 쳐 나온 것이다. 하지만 안전성이나 설계, 비용 문제가 걸림돌이 되어 온 데다, 발전 단가도 다른 에너지원보다 싸지 않다. 원자력발전소가 유지된 것은 엄청난 정부 보조금 덕분이었다. 미국에서는 1950년 이후 40년 동안 이 부분에 1000억 달러가 지원되었다. 영국에서는 1980년대 후반에 전력 산업이 민영화될 때 원자력발전소를 맡으려는 민간 기업이 없을 만큼 경제성이 낮았다. 현재는 전 세계에서 약 450개의 원자력발전소가 가동되고 있고, 전력량의 20퍼센트를 생산한다. 석유가 없는 프랑스에서는 전력 생산량의 80퍼센트를 대고 있다. 세계 전체 에너지 사용량으로 볼 때는 7퍼센트에도 못 미치는 양을 공급하고 있다.

1960년대 후반부터 원자력발전의 문제점이 점점 더 명확해졌다. 1970년대에는 예정되었던 원자력발전소의 설립 계획이 취소되었다.(미국의 경우 건설 계획이 모두 취소되었다.) 유럽 국가 중에는 원자력을 단계적으로 없애자는 결정을 내린 곳이 많다. 원자력발전소는 비용 효율적이지 않다는 판단하에 세계은행과 아시아개발은행도 새로운 원자력발전소 건설에 자금을 지원하지 않으려고 한다. 영국에서는 2005년의 정부 보고서에서 다음과 같이 결론짓고 있다. "원자력발전은 새로운 투자 계획으로서 경쟁력이 없다." 그 이유 중 하나는 원자력발전소가 수명을 다한 후 발생하는 고준위 핵폐기물을 저장해야 하는 문제점이 해결될 방법이 없기 때문이다. 영국에 존재하는 원자력발전소의 사용을 중지할 경우, 700억 파운드가 넘는 비용이 든다고 한다. 원자력이 이렇게 문제가 많지만, 기존의 원자력발전소를 단계적으로 없애면 향후 20년간 전력 생산 능력이 크게 감소할 것이다. 이 때문에, 그리고 원자력산업으로부터의 압력 때문에 새로운 원자력발전소를 짓는 것을 고려하는 국가가 여전히 많다. 21세기 초 현재 세계 전체에서 서른다섯 개의 원자력발전소가 건설을 추진하는 중에 있다.

21세기 초의 에너지

현재 세계의 에너지 소비 양상은 지난 두 세기를 제외한 인류 역사상 대부분 기간의 에너지 소비 양상과 완전히 달라졌다. 19세기 초까지는 인간과 동물, 바람, 물 등 재생할 수 있는 자원이 전 세계 에너지의 대부분을 공급했다. 이제는 전체 에너지의 85퍼센트 이상이 재생할 수 없는 화석연료에서 나오며, 석유가 40퍼센트, 석탄이 25퍼센트, 천연가스가 21퍼센트를 차지한다. 이렇게 화석연료로 돌아서면서 에너지 소비는 엄청나게 증가했다. 19세기까지 인간은 늘 에너지 부족에 시달려 왔지만, 이제는 에너지를 풍부하게 생산하고 소비한다. 현대사회는 엄청난 에너지 소비가 없이는 굴러갈 수 없다. 주요 화석연료의 소비량은 엄청나게 늘어났다. 전 세계의 석탄 소비량은 1800년보다 500배로 늘어났고, 1900년까지는 거의 사용되지 않았던 석유의 소비량은 지금은 한 세기 전보다 380배 정도로 증가했다. 천연가스의 소비는 20세기 동안 175배로 증가했다. 지난 두 세기 동안 거의 내내 화석연료는 값이 쌌으며, 특히 석유는 20세기 중반에 엄청나게 값이 쌌다. 실제로 석유 가격은 20세기 동안 장기간에 걸쳐, 특

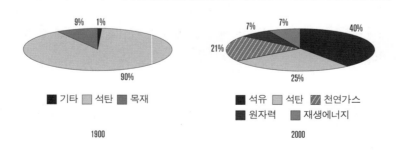

세계 에너지 소비 비율(1900년과 2000년)

1900
■ 기타 ■ 석탄 ■ 목재

2000
■ 석유 ■ 석탄 ▨ 천연가스
■ 원자력 ■ 재생에너지

히 1919~1939년, 1948~1973년, 1984~2000년 사이에 실질 가격이 하락했다.

에너지 효율성

가격도 쌌고 무제한으로 공급될 것처럼 보였기 때문에 에너지의 효율성을 증대하려는 노력은 거의 없었고, 따라서 엄청난 양의 에너지가 낭비되었다. 개발된 지 얼마 되지 않았으니 어쩔 수 없이 비효율적일 수밖에 없었던 경우도 있었다. 19세기와 20세기 초반에 대부분의 석탄은 벽난로에서 태워져, 열의 90퍼센트가 대부분 굴뚝을 통해 빠져나감으로써 낭비되었다. 열의 3분의 2가 낭비되는 장작 난로는 좀 나은 편이었다. 초기의 증기 엔진은 너무 비효율적이어서 적게 잡아도 95퍼센트의 에너지가 낭비되었고, 겨우 200명이 할 수 있는 일을 할 수 있었을 뿐이다. 그러다가 고압증기 시스템의 개발로 효율성이 서른 배 정도로 증가했다. 1910년에는 증기터빈의 성능이 개량되어 20퍼센트 정도로 효율성이 개선되었으며, 1950년대에는 에너지 효율성이 두 배로 늘어났다. 그러나 여전히 쓸모 있게 사용된 에너지보다는 낭비된 에너지가 더 많았다.

전기는 편리하기는 하지만, 매우 비효율적인 에너지 생산 수단이다. 먼저 발전소를 세워 가동해야 하며, 고압의 송전소와 송전선을 건설해야만 공장과 가정에서 전기를 쓸 수 있다. 초기의 발전 시설은 효율성이 4퍼센트에 지나지 않았다. 1920년대 중반에 13퍼센트로 증가하고, 1950년대에는 25퍼센트로 증가했다. 그러나 그 이후에는 거의 효율성이 개선되지 않았다. 즉, 세계 에너지의 3분의 1은 전력 생산에 투입되지만, 적어도 그중 3분의 2는 발전하고 송전하는 과정에서 낭비된다는 것을 의미한다. 미국이 전력을 생산하는 과정에서 낭비하는 에너지의 양은 일본의 전체 에너지 소비량과 맞먹는다. 게다가 소비하는 과정에서도 많은 비효율이 발생한다. 가정과 공장, 사무실은 단열이 잘 되지 않고 있으며, 가전 기기와 전구는 필요 이상으로 전기를 소비한다. 1973~1974년과 1979~1980년에 원유 가격의 폭등으로 선진국에서 에너지를 절약하는 방안이 추진되기는 했지만, 일단 폭등이 진정되면 이러한 정책은 슬며시 사라지고 다시 에너지 소비로 초점이 맞춰진다.

에너지가 아주 비효율적으로 사용되는 대표적인 예가 현대의 공업화한 농경이다. 세계에서 에너지가 가장 효율적으로 쓰이는 농사법은 중국과 동남아시아에서 이루어지는 논농사다. 여기서는 에너지 투입량보다 수확량이 쉰 배나 된다. 이른바 원시 농경법도 매우 효율적이어서, 들어간 에너지의 스무 배 정도를 거둬들인다. 하지만 현대의 공업화된 곡물 농장은 기껏해야 농기계며 비료, 농약의 형태로 소비한 에너지의 두 배 정도를 생산해 낼 뿐이다. 또한 현대 농경은 점점 에너지 비효율적이 되어 가고 있기도 하다. 1952년 이후의 20년 동안에 공업화한 농경에 들어간 에너지의 양은 70퍼센트가 늘었으나, 식량은 겨우 30퍼센트가 증산되었을 뿐이다. 미국의 옥수수 생산은 그 사정이 더 나쁘다. 에너지의 투입량은 1945년에서 1970년 사이에 400퍼센트가 늘어났으나, 수확량은 138퍼센트가 늘어났을 뿐이다. 전체로 볼 때 미국의 옥수수 생산량은 1915년 이래 절반으로 줄었다. 현대의 축산도 인공 사료와 항생제의 생산, 넓은 축사의 난방과 조명 등에 에너지가 들어가 효율이 낮다. 산업화된 세계에서 고기의 생산은 이제 그 고기가 내는 에너지의 두 배에서 세 배 정도로 더 많은 에너지를 소비한다. 식량 생산 분야에서 가장 비효율적인 것은 생선을 잡아 냉동하는 과정일 것이다. 그 과정은 그로 인해 얻는 에너지의 스무 배나 되는 에너지를 소비한다. 식품 생산에 들어가는 에너지 비용에 추가해 식품을 가공하고 유통하는 과정에서도 에너지 비용이 들어간다. 식품이 식탁에 오르기까지 가공하고 유통하는 과정에는 식품 생산에 드는 에너지의 세 배 이상이 들어간다.

이러한 비효율성에도 불구하고 현대의 산업 경제는 국내총생산(GDP) 한 단위당 소비된 에너지양을 기준으로 할 때 한 세기 이전보다는 훨씬 에너지 효율적이 되었다. 영국 경제의 에너지 집약도는 이미 1850~1880년에 정점에 달했고, 그 후 감소하기 시작했다. 캐나다는 1910년, 미국과 독일은 1920년대, 일본은 1970년대, 중국과 브라질 등 신흥 산업국가에서는 1980년대 이후 에너지 집약도가 하락하기 시작했다. 미국은 1920년보다 에너지 효율성이 60퍼센트 정도 개선되었다. 신흥공업국들의 에너지 절약 기술 수준이 낮아 세계 전체로 볼 때는 1900년 수준의 에너지 효율성을 보이지만, 그 비효율성이 1970년에 최고조에 달한 이후, 에너지 효율성이 다시 20퍼센트 정도가 증가했다. 하지만 국가 간의 에너지 효율성에는 엄청난 차이가 있다. 미국의 에너지 효율성은 이탈리아와 일본보다 60퍼센트 부족하고, 인도와 중국보다도 낮다. 우크라이나와 같은 나라는 비효율적이기로 유명한 소비에트 시대의 기술을 가지고 있어 훨씬 에너지 효율성 수준이 낮으므로 미국보다 세 배 비효율적이며, 일본보다는 다섯 배 비효율적이다.

에너지 효율성의 역사에서 배워야 할 중요한 교훈이 있다. 선진국의 에너지 효율성은 한 세기 전보다 증가했지만, 그렇다고 해서 에너지 소비의 엄청난 증가를 막지는 못했다는 사실이다. 실제로 에너지 효율성이 증가하면 에너지, 특히 전기의 실질 가격을 하락시켜 에너지 소비를 더욱 증가시킨다는 여러 가지 증거가 있다. 20세기의 마지막 20년 동안 미국의 경험은 이러한 요인을 잘 보여 준다. 미국 경제의 에너지 집약도는 이 기간에 34퍼센트 감소했다. 인구가 22퍼센트 증가했다는 점을 고려해서 추산해 보더라도, 에너지 사용량이 감소해야 마땅하다. 그러나 이 기간 중 1인당 GDP가 55퍼센트 증가했고, 이에 따라 에너지 총소비량도 26퍼센트 증가했다. 전 세계적으로 이러한 양상이 변화될 가능성은 없어 보인다. 신기술을 통한 에너지 효율성의 개선은 증가하는 에너지 수요를 막지 못할 것으로 보인다. 궁극적으로 에너지 소비가 환경에 미치는 영향은 사용된 자원의 총량과 거기에서 발생된 오염에서 온다. 얼마나 '효율적'으로 이것이 이루어지는지는 별로 중요하지 않다.

에너지 불평등

화석연료로의 전환과 고(高)에너지 소비사회로의 발달은 세계 불평등을 조장했다. 유한한 화석연료를 이렇게까지 소비한 책임은 선진국에 있다. 20세기 전반에 서유럽과 북아메리카의 선진국들은 전 세계 화석연료 사용량의 90퍼센트 이상을 사용했다. 21세기 초에는 전 세계 인구의 5분의 1이 선진국에 사는데, 이들이 소비하는 에너지의 양은 전 세계 에너지 소비량의 70퍼센트에 이른다. 미국의 인구는 세계 인구의 5퍼센트에 지나지 않지만, 매년 세계 에너지의 27퍼센트를 사용한다. 대부분의 세계 인구가 개도국에 살지만, 이들은 전 세계 에너지 소비량의 겨우 10퍼센트를 쓸 뿐이다. 세계 인구 중 가장 가난한 하위 25퍼센트(15억 명가량의 인구)가 세계 에너지 소비의 단 2.5퍼센트만을 사용한다. 현대의 미국인들은 100년 전 미국인들의 네 배나 되는 에너지를 사용한다. 이것은 유럽 평균의 두 배, 인도 평균의 서른 배, 방글라데시의 100배나 되는 수치다. 오늘날 미군은 매년 전 세계 국가의 3분의 2가 쓰는 만큼의 에너지를 쓰며, 스위스처럼 부유한 나라 전체에서 쓰는 에너지보다 많은 양을 쓴다.

세계 대부분의 국가가 겪고 있는 에너지 문제는 19세기 이전에는 모든 국가가 겪었던 문제에 가깝다. 에너지 공급은 여전히 부족하며 사람과 동물의 힘이 긴요하게 쓰인다. 세계 인구의 절반인 30억 명 이상이 아직도 장작과 숯, 동물 또는 짚단 등을 연료로 쓰고 있다. 20세기에는 인구가 폭발적으로 증가함에 따라 이러한 연료 부족이 심각해졌다. 적어도 1억 명 이상의 인구가 최소한의 조리와 난방에 필요한 연료조차 구하지 못하고 있으며, 20억 명에 가까운 인구는 심는 속도보다 더 빨리 나무를 베어 쓰는 것으로 집계된다. 장작이 부족해지면 동물 분뇨를 거름 대신 연료로 쓰기 때문에 토양의 비옥도가 떨어져 수확량이 줄고, 이에 따라 키울 수 있는 동물 수가 줄어드는 악순환이 되풀이된다. 이는 극한의 가난에서 부족한 영양에 시달리는 사람들에게 어려움을 더해 주고 있다.

지난 1만 년 동안 인간의 에너지 소비 양상은 엄청나게 변화했다. 채집·수렵인들이 사용한 최소한의 에너지로부터 현대 미국인의 에너지 사용 수준까지 상상하기 어려울 정도의 증가가 있었다. 이 모든 변화는 대부분 지난 두 세기 동안 일어났으며, 그중에서도 특히 지난 100년 동안 에너지 사용량이 가장 많이 증가했다. 이 기간에 에너지를 얻고 분배하는 기술의 발달 수준은 계속 향상되었지만, 에너지 소비에 관한 태도는 놀랄 만큼 일관되게 유지되었다. 인류 사회는 근시안적인 사고방식으로 에너지가 무한히 있는 것처럼 행동해 온 것이다. 그러나 화석연료는 무한하지 않다. 지금 남아 있는 화석연료 매장량이 언제 고갈될지 추정하기는 어렵다. 어느 정도의 매장량이 더 있는지, 앞으로 소비하는 속도가 어느 정도가 될지 모르기 때문이다. 그러나 어떻게 통계를 잡든 대체적으로 석탄은 앞으로 소비량이 늘어나더라도 수백 년을 버틸 정도로 매장량이 남아 있으나, 석유와 천연가스는 100년, 아니 어쩌면 20년 이내에 바닥이 날 것으로 내다보고 있다. 그리고 이러한 자원들이 고갈되기 훨씬 전부터 채굴에 더 어려운 기술이 필요해지기 때문에, 소비지로부터 더욱 멀리 떨어져 있는 지역을 개발해야 하기 때문에 가격이 올라가 심각한 문제들이 생길 것이다. 하지만 세계는 화석연료의 부족으로 인한 문제에 부딪히기 전에 지난 200년 동안의 화석연료 소비가 초래한 심각한 환경문제에 직면해야 할 것 같다.

도시의 성장

13

 지난 두 세기 동안 도시의 성장과 도시 생활의 대두는 인류의 생활 방식과 환경 사이의 관계를 크게 변화시킨 요인 중 하나다. 도시는 인간이 만들어 낸 가장 인위적인 환경이다. 도시는 정착 사회 초기부터 형성되기 시작해 흔히 문명사회의 특징으로 여겨져 왔다. 그러나 수천 년 동안 도시는 대부분 사람의 생활과는 무관한 것이었다. 19세기 초까지도 도시에서 사는 인구는 세계 인구 전체 중에서 3퍼센트를 넘지 않을 정도의 소수에 지나지 않았다. 화석연료의 사용이 늘어나고 유럽과 북아메리카에 고에너지를 소비하는 산업사회가 나타나면서 진정한 의미에서 도시화한 사회가 나타났고, 인구의 75퍼센트가 도시에 살게 되었다. 그러나 지구 전체적으로 볼 때는 1900년 무렵에 세계 인구의 14퍼센트만이 도시에 살았다. 20세기, 특히 20세기 후

도시 거주자 비율(1800~2000년)

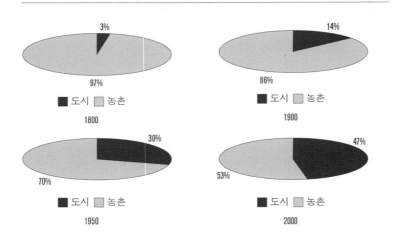

도시 거주자 수(1800~2000년)

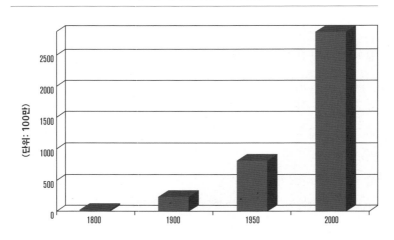

반에 들어 나타난 큰 변화 중 하나는 세계의 다른 지역, 심지어 산업화되지 않은 나라에서도 도시가 나타났다는 것이다. 2010년이 되자 세계 인구의 대부분이 도시에 산다.

이러한 변화의 규모를 한눈에 파악하기 위해서는 도시에 사는 사람 수를 알아보는 것이 도시인의 비율을 알아보는 것보다 나은 방법일 것이다. 같은 기간에 세계 인구수도 엄청나게 늘었기 때문이다. 1800년에 도시인구는 2700만 명이었으나, 1900년이 되면 도시인구는 열 배로 증가한 2억 2500만 명으로 늘어났다. 1950년에는 다시 네 배로 늘어 8억 1000만 명이 되고, 그 후 50년 동안 다시 세 배 이상으로 늘어난 29억 명이 되었다. 전체적으로 도시에 사는 인구는 지난 두 세기 동안 107배로 증가했다.

초기의 도시들

초기의 농경 집단은 많아야 100명에서 200명 정도의 마을을 이루고 살았다. 이 단계가 중요한 발판이 되어 그로부터 2000년이 채 되지 않는 사이에 메소포타미아의 우루크와 우르, 라가시, 그리고 인더스강 유역의 하라파와 모헨조다로 등지에서 수천 명 규모의 도시가 생겨났다. 이들 도시는 기본적으로 제례의 중심지로 종교적인 기능이 주를 이루었으나, 행정 기능을 가지기도 했다. 중앙아메리카의 테오티우아칸과 몬테알반 등의 도시처럼 종교적 상징을 반영하는 복잡한 형태로 설계되고 천문학적으로 의미 있는 배치를 갖는 경우도 많았다. 초기의 도시들에서는 종교적·세속적 엘리트가 농민의 노동을 통제하고 식량의 분배를 관리했다. 이러한 '제례 중심지'는 메소포타미아와 이집트, 인더스강 유역, 중국, 중앙아메리카, 페루 등 모든 초기 정착 사회에서 발견된다. 기원후 1000년에 남서나이지리아의 요루바에서 발달하기 시작한 도시들도 제례의 중심지였다.

도시의 성격과 도시인구의 규모는 지역마다 달랐다. 이집트에서는 제례의 중심지에 사제와 지도자, 행정가, 장인들이 살았고, 시골에는 농부들이 살았다. 좀 더 뒤에 나타난 '도시'들에서도 이러한 형태는 유지되었던 것 같다. 예컨대 스파르타에서는 행정과 종교의 중심지를 둘러싸고 정착촌이 퍼져 있었다. 반면 메소포타미아와 테오티우아칸이나 마야와 같은 중앙아메리카의 여러 도시에서는 대부분의 인구가 도시에 거주하면서 낮에는 도시 주변의 밭에서 농사를 짓고 밤에는 도시로 돌아왔다. 일부 도시에서는 인구에 대한 조직과 통제가 엄격했다. 테오티우아칸의 주민들은 2000개의 창문 없는 단층의 집합 주택에 살았다. 바닥에는 하수 시설이 있었으며, 길이는 50미터 정도였다. 각각의 주거에는 약 예순 명이 살았던 것 같다. 이들은 씨족 집단이었던 것으로 추정되며, 주택의 크기는 집단의 지위와 직업에 따라 다양해서, 예컨대 도공들은 모두 도시의 남서쪽 지역에 살았다.

전(前)산업 시대 도시들

기원전 2000년 무렵에 최초의 제국들이 등장하면서 인구가 서서히, 그러나 꾸준히 증가하고, 소규모이지만 무역이 시작되면서 이른바 '전(前)산업 시대의 도시'로 불릴 만한 곳들이 발전하기 시작했다. 이들은 현대의 도시와는 매우 다른 특성들을 갖고 있었다. 대부분의 '도시'는 거의 3000년 동안이나 오늘날의 작은 마을 정도의 규모였다. 인구는 1000명에 못 미치는 곳이 많았고, 도시인들은 주변의 농경지에서 농업에 종사했다. 대규모 인구가 거주하는 곳은 로마와 콘스탄티노폴리스, 장안(시안) 등 거대 제국의 수도나 아테네와 베네치아, 믈라카 등 해상무역의 중심지 같은 곳 정도였다. 이러한 도시들은 제국의 각지에서 들어오는 수입된 식량에 의존했다. 아테네는 흑해 지역에서, 로마는 지중해에서 곡식을 수입했다. 중국의 수도들은 남부의 쌀 재배 지역에서 대운하를 통해 식량을 들여왔다. 이들 도시는 대제국의 행정 중심지로서 사회의 지배층과 부유층, 행정관, 성직자들이 살았다. 수도의 인구는 노예와 하인, 각종 장인, 무역상, 종업원 등 엘리트에 의존해 사는 사람들로 넘쳐 났다. 직업이 없이 근근이 살아가는 거지들도 도시인의 많은 부분을 차지했다. 이러한 대도시들은 사회에 기생해 존재한다는 속성을 지녔다. 엄청난 식량 수입에 의존했을 뿐 아니라 매우 불건강한 생활 조건을 갖추고 있었으며, 시골 지역에서 상경하는 대규모 인구가 끊임없이 제공됨으로써 규모가 유지될 수 있었다. 시골에서 사는 것은 더욱 힘들었기 때문에 도시에서 구걸하는 것이 나은 경우도 많았다.

이러한 도시의 기생적인 특성에도 많은 도시가 상당한 규모로 커져 갔다. 로마의 인구는 절정기에는 50만 명에 달했던 것 같다. 확고한 경제적 기반 없이 대제국의 부에 의존했던 이들 제국의 수도들은 빠르게 성장한 것만큼 빠르게 쇠퇴했다. 로마의 인구도 서로마 제국이 붕괴되고 제국의 중심이 그리스의 오랜 도시 비잔티온(후에 콘스탄티노폴리스가 된다.)으로 옮겨 간 후 급격히 감소했다. 기원후 600년 무렵에 로마에는 인구가 5만 명밖에 없었으며, 콘스탄티노폴리스에는 50만 명 이상이 있었다. 12세기 이후에 비잔티움 제국이 기울기 시작하자 콘스탄티노폴리스도 쇠퇴했으나, 1453년에 오스만 제국의 중심지가 되면서 활기를 되찾아 1700년에 이르면 인구가 70만 명으로 증가한다. 이와 비슷하게 13~14세기의 인도에 있었던 힌두 제국의 수도 비자야나가르는 1500년에 인구가 50만 명이었으나, 무굴 제국에 정복당한 후 한 세기도 지나지 않아 버려진 도시가 되었다.

도시가 생겨 발달하게 된 기원에는 여러 가지가 있다. 강을 건너는 지점이나 요새같이 전략적 요충지에서 발달하기도 했다. 혹은 교역 수요를 충당하기 위한 시장이 있었던 곳에 발달하기도 했다. 의도적으로 건설된 도시도 있었다. 기원전 1000년 무렵에 페니키아인과 그리스인들은 남아도는 인구를 분산하기 위해 지중해 전역에 새로운 도시들을 건설했으며, 이들 중에서는 나중에 주요 도시로 성장한 곳이 많다. 페니키아의 식민지 카르타고는 카르타고 제국의 중심이 되었고, 마르세유와 나폴리 등지에 있던 많은 그리스 식민지는 주요 교역 중심지로 발달했다. 로마인들의 정착지도 런던과 파리, 쾰른 등 중요한 위치에 만들어졌다. 다른 제국들도 도시를 세웠다. 마라칸다(현대의 사마르칸트)는 페르시아 제국이 중앙아시아로 진출하면서 만든 도시다.

전산업화 사회의 도시는 현대 산업사회 혹은 상업 사회의 도시와 구별되는 몇 가지 특징을 가지고 있다. 대개 이 도시들은 성벽으로 둘러싸였다. 성벽은 방어용으로도 쓰였지만, 도시와 다른 지역을 분리하는 역할도 했다. 도시 안에서는 대체로 다른 지역과는 다른 법률 체계가 적용되었다. 성벽에 난 몇 개 안되는 출입문을 통해 교역함에 따라 도시 당국은 교역을 통제하고 세금을 부과할 수 있었다. 성벽 안의 마을은 밭과 과수원이 있는 반(半)농촌적 풍경을 유지하는 경우도 많았다. 대부분의 주민은 거의 골목길과 다름없는 좁은 거리에 살았다. 이 길에는 도붓장수나 짐을 실은 동물은 다닐 수 있었지만, 수레는 다닐 수 없어 중앙의 큰 길을 이용했다. 시의 중심지에는 공공건물과 부유한 시민의 저택이 있었고, 가난한 사람들은 시의 변두리에 살았다. 현대의 도시와는 대조적인 모습이다. 거주 지역과 작업장은 철저히 구별된 경우가 많았다. 중세 유럽 대부분의 도시에서는 이것이 유대인 강제 거주 지역이라는 극단적인 형태로까지 나타났다.

아시아의 초기 도시들

지난 두 세기 이전에는 세계의 대도시 대부분이 유럽 외의 지역에 있었다. 이는 이슬람 세계와 중국의 부와 번영의 수준이 유럽보다 훨씬 높았음을 반영한다. 기원후 600년에 유럽 최대의 도시였던 로마는 인구가 5만 명 정도였다. 이는 마야의 도시 티칼과 비슷한 규모였고, 테오티우아칸의 절반 규모였으며, 중국의 장안과 낙양 등 거대 도시의 10분의 1 규모였다. 최초로 도시화가 진행된 나라는 11세기와 12세기의 중국 송나라였다. 이 시기에 중국의 경제는 '산업혁명'이 초기 단계를 맞이하던 700년 후의 유럽 경제와 비슷했다.(이 시기에 중국의 철 생산은 18세기 후반 잉글랜드 철 생산의 두 배였으며, 수천 명이 일하는 공장이 흔하게 있었다. 이미 생산의 기계화가 시작되었고 수표와 어음, 약속어음 등 정교한 상업 체계가 있었으며 1024년에는 지폐가 도입되었다.) 12세기까지 가장 중요한 도시는 송의 수도 개봉(카이펑)이었는데, 행정 중심도시였을 뿐 아니라 진정한 상업과 교역의 중심 도시였다. 1100년에는 인구가 50만 명에 달했고, 아바스 왕조가 망한 뒤 바그다드가 쇠퇴하면서 개봉은 세계 최대의 도시가 되었다. 당시 유럽 최대의 도시였던 베네치아의 인구는 개봉의 10분의 1도 되지 않았다. 개봉의 일개 자치구(개봉의 북동쪽에 위치한 구역)가 파리 전체보다 많은 인구를 갖고 있었다.

1100년에는 중국 남부의 대도시 항주(항저우)가 개봉보다 약간 작은 규모를 자랑하게 된다. 항주의 부는 동남아시아와의 교역망에 기초하고 있었다. 1127년에 송나라는 '오랑캐'인 여진족의 침입을 받아 남쪽으로 밀려났고, 항주가 새로운 수도가 되었다. 항주는 곧 세계 역사상 가장 큰 도시가 되었다. 1200년이 되면 항주의 인구는 200만 명에 달했다. 이는 세계의 다른 어떤 도시보다도 열 배나 되는 규모였다.(런던의 인구는 이 당시에 4만 명이었다.) 이 수치는 터무니없이 커 보이지만, 당시의 기독교 세계 혹은 이슬람 세계로부터 온 여행자들(마르코 폴로(Marco Polo)와 이븐 바투타(Ibn Battuta) 등)의 증언과 놀랄 만큼 일치한다. 그들은 입을 모아 항주의 중심가에는 6킬로미터 남짓의 일정한 간격을 두고 열 개의 시장이 늘어서 있었고, 중심가의 대로를 걷는 데만 하루 이상이 걸렸다고 했다. 성내에는 약 80만 명이 살았으며, 성벽 밖으로는 수 킬로미터의 교외 지역이 펼쳐져 도시 지역의 끝에서 끝까지 약 40킬로미터 정도였을 것으로 추정된다. 항주는 19세기의 런던 이전에 세계에서 가장 큰 도시였음이 틀림없다. 13세기에 중국은 세계에서 유일하게 도시화된 지역을 가진 나라였다. 인구의 20퍼센트 정도는 도시에 살았던 것으로 보인다. 하지만 그런 기간은 그리 오래 지속되지 못했다. 13세기가 되면 송은 이미 중국 북부에 통제권을 행사하던 몽골인들에게서 점점 더 많은 압력을 받고 있었다. 길고 파괴적인 전쟁이 중국의 번영과 중국인들을 파괴했다.

교토 등 일본의 오래된 도시들은 중국의 방식을 모방해 바둑판 모양같이 인공적으로 건설되었다. 그러다가 13세기부터 성 주변에 작은 상업 도시와 정착촌들이 생겨났다. 17세기 초 이래로 지속된 도쿠가와 정권하의 대내외적 평화는 고도로 번성하는 경제의 기초가 되었다. 곧이어 도시화가 빠르게 진행되었다. 1600년에는 30개 정도의 정착지에 5000명 정도의 인구가 살았으나, 1800년이 되었을 때에는

160개가 넘는 정착지가 있었다. 가장 놀라운 성장은 오늘날의 도쿄인 에도에서 일어났다. 에도는 도쿠가와 이에야스(德川家康)가 수도로 삼기 전까지는 작은 어촌 마을이었다. 정치적 통제책인 참근교대제(參勤交代制)로 인해 모든 지방 영주의 가족은 에도에서 1년 중 절반 정도를 살아야만 했고, 영주는 에도를 떠날 때 가족을 인질로 남기고 떠나야 했다. 지배층은 많은 수의 가신과 고용인을 데리고 들어왔으므로, 많은 전산업 시대의 수도들이 흔히 그렇듯이 도시의 인구는 이런 사람들로 넘쳐 났다. 1800년 무렵에 에도의 인구는 약 100만 명가량으로 런던과 맞먹었으며, 세계 3대 도시 중 하나가 되었다. 에도는 단순한 수도가 아니라 중요한 산업적·상업적 기능을 하는 도시였다. 19세기 초에 400만 명의 일본인이 도시에 살았다. 이는 유럽의 일부 지역에 버금가는 비율이었으며, 스페인이나 이탈리아 등 많은 나라보다 훨씬 높은 수준이었다.

유럽의 초기 도시들

유럽에서는 적어도 12세기까지는 지중해 지역이 가장 선진 지역이었으며, 이는 도시 규모에서도 입증된다. 한창때는 40만 명이 살았던 콘스탄티노폴리스가 가장 큰 도시였고, 서지중해 지역에 있었던 이슬람 제국의 수도인 코르도바에는 10만 명이 넘는 인구가 살았으며, 세비야와 팔레르모와 같은 다른 중요한 도시에도 이와 비슷한 수가 있었다. 북서유럽 정착지의 성격은 지중해 지역과는 크게 달랐다. 로마 제국의 지배하에 있을 때는 많은 소규모 도시가 있었지만, 그중 대부분이 군사 주둔지로 인구가 수백 명 정도였다. 로마 제국이 붕괴한 후 이런 거점들은 쇠퇴했다. 북서유럽에는 교역이나 산업이라고 할 만한 것이 없었으며, 잉여 농산물의 규모도 도시인구를 거의 부양하지 못할 정도였다. 1000년 전의 유럽에는 고작 100개 정도의 도시가 있었고, 그중 절반이 가장 발달한 지역이자 번창하는 이슬람 세계와 연결되었던 이탈리아에 집중되어 있었다. 1086년에 잉글랜드에서는 200만 명에 조금 못 미치는 전체 인구 중 겨우 6만 7000명만 도시에 살았으며, 그중 1만 명이 런던에 살았다.

1000~1300년에 교역과 산업이 경제에서 차지하는 비중이 점점 커지자 지중해 외의 지역에서 도시가 차츰 늘어나고 규모도 커졌다. 1300년의 유럽에는 3000~4000개가량의 도시가 있었으나, 인구수가 2만 5000명 이상인 곳은 아홉 군데에 지나지 않았다. 이 가운데 피렌체와 파리, 베네치아가 인구 10만 명이 넘는 도시로 가장 컸다. 그다음이 5만 명 정도의 인구를 지닌 런던과 벨기에의 겐트였다. 그러나 그 밖의 지역에 발달한 도시는 대개 규모가 작았다. 한자 동맹의 항구로서 번성했던 함부르크에도 7000명의 인구가 있었을 뿐이고, 대부분의 북유럽 도시에는 2000명도 못 되는 인구가 살아서, 도시라기보다는 좀 큰 마을 정도였다. 도시인구 대부분이 인접한 밭에서 일했고, 일주일에 한 번씩 열리는 시장과 몇 안 되는 직인이 있었으므로, 이 농경 사회적인 지역 안에서 도시로서 경제적 독자성을 가졌음을 보여 주었다.

1300년에서 1550년 사이에 도시화의 속도는 늦춰졌다. 이는 부분적으로 흑사병으로 인한 인구 감소와 더딘 경제성장 때문이었다.(1350년에서 1550년 사이에 잉글랜드에서 장이 열리는 도시의 수는 3분의 2로 줄어들었다.) 피렌체나 베네치아 같은 도시는 정치적·경제적 영향력이 감소하면서 도시의 규모도 줄어들었고, 스페인은 수도를 마드리드로 옮기자 전 수도인 바야돌리드는 급속도로 위축되었다. 이 시기의 지중해 지역은 북유럽보다 경제성장이 느리게 진행되어, 대개의 도시들이 지배계급의 거주와 소비의 중심지인 채로 별 변화가 없었다. 시칠리아 왕국의 수도로 1770년대에는 40만 명 이상의 인구가 살았던 나폴리가 이런 소비 도시의 전형적인 예이지만, 로마에서도 사람들은 교황청과 행정 기능에 의존하고 있었다. 새로 건설된 도시들도 있었지만, 거의 대부분 수천 년 동안 변함없이 단순한 수도나 궁전 도시의 역할을 계속했다. 상트페테르부르크는 18세기 초에 러시아의 표트르 1세(Peter I)가 인공적으로 건설했다. 베를린은 1700년까지도 3만 명도 안 되는 인구가 중세적인 성벽 안에 살았던 작은 도시였지만, 프로이센 왕국이 성장함에 따라 100년 안에 17만 명 이상이 사는 수도로 변모했다.

유럽의 도시화의 속도는 16세기 중반부터 다시 빨라지기 시작했다. 유럽에서 최초로 도시화한 지역은 16~17세기의 네덜란드 지역이다. 도시화 과정은 무역이 확대되면서 부가 축적됨과 함께 시작되었다. 16세기 초에 네덜란드 인구의 5분의 1은 1만 명 이상이 거주하는 도시에 살았다. 다음 세기 동안 도시인구는 여섯 배가량으로 늘어나, 1622년 무렵에는 인구의 절반이 그런 도시에 살게 되었다. 1550년에 파리 인구는 40만 명이었다. 런던의 인구도 급격히 증가했다. 런던의 인구는 1520년의 6만 명에서 17세기 초에는 25만 명으로 늘어났고, 1650년에는 40만 명이 되었다. 그러다가 1700년에는 파리보다 인구가 더 많아져서 유럽 최대의 도시가 되었다. 런던은 왕실과 정부, 법률의 중심지였으므로 부유층의 수요를 충족해 줄 상인과 무역상, 직인이 모여들었다. 런던은 또한 일자리를 찾아 올라오는 무수한 농촌 빈민층을 끌어들였다. 실제로는 그들 대부분은 거지가 되고 말았다. 1520년에서 1600년 사이에 전체 인구는 네 배로 증가했으나, 런던의 거지 수는 열두 배로 증가했다. 대부분의 거지는 추방당하거나 구빈원으로 보내졌다. 구빈원은 거지들을 길거리에서 데려다가 음식과 살 곳을 제공했지만, 동시에 이들의 값싼 노동력을 활용하기도 했다. 수감자들은 끔찍하고 비인간적인 환경에서 생활했다. 런던의 사망률은 매우 높아 인구 규모를 유지하려면 매년 6000명의 새로운 인구가 유입되어야 했다. 그리고 런던의 사망률은 잉글랜드 전체의 인구 증가율을 절반으로 떨어뜨릴 만큼 높았다. 18세기에 런던에는 잉글랜드 인구의 10분의 1이 모여 살았다.

산업도시

1800년에는 세계 인구의 대부분이 여전히 농촌에 살아서 도시에 사는 사람들은 100명 중 단 3명밖에 되지 않았다. 일부 도시는 규모가 커서, 런던과 에도에는 각각 100만 명의 인구가 있었고, 중국의 북경(베이징)과 광주는 이보다 조금 적었다. 유럽에서는 인구의 10퍼센트 정도만이 도시에 살았으며, 가장 도시화가 진행된 영국과 네덜란드는 20퍼센트 정도였다. 19세기에 유럽과 북아메리카에서는 생활환경에 혁명적인 변화가 나타났다. 도시에 거주하는 인구의 비율이 폭증하고 도시 자체도 여러모로 변화했다. 이러한 변화의 결과가 가장 먼저 나타난 곳은 산업화의 선두였던 영국이었지만, 초기 단계에서 변화의 속도는 여전히 느렸다. 1851년에 영국 인구의 60퍼센트가 시골에 살았다. 영국 외 다른 지역의 도시화는 더욱 미미해서 벨기에에서는 도시인구가 전체 인구의 20퍼센트 정도였고, 프랑스와 작센, 프로이센에서는 도시인구가 10퍼센트 정도였다. 1900년이 되면 영국 인구의 4분의 3이 도시에 살게 되었고, 5분의 1이 런던에 살았다. 비율로 보지 말고 절대적인 수로 보면 사태가 얼마나 급격히 변해 갔는지 더욱 명확해진다. 영국에서 도시의 총인구는 1800년의 200만 명에서 1900년의 3000만 명으로 늘어났다.

1900년이 되면 유럽과 북아메리카의 대부분 지역이 도시화했다. 세계 도시인구의 3분의 2는 이 지역에 살았다. 19세기 동안에 유럽의 도시인구는 여섯 배로 늘어났다. 도시는 여전히 식량을 농촌에 의존했지만, 처음으로 국가 경제에 기생하는 상태를 벗어나 산업 생산을 통해 크게 공헌하기 시작했다. 이는 화석연료의 점증하는 사용, 고(高)에너지 소비사회의 발달, 그리고 산업화로 인해 가능한 결과였다. 새로운 공장과 산업이 생겨났고 이는 일자리를 찾는 시골 빈민층을 끌어들였다. 19세기 동안 도시의 생활 여건이 서서히 개선됨에 따라, 도시인구는 자체적으로 규모를 유지할 수 있게 되었다. 1750년에 런던은 5만 명이 넘는 사람이 사는, 잉글랜드 내의 유일한 도시였다. 100년이 지난 뒤에는 그러한 도시가 스물아홉 개 생겼고, 거의 모두가 제조업에 의존하는 공업 도시였다. 면방직 공업 도시인 랭커셔, 모방직 공업 도시인 요크셔, 광업과 금속공업의 중심지인 셰필드와 사우스웨일스, 그리고 '블랙 컨트리(Black Country)'로 불렸던 중부 지방의 소도시들이 그 대표적인 예다. 예를 들어 맨체스터에는 1700년에 2만 7000명의 인구가 있었으나, 1830년에는 18만 명으로 늘어났다. 스윈던이나 크루의 철도 산업처럼 단일한 업종을 중심으로 발달한 도시도 있었다. 새로운 공장의 노동자들이 살 주택을 짓기 위해 인위로 도시를 세운 경우도 있었다. 레버 브라더스 공장을 지원하기 위해 조성된 포트 선라이트가 그 좋은 예다. 런던에서도 제조업이 중요해졌는데, 특히 의복 산업을 위해 열악한 환경에서 노동자를 착취하는 공장이 광범위하게 발달했다. 그러는 가운데서도 런던은 변함없이 가장 중요한 상업과 금융의 중심지로 번성했다.

유럽의 다른 지역과 미국에서도 19세기 후반에 동일한 양상이 나타났다. 새로운 산업도시가 유럽 전역에서 나타났지만, 특히 산업화의 에너지원을 제공해 준 석탄광 지역에서 많이 나타났다. 벨기에와 북부 프랑스와 루르 지역 등이 그 예다. 영국에서와 마찬가지로 여기서도 공업이 일자리를 창출했다. 한 예로 1880년대에 루르의 보훔에서는 제조업이 80퍼센트 이상의 일자리를 제공해 주었다. 레버쿠젠과 바이에른의 화학 공장처럼, 한 가지 공업을 중심으로 도시가 생겨나는 경우가 많았다. 베를린은 인구가 1800년의 17만 명에서 1900년에는 150만 명으로 늘어나 새로 통일된 독일의 수도, 철도의 중심지, 19세기 후반의 전기공업 중심지로 떠올랐다. 독일의 도시들은 런던만 과도하게 발달한 영국보다는 훨씬 조화롭게 발달했다. 베를린도 발달했지만, 루르 지방의 대공업지대와 함부르크 같은 주요 항구가 함께 발전했다.

북아메리카에서 식민지 초기의 도시들은 유럽을 상대로 한 교역 중심지의 역할 정도밖에 하지 않는 작은 규모였다. 1790년대에 미국에는 1만 명 이상의 인구가 있는 지역이 단 다섯 군데밖에 없었다. 인구 4만 명의 뉴욕이 그중 가장 컸다. 전체적으로 19세기 초에 도시에 사는 미국인은 20만 명이 채 되지 않았을 것이다. 1830년까지도 인구가 10만 명이 넘는 도시는 스물세 개뿐이었고, 대도시는 뉴욕(20만 명)과 필라델피아(16만 명), 단 두 개밖에 없었다. 그러나 1840년대부터 유럽에서 오는 이민이 증가하고 산업이 발달하면서 피츠버그와 같은 공업 도시가 생겨났다. 19세기 중반에 미국의 도시인구는 10년마다 두 배로 늘어나 1860년에는 600만 명에 달했고, 아홉 개 도시가 10만 명이 넘는 인구를 유지했다. 1910년에는 10만 명이 넘는 도시가 쉰 개 있었으며, 뉴욕의 인구는 80만 명이었다. 유럽에서 밀려들어 오는 이민자들은 이러한 도시들의 사회적·경제적 시스템이 감당하기에는 버거울 정도였다. 1820년과 1870년 사이에 뉴욕의 유아사망률은 두 배로 증가했다. 19세기 후반의 신규 주택에 관한 규정을 보면 주민 스무 명당 하나의 화장실, 그리고 한 블록에 하나의 수도꼭지가 있으면 되었다.(오래된 주택의 사정은 더욱 심각했다.)

1800년 이전에는 대개의 도시가 면적이 좁아 일상적인 일들은 걸어 다니면서 할 수 있을 정도였다.(물론 항주 같은 거대한 도시는 예외였다.) 3세기까지 로마는 아우렐리아누스(Aurelianus) 황제 때 건설된 성벽 안에 담긴 도시였는데, 그 면적이 약 1300헥타르에 이를 정도로 상당히 넓었다. 그러나 로마 제국의 식민 도시들의 규모는 아주 작았다. 런던은 130헥타르였고 바스는 10헥타르가 못 되었다. 중세 런던의 면적은 300헥타르가 조금 안 되는 정도였다. 19세기에 들어 도시들이 확대되면서 교외로 뻗어 나갔다. 근교 농업 지역은 파괴되고 오래된 마을들이 도시로 편입되었다.(예를 들어 햄프스테드와 하이게이트는 런던으로 편입되었다.) 길가를 따라 새로 테라스하우스들이 대규모로 지어졌고, 좀 더 부유한 지역에서는 정원 딸린 빌라가 들어섰다. 부유층과 신흥 전문직 종사자들은 도심부를 떠나 새로 조성된 교외로 거주지를 옮겼다. 그리고 도심 지역은 새로 생기는 공장이나 산업에서 일자리를 찾기 위해 몰려드는 가난한 사람들이 살게 되었다. 도심은 인구가 과도하게 밀집한 지저분한 지역이 되어 갔다.

새로 조성되는 교외 지역은 대부분 계획 없이 지어졌다. 대부분의 지역은 새로운 교통 체계를 따라 투기적으로 개발되었다. 교통 체계는 점점 화석연료에 대한 의존도가 높아지는 방향으로 발달하면서 사람들의 생활과 노동의 양상을 혁명적으로 변화시켰다. 교외 지역은 거주는 하되 일은 하지는 않는 지역이 되었는데, 이전에 인류가 누린 생활 방식과 근본적으로 달라진 점이었다. 초기의 교외 주택지 중에는 중세 런던의 서더크와 뉴욕의 브루클린처럼 다리나 연락선이 정비되었기 때문에 개발이 시작된 곳도 있었다. 하지만 19세기에 도시를 가장 크게 변화시킨 것은 대중교통수단의 발전이었다. 말이 끄는 승합마차가 처음으로 등장한 곳은 프랑스이지만, 1829년에 뉴욕에서 최초로 체계적으로 발전했다. 말이 끄는 대중교통수단도 생활 양식에 영향을 끼치기는 했으나, 가장 큰 변화를 가져온 것은 역시 철도였다. 런던에서는 1840년부터 계속 철도가 가설되어 철도 노선을 따라 캠버웰, 혼지, 킬번, 풀럼, 일링 등의 새로운 주택지가 생겨났다. 이제 도시 중심부의 일터로 출퇴근할 수 있게 되었기 때문이다. 미국 최초의 교외 주택지는 1832년에 뉴욕에서 말이 끄는 시내 철도가 생기면서 등장해, 1860년에는 여덟 군데의 다른 도시에서도 생겨났다. 1870년대부터는 좀 더 야심찬 고가철도 시스템이 도입되어 사람들은 중심지에서 더 멀리 살 수 있게 되었다. 1890년대의 미국에서는 말이 끄는 시내 노선이 사라지고 전차로 대체되었다. 1890년에는 말이 끄는 노선이 총 9000킬로미터였고 전차는 2000킬로미터에 지나지 않았다. 10년이 채 되지 않아 말이 끄는 노선은 400킬로미터 정도로 줄어들었고, 전철화한 구간이 3만 5000킬로미터를 넘었다. 19세기 말과 20세기 초에는 지하철이 발달하기 시작했다. 도로는 말이 끄는 교통수단으로 언제나 혼잡하고 정체된 상태였기 때문에 지하철은 필수적인 교통수단이 되었다. 최초의 지하철은 1863년에 런던에서 건설되었다. 하지만 지하철이 대규모로 발달하기 시작한 것은 전기화된 뒤부터였다. 다른 도시에서도 지하철이 생기기 시작했다. 보스턴에서는 1897년에, 파리에서는 1900년에, 베를린에서는 1902년에, 뉴욕에서는 1904년에 건설되었다. 지하철은 엄청난 인원을 수송할 수 있었다. 보스턴에서는 첫 해에 5000만 명의 승객이 몇 구간 되지 않는 지하철을 이용했으며, 뉴욕에서는 하나밖에 없는 노선을 하루에 100만 명이 이용했다. 이 모든 인프라와 증가한 에너지 소비는 19세기에 성장한 도시를 유지하기 위해 필요한 것이었다.

교외 주택지의 발달은 세계의 모든 도시에서 공통으로 나타난 현상이다. 교외 주택지의 발달 양상이나 시기는 교통망의 발달에 따라 달라졌지만, 이것 외에 다른 요소도 관련되어 있었다. 땅값이 쌌던 미국에서는 정착지의 밀도가 유럽보다 훨씬 낮았고, 도시는 더 넓게 퍼져 나갔다. 1850년에 보스턴시의 외곽은 도심에서 겨우 3킬로미터 남짓 떨어져 있었다. 그러나 50년 후에는 그 거리가 16킬로미터나 되었다. 뉴욕에서는 지하철 노선의 발달을 따라 거주지가 확산되었다. 브루클린과 브롱스, 퀸스의 인구는 1890년의 20만 명에서 1940년의 270만 명으로 늘어났다. 런던의 인구는 19세기 동안 100만 명에서 450만 명으로 늘어났으며, '대런던(Greater London)'으로 불리는 인접 지역에 200만 명이 더 살게 되었다. 베를린에서는 1870년대부터 중심지보다 교외 지역이 더 빨리 팽창해서, 원래는 별개의 도시였던 샤를로텐부르크와 슈판다우 같은 지역이 통합되었다. 주요 도시 중 교외가 크게 발달하지 않은 곳은 파리뿐이었다. 교외로 연결되는 철도망이 제대로 갖추어지지 않아, 파리의 도심 지역에 인구가 집중되었다. 파리 시내 중심지의 인구밀도는 런던의 세 배나 되었다. 교외가 발전하면서 산업도시의 중심지 모습이 변화했다. 대도시의 중심지는 대개 금융 활동과 상업 활동의 중심지가 되었고 산업 활동은 제한적으로만 일어났다. 그 결과 인구가 줄었다. 런던시의 인구는 1850년대부터 줄기 시작해, 13만 명이던 야간 인구가 수십 년 만에 다 빠져 나가고 사무실이 자리 잡았다. 1905년에 뉴욕에는 인구의 절반 이상이 도심 반경 6킬로미터 이내에 살았으나, 20년 후에는 3분의 1 정도만 남았다.

20세기의 도시

20세기에도 선진국의 도시는 계속 확대되며 점점 많은 시골 지역을 포섭했다. 런던에서는 지하철이 북부의 교외 지역으로 연결되자, 일련의 교외 지역이 일명 '지하철 지구(Metroland)'로 발전했다. 파리에서는 1920년대에 교외 철도가 늘어나자 교외 지역에 설비가 제대로 되어 있지 않은 싸구려 주택들이 늘어났으며, 하루에도 100만 명 이상의 통근자가 시내까지 왕래했다. 하지만 그중에서도 가장 중요한 변화를 가져온 것은 자가용 승용차의 출현이었다. 미국이 가장 먼저 1920년대에 이런 현상을 경험했다. 유럽에서는 1950년대에 이르러서야 이러한 현상이 나타났다. 자가용 승용차가 보급되면서 도시는 밖으로 더 뻗어 나갔고 통근 거리는 점점 늘어났다. 1980년대에 뉴욕의 도시 지역은 5700제곱킬로미터 정도로 1920년대에 비해 다섯 배로 늘어났다. 이에 비해 뉴욕의 인구는 두 배로 늘어났을 뿐이다. 자동차 이용을 전제해서 만들어진 로스앤젤레스 같은 도시에서는 이런 경향이 더욱 대규모로 나타났다. 로스앤젤레스 중심부 면적의 3분의 2는 도로와 고속도로, 주차 시설, 차고가 차지하고 있다. 도시의 교통체계에서 자동차의 비중이 압도적으로 많아졌지만, 그렇다고 교통이 더 편리하거나 효율적이 된 것은 아니었다. 1907년에 뉴욕의 평균 통행 속도는 시속 18킬로미터를 조금 넘었으나, 1960년대가 되면 시속 9.5킬로미터로 줄었다. 런던은 통행 속도가 19세기 후반만큼이나 느리며, 파리는 더욱 느리다.

1920년대 이후에는 공업, 특히 라디오와 전자 기기, 의료용 기기, 가전제품 등의 경공업이 도시를 떠나 A4와 A40 등 서쪽으로 향하는 도로 주변으로, 그리고 북쪽의 엔필드와 에드먼턴 등의 지역으로 옮겨 갔다. 20세기 중반이 되면 미국의 산업 시설들은 보스턴과 뉴욕, 워싱턴 등의 주변에 새로 생긴 외곽 도로 주변으로 이전했다. 런던에서도 1980년대에 M25 순환도로가 건설된 뒤 마찬가지 현상이 나타났다. 인구가 도심 지역을 벗어나 점점 먼 교외로 거주지를 옮겨 감에 따라 주요 쇼핑센터도 외곽 지역으로 옮겨 가 사람들이 차로 다니기 쉬운 곳에 세워졌다. 20세기 후반이 되면 이런 현상을 많이 볼 수 있는데, 이미 1922년부터 캔자스시티에서 이런 현상이 나타났다. 이는 20세기 후반의 특징적인 또 하나의 현상을 보여 주는데, 선진국에서 도시의 중요성이 조금, 그러나 분명하게 줄어들었다는 점이다. 거의 대부분의 지역에서 도시인구가 전체 인구에서 차지하는 비중이 75퍼센트까지 올라갔다가 다시 비중이 줄어들었다. 영국은 19세기 후반에 도시인구 비중이 정점을 기록했고, 다른 나라에서도 몇십 년 내로 같은 현상이 나타났다. 런던의 인구는 도심 인구 뿐 아니라 교외 인구조차 1950년대에 감소세로 돌아섰고, 이후 이러한 추세가 천천히, 그러나 꾸준히 이어졌다. 파리는 이보다 약간 후부터 같은 추세를 경험하고 있어서, 1968년과 1975년 사이에 파리의 인구는 10퍼센트가 감소했다. 독일과 캐나다, 네덜란드에서는 1960년대 이후로 도시인구의 비중이 감소하고 있다.

도시 기반 시설을 제공하고 유지하기 위한 도시 당국의 노력은 있었지만, 대부분의 도시는 무계획적이고 허술한 방식으로 성장했다. 빈민가 철거나 재개발 등으로 환경적으로 개선된 것은 사실이었다. 최초의 시도는 19세기 중반의 조르주외젠 오스만(Georges-Eugène Haussmann)에 의한 파리 중심부 재건이었고, 영국도 1950년대와 1960년대에 빈민가를 대대적으로 정비했다. 계획적인 도시환경을 조성하기 위해 뉴타운과 가든 시티, 새로운 단지 등을 만들려는 시도들이 있었다. 그러나 도시 팽창을 불러일으키는 요인들은 쉽게 통제되지 않았다. 1937년에는 런던 주변 지역을 보존하기 위해 런던 주변부에 공식적으로 '그린벨트'가 지정되었다. 지정된 지역에서만 주택이 개발되지 않았을 뿐, 개발 열풍은 그린벨트를 가볍게 뛰어넘어 도심에서 더 먼 지역으로 뻗어 나갔다. 사회적·경제적으로 런던의 일부인 잉글랜드 남동부 지역은 현재 더욱 커져 가고 있으며, 통근 시간과 거리도 점점 늘고 있다. 영국이 시행한 불충분한 규제책은 최악의 상태만 겨우 막은 정도이며, 미국에서는 이보다 더 약하고 비효율적이다.

도시화를 추진하는 힘들이 얼마나 강력한지는 소련 같은 계획경제에서조차 모스크바의 성장을 통제하지 못했다는 점을 보아도 알수 있다. 소련의 도시인구는 1920년대의 20퍼센트에서 1980년대에는 60퍼센트 이상으로 증가한다. 이러한 성장은 800개 이상의 도시를 새로 건설함으로써 어느 정도 억제되기는 했지만, 1926년에서 1939년 사이에 모스크바의 인구는 두 배로 증가해 400만 명에 육박했다. 교외로 뻗어 나갈 수 있는 교통수단이 부족해서 인구는 도심에 집중된 것이다.(이런 상황은 1950년대 후반까지 개선되지 않았다.) 1935년에 소련 정부는 모스크바의 인구가 당시보다 20퍼센트 정도 증가한 수준인 500만 명 이상이 되어서는 안 된다고 결정했다. 그러나 엄격한 국가통제하에 이주를 제한하기 위한 통행증까지 발급했는데도 그 계획은 관철되지 못했다. 1971년에는 다시 750만 명(1971년 당시의 인구)으로 인구 증가의 상한을 정하고 20세기 후반까지는 650만 명으로 줄이기로 결정했다. 현재 모스크바의 인구는 1000만 명을 넘었다.

일본의 도시화도 산업화가 늦어짐에 따라 시기적으로 늦었을 뿐이지, 유럽이나 북아메리카의 도시화를 그대로 따르고 있다. 18세기 중반에는 에도가 세계에서 가장 큰 도시였고, 1858년에 어항으로 출발한 요코하마가 팽창하기는 했지만, 일본은 전체적으로 농업 위주의 나라였다. 1920년까지도 80퍼센트의 인구가 교외 지역에 살았고, 1955년까지도 일본 대부분의 지역은 도시화되지 않았다. 1884년에 인구가 5만 명 이상인 도시는 19개였으나, 1970년대 초반에는 600개가 넘었다. 가장 커진 도시는 도쿄였는데, 이것은 과거의 수도 에도가 1868년의 메이지 유신 이후 개명된 이름이다. 1903년에 전철이 들어오기 전까지 교외 지역이 대규모로 개발되지는 않았으나, 1923년 이후에 지하철이 생기면서 건설이 가속되었다. 1945년에 도쿄의 면적은 1923년보다 두 배로 늘어났다. 1960년대에는 그린벨트가 사라졌고, 개발에 대한 규제가 약해서 반경 80킬로미터의 도시권이 출현하게 되었다.

개발도상국의 도시들

한 세기 전만 해도 전 세계 도시인의 3분의 2는 유럽과 북아메리카, 오스트레일리아에 살았다. 오늘날 이 지역에는 3분의 1밖에 살지 않는다. 20세기에는 선진국이 19세기에 경험한 것보다 훨씬 빠른 속도로 개발도상국이 도시화했다. 개도국은 산업화가 느리게 진행되거나 아예 진행되지 않은 경우에도 빠르게 도시화했다. 19세기에는 가장 빨리 도시화하는 경우에도 연간 2.5퍼센트 성장하는 정도였다. 그런데 개도국은 1940년 이전에는 연평균 3퍼센트로, 이후부터는 연평균 4퍼센트로 성장했다.(4퍼센트 성장이 18년 동안 계속되면 인구는 두 배로 증가한다.) 이보다 빠르게 도시가 성장하는 경우도 많았다. 나이지리아의 라고스는 인구가 1931년의 12만 6000명에서 70년간 1300만 명으로 증가했는데, 이는 103배로 증가한 수치다. 케냐의 나이로비는 1906년의 1만 1500명에서 1982년에는 100만 명으로 증가했다. 모리타니 누악쇼트의 인구는 1965년 이후 단 20년 만에 마흔 배로 증가했다. 터키의 새로운 수도 앙카라는 1920년만 해도 인구 3만 명의 작은 마을이었다. 2000년 현재 앙카라의 인구는 150배로 증가한 450만 명이다. 20세기에 세계에서 가장 빠르게 도시화한 지역은 라틴아메리카였다. 1920년에 라틴아메리카에서 인구 2만 명 이상의 도시에 사는 인구는 전체의 14퍼센트에 지나지 않았다. 1980년대가 되면 인구의 3분의 2가 인구 2만 명 이상의 도시에 살게 되었고, 아르헨티나나 우루과이 등은 도시화율이 유럽에 맞먹었다.(아이티와 온두라스, 볼리비아만이 농업 국가로 남아 있다.) 아프리카와 아시아에서는 도시화율이 높았는데도 전체 인구의 3분의 1만이 도시에 산다. 3분의 1이라면 적은 수치처럼 생각될 수 있지만, 전체 인구가 매우 빠르게 증가했다는 점을 감안하면 도시가 매우 빠르게 성장했음을 알 수 있다.

도시가 급성장하게 된 주원인 중 하나는 주요 시설이 도시 지역에 집중되었다는 점을 들 수 있다. 예를 들어 아이보리코스트의 아비장에는 전체 인구의 6분의 1만이 거주하지만, 국가 전체 경제활동 중에서 75퍼센트가 도시에서 이루어진다. 도시는 정치적 이유 때문에 식량 공급 사정도 나은 편이다.(고대 로마의 빵과 서커스 같은 것이지만, 서커스는 없다.) 다른 시설들도 시골에 비하면 나은 편이다. 도시인구의 75퍼센트 이상이 어떤 형태로든 물을 공급받는다.(이때 물을 공급받는 상태의 기준은 90미터 이내에 수도꼭지가 하나는 있어야 한다는 것이다.) 이런 최소한의 물 공급 서비스도 시골 지역에서는 겨우 인구의 40퍼센트 정도만이 받을 수 있을 뿐이다. 하수도 체계는 더 엉망이다. 도시인의 절반 정도만이 하수처리의 혜택을 받고 있고, 이보다 훨씬 열악한 도시들도 많다. 마닐라와 다카, 카라치의 인구 80퍼센트 이상이 하수도 시설 없이 산다.

개발도상국의 도시들은 산업화 이전 혹은 산업화 초기의 유럽과 매우 유사한 조건을 갖추고 있다. 빠른 도시인구의 증가로 도시의 인프라가 심각하게 부족한 형편이다. 실업률은 적어도 20퍼센트가 넘고 이보다 높은 경우도 많다. 그러나 제일 심각한 문제는 주택이라고 해야 할 것이다. 인도에서는 150만 명가량이 거리에서 산다. 직업이 있더라도 급료가 적어 도저히 집을 장만할 수 없기 때문이다. 제3세계에서는 도시인구의 3분의 1 이상이 빈민가의 무허가 주택에 산다. 보통 빈민가는 행정 당국에 의해 주거지역으로 부적합하다고 판정이 난 곳에 있으며, 상하수도 시설과 쓰레기 처리, 전기 등 기본적인 시설조차 제대로 되어 있지 않다. 학교도 거의 없으며 범죄와 폭력이 난무하는 경우도 많다. 2006년의 유엔 거주환경 보고서에 따르면 전 세계 도시인의 3분의 1은 슬럼에 산다고 한다. 사하라 이남의 아프리카에서 그 비율은 75퍼센트에 달한다.

메트로폴리스의 시대

19세기에는 세계 곳곳에서 석탄 등 지하자원 개발에 기반을 둔 집중적인 공업화가 진전되어, 역사상 최초의 대도시권이 형성되었다. 도시는 일정한 중심을 가지지 않은 채 주변의 여러 마을을 흡수해서, 거대하고 무정형인 '도시 덩어리'로 발달해 갔다. 영국에서는 19세기 중반에 중부의 공업지대인 미들랜드에 있는 '블랙 컨트리'와 도자기 공업 지역 중심지인 '파이브 타운(Five Town)'에서 이러한 현상이 처음 나타났다. 이러한 도시 형태의 가장 극단적인 사례는 1850년 이후 루르 지방에서 철광 개발이 시작되고 철도가 가설되면서 나타났다. 대량의 이민 노동력이 유입되면서 마을이 무계획하게 늘어나, 급기야는 공업 도시권으로 발전했다. 1871년에는 인구가 90만 명이었는데, 1910년에는 350만 명, 1939년에는 450만 명이 되었다. 1980년대에 루르는 열한 개 도시와 네 개 지구가 병합된 550만의 인구를 지닌 대공업권이 되었다.

20세기 중반에 네덜란드에서 이른바 란츠타트(Randstad) 또는 '환상(環狀) 도시'가 나타났다. 이는 산업화로 인한 것이라기보다는 네덜란드의 극심한 토지 부족 현상 때문에 나타난 것이다. 주요 도시가 촘촘하게 모여 있기 때문에, 시간이 지남에 따라 점점 확대되어 가면 거의 하나의 커다란 도시처럼 되어 버린다. 란츠타트에는 도르드레흐트, 로테르담(항구/공업), 헤이그(행정), 델프트, 레이던, 하를럼, 암스테르담(금융/문화), 유트레히트 등의 도시가 있다. 네덜란드 국토의 겨우 5퍼센트를 차지하는 이 도시 복합체에 네덜란드 인구의 3분의 1이 산다. 이와 비슷하게 일본에서도 도쿄와 고베가 거의 연결된 도시화 지대를 형성하고 있다. 미국에서는 보스턴과 워싱턴 D.C.를 연결하는 일련의 도시가 있어서, 이곳은 면적으로 치면 국토의 1.5퍼센트밖에 되지 않지만, 총인구의 6분의 1인 5000만 명 이상이 산다.

20세기에는 거대한 메트로폴리스들이 생겨났다. 메트로폴리스는 보통 한 국가에 하나씩 있는데, 제조업보다는 3차 산업 위주이며, 국가 내 다른 도시들은 물론 세계적인 도시들과도 연계된다. 1800년에는 인구 100만 명이 넘는 도시가 세계에서 6개뿐이었다. 한 세기 후에

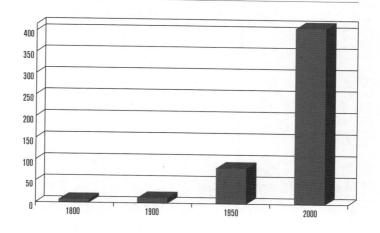

100만 명 이상이 사는 도시의 수(1800~2000년)

그 수는 두 배인 12개로 늘었다. 1950년에는 83개, 2000년에는 400개 이상의 도시가 인구 100만 명을 넘는다. 이제 인구 100만 명의 도시는 세계적인 기준으로 볼 때 대도시 축에도 끼지 못하게 되었다. 1900년에 세계에서 가장 큰 도시는 런던으로 인구가 약 450만 명이었다. 2위는 인구 270만 명의 뉴욕이었고, 파리는 240만 명으로 3위였다. 오늘날에도 세계의 대도시는 유럽과 북아메리카에 많이 있는 편이다. 1950년에는 인구가 500만 명이 넘는 도시가 여덟 개 있었다. 뉴욕이 가장 커서 1230만 명이고, 2위인 런던은 870만 명, 도쿄는 690만 명이다. 20세기 후반부에 나타난 거대 메트로폴리스의 성장은 엄청난 것이었다. 2000년이 되면 인구 1000만 명이 넘는 도시가 전 세계에 스무 개나 되었다. 가장 큰 도시는 도쿄(2640만 명)이고 멕시코시티(1840만 명)가 2위, 뭄바이(1800만 명)가 그 뒤를 이었다. 지리적 변화도 상당했다. 세계에서 가장 큰 10대 도시 중 유럽에 위치한 것은 전혀 없었고, 북아메리카에 뉴욕과 로스앤젤레스 두 개가 있을 뿐이며, 아시아에 네 개

(도쿄와 뭄바이, 콜카타, 상하이), 라틴아메리카에 세 개(멕시코시티와 상파울루, 부에노스아이레스), 아프리카에 하나(라고스)가 있다.

도시의 환경

오늘날 전 세계 인구의 절반이 도시에 산다. 도시의 환경은 인간이 만든 그 어떤 환경보다 인공적인 성격이 강하다. 주택과 공장, 도로, 쇼핑센터의 확대로 한때 논밭이거나 숲이었던 시골의 많은 지역이 파괴되었다. 1990년대 동안만 해도 유럽의 땅 80만 헥타르가 도시에 편입되었다. 이 속도가 21세기의 남은 기간에 계속 이어진다면 도시 면적은 현재의 두 배가 될 것이다. 도시를 건설하고 유지하는 데는 아주 많은 에너지가 사용된다. 또 수백만 명의 인구가 매일 출퇴근하기 위해서도 많은 에너지가 사용된다. 물론 도시에는 여러 가지 이점이 있다. 문화 활동의 중심지이며 농촌 지역보다 훨씬 다양한 편의 시설을 갖추고 있다. 그러나 일부 노동자계급의 거주지에서 비공식적이나마 강력한 공동체가 형성되는 경우가 있기는 하지만, 일반적으로 도시에 인구가 대량으로 유입되면서 공동체의 유대와 기구가 파괴되었고, 이를 대체할 새로운 유대나 기구는 생기지 않았다. 19세기 미국의 철학자 헨리 소로(Henry Thoreau)의 말처럼 도시는 "수백만 명이 함께 외로워하는(millions of people being lonely together)" 곳이라고 할 수 있다.

19세기 후반과 20세기 초반 동안 부의 증대와 정부의 사회보장 정책으로 인해 도시 생활이 가진 최악의 단면들이 어느 정도 사라졌다. 개도국에서는 대부분의 도시가 아직도 그러한 문제들로 고통받고 있다. 20세기에는 선진국의 도시에서 새로운 문제들이 등장했다. 대중교통수단은 자동차 사용이 늘어감에 따라 쇠퇴해 왔다. 부유층과 중산층이 도시를 떠나 교외로 거주지를 옮기면서 도심부의 경제적 쇠퇴가 가속화되었다. 일자리가 사라졌고(1960년대 동안만 해도 영국의 도심부에서 50만 개의 일자리가 사라졌다.) 가난과 경제적 쇠퇴, 범죄, 환경문제의 심화라는 악순환의 고리를 끊기 어려워졌다. 20세기 후반이 되면 뉴욕 인구의 4분의 1(약 400만 명)이 공식적인 빈곤선 이하의 수입을 얻었으며, 거의 10만 명이 거리에서 잠을 잤고, 50만 명의 약물 중독자가 생겨났다. 할렘에서 태어나는 아기 다섯 명 중 한 명만이 사생아가 아니다. 많은 도심 지역에서 인구의 3분의 2는 자동차를 소유하지 않아서 낡을 대로 낡은 대중교통을 이용할 수밖에 없다. 로스앤젤레스의 흑인 거주 구역에서는 주민 1인당 의사의 수가 미국 평균의 5분의 1에 지나지 않는다. 영국의 도시도 마찬가지다. 1970년대 말 런던 중앙의 이즐링턴의 가구 중 절반 이상이 온수 시설이나 욕조, 실내 화장실이 없었다. 도쿄에서는 보통의 가정이 유럽 가정의 10분의 1밖에 안 되는 면적의 공동주택에 살고, 화장실과 부엌을 함께 쓰는 가정도 많다. 이런 공동주택의 3분의 1가량은 일본의 기준으로 볼 때도 미비한 것이라고 공식적인 판정이 내려져 있다. 러시아 전역에 있는 소련 시대 공동주택의 시설은 일본의 공동주택보다도 더욱 열악하다.

오늘날 이 정도 규모로 도시가 발달해 온 것은 화석연료의 사용과 복잡한 상업적 연결망을 가진 고(高)에너지 소비사회의 출현과 직결되어 있다. 도시는 사회 전체의 에너지가 대부분 소비될 뿐 아니라, 여러 가지 환경문제의 근원이 되고 있다. 도시의 생활환경은 비좁고 열악한 경우가 많으며, 심각한 대기오염과 소음, 긴 통근 거리,(바글바글한 대중교통을 이용하거나 혼잡한 도로에서 차를 몰아야 한다.) 여러 가지 사회문제로 특징지어진다.

풍요로운 사회의 창조

14

정착 사회가 생겨난 이후 약 1만 년 동안 압도적으로 대다수의 사람이 가난에 허덕이며 살았다. 재산도 거의 없었고 비참한 생활 조건 속에서 대부분의 자원을 살아남기 위한 식량을 구하는 데 썼다. 모든 사회에서 엘리트는 대다수 주민보다 높은 생활수준을 누렸다고는 하지만, 그들도 매우 제한된 부를 누렸을 뿐이다. 지난 200년 동안에는 아직도 소수이기는 하지만 그래도 제법 되는 수의 사람들이 이전 세대에는 상상도 못 하던 생활수준을 누리게 되었다. 이러한 변화의 혜택을 받을 수 있었던 사람들은 단순히 생활수준이 상승했을 뿐 아니라 경험의 폭도 엄청나게 넓힐 수가 있었다. 하지만 이러한 개선에는 엄청난 대가가 따랐다. 에너지와 천연자원 소비의 엄청난 증대, 오염의 확산, 그 밖의 여러 가지 사회문제를 낳았다. 또한 각 국가 내에서,

그리고 더 중요하게는 세계적으로 부유한 사람들과 가난한 사람들 사이의 부의 분배에서 형평성의 문제가 대두했다.

산업화 이전의 사회들

채집·수렵인들은 꼭 필요한 소유물 외에는 가지고 있지 않았다. 많이 가지고 있으면 이동 생활에 방해가 되었기 때문이다. 보석으로 된 장신구는 약간 있었지만, 가재도구는 쉽게 구할 수 있는 물자들로 만들어져, 버리기도 쉽고 다시 필요해지면 언제든지 쉽게 구할 수 있는 것들이었다. 농업의 시작과 정착 사회의 출현으로 인해 이러한 생활에 두 가지 변화가 생겼다. 첫째, 농경에는 식량을 저장하고 가공하기 위해 더 많은 물자가 필요했다. 둘째, 정착 생활을 했기 때문에 가재도구를 가져도 되었다. 가재도구는 더는 방해물이 아니라 생활에 보탬이 되는 것이었다.

지난 200년 전까지의 전(前)산업사회에서는 농업이 경제를 주도했다. 평균 소득도 매우 낮았고, 얼마 되지 않는 잉여 자원은 대부분 특권계급의 소비로 돌려지거나 고대 사회의 사원과 궁전, 피라미드 혹은 중세 유럽의 성당과 같은 거대 공공사업에 사용되었다. 교역과 수송이 제한되었으므로 지역적인 자급자족 체계가 필수였고, 대부분의 사람은 화폐경제와 관계없이 살았다. 물물교환이 훨씬 중요했으며, 보통은 농산물과 지역의 수공예품이 교환되었다. 사람들은 될 수 있는 한 자급자족으로 살았다. 큰 마을에 사는 사람들도 가축을 몇 마리 정도는 키우고 자기들이 먹을 작물을 재배했다. 음식물과 술, 옷, 양초와 약간의 원자재 등 대부분의 상품은 소모품이었으며, 농업 생산과 관계된 것이었다. 산업은 거의 전적으로 농산물을 가공하는

데 국한되었다. 가죽 무두질, 실잣기, 베 짜기, 양조, 도정, 혹은 농촌 공동체에서 사용할 간단한 도구나 항아리, 통 등을 만드는 것이었다. 1600년까지도 잉글랜드 수출품의 80퍼센트가 의류였으며, 4대 주요 수입품은 직물과 식자재, 목재, 포도주였다. 무역도 미미했고 대부분의 나라에서는 통일된 도량형도 없었다. 중세 초기에 유럽 대륙의 남북 간 무역은 샹파뉴에서 정기적으로 며칠 동안 열리는 시장에서 이루어졌다. 장거리 무역은 소수의 사치재에 집중되었다. 상품의 가짓수는 부자들에게조차 매우 제한되어 있었던 것도 당연하다.

중세와 근대 초기의 유럽에서는 대중 지출의 80퍼센트가 식비였는데도 식단은 형편없었다.(이런 사정은 다른 곳에서도 마찬가지였다.) 지출 중 절반은 한두 달에 한 번 구워 내는 빵을 사는 데 사용했다.(티롤에서는 한 해에 두세 번밖에 빵을 굽지 않아, 빵을 자르는 데 도끼를 쓰는 경우도 많았다.) 식량 가격이 폭등하면 가계소득의 전부를 식량을 사는 데 썼으나, 그래도 먹고살기에 충분치 못했다. 이러한 상황에서 추수기나 결혼식 등 고기를 먹을 수 있는 잔치가 중요한 사회적 역할을 했던 것도 놀랍지 않다. 풍년이 들어 형편이 좋을 때도 옷값으로 지출할 수 있는 돈은 소득의 10퍼센트 정도밖에 안 되는 경우가 많았다. 그래서 옷은 다음 세대에 물려주는 중요한 재산이었다. 1582년에 이탈리아 중부 페루자의 한 병원 규정에는 사망자의 의복을 훔쳐서는 안 되며 "적법한 상속자가 물려받아야 한다."라고 되어 있었다.

식량과 의복을 장만하고 나면 주거비로는 얼마 남지 않았다. 대개의 농촌 오두막은 나뭇가지에 흙을 발라 만들고, 흙바닥에다가 창문도 굴뚝도 없었다. 조리는 화덕 위에 쇠꼬챙이나 냄비를 걸어 놓고 했고, 오두막 안에 연기와 먼지가 쌓였다. 오븐을 가진 사람은 거의 없었으며, 빵이나 어쩌다가 고기를 굽기 위해 공동으로 사용했다. 잠은 마룻바닥에 짚단이나 마른 고사리 더미를 깔고 잤다. 몇 마리 되지 않는 가축과 오두막에서 같이 사는 경우도 종종 있었다. 가축은 밤에, 특히 겨울에 얼마간의 온기를 제공해 주었다. 1580년대에 스페인 톨레도 남쪽의 마을 나발모랄에 관한 상세한 조사는 유럽 농촌의 모습이 어땠는지에 관한 분명한 그림을 보여 준다. 나발모랄에는 243가구에 1000여 명이 살았다. 이 중 22가구가 전체 토지의 절반을 소유했고, 농민 가족이 60가구였다. 28가구는 땅이 없으나 가축 몇 마리를 쳤고, 땅 없는 노동자 가족도 95가구나 되었다. 뚜렷한 생계가 없는 과부가 스물한 명 있었으며, 17가구는 집도 없었다. 19세기 초반까지도 잉글랜드의 농촌에는 인구가 많았고 아일랜드는 더 심했다. 도시의 사정은 더욱 나빴다. 1630년대에 피렌체의 빈민가에 있는 집에서는 방 하나에 8~10명이 살았고, 집 한 채에 10~12가구가 살아서 모두 합하면 100명가량이 수도도 위생 시설도 없이 살았다. 1560년에 이탈리아 페스카라에서는 인구의 4분의 1이 땅굴로 만들어진 빈민굴에 살았다.

부자들은 최악의 조건은 면할 수 있었지만, 이용할 수 있는 재화의 품목은 매우 제한되었다. 그들은 부의 대부분을 주생활을 유지하고,(부자들의 집은 더 넓었고 목재나 석재로 지어졌지만, 위생 시설이 없기는 마찬가지였다.) 좀 더 좋은 옷을 입고,(특정한 종류의 의류는 법적으로 귀족들에게만 허용되었다.) 좀 더 공이 든 식생활을 하는 데 썼다. 그들은 또한 상당수의 하인을 고용할 수 있었다. 1393년에 프랑스 중북부의 모 (Meaux) 수도원에는 스물여섯 명의 수도사와 마흔 명의 하인이 있었다. 20세기까지도 하인을 많이 두는 것이 신분의 상징이었다. 1900년 이전에는 대부분의 유럽의 도시에서 인구 일곱 명 중 한 명이 하인이었다.

대부분의 사람은 극빈이나 그에 가까운 상태로 살았다. 저축이 없어서 질병이나 실업 같은 문제가 조금이라도 발생하면 굶어 죽거나 거지가 되어야 했다. 구호 사업은 거의 기대할 수 없었다. 잘해 봐야 국가 재산의 1퍼센트 정도가 구호 사업에 쓰였고, 상당한 부를 소유했던 수도원에서도 그들 재산의 1~3퍼센트 정도를 자선 사업에 썼다. 유럽 사회에서 거지가 얼마나 많았는지 나타내는 수치를 보면 놀라울 따름이다. 이른바 '르네상스'가 한창이던 1457년에 피렌체의 공식 통계를 보면 유럽 중에서도 가장 부유한 편인 이 도시의 실상을 알 수 있다. 전체 인구의 80퍼센트를 조금 넘는 인구가 빈곤층이나 극빈층으로 분류되어 있다. 17세기 후반에 프랑스의 보방에서는 전 인구의 10퍼센트가 거지였고, 30퍼센트는 거지에 가까웠으며, 50퍼센트가 극빈자였다. 극빈 또는 극빈에 가깝지 않은 사람은 인구의 10퍼센트에 지나지 않았다는 것이다. 18세기 초의 쾰른에서는 전체 인구 5만 명 중 2만 명이 거지였다. 같은 시기의 잉글랜드에서는 인구 중에서 4분의 1이 '빈농과 영세민'으로 만성적인 가난과 실직 상태에 시달렸고, (추수기를 빼고는) "생계유지가 어려운 비참한" 사람들로 기록되어 있다. 흉년이 들거나 실업률이 높아지면 인구의 절반이 이런 상태로 전락했다. 1815년까지도 스웨덴 인구의 절반은 땅 없는 농부나 거지였다.

이러한 상황에서 사람들은 자식들을 부양할 형편이 되지 못했다. 16세기와 17세기의 이탈리아 도시에서는 10분의 1가량의 아이들이 거리에 버려졌고, 1780년대의 파리에서는 태어난 아이의 4분의 1에 해당되는 8000명의 아이가 해마다 버려졌다. 인구의 3분의 1은 14세 이하였기 때문에 아동노동력이 필수였고, 특히 여름철이나 추수기에는 밭에서 일했다. 대부분의 사람이 문맹이었고, 아이들은 대부분 교육을 받지 못했다. 7세부터는 도제가 될 수 있었지만, 대부분 10세나 12세 정도에 시작했다. 아동, 특히 고아들은 착취 대상이었다. 네덜란드 레이던의 직물 공장에서는 임금 수준을 낮추기 위해 1638년 이후의 30년간 독일의 아헨, 취리히, 벨기에의 리에주 등지에서 8000명이나 되는 고아를 수입했다. 그 결과 어른들은 일자리를 잃었고, 아이들은 형편없는 노동환경으로 일찍 죽었다. 여성들도 일했다. 17세기 초에 피렌체의 양모 공장 직공의 80퍼센트가 여성이었다. 특히 농촌 지역에서는 형편없는 농가 수입을 보충하기 위해 짬을 내서 노동했다. 여성들은 벽돌 공장과 무기 공장, 철공소에서도 일했다. 남녀를 불문하고 공장에서 필요한 노동력은 얼마 되지 않아서, 고용도 일시적이었고 임금도 입에 겨우 풀칠할 정도였다. 18세기 프랑스의 마시프상트랄에서 레이스를 만드는 작업은 매우 정교한 작업이었는데, 노동자들은 오랜 작업 후에 실명하는 수가 많았으나, 그 대가로 주어진 돈은 하루에 2수로, 이것은 수확이 괜찮은 해에 빵 500그램을 살 수 있는 돈이었다.

산업화 이전 시대의 사회에서 인간의 조건은 결코 꾸준히 개선된 것이 아니었다. 생활수준은 인구와 식량 공급의 균형을 따라 요동쳤다. 1300년에 유럽이 심각한 인구과잉에 시달렸을 때는 생활 조건도 매우 나빴다. 식량은 부족했고 노동력 과잉으로 일자리도 줄어들었다. 그러나 몇십 년 후 흑사병을 겪고 나서 인구가 크게 줄어들자 살아남은 사람들의 생활 조건은 조금 향상되었다. 인구가 줄어들어 식량 공급에 상대적으로 여유가 생겼고, 노동력이 부족해지자 농민과 노동자들의 노동조건이 개선되었다. 16세기 중반까지 인구가 꾸준히 늘어 중세 최고 수준이 되었고, 그다음 한 세기에는 기후가 급격히 나빠져서 식량 생산이 감소해 대부분의 유럽인들에게 엄청난 역경의 시기가 되었다. 지주에게 지대를 내고 교회에 십일조를 내고 나면 대부분의 농민은 수확량의 3분의 1을 가지고 생활해야 했다. 유럽에서 일어난 끊임없는 전쟁 비용을 대기 위해 국가의 조세가 점점 늘어나자 이를 감당하기가 어려웠다. 방법은 반란을 일으켜 납세를 거부하는 것밖에 없는 것처럼 보였다. 아키텐에서는 1635년 이후 25년 동안에 250번의 반란이 일어났고, 17세기의 프로방스에서는 374건의 반란이 있었다. 17세기 이후에 농업 생산성이 서서히 향상되면서 유럽 일부 지역에서 생활수준이 향상되기 시작했다. 교역과 제조업이 증가했으며, 비유럽 지역에서 자원을 빼앗아 왔기 때문에 부는 더욱 증대되었다. 그래 봤자 크게 나아진 것은 아니었으며, 그나마 주로 네덜란드와 잉글랜드, 프랑스에 집중되었다. 유럽 외의 지역에서는 제자리걸음을 하거나 더욱 악화되기까지 했다.

산업화의 비용

1800년 무렵에 영국과 유럽 일부는 상당한 수준의 상업과 공업이 발전해, 농경 사회에서 근대산업사회로 이행해 가는 초기 단계에 있었다. 산업화가 사회 전체의 생활수준을 상당히 높여 놓은 것은 의심할 바 없는 사실이다.(물론 그 혜택은 다수의 대중보다 소수 계층에 집중되었지만.) 그러나 이 산업화 과정에는 엄청난 자본의 투자가 필요했고, 시골에서 농사짓던 사람들의 노동력이 도시의 산업으로 이동되어 투입되어야 했다. 이러한 과정에서 높은 사회적 비용이 발생해서, 산업화 초기에는 대다수 사람의 생활수준이 오히려 나빠진 것이 사실이다. 이 과정은 산업화 초기 단계에 있었던 매우 다른 두 사회를 비교해 보면 잘 알 수 있다. 19세기 잉글랜드의 자유 시장경제와, 국가 주도의 산업화 정책을 편 1930년대의 소련이다.(다음 장에서는 이 두 사회 모두 산업화 과정에서 동일한 환경문제를 겪었다는 것을 이야기할 것이다.)

18세기 후반과 19세기 초반에 영국의 경제성장률은 낮은 편이었다.(철도 붐이 일어날 때처럼 급성장이 일어나는 시기가 한두 번 있기는 했다.) 산업화와 공업화가 대세가 되기까지는 오랜 시간이 걸렸다. 그런데도 19세기 초의 공업화 초기 단계에서는 공장노동자들의 급격한 증대와 함께 신흥 공업 도시가 생겨났다. 하지만 1840년대까지도 대다수 사람의 생활수준이 향상되었다는 증거는 없다. 이 시기에는 노동력이 남아돌았기 때문에, 산업 노동자 계층의 절반가량이 임시직 등으로 연명하며 최저 생활수준 이하의 삶을 살았고, 소수의 숙련노동자만 그들의 사회적 지위를 향상할 수 있었다. 손으로 직물을 짜던 590만 명가량의 수직 방적공을 비롯해 많은 노동자가 기계화로 인해 일자리를 잃었다. 농민과 마찬가지로 노동자 중에서도 경기가 어려워졌을 때 저당 잡힐 재산이나 저축을 가진 경우가 드물었고, 일부 직종의 실업률은 75퍼센트에 이르렀다. 1840년대에는 잉글랜드 인구의 10퍼센트 정도가 아직도 거지였으며, 어떤 마을에서는 그 비율이 훨씬 높았다. 불경기가 지속되던 1842년에 랭커셔의 클리스로에서는 전체 인구 6700명 중 2300명이 극빈자였다. 산업도시의 생활 상태는 열악했다. 일자리를 찾으려는 노동자가 끊임없이 밀려들어 누추한 집에 우글거리며 살았다. 1790년에 리버풀에서는 인구 여덟 명 중 한 명이 지하실에서 살았고, 1833년에 맨체스터에는 전체 인구의 10퍼센트인 2만 명이 지하실에 살았다. 그 결과 1810~1850년에 사망률이 상승했고, 1850년 이후부터 천천히 감소하기 시작했다. 1840년에 맨체스터에서는 어린이 열 명 중 약 여섯 명이 5세가 되기 전에 죽었다. 농촌 지역의 사정은 조금 나아서 유아사망률이 이것의 절반 정도였다.

19세기 후반이 되면 일반 시민의 생활 조건은 조금씩 좋아졌다. 음식이 더 풍족해지고,(상당 부분 수입 식품이었다.) 도시의 상수도와 위생 시설이 개선되었으며, 주거의 밀집도도 개선되었다. 임금은 특히 숙련노동자의 경우 1850년 이후 상승했다.(비숙련노동자의 임금은 19세기 말이 되어야 상승하기 시작했다.) 그런데도 많은 사람이 여전히 끊임없는 가난과 표준 이하의 주거 생활에 시달려야 했다. 1889년 당시에 런던 인구의 3분의 1가량이 빈곤선 이하에 살았고, "정도의 차이는 있어도 언제나 빈곤한 상태로" 살았다. 빈곤층은 언제나 그렇듯 심각한 영양 부족 상태에 있었고, 괴혈병과 구루병, 빈혈이 흔했다. 1800년에 해군에 징병된 빈민가 출신 소년들은 상류층 소년들보다 평균 신장이 20센티미터나 작았다. 1940년에도 노동자 계층의 자녀들은 사립학교에 다니는 또래 상류층 아이들보다 10센티미터가 작았다. 19세기 말 무렵에 가장 빈곤한 층이 하루에 섭취하는 열량은 부유층의 절반 가량이었다. 1899년에 맨체스터에서는 1만 명이 보어 전쟁에 참가하기 위해 병역에 지원했지만, 이 중 1000명만이 신체검사에 합격했다. 주택 문제도 심각했다. 1901년 영국의 전체 인구조사에서 '과밀'이라고 규정한 생활 조건은, 최소한 두 명의 어른과 네 명의 아동이 자체 상수도 시설 없이 방 두 개 이하에서 지내는 상태였다. 이렇게 제한적인 규정에 비추어 보아도 열두 명 중 한 명은 과밀 주거에 사는 것으로 분류되었으며, 일부 지역에서는 수치가 훨씬 높았다. 런던 도심의 일부 구에서는 인구 세 명 중 한 명이, 글래스고는 인구의 절반 이상이, 던디는 거의 도시인구 세 명 중 두 명이 과밀 주거에 살았다.

　　서유럽이나 북아메리카에서 산업화되었던 다른 국가들의 상황도 19세기 영국의 상황과 거의 다르지 않았다. 소련은 1928년에 정부가 주도하는 5개년 계획을 시행해 대규모로 산업화를 추진했다. 러시아는 일찍이 제1차 세계대전 이전에 산업화를 시작했지만, 혁명기의 혼란과 뒤이은 내전으로 인해 산업화의 이익을 얻지 못했다. 외부의 도움이 전혀 없는 상태에서 소련은 산업화의 비용을 자국민들에게 부담시키는 수밖에 없었다. 인구의 80퍼센트가 여전히 농업에 종사했고, 혁명이 노동자의 이름으로 추진되기는 했지만, 실제로 노동자 수는 3퍼센트에 지나지 않았다. 이런 문제들은 스탈린 체제하의 소련 지도부가 산업화의 진행 목표와 속도를 너무 높게 잡고 빠르게 추진하면서 더욱 심각한 폐해를 드러냈다. 1928년의 성장계획은 236퍼센트의 산업 생산량 증가와 110퍼센트의 노동생산성 증가를 달성하는 것이 목표였다.

1930년대에 집중적인 산업화를 추진한 결과 전 세계 어느 곳보다 빠른 경제성장률을 달성했다. 1927년과 1937년 사이에 철 생산량은 4배, 석탄 생산량은 3.5배, 전력 생산은 7배, 기기 생산은 17배로 증가했다. 1928년 이후 5년 만에 산업 노동력이 두 배로 증가했다. 그러나 이러한 성과를 얻기 위해 엄청난 희생이 있었다. 지금까지 대부분 소규모 자영농이었던 농장을 국가가 접수해 대형 농장으로 바꾸는 집산화가 추진되고, 여기서 나오는 식량을 도시로 반출한 결과 수백만 명이 시골에서 굶어 죽어 갔다. 생산성을 높이기 위한 노력은 여러 가지 모습과 이름으로 나타났다. 더 길어진 노동시간, 주 7일 노동, 더 늘어난 생산 할당량, '생산 돌격대', '사회주의 경쟁', 노동생산성 향상 보장제로 보상을 받는다는 '스타하노프 노동자'라는 입발림 말, 숙련노동자의 임금을 깎는 명분인 '특권 폐지', 그리고 궁극적으로는 정치범 강제 노동 수용소의 노예노동에 이르기까지. 악화되는 노동환경과 함께 생활수준도 급속히 저하되었다. 식량 할당제가 도입되었고, 1932년에 도시 지역의 고기 소비량은 1928년의 3분의 1 수준으로 떨어졌으며, 심지어 감자 소비마저 줄었다. 산업 노동자의 생활수준도 급격히 떨어졌다. 1928년 이후 4년 동안 생활수준은 절반으로 떨어졌고, 1950년대 중반까지 1920년대 후반의 생활수준을 회복하지 못했다.

산업화의 단계

산업화 과정에는 새로운 기술이 계속 개발되어 가는 부분이 포함된다. 이런 기술의 변화는 사람들이 쓸 수 있는 상품의 수와 범위를 변화시켜 왔으며, 그런 상품의 생산은 여러 가지 방법으로 환경에 영향을 미쳐 왔다. 산업화의 초기 단계는 19세기 후반부까지 지속되었는데 이 시기는 기계화와 공장 생산, 증기기관, 철 생산, 철도 건설 등을 통한 직물 생산량 증대에 기초를 둔다. 직물 생산은 19세기 내내 산업화의 중심을 이루었다. 1900년까지도 식품 가공과 직물 생산이 서유럽과 미국의 산업 생산의 40퍼센트 이상을 차지했다. 증기기관이 개선되어 공장의 동력으로 이용할 수 있게 된 것, 철 생산과 철도의 발달 등은 모두 서로 연관되어 있는데, 특히 철도의 발달은 산업의 성장을 위해 필수적 역할을 했다. 1840년에는 철도의 총 길이가 7만 2000킬로미터였는데, 40년 후에는 36만 킬로미터가 되었다. 1860년대 후반부터는 신기술로 인한 산업화의 추진력이 사라지고 전자공학과 새로운 화학 산업 공정에 기초한 산업화의 두 번째 물결이 시작되었다.

20세기 초반에 산업 성장을 지속할 수 있게 한 것은 자동차 산업의 대두 및 관련 기술의 발달이었다. 화학섬유가 천연섬유를 대체하기 시작했다. 1914년 이전에 개발된 레이온은 생산 단가가 실크 가격의 4분의 1밖에 되지 않아 1920년대 동안에 생산량이 크게 늘었다. 1945년 이후에는 나일론 생산도 빠르게 증가했다. 1930년대 이후에 석유를 원료로 하는 플라스틱의 사용이 늘면서 산업 성장의 주요 부문을 차지하게 되었다. 1945년 이후에 세계 플라스틱 생산량은 12년마다 두 배씩 증가했다. 1970년대가 되면 플라스틱의 생산이 알루미늄과 구리, 납, 아연의 생산을 모두 합친 것보다 많아졌고, 1인당 플라스틱 생산은 1945년보다 1000퍼센트 이상 증가했다. 주요 산업 국가에서는 이런 기술 단계가 1960년대에 대체로 끝나 가면서 곧이어 산업화의 마지막 단계인 정보 통신 기술의 발달이 시작되었다. 컴퓨터와 위성통신, 산업로봇, 휴대전화, 레이저 관련 상품 등 새로운 산업이 성장했다.

이러한 기술 변화와 더불어 산업 생산성이 엄청나게 증가했다. 이는 농업 생산성의 증가와 함께 산업사회에서 좀 더 많은 노동력이 경제의 '3차 산업' 부문(금융과 광고, 여행, 교육, 보건 등)에 종사할 수 있는 요인이 되었다. 1900년에는 산업사회 전체 생산량의 3분의 1 정도가 농업 부문에서 나왔고, 산업 부문의 생산은 이보다 약간 많은 정도였다. 20세기 후반이 되면 농업 생산량이 크게 증가하고 산업 생산은 더욱 큰 폭으로 증가했지만, 농업은 전체 생산량의 단 3퍼센트, 산업 생산은 35퍼센트를 차지했으며, 60퍼센트 이상이 서비스 부문에서 생산되었다.

지난 200년간 산업과 경제, 사회의 혁명은 세계 에너지자원의 소비와 공해를 통해 세계의 환경에 근본적인 영향을 미쳤다.(공해에 관해서는 다음 두 장에 걸쳐 이야기 할 것이다.) 1750년 이래 세계의 산업 생산은 100배 이상으로 증가했다. 대부분은 20세기에, 특히 20세기 후반에 증가한 것이었다. 19세기 초반에 전 세계의 산업 총생산은 오늘날 브라질의 수준과 대략 비슷하다. 1900년에 영국의 산업 생산량은 1750년의 세계 전체 산업 생산량보다 많았다. 그런데 1980년의 세계 산업 생산량은 1900년의 영국보다 100배 정도다. 이러한 생산량 증가의 대부분은 인구 증가가 노동력과 재화에 대한 수요를 증가시켰기 때문에 가능했다. 하지만 산업화의 여러 단계에서 기계화와 자동화 등을 통해 산업 생산성이 엄청나게 증가했기 때문이기도 하다. 오늘날의 산업 생산성은 1750년 수준의 200배에 달한다. 현대의 미국인 노동자는 1800년의 영국인 노동자가 하루에 열두 시간씩 일해서 2주일 동안 걸릴 작업량을 단 한 시간 만에 해낸다.

광물과 금속의 생산

지난 두 세기 동안 있었던 엄청난 에너지 소비의 증가와 더불어 광물과 금속의 생산도 엄청나게 증가했다. 인류 역사상 최초로 사용된 금속은 납(기원전 6000년 무렵)이었고, 그다음에 구리(기원전 3700년 무렵)가, 그리고 철(기원전 1200년부터)이 사용되었다. 철은 무기와 농사 도구용으로 널리 사용되었다. 하지만 생산량은 수천 년 동안 얼마 늘지 않았다. 아마도 수요가 제한되었고, 소규모의 용광로와 초기 주조 과정의 미숙으로 최고급의 철광을 사용해야만 했기 때문일 것이다. 1400년에 유럽의 철 생산량은 3만 톤가량이었다. 또 하나의 주요 철 생산자인 중국은 이보다 약간 더 만들었겠지만, 세계 철 생산량은 모두 합쳐 한 해에 10만 톤도 못 되었을 것이다. 1400년에서 1700년 사이에 유럽의 철 생산량은 여섯 배로 늘어나서 30만 톤에 달했다.

1700년 이래 철과 강철은 새로운 용도로 많이 사용되게 되었고, 이는 현대 산업사회의 주요 생산품인 기계와 철도, 자동차, 건물, 배,

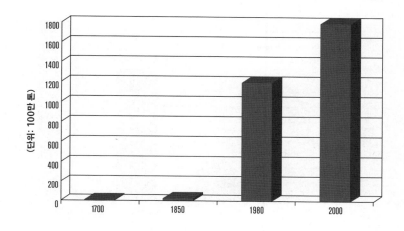

세계 철강 생산량(1700~2000년)

(단위: 100만 톤)

가전 기기 등 다른 많은 상품의 기초가 되었다. 철과 강철의 생산은 산업 생산의 규모를 나타내는 척도가 된다. 영국이 산업화 초기 단계에 돌입한 것은 철 생산량의 급속한 증가로 알 수 있다. 1788년에서 1830년 사이에 철 생산량은 6만 8000톤에서 70만 톤으로 열 배로 늘어났다. 이것은 100년 전에 전 세계가 생산해 낸 양의 두 배다. 19세기 중반에 전 세계 생산량은 1700년보다 마흔 배로 늘어난 1200만 톤이었다. 엄청난 증가이기는 하지만, 그다음 세기에 비하면 아무것도 아니다. 오늘날 철과 강철 생산량은 연간 20억 톤에 육박한다. 대강만 비교해도 1400년 당시의 세계 생산량과 비교하면 2만 배로 늘어난 것이다.

다른 광물의 생산량도 엄청나게 증가했다. 인류 역사상 캐낸 금 중 4분의 3이 20세기에 채굴된 것이다. 전자 산업의 주재료인 구리의 생산량은 전 세계적으로 1880년대에는 12만 톤이었으나, 1900년에 이르면 50만 톤이 되었다. 20세기에는 구리 생산량이 연간 1160만 톤

세계 구리 생산량(1880~2000년)

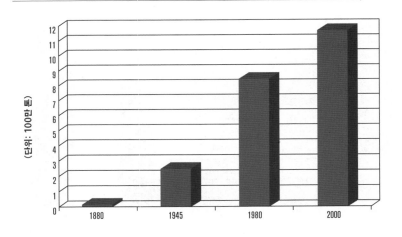

이나 되었는데, 이는 1880년보다 100배로 증가한 양이다. 강철 그리고 무기 제조에 사용되는 니켈의 생산량은 20세기에 여든 배로 증가했다. 알루미늄은 19세기 말까지 생산조차 되지 않다가 보크사이트에서 알루미나를 제련해 내는 전해법이 개발되면서 생산되기 시작했다. 생산에 엄청난 전기가 필요하지만, 알루미늄은 20세기의 주요 산업 중 하나였다. 비행기와 자동차에서 가정용품과 음료수 깡통에 이르기까지 다양하게 사용된다. 1895년에 전 세계의 알루미늄 생산량은 223톤에 지나지 않았다. 그러던 것이 100년 뒤에는 24만 톤 이상으로 늘어났는데, 이는 1만 760배 증가한 것이다. 생산 비용이 높아 재활용 금속을 사용할 필요가 있는 알루미늄이나 구리, 철 등은 많이 재활용되나, 대부분의 금속은 여전히 사용된 뒤에 버려진다.

이 정도 규모로 금속을 생산하려면 환경에 근본적인 영향을 끼칠 수밖에 없었다. 세계 광산의 70퍼센트(미국 광산의 95퍼센트)는 환경에 가장 큰 피해를 주는 노천 채굴 방식으로 채굴되고 있다. 이 방법은

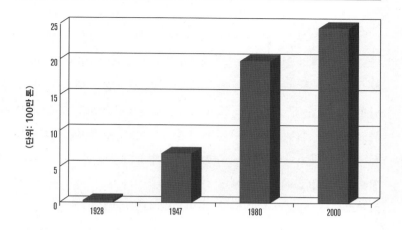

세계 알루미늄 생산량(1928~2000년)

비용이 적게 들기는 하지만, 거대한 구덩이를 파내거나 산봉우리를 통째로 들어내야 하므로 표층토를 손상하고 막대한 양의 폐기물을 남긴다. 이 폐기물들은 거대한 산으로 쌓여 보기에도 안 좋을 뿐 아니라 강에 침적토를 쌓이게 하고, 독성이 있는 경우가 많으며, 그 결과 땅을 경작할 수 없는 상태로 만들어 버리거나 강물로 흘러들어 독성을 퍼뜨린다. 신기술의 발달로 점점 더 낮은 등급의 광산까지 채굴할 수 있게 되었다. 구리 광석은 1900년까지는 동 함유량이 3퍼센트 정도면 채산이 맞는 것으로 보아 굴착되었다. 1970년대 말에는 그 채산점이 0.35퍼센트로 낮아졌다. 이로 인해 1톤의 구리를 얻기 위해서는 350톤의 바위를 깨서 운반한 뒤 녹여야 했고, 거의 같은 양의 폐기물이 나왔다. 20세기 후반에 미국에서 발생한 엄청난 에너지 소비의 5분의 1 이상은 광물을 추출하고 가공하는 과정에서 사용되었다.

대량 소비사회의 대두

산업 생산과 에너지 소비가 늘자 사회의 물질적 부도 점점 늘어 갔고, 이에 따라 선진국 국민의 생활수준도 변화했다. 이러한 변화는 상점과 소매상이 늘어난 것으로 알 수 있다. 중세와 근대 초기의 유럽에서는 아주 큰 도시에만 상설 소매상이 성립될 정도의 부를 축적하고 있었다. 대부분의 사람은 지역의 장인이나 행상인에게서 물건을 샀다. 16세기와 17세기에 이르자 런던이나 파리 같은 대도시에서 전문적인 가게들이 생겨났으나, 대부분 의복이나 보석만을 취급했다. 가구와 같은 물품은 장인이 직접 만들어 팔았다. 점차 가게의 종류도 다양해졌고 작은 지방 도시에도 생겨났다. 하지만 19세기 말까지도 대부분의 식품은 가게에서 팔기보다는 농부가 직접 시장에 가져와 팔았다. 이 시기에 영국에서는 최초로 체인점들이 생겨났다. 처음 생긴 것은 립톤, 홈 앤드 콜로니얼 등 식료품 관련 산업이었다. 여러 가지 물건을 파는 백화점은 프랑스인들이 발명했다. 최초의 백화점은 1860년대에 파리에 세워진 르봉 마르셰였는데, 그 후 이 아이디어는 전 유럽으로 퍼져 빈의 헤르만스키, 베를린의 티츠 등이 생겼다. 해러즈(최초에는 식료 잡화점이었다.)와 데븐엄스(원래 포목상이었다.) 등 기존의 소매점들은 다각화를 해서 백화점이 되었고, 셀프리지스와 아미 앤드 네이비 등 새로운 백화점도 세워졌다. 새로 세워지는 상점들은 가스등과 전기등이나 엘리베이터 등을 도입하는 등 기술적으로 개선되었다. 이들은 다양한 상품을 구매할 수 있었던 부유한 중산층 가정의 수요에 맞추어 발달했다. 20세기에 들어서는 주로 식품 소매를 하는 대형 슈퍼마켓이 등장해 소규모 지역 소매상을 대체하며 시장을 장악했고, 그 후 엄청나게 다양한 재화를 입고하는 신개념 대형 점포가 등장했다. 미국의 월마트와 프랑스의 마무트, 까르푸 등이 그 예다. 이들은 자동차의 보급과 교외 쇼핑센터의 발달에 힘입어 더욱 늘어났다. 동시에 이러한 가게에서 팔리는 재화가 점점 동질화되어 갔다. 처음에는 전국적인 브랜드가 나타나고, 얼마 지나지 않아 국제적인 상표 이름을 가진 다국적기업들이 나타나 개별 국가의 기업들을 압도했다.

20세기 초가 되면 산업 국가들은 의식주 생활에서 국민들의 기초적인 수요를 거의 충족시킬 수 있게 되었다. 많은 산업자본가는 노동자들이 일보다 여가를 더 우선할까 봐 걱정하게 되었다. 이렇게 해서 19세기의 특징이었던 경제성장이 끝나게 되는 것일까? 하지만 그런 일은 일어나지 않았다. 노동자들은 하루 여덟 시간 노동과 주당 마흔 시간 노동이라는 기본적인 틀을 확보하고 나자 점점 늘어 가는 다양한 소비재를 구입하기 위해 더 많은 시간을 일해 더 많은 돈을 벌고자 하게 되었다. 이처럼 새로운 재화와 이를 생산하는 새로운 산업은 대부분 20세기 초에 증가한 부에 힘입어 대량 판매 시장이 생겨났던 미국에서 등장했다. 1920년대에는 내구 소비재 붐이 일어나, 미국의 웬만큼 잘사는 가정에서는 냉장고와 냉동고, 식기세척기 등이 흔한 것이 되었다. 유럽에서는 이러한 붐이 1950년대에 일어났으며, 일본에서는 이보다도 10년 뒤에 나타났다. 일본에서는 1960년대에 냉장고 보유 가구가 5퍼센트에서 90퍼센트로 치솟았다. 세탁기는 29퍼센트에서 96퍼센트로 늘어났고, 텔레비전은 16퍼센트에서 75퍼센트로 늘어났다. 신제품에 대한 수요는 곧 포화 상태에 이르렀다. 1980년대에 서독에서는 전 가구의 90퍼센트가 전화를 소유했고, 84퍼센트가 승용차, 83퍼센트가 냉장고, 80퍼센트가 세탁기, 70퍼센트가 컬러 텔레비전을 소유했다. 이와 같은 소비 붐에 뒤이어 20세기의 마지막

20년 동안에는 비디오와 휴대용 카세트 플레이어, 비디오카메라, 개인용 컴퓨터(PC), 휴대폰, 콤팩트디스크(CD) 플레이어, 디지털 카메라, 디지털비디오디스크(DVD), 게임기, MP3 플레이어 등에 대한 소비 열풍이 일어났다.

계속해서 높은 수준의 생산과 소비가 유지되게 하기 위해 신제품의 개발과 더불어 또 다른 메커니즘이 발달했다. 첫째, 기업들은 상품을 만들 때부터 얼마 쓰고 나면 쓸 수 없도록 디자인했다. 전자 회사들은 수명이 긴 전구(에너지도 훨씬 적게 쓴다.)를 만들지 않으려고 한다. 수명이 짧은 전구를 팔아야 상품 회전이 빨라 이윤이 늘어나기 때문이다. 수명이 긴 전구가 개발되자 일부러 아주 비싼 값을 매겨 수요를 낮추었다. 상품을 일부러 부실하게 만들고 수선이 어렵고 비싸게 해서 차라리 새로 하나 사는 것이 쉽도록 만드는 경우가 많다. 둘째, 디자인을 자주 바꾸어 기존의 상품이 구식이 되게 할 수 있었다. 한때 기본적인 생활필수품이었던 의류는 산업 전체가 의도적인 디자인 변경에 의존하고 있다. 1927년에 미국에서는 처음으로 자동차를 새로 사는 사람보다 바꾸는 사람이 많아졌다. 미국의 자동차 산업은 한동안 침체기를 겪은 이후 매년 스타일에 변화를 주어 소비자들이 사회적 지위 유지를 의식해 구형 자동차를 신형으로 바꾸도록 유도하기 시작했다. 이러한 상술과 의도적으로 상품을 부실하게 만드는 전략 때문에 자동차의 수명은 줄어들고 자동차 회사의 이윤은 늘었다. 1955년에 미국의 3대 자동차 제조 회사가 만든 자동차의 80퍼센트는 9년 이상 사용되고 있었다. 1967년이 되면 그 수치는 55퍼센트로 내려간다. 기계화, 로봇의 도입, 생산성의 향상으로 기본적인 자동차를 만드는 비용이 절감됨에 따라 디자인에 변화를 주어 '부가가치'를 창출하는 것도 가능해졌다. 처음에는 히터, 라디오, 담배 라이터 등이 장착되었다. 그러다가 에어컨, 카세트 덱, CD 플레이어, 게임기, 내비게이션 기기까지 장착되기에 이르렀다. 광고술이 더욱 발달하면서 소비를 촉진하고 시장이 없던 곳에 시장을 창출해 생산과 소비를 조장할 수도 있게 되었다. 이는 신용 메커니즘의 발달과 연관해 발달했다. 처음에는 할부 구입 방식이 도입되고, 후에 신용카드와 대출도 가능해졌다. 이로써 사람들은 당장의 수입이 허용하는 것보다 많은 재화를 구입할 수 있게 되었다. 이미 1926년에 미국에서 팔린 자동차의 75퍼센트가 신용 구매였다.

과시적 소비는 계속해서 소비를 하도록 조장하는 중요한 압력 중의 하나다. 사실 과시적 소비는 어느 사회에서나 있었다. 중세와 근대 초기의 유럽에서 과시적 소비라면 모피 등의 사치스러운 의류를 입거나 커다란 연회를 하는 것 정도뿐이었는데, 이를 규제하는 법률이 있어서 이런 것들이 소수에게만 허용되게 함으로써 그들이 부를 과시할 수 있게 했다. 시간이 흐르면서 과시할 기회가 더 늘어났지만, 이러한 원칙에는 변함이 없었다. 18세기 후반에 애덤 스미스는 다음과 같이 지적했다.

대부분 부자의 가장 큰 기쁨은 부를 과시하는 것이다. 다른 사람들은 그러지 못하는데 자기들만이 그러한 풍요로움을 소유했다는 것을 결정적으로 보여 줄 수 있을 때, 그들에게 부가 가장 완전해 보이는 것이다.

1899년에 미국의 경제학자 소스타인 베블런(Thorstein Veblen)은 저서 『유한 계급론(The Theory of Leisure Class)』에서 상식적인 필요 수준보다 훨씬 많은 수준까지 부를 축적하는 부자들의 행태를 분석해, 과시가 지출의 중요한 부분이라는 결론에 도달했다. 이러한 현상은 20세기 초부터 더욱 확산되었다. 늘어나는 부가 사회 전체로 스며들면서 한때 일부 사람만 살 수 있던 재화를 많은 사람이 살 수 있게 되었다. 일단 누구나 쉽게 살 수 있게 된 재화는 상징적 가치를 상실하므로 부자들은 자기들의 부를 과시하기 위해 새로운 상품과 지위의 상징을 확보해야 한다. 세계 여행은 이러한 경향을 보여 주는 좋은 예다. 한때는 부유한 특권층만 갈 수 있었던 지역에 많은 사람이 갈 수 있게 되면서 부자들은 자기들의 지위와 특권을 확인하기 위해 더욱 비싸고 이국적이며 제한적인 지역으로 여행을 가야 하게 되었다.

자동차

20세기에 가장 큰 사회적·산업적 영향을 끼친 생산품은 자동차였다. 자동차를 만드는 기술은 19세기 후반에 개발되었으나, 20세기 초까지 전 세계에는 겨우 몇천 대의 차가 있었을 뿐이었다. 1900년에 미국에는 8000대가 있었고, 일본에는 1909년까지도 62대밖에 없었다. 이것은 많은 소규모 공장에서 소량으로 생산되었다. 1908년에 미국에는 250개의 자동차 공장이 있었다. 그러던 것이 디트로이트의 하일랜드 파크에 위치한 포드 자동차 공장에서와 같은 조립라인 기법이 도입되면서 생산량이 크게 늘고 가격도 내려갔다. 포드의 모델 T 자동차 한 대 값이 1908년에는 825달러였으나, 8년 뒤에는 345달러면 살 수 있게 되었다. 그 결과 수요가 폭증해 1905년에 미국의 자동차 수는 7만 9000대였으나, 1921년에는 1000만 대가 되었다. 1920년대에 미국이 보유한 자동차 수만큼 유럽이 보유하게 된 것은 1950년대가 되어서였다. 1930년에 미국에는 2600만 대의 자동차가 있었는데, 당시에 유럽 전체에는 500만 대 남짓밖에 없었다. 미국의 자동차 보유

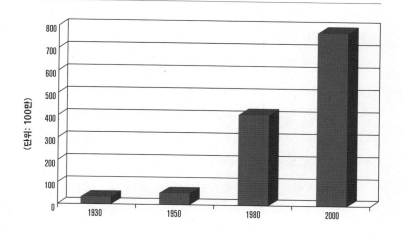

세계 자동차 보유량(1930~2000년)

율은 20년마다 두 배로 늘어나 1970년대 중반에는 1억 2000만 대에 달했다. 유럽에서는 1950년대와 1970년대 사이에 자동차 붐이 일었다. 영국에서는 1939년의 250만 대에서 열 배로 늘어 1980년대에는 2300만 대가 되었다. 전 세계적으로 자동차의 수는 1930년의 3200만 대에서 20세기 후반에는 7억 7500만 대로 늘어났다. 스물네 배로 증가한 것이다. 현재 자동차 산업은 다른 어떤 분야보다도 많은 자원을 소비한다. 여기에는 세계 강철의 20퍼센트와 아연의 35퍼센트, 납의 50퍼센트, 천연고무의 60퍼센트, 알루미늄의 10퍼센트가 들어간다. 게다가 세계 석유 소비의 3분의 1 이상이 차량에 소비되고 있다. 이와 병행해 자동차가 늘어나면서 도로와 주유소, 자동차 판매점, 정비 공장 등 부수적인 산업이 발달했다.

자동차는 증대되는 부가 혜택 뿐 아니라 많은 문제와 비용을 발생시킨다는 것을 충격적으로 보여 준다. 개인 차원에서는 자동차를 소유하면 이동성과 독립성, 편리성 등 많은 이점을 누릴 수 있다. 자동차 소유자가 그리 많지 않은 경우 이러한 이점들이 상대적으로 두드러지며 이는 자동차 소유가 증가하는 주요한 동인 중 하나가 되었다. 그러나 자동차가 늘어나면 자동차 소유의 숨은 비용이 드러나기 시작한다. 개인에게는 교통 혼잡과 늘어나는 운전 시간이라는 비용이 발생하며, 사회적으로는 오염의 증가와 도시 디자인의 변경, 도로와 주차장의 건설 등의 비용이 발생한다. 그리고 대중교통이 낙후되어 가고 상점들이 도시의 주변부로 이전해 감에 따라 자동차가 없는 사람들의 생활은 점점 어려워진다.

처음에 자동차는 환경에 좋은 영향을 준다며 각광받았다. 20세기 초에 도시의 거리를 막히게 했던 말들보다 빠르고 깨끗한 교통수단이라고 기대했던 것이다. 미국은 가장 먼저 높은 자동차 보유율을 경험했던 만큼 그 문제점도 가장 먼저 경험했다. 1916년에는 최초로 도시의 자동차 주차 문제에 관한 광범위한 불만이 제기되었고, 7년 후에는 도심에서 자동차 주차를 금지하자는 제안이 처음으로 제기되었다. 1920년대가 되면 교통사고로 연간 2만 4000명(그중 1만 명은 어린이였다.)의 사망자와 70만 명의 부상자가 발생했다. 20세기 후반에는 자동차 안전이 개선되었는데도 연간 4만 2000명이 사망했으며, 5세에서 27세 사이 인구의 사망 원인 1위를 차지하게 되었다. 20세기의 전체 기간에 거의 300만 명의 미국인이 교통사고로 죽었는데, 이는 전쟁에서 죽은 사람의 여섯 배가 되는 수다. 다른 사회에서도 자동차 소유가 늘면서 높은 사망률을 나타내게 되었다. 20세기 후반에 자동차 사고는 매년 전 세계에서 110만 명이 사망하고 3900만 명 가까이가 부상당하는 원인이 되고 있다.

자동차 대수가 늘어나자 도시의 기존 도로로는 감당하기 어렵다는 사실이 명백해졌다. 1903년에 벌써 주차 규제를 시행하고 도로를 두 개의 층으로 만들어 대영박물관 주위에서 교차되게 해야 한다는 권고안이 런던의 왕립 교통 위원회에서 나왔다. 20세기 동안에 도시들은 자동차 사용을 전제하지 않고 설계된 거리에서 점점 늘어나는 교통량을 감당하기 위해 여러 가지 방법을 고안해야 했다. 주차 계량기, 주차 건물, 일방통행로, 지하도, 고가도로, 교통 통제구역, 선택적 금지, 혼잡 통행료 등등 많은 대책이 나왔다. 그러나 늘어나는 자동차 사용으로 인한 부작용에 대응하려는 시도는 일시적인 해결책에 그치는 경우가 대부분이었다. 일부 도시에서는 (로스엔젤레스처럼) 아예 포기하고 자동차 위주로 도시를 다시 설계하거나, 필요한 경우 도심 도로를 건설하기 위해 지역 전체를 부수기도 했다.

19세기에 도시가 등장할 당시에 대중교통은 도시의 중요한 특징 중 하나였다. 그러나 자동차가 늘어나면서 대중교통의 공급이 감소했고, 이는 대중교통 사용의 감소와 비용 상승, 자동차로 인해 초래된 교통 혼잡으로 인한 운행 속도의 감소 등으로 악순환이 되풀이되었다. 1920년대에 디트로이트시가 도시교통 체계를 개선하기 위해 지하철을 세우지 않고 도로를 확장하기로 결정한 것은 미국 자동차 산업의 본고장으로서 어울리는 일이었다. 이러한 패턴은 미국의 다른 도시들에서도 반복되었다. 1945년 이후의 20년 동안 자동차가 늘어나면서 대중교통은 3분의 2가 감소했다. 세계의 다른 곳에서도 비슷한 패턴이 반복되었는데, 전차와 트롤리버스 시스템이 사라지고 대중교통은 점차 쇠락했다. 오스트레일리아에서는 멜버른을 제외한 모든 도시에서 1950년과 1970년 사이에 전차와 트롤리버스가 사라졌다. 그러나 미국의 자동차 산업은 쇠퇴해 가는 대중교통을 시장의 경쟁 체계에 맡겨 두지는 않았다. 그보다는 더욱 적극적으로 대중교통 체계를 없앰으로써 사람들이 자동차를 이용하지 않을 수 없도록 만들었다. 1936년에 자동차 산업 관련 3개사, 즉 제너럴 모터스, 캘리포니아의 스탠더드 오일, 타이어 회사인 파이어스톤이 합동으로 내셔널 시티 라인스라는 회사를 만들었는데, 이 회사의 유일한 목적은 대중적인 교통 체계를 인수해 폐지하는 일이었다. 20년 동안 마흔다섯 개 도시에서 100개가 넘는 도심 전차 시스템이 인수되어 폐쇄되었다. 내셔널 시티 라인스가 수행한 가장 큰 작업은 1940년에 쉰여섯 개 마을에서 연간 1억 1000만 명의 이용자를 실어 나르던 퍼시픽 일렉트릭 시스템의 일부를 구매하는 것이었다. 1100마일 이상의 노선이 파괴되고, 1961년에는 전체 네트워크가 폐쇄되었다.

자동차의 등장에 보인 정부의 반응은 도로 건설에 더 많은 돈을 투자하는 것이었다. 이것은 강력하게 로비해 오는 도로 건설업계를 만족시키는 동시에 대다수 유권자에게도 인기가 있는 해결책이었다.(유권자의 대부분은 자동차를 소유하고 있었으니까.) 모든 정부는 대중교통수단을 확보하는 데보다 도로를 건설하는 데 더 많은 돈을 썼다. 미국은 1916년에 각 주의 도로 건설에 정부가 조성금을 내는 제도를 도입했고, 5년 뒤에는 각 주를 연결하는 고속도로를 건설하기 시작했다. 심지어 1950년대의 거대한 건설 계획은 민간 방위 활동의 명목으로 정당화되기까지 했다. 미국에서는 도로와 주차를 위한 면적이 거의 700만 헥타르에 달하는데, 이는 미국의 밀 재배 면적과 거의 같다. 독일에서는 아우토반 도로망이 1930년대에 건설되었다. 1950년대 이후에 모든 서유럽 정부는 기존 도로를 확장하는 한편 대규모 도로 건설 사업을 추진했다. 그러나 문제는 곧 이어 생겨났다. 도로 건설로 자동차 이용이 편리해지면 교통량이 더욱 증가해 다시 교통 혼잡이 발생하기 때문이다. 로터리나 고가도로, 우회로 등을 만드는 방법은 한 지역의 교통 혼잡을 다른 지역으로 이전할 뿐이었다.

도로 건설은 자동차 이용자와 자동차 산업, 건설업자에게는 인기 있는 정책일지 모르지만, 이에 관련된 사회적·환경적 비용은 엄청나며, 특히 철도와 비교하면 더욱 그렇다. 철강과 시멘트 등 도로 건설에 들어가는 에너지 투입은 같은 양의 철도 건설하는 데 드는 양의 3.5배이며, 필요한 토지 면적도 네 배에 달한다. 전체적인 에너지 효율성 면에서 철도는 도로의 여섯 배다. 그런데도 모든 산업 국가에서 철도 시설은 1950년대 이후로 심각하게 감소했다. 미국에서 한 도시와 다른 도시를 연결하는 교통량에서 철도가 차지하는 비중은 1퍼센트인데 비해, 자동차는 85퍼센트를 차지한다. 영국의 경우 도로를 이용한 화물 운송은 1970년대 이래 거의 90퍼센트가 증가했으며, 같은 기간에 철도를 이용한 운송은 25퍼센트 감소했다.

　　이러한 문제들은 자동차가 어떻게 이용되며 얼마나 에너지 효율적인지에 따라 더욱 증폭될 수 있다. 대부분의 자동차에는 운전자 한 사람만 타고 있으며, 자동차 한 대당 연간 이동 거리는 꾸준히 증가하고 있다. 영국에서는 지난 40년간 네 배로 증가했다. 이러한 경향은 대부분의 자동차 엔진이 지닌 에너지 비효율성과 높은 연료 소모로 인해 더욱 심각한 문제를 발생시킨다. 미국 자동차의 평균적인 연료 소비는 1930년대에 갤런당 16마일에서 1973년에는 갤런당 13마일로 증가했다. 1973~1974년과 1979~1980년의 유가 상승으로 연비가 다소 개선되었지만, 신차의 연료 경제성 표준은 1985년 이래 갤런당 27.5마일에서 변하지 않고 있다. 인기 차종인 스포츠 유틸리티 자동차(Sport Utility Vehicle: SUV)는 자동차 산업의 광범위한 로비의 결과 연료 경제성 표준에서 제외되어 경트럭으로 분류된다. 현재 미국 신차 시장의 절반을 차지하는 SUV는 갤런당 평균 17.7마일밖에 달리지 못한다. 이로 인해 미국 자동차의 평균적인 주행거리는 갤런당

22.3마일밖에 안 되며, 이는 유럽과 일본의 표준에 훨씬 못 미치는 수준이다. 미국의 자동차들이 매년 사용하는 연료는 1930년대 수준의 네 배다. 20세기 말에 미국의 자동차가 사용하는 연료는 전 세계 에너지 사용량의 7퍼센트이며, 이는 일본의 전체 에너지 소비량보다도 25퍼센트 많은 수준이다. 세계 어느 나라에서나 연료 효율이 약간 개선되면 자동차 사용이 그만큼 더 증가하는 상황이 벌어지고 있다. 영국은 1960년 이래 마일당 연료 소비량이 7퍼센트 감소했지만, 이는 자동차 수의 증가와 차 한 대당 연간 주행거리의 증가로 상쇄되었다. 영국의 자동차 연료 소비량은 1960년 이래 세 배로 증가했다.

레저와 관광

선진국에서 노동시간이 단축되고 부가 늘어나자 레저 활동에 쓰는 돈도 많아졌다. 초기에 이 분야에서 등장한 것 중 하나가 대중이 관람하는 스포츠였는데, 1880년대에 가장 부유한 나라였던 영국에서 나타났다. 최초의 프로 축구 리그는 1885년에 (주로 북부와 미들랜드의 공업도시들에서) 만들어졌다. 20년이 채 되지 않아 시즌 관람객이 연간 600만 명을 넘었고, 매주 평균 30만 명이 관람했다. 미국에서는 이와 비슷하게 관람객이 야구장을 찾았으며, 1926년에 필라델피아에서 열린 잭 뎀프시(Jack Dempsey)와 진 터니(Gene Tunney)의 헤비급 권투 경기에는 13만 명의 관객이 모였다. 스포츠에 대한 참여도 높아졌다. 20세기 초의 영국에서는 매주 30만 명 정도가 축구를 했고, 셰필드에서만 2만 명 이상의 낚시꾼이 등록되어 있었으며, 수천 명이 규칙적으로 자전거를 탔다. 1914년에 프랑스에서는 일간 스포츠 신문인 《레퀴프》가 연간 4000만 부 이상 팔렸고, 투르 드 프랑스가 열리는 동안에는 매일 50만 부 이상 팔렸다.

20세기 초는 영화관이라는 새로운 매체가 엄청나게 각광을 받는 시기였다. 1900년에 독일에는 영화관이 2개 있었으나, 1914년이 되면 2500개로 늘어난다. 영국에서는 매주 영화를 관람하는 인구가 1914년 무렵에 800만 명에 달했다. 1920년대 후반에 유성영화가 도입되고, 뉴스영화가 제작되면서 1930년대는 영화의 전성기가 되었다. 1930년대 후반에 영국에서는 매주 전체 인구의 절반에 해당하는 2000만 명이 영화를 관람했다. 제1차 세계대전 이후에는 라디오방송국과 라디오 소유의 붐이 일었다. 미국에서는 라디오의 보유 수가 1922년의 10만 대에서 1932년의 1200만 대로, 영국에서는 1922년의 3만 6000대에서 1939년 900만 대로 늘어났다. 1930년대 중반부터는 매우 제한적으로 텔레비전 방송이 시작되었다. 최초의 텔레비전 방송은 1935년에 독일에서 시작되었다. 그러다가 1950년대가 되면 텔레비전이 엄청난 호황기를 맞는다. 20년도 지나지 않아 선진국의 거의 모든 가구가 텔레비전을 갖게 되었고, 1970년대에는 거의 대부분의 선진국 가구가 컬러텔레비전을 갖게 되었으며, 20세기 말이 되면 많은 가구에서 두세 개의 텔레비전을 갖게 되었다. 텔레비전을 보는 것은 주요한 레저 '활동'이 되었다.

20세기에는 노동자들의 유급휴가가 늘어난 데다 부유해졌기 때문에, 관광이라는 새로운 산업이 등장했다. 18세기에는 유럽의 귀족층만이 주로 이탈리아의 고대 로마 유적지를 구경하는 '그랜드 투어'를 즐기며 몇 년씩 여행할 수 있었다. 그보다는 좀 많은 사람이 바스와 헤러게이트, 마리앙바드 등에서 온천욕을 하거나 바닷바람을 쐬기는 했지만, 여전히 모든 여행이 어렵고 시간이 많이 걸렸으며, 해외 여행은 소수만이 즐길 수 있는 것이었다. 철도의 건설은 관광 붐을 일으키게 되었다. 토머스 쿡 사가 1841년 7월 5일에 570명의 승객을 태우고 레스터에서 러프버러까지 최초의 특별 유람 기차를 만들었다. 탑승권은 1실링이었다. 철도와 증기선 등이 등장하고 사람들에게 돈과 시간의 여유가 생기면서 여행은 관광산업이 되었다. 처음에는 부유한 노동자 계층과 좀 덜 부유한 중산층은 블랙풀과 마게이트와 같은 국내 해변의 휴양지에서 휴일을 보냈고, 더 부유한 층이 해외로 나갈 수 있었다. 그러다가 '패키지 휴가'가 개발되면서 토머스 쿡 같은 회사는 호텔 예약에서 환전까지를 포함하는 여행을 조직했다. 아메리칸 익스프레스 여행자 수표는 1891년에 시작되었다. 처음에는 주로 유럽 대륙(스위스가 가장 인기 있는 관광지였다.)에 한정되었으나, 1869년에 토머스 쿡 사는 이집트와 팔레스타인으로 가는 관광을 조직했고, 19세기 말에는 중동 지방에서도 유럽과 미국에서 온 관광객을 흔히 볼 수 있게 되었다. 관광업이 발달하고 관광객이 늘어나자 호텔도 늘어났다. 처음에는 대개 호텔을 철도 회사가 경영하는 경우가 많았다. 1900년에 나온 프랑스에서 미쉐린(미슐랭) 호텔 가이드와 같은 여행자 가이드도 늘어났다.

자동차의 보급으로 휴가를 즐기는 방식이 폭넓어지고 시설에 대한 수요도 커져, 1926년에 미국에는 5000개의 모터 캠프 시설이 생겨났다.(서유럽에서는 1950년대에 비슷한 붐이 일어났다.) 소득이 늘어나고 유급휴가가 생기자 유럽 전역의 하층계급 사람들도 값싼 휴가를 즐길 수 있게 되었다. 이러한 경향은 1937년 영국에서 빌리 버틀린(Billy Butlin)이 스키그니스에서 최초의 휴가용 캠프장을 연 것으로 잘 알 수 있다. 1950년대에는 항공 여행이 시작되면서 큰 변화가 왔다. 최초의 상업적인 제트기 운항은 1950년대 중반에 시작되었고, 이후 '점보제트기'의 운항이 1970년부터 시작되었다. 20세기 후반부에 정규

노선을 이용하는 승객의 수와 운항 거리는 일흔다섯 배로 늘어났다. 국제적인 관광의 발달은 값싼 전세기의 성장, 그리고 이후에는 값싼 항공기의 운항으로 가능해졌다. 관광산업의 성장은 괄목할 만하다. 1950년에는 2500만 명의 국제 여행객이 있었으나, 50년 후에는 7억 6000만 명으로 늘어났다. 서른 배로 증가한 것이다. 오늘날 관광객들은 연간 3500억 파운드(약 710조 원)를 지출하며, 전 세계 노동력의 7퍼센트는 관광산업에 종사한다. 관광은 단일 부문으로서 최대의 외화 획득원이며, 일부 국가에서는 국가 경제의 상당 부분이 관광에 의존한다. 세계 전체로 보아 5개국 중 4개국에서 관광이 5대 외화 수입원의 하나이며, 10개국 중 2개국에서 외화 획득의 주요 창구다. 예를 들어 몰타에는 38만 명의 영주권자가 사는데,(이 중 많은 수는 외국인이다.) 연간 관광객 수는 120만 명이다. 몰타 국내총생산(GDP)의 25퍼센트는 관광산업에서 직접 발생하며, 간접적으로 발생하는 부분까지 포함하면 그 비율은 40퍼센트로 증가한다. 많은 나라에서 관광은 주요한 고용 창출 수단이다. 감비아 노동력의 30퍼센트, 그리고 놀랍게도 몰디브 노동력의 83퍼센트가 관광산업에 종사한다.

현대의 관광산업은 많은 혜택을 가져왔지만, 심각한 문제를 발생시키기도 했다. 대규모 관광으로 인해 거대한 호텔이 건설되고 해변은 인파로 넘쳐 나게 되었으며, 그 지역 고유의 생활 방식은 파괴되고 관광객들에게 보여 주기 위해 급조된, 어디나 엇비슷한 가짜 풍속이 판을 치게 되었다. 해변과 야생 생태계는 파괴되었고, 물 부족 지역인 지중해에서는 관광으로 인해 추가로 늘어난 물 수요와 하수 배출이 큰 문제가 되고 있다. 베네치아는 관광으로 인해 살아 있는 도시로서의 기능이 파괴되었다. 상주인구는 1950년의 17만 5000명에서 현재의 6만 4000명으로 줄었고, 도시는 이제 박물관이나 마찬가지가 되었다.(물론 훌륭한 박물관이기는 하다.) 관광객 수가 너무 많아 혼잡하게 되면 도보 관광객도 일방통행이나 진입 금지 등의 규제를 받아야 하게 되었다. 개도국의 관광산업은 더 심각한 문제를 만들고 있다. 호화로운 호텔과 골프장(이 역시 대단히 환경 파괴적이다.)은 지역사회와 완전히 별개로 운영된다. 지역사회는 값싼 노동력을 제공하지만, 이런 시설들로부터 거의 혜택을 받지 못한다. '종합' 리조트는 더더욱 지역 경제에 도움이 되지 않는다. 이러한 휴양지에서 쓰는 돈의 80퍼센트는 선진국으로 흘러들어 간다. 항공사와 여행사, 호텔, 그리고 식품과 음료의 수입에 사용되기 때문이다. 지역민들은 성수기에나 값싼 노동력을 제공해 임금을 얻을 수 있을 뿐이며, 관광지가 되면 물가가 보통은 10퍼센트 정도 상승하기 때문에 오히려 생활이 어려워지기도 한다.

불평등한 사회

고(高)에너지 소비와 산업적 생산, 기술 진보와 물질적 풍요로 대변되는 사회들이 등장하면서 심각한 불평등이 나타났다. 이러한 과정으로부터 오는 혜택은 세계 인구 중 소수에게만 주어지는 것이었기 때문이다. 최초의 정주 사회와 초기의 제국들은 모두 농업에 기반을 두었고, 대체로 비슷한 구조를 가졌다. 그들은 비슷한 기술 수준에 의존했고, 누가 더 부자가 되는지는 누가 전쟁에 이기는지에 달려 있었기 때문에 언제라도 입장이 바뀔 수 있었다. 1500년 무렵에 유럽의 팽창이 시작되기 전까지는 서유럽이 유라시아의 다른 지역들, 특히 이슬람 세계와 중국, 인도보다 훨씬 못살았다는 데 의심의 여지가 없다.(아메리카 대륙과 사하라 이남 아프리카 지역보다는 부유했다.) 그 후 250년 동안 유럽의 식민지 제국들이 건설되고, 아메리카 대륙의 부를 약탈하며, 라틴아메리카의 은 생산을 통제해 아메리카 대륙에서 플랜테이션 (1200만 명의 아프리카 노예노동력에 의존했다.)을 개발하면서 유럽은 세계의 다른 지역들을 따라잡을 수 있었다. 1750년에 서유럽은 거의 중국만큼 부유해졌으며, 인도보다는 좀 더 부유했던 것 같다.

19세기에 석탄 등 화석연료의 사용과 산업화가 이루어지면서 서유럽과 북아메리카는 세계에서 가장 부유한 지역이 되었다. 20세기 초의 세계에서 가장 부유한 나라들은 가장 가난한 나라의 10배 정도로 부유했다. 이러한 불평등은 20세기 동안 엄청난 규모로 확대되었다. 21세기 초가 되면 세계에서 가장 부유한 국가들은 가장 가난한 국가들보다 일흔한 배 정도로 부유하다. 부의 불평등은 엄청나다. 룩셈부르크와 같은 나라에서 1인당 평균 부는 부룬디의 113배나 된다. 같은 지역에서도 편차가 매우 크다. 이스라엘의 1인당 평균 부는 가자 지역의 서른일곱 배나 된다. 많은 국가에서 20세기 후반에 들어 이런 상황이 빠르게 악화되었다. 1990년대 중반에는 전 세계 89개국 사람들이 1980년대의 수준보다 빈곤해졌으며, 43개국에서는 1970년의 수준보다 빈곤해졌다. 상대적 기준이 아닌 절대적 기준에서 그렇다는 것이다.

21세기 초에는 전 세계 인구의 하위 20퍼센트인 13억 명이 전 세계 소득의 1퍼센트가량으로 산다. 세계보건기구(WHO)는 이들을 '극빈'으로 규정했는데, 이들은 적절한 음식과 주거, 식수를 이용하지 못하고 있다. 30만 명 이상(전 세계 인구의 절반 정도)이 하루에 2달러 이하로 살아가야 한다. WHO는 전 세계 어린이의 3분의 1이 '영양부족'이라고 분류했다. 인도에서 태어나는 어린이의 60퍼센트는 만일 캘리포니아에서 태어났다면 인큐베이터에 넣어졌을 정도로 심각한 저체중으로 태어난다. 가장 가난한 48개국에서 유아사망률은 선진국의 열

일곱 배나 된다. 세계 인구의 6분의 1은 완전한 식수를 공급받지 못하며, 연간 1200만 명의 어린이가 오염된 물 때문에 죽어 가는데, 13펜스(약 180원)에 지나지 않는 경구용 치유 세트만 있어도 살 수 있는 상황에서 그 돈이 없는 것이다.(이는 질이 좋은 수돗물의 2000배에 달하는 가격으로 팔리며, 그중 25퍼센트가 회사의 이익으로 돌아가는 생수 판매가 연간 1000억 달러의 규모를 자랑하는 시기에 일어나는 일이다.)

그러나 사람들의 삶의 질은 단순히 국민소득을 인구수로 나눔으로써 측정되는 것이 아니다. 1990년대에 미국의 1인당 GDP는 이탈리아보다 40퍼센트 높았지만, 열악한 보건 체계로 인해 평균 예상 수명은 거의 2년이나 짧았다. 실제로 아프리카계 미국인의 평균 예상 수명은 중국보다 낮으며, 워싱턴과 볼티모어, 세인트루이스 같은 도시의 유아사망률은 방콕과 카이로 같은 도시보다 높다. 1960년대에 스리랑카의 1인당 GDP는 말레이시아의 20퍼센트에 지나지 않았지만, 사망률과 영양 섭취, 1인당 의사의 수는 비슷했고, 문자 해독률은 훨씬 높았다.

빈곤의 문제는 풍요의 문제보다 훨씬 지저분하고 적나라한 경향이 있다. 환경에 미치는 영향도 다르다. 식량 작물을 재배하기 위한 개간은 삼림 파괴와 토양 유실을 초래하고, 깨끗한 식수와 적절한 위생을 확보하지 못하면 무서운 공해가 초래된다. 하지만 부에 대한 욕망은 전 지구적인 것이어서 (특히 커뮤니케이션의 지구화가 이루어지는 시대일수록) 많은 나라는 (부유하게 살기 위해 발생되는 많은 환경문제에도) 빈곤을 벗어나 부유해지려고 노력해 왔다. 그렇지만 이 노력은 엄청난 어려움에 봉착하게 된다. 선진국이 그들의 금융적·상업적 이익을 앞세워 지배하는 세상이기 때문이다. 20세기 초에 전 세계 산업 생산의 90퍼센트는 서유럽과 북 아메리카에서 생산되었다. 그 비율은 소련과 일본의 산업화로 줄어들었지만, 20세기 말을 기준으로 전 세계 산업 생산의 절반은 미국과 일본, 러시아 세 나라에서 생산되었다. 그리고 전 세계 산업 생산의 75퍼센트는 7개국(미국과 일본, 러시아, 중국, 독일, 프랑스, 영국)으로부터 나왔다. 신흥공업국 중에서는 브라질이 가장 중요하지만, 브라질의 산업 생산량은 전 세계 생산량의 2퍼센트에도 미치지 못한다. 이른바 '아시아의 호랑이 국가'의 생산량은 더욱 낮아, 한국과 타이완을 합쳐 1퍼센트가 되지 않는다. 대부분의 국가, 특히 라틴아메리카와 아프리카 국가들은 20세기에 들어 전 세계 산업 생산량에서 차지하는 비중이 감소했다.

1950년대 이후 선진국은 세계적인 빈부 격차를 줄이기 위해 경제 성장을 위한 원조를 하는 정책을 추진해 왔다. 이러한 정책은 일단 자유 시장경제와 선진국이 주도하는 세계경제로의 편입이 바람직한 것이라는 가정 위에서 만들어진다. 부를 시사하는 수치를 비교해 보면 명백해지지만, 이러한 정책은 완전히 실패했다. 현재 유엔의 목표는 국가 수입의 0.7퍼센트를 원조하는 것이다. 이는 원래 목표였던 1퍼센트보다는 크게 감소한 것인데, 그나마 이 목표를 채우는 나라는 덴마크와 스웨덴, 노르웨이, 룩셈부르크, 네덜란드 단 5개국뿐이다. 영국에서는 국민소득 중 원조금으로 쓰는 돈이 1980년대에 0.52퍼센트에서 0.32퍼센트로 줄어들었다. 미국의 경우 이 수치는 가장 낮아서, 0.13퍼센트로 1인당 40달러에 해당한다.(네덜란드는 1인당 385달러를 원조한다.) 실제로 원조 예산의 압도적인 부분은 그 원조를 준 나라로 되돌아간다. 원조해 준 나라의 장비를 구입하는 데 쓰게 하거나 그 나라 기업의 보조금으로 지급되기 때문이다. 원조한다는 명목으로 많은 계약이 체결되지만, 그중 실제로 '원조'인 것은 극소수다. 1980년대 중반에 영국이 인도에 6500만 파운드의 원조를 제공했는데, 이 돈으로 인도는 정부 지원이 필요한, 망해 가는 영국 회사의 헬리콥터를 사야 했다. 미국의 원조는 이스라엘처럼 전략적으로 중요하다고 판단되는 나라에 주어진다. 영국의 원조 계획은 자국 식민지인 포클랜드섬에 짓는 병원에 700만 파운드를 제공했다. 이것은 주민 1인당 5500파운드에 해당되는데, 당시 인도에 대한 원조는 1인당 15펜스에 지나지 않았다.

게다가 상당 부분의 원조는 다자간 여신 기관을 통해 이루어진다. 세계은행은 세계 원조 금액의 5분의 1을 관리한다. 그러나 이는 대부분 선진국의 대기업에 일거리를 줄 대규모 건설 사업과 연결되어 있다. 이러한 사업 중 많은 부분은, 특히 대규모 댐 건설 사업의 경우 엄청난 환경 파괴를 일으켜 왔다. 1980년대 후반까지는 세계은행의 정책 결정에 환경적 요인은 고려되지 않았으며, 그 이후로도 겉치레로 이루어졌을 뿐이다. 세계은행은 인도네시아가 자와로부터 외곽의 섬들로 350만 명을 이주시키려 한 계획을 지원했다. 명목상으로 이것은 자와의 인구 과밀 문제를 해결하기 위해 마련된 것이었다. 삼림 파괴가 급격하게 증가하면서 엄청난 환경적 재앙을 불러일으킨다는 것이다. 실질적으로는 외곽 지역의 섬에 인도네시아인들을 투입함으로써 그 섬에서 살아오던 소수 인종 집단과 부족민들을 제압함으로써 '국가 안보'를 확보하려는 계획이었다.

선진국의 원조는 엄격한 상업적 논리를 따랐다. 1970년대 후반에 이자율이 낮았을 때는 원조가 합리적인 정책처럼 보였으나, 곧 원조 열기는 식어 버렸다. 1979~1980년 사이의 유가 상승으로 원유를 수입하는 개도국들은 심한 타격을 받았고, 이자율이 크게 상승했다. 대부분의 국가는 몇 안 되는 수출 상품에 의존하고 있었다. 예를 들어 잠비아에서는 구리가 수출과 수입의 90퍼센트를 차지했다. 전체적으

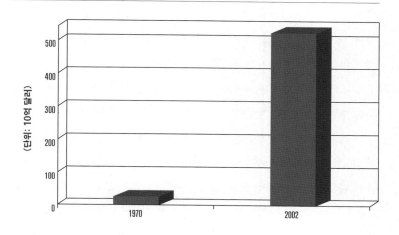

빈국 60개국의 부채(1970년과 2002년)

(단위: 10억 달러)

로 보아 1980년대 후반의 세계시장에서 원자재 가격은 실질 가격으로 1957년 수준의 3분의 2 정도로 줄어들었다. 그 결과는 참담했다. 1970년에 세계에서 가장 가난한 60개국은 250억 달러 빚을 지고 있었는데, 2002년에 이 빚은 5230억 달러로 늘어났다. 그 32년 동안 원금과 이자 5500억 달러를 갚았는데도 말이다. 21세기 초가 되면 이 60개국이 원조로 제공받는 1달러마다 13달러를 되갚아야 하는 지경이 되었다. 세계의 자본과 관련해 부유한 나라와 가난한 나라에 적용되는 규칙은 매우 다르다. 가난한 나라들은 세계 총 부채의 1퍼센트만을 차지한다.(미국의 공적 채무는 5조 달러가 넘으며 빠르게 증가하고 있다.) 세계은행과 국제통화기금(IMF)은 이들 가난한 나라들에 수출과 수입의 20~25퍼센트를 부채를 갚는데 쓰도록 요구하고 있다. 반면에 유럽 연합(EU)에 소속된 그 어떠한 나라도 연간 4퍼센트 이상으로 국가 채무를 상환하는 일이 없다.

그러므로 개도국은 IMF에 지원을 요청할 수밖에 없었다.(선진국이 부채를 갚겠다고 약속할 때는 여러 가지 조건이 붙는다. IMF에서 지원해 주어 갚든지, 갚지 않던지 하는 식의 조건들이다.) IMF의 '조정 정책'은 수출에서 생기는 소득을 극대화해 부채를 상환하게 되어 있다. 이러한 정책에 따라야 하는 국가들은 통화 평가절하, 정부 지출의 급격한 삭감, 보조금의 삭감, 가격 통제 정책의 폐지, 국가 산업의 민영화, 시장 자유화를 통한 선진국 기업의 시장 진출 허용 등을 받아들여야 하는 경우가 많다. 이러한 정책들은 대체로 부패가 심각하고 군비 지출을 많이 하는 나라에서 시행되는 경우가 많아 국민에게는 절망적인 결과를 초래했다. 그 영향은 모로코에서 분명히 드러났다. 1950년대에 모로코는 세계은행과 IMF의 프로그램을 따라 농업 생산을 내수용 밀 생산이 아닌 유럽으로의 과일과 토마토의 수출에 집중하기로 했다. 여기에는 댐 건설과 관개시설의 확충이 포함되었다.(모두 대토지 소유자의 땅에 대는 것이었다.) 1984년이 되면 이 프로그램에 따라 상환해야 하는 빚이 160억 달러에 이르러, 모로코의 GDP보다 높았다. 1인당 밀 생산량은 1930년대 수준보다 낮아졌고, 얼마 안 되는 외화보유고는 1970년에서 1983년 사이에 세 배 이상으로 증가한 식량 수입에 써야 했다. 엄청난 식량 보조금으로 물가를 낮게 유지하고 임금도 낮게 유지해 수출품 가격을 낮추었다. 그러나 모로코가 계속해서 부채에 대한 이자를 내려면 IMF 구제 금융이 필요했다. 식량 보조금은 삭감되어(생산자 보조금은 유지되었다.) 조정 비용은 가난한 사람들이 부담하게 되었다. 1980년대 중반이 되면 2100만 모로코인 중 900만 명은 '절대 빈곤' 상태에 빠졌다. 인구의 절반은 15세 이하였지만, 15세에서 20세 사이 인구의 3분의 2가 직업도 없고 교육도 받지 못한 상태였기 때문에 이들의 전망은 어두웠다.

풍요로운 사회가 등장했어도 인류 역사를 통해 지속되어 온 사회 내부 불평등의 문제는 변함없이 존재했다. 오늘날 선진국 사람들은 200년 전의 그 누구보다도 훨씬 부유해졌으나, 부와 소득의 엄청난 격차는 여전히 존재한다. 고(高)에너지 소비사회의 발달과 산업화는 전 세계 부의 분배 유형을 크게 변화시켰다. 선진국은 세계경제를 지배함으로써 세계 대부분의 자원을 이용할 수 있게 되었고, 소비수준은 전에 없이 높아졌다. 세계의 일부분은 이제 '부유'하다고 할 만하게 되었지만, 세계의 대부분은 과거와 다름없이 절대 빈곤과 질병 속에 산다. 전 세계의 극히 일부에게 높은 수준의 소비를 가능하게 한 변화들은 오염의 발생원과 발생량을 크게 증가시켰다.

오염되는 세계

15

오염은 모든 인간 사회의 두드러진 특징이다. 인류 역사 중 상당기간에 사람들은 위생을 위해, 오염되지 않은 물을 공급받기 위해 애써 왔다. 이러한 문제는 인구가 늘어나고 도시 생활이 확산됨에 따라 점점 심각해졌다. 산업사회의 발달은 새로운 오염원을 대규모로 끌어들였고, 인간의 건강에 새로운 위협을, 환경에는 더 큰 손상을 가져다주었다. 초기의 오염은 도시와 강, 쓰레기장, 광산 주변들에서만 일어나는 국지적인 것이었다. 산업화가 진행되면서 오염은 이제까지 없었던 규모로 확산되면서 국경을 넘어 광역으로 퍼졌고, 대륙과 해양을 오염시켰다. 20세기 후반이 되면 지구상에 생명체가 살 수 있게 하는 자정작용에 위협이 될 정도로 공해의 규모가 커졌다.

생태계의 기본 원칙 중 하나는 지구가 닫힌 체계라는 것이다. 쓰레기를 '버린다'는 것은 지구상 어딘가에 쓰레기를 둔다는 것을 의미한다. 그러나 공해가 어떤 결과를 초래하는지에 관한 인간의 이해는 언제나 공해 발생 속도보다 훨씬 뒤처져 있었다. 공해를 통제하려는 시도는 공해 그 자체만큼이나 오랫동안 있어 왔지만, 그 대응은 너무 늦거나 불충분한 경우가 많았다.

고고학자들에게 사회의 쓰레기는 인간 공동체에 관한 정보를 알려 주는 중요한 자료다. 근동 지방의 여러 도시 터는, '텔(tell)'로 불리는, 수 세기 동안 누적된 거대한 쓰레기 더미 위에 건설되었다. 고고학자들은 버려진 집터를 파 내려가면서, 다양한 집단의 사람들과 그들의 활동을 밝히는 데 도움이 될 만한 오래된 자기와 도구, 그리고 타다 남은 음식물 찌꺼기와 화석화된 똥 등 고대의 농업기술과 식단에 관한 정보를 제공해 주는 잔재를 찾아낸다. 채집·수렵인들조차도 엄청난 양의 쓰레기를 쌓아 놓았다. 돌로 도구를 만들고 남은 찌꺼기들, 동물 뼈, 무디어져서 버려진 도구들이 있다. 초기 구석기 시대 말의 유적인 프랑스의 가르 드 쿠즈는 길이 270미터, 폭 55미터로 이루어진 터인데, 여기에 약 100만~200만 개의 석기 도구가 버려져 있다고 한다. 하지만 전체로 보아 채집·수렵인들이 만들어 낸 오염원은 낮은 수준이었다. 그들은 인구도 적었고 소유물도 거의 없었기 때문이다.

물의 공급

정주 사회의 출현은 오늘날까지 해결되지 않는 문제를 발생시켰다. 인간의 분뇨를 버리는 동시에 깨끗한 식수를 확보해야 한다는 과제다. 이 부분에서 거둔 실패는 지난 1만 년간 인간의 건강 문제와 높은 사망률을 초래하는 주요 요인이 되었다. 이 두 기능을 분리하는 것이 얼마나 어려운 일인지는 캐임브리지셔의 작은 마을 폭스턴의 역사에서 잘 나타난다. 이곳에서는 시내가 마을 중앙으로 흐르면서 하수도와 식수원의 역할을 동시에 하고 있었다. 시내의 이용을 규제하기가 어려웠다는 것은, 1541년에서 1698년 사이에 청소를 위한 조례가 여덟 번이나 만들어졌다는 사실로 알 수 있다. 결국 조례가 잘 지켜지지 않았다는 뜻이다. 가장 큰 문제는 하수도와 분뇨덩이 그리고 기타 오물이 시내로 흘러들어 가는 것이었다. 저녁 8시 이전에 오물을 시내로 버리면 벌을 받거나 벌금 12펜스를 물리는 조례가 1562년, 1594년, 1598년, 1600년, 1611년, 1643년, 1665년, 1698년에 만들어졌는데, 이 역시 규제가 잘 지켜지지 않았다는 것을 의미한다. 이와 아울러 시내에서 빨래하거나 거위와 오리를 키우는 것도 금지되었다. 이 모든 법률이 지켜졌다고 하더라도 폭스턴보다 하류 쪽에 위치한 마을들로서는 문제를 감당하기가 벅찼을 것이다. 밤에만 버려진다고 하더라도 오물은 오물이니까.

초기의 농경 마을들은 대부분 식수원을 확보하기 위해 시내와 샘 혹은 우물 주변에 형성되었다. 오늘날에도 전 세계의 많은 시골 지역이 이런 방식으로 수자원을 확보하고 있다. 도시가 성장하면서 좀 더 복잡한 장치가 필요하게 되었다. 이를테면 모헨조다로나 하라파와 같은 인더스강 유역의 도시들은 물을 저장하는 탱크와 중앙 욕조 그리고 하수구와 화장실을 설치해 상수도와 하수도를 분리하려고 시도했다. 곧 더욱 정교한 시스템이 필요해졌다. 도시 밖에서 물을 끌어다 쓰는 수도관이 그리스에서 처음 시공되었다. 사모스와 아테네의 지하 수도관이다. 얼마 지나지 않아 도로 위로 솟은 수도관은 스페인과 프랑스 남부에서 카르타고와 알렉산드리아에 이르는 지중해 전역에 널리 퍼졌다. 기원전 312년에 로마인들은 테베레강이 식수로 쓰기에는 너무 오염되었다고 판단하고 수도관을 건설하기 시작했다. 300년 만에 로마는 총 길이 420킬로미터의 식수와 1000개의 대중목욕탕에 물을 대 주는 아홉 개의 수도관에 의존했다. 매우 인상적이며 내구성이 강한 로마의 수도관 중 다수는 로마 제국이 멸망한 뒤에도 계속 사용되었다. 이러한 중앙 집중식 급수 방식은 19세기 말까지도 거의 모든 도시에서 발견된다. 집에 우물이 없는 한, 물은 개별 가구 단위로 공급되지 않고 공공장소에 있는 샘이나 수도꼭지로 공급되었다.

11세기 이후에 북서유럽에서 발달한 도시들도 수천 년 전 지중해와 근동 지방에서 겪었던 문제들에 봉착했다. 13세기 초에 이미 템스 강은 오염되었고, 1236년에 처음으로 타이번 연못(지금의 마블 아치 근처)에서 납관을 통해 런던 중심가로 물을 끌어들였다. 다른 도시들도 수도관을 묻었다. 예를 들어 독일 동부의 치타우는 1374년에, 폴란드 남서부 브로츠와프는 1479년에 묻었다. 하지만 이들은 대개 통나무 속을 파낸 관을 사용했다. 이 방식은 19세기까지도 맨해튼섬에서 사용되었다. 1610년에 뉴강으로부터 런던으로 깨끗한 물을 들여올 관을 묻는 작업을 하기 위해 뉴리버 회사가 만들어졌다. 다른 사업체들은 점점 더 수질이 악화되어 가는 템스강물을 끌어들여 런던에 물을 공급했기 때문에 정기적으로 전염병이 발생했다. 1852년에 파리에서는 오염된 센강의 물을 사용하는 것을 포기하고, 그레넬에 있는 우물로 상수원을 바꾸었다. 새로운 공업 도시가 생겨나면서, 깨끗하고 충분한 양의 상수원을 확보하는 것이 곳곳에서 심각한 문제로 등장했다. 1820년대부터 잉글랜드의 공업 도시들은 인공 저수지를 만들었다. 도시에서 몇 킬로미터씩 떨어진 곳에 거대한 인공 호수를 만들기도 했다. 버밍엄의 물은 거의 중앙 웨일스에서 취수하고 있으며, 맨체스터는 레이크 디스트릭트로부터 대부분의 물을 공급받고 있다.

도시까지 물이 들어오기는 했지만, 개별 가정마다 공급되지 않았기 때문에 개인 소비량은 제한되었다. 18세기의 파리에서는 2만 명이 넘는 사람이 양동이를 사용해 물지게로 도시를 돌아다니며 물을 배달했다. 19세기 중반의 런던에서는 도시 중심에 있는 1만 7000가구가 가정에 있는 우물을 이용했으며, 그 나머지에 해당하는 5만 3000가구는 20~30가구마다 하나씩 있는 공동 수도를 이용해 일주일에 3일씩 하루에 한 시간 물을 받았다. 7000가구가 있던 코벤트리에 수도는 350군데 있었다. 욕실이 있는 집은 거의 없었다. 1837년에 빅토리아(Victoria) 여왕이 버킹엄궁으로 이사했을 때 궁전 전체에 욕실이 하나도 없었다. 영국 총리 관저가 있는 다우닝가 10번지에도 욕실이 없다가 1908년에야 겨우 생겼다. 공중목욕탕도 어디에나 있는 것이 아니었다. 1842년에 랭커셔에서 공중목욕탕이 있는 도시는 리버풀뿐이었다. 유럽의 후진 지역에서는 이러한 상황이 20세기에 들어서도 계속되었다. 1914년에 모스크바에는 도심에 있는 집 가운데 수도가 있는 가구는 9000가구였고, 나머지는 140개의 우물을 사용했다. 1926년에는 모스크바 시내 인구의 절반만이 수도를 사용했으며, 25만 명이 수질이 의심스러운 연못이나 강을 이용했다. 1962년에 파리의 일곱 가구 중 한 가구는 수도가 없었고, 소련의 상황은 더욱 형편없어서, 60퍼센트 이상이 자가 수도 시설 없이 살았다.

선진국에서는 도시인구들에게 풍부한 물이 공급되고 있지만, 그 수질은 여전히 의심스러운 상황이다. 20세기 후반의 주된 문제는 인간이 발생시키는 폐기물이 아니라 산업폐기물과 농경지에서 씻겨 내려가는 비료, 살충제, 제초제다. 이 오염원 중에는 현대 기술로도 여과할 수 없는 것이 있다. 전체적으로 문제가 어느 정도의 규모인지 아직은 다 파악되지 않았지만, 상당히 심각한 상황이 일부 발견되었다.

1980년대에는 캘리포니아의 우물 중 20퍼센트가 공식적인 안전 규정보다 더 오염되었다. 플로리다에서는 1000개의 우물이 오염 때문에 폐쇄되었다. 헝가리에서는 773개의 마을과 도시에서 부적당한 물을 사용하고 있었으며, 영국의 일부 지역에서는 높은 질산 함량 때문에 수돗물을 신생아에게 줄 수 없었다. 하지만 전체적으로는 볼 때는 성공 사례도 적지 않다. 이는 선진국 경제가 서비스 부문 위주가 되어 감에 따라 산업 활동이 줄어들었기 때문이다. 1957년에 템스강은 생물학적으로 죽었다고 판명되었다. 그 후 몇십 년간 이 지역의 산업이 붕괴되고 도크랜드 지역으로 들어가는 해운이 사라졌으며, 하수처리 시설이 개선되었다. 2005년이 되자 템스강에는 물개와 돌고래, 참돌고래와 같은 100여 종 이상의 물고기와 동물이 살게 되었다.

대부분의 개도국에는 지난 1만 년간 해결하지 못한 물 문제가 여전히 남아 있다. 10억 명(전 세계 인구의 6분의 1) 이상의 인구가 안전한 식수를 공급받지 못하는 것이다. 공식 집계를 보면 인도에서는 물의 70퍼센트가 오염되어 있다. 이러한 문제는 인도의 육상 폐기물 중에서 25퍼센트가 흘러들어 가는 갠지스강의 사례에서 잘 드러난다. 1900년에 갠지스강 유역에 사는 1억 1000만 인구가 강물에 쓰레기를 버렸다. 1990년이 되면 갠지스강가에는 4억 5000만 명이 살며, 7000만 명이 강물에 쓰레기를 버렸는데 거의 대부분이 하수처리 없이 그대로 투척되었다. 게다가 화장한 수천 개의 시체와 수많은 동물 시체가 갠지스강의 바라나시에서 버려졌다. 갠지스는 신성한 강이기는 하지만, 심각한 오염과 질병의 원천이 되었다.

위생

19세기 후반에 정수 시설이 개발되기 전까지, 세계 어느 도시에서도 인간의 분뇨를 비롯한 여러 가지 폐기물에 오염되지 않은 깨끗한 물을 확보하는 데 성공한 적이 없다. 인간이 쓰레기를 버리는 것은 엄청난 조직적 문제였는데, 보통 쓰레기는 어디론가 쓸려 내려가겠지 하는 바람으로 시내나 강에 내던져 버리곤 했다. 21세기 초의 선진국 주민을 19세기 중반의 어느 도시에 데려다 놓는다면, 아마 틀림없이 악취로 기가 질릴 것이다. 사람들은 목욕을 거의 하지 않았다.(목욕하면 몸의 힘이 씻겨 내려가 건강에 좋지 않다고 생각했다.) 가끔씩 대충 씻는 것조차도 사치스러운 것으로 간주되곤 했다. 도시의 길거리와 강에는 썩어가는 쓰레기와 인간 및 동물의 대소변 및 오염된 물에 섞인 것이 수북이 쌓여 있었다. 도시의 전체적인 양상은 프랑스 섭정(攝政)의 어머니가 17세기 중반의 파리를 "끔찍한 곳으로 악취가 심하며 (……) 썩어 가는 고기와 생선 냄새에다, 길거리에 방뇨하는 사람들 때문에 나는 악취로 인해 오래 있을 수가 없는 곳"으로 묘사한 데서 잘 알 수 있다.

대부분의 집에는 화장실 시설이 없었다. 중세와 근대 초기까지의 궁전과 성에서도 화장실이란 마룻바닥에 구멍을 뚫어 배설물이 거리, 성을 둘러싼 웅덩이, 혹은 그저 그 건물 바깥으로 나가게 해 놓은 것에 지나지 않았다. 베르사유 궁전에는 휴대용 변기만 있었고, 루브르나 재판소의 방문객들은 건물 구석에서 용변을 봐야 했으며, 건물의 외벽은 하녀들이 창문에서 내던진 변기의 내용물로 온통 얼룩져 있었다. 도시의 주택들에는 변기통이 있는 곳도 있었으나, 하수도는 없었다.(있었다고 해도 물로 씻겨 내려가는 것이 아니라 변기통을 조금 길게 늘여 놓은 것에 지나지 않았다.) 주택의 변기통은 대개 지하실에 있었으며, 밀폐되지 않았다. 새뮤얼 피프스는 1660년 10월에 지하실로 창문을 내려 내려갔다가 문제를 발견했다. "지하실을 살펴보러 내려갔다가 발이 똥 더미에 빠졌다. 터너 씨 집의 지하 화장실이 넘쳐 우리 집 지하실로 들어온 것이다. 골치 아프다." 3년 후에는 문제가 더 심각해져서, 터너 씨는 그의 지하 화장실을 피프스의 지하실과 맞닿을 정도로 늘려야 했다.

화장실이 없으니까 아무 곳에서나 용변을 보았다. 18세기 파리에서는 튈르리 궁전에 새로 심은 주목 나무 밑을 화장실로 쓰는 것을 당국이 막자, 사람들은 센강에다 용변을 보았다. 도시의 거리는 쓰레기와 죽은 짐승들, 정육점에서 버린 찌꺼기들로 가득 차 있었다. 14세기 파리에서는 한 해에 30만 마리의 짐승이 도축되었고, 고기 부스러기와 썩은 짐승들이 거리와 시내에 버려져 썩어 갔다. 1366년 9월에 파리의 도축업자들은 시외로 쫓겨나자 시골의 시냇물에 쓰레기를 버렸다. 거리 청소는 어쩌다가 한다고 해도 원시적인 방법으로, 그것도 소규모로 했다. 1300년 무렵에 이탈리아 중부 시에나의 중심부에 있던 캄포 광장은 다섯 마리의 돼지에게 쓰레기를 먹어 치우게 해서 어느 정도 깨끗이 유지할 수 있었다. 이 무렵 런던 전체에 청소차는 단 열두 대뿐이었는데, 쓰레기를 모아 템스강에 처박았다. 1652년에 보스턴 시에서는 시의회가 "짐승 찌꺼기나 새, 쓰레기, 썩은 고기, 죽은 개나 소 또는 다른 죽은 짐승들이나 냄새나는 물건"을 거리로 내던지는 행위를 금지하는 조례를 선포했다. 이 조례는 별 효력이 없었던 것이 틀림없다. 그 뒤 거리 청소 체계를 새로 만들었기 때문이다. 하지만 이것도 1720년에 비용 때문에 중단되었다.

인도의 알라하바드에도 19세기에 그런 체계가 있어서 매일 100톤이나 되는 쓰레기를 치웠는데, 638명이나 되는 청소부와 마부들에게 주는 임금이 알라하바드 시 예산의 절반을 차지했다. 거리와 공공장소를 청소하려고 그만한 비용을 감당할 수 있는 도시는 거의 없었다. 1697년에 마드리드를 방문한 한 여행객은 도시의 거리를 다음과 같이 묘사했다.

언제나 더러웠다. 창문으로 모든 쓰레기를 내던지는 풍습 때문이다. 겨울철에는 짐마차들이 나무통에 물을 길어 와 쓰레기와 더러운 것들을 씻어 내기 때문에 더욱 힘들었다. 이 더러운 물이 흘러 지나가던 사람 앞길을 막으며 악취로 숨 막히게 하는 일은 종종 있었다.

중동 지방의 도시들도 대부분은 한 프랑스 여행객이 1694년에 이란의 이스파한에서 본 것과 비슷한 풍경을 지니고 있었다. 그 여행객은 진흙으로 뒤덮인 거리를 다음과 같이 묘사한다.

안 그래도 엄청나게 더러운데 죽은 동물과 도축된 짐승의 피를 광장에 내버리고 아무 데서나 용변을 보는 관습으로 인해 더욱 불결해지고 있다.

거리에서 치워진 쓰레기는 대개 성벽에 버려져 고약한 냄새를 풍기며 썩어 갔다. 1512년에 잉글랜드가 파리를 공격해 올지도 모른다는 예상이 있었을 때, 성벽에 쓰레기가 하도 높이 쌓여 있어 성을 지키려면 그것을 파내야만 했다. 프랑스의 문필가인 자크 카유(Jacques Caillé)는 19세기 초에 모로코의 라바트를 방문했을 때, 도시의 전체의 쓰레기를 대여섯 대의 당나귀 마차가 치우는데 그것도 휴일과 겨울, 비가 오는 날에는 운행되지 않았다는 기록을 남겼다. 그 결과는 다음과 같다.

도시의 거리에는 끈적끈적한 진흙이 10센티미터 이상 깊게 쌓여 있다. 치운 쓰레기들은 바다에 처넣거나, 성문 앞에 쌓여 분뇨 구덩이를 이룬다.

유럽과 근동 지방 외의 도시에서는 조금 효율적인 방법이 사용되었다. 18세기 말에 북경을 방문한 한 잉글랜드 외교관은 사람들이 거리에다 쓰레기를 내버리지 않는다고 감탄했다. 중국의 도시들은 대개 잘 정비된 체계를 갖추고 있어, 사람들이 쓰레기를 집 밖의 통에 모아 두면 청소부 팀이 거두어다 논에 비료로 썼다. 아즈텍의 수도 테노치티틀란에서는 운하에 운집한 보트 떼가 쓰레기를 거두어 치남파라고 부르는 물 위에 뜬 농경지에서 거름으로 썼다. 인간의 배설물을 비료로 쓰거나 관개 운하를 화장실로 사용하는 데(이 방법은 이집트와 메소포타미아에서도 널리 쓰였다.) 따르는 문제점은 내장 질환, 기생충, 디스토마 따위가 쉽게 퍼진다는 점이다. 인간의 분뇨를 비료로 쓰는 중국에서는 20세기 초에 90퍼센트의 주민이 기생충에 감염되었고, 20세기 중반에는 전체 사망률의 4분의 1이 인분을 통해 옮는 감염에 의한 것이었다. 영국의 도시들도 19세기 후반에 비슷한 시스템을 사용했었다. 맨체스터의 시의회는 매년 10만 마차분의 인간 분뇨를 지역 내의 농장에 팔았다. 캐나다 페나인 산록에 있는 핼리팩스에서는 땅에 구덩이를 파서 분뇨를 넣은 다음 마르면 농부들에게 파는 건조 처리 시설을 개발했다.

19세기 초에 공업 도시의 급속한 성장과 인구 과밀의 주거 환경은 끔찍한 위생 문제를 일으켰다. 위생 시설이 전혀 없다는 것은 상상조차 할 수 없는 최악의 상황을 만들어 냈다. 가장 심각한 예 중의 하나는 런던의 켄싱턴 북쪽의 도자기 생산 지역인 '포터리'에 있었는데, 원래는 벽돌 재료인 점토를 파내기 위해 파헤쳐졌던 3헥타르 이상의 땅이 문제였다. 이곳은 뚜껑이 없이 열려 있는 하수구와 그냥 정체되어 있는 연못으로 가득 차 있었다. 1850년대 초반에 그곳에는 1000명도 넘는 사람이 쓰레기를 먹고 사는 3000마리의 돼지를 키우며 살았다. 런던도 전반적으로 구역질 나는 상황이었다. 1847년에 런던 하수 위원회의 기술자인 존 필립스(John Phillips)는 다음과 같이 보고했다.

대도시에는 배수 시설이라곤 없는 수백 채의 집이 있는데, 대부분은 악취를 풍기며 넘쳐 나는 분뇨 구덩이가 있다. 수많은 거리와 궁정과 복도에도 하수구가 없다. 나는 방이며 지하실이며 뒷마당에 오물이 너무나 두껍게 쌓여 있어서 다가갈 수도 없게 된 곳을 여러 군데 보았다.

프리드리히 엥겔스는 1840년대에 맨체스터의 노동자 실태에 대한 조사를 하던 중, 어크강 근처의 한 마을에서 200명이 한 화장실을 나누어 쓰는 것을 보고 이렇게 썼다.

이런 궁정 건물들에는 바로 입구에 문도 없는 변소가 하나 있다. 이 화장실은 너무 더러워 이 건물에 드나드는 사람들은 썩은 분뇨를 헤치고 나아가야 했다.

상수도 시설의 개선과 수세식 변기의 발명은 오염 문제를 다른 곳으로 이전했을 뿐이다. 이제 하수도는 수세식이 되었다. 1815년 이후에는 잉글랜드에서 지표수에 수세식 변기를 연결하는 것이 합법적이되었고, 1847년 이후에는 의무 사항이 되었다. 그러자 강이 시궁창으로 변했다. 맨체스터를 여행하는 동안 엥겔스는 어크강의 듀시 다리에서 본 풍경을 이렇게 묘사했다.

어크강의 바닥에서는 주변 지역의 하수구와 화장실에서 온 내용물이 썩고 있다. 듀시 다리 아래로는 왼쪽으로는 쓰레기와 오물이 쌓여 있고, 왼쪽 강둑에는 궁정에서 버린 쓰레기가 썩고 있다. 어크강은 석탄처럼 시커먼 강물에 오물과 쓰레기로 가득 차 아래쪽 강둑에 쌓이곤 한다. 건조한 시기에는 이 둑이 가장 구역질 나는 검푸르고 끈적거리는 긴 웅덩이가 되어, 바닥에서 유독한 거품이 올라오고, 수면에서 40~50미터 정도 위에 있는 다리에서도 참을 수 없는 악취를 풍긴다.

런던의 하수구들은 플리트강으로 유입되고, 이것은 템스강으로 흘러들어 가서 거기서 쓰레기들이 물결을 타고 도심으로 들어간다. 더운 계절에는 하수구의 부패로 인한 악취가 넓은 지역에까지 퍼지며 템스강 근처에서는 참을 수 없는 정도의 악취가 난다. '대악취 사건'이 발생한 1858년에는 악취가 하도 심해 하원의 개원이 취소되었을 정도였다. 많은 물 회사가 템스강에서 취수했고, 이로 인해 장염과 콜레라가 퍼졌다. 1853년에 램베스 물 회사가 상수원을 상류로 옮기자, 이 지역의 사망률은 1000명당 130명에서 37명으로 줄어들었다. 오수 및 상수 처리 시설의 개선은 영국처럼 잘나가는 나라에서도 오래 걸렸다. 가정의 위생이 개선되는 데는 더 많은 시간이 걸렸다. 맨체스터에서는 1911년까지도 화장실이 딸린 집은 절반이 못 되었고, 도시의 일부에서는 700명이 서른세 개의 화장실을 나누어 쓰는 곳조차 있었다. 이 시기에 던디에는 수세식 화장실이 있는 곳이 세 곳의 호텔과 두 곳의 개인 가정뿐이었다.(이것조차도 양동이로 물을 퍼붓는 식이었다.) 나머지 가구에서는 1000군데의 개인 소유 건식 화장실과 14개소의 공중화장실이 있었다. 그 외의 지역에서는 개선이 되기까지 더욱 오랜 시간이 걸렸다. 모스크바에서는 1898년에야 처음으로 배수 시설이 건설되었으며, 1905년에 이 시설에 연결된 집은 6000채뿐이었다. 1917년 이전에 러시아 전체에서 초보적이나마 배수 시설이 있던 도시는 열여덟 곳에 지나지 않았다. 1980년대에도 모스크바의 거의 모든 하수가 정화되지 않은 채 모스크바강으로 흘러들었다. 배수구를 통해 나오는 양이 강의 정상 흐름의 두 배나 되었기 때문에, 강은 뚜껑이 덮이지 않은 배수구나 다름없었다. 파리에서는 1925년에 배수 시설이 아예 없는 가정이 절반가량이나 되었고, 1960년대까지도 하수의 절반이 정화되지 않은 채 센강으로 흘러들었다. 1912년까지도 도쿄에는 초보적인 배수 시설조차 없었고, 1970년대 중반에도 인구의 절반 이상이 배수 시설을 갖추지 못했다. 유럽이나 북아메리카와 같은 잘사는 나라에서조차 20세기 중반에 빈민가 정비 프로그램이 있기 전까지는 대다수의 사람이 위생 시설을 갖추지 못했다. 그 이후에도 하수를 그대로 해안에서 100미터 정도 떨어진 바다에 버리는 일이 많아, 가까운 해변으로 다시 올라오곤 했다.

개도국 대부분에서 현재 상황은 19세기 중반의 유럽과 북아메리카의 상황과 매우 비슷하다. 유럽 제국주의 시절 식민지 당국은 '원주민'들에게 위생 시설이 필요하다고 생각하지 않았다. 영국령이던 골드코스트(현재의 가나)의 프레더릭 루가드(Frederick Lugard) 총독은 이렇게 적었다. "이 사회에서는 도시 시설의 개선에 관심이 없다. 깨끗한 물, 위생 시설, 좋은 도로와 거리가 중요한 줄도 모르고 바라지도 않는다." 따라서 거리 청소와 배관 시설이 되는 곳은 유럽인 거주 지역뿐이었다.(언제나 '원주민' 거주 지역과 철저히 분리되어 있었다.) 20세기 중반의 신생 독립국들은 수도 및 위생 설비를 갖출 여력이 없었다. 그 결과 도시의 모습은 몇백 년이 지난 후에도 별로 변하지 않았다. 어떤 보고서는 1950년대에 인도 남부의 하이데라바드에 관해 이렇게 논평했다.

시민 대부분이 남녀 가리지 않고 공공장소에서 용변을 본다. 공중변소는 몇 개 없을 뿐더러 띄엄띄엄 있다. 그리고 청소도 깨끗이 되어 있지 않으며, 청소부가 거리 모퉁이에서 오물을 가득 담은 통을 비워 내는 못 볼 꼴이 종종 눈에 띈다.

마닐라에서는 전체 가구의 90퍼센트가 하수도 시설을 갖추지 못했으며, 정화되지 않은 가정 오물이 파시그강 유량의 70퍼센트를 이룬다. 전 세계 인구의 대다수는 아직도 위생 시설을 갖추지 않고 있으며, 여전히 이로 인한 병과 비위생적인 상태에 시달리고 있다.

선진국의 거리에서는 거의 사라진 문제 중 하나는 시장으로 가는 마차를 끄는 말들이 남긴 엄청난 양의 오물이다.(선진국에서도 개는 예외다. 영국에서는 개들이 매일 1000톤의 오물과 300만 갤런의 오줌으로 거리를 더럽히고 있다.) 수 세기 동안 주요한 도시의 거리들은 말이 흘린 똥과 오줌으로 더럽혀져 있었다. 비가 오거나 날이 더우면 도로는 오물의 강으로 변해 버렸고, 건조한 날씨에는 마른 똥들이 먼지가 되어 날아다녔다. 파리가 꼬이는 것도 큰 골칫거리였다. 자갈이 깔린 도로를 지나가는 말발굽 소리와 마차의 금속 바퀴 소리도 마찬가지로 골치였다. 병원이나 환자가 있는 집 앞에는 건초를 깔아 두는 관습이 있었다. 대부분의 도시에는 교차로 청소부가 떼를 지어 있어, 돈을 조금 주면 사람들이 교차로를 건널 때 옷이나 신발을 더럽히지 않도록 오물을 치웠다. 1830년에 영국의 도시에는 동물들이 연간 300만 톤이나 되는 분뇨를 거리에 뿌려 놓았고, 그 대부분은 거리에 무더기로 방치되어 악취를 풍기며 썩어 갔다. 19세기에 들어 마차가 늘어나자 이러한 상황은 더욱 악화되었다. 1900년에는 매년 약 1000만 톤의 가축 배설물이 영국의 거리에 버려졌다. 대부분의 말은 거의 먹지도 못하고 심하게 과로했다. 말들은 대개 2년 이상 살지 못했고 많은 수가 거리에서 죽었다. 1900년에 뉴욕에서는 한 해에 1만 5000마리의 죽은 말을 거리에서 치웠다. 문제는 결코 해결되지 않았다. 다만 말이 승용차와 버스, 트럭으로 대체되어 다른 종류의 오염을 야기했을 뿐이다.

대기오염

끔찍한 악취와 쓰레기 더미, 썩어가는 시체, 인간과 짐승의 분뇨 외에 도시의 또 다른 특징은 장막처럼 드리워진 매연이었다. 산업화가 본격적으로 진행되기 이전부터도 매연은 있었다. 굴뚝이 어설픈 집에서, 혹은 대부분의 농가에서 그랬듯이 그것조차 없는 집 실내에서 뚜껑 없는 난로에 장작을 태워, 엄청난 연기를 내고 눈병을 일으키기도 했다. 석탄이 연료로 쓰이면서 매연 문제는 더욱 본격화되었다. 가장 먼저 석탄이 대규모로 사용되기 시작한 잉글랜드에서 석탄 연기로 인한 오염에 대한 불평이 가장 먼저 나타난 것은 놀라운 일이 아니다. 1257년에 엘리노어(Eleanor) 왕비는 인근 마을에서 때는 석탄 매연 때문에 노팅엄 궁전을 떠나야 했다. 30년 뒤에는 런던의 매연 수준에 관한 불평들을 조사하고자 조사 위원회가 구성되었다. 1307년에는 런던에서 석탄을 태우는 행위가 금지되었지만, 다른 연료가 없었기 때문에 이 법령은 지켜지지 않았다.

16~17세기에 석탄 연료가 엄청나게 증가하자 런던에서 최초로 대규모 대기오염이 발생했다. 런던은 그 하늘 위로 드리워진 검은 연기 장막 때문에 멀리서도 알아볼 수 있었다. 이 시기에는 런던의 서쪽 지역, 특히 웨스트민스터가 상류층이 가장 선호하는 지역이 되었다. 주로 서풍이 불기 때문에 이 지역의 매연이 서풍에 불려 갔기 때문이다. 1661년 일기 작가인 존 에벌린(John Evelyn)은 런던의 상태를 공격하는 내용을 담은 『퓨미퓨지엄(Fumifugium)』이라는 저서에서 다음과 같이 썼다.

이성적인 피조물의 회합이나 비길 데 없는 황제의 왕좌라기보다는 에트나산의 표면, 불칸(로마 신화에서 불과 대장장이의 신)의 법정 같다. (……) 이렇게 끊임없이, 끈질기게 기침 소리, 침 뱉는 소리가 나는 런던의 교회나 집회장에서처럼 심한 기침과 코 푸는 소리가 들리는 곳은 하늘 아래 없으리라. (……) 이 끔찍한 매연이 우리의 교회를 지저분하게 만들고, 우리의 궁전을 낡아 보이게 하며, 우리의 옷을 더럽히고 물을 오염시키며, 비와 상쾌한 이슬조차도 이 더러운 수증기를 포함하고 있어, 아무 데나 검고 끈끈한 얼룩이 지게 한다.

지방 도시도 런던과 마찬가지 상황에 시달렸다. 1608년 당시에 셰필드의 방문객들은 "매연으로 반쯤 질식될 수도 있다."라는 경고를 받았으며, 1725년에 뉴캐슬에 머무르던 윌리엄 스투클리(William Stukeley)는 "매연 구름이 공기 중에 떠돌고 있어 런던만큼이나 모든 것이 검게 보인다."라고 했다. 옥스퍼드에서조차 공기가 매우 나빠서,

이탈리아에서 가져온 대리석들이 금방 손상될 정도였다.

19세기에 산업화가 진행되고 도시가 커지고, 석탄이 가정의 난방과 조리를 위한 유일한 연료가 되면서 매연 문제는 더욱 심각해졌다. 그중에서도 당시 세계에서 가장 큰 도시였던 런던의 상황은 가장 심각했다. 1880년에는 도심 지역의 60만 가구에 350만 개의 화로가 있었다. 스모그로 알려진 런던의 안개는 점점 더 흔해졌고 건강까지 위협했다. 19세기 중엽의 1년 중 안개가 낀 날은 세 배로 늘어났으며, 스모그가 심한 때는 폐병으로 인한 사망률이 치솟았다. 1873년 12월에는 극심한 안개로 인해 500명이 죽었고, 1880년 2월에는 단 3주 동안에 2000명이 죽었다. 이러한 양상은 매연에 의한 대기오염이 악화됨에 따라 해마다 더 심해졌다. 1840년에서 1900년 사이에 영국에서 대기오염이 직접적인 원인이 되어 죽은 사람의 수는 140만 명이나 된 것으로 추정된다. 1920~1950년에 런던 중심부에 해가 비친 날은 석탄 연기가 덜한 시 외곽보다 평균 20퍼센트나 적었다. 미국에서는 피츠버그와 같은 철강 도시에서 가장 피해가 심했다. 매연을 통제하려는 최초의 시도는 1940년에 세인트루이스에서 있었다. 이듬해에는 피츠버그에서도 비슷한 조치가 취해졌지만, 전쟁으로 인해 시행되지 못했다. 1946년에는 산업 매연에 대한 통제가 도입되었고, 이듬해에는 가정에서 발생하는 매연에 대한 통제도 도입되었다. 1950년대에는 공기 질이 조금씩 개선되어 갔다. 런던에서 드디어 조치가 실제로 취해지도록 만든 것은 거의 일주일 동안 스모그로 인해 햇볕이 들지 않아 4000명이 넘는 사람이 죽은 1952년 12월에 일어난 최악의 스모그 사건이었다.(짙은 스모그로 템스강을 보지 못해 강으로 걸어 들어가 죽은 사람도 있었다.) 1956년에 대기 정화법을 제정해 도심에서 땔 수 있는 연료를 제한했다. 1970년대에는 런던의 연기의 양이 80퍼센트나 줄었으며, 12월의 일조량도 70퍼센트나 늘어났다. 선진국의 도시에서는 전반적으로 강제로 무연 연료를 사용하게 하고, 가정용 석탄 소비가 줄고, 난방과 조리에 천연가스와 석유를 사용함으로써 연기 집중도가 급격하게 감소했다.

산업화 초기의 오염

모든 공업 과정은 쓰레기를 만들어 내며, 이들 중에는 농도가 높아지면 생명에 위협을 주는 것도 많다. 공장과 광산으로 인한 오염은 일찍부터 알려졌지만, 공업 생산이 소규모일 때는 그 영향도 국지적이었다. 심각한 오염을 유발한 초기의 공업 활동으로는 광산과 금이나 납 등 금속의 제련 등을 들 수 있다.(맹독성의 수은을 이용해 가공하는 경우가 많기 때문이다.) 금속 중 다루기가 쉬운 편인 납은 로마 제국 시대에 그 생산이 크게 늘었고, 수도관의 주재료로 쓰였다. 로마의 문필가 스트라본(Strabo)은 납 주물 공장에는 굴뚝을 달아야만 한다고, "그래서 무겁고 치명적인 가스를 높이 뽑아 올려야 한다."라고 논평했다. 로마의 납 제련이 끼친 영향은 수천 마일 떨어진 그린란드의 빙상에서도 발견된다. 그린란드의 빙상을 분석해 보면 로마 제국 시기에 축적된 납은 자연적 수준의 열 배였음을 알 수 있다. 이 빙상에서는 구리가 농도 짙게 침전되었던 시기도 두 번 있었음을 알 수 있다. 첫 번째 시기는 기원전 500년 무렵으로 지중해 지역에서 구리 동전이 유통되었을 때이며, 두 번째 시기는 기원후 1000년 무렵에 중국의 송나라가 산업화를 시작했을 무렵이다. 초기의 구리 생산은 매우 비효율적이어서, 구리의 15퍼센트 정도는 대기 중으로 증발했다. 이 시기에 해당하는 그린란드의 얼음 속 구리 농도는 19세기 이전 시기 전체 중에서 가장 높다. 당시 구리의 생산량은 오늘날의 1퍼센트도 안 되었지만, 구리로 인한 오염은 오늘날의 10퍼센트 수준에 육박한다.

1556년 게오르기우스 아그리콜라(Georgius Agricola)는 독일의 광업에 관한 논문인 『금속학(De Re Metallica)』에서 당시 세계 광산 지역의 어디에서나 볼 수 있던 광경에 관해 이렇게 묘사했다.

들판은 광산 작업으로 파괴되었다. 나무와 수풀은 베어져 나가고 동물과 새들도 몰살당했으며, 지표를 씻는 물은 독으로 변해 시내에 유입되어 물고기를 죽이거나 내쫓았다.

일본에서는 1610년에 아시오 구리 광산이 문을 열어 전체 구리 생산의 절반 정도를 담당했다. 수 년 내로 광산의 주변 지역은 아그리콜라가 묘사한 것과 정확히 같은 방식으로 파괴되었다. 아시오 광산은 1790년에 폐쇄되었으나 1870년대에 다시 문을 열었고, 예전처럼 쓰레기를 와타라세강에 내버렸다. 1년 내로 물고기가 죽어 없어졌고, 강물이 범람하자 주변의 농경지도 독으로 망가졌다. 이 지역의 사람, 식물, 동물 모두가 죽어 갔다. 20년 내로 스물여덟 개의 마을이 심하게 망쳐졌고, 400헥타르의 농지가 못 쓰게 되었다.

인간이나 동물, 물과 바람의 힘을 이용한 초기 공업에서는 대개 오염이 없는 것으로 여겼으나, 그 폐기물은 다방면에서 오염을 일으켰다. 소와 송아지의 가죽이나 사슴, 양, 말들의 가죽을 무두질하는 과정에서 다량의 산과 석회, 명반, 기름 등이 인근의 강이나 시내에 버려졌다. 깨끗한 물이 필한 양조업 등 다른 산업의 종사자들은 상류가 오염되었다고 불평하면서도 자기들도 폐수를 아무렇게나 흘려버렸다. 면 염색업이나 제당업도 물을 오염시켰다. 1582년부터 네덜란드 당국은 면 표백제를 아무 수로에나 버리지 말고 '스팅커르츠(Stinkerds)'라는 폐수 전용 수로에 버리도록 명령해야 했다. 20년 후에 잉글랜드의 제임스 1세(James I)는 런던의 제분업자들로 인한 오염에 대해 법령을 포고했다. 1627년에는 런던 탑 근방의 세인트캐서린스에 있는 명반 공장에서 나오는 연기에 대한 불평이 있었다. 귀족들이 사는 지역도 공해를 벗어나지 못해서, 18세기 초에 찬도스 공작은 캐번디시 광장에 있는 그의 새 집이 "벽돌 공장 때문에 오염되었으며 다른 혐오스러운 냄새가 이 지역을 망치고 있다."라고 욕설을 퍼부었다.

산업화

18세기 말부터 시작된 집중적인 공업화 시기에는 대기 중에 방류된 오염원의 양과 독성, 종류가 비약적으로 증대했다. 수 세기 동안 공해에 대한 통제는 전혀 없었다. 그 결과 '산업혁명'은 집중적인 오염과 환경 파괴의 지역을 만들어 냈다. 매연과 독한 가스를 뿜어내는 굴뚝과 폐기물 더미, 산업 폐기물로 범벅이 된 물줄기와 그로 인해 죽어 가는 식물들로 풍경은 완전히 망가졌다. 사람들은 이런 상황에서 살아가고 작업하고 죽어 가야 했다.

그중 특히 골치 아팠던 것은 유리와 비누, 직물들을 만들기 위해 대량의 탄산나트륨을 사용하는 초기 화학 공업이었다. 그 부산물인 고도로 부식성이 높은 염화수소(염산)가 아무런 통제 없이 굴뚝을 통해 방출되었다. 1860년대 초기에 영국 정부가 알칼리 규제법을 제정했다. 그러나 오염을 구제하려는 시도들의 경우 언제나 그렇듯이 규제법보다는 산업 로비의 이해관계가 우선시되었다. 이런 규정이 만들어진 것도 조금 덜 유해한 새 공정이 개발되어 상품화된 이후의 일이었다. 1875년에 빅토리아 여왕은 인근 시멘트 공장에서 나는 암모니아 냄새 때문에 와이트섬의 저택인 오즈번궁이 못 살 곳이 되었다고 불평했지만, 정부 검사관들도 이 공장을 폐쇄할 힘이 없었다.

이렇게 통제되지 않은 산업화는 유럽 대륙의 루르에서 림부르크, 잉글랜드 미들랜드 지방의 중공업지대인 블랙 컨트리와 1만 4000개의 굴뚝이 연기를 토해 내는 피츠버그 근방의 머논가힐라 계곡에 이르기까지, 모든 공업 지역에 엄청난 오염을 발생시켰다. 오염된 폐허로 변해 버리는 지역이 많았다. 100년 동안의 공업 생산(주로 구리 공장)으로 영국 웨일스에 있는 스완지 계곡 하류에서는 모든 식물이 죽었다. 1960년대 후반에 대규모 재건 사업이 있었지만, 이 지역을 살 만한 곳으로 만들지는 못했다. 1839년 1월, 영국 타인강변 뉴캐슬 의회는 이 지역의 상황에 관해 다음과 같이 공식적으로 항의를 표했다.

이 지역 공장들이 뿜어내는 매연은 그 영향권에 있는 모든 것을 말라 죽게 할 정도로 유해하며 건강과 재산에 해악을 끼친다. 들판의 풀들은 말라죽고, 정원의 채소와 과일은 열매를 맺지 않았다. 울창한 나무들은 썩고 헐벗은 나뭇가지만을 드러냈다. 소와 닭은 활기가 없어지고 초췌해져 간다. 집안의 가구들을 더럽힐 뿐 아니라, 늘 겪는 일이지만 매연에 노출되면 기침과 두통이 생긴다.

몇 년 후 이 도시를 방문한 한 사람은 다음과 같이 묘사한다.

강인한 산수유나무는 봄이면 즐겁게 피어나려 애써 보지만, 그 잎은 차잎처럼 말라서 이내 떨어져 버린다. 소 떼는 살이 찌지 않고 양들은 새끼를 내팽개친다. 암소도 송아지를 사산한다. 사람은 눈병, 목병, 기침, 호흡 장애 등에 시달리고 있다.

공장에서는 대기 중에 오염 물질을 내놓는 것 외에도 폐수를 강에 쏟아부었다. 공장들은 폐수를 쉽게 버리기 위해 강변을 따라 늘어섰다. 이러한 공장들은 강에 사는 생물체를 죽이고 인간의 건강마저 위태롭게 만드는 유독성이 강한 화학물질을 방류했다. 1866년에 영국 하천 오염에 관한 왕실 위원회는 일부 강이 심하게 오염된 나머지 잉크로 쓸 수 있을 정도였으며, 실제로 강물로 보고서의 일부를 작성했다. 보고서에서는 또한 브래드퍼드 운하에 불을 붙일 수도 있다고 보고했다. 강물에 불을 붙이고 노는 것은 그 지역 어린이들이 좋아하는 놀이였다. 1869년에 어웰강은 "더러운 거품이 두껍게 떠져 있었다." 1950년까지도 이런 상황이 계속되어 어웰강은 아침이면 선명한 오렌지빛이, 낮이면 칠흙과 같은 검은 빛이 되었다. 20세기 중반에조차 강물에 포함되어 있는 화학 성분으로 인해 자연적으로 불이 일어나는 강이 많았다. 이러한 사례는 옛 소련의 스베르들롭스크 근처의 이세티강(1965년), 미국 클리블랜드의 쿠야호가강(1969년), 역시 옛 소련의 볼가강(1970) 등에서 보고된 바 있다. 1960년대 말에 도쿄에 있는 강의 3분의 2에는 물고기가 살지 못했고, 스미다강에 대한 1972년의 국가 공식 보고서는 19세기 중반의 잉글랜드 상황과 소름 끼칠 만큼 흡사하다.

오염의 결과로 전에 이 강에서 벌어지던 수영 대회, 보트 놀이, 불꽃 놀이 등이 사라졌다. 강에서 올라오는 가스가 금속을 부식시키고, 구리와 은으로 만든 제품을 검게 하며, 재봉틀과 텔레비전 수상기의 수명을 단축시킨다.

20세기에 들어 대부분의 선진국은 공업에 의한 수질오염과 대기오염에 어느 정도 대책을 마련했다. 하지만 오염을 멈출 수는 없었다. 정부들은 대개 강력한 규제보다는 경제성장과 산업 이익, 고용 창출에 더 큰 비중을 두었다. 대부분의 경우에 공장들은 오염 물질의 배출 허가를 얻을 수 있었다. 규제를 어기거나 때때로 고발당하더라도 벌금이 너무 적어 단 몇 분 동안만이라도 공장을 돌리면 충분히 상쇄될 정도인 경우가 많았다. 선진국에서 산업공해가 줄어든 주원인은 중공업의 쇠퇴와 경제 쇠퇴, 그리고 경제가 3차 산업으로 옮겨 감에 따라 산업 자체가 경제에서 차지하는 비중이 줄어들었기 때문이다.

1920년대 후반부터 소련에서 산업화가 강력하게 추진되면서 서유럽과 북아메리카에서 산업화 초기에 나타났던 상황들이 나타나기 시작했다. 산업은 목표 생산량을 맞추고 산출량을 극대화해야 한다는 압박을 받았다. 환경에 미치는 영향은 대체로 무시되었다. 결과는 뻔했다. 모스크바의 대기는 산업화가 시작된 1930년 이래 악화되기 시작해 나무가 죽어 갔고 나무의 성장률도 90퍼센트나 줄어들었다. 1960년대 초의 아황산가스와 질소산화물의 농도는 수도권 외곽 일부에서 거의 사람의 생명을 죽일 수 있는 수준에 이르렀다. 산업폐기물의 75퍼센트는 하수처리도 하지 않고 강물에 버려졌다. 카라간다 중앙 제철소의 일산화탄소 수준은 공식적인 최대 허용치의 스무 배, 아황산가스 수준은 네 배였으며, 크라스노우랄스크 구리 제련소의 전체적인 오염 수준은 당국이 이론적으로 인정하는 허용치의 열 배였다. 1980년대 후반에 소련에서 생산되는 우유의 40퍼센트 이상은 인체에 위험한 화학물질이 다량 함유되어 있었다.

1945년 이후 동유럽에 소련식 경제개발 모델이 채택되고 이와 비숫하게 중공업이 확대되기 시작하면서 환경적인 재앙이 초래되었다. 가장 피해가 컸던 지역은 동독의 드레스덴, 체코슬로바키아의 프라하, 폴란드 크라쿠프 사이의 삼각지대였다. 이 지역에는 철과 강철, 기타 금속을 다루는 공장과 화학 공장이 몰려 있었고, 대부분 인근에서 생산되는 질 낮은 갈탄을 사용했기 때문에 막대한 양의 매연과 공해 물질을 생산해 냈다. 1980년대 후반이 되면 체코슬로바키아의 공산 정부는 프라하 근방 일대를 '재난 지대'로 설정할 준비까지 하고 있었다. 모스트에서는 아황산가스 배기량이 세계보건기구(WHO)가 정한 최대치의 스무 배나 되었고, 학생들은 휴대용 호흡기를 가지고 다녀야 했다. 이 시기에 동독은 세계에서 가장 높은 1인당 이산화황 배출량을 자랑했다. 폴란드 공산당 정부는 대기 중 아황산가스 함유량이 공식 안전 수준보다 100배나 되는 상부 실레시아를 '환경 재난 지구'로 규정했다. 해마다 납 170톤과 카드뮴 7톤, 아연 470톤, 철 18톤이 유서 깊은 도시 크라쿠프에 버려졌다. 1년 중 3분의 1 동안 스모그 현상이 나타나고, 이 지역에서 생산되는 식품의 3분의 2가 인간이 먹기에 적당하지 않으며, 70퍼센트의 물이 마실 수 없는 것이다. 폴란드 전체 강의 3분의 1에서 생명체가 사라졌고, 비스와강의 3분의 2가량은 그 안에 든 화학물질의 부식성 때문에 공업용으로도 쓰지 못할 정도가 되었다. 발트해 연안 쪽 10만 제곱킬로미터는 강을 타고 흘러든 유독 물질로 인해 생물학적으로 죽은 상태다. 1990년대에는 오염 수준이 급격히 낮아졌는데, 규제 때문이 아니었다. 공산 정권이 무너지면서 정부 보조금과 보호가 사라지자 지역 전체의 중공업이 무너지면서 오염도 개선된 것이다.

뒤늦게 산업화에 뛰어든 다른 나라들도 비슷한 과정을 밟았다. 브라질에서는 1960년대 중반 이후의 급격한 산업 팽창이 상파울루 근방의 쿠바탕에 집중되었다. 이곳은 브라질의 철강 생산과 비료 생산의 40퍼센트를 차지했으나, 오염은 전혀 통제되지 않았다. 1980년대 초에 쿠바탕은 지구상에서 가장 오염된 지역 중 하나가 되었다. 대기오염은 WHO에서 치명적이라고 규정한 수치의 두 배나 되며, 태어난 아이의 3분의 1은 돌이 되기도 전에 죽었고, 강에는 고기가 없었으며 새와 모든 곤충과 나무도 죽었다. 1984년에 브라질의 군사정권이 붕괴되면서 오염을 통제하려는 약간의 조치가 취해졌다. 1990년대 후반이 되면 이 지역의 상황은 훨씬 나아졌지만, 정상적인 기준보다는 여전히 오염이 심한 편이다.

전체적으로 보아 1850~1990년 사이에 전 세계의 공장들이 대기로 뿜어낸 중금속의 양이 급격하게 늘어났다. 연간 카드뮴 배기량의 수준은 15배로 증가했고 구리는 26배로, 아연은 무려 137배로 증가했다. 1960년대 이래로 중공업이 쇠퇴하면서 서유럽과 북아메리카, 일본에서 대기오염이 감소하기 시작했다. 그러나 동유럽과 소련, 중국, 인도, 라틴아메리카에서 오염이 증가해 그 효과가 상쇄되었다. 1990년대에 동유럽에서 중공업이 붕괴했지만, 다른 지역, 특히 중국에서 산업화가 빠르게 진행됨에 따라 전체 오염에 대한 영향은 미미했다. 중금속으로 인한 대기오염의 세계 총량을 측정하는 것은 어렵지만, 20세기 동안 오염 수준이 적어도 두 배 이상으로 늘었으며 다섯 배 이상으로 늘었을 가능성도 있다. 전체적으로 보아 21세기 초 현재 세계 인구의 약 20퍼센트(12억이 훨씬 넘는다.)가 건강에 매우 해로운 공기를 마시고 있으며, 매년 약 70만 명이 대기오염이 직접적인 원인이 되어 사망한다. 20세기 동안에 4000만 명이 오염된 공기를 마시고 사망했고, 그중 75퍼센트는 20세기 후반에 사망했다.

산성비

가장 광범위하고 중요한 형태의 대기오염은 산성비다. 화석연료, 특히 석탄과 갈탄을 태우거나 황화철광석을 제련할 때 대기 중에 많은 이산화황이 배출된다. 화석연료를 연소하면 질소가 산화되어 여러 가지 질소산화물들이 발생한다. 이 모든 산화물은 대기 중에서 일련의 복잡한 과정을 거쳐 황산 종류나 질산 종류로 변한다. 이러한 산들이 비와 눈 등으로 내리면 자연적인 비보다 훨씬 산성이 강해진다. 화석연료 사용이 엄청나게 늘어나고 산업화가 진행되면서 지난 두 세기 동안 산성비가 크게 증가했다. 전 지구적인 이산화황 배출량은 1850년 무렵에는 100만 톤 정도였을 것이나, 20세기 말 무렵에 7500만 톤으로 늘어났다. 질산화물의 배출도 1900년의 연간 200만 톤에서 한 세기 후에는 약 2700만 톤으로 증가했다.

산성비 현상은 영국 산업화의 중심 지역 중 하나였던 맨체스터에서 1850년대에 처음으로 발견되었다. 영국 최초의 공해 감시관을 지낸 로버트 스미스(Robert Smith)가 1872년 출판한 책 『산과 비(Acid and Rain)』에서 자세히 설명한다. 산성은 pH로 측정되는데 pH 6.5는 중성을 나타낸다. 로그 계산이기 때문에 pH 5.5는 pH. 6.5보다 산성이 열 배로 강하다. 보통의 비는 pH 5.7로 약한 산성을 띠는데, 이는 자연 상태에서도 대기 중에 존재하는 이산화탄소로 인해 탄산이 형성되기 때문이다. 대기 중에 이산화황과 질소산화물이 늘어나자 지나치게 산성이 높은 비가 내리게 되었다. pH 2.1(보통 pH 2.4인 식초보다 더 시다.) 정도의 비가 내린 일은 종종 있었고, 미국에서 공해가 가장 심한 곳인 웨스트버지니아의 휠링에서는 pH 1.5(전지의 pH가 1.0임)인 비도 내린 적이 있다. 산성비는 하천과 강과 호수를 서서히 산성화

세계 이산화황 배출량(1850~2000년)

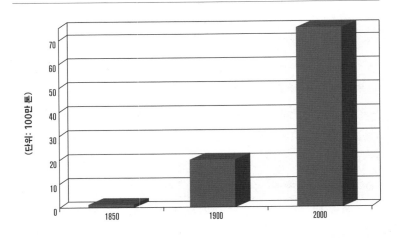

해 생태계에 파괴적인 영향을 끼친다. pH 6.0이 경계 수준으로, 이보다 낮아지면 동물의 생명도 위협받기 시작한다. 복잡한 과정이 관련되어 있지만, 점점 pH가 낮아짐에 따라 중금속 농도가 증가한다는 점이 가장 심각하다. 물고기의 아가미에 알루미늄 수산화물의 형태로 알루미늄이 녹아 들어가는 것을 예로 들 수 있다. 이렇게 되면 산소 흡입량이 줄어들어 체내 염도가 불균형을 이루게 된다. 일단 pH가 5.5까지 내려가면 연어가 살 수 없게 되고 연체동물도 사라진다. pH 5.5에서 5.0 사이에서는 알과 유충이 피해를 받으며, pH 5.2 이하에서는 달팽이가 살지 못한다. pH 5.0보다 더 내려가면 물고기들이 살 수 없고, pH 4.5가 되면 식물군도 치명적으로 손상을 입는다. 평상시의 산성비에도 시내와 연못에 사는 야생 생명체들이 타격을 입지만, 집중적인 강우 혹은 봄에 눈이 녹아 생기는 갑작스러운 산성화 현상으로 인해 입는 타격이 더욱 치명적이다. 산성비의 또 다른 피해는 석조 건물이 서서히 부식되어 가는 현상이다. 크라쿠프는 1990년대까지 심각한 산성비 피해를 입었고, 대부분의 산업도시와 랭스, 보베, 투르, 오를레앙 등 프랑스 북부 지역의 대성당에서 이러한 피해가 나타났다.

처음에는 대부분의 공장과 발전소에서 굴뚝을 낮게 설치했기 때문에 산성비는 주요 산업도시에서만 나타나는 국지적인 현상이었다. 그러나 이런 지역의 심각한 오염을 줄이기 위해 오염 물질을 더 널리 퍼지게 하려고 더 높은 굴뚝을 만드는 정책이 도입되었다. 정책은 성공을 거두어 그 지역의 오염 수준은 나아졌지만, 그 대신 주요 산업지대에서 바람이 불어 가는 쪽 지역에서 산성비가 크게 증가했다. 그 결과 강과 호수에 대한 가장 큰 피해는 주요 공업지대의 동쪽인 캐나다 동부와 미국의 북동부에서 나타났다. 영국에서 불어오는 서풍을 받는 스웨덴과 노르웨이에서도 많은 영향을 받았다. 애디론댁산맥의 산자락에 있는 뉴욕 교외의 고급 주택가인 업스테이트 뉴욕에서는 산성도가 pH 5.0 이하가 된 호수의 비율이 1930년에는 4퍼센트였으나, 40년 후 50퍼센트 이상으로 늘었다. 노르웨이와 스웨덴처럼 오염을 적게 발생시키는 지역도 1980년대에 서유럽에서 가장 오염이 심한 지대만큼 강한 산성비가 내렸다. 얇은 토양과 그 밑의 화강암층은 산성비를 거의 흡수하지 못했다. 또한 연간 강우량의 절반이 눈으로 내려 봄과 초여름에 눈이 녹으면서 갑작스럽게 산성도가 높아졌다. 그 결과 스웨덴의 호수들은 1950년대에는 대부분이 pH 6.0 정도였으나, 30년 후에는 pH 5.0 이하인 호수가 많아졌다. 스웨덴 서부의 호수들은 1930년대보다 100배가량으로 산성이 높아졌다. 노르웨이 남부에서는 1940년 이후의 40년 동안 어획량이 반으로 줄었다. 1978년 이후에 노르웨이 남부에서는 대서양 연어가 사라졌다. 산란지의 산도가 높아졌기 때문이다. 1980년대 후반에는 스칸디나비아 지역 2만 개의 호수가 심하게 산성화해, 그중 절반 정도에서 생물체가 사라졌다.

　노르웨이가 영국으로부터 오는 산성비에 관해 처음으로 불평한 것은 1860년대의 일이다. 그러나 1980년이 되어서야 처음으로 산성비를 통제하려는 국제적인 시도가 이루어졌다. 국가들이 국경을 넘나드는 오염을 발생시켜서는 안 된다는 원칙이 1972년 유엔 인간 환경 회의에서 처음 채택되었다. 그러나 아무런 행동도 취해지지 않다가 1984년에 이르자 산성비의 효과가 명확하게 드러나게 된다.(이 당시 유럽 국가의 25퍼센트 정도에서 산성비의 영향이 나타났다.) 그렇게 된 후에도 행동을 취한 나라는 아주 소수였다. 이른바 '30퍼센트 클럽'으로 아황산가스 배출을 1993년까지 1980년대 수준에서 30퍼센트를 줄이기로 한 것이다. 오스트리아와 스위스, 프랑스 등의 일부 국가는 이보다 더 나아가 1980년대 말까지 50퍼센트 이상의 삭감에 성공했다. 이러한 식의 삭감은 1985년이 되면 마침내 유럽 전체로 확대된다. 이는 유엔 유럽 경제 위원회(United Nations Economic Commission for Europe: UNECE)라는 국제기구를 통해 이루어졌는데, 냉전 시대였던 당시에 동유럽과 서유럽을 아우를 수 있는 포럼의 형식으로는 유일한 것이었지만, 사실 다 죽어 가는 이름뿐인 기구였다. 어쨌든 여기에 참여한 국가들이 1993년까지 30퍼센트를 감축하기는 했다. 이와 병행해 유럽 연합(EU)은 1988년에 대규모 발전소의 배출량을 60퍼센트 줄이기로 합의했는데, 이는 석탄보다 훨씬 황 함유량이 적은 천연가스의 사용을 늘리는 계기가 되었다. 1994년에 UNECE는 2000년까지 더 많은 감축(서유럽에서는 70~80퍼센트, 동유럽에서는 50퍼센트)을 하기로 합의했다. 대부분의 목표량은 달성되었다. 1988년에는 질소산화물에 관한 소피아 의정서가 채택되어, 1987년 기준으로 여러 가지 감축 목표가 설정되었다. 전체적으로 이러한 협약들은 효과가 있었다.

2000년까지 유럽의 이산화황 발생량은 1980년대 수준보다 40퍼센트 줄었다. 1999년에는 UNECE의 고텐부르크 의정서가 체결되어, 각각의 국가들에 이산화황과 질산화물, 암모니아, 휘발성 유기물 배출을 2010년까지 감축하도록 목표를 설정했다. 이 모든 협약들은 유럽의 대기 질을 상당히 개선하고, 산성비 수준을 완화했다. 오늘날 노르웨이의 산성비 수준은 1980년 수준의 절반이지만, 강과 호수의 생태계는 회복이 느린 편이다. 기술적인 개선도 도움이 되었지만, 이런 감축 비용은, 특히 영국에서는 석탄 산업이 부담했다. 천연가스로 전환하는 과정에서 석탄 산업에 종사하던 수천 명의 광부가 일자리를 잃었던 것이다.

미국은 캐나다에 내리는 산성비의 절반에 대한 책임이 있었는데, 1991년에 캐나다와 맺은 협약을 통해 마침내 조치를 취하기로 합의했다. 1990년대 후반에 이르면 미국과 캐나다의 이산화황 배출량은 1980년대보다 약 3분의 1가량 낮은 수준이 되었다. 그러나 1980년 이래, 중국의 급격한 산업화로 석탄 소비가 매년 15퍼센트씩 증가했다.(중국은 에너지 소비의 80퍼센트를 석탄에 의존한다.) 대부분의 석탄은 질이 낮은 갈탄으로, 황 함량이 높다. 그 결과 중국의 이산화황 배출량은 1990년대에 70퍼센트 이상 증가했고, 연간 10퍼센트 이상씩 증가하고 있다. 중국은 오늘날 전 세계에서 이산화황을 가장 많이 배출하며 2003년에는 이 상황에 관해 공식적으로 '통제 불능'으로 표현하기도 했다. 1990년대에 중국에서 산성비가 내리는 지역은 60퍼센트 증가했으며, 오늘날 중국 토지의 4분의 1 정도에 산성비가 내리고 있다. 중국의 이산화황은 한국과 일본, 타이완, 필리핀 등에도 피해를 주고 있다. 북아메리카나 유럽의 경우와는 달리, 중국 주변 아시아 지역에서는 산성비 저감은커녕 통제라도 하기 위해 광역 수준의 조약을 체결하려는 노력의 기미조차 보이지 않는다.

공해와 건강

서유럽과 북아메리카의 공업화, 그리고 이후의 일본과 동유럽, 소
련의 공업화로 인한 공해는, 이 공업지대에서 일하는 사람들과 인근
지역 주민들에게 심각한 영향을 미쳤다. 초기의 공장에는 안전장치
가 거의 없어 많은 노동자가 불구가 되거나 사망했다. 직업병은 이탈
리아의 모데나와 파도바의 대학에서 의학 교수였던 베르나르디노 라
마치니(Bernardino Ramazzini)가 1682년에서 1714년 사이에 처음 발견
했다. 그는 도공들이 유약에 들어 있는 납 성분 때문에 떨림과 중풍
에 시달리고 이가 빠지며, 유리장이들은 유리에 색을 넣는 데 쓰는 붕
사와 안티몬 때문에 폐가 상하고 구내염이 생기며, 도금장이와 모자
장이는 수은 중독이 된다는 점을 지적해 냈다.(영어에는 아주 미친 사람
을 가리켜 "모자장이처럼 미쳤다."라는 표현을 쓰며, 미국에서는 심한 손떨림증
을 가리켜 미국 최대의 모자 생산지 이름을 따서 '댄버리 떨림'이라는 표현이 생
겨나기도 했다.) 병을 일으키는 또 하나의 주범은 먼지였는데, 연마공
과 목공, 광부는 피해가 특히 심했다. 19세기의 엄청난 화석연료 사용
의 증가로 인해 광산에서 일하는 노동자가 늘어났고, 이들은 석탄 연
기를 마심으로써 폐렴에 시달렸다. 다른 업종도 저마다 직업병이 있
었다. 그중에서도 납을 생산하는 노동자들의 피해가 가장 컸다. 납 생
산 관련 노동은 모든 일자리 중에서 가장 위험했다. 이런 일을 한다
는 것은 사실 사형선고와 다를 바 없었기 때문에, 가장 절박한 처지
에 있어 굶어 죽게 생긴 사람들만 하는 것이었다. 하지만 고용주들은
언제나 충분한 노동력을 구할 수 있었다. 면화 공장도 공기 중에 떠

다니는 실 보푸라기가 섬유 흡인성 폐렴과 기관지 질환을 일으켰기 때문에 건강에 해로웠다. 석탄업과 석유업에 종사하는 사람들도 암에 걸릴 확률이 높았다. 이것은 1775년에 굴뚝 청소부 아이들에게서 처음으로 나타났고, 1870년대에 윤활유를 동물성 기름(주로 고래기름)에서 광물성 기름으로 바꾸고 나서는 '뮬 방적기 암(Mule Spinner's Cancer)'이 직물업계에 널리 퍼졌다. 미국의 한 콜타르 염색업체에서는 1912년 이후의 50년 간에 남성 노동자의 4분의 1이 암에 걸렸다.

산업공해는 주변 지역 주민들의 건강도 악화시켰다. 산업화 초기의 광범위한 석탄 사용, 대기와 수중의 중금속과 여러 가지 오염 물질로 인해 매우 오염되어 있었다. 인간 건강은 심각한 영향을 받았다. 1980년대 동유럽의 통계는 중공업 오염의 영향을 세부적으로 보여주는데, 19세기 서유럽의 양상과 비슷하다. 상부 실레시아에 자리 잡은 공업지대의 유아사망률은 유럽 최고 수준을 기록했고,(1000명 중 44명이 첫돌이 되기 전에 죽었다.) 10세 아동의 4분의 3이 병원 치료를 받아야 하며, 아동 백혈병의 발병률은 1980년대에 두 배로 늘었다. 카토비체의 전체 아동 중 3분의 1이 납 오염 증세를 보였다. 가장 상황이 나빴을 때 체코슬로바키아에서는 아동 중 3분의 1만이 질병이 없었고, 호흡기 질환은 국가 평균의 두 배나 될 정도로 많이 나타났으며, 평균수명도 4년이나 짧았다.

중금속은 특히 인간의 건강에 위험하다. 1980년에 일본 전체 벼농사 지역의 10퍼센트는 카드뮴 오염으로 인해 식량 생산에 부적합했다. 이미 1930년대에 진즈강 계곡에서 '이타이이타이병'(카드뮴 중독으로 인해 뼈가 손상되는 병)의 첫 환자가 발생했다. 작은 어촌 마을인 미나마타에서 일어난 일은 더욱 심했다. 일본 질소 화학 공장이 1910년에 세워졌는데, 1932년부터는 수은을 촉매로 해서 아세트알데히드를 제조했다. 폐기물은 인근 호수에 버려졌고, 호수의 박테리아가 수은을 맹독성의 메틸수은으로 바꾸었다. 메틸수은은 먹이사슬을 따라 서서히 그러나 점증적으로 축적되어 갔다. 1940년대 후반에 호수의 물고기가 폐사하기 시작했고, 1950년대 초반에는 아세트알데히드 생산량이 크게 늘면서 생선을 먹은 마을의 고양이들이 미쳐 가기 시작했다. 1956년에 이 지역의 많은 어린이에게서 두뇌 손상이 일어났다. 공장 소속의 의사는 그것이 수은 중독임을 알았으나, 함구하도록 압력을 받았다. 지역 당국은 아무 일도 하지 않고 지역 경제에 대한 영향을 고려해 회사 편을 들었다. 1990년이 되면 이 지역에서 1000명 이상이 수은 중독으로 죽었고, 다른 주민들도 두뇌 손상이 유전될 가능성에 대한 두려움으로 외지 사람들에게서 결혼 기피 대상이 되었다. 마침내 사람들은 회사를 고소했고, 회사는 1977년에 희생자에게 1억 달러를 배상했다. 호수로 들어오는 물고기를 막기 위해 호수 전역에 그물이 쳐졌고, 정부는 독성 폐기물을 빼내기 위해 4억 달러를 지출했다. 1997년에 호수는 수은의 위협으로부터 안전하다고 선언되었고, 그물도 제거되었다. 그러나 실제로 모든 수은이 제거되었을 가능성은 매우 낮다.

현대의 산업공해

1940년대 후반 이래로 공업 과정은 크게 변화했고, 이에 따라 배출되는 오염 물질도 변화했다. 20세기 후반에는 산업 생산이 증가하는 속도보다 오염 수준의 증가 속도가 훨씬 빨랐다. 20세기 중반까지 선진국의 공해는 화석연료의 연소와 철, 강철, 다른 금속과 화학물질 등의 중공업에서 나왔다. 20세기 후반의 가장 큰 변화는 여러 가지

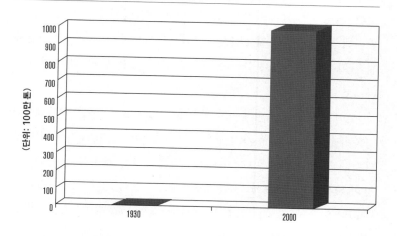

합성 화학물질이 만들어졌다는 것이다. 이들 중에는 소량으로도 고도의 독성을 내고 환경 속에서 자연 분해가 되지 않는 것들이 많다. 1950년 이래 7만 5000가지의 새로운 화학물질이 만들어졌고, 매년 2000종이 새로 만들어지고 있다. 대부분은 동물이나 환경에 대한 안전성이 확인되지 않은 것이다. 전 세계의 유기화학물질 생산은 1930년에 100만 톤이었던 것이 20세기 후반에는 10억 톤으로 증가했다. 이 중 300종은 선진국 국민의 몸에 잔류하는 것이 확인된다.

현대의 공업 생산품은 비누와 천연섬유, 유기비료 등 오염성이 적은 것에서 플라스틱, 합성세제, 인공섬유, 비료, 살충제 등 점점 오염성이 강한 물질로 옮겨 가고 있다. 예를 들어 비누에서 합성세제로 바꿈으로써 인산 배출량이 스무 배로 늘어났으며, 에너지도 훨씬 많이 소비된다. 공장은 세척력이 강해서가 아니라 값이 싸기 때문에 합성세제를 선호한다. 합성세제의 사용이 늘어나면서 시냇물과 강물, 호수, 바다에서는 인산 오염이 상당히 증가했다. 미국 수원의 인산 오염은

1910~1940년에 2.5배로 늘어났고 1940~1970년에는 일곱 배로 늘어났다. 질소와 인산의 농도가 높아지면 박테리아와 녹조류가 빠르게 번식해 그 시체가 용전 산소량을 떨어뜨리고, 호수나 수로에 생명체가 많이 살지 못하도록 만든다. 이런 현상이 전 세계적으로 흔하게 나타나고 있다.

이러한 새로운 화학제품이 환경에 미치는 영향은 살충제와 폴리염화비페닐(PCB)의 두 가지 경우에서 잘 드러난다. 20세기 중반 이전까지만 해도 농부들은 해충을 잡기 위해 제충국(除蟲菊)이나 장기적인 피해가 없는 '보르도' 또는 '부르고뉴' 혼합액을 사용했다. 그러나 1945년 이후에 살충제 사용이 해마다 12.5퍼센트가량 늘어나면서 살충제 생산은 하나의 산업이 되었다. 처음으로 사용된 맹독성 살충제는 DDT와 같은 유기염소계 화합물이었고, 이어서 1950년대 초반 이후부터는 유기염소계보다 지속성은 적지만 독성이 더욱 강한 유기인산이 사용되었다. 실제로 뿌려진 살충제 중 약 1퍼센트만이 벌레에 타격을 주므로 소량만 사용해도 매우 독성이 강해야만 하며, 성분에 대부분 발암성 물질이 포함되는 경우가 많다. 이 독성은 인근의 야생동식물과 살충제를 뿌리는 농부, 살충제 성분이 날아가는 지역의 거주자에게 피해를 입히며, 물에 흘러들어 가서 수원을 오염시킬 뿐 아니라 지하수에까지 침투한다.

DDT의 효과는 1949, 1954, 1957년에 캘리포니아의 클리어호 지역에서 모기를 없애려는 헛된 시도를 했을 때 뚜렷하게 나타났다. DDT는 0.02ppm의 농도로 살포되었다. 먹이사슬의 최하위에 위치한 플랑크톤에서는 호수의 DDT 잔류량의 250배나 되는 잔류량이 발견되었다. 개구리는 2000배였고, 어류는 1만 2000배, 물고기를 잡아먹는 논병아리는 8만 배 농도의 DDT가 검출되었다. 그 결과 논병아리의 껍질이 얇아져 알을 품는 어미 새의 무게를 견디지 못하고 깨질 지경이 되었다. 이 지역에 사는 1000쌍의 논병아리는 1950~1962년 사이에 새끼를 한 마리도 부화하지 못했다. 레이철 카슨(Rachel Carson)이 『침묵의 봄(Silent Spring)』에서 밝힌 것은 각지에서 화학물질에 의해 되풀이되는 이런 생태계의 재난에 관한 것이다. 화학약품 회사들의 강력한 반발에도 아랑곳없이, 카슨의 폭로를 둘러싼 논란으로 인해 선진국에서는 DDT 사용이 금지되었다. 하지만 미국은 1990년대에도 DDT를 개도국에게 계속 수출했다.

이러한 화학물질의 영향은 환경 속에서 이것들이 얼마나 멀리 이동할 수 있는지를 보면 알 수 있다. 1983년에서 1984년 사이에 동독의 여러 지역에서는 DDT를 살포했다. 당시 서유럽에서는 DDT가 금지된 상태였기 때문에 다른 지역에서 DDT를 검출하기는 쉬운 일이었다. 동독이 뿌린 DDT는 서독 토양 속의 DDT 수준을 네 배로 증가시켰고, 이웃 폴란드의 오염도는 열 배로 늘어났다. DDT의 잔류물이 스톡홀름 북쪽에서 프랑스 남부에 이르는 1500킬로미터가 넘는 지역에서 발견되었다. 몇 년 전에 미국의 슈피리어호에 있는 섬에서는 1500킬로미터나 떨어진 미국 남부의 면화 농장에서 뿌리는 살충제가 검출되었다. 실제로 살충제 사용이 늘어나면서(잉글랜드 남부의 사과 농장에서는 생육기 동안 20회도 넘게 뿌린다.) 음식과 식수에도 살충제가 검출되고 있지만, 그렇다고 해서 농작물 수확량 감소를 막아 주는 것도 아니다. 미국에서는 1940년대에서 1980년대 사이에 살충제 사용은 엄청나게 늘어났지만, 작물 손실량은 오히려 6분의 1이 늘어났다. PCB의 생산은 기업들이 새로운 합성 물질을 연구하고 생산하는 과정을 잘 보여 준다. 어느 합성 물질이든 개발 및 생산 당시에는 그 물질이 환경에 미치는 영향이 알려지지 않는다. 그리고 그 영향이 밝혀진 후에는 때는 이미 늦어 버린다. PCB는 유기염소계 화합물의 일종으로 DDT나 다른 맹독성 화학물질과 매우 비슷하며, 이들 중 일부는 현재 발암 성분이 가장 높은 것으로 밝혀졌다. 이것은 1930년대 이후부터 전기 제품의 절연체(특히 변압기), 페인트의 첨가물과 무탄소 카본지에 쓰였다. 환경 단체의 압력으로 1970년대 중반에 미국과 일본에서 사용이 금지되고, 그보다 10년 뒤에 유럽 공동체(European Community: EC)에서도 사용이 중단되기 전까지 200만 톤가량이 생산되었다. 1936년도부터도 (매우 심각한 피부 질환인) 염소 여드름(chloracne)이 PCB를 다루는 노동자들에게서 발견되었으며, PCB의 생산과정에 특별한 작업 규제가 도입되었으나, 그 처리 과정에 관한 규제는 없었다. 전 세계에서 폐기되는 PCB의 절반가량은 환경과 건강에 심각한 문제를 불러일으켰다. PCB는 바다에 폐기되거나 폐기물 처리장에서 썩어간다. 고온 소각만이 유일하게 안전한 방법이지만, 이 방법도 대기 중에 잔류물을 남길 수 있다. PCB 오염은 선진국 지역의 모유에서도 발견되었으며, 소량의 흔적만으로도 선천성 기형을 낳을 수 있다. 1968년에 일본에서는 1만 2000명이 PCB에 오염된 식용유를 먹은 뒤 끔찍한 질병에 시달렸다. 동물에 미치는 영향도 심각했다. 1980년대에 네덜란드의 바덴해에서는 바다표범의 절반가량이 PCB로 인해 불임이 되었다. 세인트로렌스강의 고래에게서는 선진국의 독성 기준보다 열여섯 배 되는 PCB가 검출되었다. PCB 사용 지역으로부터 수천 킬로미터 떨어진 남극의 펭귄과 인도양의 돌고래 및 바다표범에게서도 잔류량이 검출된다. PCB 생산이 금지되자 이를 대체할 새로운 화학물질이 개발되었다. 폴리브롬화디페닐(PBDE)이다. 그러나 최근에는 이들 역시 심각한 문제를 일으킨다는 사실이 밝혀졌다. 북극의 고래에게서 PBDE 잔류량이 발견되며, 북극의 먹이사슬의 정점에 있는 북극곰 암컷의 상당수는 PBDE의 축적으로 인해 중성화되어 출산할 수가 없게 되었다.

산업재해

산업재해의 위험도 새로운 것은 아니지만, 지난 50년간 여러 요소에 의해 재해가 발생할 가능성이 더욱 높아졌다. 석유에 대한 의존도가 점점 높아지고 특히 중동의 엄청난 유전에서 생산되는 석유의 양이 많아지면서 바다를 통해 운송되는 석유의 양이 거의 네 배로 증가하고 석유의 운송 거리 역시 네 배로 증가했다. 유조선은 오늘날에 이르러 1945년에 비해 서른 배로 규모가 증가했고, 이로 인해 사고의 가능성도 높아졌지만 사고가 났을 때의 피해 규모도 엄청나게 커졌다. 최초의 대형 사고는 1967년에 토리 캐니언호가 콘월의 연안을 항해하던 중 10만 톤의 원유를 흘린 사고였다. 1978년에는 아모코 카디즈호가 프랑스의 브르타뉴 연안에서 난파했고, 1989년에는 알래스카의 프린스 윌리엄만(灣)을 항해하던 엑슨 발데즈호가 좌초한 사건이 있었다. 지난 30년 동안 전 세계적으로 거의 750건의 석유 누출이 일어났다. 이로 인해 바다와 해안이 오염되었고, 많은 바닷새와 해양 동물이 죽어 갔다. 소규모 기름 유출만으로도 주변의 환경이 회복되는 데는 수 년이 걸린다. 근해의 유전 개발도 환경 파괴적이다. 1979년에 멕시코만의 석유 굴착 장치인 익스톡 1호는 60만 톤의 석유를 바다에 흘렸다. 나이지리아에서는 지난 40년 동안 석유 생산이 집중되어 온 삼각주 지대가 환경 재앙 지역이 되었다.

화학 공장에서 일어나는 사고는 유독 화학물질을 누출하기 때문에 특히 위험하다. 1976년 북부 이탈리아의 세베소에서 맹독성 화학

물질인 다이옥신이 3000킬로그램이나 방출되었다. 당시에는 아무런 조치가 취해지지 않다가 며칠이 지나자 그 피해가 나타나기 시작했다. 3만 7000명 이상이 다이옥신에 노출되었고, 가장 오염 피해가 큰 지역에서는 700명이 대피해야 했다. 많은 사람이 피부 변형을 수반하는 증세에 시달렸고 선천성 기형의 발생률이 증가했다. 그리고 면적이 18제곱킬로미터가량 되는 지역의 표층토 20센티미터가량이 심하게 오염되는 바람에 떠내서 독성 폐기물로서 묻어 버려야 했다. 이 지역 대부분이 사람이 살기에 적당하지 않게 되어 공원으로 바뀌었다. 10년 후에 스위스 바젤의 산도즈 화학 공장에서 불이 나 제초제 30톤과 곰팡이 제거제, 염료 등이 라인강으로 흘러들어 갔다. 공장이 있는 곳에서 하류 200킬로미터 이내의 모든 생물이 죽어 버렸고, 더 하류 지역에서도 수 년 동안 생태계가 회복되지 못했다.

최악의 화학 사고는 1984년 12월 2일에서 3일 사이의 밤에 인도 중부의 보팔에서 일어났다. 농약 원료인 이소시안산 메틸 30톤이 새어 나가 인근 슬럼 지역을 덮쳤다. 50만 명 이상이 가스에 노출되었고 2만 명 정도가 죽었으며 12만 명이 심각한 피해를 입었는데, 그중 많은 사람이 실명했다. 사고가 일어난 밤에 공장에 있던 여섯 개의 안전 시스템 중 어느 하나도 작동하지 않았다는 사실이 밝혀졌지만, 그 누구도 처벌받지 않았다. 공장을 소유한 유니언 카바이드는 지역을 청소하기 위한 어떤 책임도 지지 않았고, 인도 정부와의 일련의 복잡한 거래를 거쳐(대체로 어떻게 하면 인도에 해외투자를 유치할 것인지에 관한 것이었다.) 약간의 보상금을 지급했다. 2002년 7월에는 유니언 카바이드를 인수한 다우-카바이드가 피해를 입은 가족들에게 약 500달러씩을 지급했다. 이 회사는 그보다 얼마 전 두뇌 손상 피해를 입은 미국 어린이의 가족에게 1000만 달러를 지급했는데, 그 차이에 관해 질문

받자 회사 대변인은 이렇게 말했다고 한다. "인도인에게는 500달러면 충분하고도 남습니다."

독성 폐기물

산업재해는 현대 생활에서 사용되는 물질들을 생산하기 위해서는 어쩔 수 없이 받아들여야 하는 위험이라고 보는 사람이 많다. 현대 생활에 부수되는 조건이라는 것이다. 이와 마찬가지로 이런 물질들을 쓰고 난 후 버리는 쓰레기 역시 살면서 어쩔 수 없이 받아들여야 하는 사실로 간주된다. 이는 소비수준이 높은 현대사회에서 생기는 폐기물 처리 문제의 일부분이다. 20세기 후반에 들어 상품의 포장을 더 많이 하고(이는 상품을 공급하는 과정이 길어졌기 때문이기도 하다.) 포장재나 용기가 회수되지 않는 경향이 늘어났다. 병에 담겨 회수되어 다시 사용되던 우유는 종이 속에 담기게 되었다. 미국에서는 1950~1967년에 맥주 소비가 37퍼센트 늘어났으나, 같은 기간에 재활용되지 않은 맥주병은 600퍼센트 늘어났다. 물론 쓰고 난 맥주병은 회수될 수 있었다. 회사들이 회수 및 재사용 시스템을 갖추지 않았을 뿐이다. 영국에서는 오늘날 매년 '1회용' 기저귀 60억 개, 슈퍼마켓용 비닐 봉투 170억 개, 플라스틱 병 9억 7200만 개를 버리고 있다. 폐기물 처리, 좀 더 듣기 좋은 말로 '폐기물 관리'는 중요한 산업으로 성장하고 있다. 재활용 수준은 여전히 낮다. 영국에서는 평균 재활용률이 13퍼센트로, 이것은 미국 재활용 비율의 절반이고 독일의 4분의 1 정도다. 구리와 철강, 알루미늄 등은 예외로, 원자재의 희소성 때문에 재활용이 잘 되는 편이다. 문제를 해결할 방법은 소각, 해양투기, 매립밖에 없는 것으로 사람들은 생각한다. 뉴욕은 매년 허드슨강 입

미국의 유해 쓰레기 배출량(1970~2000년)

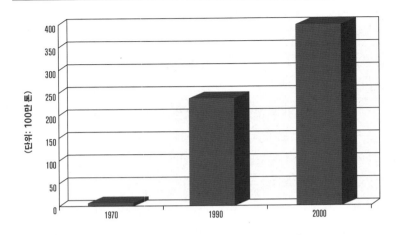

구로부터 대서양으로 1000만 톤 가까이의 폐기물을 던져 버리는데, 이로 인해 검은 독성 슬러지가 100제곱킬로미터 면적으로 형성되어 있다. 이미 매립지가 부족해져 가는 나라도 많고, 매립지를 잘 이용하는 나라라고 하더라도 매립지 안에서 분해되지 않는 폐기물의 문제라든지 매립지에서 유해 화학물질이 흘러나와 인근 토양과 물을 오염시키는 문제 등으로 골치를 앓고 있다.

독성 폐기물의 처리는 더 심각한 문제를 제기한다. 독성 화학물질의 생산이 늘어남에 따라 독성 폐기물의 양도 늘어나고 있다. 미국은 1970년대에 매년 900만 톤의 유해 폐기물을 생산해 냈는데, 그로부터 30년이 지나자 그 수치는 1년에 4억 톤으로 늘어났다. 1980년대에는 약 7만 종의 화학물이 사용되었고, 한 해에 1000종류씩 새로운 항목이 추가되고 있다. 1970년 이전에는 선진국에도 독성 폐기물 투기에 대한 규제가 거의 없었기 때문에, 이제 와서 그때 어디에 독성 폐기물을 버렸는지 알아내기도 어렵다. 대부분의 폐기물들은 제대로 밀봉하지도 않고 매립지에 버려지거나,(대개의 경우 흙으로 한 켜 덮는 정도가 고작이다.) 독성을 '희석'하기 위해 일반 가정에서 나온 폐기물들과 혼합되는 경우도 많았다. 독성 폐기물 투기는 이제 심각한 환경 및 건강 유해 요인이 되었다. 독성 폐기물 문제가 가장 심각했던 지역 중 하나가 미국 북동부의 나이아가라 폭포 부근에 있다. 이곳에서는 800만 톤의 폐기물을 처리하는 200여 개의 쓰레기 매립지가 있어, 600만 명이 마시는 물을 오염시키고 있다. 그 폐기물 중에 미국 남부에서 불개미를 죽이는 데 쓰는 살충제인 미렉스도 있다. 1970년대 중반에 이 살충제가 1톤 정도 토양을 통해 온타리오호로 흘러들었다. 이것은 독성이 매우 강하고 발암성이 높기 때문에 미국과 캐나다에서는 수돗물 성분 기준에서 이 성분이 조금이라도 나타나면 부적합 조치를 취하고 있다. 바로 이 근처에 러브 운하, 즉 서글프게도 '사랑'이라는 잘못된 이름이 붙여진 운하가 있다. 후커 화공 약품 회사가 이곳을 매입해 1942년에서 1953년까지 강력한 독성 화학 폐기물을 여러 종류 매립해 왔다. 그 후 후커 회사는 장차 발생할 수 있는 문제에 책임을 전혀 지지 않는다는 조건으로 그 매립지를 그 지역 자치단체에 1달러를 받고 팔았다. 그 자리에 학교 하나와 250가구가량의 주택이 지어졌다. 그러나 그 이후 지역 주민들이 여러 가지 심각한 장해로 고통받는 일이 계속되자, 1978년에 연방 정부는 이 지역을 재난 지구로 공포하고 주민을 철수시켰으며, 일대 전체에 울타리를 둘러쳤다. 네덜란드 정부도 유해 폐기물 처리장을 둘러싼 세 번의 사고로 인해, 매립지 위에 지어진 500가구의 주택을 철거하고 1500명의 주민을 이주시켜야 했다. 함부르크에 있는 게오르크스베르더 매립지는 1984년에 폭발했는데, 그로부터 몇 년간 1억 리터가량의 가스가 공기 중에 방출되었다. 21세기 초인 지금 아직도 유럽 전체에 5만 5000개의 오염된 유해 폐기물 매립지가, 미국에 5만 개의 매립지가 앞으로도 제대로 정화될 가능성이 전혀 없는 상태로 존재하고 있다.

독성 폐기물 무역

이러한 사고들이 발생하면서 독성 폐기물에 관한 사회적 인식이 증대함에 따라 선진국 정부들은 폐기물 투기에 대한 좀 더 강력한 규제를 도입하기 시작했다. 바다에 쓰레기를 버리는 것도 엄중히 금지되었으며, 매립지에 버려지는 독성 폐기물을 관리하기 위해 미국 정부는 1980년에 톤당 15달러 정도 하던 매립비를 1980년 말에 톤당 250달러로 인상했다. 소각 비용은 톤당 1000달러나 하기 때문에 독성 폐기물을 만들어 내는 사람들은 그것을 버릴 만한 곳을 다른 데서 찾기 시작했다. 개발도상국이 좋은 대상이 되었다. '사랑의 도시'를 뜻하는 이름을 가진 필라델피아는 소각장이 단 두 곳밖에 없으며, 1987년에 독성 폐기물을 아이티섬의 해변에 그냥 갖다 버렸다. 1년 후 이 도시는 이번엔 기니의 폐(廢)선착장에 1만 5000톤의 독성 폐기물을 내다 버렸다. 가난한 나라나 그런 나라의 정치가들에게 뇌물을 주어 그런 폐기물을 받아들이게 하는 것은 얼마든지 가능한 일이다. 1988년에 기니비사우는 6억 달러를 받고 독성 폐기물 1500만 톤을 받아들이는 데 동의했는데, 이 돈은 그 나라 1년 국내총생산(GDP)의 네 배는 되는 것이었다. 이럴 경우 독성 폐기물은 드럼통에 담겨져 학교나 주택의 근처에 그대로 방치되며, 통이 삭아 독성 폐기물이 줄줄 흘러나오는 것이 보통이다.

이러한 무역 및 그것이 최빈국 사람들에게 미치는 영향에 대한 우려의 목소리가 세계적으로 높아지면서 1989년에 이런 무역을 규제하기 위한 목적으로 바젤 협약이 구성되었다. 그러나 바젤 협약은 독성 폐기물 무역을 금지하는 것이 아니다. 그것은 '통고와 동의' 과정을 허용하는데, 이에 따라 독성 폐기물을 수입하는 나라가 수입되는 폐기물의 내용을 알고 그것을 받아들이는 데 동의하면 무역은 얼마든지 계속될 수 있게 되어 있다. 이 협약은 비준되어 효력을 발휘하고 있다. 1995년에 바젤 협약이 개정되어 1998년까지 '폐기'하기 위한 무역을 금지하고 '재활용' 용도로만 독성 폐기물을 교역하게 하고 있는데, 이 협약은 2005년 현재 아직도 비준되지 않아 교역이 계속되고 있다. 제일 중요한 문제는 독성 폐기물의 최대 생산자인 미국은 원래의 바젤 협약인 1989년 협약조차 비준하지 않았으며, 독성 폐기물 문제로 어떠한 구속도 받지 않겠다는 입장을 취하고 있다. 실제로 미국은 독성 폐기물의 수입에도 수출에도 관여하지 않고 있으며, 심지어는 독성 폐기물 무역에 관한 기록조차 하지 않고 있다.

1990년대 초부터 독성 폐기물을 '재활용'하게 해서 함부로 버린다는 비난을 피하려는 업자들이 점점 많아지고 있다. 그러나 이러한 '재활용'은 대단히 위험하다. 수작업으로 용제를 선별한다든지, 맹독성의 납-산 배터리, 석면을 포함한 자재들, PCB에 오염된 전자 제품 등이 쌓인 더미 위에서 일해야 한다든지 하는 식의 일이기 때문이다. 안전장치는 전혀 설치되지 않고 있으며, 이 작업은 사회에서 가장 가난한 사람이 하거나 죄수에게 시키는 나라도 많다. 요즘 빨리 성장하는 산업 중 하나가 전자 제품 폐기물에 관련된 일들이다. 미국은 1년에 약 1억 대의 컴퓨터를 버리고 있으며, 나이지리아의 수도 라고스에는 현재 미국과 유럽으로부터 밀려들어 오는 중고 컴퓨터가 한 달에 컨테이너 500대분이 된다. 컴퓨터 회사들은 이렇게 해서 개도국이 값싸게 컴퓨터를 이용할 수 있다고 말하지만, 그중 4분의 3 이상이 쓸 수 없는 것들이다. 핸드폰은 독성이 강한 배터리를 쓰지 않는 경우에도 독성 폐기물로 분류되어 있다. 미국은 현재까지 1억 3000만 개의 핸드폰을 버렸는데, 그중 80퍼센트가 파키스탄, 인도, 중국에서 최종 처리되고 있다.

선박의 처리도 점점 골칫거리가 되어 가고 있다. 바젤 협약에 분명히 선박 관련 규정이 명시되어 있는데도 세계 굴지의 선박 회사들은 선박이 바젤 협약의 적용 대상이 아니라고 주장하며 자기들 나름대로 국제 해양 협회 아래에 폐(廢)선박의 처리에 관한 대단히 느슨한 규칙을 정해 두고 있다. 선박 해체 업계들은 못쓰게 된 배를 남아시아 해변으로 이동시켜, 그곳 주민들을 고용해 수작업으로 해체한다. 그 작업장 중 하나인 인도의 알랑에서는 4만 명의 주민이 고용되어 안전 장구도 없이 석면과 PCB, 독성 페인트를 함유한 선박을 해체한다. 2006년 초에 프랑스 정부가 한 오래된 전함에 독성 물질을 가득 실어 그것을 남아시아 해변에 버리려고 하다가 여론에 밀려 할 수 없이 다시 유럽으로 가져와 비싸지만 안전한 처리를 한 적이 있다. 미국은 225대의 낡은 전함을 안전하게 처리하는 비용이 190억 달러에 이른다는 것을 알고 난 후 다른 방법을 모색했다. 바다에 그대로 버리는 비용은 5000만 달러, 아시아 지역에 있는 모 국가로 수출하는 비용은 1700만 달러이므로 이 두 가지 방법을 병행하기로 한 것이다.

핵 오염

1945년 이후에 등장한 새로운 기술 중에서 가장 위험한 것은 원자력으로부터 에너지를 생산하게 된 것이다. 방사선은 어떤 형태의 것이든 본질적으로 위험하다. 방사 수준이 높으면 치명적이며, 낮다고 하더라도 암이나 유전적 결함을 일으킬 확률이 상당하다. 안전기 준치의 방사선이란 없다. 원자력산업에서는 노출 준위라는 기준을 정해 작업장 내부의 노동자들이나 외부의 일반인들에게 적용하는데, 이 기준이라는 것도 그보다 넘는 방사선에 쬐지만 않는다면 그래도 '수용 가능한' 것이 아닐까 하는 희망 사항으로 정한 것이다. 인간은 자연 상태에서도 지구 내부의 물질 부분에서 나오거나 우주 바깥에서 오는 방사선을 맞으면서 살게 되어 있다. 이와 같은 자연 피폭량은 1945년에서 1960년까지 핵무기에 대한 대규모 대기 실험 때문에 엄청나게 증가했다. 그뿐만 아니라 핵실험은 심각한 공해를 유발한다. 1945년에서 1973년까지 미국 워싱턴주 핸퍼드에 있는 핵무기 실험장에서는 42만 2000갤런(약 16만 킬로그램)의 방사능 물질이 저장고로부터 새어 나왔다. 단 몇 밀리그램만 체내에 들어와도 치명적인 방사성 물질인 플루토늄이 핸퍼드 원자력 시설 주변에 50만 톤 이상 묻혀 있다. 전체를 깨끗이 정화한다는 것은 불가능한 일이며, 그중 일부만이라도 정화하려고 최근에 계산해 보았더니 1000억 달러에서 1조 달러의 비용을 들여 75년간에 걸쳐 청소해 내야 한다고 한다. 옛 소련의 원자력 시설에서는 더욱 엄청난 재앙이 발생했었다. 시베리아의 오비강 인근 분지에 있는 마야크 핵연료 재처리 공장에서는 액체 핵폐기물이 오비강의 지류인 데차강으로 흘러들었다. 이 중에는 26톤의 플루토늄도 들어 있었는데, 이것은 핸퍼드에 버려진 핵폐기물의 쉰 배나 되는 양이다. 1950년대에는 고준위 방사성물질이 카라차이호에 도달해 천천히 쌓이기 시작했다. 마침 그 지역이 가뭄인 데다가 호수 밑의 핵폐기물에서 열이 발생하자 호수 전체가 말라 버려, 바닥에 쌓여 있던 고준위 방사성물질이 그대로 노출되었다. 이것은 히로시마에 투척된 원자폭탄의 3000배나 되는 강한 방사선을 방사해 인근 주민 50만 명의 생명을 위협했다. 바람이 불 때마다 그 방사성물질이 날아가지 않도록 호수 바닥 전체에 콘크리트를 부어서 굳혀야 했다. 이호수는 지금 지구상에서 가장 방사능이 강한 지역 중 하나다. 그 호숫가에 30분 정도 서 있기만 해도 방사선 피폭으로 말미암아 죽음에 이를 수 있다.

이론적으로 계산해 보면 핵 사고가 발생할 확률이 아주 먼 곳에 있는 것 같지만, 실제로 핵의 역사는 많은 사고로 점철되어 있다. 1957년에 잉글랜드 북서부 윈드스케일의 원자로에서 일어난 화재로 상당량의 방사선이 영국의 넓은 지역으로 퍼져 나갔다. 200만 리터가 넘는 우유가 오염되어 폐기되었지만, 그 사고로 몇 명이나 죽거나 암에 걸렸는지는 밝혀지지 않았다. 아무도 그것에 관해 조사하지 않았기 때문이다. 1979년에는 펜실베이니아에 있는 스리마일섬에서 원자로 하나가 고장 나서 부분적으로 녹아내렸다. 간발의 차이로 끔찍한 재앙에 이르는 것은 모면했으나, 이 원자로는 영구히 시멘트로 봉해졌다. 원자력 사고 중 가장 끔찍한 것은 1986년에 우크라이나의 체르노빌에서 일어난 것으로, 이것은 핵 사고와 그 사후 문제를 수습하는 문제의 어려움을 잘 보여 준다. 원자로 중 하나가 폭발하자 거대한 방사능 파편들이 구름처럼 스칸디나비아와 서유럽에까지 퍼졌다. 광대한 지역에서 채소와 동물의 판매가 금지되었고, 라플란드의 사슴들도 오염된 이끼를 먹었기 때문에 살육되었다. 사고가 일어나고 나서 20년이 지난 뒤에도 잉글랜드 북서부와 웨일스 지방의 양은 체내 방사능 농도가 너무 높아 잡아먹지 못했다. 폭발이 일어난 인근 지역에 미치는 영향은 말할 것도 없이 더욱 심각하다. 사고가 커지는 것을 막으려고 하다가 서른 명이나 죽었건만, 우크라이나 전체에 미친 오염은 엄청났다. 220개의 마을이 버려져야 했으며 600개가 넘는 도시와 마을에서 오염 소거 작업을 해야 했다. 64만 헥타르에 달하는 지역은 방사능 오염이 너무 심해 사람이 살 수 없는 곳으로 공포되었다. 13만 5000명이 넘는 사람이 다른 지역으로 이주해야 했다. 이 수치는 실제로 영향을 받은 정도보다 훨씬 축소된 것이다. 소련 정부가 방사능 피폭 '안전치'를 이전 원자력발전소에서 일하던 노동자들에게 적용했던 것보다 50퍼센트 높게 잡았기 때문이다. 사상자 수가 정확히 얼마나 되는지는 아직까지 밝혀지지 않고 있지만, 21세기 초반 현재 그 폭발의 직접적인 영향으로 3만 2500명이 죽은 것으로 추산된다. 이 수치는 점점 늘어 가는데, 점점 더 많은 사람이 그 영향으로 치명적인 암에 걸리고 있기 때문이다. 체르노빌 이후에도 사고는 더 발생했다. 1999년에 일본 도카이 촌의 우라늄 재처리 시설에서 방사능 기체가 공기 중에 누출되어 두 사람의 인부가 죽었으며, 서른다섯 명이 방사능에 심하게 오염되었다. 5년 후에는 일본의 미하마 원자력발전소에서 네명의 인부가 죽었다.

핵 사고의 경우보다 눈에는 덜 띄지만, 저준위의 방사능 노출도 대단히 위험할 수 있다. 핵연료를 공급하고 폐기물을 처리하는 과정 전체가 매우 위험하다. 핵 원자로의 연료인 우라늄의 채굴 작업은 방사선 분진 때문에 광산 노동자의 건강을 해친다. 16세기 중반에 주데텐란트(현재는 체코의 일부다.) 에르츠산맥 지방에서 금속 광물을 캐내던 광부들이 대부분 심각한 폐병에 걸린 일이 있었는데, 이는 바위 속에 포함된 우라늄 성분 때문이었음이 확실하다. 20세기에 들어서도 우라늄 광부의 절반 이상이 폐암으로 죽어 가고 있다. 이것은 보통의 폐암 발생률의 다섯 배다. 다음 단계인 우라늄 가공 과정에서 일하다가 폐암으로 죽는 사람은 미국에서만 한 해에 4000명가량이나 된다. 핵 시설에서 일하는 노동자들의 작업복에서 병원에서 사용되는 방사능 동위원소까지, 핵의 민간 용도에서 나오는 폐기물의 양도 만만치 않다.(1987년에 브라질의 고이아니아에서는 고물로 팔린 방사능 치료 기기에서 누출된 방사선으로 244명이 오염되고 4명이 죽은 일도 있었다.)

방사능 오염에서 큰 문제는 민간 핵 발전소가 가동을 중단할 때 발생한다. 20세기 중반에 선진국에서는 핵 발전소를 마음대로 지을 수 있는 계획을 추진했다. 이들은 분명히 방사성폐기물을 처리하는 방법이란 이 세상에 없다는 것을 알았는데도 말이다. 그들은 향후 수십 년 안에 해결책이 개발되기를 바랐지만, 동시에 그게 문제가 될 때쯤이면 자기들은 이미 직위에서 은퇴해 있으리라는 것도 알았다. 1980년대 중반까지도 선진국에서는 방사능 폐기물(주로 중준위 폐기물)을 주로 바다에 버렸다. 그 양은 1967년에 2만 톤이던 것이 1983년에는 10만 톤으로 늘어났다. 주요 폐기장 중 하나였던 스페인의 대서양 쪽 연안에서는 이 기간 중 방사능 농도가 일곱 배로 높아졌다. 이 방법이 위험하다는 우려의 목소리가 점점 높아지고, 특히 핵폐기물을 담아 바다에 빠뜨릴 때 쓰는 이른바 '안전용기'도 부식하는 것으로 밝혀지자 더욱 우려가 커져, 결국에는 핵폐기물의 해양투기를 금지하기 위한 국제 협약이 체결되었다. 이렇게 되자 핵 산업을 가진 국가의 정부들은 핵폐기물을 처리할 현실적인 방법이 없게 되었다. 국내에서는 핵폐기물 처리장을 새로 건설하는 데 반대하는 여론이 거세져 갔고, 오래된 원자력발전소들은 점점 더는 가동할 수 없는 상태가 되어 갔으며, 이전에 쓰던 원자력 전함들은 폐물이 되어 나오는 상황에서 말이다.

21세기 초기에 영국 정부는 200만 세제곱미터의 저준위 핵폐기물, 24만 1000세제곱미터의 중준위 핵폐기물, 1340세제곱미터의 고준위 핵폐기물을 처리해야만 하는 상황에 있다. 이 고준위 핵폐기물은 아주 조금만 노출되어도 치명적인 영향을 줄 수 있기 때문에 적어도 10만 년 이상을 환경 속에 노출되지 않게 봉쇄해 두어야 하는 물질들도 포함되어 있었다. 그렇게 할 수 있는 방법이 나와 있는 것은 아니다. 가장 많이 제시되는 의견은 지질학적으로 아주 안정된 지역에서 지하로 500미터 이상 들어가는 깊은 탄광을 찾아내서 넣고 봉하되, 그렇게 하고 나서도 무한히 긴 세월 동안 그 처리장이 잘 보호되어야 하며, 그러려면 정치적으로도 그만큼 안정될 필요가 있다는 것이다. 이 핵폐기물 중 8퍼센트만이 안전하게 포장되었으며, 핵폐기물을 묻을 수 있는 깊은 장소를 찾는 것은 1990년대 중에 사실상 포기되었다. 현재 이 핵폐기물들은 일흔세 개 '임시' 지상 저장소에 보관되어 있다. 2006년에 영국 정부는 적절한 조건을 갖춘 지방자치단체에 이 핵폐기물을 수용하겠다고 자원해 달라고 요청하고 있다. 만일 그렇게 한다면 그 지역에 특별히 투자해 준다는 정부의 '뇌물'이 조건으로 붙어 있다. 현존하는 원자력발전소가 수명이 다할 경우 이들을 전부 안전하게 처리하려면 최소한 700억 파운드(약 145조 원)의 비용이 든다고 한다.

교통 오염

20세기 초에 처음 등장했을 때 자동차도 버스도 전차도 그때까지 도시의 거리를 더럽혔던 말보다는 훨씬 오염이 덜할 것이라고 해서 사람들의 환영을 받았다. 차량이 세계 중에 퍼져 가면서 이들이 만들어 내는 문제점이 점점 더 분명해졌다. 모든 내연 엔진은 이산화탄소와 일산화탄소, 질소산화물, 다양한 휘발성 및 유독성 유기 화합물, 연기 등 넓은 범위의 오염원을 발생시킨다. 일단 대기 중에 방출되면 이들은 다른 형태로 (눈을 따끔거리게 하는) 과산화물과 (식물의 광합성을 방해하고 호흡을 어렵게 만드는) 오존 등으로 다양한 대기오염을 유발한다. 이러한 대기 가스가 혼합되어 햇빛과 반응하면, 현대의 거의 모든 대도시에서 보이는 유독성 갈색 안개인 '광화학스모그'가 발생한다. 차량 배기가스는 가솔린에 납을 첨가함으로써 더욱 유해한 성분이 되어 오염을 심화했다. 1920년대에 개발된 압축 엔진은 제대로 작동하려면 더욱 높은 옥탄가의 가솔린이 필요했다. 기름의 옥탄가를 높이기 위해서는 석유를 더 잘 정제하면 되었다. 그런데 토머스 미즐리(Thomas Midgley)라는, 다음 장에도 한 번 더 나오는 한 과학자가 석유에다 테트라에틸납을 첨가하면 훨씬 적은 비용으로 쉽게 옥탄가를 높일 수 있다는 것을 발견했다. 테트라에틸납을 만드는 회사의 지분 중 절반을 제너럴모터스가 소유하게 되면서 자동차 엔진의 압축 강도를 계속 높이게 되어, 납 성분이 든 휘발유에 대한 수요도 점점 늘어났다. 1946년에서 1968년 사이에 더욱 강력한 압축 엔진이 도입됨에 따라 미국에서 차 한 대가 일정 거리를 주행해 배출하는 납의 양은 80퍼센트나 늘어났다. 어느 사회나 다 아는 사실이지만, 납은 유독성 물질로 그것이 초래할 수 있는 증상 중에는 뇌 손상도 포함되는데, 특히 어린이에게는 더욱 강하게 작용할 수 있다.

차량에 의한 오염의 영향이 처음으로 주의를 끌기 시작한 곳은 차량 보유율이 가장 높았던 미국이다. 배후에 산을 낀 로스앤젤레스는 지형적으로 대기의 역전층이 생기기 쉬워 1년 중에 여러 날씩 오염된 공기가 정체해 있곤 했다. 그 결과 배기가스가 급속하게 축적되었다. 1943년에 최초로 광화학스모그가 발견되었고, 1950년대 후반이 되자 문제는 아주 심각해졌다. 눈이 따끔거리는 날이 1년에 절반을 넘었고, 1969년 8월에는 의사들이 주민들에게 경고하는 지경에 이르렀다. 오염이 특히 심한 날에는 골프나 조깅 등 심호흡하는 행동은 하지 말라는 경고였다. 1980년대 말에는 미국 도시 중 100여 군데에서 광화학스모그가 발생했고, 8000만 명의 미국인이 오존 농도가 허용량을 초과하는 지역에서 살게 되었으며, 샌프란시스코에서는 한 해에 200일 이상 광화학스모그와 위험한 대기오염에 시달리게 되었다. 로스앤젤레스의 대기 질은 21세기 초가 되자 1년 중 4분의 3이 넘는 기간에 '건강에 해롭다'는 판정을 공식적으로 받았다. 1960년대에는 도쿄에서도 스모그가 심각해져 1970년에서 1972년 사이에 그로 인한 기능장애 판정을 받은 사람이 5만 명이 넘었다. 로스앤젤레스와 마찬가지로 분지여서 대기의 역전층이 생기기 쉬운 자연조건 때문에 멕시코시티에서는 1988년 한 해 동안 심한 스모그가 낀 날이 312일이나 되었으며, 다음 해 초에는 심한 오염 때문에 학생들이 1개월 동안 학교에 가지 못했다. 그리스 총인구의 3분의 1이 모여 사는 아테네에서는 1965년에 10만 대였던 차가 1983년에는 100만 대가 되면서 문제가 갑자기 심각해졌다. 대중교통수단이 별로 없는 데다가(1997년까지 지하철 노선이 단 한 개 있었을 뿐이다.) 점심은 집에 와서 먹고 낮잠을 한숨 자는 관습 때문에 하루에 네 번 러시아워를 갖게 되며, 아테네 교외에 대규모 산업 단지가 있었다는 여러 가지 이유가 합쳐져, 차량 오염은 재앙에 가까운 상황을 초래했다. 광화학스모그(이곳 사람들은 '구름'으로 부른다.)가 자주 발생해 이 도시의 오래된 유적들을 심각하게 훼손했다. 1980년의 오존 농도는 1940년의 두 배였으며, 1990년대가 되자 대기의 질은 로스앤젤레스의 여섯 배 정도로 나쁜 상태가 되었다.

자동차 배기가스에 대한 규제책은 취해진다고 하도 너무 늦는 경우가 대부분이며, 차량 보유를 직접적으로 제한한 국가는 지금까지 없었다. 베네수엘라와 그리스 등 소수의 국가만이 수도에 한해 차량 운행을 제한하는 규제(대개는 번호판이 홀수냐 짝수냐에 따라 운행하는 날을 정하는 것)를 실험적으로 도입했을 뿐이다. 사람들이 이런 규제를 무시하기도 했고, 회사나 기관 등이 시행하지 않기도 했으며, 돈 많은 사람들은 차 두 대를 사서 교대로 씀으로써 규제를 피해 갔기 때문에 사실상 크게 효과를 보지 못했다. 따라서 배기가스 오염 문제를 해결하려는 노력은 주로 배기가스 오염으로 인한 증상을 치료하는 기술적인 방법에 중점을 두게 되었다. 그 오염을 일으킨 원인인 자동차 사용의 증가라는 점에 대해서는 손을 대 보지도 못한 채로 말이다. 그나마 그런 노력들이 행해진 것은 환경 단체로부터 상당한 압력이 있어서였기 때문이며, 노력이 그런 형태로 나타날 수밖에 없게 된 것은 자동차 회사와 석유 회사의 강력한 반발이 있었기 때문이다.

석유 사용에 관해 최초로 규제가 나타난 것은 1967년 당시에 소련의 주요 도시들에서였다.(그곳에는 차량이 별로 많지도 않았다.) 이어서 1970년에는 미국의 대기 정화법이 제정되어 납 첨가물이 서서히 사라지게 되었다. 그 결과 1977년에서 1994년 사이에 미국 대기 중 납 농도가 95퍼센트 이상 줄어들었다. EU는 1980년대 중반이 되어서야 이런 시도를 하기 시작했다. 이것은 별로 비용을 들이지 않고도 할 수 있는 일이다. 석유 회사는 약간 성분이 달라진 상품을 생산하면 되고 (이런 경우 대개 정부는 석유 회사에 세금 감면 등 혜택을 준다.) 자동차 생산자는 엔진 구조를 약간 변경하면 된다. 배기가스 중 유해 성분을 줄이려고 한다면 기술적으로 더 어려운 일이다. 1975년 이후에 미국의 모든 신차는 촉매형 변환기를 의무적으로 장착했는데, 이로 인해 배기가스 중 가장 독성이 강한 화학 성분 중 일부가 제거될 수 있었다. EU가 이와 비슷한 의무를 부과하기 시작한 것은 1993년 이후의 일이었다. 그러나 촉매형 변환기는 현재 차량 배기가스 중 가장 막강한 오염을 유발하는 것으로 알려진 성분, 즉 이산화탄소를 제거하지는 않는다.

지구 환경의 위협

16

앞 장에서 말한 오염은 주로 국지적이거나 광역적인 차원에서 영향을 미친다. 산성비와 독성 폐기물, 핵 오염, 차량 오염 등이 다 그렇다. 산성비나 차량 오염의 영향이 세계 어느 곳에서나 나타나기는 하지만, 그렇다고 해서 지구적인 차원에서 해결책을 찾아야 하는 것은 아니다. 캐나다와 스칸디나비아의 산성비 문제는 그곳과 이웃하는 지역과 잘 협력해 해결하면 될 수 있다. 라인강같이 여러 나라와 지역을 거쳐 가는 강이나 지중해같이 많은 국가가 공유하는 바다는 엄격한 광역적 협약을 통해 관리할 수 있다. 그러나 20세기 후반에 나타난 두 종류의 오염 형태는 지구상의 생명을 지탱하는 전체 시스템에 영향을 주었다. 이로 인한 문제의 규모는 한 나라의 행동으로 해결되기 어려울 정도로 크다. 복잡한 국제 협정을 맺어야 하지만, 이는 국가 간의 서로 다른 이해관계를 조율하는 매우 어려운 과정을 포함한다. 오존층 파괴는 국제 협력을 통해 해결할 수 있었다. 그러나 지구온난화는 지금까지는 성공하지 못하고 있다.

오존층 파괴

지표 부근에 있는 오존은 식물의 광합성을 약 20퍼센트 저해하고 호흡을 곤란하게 만드는 오염 물질이다. 그러나 지표에서 20~30킬로미터 위의 성층권에 존재하는 오존층은 대기권 밖에서 오는 자외선을 대부분 흡수해 지구 표면에 도달하지 못하게 한다. 외기권의 자외선은 거의 모든 생명체에게 해로운데, 인간에게는 백내장과 피부암을 일으키며, 식물에는 광합성을 저해하고, 바다 생태계의 기초를 이루는 식물성 플랑크톤에게도 심각한 피해를 입힌다. 이처럼 지구 생명체를 보호하는 오존층은 20세기 후반에 염화플루오린화탄소(CFC)라는 인공 화학물질 등에 의해 파괴되었다. CFC 같은 기체들은 매우 안정된 구조를 하고 있어 최고 100년 동안 대기에 머무를 수 있다. 성층권으로 올라간 CFC가 자외선을 흡수하면 염소 원자 하나가 분리된다. 이는 일련의 복잡한 화학반응을 거쳐 결국 오존층을 파괴한다. 단 하나의 염소 원자가 10만 개에 달하는 오존 분자를 파괴할 수 있다고 한다.

CFC는 1920년대 말 토머스 미즐리가 발명한 것이다. 가솔린에 테트라에틸납을 첨가제로 사용하자고 처음으로 제안한 것도 그였다.(두 물질 다 환경 파괴의 주범이라고 할 수 있다.) CFC는 활성이 별로 없어 보였기 때문에 산업 과정에서 많이 사용되었다. 불에 타지도 않을 뿐 아니라 다른 물질과 반응하지도 않았고, 독성도 없었다. 처음

세계 염화플루오린화탄소 생산량(1940~1990년)

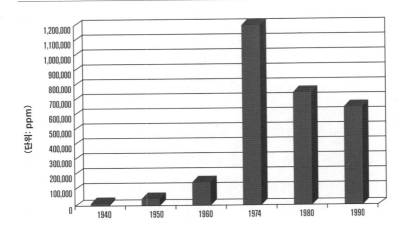

에는 냉각제로 사용되다가 자동차 에어컨에 사용되었다. 캔 스프레이에서 거품이 뿜어져 나오게 하는 압축가스로도 사용되고, 압축 스티로폼을 소재로 한 일회용 식품 용기를 만드는 데도, 전자회로 기판을 청소하는 데도 사용되었다. CFC는 매우 저렴하게 생산될 수 있었고 안전한 기체로 간주되었으므로 그 사용을 줄이려고 노력할 필요가 없었을 뿐 아니라, 사용할 때나 폐기된 후에 아무런 주의를 기울일 필요가 없어 보였다. 자동차 에어컨에 쓰이는 CFC의 3분의 1가량은 '일상적으로' 새어 나갔고 절반 정도는 수리하는 동안에 빠져나갔다. 오래된 냉장고가 폐기될 때면 CFC 가스가 대기 중으로 빠져나갔다. 대기로 흘러들어 가는 CFC의 4분의 3은 캔 스프레이를 사용함으로써 발생했다. 1970년대 초반까지 미국인들은 연간 150만 개의 캔 스프레이를 사용했다. CFC 생산은 급격히 증가해 1931년의 100톤에서 1950년에는 4만 톤이 생산되었다. 1950년대에는 사용이 네 배로 증가해 1960년에는 15만 톤이 생산되었다. 1960년대에는 캔 스프레이의 사용이 급증하면서 CFC의 사용이 기하급수적으로 증가했다. 1974년에 이르러 여덟 배인 120만 톤이 생산되기에 이른다. CFC를 사용하는 것은 대부분 선진국이다.

대기 중에 CFC가 축적된다는 것이 처음 밝혀진 것은 1970년대 초였다. 그때까지는 CFC가 빠르게 분해될 것으로 생각했지만, 이제까지 생산된 CFC의 거의 대부분이 분해되지 않고 남아 있다는 것이 밝혀졌다. 그렇게 되면 어떤 위험이 발생할지 모른다고 지적하는 과학자가 많아졌고, 환경 단체들은 CFC 사용을 금지하라는 캠페인을 벌였다. 하지만 다우 케미칼 같은 기업들을 필두로 한 산업 압력단체들은 CFC 사용을 제한하는 것에 강하게 반발했고, CFC 배출과 오존층 파괴 사이에 어떠한 관련도 없다고 주장했다. 그리고 많은 정치가가 이들을 지지했다. 1980년대에 로널드 레이건(Ronald Reagan) 정부의 내무부 장관이었던 도널드 호들(Donald Hodel)은 미국의 주요 산업에 피해를 주는 것보다는 선크림을 바르고 모자와 선글라스를 쓰는 것이 더 낫다고 말했다. CFC 사용을 줄이려는 노력은 CFC를 쓰는 캔 스프레이에 대한 소비자 불매운동에서 시작되었다. 1970년대 말이 되면 미국과 캐나다, 스칸디나비아 국가들이 캔 스프레이에 CFC를 사용하는 것을 금지했다. CFC를 대체할 물질은 얼마든지 있었기 때문에 화학 산업은 별다른 타격을 받지 않았다.

국제적 행동이 시작된 것은 이보다 훨씬 뒤였다. 1985년의 빈 협약에서는 추후에 합의하기 위한 골격을 확립하는 수준에 그쳤다. 한계는 있었지만, 협약은 적어도 이것이 문제라는 점을 국제적으로 인정했다는 점에서 의의를 갖는다. 이러한 행동들을 이끌어낸 시발점이 된 것은 1985년에 영국의 과학자 조 파먼(Joe Farman)이 남극 상공의 오존층에 커다란 '구멍'(실제로는 넓은 범위에 걸쳐 오존층이 얇아진 것이다.)이 있음을 발견한 것이었다.(그 '구멍'이 있다는 것을 안 것은 그보다 훨씬 전이었지만, 데이터 분석에 이용된 컴퓨터 프로그램은 비정상적인 측정치에 관해서는 오류라고 간주해 무시하게 되어 있었기 때문에 구멍이 있다는 사실도 무시되어 왔다고 한다!) 남극의 겨울은 오존층 파괴에 이상적인 조건이어서 구멍은 1979년에 100만 제곱킬로미터였던 것이 1980년대의 중반과 후반에는 2000만 제곱킬로미터가 넘을 정도로 커졌다.(그 크기는 1988년 이후 계속 확대되어 2000년에는 3000만 제곱킬로미터가 넘었다.) 이른 봄에 구멍은 북쪽으로 이동하기 시작해 남위 45도까지 올라간다. 1980년대 후반에는 오스트레일리아와 뉴질랜드 상공의 오존층 두께가 정상적인 수준보다 15~20퍼센트나 얇았다. 1980년대 후반이 되면 이와 비슷한 오존층의 감소가 북반구에 있는 북극 상공에서도 나타난다.(남극만큼 심각하지는 않았다.) 얇아진 오존층은 북반구의 봄이 되면 남하해 캐나다와 스칸디나비아, 심지어 서유럽에까지 영향을 주었다.

유엔환경계획(UNEP)이 중심이 되어 국제적인 행동이 추진되었고, 1987년에 몬트리올 협약으로 이어졌다. 협약에서 합의된 수준은 그리 강도 높은 것이 아니었지만, 어쨌든 여기서 최초로 CFC 생산의 감축 목표가 설정되었다. 감축 목표는 1986년 생산량을 기준으로, 1994년까지 20퍼센트, 1999년까지 30퍼센트를 감축하는 것이며, 과도기적으로 기준 연도 생산량보다 최고 10퍼센트까지의 증가 폭을 허용한다. 화학 산업은 이러한 감축에 여전히 반발했으므로, 당연히 미국과 영국 등 주요국 정부들도 같은 입장이었다. 이들 국가들이 몬트리올 협약의 당사국이 된 것도 강력한 여론이 없었으면 불가능했을 것이다. 하지만 미국의 다우 케미칼과 영국의 임페리얼 케미컬 인더스트리(Imperial Chemical Industries: ICI)는 CFC의 대체 물질을 연구하고 있었고, 대체 물질 개발에 성공하자 이들 기업, 그리고 그들의 정부는 즉시 CFC 감축을 지지하는 입장으로 돌아섰다. CFC 대체 물질을 만들 기술이 있다는 것은 앞으로 그로 인해 상당히 돈을 벌 수 있다는 것을 의미하기 때문이었다. 그러나 오존층 파괴를 일으킨 주요 선진국들만 CFC를 감축하는 것으로는 지구적 규모의 오존층 파괴 문제를 해결하기에 역부족이라는 것이 분명해졌다. CFC의 사용은 전 세계로 빠르게 확산되었기 때문이다. 1975년에는 중국 인구의 3퍼센트만이 냉장고를 갖고 있었지만, 10년 후에는 60퍼센트의 인구가 냉장고를 갖게 되었다. 개발도상국들에 CFC를 사용하지 못하게 하는 것은 불공평하다는 형평성 문제도 제기되었다. 오존층 파괴 문제를 일으킨 것은 선진국들인데, 개도국에 CFC 사용으로 얻을 수 있는 이익, 특히 개도국에서 막 일어나기 시작하는 전자 산업에서 이익을 볼 기회를 포기하라고 요구하는 것이기 때문이다. 선진국들은 CFC 대체 물질을 사용하라고 말하지만, 개도국들이 선진국의 화학 회사들이 보유한 대체 기술을 사용하기 위해서는 상당한 비용을 내야 한다. 이 역시 불공평하다는 주장이 제기되었다.

이와 관련해 몇 가지 국제 협약이 이어졌는데, CFC를 금지하고 난 다음 단계는 개도국이 CFC 대체 물질로 전환할 수 있게 하기 위한 기술이전의 문제를 논의하는 것이었다. 런던(1990년)과 코펜하겐(1992년), 빈(1995년)에서 국제회의가 열려 이 문제가 논의되고 합의되었다. 협약은 선진국에서는 1996년 이후에 CFC 생산을 금지하고 개도국에서는 2010년 이후에 금지하기로 했다. 그러나 곧 화학 산업이 개발한 대체 물질인 수소염화플루오린화탄소(HCFC) 역시 오존층을 파괴한다는 것이 밝혀졌다. HCFC는 CFC 못지않게 파괴적이었는데, 나은 점이 있다면 CFC보다 수명이 짧아서 오존층을 파괴하는 기간이 더 짧고 집중적으로 이루어진다는 점 정도였다. 그런데도 1990년대의 협약들에서는 HCFC의 사용을 2004년에서 2015년에 걸쳐 단계적으로 줄여 나가고 최종적으로는 선진국의 경우 2020년, 개도국의 경우 2040년에 HCFC의 생산을 중단하는 것을 목표로 했다. 이렇게 시간을 길게 잡은 것은 화학 회사들이 초기 투자 비용을 보상받기 위해 '합리적인' 기간을 달라고 요구했기 때문이었다. 향후 수십 년에 걸쳐 HCFC는 염소를 포함하지 않아 오존층 파괴를 일으키지 않는 수소플루오린화탄소(HFC)로 서서히 대체될 것이다. CFC 및 그 대체 물질 외에도 오존층 파괴 효과가 있는 것으로 밝혀진 물질은 많은데, 이런 물질을 대체할 물질이 전혀 없으며 아무런 대책도 마련되고 있지 않다는 점은 공업계 및 농업계에서 이익집단의 로비가 얼마나 막강한 것인지 잘 보여 준다. 예를 들어 연소 억제제 같은 것인데, 이 물질에 대해서는 예외가 적용되는 실정이다. 훨씬 중요한 물질로서 살충제인 메틸브로마인도 같은 경우다. 브로마인은 같은 양의 염소가 파괴하는 양의 마흔다섯 배나 되는 오존을 파괴하지만, 계속 생산된다. 2005년에 미국은 브로마인 생산을 단계적으로 줄이기는커녕 오히려 늘려야 한다고 주장했다.

변화의 속도가 다소 느리고 허점도 있지만, 오존층 파괴를 막기 위해 국제사회 차원에서 합의한 것은 분명하다. 하지만 CFC의 무분별한 사용으로 인한 피해를 회복하려면 수십 년이 걸릴 것이다. CFC는 수명이 매우 길고, HCFC는 단기간에 집중적인 피해를 일으키기 때문이다. 1997년 이전에는 성층권 오존의 파괴 속도는 10년마다 8퍼센트가 감소하는 정도였다. 1997년 이후의 속도는 10년에 4퍼센트가 감소하는 수준이었다. 2006년에는 남극에 있는 오존 구멍의 크기가 더는 커지지 않고 유지될 것이라는 징후가 처음 나타났다. 현재 오존층 파괴는 2010년을 기점으로 점차 줄어들 것으로 추정된다. 최신 추정치에 의하면 적어도 2065년 이전에는 오존층의 수준이 1970년대 수준을 회복하기 어려울 것으로 보인다. 그러므로 지구는 적어도 한 세기 동안은 비정상적으로 얇은 오존층과 정상을 웃도는 수준의 자외선으로 인한 피해를 당해야 한다. 인간 건강에도 상당한 영향이 있을 것이다. 오존층의 두께가 1퍼센트 감소할 때마다 악성종양과 백내장의 발생률이 1퍼센트 증가한다고 한다. 지난 30년간 오존층의 파괴로 인해 추가적으로 100만~200만 명이 피부암으로 사망했다. 앞으로 50~60년 동안 그 수는 훨씬 증가할 것이다. 민감한 생태계에 미치는 영향, 특히 바다 생태계에 미치는 영향은 계산할 수조차 없다.

지구온난화: 기초적 지식

지구의 적외선 방출을 붙잡아 두는 온실 기체가 대기 중에 없다면 지구의 평균기온은 섭씨 영하 18도가 되어 생명체가 살기에 너무 추울 것이다. 이산화탄소와 메탄 같은 온실 기체는 지구의 평균기온을 섭씨 15도 정도로 유지해 준다. 그런데 지난 200년간 인간들의 활동으로 인해 이러한 온실 기체가 더욱 많이 만들어졌다. 대기 중에 이산화탄소와 메탄, 질산화물 등이 증가했으며, CFC같이 새로운 형태의 온실 기체도 추가되었다. 이러한 변화로 인해 지구의 생명을 지키기 위해 반드시 필요한 기제였던 온실효과는 가장 위협적이고 파멸로까지 이러질 수 있는 환경문제, 즉 지구온난화로 변질했다.

인간 활동으로 인한 지구온난화는 주로 화석연료가 연소할 때 발생하는 이산화탄소가 대기 중에 유입됨으로써 일어난다. 가정에서 또는 공장과 화력발전소, 자동차 등에서 석탄과 석유, 천연가스가 연소될 때마다 이산화탄소가 만들어져 대기로 방출된다. 다음으로 이산화탄소는 삼림을 파괴하고 개간할 때도 많이 발생한다. 이는 두 가지 경로를 통해 이루어지는데, 우선 나무와 식물을 태울 때 이산화탄소가 발생하고, 이렇게 해서 식물이 적어지면 광합성으로 흡수될 수 있는 이산화탄소의 양이 줄어든다. 대기 중에 방출된 이산화탄소의 절반 정도는 여러 가지 자연적인 '흡수장치'에 흡수되는데, 특히 바다가 큰 역할을 한다. 두 번째로 중요한 온실 기체는 메탄인데, 여러 경로를 통해 대기로 방출되고 있다. 우선 아시아의 논에서 퇴비로 사용되는 동식물성 물질이 썩을 때 메탄이 발생한다. 또한 소 같은 가축의 내장에 사는 박테리아도 메탄을 발생시킨다. 썩은 나무를 먹고 사는 흰개미도 소화를 하는 동안 메탄을 발생시킨다. 세 번째로 중요한 온실 기체인 질산화물은 자동차 엔진에서 만들어져 배기가스로 뿜어져 나오며, 질소비료에서도 발생한다. 끝으로 20세기에는 CFC가 온실가스의 대열에 합류했다.

지구온난화: 사실

지난 250년간에 대기 중에 이산화탄소가 이 정도 규모로 증가했다는 것은 인간 역사에 있었던 두 번째의 커다란 전환과 관련되어 있다. 화석연료의 사용과 높은 에너지 소비에 의존하는 사회의 발전이다. 오늘날 석탄의 생산량은 1800년의 350배이며, 석유의 생산량은 1900년의 350배다. 세계의 자동차 수는 1900년에 거의 0이었으나, 2000년에 7억 7500만 대로 증가했다. 반면 지난 200년간 숲, 그중에서도 열대우림은 전례 없는 규모로 파괴되었다. 이 모든 요인이 지구 대기에 영향을 주었다. 1750년 이래 3000만 톤의 이산화탄소가 인간

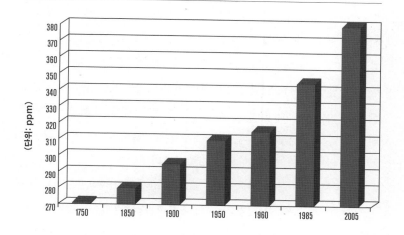

대기 중 이산화탄소 농도(1750~2005년)

활동의 결과 발생했는데, 그중 절반은 1975년 이후 발생한 것이다. 그 결과 대기 중 이산화탄소 농도가 상승했다. 이산화탄소 농도는 화석연료의 사용이 확산되기 이전인 1750년에 270ppm이었다. 보통 이 것을 기준으로 여기서 얼마나 더 늘어나는지를 얘기한다. 19세기에는 산업화가 천천히 진행되어 1900년이 될 때까지 이산화탄소 농도는 280ppm에서 295ppm으로 증가하는 데 그쳤다. 1950년까지만 해도 310ppm이 되는 데 그쳤고, 이는 200년간 15퍼센트 정도가 증가한 것으로 볼 수 있다. 1959년부터는 하와이의 마우나로아에서 대기 중 이산화탄소를 매우 정확하게 측정했다. 1959년의 수치는 316 ppm이 었고, 1985년에는 345ppm이었으며, 2005년이 되면 381ppm이 된다. 45년 동안 20퍼센트가 늘어난 것으로, 20세기 후반에 이산화탄소 생산량이 급증했음을 보여 준다. 전체적으로 보아 대기 중 이산화탄소 농도는 인류 역사상 두 번째의 대전환이 시작된 초기보다 40퍼센트가 증가한 수준을 나타내고 있다. 증가하는 속도 역시 빨라져서, 20세기 중반에는 연간 1.5 ppm씩 증가했으나, 2005년에는 2.6ppm의 증가량을 기록했다. 이산화탄소는 온실 기체 중 가장 강력한 영향을 미치는 것은 아니지만, 워낙 방출된 양이 많기 때문에 온실 기체의 전체 효과의 3분의 2를 점하고 있다. 대기 중 메탄의 증가는 지난 두 세기 동안 농업의 증가로 인한 것이다. 1800년에 10억 명도 채 되지 않았던 세계 인구가 21세기 초에 60억 명을 넘는 등 전례 없이 빠르게 증가하면서 농업도 증가했다. 같은 기간에 논의 면적은 상당히 증가해 20세기 후반에는 매년 거의 1퍼센트씩 증가했다.

지난 두 세기 동안 가축 수도 크게 증가했다. 1890년에서 1990년 사이의 100년 동안 다섯 개의 주요 포유류 가축의 수는 4.5배로 증가했고, 이들은 소화하는 과정에서 메탄을 발생시켰다. 열대우림이 파괴되면서 흰개미들이 기승을 부렸다. 20세기 후반에 세계의 열대우림은 46퍼센트나 감소했다. 흰 개미 한 마리가 발생시키는 메탄의 양은 그리 많지 않지만, 전 세계적으로 수십만 마리의 흰개미들이 꾸준히 썩은 나무를 먹어 치우며 증식하고 있어, 그 영향이 만만치 않다. 이 모든 요인의 작용으로 대기 중 메탄 농도는 1750년의 0.7ppm에서 오늘날 1.72ppm으로 2.5배나 증가했다. 현재 매년 1퍼센트씩 메탄 농도가 증가하고 있다. 메탄은 아직 대기 중에 존재하는 양 자체는 매우 적지만, 적외선을 흡수하는 능력이 이산화탄소의 20배이기 때문에 전체 온실효과의 20퍼센트를 차지한다.

대기 중 질산화물의 증가는 자동차가 증가했다는 점, 그리고 개개의 자동차 이동 거리가 증가한 점을 반영한다. 무기비료의 사용도 큰 영향을 주고 있다. 인공 비료라고 다 질산염 비료는 아니지만, 비료의 사용은 20세기 동안 거의 350배로 증가했으며, 그 상당 부분이 질소계 비료다. 대기 중 아산화질소의 양은 1750년 이래 17퍼센트가 증가했다. 아산화질소는 대기의 하층부에만 존재하지만, 이산화탄소의 120배나 되는 강력한 온실 기체다. 게다가 수명이 매우 길어 이제까지 대기로 흘러들어 간 아산화질소들은 앞으로 수 세기 동안 존재할 것이다. 앞서 살펴보았듯이 CFC 생산은 1940년에서 1974년 사이에 240배로 증가했고, 21세기인 지금도 계속 생산되고 있다. CFC는 대기 중에 극미량이 존재하지만,(대기 중에 CFC가 축적된다는 것을 알아차리기 어려웠던 이유이기도 하다.) 적외선을 흡수하는 능력이 이산화탄소의 수천 배에 달하기 때문에 온실효과에 기여하는 정도가 12퍼센트나 된다.

지구온난화: 영향

1896년에 스웨덴의 과학자 스반테 아레니우스(Svante Arrhenius)는 화석연료 연소로 인한 지구의 기온 상승을 처음으로 예상했다. 이 예측을 하는 데 그리 복잡한 과학이 필요하지는 않았다. 아레니우스의 경고는 수십 년간 무시되었다. 1960년대에는 환경보호론자들이 지구의 기온 상승이 가져올 위험에 관해 경고했지만, 역시 무시되었다. 과학계에서 지구온난화를 현실로 인정하기 시작한 것은 1980년이 되어서였다. 1980년대 후반에 유엔에서 기후변동에 관한 정부 간 패널(International Panel of Climate Change: IPCC)이 설립되었고, 이 기구가 내놓은 세 개의 보고서가 지구온난화에 관한 과학적 논쟁의 중심을 이룬다.

IPCC가 직면한 문제는 기후변동에 대한 인간 활동의 기여도를 가려내는 것, 다시 말해 자연적으로 변동하는 부분이 아니라 인간의 활동에 의해 기후변동이 일어나는 부분이 어느 정도인지를 구분해

내는 것이었다. 밀란코비치 효과(지구 궤도의 장기 변동성)는 빙하기와 간빙기를 결정하는 주요 요인이다. 그리고 태양의 흑점과 태양 활동의 변동성이나 대기 중의 먼지 농도(특히 화산 분출의 경우)에 기인하는 더 작고 단기적인 변동성도 고려되어야 한다. 20세기 이전까지는 신뢰할 만한 기상 데이터가 없었다는 점도 기후 연구를 어렵게 한다. 그런데도 지난 15년간 많은 연구를 통해 최근 지구의 기후변화에 관해, 그리고 그 변화에 인간이 주는 영향에 관해 명확하고 신뢰할 수 있는 실상을 파악할 수 있게 되었다.

1861년 이후로 지구의 기온은 증가했다. 20세기를 통해서 평균 0.6도가 증가했으며, 유럽과 다른 고위도 국가들에서는 0.95도가 상승했다. 20세기의 온난화 단계를 1910년에서 1945년까지와 1976년에서 2000년까지의 두 단계로 나눌 수 있는데, 두 단계의 사이에 해당하는 1945년에서 1976년까지는 조금 더 기온이 낮은 시기가 있었다. 1976년에서 2000년 사이의 총증가율은 1861년 이래의 총 증가율의 세 배다. 다음은 기후변화에 관한 주요 사실들이다.

- 20세기는 지난 1000년을 통틀어 지구의 기온이 가장 높았던 시기다.
- 1990년대는 역사상 가장 기온이 높았다.
- 1998년은 지난 1000년 동안 가장 더웠던 해였다.
- 역사상 가장 더웠던 스무 개의 해 중 열아홉 개는 1980년 이후였다.
- 역사상 가장 더웠던 네 개의 해는 1998, 2002, 2003, 2004년이다.
- 2006년에 미국항공우주국(National Aeronautics and Space Administration: NASA)은 지구가 지난 30년 동안 10년마다 0.2도씩 기온이 상승했다고 보고했다.

이런 변화들이 인간의 행동으로 인한 것이며 '정상적'인 기후변동으로 보기 어렵다고 말하는 과학자가 많다. 사실 20세기 후반의 태양 활동이나 화산활동 등 자연적인 기후변화 요인은 오히려 지구의 기온을 낮추는 방향으로 작용했다. 인간의 행동이 없었다면 20세기 중반의 한랭기가 더 오래 지속되었을 것이다. 1998년에 미국에서 나온 기후변동 연구 프로그램(Global Change Research Program)의 보고서는 "지금껏 관찰된 지구온난화의 많은 부분은 인간 활동에 기인한다."라고 결론짓는다. 2001년의 IPCC 보고서는 과학적인 보고서 특유의 조심스러운 문체로 "모든 증거를 종합해 볼 때 인간은 지구의 기후에 인식할 수 있는 영향을 미쳤다. (……) 지난 100년간의 온난화를 내재적인 변동성만으로 설명하기는 매우 어렵다."라고 말한다.

20세기에 전 세계에서 나타난 징후들 역시 지구온난화의 수준이 어느 정도인지 말해 준다.

- 1960년대 후반 이후 지구에서 눈 덮인 지역의 면적은 10퍼센트 감소했다.
- 1975년 이후 남극 상공의 기온은 2도가량 상승했다.
- 1900년과 비교할 때 북반구의 호수와 강들이 얼어붙는 기간은 연간 2주나 짧아졌다. 서유럽에서 봄은 1975년보다 6일에서 8일 빨리 찾아오며, 스페인 같은 곳에서는 2주나 앞당겨졌다. 가을은 평균적으로 2일 늦게 찾아오고 있다.
- 1982년 이래 전 세계 빙하가 매년 줄어들고 있다. 빙하의 두께는 1980년보다 평균적으로 6미터나 얇아졌다. 알프스 지역에서 빙하로 덮인 면적은 1850년보다 절반 이하로 줄었다. 동아프리카의 킬리만자로산은 1912년 이래 만년설의 80퍼센트를 상실했다.

- 온난화로 얼음이 녹고 바닷물이 팽창함에 따라 해수면이 상승해 20세기 동안 10~20센티미터가 높아졌다.
- 대기가 따뜻해지면서 더 많은 수증기를 포함할 수 있게 되자 강우량이 증가했다. 북반구의 중위도 지역과 고위도 지역에서는 강우량이 거의 1퍼센트 증가했다. 폭우와 대설의 횟수도 증가해 20세기 동안 4퍼센트가 증가했다.
- 대기 중 수증기량의 증가는 구름도 증가시켜, 북반구에서는 구름이 1900년에 비해 2퍼센트가 증가했다.
- 게다가 대기 중에 늘어난 수증기는 온실 기체의 역할도 하고 있다.

이러한 변화들은 농경과 자연 생태계에도 영향을 주고 있다.

- 필리핀에 있는 국제 벼 연구소(International Rice Research Institute)에 따르면 1980년 이래 쌀 수확량이 10퍼센트 감소했다고 한다. 이는 밤 기온의 상승이 평균기온의 상승보다 50퍼센트 더 많기 때문이다.(벼는 밤에 몸을 식히고 숨을 쉬어야 한다.)
- 중남미의 열대우림에서는 1989년 이후 110종의 할리퀸 개구리 중 70종이 사라졌다. 지구온난화는 구름의 양을 많게 해서 낮 기온은 떨어뜨리고 밤 기온은 상승시킨다. 이런 조건은 개구리를 죽이는 곰팡이균이 빠르게 번식하게 한다.
- 영국에서는 지난 25년간 육생 생물종의 80퍼센트가 30~60킬로미터가량 북쪽으로 이동하거나 10년 동안 5~10미터의 속도로 더 높은 곳으로 이동했다.
- 북해의 수온은 1980년 이래로 1도가 상승해 대구 등 한류 어종이 100킬로미터가량 북쪽으로 이동하고 난류 어종이 그 자리를 차지

했다. 모래 뱀장어들도 북으로 이동해 이를 먹고 살던 바닷새들의 먹이가 사라지게 되었다. 지난 50년간 영국 주변에서 작은 바다 동물들과 해조류들의 서식처는 평균 150킬로미터 북상했다.

- 2002년에는 영국의 콘월 해안에서 많이 발견되던 돌묵상어들이 2005년에는 대부분이 스코틀랜드 해안에서 발견되었다. 이는 해수면의 상승으로 인해 돌묵상어들이 먹이인 플랑크톤을 따라 북상했기 때문이다.
- 텍사스 대학의 보고서에 따르면 기온 상승에 따라 새와 나비, 고산식물 99종이 연평균 600미터 정도 북상하고 있다고 한다.

지구온난화: 전망

기후변동의 미래를 예측하는 것은 어려운 작업이며, 컴퓨터 모델들은 아직도 단순한 편이다. 그런데도 몇 가지 대략적인 가정은 해 볼 수 있다. 우선 기후변동은 20세기 후반에 비해 21세기에는 더욱 가속화될 것이라는 점이다. 앞으로 10년 안에 대기 중 이산화탄소 농도가 400ppm을 넘게 될 것이라는 점은 분명하다. IPCC는 향후에 이산화탄소 배출을 어떻게 통제하느냐에 따라 달라지는 예측의 범위를 제시했다. IPCC는 2100년까지 이산화탄소 농도는 540ppm에서 970ppm 사이가 될 것으로 본다. 이는 1750년 수준보다 100퍼센트에서 250퍼센트가 증가함을 의미한다. 이에 따라 21세기에는 기온이 평균적으로 1.4도에서 6.4도 상승할 것으로 보인다. 중위도 지방과 고위도 지방에서는 이보다 40퍼센트가 높은 1.9도에서 8.1도가 될 것이라고 한다.

가장 낮은 예측치가 실현된다고 하더라도 그 영향은 엄청날 것이다. 열대지방과 아열대지방의 작황은 급격히 줄어들 것이며, 유럽과 북아메리카에서는 흉작이 세 배 이상으로 증가할 것이다. 히말라야와 안데스에서 빙하가 녹은 물이 줄어듦에 따라 물 부족 지역에 사는 인구는 전 세계 인구의 3분의 1에서 절반가량을 차지하게 될 것이다. 기온 상승으로 모기로 인한 질병, 특히 말라리아가 아프리카와 북아메리카뿐 아니라 유럽에까지 확산될 것이다. 기후와 관련된 질병은 2030년까지 두 배로 증가할 것이다. 에어컨의 이용이 늘면서 에너지 수요는 더욱 늘어날 것이다.(따뜻한 겨울로 인해 난방비가 절감되겠지만, 부분적인 상쇄에 지나지 않을 것이다.) 기온 상승으로 전 세계적으로 얼음이 녹고 바닷물이 팽창함에 따라 해수면도 상승해 10~80센티미터까지 상승할 수 있다. 해수면보다 겨우 1미터 높은 곳에 위치하는 몰디브 같은 도서 국가들은 21세기가 다 가기도 전에 사라져 버릴 것이다. 태평양에 있는 도서 국가 투발루는 최초로 바닷속으로 사라지는 국가가 될 것으로 보인다. 해안 침수가 우려되는 지역에 사는 인구는 현재의 7500만 명에서 2억 명으로 증가할 것이며, 많은 항구와 도시들은 사람이 살 수 없는 지역이 될 것이다. 지구온난화의 영향은 지난 두 세기 동안 고도로 불평등해진 세계의 구조 속에서 나타날 것이라는 점은 중요한 사회적 문제를 제기한다. 부유한 나라들은 기후변동에 훨씬 잘 대처할 수 있다. 부유한 나라들은 해안 침수에 대비하는 보호막을 세울 능력이 있고, 식량도 좀 더 잘 확보할 수 있다. 필요하다면 남는 식량을 세계시장에 내다 파는 대신에 국내 소비를 위해 비축할 수 있다. 이들 국가는 대체로 충분한 물을 확보하고 있고, 향후 수십 년간 쏟아져 들어올 환경 난민들의 홍수를 막아 낼 정치적인 힘을 가지고 있다. 2001년에 IPCC가 조심스레 전망하였듯이 "자원이 적은 국가일수록 적응력이 부족하며, 따라서 가장 취약하다."

자연 생태계의 문제점은, 기온이 과거 그 어느 때보다 빠르게 상승하고 있다는 점이다. 서식지를 옮길 수 있는 종들도 있겠지만, 많은 종이 좁은 지역에 고립되어 멸종해 갈 것이다. 북극의 겨울 얼음이 녹는 시기가 점점 빨라지고 여름 얼음이 사라져 가면 북극곰들은 살아남기 어려울 것이다. 기온 상승으로 시베리아의 침엽수림인 광대한 타이가 지대가 사라져 버리는 자리에 같은 속도로 따뜻한 기온에 적응한 낙엽수림이 들어설 것으로 기대하기는 어렵다. 2004년의 《네이처》에는 예상되는 최소한의 기온 상승(2050년까지 1.7도)이 실현된다고 해도 지구상 종의 3분의 1이 사라지고, 섭씨 2도가 상승할 경우에는 종의 거의 절반이 멸종할 것으로 예측하는 논문이 실렸다.

　　일반적으로 평균기온이 2도 이상 상승하면 인간 사회와 생태계에 미치는 위험이 현격히 증가한다고 본다. 앞으로 10년을 전후해 이산화탄소 농도가 400ppm을 넘을 것으로 보이는데, 그렇게 되면 거의 확실하게 평균기온이 2도 상승할 것이라고 한다. 지난 수 년간 발생한 이산화탄소가 약 10년 후까지도 기후에 계속 영향을 줄 것이기 때문이다. 기온이 2도 상승하는 수준에서 안정화되게 하려면 강력한 행동이 취해져야 하고, 늦게 대처할수록 더욱 극단적인 조치가 요구된다. IPCC의 예측에 따르면 기온이 2도 상승하는 데 그치게 하기 위해서는 적어도 20년 이내에 이산화탄소 배출량을 1990년 수준 이하로 낮추어야 하며, "그 후에도 계속해서 서서히 낮추어 가야" 한다. 점차적으로 탄소 배출량은 "현재의 배출량의 극히 일부 수준으로 낮추어야 한다." 이것이 달성되더라도 지난 두 세기 남짓한 기간에 늘어난 에너지 소비로 인해 발생한 변화들은 상당히 오래 지속될 것이다. 바닷물의 팽창은 수 세기 동안 계속될 것이며, 이에 따라 해수면도 계속 상승할 것이다.

지구온난화: 최근의 증거

2001년에 IPCC의 보고서가 나온 이래 보고서에서 사용된 모형과 예측 기술에 대해 많은 의문이 제기되었다. IPCC는 변동 폭을 최소한으로 적게 잡는 방향으로 추정했는데, 이는 물론 여러 사람의 합의를 이끌어내기 위한 것이었다. 이런 보수적인 추정치는 2007년 보고서에서도 되풀이되었다. IPCC는 기온 상승이 서서히 일어난다고 가정함으로써, 어떤 임계 수준이 지나면 급격히 또는 예측 불가능하게 증가할 수 있는 가능성은 인정하지 않고 있다. 그러나 기후변동의 실상은 그렇지 않을 가능성이 있으며, 과거의 경우를 보아도 처음에는 서서히 시작되다가 어떤 시점에서 여러 가지 요인이 서로 맞물려 그 효과가 증폭되면서 갑자기 변화가 가속화된다는 증거가 계속 나오고 있다. 과거 지구의 기후변동 양상에 대한 기후학자들의 의견도 변해 왔다. 지구의 기온은 대체로 안정적이고 스스로 조절되기 때문에 빙하기에서 간빙기로 가거나 하는 식의 변화가 생길 때면 수십 년에서 수천 년에 걸쳐 서서히 일어난다고 보는 견해가 20세기 후반까지도 지배적이었다. 그러나 최근에 다양한 자료들이 축적되고 분석이 정교해지면서, 급격한 변화가 일어날 수 있다고 보는 시간적 범위가 1000년, 심지어 100년으로까지 단축되었다. 이러한 시간적 범위는 1993년에 그린란드의 만년설에서 뽑아낸 두 개의 얼음 결정에 관한 정밀 분석을 통해 더욱 단축되었다. 분석 결과 단 50년 만에 온도가 7도나 변할 수 있으며, 단 5년 만에 북대서양에서 주요한 기후변화가 일어날 수 있다는 것이 밝혀졌다. 이 모든 증거는 지구의 기온이 오르내림에 따라 지구의 기후가 서서히 변화하지 않을 수도 있다는 견해를 뒷받침한다. 변화의 속도가 매우 빨라지고, 상승작용을 일으키는 어떤 한계치가 존재한다는 것이다.

　이렇게 급격한 기후변화가 일어나는 메커니즘을 기후학자들이 인식하기 시작한 것은 이미 수십 년 전의 일이다. 예를 들어 극지방의 빙하가 녹으면 지구 표면의 색이 어두워져 열 흡수율이 증가하는데, 이로 인해 온난화가 더욱 촉진된다. 게다가 시베리아의 대부분을 차지하는 툰드라, 즉 동토 지대의 밑에는 엄청난 양의 유탄(peat)이 매장되어 있는데, 이것이 부식하면서 강력한 온실 기체인 메탄이 방출된다. 시베리아가 녹으면 메탄이 방출되어 기온이 급격히 증가하게 되고, 이는 다시 메탄의 방출량을 늘려 기온을 더 오르게 할 것이다. 한편 지구가 더워지면 대기 중의 수증기가 늘어나 구름이 더 많아질 것이고, 이는 지표로 들어오는 열을 반사해 지구온난화를 늦추는 역할을 할 것이다. 이러한 여러 가지 요인의 균형을 찾는 것은 어려운 문제다. 지난 몇 년간 기후학자들은 지구온난화의 한계치가 정말 존재해 그 이후로 지구의 기후가 급격히 변화할 가능성에 대해 점점 더 우려하기 시작했다. 2005년 2월에는 영국의 엑서터에서 기후 시스템의 근본적인 변화 가능성에 대한 주요 회의가 열렸다. 2006년 1월에 엑서터 회의의 보고서가 발표되고 영국 정부가 이를 승인했다. 보고서는 이렇게 말한다. "온실 기체의 발생은 지속 가능하지 않은 속도로 지구 온난화를 일으키고 있다." 왜 이런 결론을 내렸을까?

　기후변화가 과거 그 어느 때보다 큰 규모로 빠르게 일어나고 있다는 것이 점점 확실해지고 있다. 2005년에는 유럽 빙하 시추 프로젝트 (European Project for Ice Coring)의 결과가 공개되었다. 3270미터의 깊이에서 빙하 속을 파내어 분석함으로써 80만 년 전의 기후에 관해 이해할 수 있었다. 분석 결과 대기 중 이산화탄소 수준은 지난 80만 년의 기간 중 그 어느 때와 비교해도 30퍼센트가 높았고, 메탄의 경우

130퍼센트가 높았다. 더 중요한 사실은 대기 중 이산화탄소 농도는 지난 80만 년 동안의 그 어느 때와 비교해도 200배 이상의 빠른 속도로 증가하고 있다는 점이다. 이 같은 결과는 지금의 변화가 속도 면에서나 규모 면에서나 과거 어느 때보다, 심지어 빙하기에서 간빙기로 변하는 시기보다도 빠르게, 대규모로 일어나고 있다는 것을 입증한다. 2005년 11월에 《사이언스》에 실린 또 다른 연구에서는 해수면이 과거보다 두 배의 속도로 빠르게 상승하고 있다는 점을 밝혔다. 기원전 3000년에서 기원후 1800년 사이에 해수면은 평균적으로 1년에 1밀리미터씩 상승했다. 그러던 것이 1850년 이후부터는 1년에 2밀리미터씩 상승했고, 브레스트(Brest)에서 측정한 해수면 높이는 1800년 수준보다 250밀리미터가 높아졌다. 이제까지의 해수면의 상승은 거의 대부분이 지구의 온도가 올라가면서 바닷물의 부피가 팽창했기 때문에 나타났다. 빙하가 녹아 해수면을 상승시키는 효과는 아직 본격적으로 나타나고 있지 않다. 해수면 상승 속도는 점점 빨라지고 있는데, 최신 추정치에 의하면 21세기 동안 약 28~34센티미터가 상승할 것이다. 2006년 12월의 《사이언스》에 실린 한 논문은 21세기에 해수면이 50~140센티미터까지 상승할 수 있다고 보았다.

지구의 평균기온 상승은 매우 다양한 양상으로 나타난다는 것은 잘 알려진 사실이다. 열대지방의 기온은 아주 조금 상승하는 반면에 고위도 지방, 특히 극지방은 더욱 급격한 기온 상승을 경험할 것으로 예상된다. 이는 지구의 기후변동에 상당히 큰 영향을 줄 수 있다. 극지방의 얼음이 사라지면 지구의 기온은 더욱 빠르게 상승할 것이며, 해수면 상승에도 상당한 영향을 줄 것이기 때문이다. 20세기에 지구전체의 평균기온은 약 1도 정도만이 상승했지만, 극지방은 예상보다 훨씬 급격한 기후변화를 경험했다는 것이 여러 증거를 통해 드러나고 있다. 이는 앞으로의 기후변동이 지금까지 예상해 온 것보다 훨씬 빨리 급변할 가능성이 있다는 견해에 힘을 실어 준다. 지난 50년간 남극 대륙 전체의 온도는 내려갔지만, 남극반도에서는 빠르게 온난화가 진행되어 1950년 이래 평균기온이 2.5도 상승했다. 그 결과 남극반도에 있던 빙하의 90퍼센트가 연간 평균 50미터씩 퇴각했다. 게다가 남극 서쪽 지역의 3분의 1에서는 빙상의 두께가 1년에 10센티미터씩 얇아지고 있으며, 지역에 따라서는 3미터에서 4미터씩 얇아지기도 한다. 1995년에는 남극 빙하에서 평평한 선반 모양을 이루는 부분, 즉 빙붕(ice shelf)인 라르센 A가 바다로 떨어져나갔다. 이 빙붕은 그리 큰 것은 아니었지만, 곧이어 룩셈부르크와 맞먹는 크기의 빙붕 라르센 B도 떨어져나갔다. 대기 온도가 높아져 얼음의 두께가 계속 얇아짐에 따라 단 35일 만에 떨어져 나가게 된 것이다.

북극에서도 비슷한 일들이 일어나고 있다. 알래스카는 1950년대보다 평균기온이 2.2도 상승했고 컬럼비아 빙하는 단 25년 만에 길이가 14킬로미터나 감소했다. 북극 지역에서는 기온이 급격히 상승했다. 평균기온은 20세기 후반의 평균기온보다 3도나 상승했다. 여름 해빙기는 20세기 평균에 비해 17일이나 앞당겨졌다. 2005년에는 북극의 얼음 덮인 면적이 최저 수준을 기록해, 그 면적이 1980년에서 2000년 사이의 평균 면적보다 50만 제곱킬로미터나 줄어들었다. 2004~2005년과 2005~2006년의 겨울에는 여름 동안 녹았던 북극의 얼음들이 완전히 재형성되지 못해, 다음 해 여름의 해빙을 더욱 촉진하는 결과를 낳았다. 2006년 여름에는 북극의 얼음 지대가 보통 때보다 200만 제곱킬로미터 줄어들었다. 최신의 예측에 따르면 늦어도 2040년이 되면 북극의 여름 얼음이 모두 사라진다고 한다. 거대한 그린란드 빙하가 퇴각하고 빙상이 녹는 속도는 더욱 빠르게 진행되고 있다. 예전에는 온도가 상승하더라도 그린란드의 광대한 빙상이 녹으려면 몇 세기는 걸릴 것으로 보았다. 그러나 최근에는 그렇지 않을 것이라는 증거가 나오고 있다. 2005년에는 그린란드 동쪽 해안의 캉에르들룩수아크 빙하가 단 1년 만에 5킬로미터나 퇴각했다. 빙하의 흐름도 최고 300퍼센트까지 빨라졌고, 1년 동안 100미터나 얇아졌다. 2005년 한 해 동안에 그린란드의 빙상은 그 부피가 224제곱미터나 줄어들었다. 2003년만 해도 그린란드의 빙상은 균형을 유지하고 있다고 생각되었다. 예전의 모델들에서는 빙상이 하나의 얼음덩어리인 것처럼 다루었는데, 이는 명확히 잘못된 것이다. 실제로는 빙상이 녹는 것이 아니라 부서지고 있었다. 빙하 아래의 빙상 표면에서 얼음이 녹아 나오면 빙하가 흐르는 속도가 더 빨라지고 바다로 떠내려가는 빙하의 양도 늘어난다. 1996년만 해도 그린란드의 얼음이 바다로 흘러들어 간 양은 50세제곱킬로미터 정도였으나, 2005년에는 그 양이 세 배로 증가해 150세제곱킬로미터가 흘러들어 갔다. 대부분 그린란드의 남쪽에서 녹은 것이었지만, 북쪽 빙상에서도 빠르게 온난화가 진행되고 있다는 신호가 이미 나타나고 있다. 최근의 추정치에 의하면 그린란드 빙상이 소실되는 양은 2004년 이후 세 배 이상으로 늘었다고 한다. 이런 정도의 손실이 지속되면 해수면이 매우 빠르게 상승할 것이다. 1세기 동안 5미터나 증가할 수도 있다.

북극의 얼음이 녹은 차가운 물이 북대서양으로 흘러들어 가는 양이 늘어나면서 기후에 또 다른 중대한 영향을 줄 수 있다. 북서유럽, 특히 아일랜드와 영국, 노르웨이 등지는 북대서양 난류, 즉 카리브해로부터 동쪽으로 흘러들어 오는 난류의 영향으로 위도가 높은 데 비해 따뜻한 편이다. 과거에는 북쪽에서 다량의 한류가 유입되면 이러한 대양의 순환이 정지되곤 했다. 약 8000년 전에 북아메리카의 빙상이 퇴각할 때 얼음에 막혀 거대한 호수 안에 갇혔던 다량의 찬물이 유입되었다. 이로 인해 북대서양의 해류 순환이 정지되는 데 단 5년이 걸렸다는 것이 정설이다. 과학자들은 원거리 반응 부표를 써서 수십 년 동안 북대서양 바닷물의 온도를 측정했다. 1998년까지는 1950년 대 수준에서 크게 달라지지 않았다. 하지만 지난 몇 년 동안 해류의 세기가 30퍼센트나 감소했다. 이는 기후의 급격한 변화를 알리는 첫 신호라고 할 수 있다. 만일 북대서양 해류가 북극으로부터 오는 다량 의 한류 유입으로 차단된다면 영국과 아일랜드의 평균기온은 4~6도 하락해, 비슷한 위도에 있는 뉴펀들랜드와 비슷한 기후가 될 것이다.

기후의 급변을 알리는 신호일지도 모르는 또 다른 우려스러운 사 태가 2005년과 2006년에 발생했다. 시베리아 서쪽 아북극 지역 전체 가 녹기 시작했다는 것이 발견된 것이다. 이 지역에서는 40년간 기온 이 3도 올라, 지구 전체 평균을 크게 웃돌았다. 프랑스와 독일을 합친 면적의 얼어붙은 이탄 습지가 녹아 일련의 호수를 이루기 시작했고, 그 아래 저장되어 있던 메탄이 대기 중으로 빠져나오기 시작했다. 시 베리아에서 발생하는 메탄의 양은 종전에 예측되었던 것의 다섯 배 나 된다.(이 지역에 있는 메탄 저장량은 지구의 표면 아래에 저장된 메탄 총량 의 4분의 1에 달한다.) 이 지역은 이미 한계치를 지나 여러 요인의 상승 작용 효과가 나타나기 시작하는 시점에 와 있는 것처럼 보인다.

기후변화가 일부 기후 모델이 예측하는 것보다 빠르게 진행될 가 능성에 대한 근거는 이 밖에도 있다. 선진국에서 공해가 줄어들면서, 즉 중공업이 쇠퇴하고 청정에너지 사용이 늘어나면서(특히 갈탄의 사 용이 줄면서) 대기 중 연기와 먼지의 양이 크게 줄어들었다. 이는 기온 이 예상보다 빠르게 상승하게 하는 요인이 될 수 있다. 2006년 봄에 발표된 한 연구에서는 1950년과 1980년 사이에 지표에 도달하는 태양에너지의 양이 대기 중 분진의 증가로 인해 10년마다 2퍼센트씩 감소했다고 한다. 대기오염이 줄어들면서 1980년 이래 그 추세는 역전되어 이제 점점 더 많은 태양에너지가 지표에 도달하고 있다. 이는 지구온난화를 가속화하는 요인이 된다. 2006년에는 남극의 얼음을 시추해 빙핵을 분석함으로써 또 다른 지구온난화 메커니즘이 존재함을 밝혀냈다. 지구의 온도가 올라가면 생태계, 특히 토양에 저장된 이산화탄소가 방출된다. 과거의 증거들에 따르면 이러한 이산화탄소의 방출을 고려하면 21세기에 발생할 예상 기온 상승이 75퍼센트나 증가할 수 있다고 한다. 여기서 더 유념해야 할 사실은 이런 연구에서는 대부분 이산화탄소가 계속 늘어나도 그렇게 발생되는 이산화탄소의 절반 정도는 지구의 자연적인 저장고, 특히 바다가 흡수한다고 가정한다는 점이다. 그러나 수백만 년 전에 일어난 기후변화의 예를 보면 그렇지가 않았다는 증거들이 나온다. 꼭 집어 말할 수는 없지만 어떤 시점에 이르면 바다가 이산화탄소를 흡수하는 능력이 크게 저하될 수 있다. 그렇게 되면 대기 중 이산화탄소 농도는 훨씬 빠르게 증가할 것이다.

이처럼 극 지대 얼음이 녹고, 툰드라 동토의 메탄이 방출되며, 대기오염이 감소하고 이산화탄소 발생량이 증가하는 것, 그리고 자연적인 이산화탄소 흡수 능력이 감소하는 것 등 모든 가능성을 고려할 때 기후변화에 관한 보수적인 추정치는 지나치게 낙관적이다. 가장 보수적인 추정치는 21세기 동안 기온이 1.4도 오른다는 것인데, 이는 현 시점에서 보아도 이미 비현실적으로 낮은 수준이다. 2007년에 IPCC가 추정한 최악의 시나리오는 2100년까지 6.4도가 상승한다는 것이다. 6.4도의 기온 상승은 누가 보아도 대격변을 초래할 수 있는 수치인데, 그러나 이 조차도 너무 낮게 잡은 것일 수 있다. 상기 다섯 가지

가능성 중 하나라도 실제로 일어난다면 아무리 잘 봐주어도 지구 기온이 평균적으로 지금보다 10도는 상승할 것으로 예측된다.

지구온난화: 문제의 핵심

지구온난화는 세계가 직면한 가장 큰 위협이며, 이를 해결하는 것은 극도로 어려울 것이다. 이는 인간 사회가 지난 1만 년 동안 발달해온 방식 속에 뿌리 깊게 자리 잡은 어떤 이유 때문이며, 특히 1800년 이후에 세계의 일부분에서 높은 에너지 소비에 의존하는 사회로 전환되면서 문제는 더 어려워졌다. 오존층 파괴와 같은 위협은 상대적으로 쉽게 해결할 수 있었다. 오존층 파괴에서 문제가 된 화학물질은 중요한 물질이기는 했으나 경제활동에 중심적인 것은 아니었고, 대체물이 몇 년 사이에 개발되었다. 소비자도 생산자도 에어컨과 냉장고, 냉동고, 캔 스프레이 혹은 전자회로 기판의 사용을 포기해야 하는 것은 아니었다. 화학 산업은 CFC의 뒤를 이은 HCFC와 HFC 등으로부터 계속 이윤을 얻을 수 있었다. 형평성의 문제도 해결될 수가 있었다. 개도국은 늘어나는 냉장고 사용으로 인한 혜택을 포기할 필요가 없었다. 비싸기는 하지만 기술의 이전이 일어날 수 있었다. 세계는 오존층 파괴에 천천히 대응했고, 그 결과 향후 100년간은 오존의 양이 줄어든 세계에서 살면서 건강상의 위험에 노출되어야 하지만, 어쨌든 문제는 해결되었다.

그러나 지구온난화의 경우 여기에 아무런 해당 사항이 없다. 화석연료가 많든 적든 사용되기 시작한 것은 1800년 이후의 일이고, 발생된 이산화탄소의 대부분은 20세기에 들어와 발생한 것이다. 현대의 산업화되고 도시화된 고소비사회는 화석연료의 사용에 의존해 이룩된 것이다. 높은 에너지 사용에 의존하는 현대사회는 지금과 같은 수준의 에너지를 소비하지 않고는 유지되기 어렵다. 이러한 요소들은 20세기에 자동차가 대두하면서 더욱 강화되었다. 오늘날 이산화탄소 발생량의 5분의 1 정도는 여러 가지 종류의 교통수단에서 발생하는 것이다. 화석연료 사용을 줄이려면 현대사회의 근본적인 특성을 바꾸어야만 하는 것이다. 대부분의 시민이 자동차를 소유하고 있거나 이용하는 민주주의 사회에서 이를 바꾸는 것은 지극히 어려운 일이다. 유권자들은 경제성장 속도가 유지되는지, 그래서 소비수준이 계속 향상되는지로 정부를 평가한다. 그러려면 에너지 소비를 계속해서 늘려야 한다.

지구온난화 문제와 관련된 형평성의 문제는 오존층 파괴의 경우보다 훨씬 더 근본적이다. 산업사회가 부유해진 배경에는 엄청난 에너지 사용의 증가가 있었고, 이를 위해 많은 이산화탄소가 발생했다. 오늘날 세계의 기후가 이 지경에 이른 데는 선진국의 책임이 막중하다. 그러니 이산화탄소 수준을 줄이기 위한 비용도 선진국이 부담해야 한다는 개도국의 주장에도 일리가 있다. 세계에서 가장 가난한 나라들에 단지 산업화가 늦어서 선진국들이 먼저 환경을 망쳐 놓았다는 이유만으로 소비와 부의 증대로 인한 혜택을 포기하게 하는 것은 분명 형평성에 어긋난다. 하지만 개도국 중에서도 특히 중국과 인도, 브라질 등은 이미 화석연료를 많이 사용하고 있다. 그들은 향후 몇십 년간 경제성장에 박차를 가할 예정이고 이는 이산화탄소 배출량을 급격히 증대시킬 것이다. 이들 나라들이 이산화탄소를 줄이려는 노력에 동참하지 않으면 선진국들의 노력이 금방 상쇄되고 말 것이다.

이에 더해 세계가 화석연료에 의존하고 그 사용을 지속하며 확대해 나가는데 첨예한 이해관계를 가진 거대하고 강력한 힘들이 있다.

중동의 석유 수출국을 비롯한 몇몇 나라의 경제는 거의 전적으로 화석연료의 생산에 의존하고 있다. 호주도 화석연료의 하나인 석탄의 주요 수출국이다. 석유산업은 화석연료의 지속적인 사용에 의존하고 있고, 이들 중 세상이 달라졌을 때 자기들의 미래에 관해 생각하기 시작한 기업은 거의 없다. 석유산업 뿐 아니라 기업이라면 어떤 분야의 것이든 역시 현재의 에너지 사용과 소비 패턴에 의존해 있다. 이들은 강력한 로비스트들이다. 정치인들은 어떤 사람이라도 지구온난화에 대처하기 위한 문제점들을 정면 돌파하기를 꺼린다. 그보다는 뭘 크게 바꿀 것까지는 없고 몇 가지 기술적인 조정만 하면 된다고 주장하는 산업 로비스트들의 달콤한 속삭임에 귀 기울이기 마련이다.

지구온난화에 대처하는 것에서 근본적인 문제는 앞으로 몇십 년 동안은 화석연료가 연소될 때마다 발생하는 이산화탄소를 막을 수 있는 기술이 개발된다고 보기 어렵다는 점이다. 대규모 발전소에서는 몇십 년 이내에 '탄소 포획'이 가능해질지도 모르지만, 가까운 장래에 내연기관에 이러한 처리를 할 수 있는 기술이 개발되기는 어려울 것이다. 물론 기술적으로 개선될 수 있는 부분도 많을 것이다. 미국의 자동차들이 일본이나 서유럽의 자동차만큼이라도 연비가 높다면 이산화탄소 배출량의 상당 부분이 절약될 것이다. 주택과 가정용 전자기기들의 에너지 효율성도 높일 수 있다. 대중교통의 이용도 늘릴 수 있다. 하지만 과거의 경험에 비추어 볼 때 기술적인 개선이나 에너지 효율성의 증대로 지구온난화 문제를 해결할 수 있다는 생각은 극히 경계해야 한다. 20세기 동안 모든 선진국에서 에너지 효율성이 크게 증가했지만, 에너지 소비가 엄청나게 늘어나는 것을 막을 수는 없었다. 사회의 부가 증가하는 상황에서 에너지 효율성의 증가는 이로 인해 에너지가 절약되는 부분보다 에너지 수요를 훨씬 많이 증가시킨다는 증거가 도처에 있다.

원자력산업은 자기들이 지구온난화의 해결책 중 하나라고 생각하고 있다. 이렇게 생각하는 이유 중에는 2020년까지 대부분의 노후한 원자력발전소가 폐기되어야 한다는 사실도 관련되어 있다. 원자력산업은 미래를 보장받기 위해 스스로 존재 이유를 주장할 필요가 있는 것이다. 원자력을 이용해 전력을 생산하게 되면 그 과정에서 이산화탄소를 발생시키지 않는 것은 사실이다. 하지만 원자력발전소를 짓고, 우라늄을 채굴해 농축하는 과정에서 엄청난 에너지가 소모된다는 사실은 무시되고 있다. 원자력발전은 전 세계의 전력 생산량의 20퍼센트를 차지하지만, 전체 에너지 사용량에서 차지하는 원자력의 비중은 훨씬 적어서 7퍼센트 정도밖에 되지 않는다. 따라서 원자력을 주요 에너지로 쓰려면 엄청난 문제가 발생한다. 세계 전력 사용량 중 원자력이 차지하는 비중을 단지 두 배로 늘린다고 해도 기존의 원자력발전 시설 450개를 900개로 늘리는 것만으로 충분치 않다. 세계 전력 소비량은 어쩔 수 없이 증가해 갈 것이므로, 그것까지 고려한다면 1300개 이상의 시설이 필요하다. 그뿐 아니라 기존의 시설 중 많은 부분이 교체되어야 한다. 전체적으로 원자력을 통해 얻을 수 있는 에너지 비율을 두 배로 늘리려면 1500개의 새로운 원자력발전소가 건설되어야 한다. 각각의 발전소를 세우는 데는 10년씩 걸린다. 따라서 현재 원자력발전을 통한 전력 생산이 세계 전체의 에너지 사용에서 차지하는 비중을 유지하려고 해도 2007년부터는 일주일에 한 개 이상의 원자력발전소를 건설해야 할 것이다.

이러한 원자력발전소 건설 계획을 채택한다면 반향은 엄청날 것이다. 원자력발전은 다른 발전소에 비해 비용이 많이 들기 때문에 많은 정부 보조금이 필요할 것이다. 점점 더 여러 형태의 테러리즘의 위협에 시달리는 오늘날의 세계에서 그렇게 많은 양의 방사성 핵연료를 사용해야 한다는 것은 고도의 위험을 수반한다. 게다가 원자력발전소에는 끊임없는 방사능 누출 사고의 위험이 따르며, 만에 하나 사고가 일어나면 끔찍한 재앙이 초래된다. 마지막으로 원자력발전소에서 발생하는 핵폐기물을 처리해야 하는 문제가 있다. 1976년에 영국의 왕실 환경 위원회는 다음과 같은 견해를 표명했다.

핵폐기물을 무기한으로 안전하게 보관할 수 있는 방법이 단 하나라도 있다는 것이 합리적으로 입증되지 않는 한, 대규모 핵분열 시설은 미래 세대에 언제든지 재앙을 초래할 수 있기 때문에 이를 추진한다는 것은 무책임하며 도덕적으로 옳지 못하다.

이전 세대의 정치인들은 바로 이런 조건을 전제로 원자력발전을 추진해 왔지만, 문제는 아직 해결되지 않았다. 2003년에 영국 정부는 원자력발전소에 관한 진술에서 다음과 같이 밝혔다. "중준위 폐기물과 고준위 폐기물에 대한 장기적인 관리 방안은 아직 없는 상태다." 이런 상황에서 세계의 원자력 폐기물의 양을 세 배나 증가시킨다는 것은 과거의 실수가 두고두고 미칠 악영향을 더욱 증폭시킬 뿐이며, 결코 지구온난화 문제에 대한 해결책이 될 수 없다.

지구온난화: 책임

지난 두 세기 동안 대기로 방출된 대부분의 이산화탄소는 주요 산업사회, 특히 미국과 영국, 독일, 일본, 소련(러시아)에 책임이 있다. 19세기에 배기량이 비교적 적었을 때는 주로 영국이 주요 배출국이었으며, 독일과 미국 등이 뒤를 이었다. 산업화가 확산됨에 따라 다른 나라들, 특히 일본과 소련이 상당한 배출을 했다. 그러나 20세기에 들어, 특히 1945년 이후에 산업 생산량이 크게 늘고 자동차의 이용이 늘어나며 모든 산업국가에서 전기 사용이 늘어남에 따라 20세기 후반에 이산화탄소 배출량이 급격히 늘어났다. 세계 최대의 경제 대국이 된 미국은 단일국가로서는 가장 많은 이산화탄소를 배출했다. 20세기의 거의 끄트머리에 가서야 중국과 인도를 비롯한 신흥 산업경제의 배출량이 크게 늘기 시작했다. 1940년과 1980년 사이에 미국은 중국의 여섯 배, 인도의 열여섯 배나 되는 이산화탄소를 배출했다.

역사적인 배출량은 다 무시하고 21세기 초의 배출 상황만 보더라도 명확한 그림이 그려진다. 미국은 세계 인구의 5퍼센트 정도를 차지하면서 전 세계 이산화탄소 배출량의 25퍼센트를 차지한다. 중국은 14퍼센트, 러시아는 6퍼센트 남짓, 일본은 5퍼센트가 조금 못되는 양, 인도는 4퍼센트를 배출하며, 영국은 2퍼센트를 배출한다. 그러나 이 그림은 인구 규모를 고려하지 않은 것이기 때문에 오해의 소지가 있다. 미국인 1인당 평균적으로 연간 20톤이 조금 안 되는 이산화탄소를 배출한다. 이는 중국의 1인당 배출량의 일곱 배, 인도의 스무 배가 넘는 양이다. 이렇게 따지면 미국인 각각은 세계 인구의 1인당 배출량의 약 여섯 배를 배출하는 것이다. 다른 선진국과 비교하더라도 미국은 에너지를 낭비하는 편이며, 따라서 이산화탄소 배출량이 많다. 미국인의 평균 배출 수준은 유럽 연합 시민의 두 배 이상이며, 러시아처럼 에너지 효율성이 낮은 나라와 비교하더라도 거의 두 배에 달한다. 평균적 미국인 한 사람은 부룬디 사람의 332배, 차드 사람의 997배에 달하는 이산화탄소를 배출한다.

미래의 배출량을 예측한다는 것이 쉬운 일은 아니지만, 예측해

세계 이산화탄소 배출량 비율(2003년)

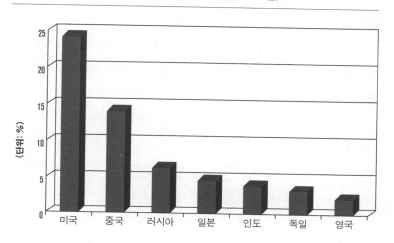

1인당 이산화탄소 배출량(2003년)

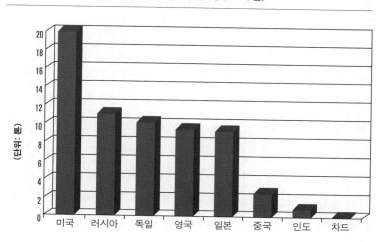

볼 수는 있다. 향후 20년간 중국과 인도에서 연간 4퍼센트씩 이산화탄소 배출량이 증가한다고 가정할 때,(이는 미국보다 두 배로 빠른 증가율이다.) 2025년이 되면 중국은 세계 최대의 이산화탄소 배출국이 된다고 한다.(중국의 인구는 미국의 네 배 정도다.) 그렇다고 하더라도 1980년에서 2025년 사이를 살펴보면 미국이 배출한 이산화탄소가 중국과 인도가 배출한 양을 합친 것보다 두 배나 된다. 기간을 더 길게 잡아 1940년에서 2025년 사이를 보면 현재 상황에 대한 책임이 어느 나라에 있는지를 어느 정도 알 수 있다. 이 경우에 미국의 배출량은 여전히 중국의 두 배, 인도의 여덟 배가 된다. 그러므로 이산화탄소 배출과 이로 인해 지구 기후에 미치는 영향에 대한 책임이 가장 큰 나라가 미국이라는 데는 의심의 여지가 없다.

지구온난화: 행동

지구온난화를 막기 위해 어떻게 해야 하는지에 관해서는 명확한 과학적 합의가 형성되어 있다. 이산화탄소 수준을 400ppm 수준에서 유지하려면(이 경우에 평균기온은 최소 2도 상승하며, 고위도 지역에서는 4도 정도 상승한다.) 전 세계의 이산화탄소 배출량은 늦어도 10년 안에 1990년 수준 이하로 떨어져야 한다. 그뿐만 아니라 21세기 중반까지는 배출량이 1990년 수준의 2분의 1에서 3분의 1 수준까지 계속해서 내려가야 한다. 그리고 그 후에도 배출량이 계속 감축될 필요가 있을 수도 있다. 이처럼 급격하게 감축해 이산화탄소가 향후 늘어난다고 하더라도 현재 수준보다 5퍼센트 이상 늘지 않게 해야 하는 이유는 이미 방출된 이산화탄소 중 많은 부분이 아직 기후에 영향을 주지 않았고, 이미 지금 수준에서 바닷물의 팽창이 상당 기간 계속될 것이기 때문이다. 이것도 세계의 기후 시스템에서 여러 가지 요인이 상승 작용을 하는 효과가 없다고 가정했을 때의 이야기다. 즉 지금까지 경험한 것보다 온난화의 수준이 두 배로 늘어나도 시베리아의 툰드라가 녹아 엄청난 양의 메탄이 배출되거나 극지방의 빙하가 빠르게 붕괴하지 않는다는 가정하에 추정한 것이다. 또한 전 지구적인 감축이 일어났다고 가정했을 때 그렇다는 점도 강조되어야 한다. 만일 형평성 차원에서 개도국의 생활수준 향상을 위해 에너지 사용과 이산화탄소 배출이 늘어나는 것을 허용한다면 선진국이 감축해야 하는 양은 더욱 커질 수밖에 없다.

행동으로 옮기는 것이 늦어질수록 불가피한 기온의 상승 폭은 더욱 커진다. 21세기 말이 되어서야 배출량을 1990년 수준 이하로 줄일 수 있게 된다면, 그리고 계속해서 1990년 수준의 2분의 1이나 3분의 1 수준으로 줄일 수 있게 된다면, 대기 중 이산화탄소 농도는 적어도 산업화 이전 수준보다 140퍼센트 높은 650ppm까지 올라갈 것이다. 이는 지구의 평균기온이 약 5도 상승하는 것을 의미한다.(고위도 지방에서는 이보다 두 배인 10도가 상승할 것이다.) 기온이 이 정도로 상승하면 전 세계 모든 나라에서 재앙이라고밖에 할 수 없는 상황이 벌어진다는 것은 의심의 여지가 없다. 게다가 이렇게 기온이 상승하면 멀지 않은 시점에서 여러 요인의 복합 작용으로 기온이 갑자기 대폭 상승하는 결과로 이어질 것이 거의 확실하다.

IPCC의 초기 작업에 뒤이어 온실가스 배출량에 대한 지구적 차원의 합의를 도출하려는 시도가 있었다. 별 실효도 없이 소문만 떠들썩했던, 1992년에 리우데자네이루에서 열린 유엔 환경 개발 회의(스톡홀름에서 최초로 열렸던 유엔 환경 회의의 20주년이었다.)에서 기후변화에 관한 기본 협약(Framework Convention on Climate Change: FCCC)

에 합의한 것이다. FCCC는 구체적인 감축 목표를 부여하지는 않았지만 협상이 진행될 수 있는 메커니즘을 만들었고, 선진국들이 현 상황에 책임을 지고 있으므로 먼저 감축에 들어가야 한다는 원칙을 확립했다. 기나긴 일련의 교섭 과정을 거쳐 드디어 1997년 12월에 일본의 교토에서 합의에 도달했다. 교토 협약에서 서명국들은 2012년까지 이산화탄소 배출량을 (1990년 수준을 기준으로) 5.2퍼센트 감축할 것에 동의했다. 대부분의 환경 운동가들은 이러한 감축 목표가 너무 작고 지구가 처한 문제의 규모로 볼 때 미흡하다고 생각했다. 하지만 적어도 미래의 더 많은 감축으로 이어질 수 있는 과정이 확립된 것은 사실이다.

교토 협약은 2005년 2월에 러시아의 비준으로 발효해 법적 구속력을 갖게 되었다. 그러나 그 후 얼마 지나지 않아 협약이 태생적으로 갖고 있던 문제가 분명히 드러나기 시작했다. 빌 클린턴(Bill Clinton) 대통령은 미국을 대표해 협약에 서명했지만, 이는 정치적 제스처였을 뿐, 협약이 상원의 비준을 받지 못할 것이라는 점을 알고 있었다.(미국 헌법상 상원의 비준이 필수적이다.) 2002년 2월에 새로 대통령으로 취임한 조지 W. 부시(George W. Bush) 대통령은 미국이 더는 교토 체제에 참여하지 않을 것이라고 발표했다. 부시는 미국 경제에 해가 될 수 있는 어떠한 구속적인 목표도 받아들이기를 거부했다. 특히 중국 등 개도국은 감축할 의무가 없는데 미국만 감축할 수는 없다는 것이었다. 그 대신에 부시 대통령은 미국의 배출량을 (2012년의 예상 배출량을 기준으로) 12퍼센트까지 늘릴 수 있는 감축 목표를 세웠다. 2004년에 미국의 이산화탄소 배출량은 1990년의 수준보다 16퍼센트가 높았고, 2004년 한 해 동안 2퍼센트 증가율을 보였는데, 이는 사상 최고의 증가율이었다. 오스트레일리아도 협약에 비준하기를 거부했다.

교토 협상 과정에 포함되지 않은 나라들은 계속해서 더 많은 이산화탄소를 배출했다. 중국의 배출량은 1992년에서 2002년 사이에 33퍼센트가 증가했고, 인도는 같은 기간에 거의 60퍼센트의 증가율을 보였다.

교토 협약 체제가 얼마나 유명무실한지는 협약이 세계 이산화탄소 배출량의 3분의 1 이하를 배출하는 나라들에만 구속력이 있다는 점을 보아도 알 수 있다. 이들 나라 모두가 5퍼센트씩 감축해도 전체 배출량에 미치는 영향은 미미하다. 기껏해야 세계의 이산화탄소 예상 배출량의 1년치 증가분 정도를 상쇄할 수 있을 것이다. 게다가 교토 협약에 비준한 나라들조차도 대부분은 감축 목표를 지키지 못할 것으로 전망된다. 예를 들어 영국의 배출량은 1990년과 2002년 사이에 10퍼센트 감소했는데, 이것이 가능했던 것은 거의 전적으로 화력발전소에서 석탄 대신 천연가스를 사용했기 때문이다.(교통수단이 배출하는 양은 이 기간에 오히려 50퍼센트 늘었다.) 그런데 일단 모든 화력발전소가 모두 천연가스로 전환하고 나자 더는 상쇄될 수 있는 부분이 없어져 다른 부문에서 배출량이 증가해 왔던 것의 영향이 심각하게 나타났다. 1997년에서 2004년 사이에 이산화탄소 배출량은 5퍼센트 이상 늘어나, 2004년까지 감축한 배출량은 1990년의 4퍼센트 수준에 지나지 않았다. 심지어 정부조차 영국이 교토 협약 상의 감축 목표를 달성하지 못할 것이며 그 미달 폭은 상당할 것이라고 말하고 있다.

교토 협약 초창기에는 에너지 비효율성이 심각한 몇몇 부문을 개선하면 될 것이라고 생각한 나라가 많았다. 예를 들어 1998년에 유럽연합은 한 지시 문서를 통해 유럽의 자동차 회사들이 2008년까지 이산화탄소 배출량을 25퍼센트 감소시키는 새로운 자동차를 만들 것을 요구했다. 그러나 곧 경제성장을 위해서는 (비록 연간 2퍼센트 성장률을 달성하기 위한 것이라 할지라도) 에너지 사용(특히 자동차와 비행기)을 늘려야 하며, 감축은커녕 1990년 수준으로 배출량을 유지하는 것조차 매우 어렵다는 것을 알게 되었다. 민주주의국가의 정치인들은 유권자들의 편에 서서 자동차 사용과 국제 항공 여행의 증가, 소비의 증대 등을 지지할 뿐이었고, 이산화탄소 배출을 줄이기 위해 요구되는 어렵고 근본적인 문제에 정면으로 대응하지는 않으려고 했다. 유권자들이 자동차를 몰고 원하는 곳으로 언제든지 비행기를 타고 갈 '자유'를 제한하는 것은 민주정치의 원리상 불가능하다고 판단한 것이다. 그 대신에 정치인들은 머지않은 장래에 기후변화 문제에 관한 기술적인 해결책이 나타나기를 바라고 있다. 과연 그 기술적인 해결책이 무엇이며 이산화탄소의 다양한 발생원에 어떻게 대처하겠다는 것인지에 관해서는 아무도 모르면서 말이다. 무엇을 해야 하는지에 대한 구체적인 계획 대신 '녹색 성장'(공허한 논의를 하기에 딱 좋은 개념이 아닌가!)에 관한 미사여구만이 난무하고 있다. 이런 상황에서 정치인들은 현상을 유지하려는 강력한 이해 집단과 기업으로부터 광범위한 로비를 받고 있다. 이들은 심지어 과학자에게 돈을 대 주어 점점 늘어나는 지구온난화 영향에 관한 증거에 반론을 제기할 수 있는 '연구'를 장려하기도 한다. 한편 완전히 산업화하지 않고 사람들의 생활수준이 유럽이나 북아메리카 등 선진국 수준에 훨씬 못 미치는 나라일수록 국가 위상의 상징이자 빈곤 문제에 대한 해결책인 경제성장에 대한 집념은 더욱 강하다.

교토 협약 당사국들이 가진 두 번째의 주요 회의는 2005년에 몬트리올에서 열렸다. 길고 어려운 일련의 협상 끝에 그들은 2012년 이후에 이루어지는 감축에 관한 목표를 정하기로 하고 2008년까지 각각의 나라에 대해 이 목표를 정하기로 했다. 그러나 교토 협약 체제가 유지될 수 있었던 것은 지구온난화의 위험에 대한 대중적인 의식 수준이 높아지는 이 시기에 민주국가의 정치인이라면 그 누구도 교토 협약을 죽인 장본인이 되려고 하지 않았기 때문이다. 기존 협약의 미약한 목표 수준조차 달성할 나라가 거의 없을 것이라는 점으로 미루어 보아 새로운 감축 목표 역시 겉치레에 지나지 않을 가능성이 많다. 목표를 달성하려면 정부가 받아들일 준비가 되지 않은 조치들을 실행해야만 하기 때문이다. 미국은 교토 그룹의 일원은 아니었지만, 리우데자네이루에서 설립한 틀인 FCCC의 일원이기 때문에 몬트리올 협약에 참가했다. 미국은 어떤 목표에도 동의하지 않으려는 단단한 결심을 하고 회의에 참가했다. 미국은 협상 과정을 무산시키려고 했으며, 이후에 있을 어떠한 협상에도 참가하기를 거절했다. 마지막 순간에 가서야 미국은 지구온난화에 관한 큰 논의의 틀에 계속 참여하겠다고 동의했는데, 이 역시 논의가 구속력 있는 목표를 세우는 방향으로 진행되지 않을 것이라는 조건하에서 허락한 것이었다.

2006년 11월에 나이로비에서 열린 추가 회의의 상황은 더욱 암울했다. 여기서는 교토 체제를 좀 더 보완하려는 작업은 더는 하지 않기로 결정되었다. 이는 개도국들에 감축 의무를 요구하지 않는다는 것을 의미하며, 이에 따라 교토 체제에 미국이 참여할 가능성은 더욱 낮아졌다. 미래의 감축량에 대한 '논의'('협상'이 아니다.)가 시작되는 날짜가 잠정적으로 합의되었지만, 이 '논의'들이 어떤 시간표를 따라 이루어질 것인지에 관해서는 언급이 없었으며, 예상되는 감축량에 대한 윤곽조차 잡히지 않은 상태다. 2012년 이후까지 교토 체제가 유지되게 하려면 엄청난 정치적 노력이 필요할 것이다.

이미 어떠한 감축 목표도 받아들이지 않으려고 작심한 비(非)교토 그룹이 생겨나고 있다. 몬트리올 회의가 있은 직후인 2006년 1월에 '깨끗한 개발과 기후를 위한 아시아-태평양 파트너십'이라는 거창한 이름이 붙은 회의가 오스트레일리아에서 열렸다. 한국과 미국, 오스트레일리아, 인도, 중국이 참여했다. 탄광과 에너지, 제련에 관련된 기업이 회의에 참석했고, 환경 단체들은 배제되었다. 이 국가 그룹이 추진하려는 계획은 뻔하다. 이산화탄소 감축에 관한 목표는 설정하지 않고, 미래 어느 시점에선가 문제를 해결해 줄 기술적 해결책에 믿음을 걸며 원자력발전 시설을 대거 증설한다는 것이었다. 회의에서 제시되었던 오스트레일리아의 공식적 추정조차도 새로운 기술이 도입되더라도 기껏해야 배출량의 증가량을 25퍼센트 정도 감소시킬 수 있을 뿐이라고 한다. 이렇게 되면 최소한 평균기온이 4도 상승해 전 세계적인 재앙이 불가피해진다. 오스트레일리아의 총리 존 하워드(John Howard)의 말은 이 회의의 주제를 잘 요약해 준다. "우리 사회는 경제성장의 규모와 속도를 유지하면서 이러한 문제를 해결해 줄 방안을 찾을 것을 요구한다."

지구온난화에 내재된 위험이 분명하게 드러나기 시작한 지 20년이 지났다. 그동안 무슨 일이 일어났던가? 이산화탄소와 메탄, 질산의 배출량은 매년 가차 없이 늘어나고 있다. 대기 중 이산화탄소 농도는 1985년의 345ppm에서 2005년의 381ppm으로 10퍼센트 이상 늘어났다. 2005년에는 2.6ppm이 늘어 최고 기록을 경신했다. 길고 어려운 국제적 협상을 통해 만들어 낸 감축 목표라는 것이 고작해야 세계의 1년 배출량 정도를 상쇄하는 것이었다. 이 역시 목표가 달성되었을 때의 이야기이며, 실제로 이러한 목표가 달성될 가능성은 희박하다. 과학자들이 재앙을 피하기 위해 필수적이라고 생각하는 정도의 이산화탄소 배출량 감소를 달성하기 위해 단호한 행동을 취하기에는 지난 200년 동안 전 세계를 지배해 온 경제적·사회적 세력들의 힘이 너무나 강하다.

과거의 그림자

17

인간 역사의 기본은 생태계의 법칙에 좌우된다. 인간을 비롯한 지상의 모든 생명체는 서로 다른 동식물이 서로 의존하는 복잡한 거미줄의 일부를 이룬다. 약 200만 년 전에 인류의 직계 조상이 처음으로 나타났을 때 그들은 주로 식물을 먹고 살았으나, 죽은 동물의 고기를 먹거나 소규모 사냥을 하는 등 육식도 병행했다. 따라서 그들의 수는 먹이사슬의 정점에 있는 동물을 부양할 수 있는 그 지역 생태계에 따라 제한되었다. 가장 근본적인 차원에서 볼 때, 인간의 역사는 어떻게 이 제한을 극복했으며 그 결과가 환경에 끼친 영향은 어떤 것이었느냐에 관한 이야기다.

인구와 기술, 환경

인간 사회가 생태학적인 속박에서 탈출하는 데 중요한 역할을 한 것은 자연 생태계가 지탱할 수 있는 수준을 훨씬 웃도는 정도의 인구 증가였다. 첫 단계는 인류가 동아프리카의 기원지로부터 퍼져 나간 것이다. 이는 인간이 지구상의 어떤 생태계에 살든지 생존해 갈 수 있게 해 준 기술을 발달시켜 갔기 때문에 가능했다. 그래도 1만 년 전에 전 세계의 인구는 고작 400만 명 정도였다. 생태적 제약은 농경의 발달로 인해 벗어날 수 있었다. 작물을 선택적으로 재배하고 가축을 길들이는 등 인위적인 환경을 창조한 것이다. 이는 인류 역사에서 하나의 분수령을 이루었고, 지난 1만 년 동안 농경에 기초한 인구의 급격한 증가(400만 명에서 60억 명 이상으로 증가했다.)는 인류 역사를 형성해 왔다. 18세기 말까지도 전반적인 인구 증가율은 느렸으며, 식량 부족과 기근, 질병 등의 영향을 받았다. 근대기 인구의 급증은 1750년부터 시작되었는데, 그 이후 세계 인구는 여섯 배 이상으로 증가했다. 1990년대가 되면 지구는 매년 9000만 명씩 더 늘어나는 인구를 먹여 살려야 하게 되었다. 이 수는 2500년 전만 해도 전 세계 총인구였다.

이렇게 늘어나는 사람들은 모두 의식주 생활을 영위해야 했고, 정도의 차이는 있어도 재화와 용역을 소비해야 했다. 이처럼 인구가 크게 증가하게 되면 1인당 소비수준이 증가하지 않았다고 하더라도 지구의 자원에 대한 수요가 늘 수밖에 없다. 늘어나는 수요는 대부분 인간의 기본욕구를 충족하기 위한 것이었다. 작물을 재배할 땅이 점점 많아지자 자연 생태계는 더욱 파괴되었다. 집을 짓기 위한 목재가 필요했고, 조리용과 난방용으로 쓸 장작이 필요했으므로 숲은 점점 사라져 갔다. 도구와 사치품을 만들기 위해 금속 자원이 필요했고, 따라서 지구의 광물자원도 소비되었다. 사람들에게 옷을 입히기 위해 면화와 같은 작물을 재배하기 위한 땅이 필요했고, 모직과 가죽을 얻기 위해 가축을 키워야 했으며, 가죽과 모피를 얻기 위해 야생동물을 잡아야 했다. 인구가 늘어남으로써 생기는 자연 수요의 증대는 환경에만 압박을 가한 것이 아니라, 더욱 많은 노력을 요하는 복잡한 기술의 발달도 촉진했다. 이러한 과정을 다음의 세 가지 사례, 즉 농업, 의류, 글 쓰는 데 사용되는 물질이라는 측면에서 살펴보자.

수렵과 채집에서 농경 생활로 이행하면서 씨앗을 뿌리고 잡초를 제거해 주며 물을 주고 거두어 들여 저장해야 하는 등 더 많은 작업을 할 필요가 생겨났다. 가축을 돌봐야 하고 젖을 짜야 하고 털을 깎아야 하고 풀을 먹여야 했으며, 겨울철에도 먹이고 울타리를 치고 집을 지어 주어야 했다. 이 많은 노력의 대가로 좁은 지역에서 많은 양의 식량을 구할 수 있었다. 그러나 지난 두 세기 동안에는 그렇게 해서 유지될 수 있는 것보다 훨씬 더 인구가 증가했기 때문에 농경에 더 많은 요소를 투입해야 식량이 충당될 수 있었으며, 이에 따라 기계화와 관개시설, 비료, 살충제 등의 형태로 훨씬 더 많은 공이 들어갔다. 이런 요인 각각에 많은 에너지와 자원이 투입되어야 했다. 이러한 엄청난 에너지 투입이 없었더라면 현대 농경은 유지될 수 없었을 것이다. 최초의 인류는 죽은 동물의 가죽으로 옷을 해 입었다. 인구가 늘어나면서 이 방법이 불가능해지자 양모와 면화, 삼 등의 천연섬유를 이용한 직물이 만들어졌다. 그러나 이로 인해 작물과 동물을 기를 땅이 필요해졌고, 실을 잣고 직물을 짜는 데 추가적인 노력이 필요해졌다. 이러한 작물의 재배와 털을 얻기 위한 동물의 사냥은 수천 년 동안 인류에게 필요한 의복을 충분히 제공해 왔다. 19세기 후반이 되면 인구가 급증하면서 이런 방식이 더는 유지되지 못하게 되었다. 인구를 먹여 살리면서 옷을 만들기 위한 작물과 동물을 기를 충분한 공간을 확보하기는 불가능해진 것이다. 게다가 야생의 털 달린 동물은 멸종 위기에 처하게 되었다. 그러다가 화학물질로부터 인공섬유를 만들어 내는 기술을 개발함으로써 전 세계 인구에게 옷을 입힐 수 있게 되었다. 하지만 이러한 복잡한 생산 기술에는 더 많은 자원과 에너지가 소비된다. 최초의 필기구는 구운 진흙 판이나 파피루스 등 식물성 재료를 이용했다. 양피지나 송아지 피지와 같은 동물 가죽에도 쓸 수 있었지만, 동물의 수가 제한되어 있었기 때문에 충분히 공급될 수 없었다. 필기구에 대한 수요가 늘어나자 대체재를 개발할 필요가 생겼으며 2000년 전의 중국에서 처음으로 발명된 종이가 등장했다. 종이는 원래 천연섬유나 누더기 등을 가지고 만들었으며, 이전부터 쓰던 가죽 같은 것에 비해 품질이 떨어지는 것으로 간주되었다. 그러나 이런 방식으로 만들어진 종이로도 수요를 감당할 수 없어, 오늘날 종이는 주로 목재 펄프를 갖고 만들게 되었다. 오늘날 종이를 생산하기 위해서는 대규모 벌목에다가 소나무와 유칼립투스 등의 단일 작물 재배, 많은 에너지 소비가 필요하다.

어떻게 보면 이러한 새로운 기술의 발명과 더욱 복잡해진 생산 공정, 더 많은 자원을 이용하게 된 것을 진보로 볼 수도 있다. 인류 사회가 늘어 가는 수요를 충족하기 위해 환경을 변형하고 자원을 활용하는 능력이 늘어났다는 것이다. 그러나 생태적 시각에서 보면 진보에 관해 매우 다른 해석을 할 수 있다. 인류 역사는 인간의 기본욕구를 충족하기 위해 점점 더 복잡하고 환경에 타격을 주는 방법을 이용해 온 과정이었다고 볼 수 있는 것이다. 인구가 늘어나고 신기술이 개발됨에 따라 이런 방법 외에는 대안이 없었다고 볼 수도 있지만, 그렇다

고 해서 이 모든 과정에서 환경이 점점 더 많이 파괴되었다는 사실이
달라지는 것은 아니다.

변화의 속도

이 길로 인간 사회가 발을 들이게 한 것은 인류 역사의 첫 번째 거
대한 변화, 즉 농경과 정착 사회의 발달이었다. 그로부터 1만 년 후에
두 번째 대변화가 시작되었다. 에너지원으로서 화석연료를 사용하
고 산업화와 대량 소비사회가 이루어지는, 도시화된 고(高)에너지 소
비사회가 출현한 것이었다. 그 후 200년도 채 지나지 않아 이전 시기
에 존재하던 모든 환경문제가 엄청난 규모로 악화되었다. 두 번째 대
변화가 인간 사회와 환경에 미친 영향은 이전에는 볼 수 없었던 엄청
난 규모의 불평등이 증대됨에 따라 더욱 증폭되었다. 농경이 중심인
국가와 제국들은 개발의 수준이 대략 비슷했고, 국가 간 부의 차이는
거의 없었다. 서유럽은 1500년 이전까지는 세계에서 가장 가난한 지
역 중 하나였다. 그러나 서유럽이 만들어 낸 세계경제는 일부 국가에
서는 개발과 부, 산업화, 높은 소비수준, 더욱 높은 자원과 에너지 소
비를 가능케 한 반면에 대부분의 지역은 가난과 저개발을 경험하도
록 만들었다. 지난 250년 동안에 세계의 불평등은 엄청나게 늘어났
고, 중국과 인도 등 일부 국가에서 산업화가 시작된 것도 이런 상황
을 바꿀 수는 없었다.

지난 두 세기 동안 인류 역사의 흐름은 이제껏 경험하지 못했던
속도로 변화되었고, 이와 함께 너무도 복잡해 해결할 수 없는 여러 가
지 문제를 발생시켰다. 19세기만 해도 인구 증가와 산업화, 소비와 에
너지 사용 등 모든 분야에서 일어난 변화의 속도가 20세기에 비하면

20세기의 세계

	1900년에서 2000년까지의 증가
세계 인구	3.8배
세계 도시인구	12.8배
세계 산업 생산량	35배
세계 에너지 사용	12.5배
세계 석유 생산	300배
세계 물 사용	9배
세계 관개 지역	6.8배
세계 비료 사용	342배
세계 어획량	65배
세계 유기화학물질 생산량	1000배
세계 자동차 보유자의 수	7750배
대기 중 이산화탄소의 양	30퍼센트

훨씬 느렸다. 지난 세기에는 많은 분야에서 급속한 성장이 있었고, 이런 변화들이 결합해 오늘날 세계가 처한 심각한 환경문제가 발생했다. 이런 성장이 미래에도 지탱될 수 있는지에 관해 심각한 의문이 제기되고 있다.

　20세기 말의 10여 년 동안에는 개발이 초래하는 결과에 대한 각성이 일어나고 환경을 보호하자는 생각이 큰 관심을 끌게 되었다. 여러 사안에 대해 행동하는 시민운동 조직이 생겨나고 국내 정치뿐 아니라 국제정치에서도 환경문제가 논의되었다. 몇 가지 중요한 분야에서 성과가 있었는데, 예컨대 도시의 매연 감소, 산업적으로 발생되는 오염의 저감, 산성비와 염화플루오린화탄소(CFC) 생산에 대한 국제 협약의 체결 등이 있었다. 그러나 이런 운동들의 성과는 경제성장과 기술 진보, 대량 소비 등 지배적인 이데올로기에 비하면 미미한 것이었다. 20세기 후반에 취해진 많은 조치는 인구 증가와 식량 생산의 증가, 점점 늘어나는 산업 생산과 에너지 소비에 비하면 겉치레에 지나지 않을지도 모른다. 현재 일부 지역에서 야생 보호, 오염 허가제, 허점투성이인 과학적 포경, 화학농사에 엄청난 보조금을 유지하면서 유기농업에는 약간만 지원하는 것, '녹색 소비자주의' 등으로 성과를 올리고 있기는 하지만, 이것은 환경 친화적인 생활 방식을 위한 첫걸음이라기보다는 기존의 체제를 유지하려는 목적이 더 강하다고 볼 수 있다.

오늘날 세계의 환경문제는 인류 역사에 깊게 뿌리내리고 있다. 많은 문제가 오랜 시간에 걸쳐 형성되어 왔지만, 지난 두 세기 동안 문제는 더욱 확대되고 그 효과도 극적으로 증폭되어 왔다. 세계 정치사의 측면에서 보면 같은 기간에 많은 수의 불평등한 국가가 탄생해 각국이 독립과 주권, 그리고 그들이 자국의 이익이라고 생각하는 것을 주장하게 되었다. 동시에 현대의 국제정치체제 속에서 이러한 국가 간의 관계는 협력만큼이나 많은 분쟁과 경쟁으로 점철되어 왔다. 지난 다섯 세기 동안 세계의 부가 고도로 불평등하게 분배되어 왔다는 점을 고려한다면, 국경을 초월해 발생하며 상당한 경제적·사회적 비용을 수반하는 문제들을 해결하는 것이 극도로 어려운 일이라는 것을 알 수 있다. 환경문제는 세계 여러 지역의 여러 나라에서 여러 가지 방법으로 경험되기 때문에 이에 대한 시각도 제각각이다. 이러한 문제들은 세계 금융 체제와 대부분의 정부보다도 막강한 초국적 기업의 출현으로 더욱 복잡해졌다. 오늘날 세계 100대 경제주체 중 국가의 비중은 절반 이하이며, 과반수가 기업이다. 이러한 조직과 시스템들은 개별 정부의 통제권 밖에 있어서 정부가 어렵사리 환경문제에 관한 결정을 내리더라도 이를 실행에 옮기기 어려운 경우가 많다.

지금처럼 발달해 온 현대사회의 특성을 보면서, 현대 도시들의 안정성과 지속 가능성에 관해 과거의 경험으로부터 배울 수 있는 점이 있지 않을까? 인류는 수천 년 동안 환경문제와 더불어 살아오면서도 경제적·사회적·정치적 붕괴를 경험하지 않았다. 이러한 붕괴를 겪은 사회도 있었지만, 붕괴가 서서히 진행되는 경우가 많았다. 예를 들어 최초의 문명 도시였던 수메르의 쇠퇴에는 수천 년이 걸렸고, 그 과정에서 수메르인들은 그들이 사는 사회가 쇠퇴의 길로 치닫는다는 것을 느끼지 못했을 것이다. 이스터섬이나 마야 문명의 경우처럼 붕괴가 비교적 빠르게 진행된 곳에서조차 그 당시에 살던 사람들에게는 문제점이 분명히 보이지 않았을 것이다. 현대 도시의 문제점은 당면한 많은 환경문제의 규모가 크고 서로 얽혀 있고, 경제적·기술적·사회적 변화가 빠르게 진행된다는 것, 그리고 이런 문제들을 해결할 수 있는 효과적인 기제가 없다는 점이다.

환경문제에 관해 역사적인 해석을 하는 것이 이 책의 목적이지만, 지난 수 세기 동안 생겨난 환경에 대한 여러 가지 압력이 앞으로 몇십 년에 걸쳐 어떤 방향으로 발달할 것인지를 살펴보는 것도 좋을 것이다. 미래를 예측한다는 것은 위험한 작업이지만, 21세기 초반에 환경에 영향을 줄 여러 가지 추세에 대한 대강의 그림은 이미 분명하다.

전망: 인구와 식량

20세기에 들어 전 세계 인구는 거의 네 배로 증가했고, 이러한 증가는 21세기에는 반복되지 않을 것이다. 하지만 20세기 후반에 증가하던 '관성(momentum)' 때문에 한동안은 상당히 빠른 증가세를 지속할 것이다. 유엔의 '중기' 예측에 의하면 개도국에서는 출생률이 30퍼센트 줄어들고 기대수명은 20퍼센트 증가할 것이라고 한다. 선진국에서는 출생률과 기대수명이 아주 조금 증가할 것으로 예측된다. 그렇게 되면 세계 인구는 2013년까지 70억 명,(이는 현재의 인구 패턴으로 보아 거의 확실하다.) 2028년에는 80억 명이 되었다가 그 후 증가하는 속도가 둔화되어 2050년에는 총 90억 명이 될 것이다. 아주 빡빡하게 잡아도 300년 동안 세계 인구가 열한 배로 증가할 것으로 내다보고 있다.(21세기 후반의 인구 증가율은 매우 낮아서 2100년에는 총인구가 100억 명이 될 것으로 보인다.)

앞으로 50년 동안 있을 인구 증가 중 1퍼센트 정도만이 개도국에서 이루어질 것으로 보인다. 1950년에는 세계에서 가장 큰 열 개의 도시 중 네 개가 유럽과 미국, 일본에 있었다. 2050년에는 선진국 중에서는 미국만이 인구 규모 10위 안에 들 것이며, 중국은 세계에서 가장 인구가 많은 국가가 될 것이다. 이미 세계 인구의 절반이 도시에 살기 때문에 인구가 늘어나면 도시가 더욱 확대되고 이와 관련된 여러 가지 환경문제가 따를 것이다. 위생 시설과 안전한 식수의 부족 문제가 해결되지 않는다면 2020년까지 연간 250만 명에서 300만 명(총 5000만 명)이 쉽게 예방할 수 있는 질병으로 죽을 것으로 보인다. 안전한 식수를 공급받지 못하는 인구수를 절반으로 줄이려는 유엔의 밀레니엄 개발 계획의 목표가 (지금으로써는 불가능해 보이지만) 달성된다고 가정하면 사망률은 연간 100만 명 정도로 줄어들 것이다. 그렇더라도 2020년까지 3000만 명 이상이 죽는다. 이런 식으로 인구가 증가하면 일부 국가에서는 심각한 인구 과밀이 발생할 것이다. 나이지리아는 2050년까지 인구가 지금의 1억 2000만 명에서 두 배 이상으로 늘어난 2억 6000만 명이 될 것이다. 이는 미국의 현재 인구를 텍사스 정도 크기의 면적에 밀어 넣는 것과 마찬가지 결과를 초래할 것이다.

세계 인구가 향후 50년간 약 50퍼센트 증가하면 세계의 식량 수급 상황도 큰 영향을 받을 것으로 보인다. 같은 양의 식량으로 이 만큼의 추가적인 인구를 먹여 살리려면 농업 생산량도 50퍼센트 이상 늘어야 할 것이다. 물론 선진국과 개도국 모두에서 식량 소비가 현재 수준에서 더는 증가하지 않을 때를 가정한 것이다. 식량 생산이 늘려면 두 가지 가능성밖에 없다. 첫째, 더 많은 땅에서 식량 생산을 하는 것이다. 그러나 쓸 만한 땅은 이미 경작되고 있고 세계의 1인당 곡물 생산량은 1984년 이래 계속 감소하고 있다. 새로운 땅은 (그것도 주로 열대우림 지역에서) 삼림을 개간해 확보할 수밖에 없고, 이는 생물종 다양성 감소와 토양침식, 기후변동 등에 영향을 주게 될 것이다. 둘째, 관개시설과 인공 비료, 살충제, 기계화 등 농업에 대한 투입량을 늘려 농업 생산성 향상을 꾀할 수 있을 것이다. 하지만 이 경우에도 많은 문제점이 발생한다. 오늘날 세계에는 관개시설로 인한 침수와 염화로 망쳐지는 농지가 새로운 관개시설의 도입으로 인해 확대되는 농지보다 더 많다. 농업용수의 확보도 문제다. 산업 용수와 가정의 생활용수가 점점 늘어 가는 마당에 농업용수를 늘리기는커녕 현재 수준을 유지하기도 어려울 것이다. 비료와 살충제의 사용도 이제 한계점에 다다랐다. 1990년대에 증가한 농업 생산성은 30년 전의 절반수준밖에 되지 않았다. 게다가 비료와 살충제의 사용이 증가하려면 엄청난 양의 에너지가 투입되어야 한다.

이러한 한계를 고려하면 앞으로 50년간 예상대로 인구가 증가할 경우 먹고 살 것이 있을지 의문스럽다. 현재 수준 이상으로 식량 소비가 늘면 식량을 더 많이 생산해야 한다. 식량 생산을 더 늘리려면 삼림 파괴와 토양침식, 에너지 소비 증가 등 많은 환경문제가 나타날 것이다. 기후변동의 가능성까지 고려하면 문제가 더 복잡해진다. 전 세계의 초국가적인 화학 산업과 농업 관련 산업은 유전자 변형 작물과 복제동물이 유일한 해결책이라고 주장하고 있다. '녹색혁명'의 경험에 비추어 보아도 이런 것들이 해결책이 될 수 없다는 것을 알 수 있다. 유전자가 변형된 종자가 환경에 미칠 영향에 대한 잠재적인(그리고 잘 알려지지 않은) 위험도 고려해야 하지만, 이 밖에도 유전자 변형 종자를 쓰려면 경제적·사회적으로 특수한 구조에 매이지 않을 수 없게 된다. 농부들은 유전자 변형 종자를 구입하기 위해 종자 회사에 의존해야 할 뿐 아니라, 유전자 변형 종자와 함께 쓸 수 있는 살충제를 구매해야 하기 때문에 화학 산업에 의존해야 한다. '녹색혁명'이 만들어 낸 고수확 품종들도 그랬듯이 유전자 변형 종자들도 더 많은 물과 비료, 살충제가 필요하다. 따라서 부유한 농부들만이 이를 사용할 수 있게 되어 빈부 격차는 더욱 확대된다. 하지만 오늘날 세계의 역학 구조로 미루어 볼 때 세계의 식량 시스템의 구조에 변화가 일어나기보다는 유전자 변형 작물이 도입되는 방향으로 진행될 가능성이 더 높다. 그렇게 되면 가난한 나라에서는 영양부족과 기아가 계속되는 구도가, 그리고 식량이 과도하게 소비되어 비만과 당뇨병, 심장병이 문제되는 선진국으로 더 많은 식량이 흘러들어 가는 구도가 지속될 것이다.

자원

산업사회가 지속적으로 확대되기 위해서는 계속해서 더 많은 자원을 이용할 수 있어야 한다는 조건이 필수적이다. 중국과 인도, 브라질 등의 산업화가 대규모로 진행되어 감에 따라 자원 문제는 더욱 심각해질 것이다. 1972년 로마 클럽은 『성장의 한계(Limits to Growth)』라는 책을 출판해 논란을 일으켰다. 이 책에서는 자원의 고갈(그리고 공해의 증가)로 인해 100년 이내에 공업 생산이 붕괴하고 인구가 감소할 것으로 예언했다. 그러나 이 연구는 지나치게 단순한 컴퓨터 모델링 기법을 근거로 하고 있었을 뿐 아니라, 예측을 하면서도 제2차 세계대전 이후 20년 동안에 있었던 세계경제의 고속 성장기에 너무 많은 가중치를 두었다는 문제점이 있었다.

1970년대와 1980년대의 경험은 일부 재생 불가능한 자원이 고갈될 위험이 있기는 하지만, 가장 큰 위험은 자원이나 에너지의 고갈이 아님을 보여 준다. 한두 가지 특수한 광물을 제외하고는 금속 광산은 아직 적어도 100년은 지탱할 분량은 갖고 있다. (과거에도 그랬듯이) 새로운 매장지가 발견될 수도 있고, 재사용과 대체 물질의 이용도 지금보다 훨씬 늘어날 수 있다. 자원이 부족해질수록 이런 방식들이 갖는 경제성도 증대될 것이다. 가장 큰 문제는 점점 더 질이 낮은 광석을 사용하게 되는 20세기의 경향이 앞으로도 지속될 것이며, 이에 따라 광석을 채굴하고 제련하는 데 더 많은 에너지가 소모될 것이라는 점이다.

세계 자원 문제에서 근본적인 문제점은 광물자원이 매우 불평등하게 이용된다는 점이다. 세계 인구의 5퍼센트만을 차지하는 미국이 연간 전 세계 자원 소비량의 40퍼센트 정도를 소비한다. 전체적으로 보면 선진국에서는 1인당 기준으로 못사는 나라의 스무 배나 되는 알루미늄과 열일곱 배나 되는 구리, 열 배나 되는 철을 사용한다. 그뿐만 아니라 선진국의 1인당 평균 국내총생산(GDP)는 2만 5500달러인데, 전 세계 인구의 85퍼센트를 차지하는 중소득 국가와 저소득 국가의 경우 1250달러에 지나지 않는다. 평균적으로 이 정도 차이가 난다는 것은 실제 개별 사례를 보면 이보다 훨씬 편차가 심하다는 것을 의미한다. 하루에 1달러 이하로 살아야 하는 인구수는 1987년의 12억 명에서 2000년의 15억 명으로 늘어나 전 세계 인구의 25퍼센트를 차지한다. 이 엄청난 불평등과 싸워 가난한 나라들이 (미국인의 수준까지는 아니더라도) 유럽인이 누리는 생활수준을 누릴 수 있게 하려면 세계의 자원 소비는 150배 이상으로 늘어야 한다. 이 정도 수준의 소비를 감당할 만큼의 자원은 없을 것이다. 만약 있다고 하더라도 그런 수준으로 소비가 지속된다면 재앙이 초래될 것이다. 예를 들어 중국인들이 (미국인보다는 훨씬 적은) 일본인들 수준으로 많은 차를 소유하게 된다면 중국에는 자동차가 지금의 1300만 대에서 6억 4000만 대까지 늘어나야 한다. 그렇게 되면 세계 자동차 수는 지금보다 80퍼센트 이상 늘어나게 된다. 중국에 이 만큼의 자동차가 늘어나면 자원 소비와 오염 문제 외에도 심각한 문제들이 나타날 것이다. 새로운 도로와 주차 공간이 필요해지는데, 선진국의 경험을 보면 적어도 1300만 헥타르의 땅이 소요될 것이다. 이는 현재 중국의 쌀 재배 면적의 절반에 해당하는 면적이다. 중국의 거대한 인구를 먹여 살리면서 그만큼 많은 땅을 어디서 확보할 것인가?

자원 소비가 150배로 늘어난다고 추산했을 때는 선진국의 자원 소비가 더욱 늘어날 가능성이나 가난한 나라의 인구가 2050년까지 50퍼센트 늘어날 전망에 관해서는 고려하지 않은 것이다. 이런 요인까지 고려하면 세계의 빈곤 문제를 해결하는 데는 더 많은 자원 소비가 요구된다. 선진국의 자원 소비를 줄이는 것은 정치적으로 불가능하다고 본다면, 세계의 모든 사람이 인간다운 생활을 유지하게 하는 것은 거의 불가능해 보인다. 선진국에서와 같은 대량 소비사회로의 진화가 세계 다른 곳에서도 반복될 수는 없는 것이다.

에너지

이러한 자원 제약은 에너지 사용에 관련된 문제로 인해 더욱 확대된다. 현대의 산업화, 도시화된 하이테크, 대량 소비사회는 높은 에너지 소비에 의존한다. 지난 200년 동안 이러한 도시의 모습이 갖추어져 오게 된 데는 세계에 매장되어 있던 화석연료 중에 처음에는 석탄, 그리고 나서 석유와 천연가스의 엄청난 사용이 있었다. 그러나 아무리 매장량이 많았어도 언젠가는 다 쓰게 되어 있다. 앞으로 얼마나 더 지금까지처럼 화석연료를 공급할 수 있는가 하는 문제는 매우 중요하면서도 어려운 문제다.

19세기의 주된 연료 자원이었던 석탄은 20세기에 들어 선진국에서 그 중요성이 크게 감소하기는 했지만, 계속 사용되어 왔다. 석탄의 매장량은 앞으로 소비가 더 늘더라도 적어도 200년은 쓸 수 있는 수준이라고 한다. 석탄의 가장 큰 문제점은 채굴해서 운송하는 비용이 높다는 점이다. 석탄을 태울 때 환경오염을 일으키는 것도 문제다. 이산화탄소를 발생시킬 뿐 아니라 산성비의 주범인 이산화황을 발생시킨다. 또한 석탄은 사용하기가 편리한 편이 아니어서 주로 제철 산업이나 발전소 등에서 사용된다. 점점 중요성이 늘어 가는 교통 분야에서는 석탄이 거의 사용되지 않는다.

석유는 20세기의 주된 화석연료였다. 석유의 사용은 300배로 늘었지만, 유전도 많이 개발되고 계속 발견되어 소비가 늘어났는데도 추정 매장량은 오히려 늘었다. 하지만 21세기에는 이러한 양상이 반복되지 않을 것이다. 석유 에너지 붐이 막을 내리면서 에너지 역사의 새로운 장으로 들어서고 있다는 증거가 늘어나고 있다. 1970년 이래 매년 새로 발견되는 석유 매장량보다 뽑아서 사용하는 석유의 양이 더욱 많았다. 전 세계 석유 생산량의 80퍼센트는 1973년 이전에 발견된 유전으로부터 나오며, 추출되는 석유의 양은 꾸준히 감소해 왔다. 문제는 전 세계 석유의 매장량이 얼마나 되느냐 하는 것이다. 대체로 (소비량 증가를 감안하더라도) 40년 정도 쓸 수 있는 양이 매장되어 있다는 것이 지난 수십 년 동안의 추정이었다. 이렇게 생각해 온 주된 이유는 석유 회사들이 어느 정도 매장량을 가진 유전이 있을 경우 새로운 유전을 탐사하려고 투자하지 않기 때문이다. 그런데 세계의 알려진 석유 매장량의 75퍼센트는 370개의 거대 유전에 매장되어 있고, 각각에 관해 정확한 매장량이 알려져 있다.(이들은 모두 1960년대 초에 발견된 것들이다.) 이러한 사실에 기초해 많은 분석가는 전 세계 석유 매장량의 90퍼센트는 이미 발견되었다고 보고 있다. 즉 2010년을 전후해 석유 생산이 정점을 친다는 것이다. 석유의 중요성이 감소하는 과정은 상당한 시간이 걸릴 것이며, 유가가 상승함에 따라 석유 혈암(oil shale)과 중유, 타르 모래 등 등 질 낮은 에너지원이 쓰일 것이다. 그렇다고 하더라도 석유 생산 감소의 영향은 앞으로 20년 이내에 전 세계적으로 감지될 것이다.

천연가스는 20세기 후반에 점점 더 중요해졌다. 1975년과 2000년 사이에 발견된 천연가스 매장량은 세 배로 늘었다. 같은 시기에 천연가스 추출량은 두 배로 늘었다. 그 결과 알려진 천연가스 매장량은 40년간 사용할 수 있는 양에서 60년간 사용할 수 있는 양으로 늘었다. 그렇지만 매장량이 고갈되기 훨씬 전에 생산이 줄어들기 시작할 것이다. 2020년을 전후해 정점을 치고 그 이후에는 생산량이 줄어들 것으로 보인다. 천연가스 생산량의 감소는 석유 생산의 감소와 함께 일어날 것이므로 자원 부족으로 인한 상황을 더욱 악화할 것이다.

이런 상황에서 에너지는 향후 수십 년 동안 주된 제약 조건으로 작용할 것이다. 21세기에도 20세기처럼 에너지 사용이 증가한다면 2100년에 전 세계의 1인당 에너지 소비량은 현재 미국의 1인당 소비 수준보다 40퍼센트 많이 사용하는 것이 되는데, 이는 불가능한 일이다. 세계의 가장 가난한 지역이 생활수준과 에너지 소비수준을 유럽만큼 높이는 데 필요한 정도로 에너지가 공급될 수는 없다. 분명 세계는 갈림길에 다가가고 있다. 전 세계 인구의 극소수가 에너지를 마구 낭비하는 것처럼 전 세계인 모두가 따라할 수는 없다. 사실 앞으로는 선진국조차 그런 식의 에너지 소비를 계속하기가 점점 어려워질 것이다.

지구온난화

석유와 천연가스의 생산이 줄어들면서 생길 문제가 나타나는 시기보다 훨씬 앞서서, 지난 200년 동안 에너지 소비(그중 거의 대부분은 화석연료로부터 왔다.)가 엄청나게 늘어나면서 생긴 여러 문제를 직면하게 될 것이다. 지난 두 세기 동안 대기 중의 이산화탄소량은 270ppm에서 380ppm으로 늘어났다. 40퍼센트 이상이 증가한 것이다. 오늘날 이산화탄소가 대기로 방출되는 속도(연간 2~2.5ppm)는 2012년이 되면 400ppm이 넘을 것이다. 세계의 과학자들은 이것이 지구의 기온을 적어도 2도 상승시킬 것이며, 이 수준 이상으로 상승할 경우 "인간 사회와 생태계에 미칠 영향은 눈에 띄게(significantly) 증가할 것"이라는 예측에 대개 동의한다. 대기 중의 이산화탄소 농도를 400ppm 정도에서 멈추게 하려면 앞으로 몇 년 안에 이산화탄소의 배출량이

1990년 수준 이하로 내려가고 그 이후로는 현재보다 훨씬 적은 수준 으로까지 점차 감소해야 한다.

이런 목표가 달성될 가능성은 어느 정도인가? 가정과 산업에서 쓰는 에너지를 생산하고 분배하는 모든 과정에서 에너지 효율성을 증대시킬 수 있을 것이다. 자동차의 연료 효율성도 (특히 미국에서) 크게 늘릴 수 있을 것이다. 그러나 과거의 경험에 비추어 볼 때 효율성을 높인다고 전체적인 소비량이 줄어드는 것은 아니다. 사실 소비가 오히려 늘어나는 경향이 있다. 다른 해결 방법은 없을까? 환경적·사회적 위험을 무시하고 원자력발전을 크게 증가시키더라도 이산화탄소 배출에는 미미한 영향밖에 주지 못할 뿐 아니라 발전 시설이 갖추어지려면 수십 년을 기다려야 한다. 핵융합 기술은 아직 시작 단계에 있어, 최초의 발전소가 사용하는 전기보다 더 많은 전기를 생산할 수 있게 되고(핵융합 발전소를 짓는 데 드는 에너지는 고려하지 않는다 하더라도) 상업적인 형태로 준비되려면 수십 년은 더 걸릴 것이다. 2006년에 유럽 연합과 미국, 일본, 러시아, 중국은 프랑스의 남부에 핵융합 발전소의 모델을 건설하는 100억 달러 규모의 프로젝트를 수행하기로 합의했다. 2015년까지 완공하는 것이 목표다. 이 프로젝트가 잘된다면 2040년까지는 시범적으로 상업적인 핵융합 발전소가 세워질 수 있을 것이라고 한다. 이러한 스케줄에 따른다 해도 핵융합 발전이 세계의 에너지 소비에 영향을 주기 위해서는 수십 년이 걸려 21세기 후반까지 가야 할 것이다. 발전 시설이나 산업에서 발생하는 매연 중에 포함된 이산화탄소를 제거하는 방법은, 대규모로 제거하려면 기술 개발이 더 필요하지만 기술적으로 가능하기는 하다. 문제는 포획된 이산화탄소를 어떻게 처리하느냐다. 오늘날 세계의 연간 이산화탄소 생산량은 27억 톤에 달한다. (그러려면 엄청난 에너지가 들겠지만) 이산화탄소 기체를 영하 80도에서 얼린다고 하더라도 높이가 1킬로미터가 넘고 직경이 20킬로미터 이상인 얼음산이 만들어질 것이다. 이산화탄소를 가스 상태로 보관하려면 대기나 바다로 빠져나가지 못하도록 어딘가에 격리해야 한다. 가까운 장래에 이런 문제에 대한 기술적인 해결책이 나오리라고 기대하기는 어렵다. 이것이 해결된다고 하더라도 오늘날 이산화탄소 배출량의 30퍼센트를 차지하는 자동차나 비행기에서 나오는 배출량은 해결되지 않는다. 지구 주위에 거대한 '우산'을 만들어 태양에너지를 우주 공간으로 반사시킨다는 식의 별난 해법도 제시된 바 있지만, 현실성이 없을 뿐 아니라 실행될 가능성도 거의 없다. 이 모든 기술적 해결책은 최소 20년 이상 걸려야 완성될 것이며, 이것이 보편적으로 이용되려면 다시 20년이 더 걸려야 할 것이다. 즉 21세기 초에 기술적인 방법으로 세계의 이산화탄소 배출을 크게 줄이기는 어려울 것이라는 얘기다.

이러한 기술적인 문제들은 지구온난화를 쉽게 해결할 방법이 없다는 것을 의미한다. 이 때문에 각국 정부는 교토 의정서에서 정한 지극히 쉬운 목표조차 달성하지 못하고 있고, 교토 체제에 참여하기를 거부하는 나라도 많은 것이다. 2012년 이후에 더욱 심화된 감축 목표를 달성할 전망은 더욱 희박하다. 목표를 달성할 수 있다고 하더라도 미국과 중국, 인도 등 주요국들이 별다른 제약 없이 계속 이산화탄소 배출을 늘려 간다면 이산화탄소 배출량의 증가 속도를 아주 약간 줄일 수 있을 뿐이다. 현대사회에 깊이 스며 있는 고(高)에너지 소비 성향과 민주주의 사회에서 에너지 소비를 크게 줄이는 것의 어려움, 그리고 향후 수십 년간 용이한 기술적 해결책이 없다는 점 등을 생각하면 지구의 기후에 관한 전망은 어둡다고 할 수밖에 없다. 앞으로의 30~40년에 대한 가장 있을법한 전망은 각국이 '하던 대로

(business as usual)' 에너지를 쓰고, 온실가스에 대한 효과적인 통제는 거의 없으며, 전 세계의 에너지 소비는 계속 늘어날 것이라는 점이다. 2006년에 국제에너지기구(International Energy Agency: IEA)의 '에너지 전망(Energy Outlook)'에 실린 예측에 따르면 전 세계의 에너지 사용량은 2030년까지 53퍼센트가 늘어나고, 그 증가분의 80퍼센트 이상을 화석연료가 차지한다는 시나리오가 가장 유력하다고 한다. 지난 200년 동안 인류 사회가 걸어온 방향은 그리 쉽게, 또 빠르게 바뀌지 않을 것이다.

이런 상황에서 이산화탄소 농도가 계속 늘어나는 것을 막을 방법은 없어 보인다. 현재 매년 2.5ppm의 이산화탄소가 대기 중으로 방출되며 이는 30년 전보다 두 배 이상으로 늘어난 수준이다. 에너지 소비와 화석연료 사용이 계속 증가함에 따라 이 수치는 계속 올라갈 것이다. 과학자 중에는 대기 중 이산화탄소 농도가 산업화 시대 이전의 수준보다 75퍼센트 늘어난 수준인 450ppm까지 올라가는 것이 거의 확실한 것으로 보는 사람들이 대부분이다. 앞으로 20~25년이 지나면 그 수준에 도달할 것으로 보인다. 이산화탄소 농도가 이 수준을 넘어서 버리면 그다음부터 증가하는 속도는 정말 빨라질 것이다. 어떤 식으로든 제동이 걸리지 않으면 이산화탄소의 대기 중 농도는 2100년까지 650~970ppm 사이로 상승해 산업화 이전 사회보다 두세 배에 달할 것으로 보인다. 연간 이산화탄소 배출량이 현재 수준 정도로 유지된다고 가정했을 때 650ppm까지 오르는 것이므로, 이보다 더 높은 수준이 될 가능성이 더 높다. 그렇게 되면 기온이 적어도 평균 5도 상승하고 고위도 지역에서는 10도까지 상승할 수도 있다. 기온이 이 수준까지 상승하기 훨씬 전부터 지구온난화에 미치는 영향은 엄청날 것이다. 대규모 기후변화가 일어날 것이며 빙하가 녹고 해수면이 상승하며, 특히 시베리아 동토 지대에서 메탄이 방출된다든지 하는 상승 효과를 고려하면 기온은 더 급속히 올라갈 것이고 재앙과 혼란은 훨씬 극심해질 것이다.

문제 복합성

지구온난화가 지속되면 이미 지구가 겪고 있는 여러 가지 환경문제, 즉 삼림 파괴와 토양침식, 사막화, 염화, 대규모 물 부족, 야생의 파괴, 도시화 등의 문제들이 더욱 심각해질 것이다. 게다가 산업이 계속 확대되고 소비가 늘어나면 대기와 수질의 오염도 더 심각해질 것이다. 인구가 계속 늘어나면 (지금보다 더 천천히 늘어난다고 해도) 자원과 식량에 대한 압박도 더 커질 것이다. 이 모든 문제가 부와 소득, 권력의 분배가 심각하게 불평등하며, 주요한 경제적 결정에 대한 정치적 메커니즘의 영향력이 감소하는 오늘날의 세계에서 해결되어야 한다. 세계가 직면한 문제의 규모는 서로 얽혀 있으며 역사상 유례없이 크다. 지구온난화로 인한 변화는 경제적·사회적·정치적 시스템을 극도로 불안하게 만들 것이며 어쩌면 붕괴시켜 버릴지도 모른다.

지금까지 붕괴가 일어나지 않았다고 해서 앞으로도 그러리라는 보장은 없다. 과거에도 언제까지나 유지될 것으로 믿었던 생활 방식이 시간이 흐른 후에 파국을 맞는 예가 많았다. 위기를 직면하지 않을 수 없게 된 시점에서는 이미 살아남기 위해 필요한 사회적·경제적·정치적 변화를 추진하지 못하는 경우도 많았다. 환경으로부터 지속 가능한 방식으로 의식주에 필요한 자원을 얻는 것은 모든 인간 사회에 공통된 과제였다. 어느 정도 손상시키는 것은 분명히 불가피하며, 환경도 어느 정도의 파괴는 감당할 수 있다.(명확히 아는 사람은 아예 없거나 있다고 해도 소수였지만 말이다.) 인류 사회의 도전은 인간의 욕망으로 인한 환경 파괴가 심각해지는 시점을 예상해 이에 대응하기 위한 정치적·경제적·사회적 수단을 강구하는 것이었다. 일부 사회는 이러한 균형을 찾는 데 성공했지만, 그렇지 못한 경우도 있었다.

현대사회가 직면한 문제는 사회가 진화해 온 방식, 그중에서도 특히 지난 200년 동안 일어난 중대한 변화에서 비롯된 것이다. 현대의 산업화, 도시화된 고소비, 고(高)에너지 소비사회는 놀라운 성취를 거두었다. 그러나 그 이면에서는 역사상 유례가 없을 정도로 크고 해결책을 생각해 내기 어려울 정도로 복잡한 환경문제가 발생했다. 좀 더 넓은 역사적인 시각에서 보면 현대 산업사회가 환경적으로 지속 가능한지를 판단하기는 아직 이른 것이 분명하다.

참고 문헌

전체

Clapp, B., *An Environmental History of Britain.* London: Longman, 1994.

Ehrlich, P., Ehrlich, A. & Holdren, J., *Ecoscience: Population, Resources, Environment.* San Francisco: Freeman, 1977.

Goudie, A., *The Human Impact: Man's Role in Environmental Change.* Oxford: Blackwell, 1981.

Grigg, D., *The Agricultural Systems of the World: An Evolutionary Approach.* Cambridge: Cambridge University Press, 1974.

McNeill, J., *Something New Under the Sun: An Environmental History of the Twentieth Century.* New York: Penguin, 2000.

Meyer, W., *Human Impact on the Earth.* Cambridge: Cambridge University Press, 1996.

Simmons, I., *Changing the Face of the Earth: Culture, Environment, History.* Oxford: Blackwell, 1989.

Thomas, W. (ed.), *Man's Role in Changing the Face of the Earth.* Chicago: Chicago University Press, 1956.

Wilkinson, R., *Poverty and Progress: An Ecological Model of Economic Development.* New York: Praeger, 1973.

Worster, D. (ed.), *The Ends of the Earth: Perspectives on Modern Environmental History.* Cambridge: Cambridge University Press, 1988.

1장 이스터섬의 교훈

Heyerdahl, T., *Aku-Aku: The Secret of Easter Island.* London: Allen and Unwin, 1958.

Irwin, G., *The Prehistoric Exploration and Colonization of the Pacific.* Cambridge: Cambridge University Press, 1992.

Jennings, J., *The Prehistory of Polynesia.* Cambridge: Harvard University Press, 1979.

Metraux, A., *Easter Island.* London: André Deutsch, 1957.

2장 역사의 기초

Colinvaux, P., *Why Big Fierce Animals Are Rare.* Princeton: Princeton University Press, 1978.

Kump, L., Kasting, J. & Crane, R., *The Earth System.* Englewood Cliffs: Prentice Hall, 2004.

Lovelock, J., *Gaia: A New Look at Life on Earth.* Oxford: Oxford University Press, 1979.

Lovelock, J., *The Ages of Gaia: A Biography of Our Living Earth.* Oxford: Oxford University Press, 1988.

Odum, E., *Fundamentals of Ecology.* Philadelphia: Saunders, 1971.

3장 인류 역사의 99퍼센트

Butzer, K., *Environment and Archaeology: An Ecological Approach to Prehistory (2nd ed.).* London: Methuen, 1972.

Clark, J., *World Prehistory: In New Perspective (3rd ed.).* Cambridge:

Cambridge University Press, 1977.

Dennell, R., *European Economic Prehistory: A New Approach*. London: Academic Press, 1983.

Durrant, J. (ed.), *Human Origins*. Oxford: Oxford University Press, 1989.

Fagan, B., *The Journey From Eden: The Peopling of OurWorld*. London: Thames and Hudson, 1990.

Fagan, B., *People of the Earth: An Introduction to World Prehistory*. (8th ed.) New York: Longman, 1995.

Gamble, C., *The Paleolithic Settlement of Europe*. Cambridge: Cambridge University Press, 1992.

Lee, R., & DeVore, I., *Man the Hunter*. Chicago: Aldine, 1968.

Lewin, R., *Human Evolution*. Oxford: Blackwell Science, 1989.

Martin, P. &Wright, H., *Pleistocene Extinctions: The Search for a Cause*. New Haven: Yale University Press, 1967.

Mellars, P. & Stringer, C., *The Human Revolution: Behavioural and Biological Perspectives on the Origin of Modern Humans*. Edinburgh: Edinburgh University Press, 1989.

Sahlins, M., *Stone Age Economics*. Chicago: Aldine, 1972.

Shick, K. & Toth, N., *Making the Silent Stones Speak:Human Evolution and the Dawn of Technology*. London:Weidenfeld & Nicolson, 1993.

Wenke, R., *Patterns in Prehistory: Humankind's First Three Million Years*. New York: Oxford University Press, 1990.

4장 최초의 대전환

Adams, R., *The Evolution of Urban Society: Early Mesopotamia and Prehispanic Mexico*. Chicago: Aldine, 1966.

Clutton-Brook, J., *The Walking Larder: Patterns of Domestication, Pastoralism and Predation.* London: Routledge, 1988.

Cohen, M., *The Food Crisis in Prehistory:Overpopulation and the Origins of Agriculture.* New Haven: Yale University Press, 1977.

Crawford, H., *Sumer and the Sumerians.* Cambridge: Cambridge University Press, 1991.

Gebauer, A. & Price,T., *Transitions to Agriculture in Prehistory.* Madison: Prehistory Press, 1992.

Gledhill, J., Bender, B. & Larsen, M., *State and Society: The Emergence and Development of Social Hierarchy and Political Centralization.* London: Routledge, 1988.

Harris, D. & Hillman, G., *Foraging and Farming: The Evolution of Plant Exploitation.* London: Routledge, 1988.

Henry, D., *From Foraging to Agriculture: The Levant at the End of the Ice Age.* Philadelphia: Philadelphia University Press, 1989.

Higgs, E., *Papers in Economic Prehistory.* Cambridge: Cambridge University Press, 1972.

Higgs, E., *Palaeoeconomy.* Cambridge: Cambridge University Press, 1975.

Maisels, C., *The Emergence of Civilization: From Hunting and Gathering to Agriculture, Cities and the State in the Near East.* London: Routledge, 1990.

Megaw, J., *Hunters, Gatherers and the First Farmers Beyond Europe.* Leicester: Leicester University Press, 1977.

Postgate, J., *Early Mesopotamia: Society and Economy at the Dawn of History.* London: Routledge, 1992.

Rindos, D., *The Origins of Agriculture: An Evolutionary Perspective.* Orlando: Academic Press, 1984.

Smith, B., *The Emergence of Agriculture.* New York: Scientific American

Library, 1995.

Ucko, P. & Dimbleby, G., *The Domestication and Exploitation of Plants and Animals.* Chicago: Aldine, 1969.

Ucko, P., Tringham, R. & Dimbleby, G., *Man, Settlement and Urbanism.* London: Duckworth, 1972.

Zohary, D. & Hopf, M., *Domestication of Plants in the Old World: The Origin and Spread of Cultivated Plants in West Asia, Europe and the Nile Valley.* Oxford: Oxford University Press, 1988.

5장 파괴와 생존

Butzer, K., *Early Hydraulic Civilization in Egypt: A Study in Cultural Ecology.* Chicago: Chicago University Press, 1976.

Carter, V. & Dale, T., *Topsoil and Civilization.* Norman: University of Oklahoma Press, 1974.

Culbert, T., *The Classic Maya Collapse.* Albuquerque: University of New Mexico Press, 1973.

Hughes, D., *Ecology in Ancient Civilizations.* Albuquerque: University of New Mexico Press, 1975.

Hughes, D., *Pan's Travail: Environmental Problems of the Ancient Greeks and Romans.* Baltimore: Johns Hopkins University Press, 1994.

Rzoska, J., *Euphrates and Tigris: Mesopotamian Ecology and Destiny.* The Hague: Kluwer, 1980.

Tainter, J., *The Collapse of Civilizations.* Cambridge: Cambridge University Press, 1988.

Thirgood, J., *Man and the Mediterranean Forest: A History of Resource Depletion.* London: Academic Press, 1981.

Yoffe, N. & Cowgill, G., *The Collapse of Ancient States and Civilizations.*

Tucson: University of Arizona Press, 1988.

6장 기나긴 투쟁

Braudel, F., *Capitalism and Material Life 1400-1800*. London: Fontana, 1975.

Chao, K., *Man and Land in Chinese History: An Economic Analysis*. Stanford: Stanford University Press, 1986.

Crosby, A., *The Columbian Exchange: Biological and Cultural Consequences of 1492*. Westport: Greenwood Press, 1972.

Elvin, M., *The Pattern of the Chinese Past*. Stanford: Stanford University Press, 1973.

Garnsey, P., *Famine and Food Supply in the Graeco-Roman World: Responses to Risk and Crisis*. Cambridge: Cambridge University Press, 1988.

Gribbin, J., *Climatic Change*. New York: Scribner, 1979.

Grigg, D., *Population Growth and Agrarian Change:An Historical Perspective*. Cambridge: Cambridge University Press, 1980.

Ladurie, Le Roy, *Times of Feast, Times of Famine: A History of Climate Since the Year 1000*. London: 1972.

Lamb, H., *Climate, History and the Modern World*. Andover: Methuen, 1982.

Livi-Bacci, M., *A Concise History of World Population*. Oxford: Oxford University Press, 2001.

McEvedy, C. & Jones, R., *Atlas of World Population History*. New York: Facts on File, 1979.

Newman, L. (ed.), *Hunger in History: Food Shortage, Poverty and Deprivation*. Oxford: Blackwell, 1990.

Post, J., *The Last Great Subsistence Crisis in theWestern World*. Baltimore: Johns Hopkins University Press, 1977.

Rotberg, R. & Rabb, T., *Hunger and History: The Impact of Changing Food*

Production and Consumption Patterns on Society. Cambridge: Cambridge University Press, 1985.

Smith, T., *Agrarian Origins of Modern Japan*. Stanford: Stanford University Press, 1959.

Walter, J. & Schofield, R., *Famine, Disease and the Social Order in Early Modern Society*. Cambridge: Cambridge University Press, 1989.

Watson, A., *Agricultural Innovation in the Early IslamicWorld: The Diffusion of Crops and Farming Techniques 700-1100*. Cambridge: Cambridge University Press, 1983.

Wigley, T., Ingram, M. & Farmer, G., *Climate and History: Studies in Past Climates and their Impact on Man*. Cambridge: Cambridge University Press, 1981.

Woodham-Smith, C., *The Great Hunger*. New York: Harpers & Row, 1963.

7장 사상의 변천

Capra, F., *The Turning Point: Science, Society and the Rising Culture*. New York: Simon & Schuster, 1982.

Glacken, C., *Traces on the Rhodian Shore: Nature and Culture in Western Thought from Ancient Times to the End of the Eighteenth Century*. Berkeley: University of California Press, 1967.

Passmore, J., *Man's Responsibility for Nature: Ecological Problems and Western Traditions*. New York: Scribner, 1974.

Pollard, S., *The Idea of Progress: History and Society*. London: CA Watts, 1968.

Porritt, J., *Seeing Green*. Oxford: Blackwell, 1984.

Porritt, J., *Playing Safe: Science and the Environment*. London: Thames & Hudson, 2000.

Thomas, K., *Man and the NaturalWorld: Changing Attitudes in England 1500-

1800. New York: Pantheon, 1983.

Worster, D., *Nature's Economy: A History of Ecological Ideas.* San Francisco: Sierra Club Books, 1977.

8장 약탈되는 세계

Busch, B., *The War Against the Seals: A History of the North American Seal Fishery.* Montreal: McGill-Queen's University Press 1985.

Cherfas, J., *The Hunting of the Whale.* London: Bodley Head, 1988.

Crosby, A., *Ecological Imperialism: The Biological Expansion of Europe 900-1900.* Cambridge: Cambridge University Press 1986.

Drake, J., *Biological Invasions: A Global Perspective.* Chichester: Wiley, 1989.

Ellis, R., *Men and Whales.* New York: Hale, 1991.

Elton, C., *The Ecology of Invasions by Animals and Plants.* Chicago: University of Chicago Press, 2000.

Hall, S., *The Fourth World: The Heritage of the Arctic and its Destruction.* New York: Knopf, 1987.

Innis, H., *The Fur Trade in Canada.* Toronto: University of Toronto Press, 1956.

Jackson, G., *The British Whaling Trade.* Hamden: Shoe String Press, 1978

Martin, J., *Treasure of the Land of Darkness: The Fur Trade and its Significance in Medieval Russia.* Cambridge: Cambridge University Press, 1986.

Ritchie, J., *The Influence of Man on Animal Life in Scotland.* New York: Macmillan, 1920.

Schorger, A., *The Passenger Pigeon: Its Natural History and Extinction.* Madison: University of Wisconsin Press, 1955.

Stoett, P., *The International Politics of Whaling.* Vancouver: University of British Columbia Press, 1997.

Thompson, H. & King, C., *The European Rabbit: The History and Biology of a Successful Colonizer.* Oxford: Oxford University Press, 1994.

Veale, E., *The English Fur Trade in the Later Middle Ages.* Oxford: Oxford University Press, 1966.

Wishart, D., *The Fur Trade of the American West 1807-1840.* Lincoln: University of Nebraska Press, 1979.

9장 불평등의 기초

Binder, P., *Treasure Islands: The Trials of the Ocean Islanders.* London: Bland and Briggs, 1977.

Blackburn, R., *The Making of New World Slavery: From the Baroque to the Modern 1492-1800.* London: Verso Books 1997.

Curtin, P., *The Rise and Fall of the Plantation Complex: Essays in Atlantic History.* Cambridge: Cambridge University Press, 1986.

Dean, W., *Brazil and the Struggle for Rubber.* Cambridge: Cambridge University Press, 1987.

Fernandez-Arnesto, F., *Before Columbus: Exploration and Colonization from the Mediterranean to the Atlantic 1229-1492.* London: 1987.

Frank, A., *World Accumulation 1492-1789.* London: Palgrave MacMillan, 1978.

Headrick, D., *The Tools of Empire: Technology and European Imperialism in the Nineteenth Century.* Oxford: Oxford University Press, 1981.

Klee, G., *World Systems of Traditional Resource Management.* London: E. Arnold, 1980.

Lanning, G. & Mueller, M., *Africa Undermined: Mining Companies and the Underdevelopment of Africa.* Harmondsworth: Penguin, 1979.

Mackenzie, J., *Imperialism and the Natural World.* Manchester: Manchester

University Press, 1990.

Thornton, J., *Africa and Africans in the Making of the Atlantic World 1400-1680*. Cambridge: Cambridge University Press, 1992.

Tucker, R. & Richards, J., *Global Deforestation and the Nineteenth CenturyWorld Economy*. Durham, NC: Duke University Press, 1983.

Wallerstein, I., *The Modern World System* (3 vols.) New York: Academic Press, 1974-1989.

Ward, R., *Man in the Pacific Islands: Essays on Geographical Change in the Pacific Islands*. Oxford: Oxford University Press, 1972.

Williams, M. & Macdonald, B., *The Phosphaters:A History of the British Phosphate Commissioners and the Christmas Island Phosphate Commission*. Carlton: Melbourne University Press, 1985.

Wolf, E., *Europe and the People Without History*. Berkeley: University of California Press, 1982.

Wolf, R., *The Economics of Colonialism: Britain and Kenya 1870-1930*. New Haven: Yale University Press, 1974.

10장 질병과 죽음

Cohen, M., *Health and the Rise of Civilization*. New Haven: Yale University Press, 1989.

Kiple, K. (ed.), *The Cambridge World History of Human Disease*. Cambridge: Cambridge University Press, 1993.

Kiple, K. (ed.), *Plague, Pox and Pestilence: Disease in History*. London: Weidenfeld & Nicolson, 1997.

McKeown, T., *The Origins of Human Disease*. Oxford: Blackwell, 1988.

McNeill, W., *Plagues and Peoples*. New York: Doubleday, 1976.

Oldstone, M., *Viruses, Plagues and History*. New York: Oxford University

Press, 1998.

Thornton, R., *The American Indian Holocaust and Survival:A Population History.* Norman: University of Oklahoma Press, 1987.

11장 인구의 무게

Blaikie, P., Brookfield, H., *Land Degradation and Society.* London: Routledge, 1987.

Blaxter, K. & Robertson, N., *From Dearth to Plenty: The Modern Revolution in Food Production.* Cambridge: Cambridge University Press, 1995.

Dauvergne, P., *Shadows in the Forest: Japan and the Politics of Timber in Southeast Asia.* Cambridge: MIT Press, 1997.

Eckholm, E., *Losing Ground: Environmental Stress and World Food Prospects.* Oxford: Elsevier, 1978.

George, S., *How the Other Half Dies: The Real Reasons for World Hunger.* Harmondsworth: Penguin, 1977.

Gleick, P., *Water in Crisis.* Oxford: Oxford University Press, 1993.

Gleick, P., *The World'sWater 2004-2005.* Washington DC: Island Press, 2004.

Grigg, D., *The World Food Problem 1950-1980.* Oxford: Blackwell, 1985.

Grigg, D., *The Transformation of Agriculture in theWest.* Oxford: Blackwell, 1992.

Meyer,W. &Turner, B., *Changes in Land Use and Land Cover: A Global Perspective.* Cambridge: Cambridge University Press, 1994.

Pearse, A., *Seeds of Plenty, Seeds of Want:Social and Economic Implications of the Green Revolution.* Oxford: Oxford University Press, 1980.

Rich, B., *Mortgaging the Earth: The World Bank, Environmental Impoverishment and the Crisis of Development.* Boston: Earthscan, 1994.

Richards, J. & Tucker, R., *World Deforestation in the Twentieth Century.* Durham, NC: Duke University Press, 1988.

Sen, A., *Poverty and Famines:An Essay on Entitlement and Deprivation.* Oxford: Oxford University Press, 1981.

Warnock, J., *The Politics of Hunger.* London: Routledge, 1987.

Worster, D., *Dust Bowl: The Southern Plains in the 1930s.* New York: Oxford University Press, 1979.

12장 제2의 대전환

Albion, R., *Forests and Sea Power: The Timber Problem of the Royal Navy 1652-1862.* Cambridge: Harvard University Press, 1926.

Clark, J., *The Political Economy of World Energy: A Twentieth Century Perspective.* London: Prentice Hall, 1990.

Daniels, G. & Rose, M., *Energy and Transport: Historical Perspectives on Policy Issues.* London: Sage, 1982.

Etemad, B. & Luciani, J., *World Energy Production 1800-1985.* Geneva: Droz, 1991.

Foley, G., *The Energy Question.* Harmondsworth: Penguin, 1976.

Gimpel, G., *The Medieval Machine: The Industrial Revolution of the Middle Ages.* New York: Holt, Rinehart and Winston, 1977.

Maczak, A. & Parker,W., *Natural Resources in European History.* Washington, DC: Resources for the Future, 1978.

Schurr, S. & Netschert, B., *Energy in the American Economy 1850-1975.* Baltimore: Johns Hopkins University Press, 1960.

Smil, V., *Energy in World History.* Boulder: Westview Press, 1994.

Smil, V., *Energy at the Crossroads: Global Perspectives and Uncertainties.* Cambridge: MIT Press, 2003.

Thompson, F., *Victorian England: The Horse Drawn Society.* London: Bedford Coll.,1970.

Thompson, F., *The Horse in European Economic History: A Preliminary Canter.* Reading: University of Reading Press, 1983.

13장 도시의 성장

Berry, B., *Comparative Urbanisation: Divergent Paths in the Twentieth Century.* London: Macmillan, 1981.

Chandler, T. & Fox, G., *3,000 Years of Urban Growth.* New York: Academic Press, 1974.

Chudacoff, H., *The Evolution of American Urban Society.* Englewood Cliffs: Prentice Hall, 1975.

Dyos, H. &Wolff, M., *The Victorian City: Images and Reality.* London: Routledge, 1973.

Gugler, J., *The Urban Transformation of the Developing World.* Oxford: Oxford University Press, 1996.

Hall, P., *The World Cities.* London: Wiedenfeld & Nicolson, 1977.

Hohenberg, P. & Lees, L., *The Making of Urban Europe 1000-1950.* Cambridge: MIT Press, 1985.

Kornhauser, D., *Urban Japan: Its Foundations and Growth:* London: Longman, 1976.

Lowder, S., *Inside Third World Cities,* London: Routledge, 1986.

Mumford, L., *The City in History: Its Origins, Its Transformations, and Its Prospects.* London: HBJ, 1961.

Sjoberg, G., *The Preindustrial City.* New York: Free Press, 1960.

Sutcliffe, A., *Metropolis 1890-1940.* London: Mansell, 1984.

Whitehand, J. *The Making of the Urban Landscape.* Oxford: Blackwell, 1992.

14장 풍요로운 사회의 창조

Davis, D., *A History of Shopping*. London: 1966.

Flink, J., *The Car Culture*. Cambridge: MIT Press, 1975.

Freund, P. & George, M., *The Ecology of the Automobile*. Montreal: Black Rose Books, 1993

Galbraith, J., *The Affluent Society*. New York: Houghton, 1958.

Hirsch, F., *Social Limits to Growth*. Cambridge: Harvard University Press, 1976.

15장 오염되는 세계

Ashby, E. & Anderson, M., *The Politics of Clean Air*. Oxford: Oxford University Press, 1981.

Ashworth, W., *The Late, Great Lakes: An Environmental History*. New York: Knopf, 1986.

Bridgman, H., *Global Air Pollution: Problems for the 1990s*. London: Wiley, 1990.

Carter, F. & Turnock, D., *Environmental Problems in Eastern Europe*. London: Routledge, 1993.

Commoner, B., *The Closing Circle*. London: Cape, 1972.

Goldman, M., *The Spoils of Progress: Environmental Pollution in the Soviet Union*. Cambridge: MIT Press, 1972.

Huddle, N., Reich, M. & Stiskin, N., *Island of Dreams: Environmental Crisis in Japan*. New York: Autumn Press, 1975.

McCormick, J., *Acid Earth: The Global Threat of Acid Pollution*. London: Earthscan, 1989.

McKibben, B., *The End of Nature*. London: Penguin, 1990.

Wylie, J., *The Wastes of Civilization*. London: Faber and Faber, 1959.

16장 지구 환경의 위협

Boyle, S. & Ardill, J., *The Greenhouse Effect*. London: New English Library, 1989.

Gribbin, J., *The Hole in the Sky: Man's Threat to the Ozone Layer*. London: Corgi, 1981.

Houghton, J., *Global Warming*. Cambridge: Cambridge University Press, 2004.

McGuffie, K. & Henderson-Sellars, A., *A Climate Modelling Primer*. Chichester: Wiley, 2005.

옮긴이의 말

1991년, *A Green History of the World*의 초판 서문에서 클라이브 폰팅은 이렇게 말한다. "산이 거기 있기에 산에 오른다는 사람도 있지만, 나는 꼭 필요한 책인데 없기 때문에 이 책을 썼다."

이 말 그대로 『녹색 세계사』는 환경과 역사를 제대로 접목한 최초의 책이다. 폰팅의 표현을 빌리자면 '녹색(환경)의 시각에서 세계 역사를 죽 훑어 주는 책'이다. 환경문제에 관한 책으로는 과학 도서밖에 없었던 1990년대 초, 이 책이 나오자 환경문제에 관심이 있는 사람은 모두 열광했다. 내가 이 책에 관해 처음 들었던 것은 1994년 여름에 미국 알래스카에서 열렸던 환경 워크숍에서였는데, 당시에 발제자 중 한 사람이었던 젊은 캐나다인 환경 과학자가 열띤 어조로 이 책을 높이 평가하던 모습이 기억에 생생하다.

같은 해 가을, 도서출판 심지로부터 이 책을 번역해 달라는 의뢰를 받았을 때 나는 앞뒤 가리지 않고 수락했다. 꼭 번역되어야 할 책인데 아직 번역되지 않았다고 생각했기 때문이다. 하지만 당시에 내 삶은 환경 단체의 상근 활동가로서 한창 바쁘게 돌아가던 터여서 이 책을 번역하는 일에 많은 에너지를 쏟지 못했다. 1997년에 이 책의 개정판인 *A New Green History of the World*가 나와 도서출판 그물코로부터 번역을 다시 의뢰받았을 때 기쁜 마음으로 수락했지만, 그때의 상황도 이 책에 그리 전념하게 해 주는 것은 아니었다.

그래도 이 책은 국내 독자들의 사랑을 꾸준히 받았던 것 같다. 1995년에 심지에서 나온 첫 한국어판에 이어 2003년에 그물코에서 재출간이 되었고, 2007년에 나온 원서의 개정판을 역시 그물코에서 2010년에 출간해 주었다. 처음 출간된 이래, 이 책에 관해 좋게 평가하는 말을 많이 들었다. 세상을 보는 자기의 눈을 완전히 바꾸어 놓았다고, 발전하고 풍요롭게 산다는 것이 그렇게 우리 삶의 터전을 파괴하는 일인 줄은 몰랐다고 하는 말들이다. 그런 말을 들을 때마다 기쁘기도 하면서 맘 한구석이 편치 않았다. 이 책의 번역에 충분한 정성을 들이지 못했다고 생각해서였다.

이제 이 책을 민음사에서 다시 출간하니, 24년 이상 독자들의 관심이 이어져 온 셈이다. 교재나 고전이 아닌 번역서로서는 상당히 수명이 긴 편이다. 감사한 일이다. 좋은 책에 관한 우리나라 독자들의 안목이 아직도 살아 있는 것 같아 감사하고, 그 세월을 지나 이 책의 번역을 다시 맡게 되어 마음속의 찜찜함을 털어 낼 기회가 주어진 것에 감사한다. 이번 번역 원고는 아주 꼼꼼히 손보았다. 근 10년 만에 다시 보는 원고에는 손질할 부분이 꽤 많이 있었다.

이 책이 과학에 국한된 것이 아니라 인문·사회과학까지 통합해 환경을 다룬 책으로서 최초의 의미 있는 저작이라는 것에 이의를 달 사람은 없을 것이다. 이 책이 나오기 10여 년 전인 1975년에 도널드 휴즈(Donald Hughes) 같은 역사학자가 *Ecology in Ancient Civilizations*(『고대 문명의 환경사』) 같은 좋은 환경사책을 내기도 했지만, 그것은 고대 그리스·로마의 기록에 나온 당시 사람들의 환경에 관한 태도를 정리한 것이지, 사람과 환경이 상호작용하는 역사를 본격적으로 다룬 것은 아니었다. 1989년에 나온 존 펄린(John Perlin)의 *A Forest Journey*(『숲의 서사시』)도 상당히 매력적인 책이지만, 이 책에 비하면 다루는 시기나 지역, 분야의 면에서, 그리고 환경 변화에 관한 생태학적 서술에서 지극히 부분적이다.

이 책이 나온 후 본격적인 환경사책이 많이 나왔다. 그중 꼽을 만한 것으로 휴버트 램(Hubert Lamb)의 *Climate, History, and the Modern World*(1995: 『기후와 역사』), 로스 쿠퍼-존스턴(Ross Couper-Johnston)의 *El Niño*(1998: 『엘니뇨』), 브라이언 M. 페이건(Brian M. Fagan)의 *The Little Ice Age*(2000: 『기후는 역사를 어떻게 만들었는가』), 재러드 다이어몬드(Jared Diamond)의 *Collapse*(2005: 『문명의 붕괴』)를 들 수 있겠다. 2011년에 나온 데이비드 아불라피아(David Abulafia)의 *The Great Sea*(『위대한 바다』)도 훌륭한 환경 역사서로 꼽힐 만하다.

하지만 아직은 폰팅의 『녹색 세계사』가 환경 역사서로서는 단연 발군의 위치를 차지하고 있다고 볼 수 있다. 그 이유는 아마 이 책이 지구의 탄생에서 오늘날까지 세계 전역을 훑으면서 커다란 경향을 찾아내, 독자들에게 '환경'이라는 관점에 대한 보편적인 프레임을 제공하는 유일한 책이기 때문일 것이다. 바로 이 때문에 비평가 중에는 이 책이 우주의 기원에서 지금에 이르는 긴 시간과 다양한 학문을 통합하는 시각을 갖춘 역사 서술 방식인 '빅 히스토리(Big History)' 계열에

속하는 것으로 보는 사람들이 있다. 빅 히스토리는 어떤 구체적인 디테일보다는 전반적인 패턴이나 경향을 중시하는데, 『녹색 세계사』는 양자를 모두 갖추었다는 점에서 놀라운 책이다.

저자인 폰팅의 삶을 보면, 동양 최고의 역사서라고 할 수 있는 『사기(史記)』를 저술한 사마천(司馬遷)을 연상하게 하는 부분이 있다. 기원전 1세기 무렵에 중국의 한(漢)나라에서 활동했던 사마천은 아버지 때부터 '태사령(太史令)'이라는, 깊고 넓은 지식으로 황제에게 자문 역을 해 주는 중요한 공직을 이어받았는데, 황제의 잘못된 판단에 대해 끝까지 직언하다가 황제의 분노를 사 죽음에 몰리게 되었다. 사형을 당하는 대신에 당시로써는 가장 치욕적인 형벌인 궁형(宮刑)을 선택한 것은 중국의 역사를 제대로 써야 한다는 필생의 사명감 때문이었고, 그 결과 세상은 『사기』를 갖게 되었다.

이에 비하면 폰팅의 삶은 덜 극적으로 보인다. 하지만 국방부의 공무원 신분으로 영국 정부의 숨은 치부를 폭로하고, 그로 인해 재판을 받아 사임한 점, 수정주의 역사가로서 세상에 대한 기존의 해석에 과감히 맞서 온 점, 『세계사』와 『녹색 세계사』 등 빅 히스토리 방식의 역사 서술을 통해 역사를 보는 새로운 프레임을 대중에게 전하려고 한 점 등에서 폰팅이 살아가는 방식은 2000년 전에 지구 반대편에 살았던 사마천의 삶을 연상하게 하는 바가 많다.

『녹색 세계사』는 그런 삶의 방식을 잘 반영하는 책이다. 지구가 형성되던 당시에서 바로 최근에 이르기까지, 인간이 환경에 대해 벌여 온 일들을 날카로운 비판의 눈으로 집어내 그 결과로 일어나는, 그리고 앞으로 일어날 일들에 관해 사람들이 주목하게 만들고자 하는 책이다. 첫 장인 '이스터섬의 교훈'은 우화처럼 짧고 상징적인, 그러나 엄정한 분석과 사실에 기반을 둔 고발을 통해, 이 책 전체의 서사를 한

눈에 잡힐 듯이 보여 준다. 이어 '역사의 기초'와 '인류 역사의 99퍼센트' 등을 통해 웬만한 역사책에서는 잘 다루지 않는 지구 시원의 시간에서 출발해서 저자가 이 책을 집필하던 바로 그 시점까지, 환경과 사람이 어떻게 상호작용하면서 살아왔는지를 주로 비판적인 시각에서 보여 준다.

디테일에 충실한 사실(fact) 수집, 그리고 처음부터 끝까지 흔들리지 않는 시선을 유지하면서 그 사실들에서 교훈거리를 끄집어내 엮어 가는 힘찬 이야기 방식이 폰팅의 글이 지닌 특징이다. 공무원 출신답게 그의 문체에는 군더더기가 없는 확실한 전달력이 있다. 또한 그 문체를 통해 읽어 내고 글에 담아내는 사실들이 매우 놀라워서, 그리고 그런 놀라움을 전달하는 자세가 아주 진지하고 열정적이어서, 웬만한 선정주의 저널리즘을 능가하는 충격을 준다.

하지만 이 책을 번역하고 난 소감을 폰팅식으로 한 문장으로 표현하라고 하면 이렇게 말하고 싶다. "기록은 깨라고 있는 것이라고 말들을 하지만, 책은 그보다 더 나은 책을 쓰라고 나오는 것이다." 아시아의 여성으로서, 거의 반평생을 환경문제와 그로 인해 영향을 받을 미래 세대의 삶에 관해 고민해 온 사람으로서, 내게 폰팅의 『녹색 세계사』는 여러모로 더욱 발전할 여지를 많이 가진 책으로 보인다.

인류 문명에 관해 좀 더 균형 잡힌 시각을 갖고,(일례를 들면 폰팅은 아시아란 중국과 일본이라고 생각하는 근대 서구인의 사고방식을 여전히 가진 듯하다.) 인간의 삶 깊숙한 곳에 미치는 환경의 영향에 관해서도 좀 더 간파하며,(폰팅은 인간이 환경을 파괴한 결과인 생태계의 취약 상태에 관해 주로 언급했지만, 거기에서 파생되어 인간의 사회·문화 시스템 자체가 흔들리는 부분에 관해서는, 첫 번째 장인 '이스터섬의 교훈' 외에는 상당히 피상적으로 다루고 있다.) 좀 더 지구의 변화에서 긍정적인 부분을 보는,(제임스 러브

록(James Lovelock)의 *Gaia*(『가이아』)는 이 책과는 다른 분야의 책이지만, 폰
팅이 러브록의 방식으로 지구 환경의 변화를 보았다면 좀 더 균형 잡힌 관점에
다가갈 수 있었을 것이다.) 그런 환경 역사 서술이 필요할 것 같다.

　그 부분은 나를 비롯해 폰팅의 발자취를 따라가 보는 모든 사람
의 몫일 것 같다.

2019년 8월 31일, 옮긴이를 대표해서

이진아

이진아

서울대학교 인문대학 독어독문학과를 졸업하고 서울대학교 사회과학대학원 인류학과에서 석사과정과 박사과정을 공부했다. 1986년에 생명 위기의 의미에 눈을 뜨고 1992년에서 1997년까지 시민 단체 경실련 환경개발센터에서 활동하다가 2000년부터는 환경과 생명의 문제를 좀 더 근본적으로 탐구하며 대안을 찾아 공유하려고 노력해 오고 있다. 지은 책으로는 『딱 1년만 자연주의로 살아보기』와 『환경지식의 재발견: 지구에서 일어나고 있는 일들』, 『지구 위에서 본 우리 역사』 등이 있고, 옮긴 책으로는 『여성과 환경 그리고 지속가능한 개발』과 『제4차 지구생물다양성전망』 등이 있다.

김정민

서울대학교 사회과학대학 경제학부를 졸업하고 서울대학교 국제대학원에서 석사 학위와 박사 학위를 받았다. 주요 활동은 국제적 맥락에서 한국을 연구하고 가르치는 것이지만, 환경문제에 특별한 관심이 있어 한국의 환경문제와 동아시아 환경 협력에 관한 연구 과제에 참여했다. 서울대학교 아시아연구소 선임 연구원과 숙명여자대학교 초빙교수를 거쳐 현재 서울대학교 기초교육원 강의 교원으로 근대 한국의 역사와 사회에 관한 영어 강의를 맡고 있다. 서울대학교에서 다수의 영문 학술지 편집 및 영문 보고서 발간을 담당했으며, 국사편찬위원회의 『세종실록』, 경기문화재단의 『경기 천년의 문화사』 등 다수의 저서와 논문을 영어로 번역했다.

클라이브 폰팅의
녹색 세계사

위대한 문명의 붕괴로 보는 환경과 인간의 역사

1판 1쇄 펴냄 2019년 10월 25일
1판 3쇄 펴냄 2022년 9월 9일

지은이　클라이브 폰팅
옮긴이　이진아, 김정민
발행인　박근섭, 박상준
펴낸곳　**(주)민음사**

출판등록　1966. 5. 19. (제16-490호)
주소　　서울시 강남구 도산대로1길 62
　　　　강남출판문화센터 5층 (06027)
대표전화　02-515-2000—팩시밀리 02-515-2007

www.minumsa.com

한국어 판 ⓒ **(주)민음사**, 2019. Printed in Seoul, Korea

ISBN 978-89-374-4387-9 (03900)